Mitterrand
Une histoire de Français

2. Les vertiges du sommet

JEAN LACOUTURE

Mitterrand
Une histoire de Français

2. Les vertiges du sommet

ÉDITIONS DU SEUIL
*27, rue Jacob, Paris VIe*

ISBN 2-02-035167-6

Avant-propos II

Hissé sur le pavois, François Mitterrand est devenu l'énigme la plus éclairée, scrutée, photographiée, interrogée de France, démontrant que la lisibilité d'un personnage n'a rien à voir avec le nombre des déchiffreurs ni même avec l'épaisseur de la loupe.

Les règles très rigoureuses de consultation des archives présidentielles imposées par un texte élaboré en mai 1995 sous les directives de celui qui était encore le chef de l'État auraient posé bien des problèmes d'évocation des deux septennats mitterrandiens si ne les avait précédé une formidable germination spontanée de documents, relations, rapports au premier degré, offerte depuis dix ans aux historiographes.

Cette mise en lumière a pris notamment la forme du meilleur journalisme, celui que pratiquent les auteurs de *La Décennie Mitterrand*, Pierre Favier et Michel Martin-Roland, qui, à titre de correspondants de l'Agence France-Presse à l'Élysée, furent les témoins privilégiés et exigeants du « règne » mitterrandien, à l'intérieur même du système. Mis en posture de tout observer, de prendre connaissance de ce qu'ils signalent simplement dans leur ouvrage comme « documents d'archives », ils ont pu communiquer au public l'essentiel des débats et décisions qui ont fait, en quatorze ans, la politique de la France. Leurs trois (et bientôt quatre) volumes sont de précieuses mines documentaires, déjà mises en perspective avec talent.

L'historiographe des deux septennats de François Mitterrand devait-il s'interdire de puiser à une autre source, plus contestable, mais d'une richesse fascinante, les *Verbatim* de Jacques Attali ? Dès la publication du premier des trois volumes, l'auteur de la présente biographie avait publiquement marqué, à l'adresse du « conseiller spécial » et du président lui-même, le désaccord de principe qu'appelait selon lui et beaucoup d'autres, la divulgation, par une personnalité attachée au service de l'État, de documents d'archives dont beaucoup, au surplus, mettaient en cause des personnalités étrangères.

Désormais livrés au public et aux historiens par cette voie critiquable, ces confidences et commentaires, souvent empruntés à d'autres, donnent un écho saisissant de la pratique mitterrandienne du pouvoir, dût le confident moduler à sa guise, d'une façon qui paraît infidèle à de très bons témoins, réflexions et démarches du chef de l'État – lequel est allé jusqu'à faire « les plus extrêmes réserves » sur maintes allégations du tome III. Ces critiques faites, l'auteur de ce livre ne s'est pas interdit de puiser, avec circonspection, à cette source bouillonnante. A tort ? A raison ? Joinville ou Caulaincourt sont-ils au-dessus de tout soupçon ?

A propos de la politique étrangère du quatrième président de la Ve République, mais aussi du système de pouvoir instauré par lui, il importait de consulter et citer l'ouvrage majeur d'Hubert Védrine, *Les Mondes de François Mitterrand*, quitte à relever entre les points de vue de Jacques Attali et les siens des dissonances frappantes, quitte aussi à apprécier autrement que ne le fait l'ancien conseiller diplomatique devenu ministre, telle ou telle des initiatives du chef de l'État.

L'auteur doit beaucoup aux enquêtes internes, recoupements et dossiers de Françoise Carle, documentaliste-archiviste à l'Élysée durant le second septennat, après avoir fidèlement accompagné la route de François Mitterrand depuis les années 60.

Se sentait-il incapable de trancher à travers l'écheveau de ces quatorze années de « règne » républicain ? L'auteur a souhaité donner, en appendice, sinon en conclusion, les points de vue d'un adversaire de premier rang* et d'un compagnon de haute stature**, pour clore cette « histoire de Français », dont la leçon, ou la morale, se dessine sous nos yeux.

J. L.

---

* Le président Jacques Chirac.
** Le Premier ministre Lionel Jospin.

CHAPITRE I

Souverain du Front populaire

• « Si… j'ai voulu cela ! » • Les portes du palais • Un nouvel homme ? • L'habit du Général • Ce qu'on appelle « état de grâce »… • Une équipe à tiroirs • Des élections miracles… • Les « rouges » et l'Oncle Sam • Une volonté de rupture • Dévaluer ? • Mort à la mort ! • Les enragés de Valence • La nuit, la lumière et Jack Lang • Ce bon M. Reagan • « Vive la Pologne ! » • Un président fondu dans le paysage.

Deux ombres planent sur ces heures du 21 mai 1981 marquées par l'accolade de Pierre Mendès France et la grand-messe laïque du Panthéon : celles de Léon Blum et de Charles de Gaulle.

Blum ? Si fort qu'il l'admirât, le nouveau chef de file du socialisme français n'est pas homme à citer, fût-ce *in petto*, les mots fameux prononcés par le leader du Front populaire au soir de sa victoire, le 10 mai 1936 : « Je ne me présente pas à vous comme un homme accablé d'avance sous le poids des charges et des responsabilités […]. Je ne viens pas ici en vous disant "Éloignez de moi ce calice, je n'ai pas voulu cela !" Si, si, j'ai demandé cela et j'ai voulu cela ! »

Nul n'est plus éloigné des hantises et des inhibitions de Hamlet, fussent-elles par lui-même maîtrisées, que le Machiavel de Jarnac. Qui, moins que lui, a vu là un « calice » ? Qui s'est moins contraint à la conquête et à l'exercice du pouvoir où il s'immerge, jubilant ?

Ce n'est pas non plus chez le général de Gaulle, chez le mémorialiste en tout cas, que nous trouverons la bonne référence en vue de décrire le nouvel intronisé : « J'entends se refermer sur moi, désormais captif de ma charge, toutes les portes du palais […]. Ma tâche sera dépouillée des impératifs exaltants d'une période héroïque […]. C'est en un temps de toutes parts sollicité par la médiocrité que je devrai agir pour la Grandeur [1]… »

Ce ton de Charles Quint à l'Escurial n'est pas du tout celui que prend le nouvel élu. Les portes du palais, il ne les a pas vues « se refermer » sur lui, mais s'ouvrir plutôt devant lui. Captif ? Tout prévenu qu'il soit par son prédécesseur immédiat, qui a mis, lui aussi, l'accent sur ces chaînes, Mitterrand est plutôt exalté, si conscient qu'il soit des périls et des obstacles. Interrogé à la fin de sa vie sur l'éventuelle naissance en lui, alors, d'« un autre homme dans l'homme* », il me faisait cette réponse :

> « Pourquoi nier l'extraordinaire influx que l'on reçoit alors de l'onction populaire ? Oui, c'est une force neuve, sinon la naissance d'un homme neuf [...]. Mais ce surcroît de confiance se paie d'une exacerbation de la conscience que l'on avait de la lourdeur de la tâche. Exaltation d'une part, et de l'autre angoisse. Songez qu'en ces dix jours qui séparèrent mon élection de mon entrée à l'Élysée la France s'est appauvrie de 5 milliards de dollars, en fuite[2]... »

Enchanté donc, pas aveuglé. Assuré en tout cas d'être mis à sa place et de taille à en assumer les risques, convaincu depuis quarante ans (au moins...) qu'il est taillé pour l'Histoire, à sa mesure. Cette évidence est bien marquée par deux observateurs crédibles : un anthropologue éminent et un grand journaliste. Le premier, Marc Augé, spécialiste des monarchies africaines, observe que, si la IIIe et la IVe République avaient laïcisé et démythifié la vie publique, la Ve a « rendu de la chair au président » et « appelé une présence souveraine » dont François Mitterrand donne l'exemple du fait d'un « charisme » fondé sur « l'adéquation entre l'exercice de la fonction et le symbole, [de] son aptitude naturelle à incarner des signifiants anthropologiques que l'on trouve à l'œuvre dans des rituels extrêmement variés ». Selon Marc Augé, le nouveau chef de l'État se signale par sa « capacité à créer du rituel, ou de l'expression souveraine », et par « sa force [...] à une époque où ce n'est plus très évident de nous faire croire que nous sommes dans l'Histoire ».

Plus impliqué dans les péripéties récentes, Jean Daniel évoque à propos du nouvel élu « sa grande et savante obstination dans l'épreuve ; une aptitude si déconcertante à puiser dans l'obstacle le goût du combat plutôt que les raisons du renoncement ; une façon si impressionnante de s'accommoder de l'impopularité, de la versatilité des uns, de l'ingratitude des autres, assuré que l'on est de voir les uns et les autres se transformer en laudateurs et courtisans le jour venu » ; une telle foi, faite autant de candeur que de volontarisme, dans ce « peuple de gauche » dont il serait le héraut prédestiné et dans ce « paysage de la France » dont il constituerait l'indéracinable composante, et assure que « ... c'est le plus gaullien des dirigeants de la

---

* Encore de Blum, dans le même discours du 10 mai 1936.

gauche qui s'installe à l'Élysée. Comme si, dans le long combat qu'il a livré contre le Général de mai 1958, François Mitterrand s'était, à force d'hostile intimité, imprégné des inclinations de son glorieux adversaire », mettant « l'opiniâtreté gaullienne au service de l'idéal blumiste ».

* * *

Ainsi est planté dans le paysage politique, social et culturel français le personnage du quatrième président de la République gaullienne, personnage que l'on est tenté de résumer en un mot : celui d'« autorité ».

Quoi de plus mystérieux que ce qu'on entend par ce mot, *auctoritas*, et qui ne saurait se confondre avec « pouvoir » ? Les palais et les titres, les escortes et les fanfares, les tiares et les carrosses y contribuent et peuvent, un temps, donner le change. Mais, souverain absolu trônant à Versailles, fort bon et savant homme au demeurant, Louis XVI en est dépourvu – sauf devant ses juges. Socrate, la coupe de ciguë à la main, Gandhi, pénétrant à demi nu dans le palais du vice-roi des Indes, en sont revêtus. De Salan, doté des pleins pouvoirs à Alger, rien n'émane de tel. De Leclerc, coiffé d'une chéchia et d'une visière de carton devant Koufra, elle ruisselle.

Dès avant d'être ministre, à 29 ans, dès la « réunion du 104 » et le stalag IX A, en loques ou en smoking, Mitterrand fait reconnaître qu'il a reçu ce don fatal. *Per fas et nefas*, il aimante, dicte et entraîne. Sous l'étudiant, le sergent, le clandestin perce le cardinal. A Chinon, coiffé d'un bonnet de laine, Jeanne eût reconnu ce maigre dauphin.

Ses mots, heureux ou malheureux, pèsent un peu plus lourd que ceux de Jean Munier, compagnon de corvée, de Philippe Dechartre, qui d'abord méprise ce résistant tardif et soudain le « reconnaît », de René Pleven ou de Guy Mollet, qui, mieux armés, plient. Il lui faudra rencontrer Charles de Gaulle, puis Pierre Mendès France pour que soudain cette autorité trouve ses limites et vacille sans cesser pour autant, contrariée, de phosphorer.

Ne l'oublions pas : Mitterrand est de ces hommes que, depuis des décennies, on a toujours appelés « président » : de son cercle d'étudiants aux associations de prisonniers, de l'UDSR au conseil général de la Nièvre, de la convention du PS à Épinay, c'est par ce titre que le saluent députés, électeurs, compagnons et amis – à part ceux (une dizaine) qui l'appellent « François »...

L'entrée à l'Élysée porte à l'incandescence ce foyer. Et sa morphologie s'en ressent. La démarche s'est alourdie ou, mieux, ralentie. Le buste, dominateur, s'amplifie. Le masque, ébauché en Saintonge, affiné à la cour des Médicis – ou des Valois –, un peu cabossé en traversant *La Comédie humaine*, les méandres du Palais-Bourbon et de la place Beauvau, les congrès socialistes et les pugilats contre Georges Marchais, tourne au romain – nez sculpté, taillé en épieu, pommettes fortes, maxillaires pour dévorer –, et jusque dans la texture. D'où vient ce marbre en guise de chair, qui pâlira d'année en année, ciselé, raviné par les vents qu'on dirait venus du pays des Parthes, rabotant les sommets des Alpes et vifs encore sur Château-Chinon ?

Ce visage, Mauriac le trouvait beau, y voyant la main de Clouet – au temps où on aurait pu y reconnaître plutôt celle de Quentin de La Tour : c'est le président sexagénaire qui s'est calqué, trait pour trait, sur les modèles du portraitiste des Valois. S'il est vrai que tout homme est responsable de son visage à partir de 40 ans, en voilà un qui parle comme une autobiographie ou une déposition devant le tribunal de l'Histoire. Tendu, ivoirin, affûté comme une arme de poing.

Le front gagne le haut du crâne, moins chauve que libéré, dirait-on. Le sourcil fait le guet, le menton s'avance et se carre comme il sied à un « grand » qui ne veut rien laisser ignorer de sa grandeur. Ce qui marque, hors le regard de soie brune qui se veloute ou s'affute au gré des circonstances et des survenants, pétillant pour citer Retz, glacial pour foudroyer l'insolent, c'est la bouche sinueuse et serrée comme pour filtrer l'oracle, acérer l'épigramme, laisser filer l'anecdote.

Le poitrail est d'un ténor, la ceinture d'un baryton. Et que dire de la main, qui est belle et le sait, dressée dans le discours comme un sceptre et qui, dans l'entretien, se moule sur l'autre, s'entrelace de doigt en doigt, préhensive, insistante ? L'eût-il, en d'autres temps, sous d'autres cieux, donnée à baiser ?

La jambe est courte, le train un peu bas, mais digne. Il ne marche pas, il s'avance, les bras proches du corps, entre d'autres qui ne sont pas chétifs – un Mauroy, un Badinter, un Delors – mais semblent n'être là que pour lui faire cortège. La formidable apparence de Charles de Gaulle venait pour une part de sa masse irréelle et pour beaucoup du poids de son inimaginable histoire, et de ses certitudes. La présence réelle de François Mitterrand, souverain laïque processionnant sans couronne, ni chapeau rouge, ni camail apparent au cœur du peuple de gauche, pèse d'un poids que l'Histoire, à sa demande insistante, va nous dire.

* * *

L'Élysée... François Mitterrand, tout élu qu'il soit par le Front populaire, n'était pas le dernier à penser que la République couronnée d'étoiles un quart de siècle plus tôt était bien négligente d'y laisser languir ses souverains entre les fantômes de quelques gourgandines et l'écho des bruits de bottes de soudards chamarrés. Comme Charles de Gaulle, François Mitterrand avait en horreur l'ancien hôtel bâti par Claude Mollet sous la Régence pour le comte d'Évreux, libertin affairiste, racheté par la marquise de Pompadour, puis par le banquier Nicolas Beaujon, récupéré à des fins peu dévotes par les messieurs du Directoire, puis par le maréchal Murat qui y exhibait, entre deux royaumes et trois batailles, son faste de parvenu.

Et ce n'étaient pas les traces laissées en ces lieux par le bonapartisme triomphant ou agonisant, le souvenir de l'abdication de 1814 signée par l'Empereur dans le salon d'argent, ou celui, bien pire, des dernières tractations entre Louis Napoléon, Morny et Saint-Arnaud avant le coup d'État du 2 décembre 1851, qui pouvaient réconcilier un fidèle de Lamartine avec cette résidence où le président Félix Faure avait expiré entre les bras de Mme Stenheil avant les pudibondes républiques de M. Lebrun et de M. Coty. « Un palais de la main gauche... », grommelait le Général, ajoutant qu'« on ne peut faire l'histoire dans le VIIIe arrondissement... ». Il rêvait d'un asile plus conforme à sa gloire.

Mitterrand nourrit un temps les mêmes songes. Après le fondateur de la Ve République, il lui arriva de penser que le cadre le plus conforme à la majesté régalienne conférée au président par les institutions gaulliennes était l'hôtel des Invalides. Si encombrante fût la place occupée là par le tombeau de l'Empereur, un chef de l'État ne pouvait-il y installer son cérémonial, ses bureaux et ses pénates ? De Gaulle ayant jugé la dépense abusive, Mitterrand – moins avare pourtant des deniers de l'État – ne pouvait le surpasser en décorum : il renonça et se résigna – le jardin est si beau ! – à s'encagnarder dans cette résidence pour dames à crinoline et notables en gibus et queue-de-pie, où tout balance entre le désuet et le médiocre – ne corrigeant pas même la proximité des boutiques par une réorientation sur les Champs-Élysées qui eût donné quelque lustre à l'accueil.

* * *

En ces lieux tout de même chargés d'ombres et d'ors solennels a fait irruption, le 21 mai, une troupe assez neuve – avec son contingent d'énarques, bien sûr, et d'anciens sous-préfets. Mais une certaine teneur aussi en syndicalistes et en militants de gauche, l'un d'eux assez controversé pour qu'on y revienne...

Deux versions circulent de la « prise du palais » par les « barbares rouges ». Louis Mermaz raconte que, lors du grand déjeuner inaugural du 21 mai – repas de poisson accompagné de vin blanc –, son voisin Jacques Delors et lui, ne supportant que le rouge, en demandèrent une bouteille à un maître d'hôtel, qui se retourna, indigné, vers ses collègues, les bras au ciel. « Du rouge, sur le poisson ! » Mermaz ne peut toutefois certifier qu'il entendit dauber autrement sur la sauvagerie de ces « cosaques socialistes »...

Mais d'autres, comme Hubert Védrine, qui dit y avoir fait son entrée au côté de Régis Debray, « dans l'esprit de FFI occupant une sous-préfecture en 1944 », gardent le souvenir d'une prise en charge fort paisible. Si les sommeliers tremblèrent, secrétaires et huissiers firent patte de velours à ces messieurs et dames si bien préparés au service de l'État.

François Mitterrand a pour lui le temps – en apparence. Très vite est instruit contre lui, par ce qui pèse et compte dans l'État et la société, un procès en illégitimité. La droite, d'abord stupéfaite, puis incrédule, puis indignée, l'interpelle : comment ces gens-là usurperaient-ils longtemps des pouvoirs conférés par une Constitution qu'ils ont combattue ? Dans *Le Figaro*, Max Clos tentera de persuader ses lecteurs que, face à l'usurpateur, la France véritable doit se sentir en état de « guerre », avant que Jacques Chirac ne proclame qu'un tel pouvoir « n'en a pas pour deux ans ». Et pour couper court au septennat maudit sera vite dégainée l'arme de la maladie, la rumeur qui ne cessera de planer sur le règne – avant d'être avérée...

S'est-il donc abusé, ou a-t-il tenté de leurrer les électeurs, en parlant le 11 mars de l'« état de grâce » où se déploierait l'action de l'élu de la gauche ? Non. Si ses adversaires se ressaisissent après le coup de tonnerre du 10 mai, l'opinion publique lui accorde un crédit de plusieurs mois dont témoigneront non seulement les élections de juin, mais encore, jusqu'à la fin de l'année, les sondages. Un vent favorable souffle et il faudra bon nombre de bévues et de malchances pour qu'il tourne, au début de 1982.

Dans ses « 110 propositions », François Mitterrand a prévu des révisions de la Constitution telles qu'on pouvait les attendre de celui qui en avait été un si virulent critique. Dans une interview publiée le 5 mai par *Le Nouvel Observateur*, il annonçait d'importantes retouches des textes, dans un sens moins monarchique. Il envisageait alors la substitution du quinquennat au septennat présidentiel. On l'entendit déclarer en 1981 que « le président ne doit plus être le touche-à-tout obligé de toucher à tout... » et qu'il est dangereux que « les institutions versent dans le présidentialisme » – avant de prétendre, de façon plus abusive : « Les institutions étaient dangereuses avant moi [...]. Elles le redeviendront après... »

Mais le pouvoir quitté, quatorze ans plus tard, il répondra en haussant les épaules à l'auteur, étonné de sa passivité en ce domaine :

> « Les institutions ? Ce qui compte, ce sont les hommes, et leurs actes. J'ai, en pratique, rapproché le pouvoir des citoyens. Pour ce qui est des textes, le Sénat aurait bloqué toutes mes initiatives réformatrices. De Gaulle avait mesuré avant moi, et à ses dépens, sa force d'inertie [3]. »

L'habit du Général, il l'endossera donc, sans timidité ni murmure. On sait que, dès 1962, il l'a senti à sa portée, s'agissant de sa conquête aussi bien que de son exercice. Quand on se croit appelé, dès l'adolescence, à ajouter des pages à l'histoire de son pays, ce ne sont pas quelques hochets monarchiques, quelques « domaines réservés », quelques droits de dissolution ou d'ordonnance qui font peur. A 64 ans, le septennat ne paraît pas démesuré (de Gaulle avait entamé le premier des siens à 68 ans). D'ailleurs, dès 1955, aux côtés de Pierre Mendès France, Mitterrand méditait de muscler une république qu'il avait jugée, en 1946, vouée à l'anarchie – ce pour quoi il avait voté contre ses institutions.

Aux pouvoirs dont il est investi le 21 mai 1981, celui que Serge July qualifie de « président baroque [4] » ne voit rien d'abusif ni d'écrasant. Comparant son élévation à celle de ses prédécesseurs « de gauche », Herriot, Blum et même de Gaulle-le-libérateur de 1945, il savoure la promesse de durée plutôt que l'étendue des pouvoirs qu'implique sa fonction. Mais, le 5 mars 1982, après moins de neuf mois d'exercice de l'autorité présidentielle, Jacques Attali, qui opère au cœur du dispositif, des décisions, interventions, arbitrages et conciliabules, tracera dans son carnet ces mots étonnants :

> « Si l'ivresse du pouvoir saisissait un président appuyé sur une majorité confortable, il ne serait pas une vie privée, pas une carrière, pas une réputation qui resteraient à l'abri de ce *pouvoir absolu*. Sans doute

> trente ans de vie parlementaire dans l'opposition protégeront-ils François Mitterrand de pareils dérapages*. Mais voilà un effrayant système, bien menaçant pour l'avenir[5]. »

A l'usage de ses intimes, Mitterrand trace ainsi les perspectives du septennat (sans faire référence à un autre) :

> « Nous passerons par trois phases : la première, d'un an ou plus, sera celle de l'euphorie, des conquêtes, de la création ; au cours de la deuxième, un peu plus longue, nous aurons à payer le prix de ces novations : ce sera dur, il faudra se serrer les coudes ; la troisième sera celle de la sortie de ces épreuves, qui s'opérera en douceur[6]. »

Tout individualiste qu'il soit, souverain par nature et désormais du fait des structures, Mitterrand est aussi, on l'a vu, adepte des « cercles » et des « bandes ». Derniers avatars de ce type : les hommes du palais**, ceux du gouvernement et ceux du parti de gouvernement*** – les premiers ayant pour chef de file Pierre Bérégovoy, les deuxièmes Pierre Mauroy, les troisièmes Lionel Jospin (on a écrit « hommes », bien qu'il soit clair dans son esprit que l'appel à un certain nombre de femmes de talent doit rompre, prudemment, avec la confiscation pluriséculaire par les hommes de la vie publique du pays).

Le palais, d'abord. A l'instigation de son porte-parole Michel Vauzelle (ancien collaborateur de Jacques Chaban-Delmas), le président a choisi de s'installer dans le bureau du Général (non sans avoir grommelé : « Les voilà bien, vos obsessions gaullistes ! ») déserté par Giscard. Près de lui, deux mamelouks : le « conseiller spécial » Jacques Attali et le secrétaire général Pierre Bérégovoy. La promotion du premier était tout à fait prévisible, compte tenu de l'intimité des rapports établis entre les deux hommes depuis près de dix ans ; celle de Pierre Bérégovoy surprend ceux des observateurs qui n'ont pas suivi de près les dernières étapes de la vie politique de Mitterrand et situaient toujours l'ancien syndicaliste dans la mouvance de Mendès France ou de Savary. C'est lors des longues et orageuses négociations qui, en 1977, ont abouti à la rupture de l'Union de la gauche que Bérégovoy s'est imposé au côté du candidat socialiste, dont il est devenu

---

* Attali voyait donc son chef de file « protégé » des excès moins par sa vertu que par son expérience…

** La légende veut que l'on dise le « château ». Les usagers de l'intérieur ne confirment pas.

*** On fait provisoirement l'économie de la quatrième « bande » – la *camarilla* de Cour. On y reviendra !

en quelque sorte le chef d'état-major, « doublant » d'un coup Fabius ou Quilès.

Mitterrand apprécie sa puissance de travail, ses capacités d'organisateur, son aptitude à décider. Mais ce qu'il goûte peut-être plus que tout, c'est son « authenticité » populaire, la saveur sociale de ce fils d'émigré ukrainien et de paysanne normande formé par les cheminots et les syndicalistes. Ainsi les souverains aiment-ils élever, promouvoir d'un coup et faire des carrières qui leur doivent tout – Colbert, Dubois, Decazes... « Béré », promu plus vite que ceux de la « bande » de la convention et de la FGDS, affirmera vite son autorité sur des hommes à plus fortes références mitterrandiennes – André Rousselet, Jean-Claude Colliard, Guy Penne, Michel Charasse, Alain Boublil, Pierre Dreyfus, Paul Legatte ou Jean Glavany, sans parler de Jacques Attali, qui, installé « dans le bureau dessiné jadis pour le Premier Consul » (assure-t-il), tentera d'y jouer le rôle d'un Bonaparte de l'économie.

Vont se manifester alentour : Jean-Louis Bianco*, Hubert Védrine**, conseiller diplomatique, Ségolène Royal, adjointe d'Attali, Jacques Fournier, Gilles Ménage, Élisabeth Guigou***, chargée des dossiers financiers, Christian Sautter, François-Xavier Stasse, conseillers économiques, Nathalie Duhamel****, chargée de la presse, Laurence Soudet, qui s'occupe des questions d'édition, Paule Dayan, Paul Guimard, Jeanette Laot, Jacques Ribs. Plus atypiques sont Charles Salzmann, spécialiste des sondages, et François de Grossouvre, qui a affaire aux services dit « secrets » (SDECE).

Surgit enfin un personnage qui évoque à la fois le soufre et le phosphore, Régis Debray, auquel, après Gaston Defferre, s'est lié d'amitié François Mitterrand, et qui s'occupera de ce qu'on appelle encore le « tiers monde ». Le jour de l'installation à l'Élysée de la cohorte mitterrandienne, raconte Debray, l'un de ses compagnons, qui n'a pas dû passer par les maquis, lui souffle à l'oreille : « Sois gentil. Ne te montre pas trop. Cela nous ferait du tort [7]... » Ce qui est interpréter à contresens l'intention du président, enchanté à coup sûr à l'idée d'effrayer les dames du XVIe arrondissement avec « son » révolutionnaire, et qui écrit si bien...

---

* Qui, treize mois plus tard, remplacera Bérégovoy, à la surprise (et à la satisfaction) générale. Étonnante décision du président, qui n'a vu auparavant Bianco qu'une seule fois. Sur le conseil d'Attali, il le convoque. « Comment voyez-vous la tâche du secrétaire général ? – Protéger le président et mettre en musique ses décisions... – Vous entrez en fonction immédiatement. » Du pur de Gaulle...

** Fils d'un des plus fidèles amis du président.

*** Elle rejoint le groupe en 1982.

**** Belle-fille de Pierre Mendès France.

Mais attention : tout fier qu'il soit de ces joyaux de la couronne, le président a prévenu, aussi bien le mirobolant « conseiller spécial » que le révolutionnaire apprivoisé par ses soins, qu'« il n'y a pas de cabinet ». Dans l'esprit de Mitterrand, seuls comptent les liens verticaux : chacun n'a affaire qu'à lui, point focal ou nodal du pouvoir. Ce qu'André Rousselet, qui a appartenu à la préfectorale, exprime drôlement : « Tout rassemblement de plus de deux personnes sera dispersé ! »

Ce système, Hubert Védrine le décrit judicieusement comme « en écailles », aucune ne recouvrant tout à fait l'autre, mais ajustée de façon que l'écailleur puisse la détacher et s'en protéger... Déjà, du temps où il n'était que ministre, ou chef du parti, le premier secrétaire rabrouait son cher Dayan de favoriser des réunions marginales. Pour peu qu'il rencontrât des collaborateurs attroupés en conciliabules en quelque lieu du « château », voilà notre souverain agacé : « Que faites-vous là ? » (Olivier Guichard faisait la même observation à propos de Charles de Gaulle à Matignon, en 1958...)

Au regard de Mitterrand, chacun ne relève que de lui – quand il n'organise pas sciemment rivalités ou courts-circuits, supposés favorables à l'émulation, à moins que ce ne soit aux seules fins de sa délectation. Lancer à la fois sur l'affaire libanaise Cheysson, Attali, Védrine et Grossouvre, voir venir et arbitrer : les grands politiques ont de ces régals...

Ce pouvoir est fondé sur l'écrit. Amateur passionné du colloque amical, Mitterrand n'aime pas les « conseils » et « commissions ». Le secrétariat général et le cabinet fonctionnent à coups de « notes à l'intention du président ». Elles sont lues avec soin, annotées d'un « vu », d'un « m'en parler » ou « à voir ». L'auteur peut témoigner avoir eu en main un « très bien » (rarissime). Mais la note émanait de Gaston Defferre, aîné et ami. Les intimes du « château » sont les plus durement traités : Hubert Védrine avait même mis de côté un texte taxé par le président de « tragiquement nul », qu'il lui fallut quelque fermeté d'âme pour surmonter, fût-il rédigé par l'un de ses compagnons.

Bref, voilà un palais bien peuplé, et musclé, où surgira bientôt une étrange milice policière (dite « antiterroriste ») et où se développeront de non moins étranges pratiques, qui évoquent tour à tour les « Quarante-Cinq », le « Secret du roi » et l'« Armoire de fer » de l'Ancien Régime, et dans lequel pullulera une Cour qui, pour ne disposer ni d'un Versailles, ni d'un parc aux cerfs, ni d'une Bastille, ne fera rien pour la grandeur du règne. Issu du Front populaire, ce pouvoir ne tend pas à s'y enfermer et moins encore à y chercher son modèle... Mais Hubert Védrine, fin praticien et peintre savoureux de ces lieux et de ces cercles, soutient que, pour embarrassante qu'elle fût et coûteuse pour l'image du président, la Cour n'empiéta guère sur le service de l'État[8], au moins pendant le premier septennat*. L'ambiguïté du chef ne se manifesta jamais mieux qu'en cette dichotomie.

* * *

La charge de former et de diriger le gouvernement est donc revenue à Pierre Mauroy – rondeur, chaleur, solidité. Compte tenu de l'âge de Gaston Defferre (72 ans) et des relations qu'il entretient lui-même avec Michel Rocard, le président ne pouvait faire meilleur choix. L'homme existe, il est sagace, loyal et porte en lui les traditions socialistes provinciales. Et le souvenir de la crise qui, deux ans plus tôt, lors du congrès de Metz, l'a opposé à Mitterrand joue en sa faveur : le président a pu mesurer là sa force de caractère et la fidélité à ses amis, dût-il s'agir alors de Rocard...

Refusant de présider l'Assemblée nationale comme le lui propose le chef de l'État, Gaston Defferre demande le ministère de l'Intérieur, on l'a vu, pour y réaliser la décentralisation qu'il estime être la grande affaire de la France. Mitterrand ne peut qu'acquiescer au vœu de l'un des rares hommes publics qu'il appelle par son prénom, dont il admire le courage et auquel le lient d'innombrables souvenirs et quelques complicités d'hommes à femmes.

Alain Savary, son rival malheureux d'Épinay, Mitterrand ne se serait pas grandi en le tenant à l'écart du pouvoir – dont il avait l'expérience, fût-elle brève**. Il pourrait lui confier les Affaires étrangères, la Défense ou, mieux encore, la Coopération, compte tenu de son prestige de décolonisateur. Ce sera le périlleux portefeuille de l'Éducation nationale, que Savary n'acceptera pas sans hésitations : peu expérimenté en ce domaine, il est d'autre part mis en garde par certains de ses amis contre le piège peut-être tendu par un homme qu'il n'a jamais ménagé... Mais le dévouement au service public l'emportera en lui sur la méfiance.

On a déjà signalé les attributions des portefeuilles de la Défense, de

* Encore que le scintillant personnage de Jacques Attali appartienne à l'un et l'autre sous-ensemble...

** Dans un livre anonyme apparemment rédigé par un proche de Mitterrand, *Journal apocryphe d'un président*, il est écrit que Savary « faisait commerce avec succès de la démission à la SFIO ». Ce trait de bassesse, l'auteur le tient-il du président disparu – qui eût été bien inspiré de se livrer au même « commerce » en 1956 ?

la Justice (que Maurice Faure cédera, par nonchalance – et par bonheur ! – à Robert Badinter), des Finances et du Budget, des Affaires étrangères, de l'Industrie, de l'Agriculture, de l'Europe, qui va à Chandernagor. Jack Lang est, bien sûr, à la Culture. Plus inattendues sont les désignations à la « Solidarité nationale » (Santé, Affaires sociales, Emploi, Famille) de Nicole Questiaux, membre du Conseil d'État, militante du CERES, naguère appelée à arbitrer les débats en vue de l'unité des socialistes ; et au Plan, de Michel Rocard, ainsi cantonné dans un rôle virtuel, ses fidèles n'ayant droit qu'à deux portefeuilles : Jean-Pierre Cot à la Coopération, Louis Le Pensec à la Mer.

Surprenant est l'appel à Michel Jobert, passé du cabinet de Pierre Mendès France à celui de Georges Pompidou, avant d'être chargé par celui-ci du ministère des Affaires étrangères, où il avait déployé ses talents et son humour grinçant face à Henry Kissinger. L'invite de Mitterrand l'étonne. Plus encore le propos de son hôte : « Le Commerce extérieur vous irait ? On est très bien logé... » Non sans avoir riposté d'un ton sec et les sourcils levés qu'il n'a pas attendu ce gouvernement pour trouver asile, il accepte, alléché par l'idée de jouer les trouble-fête... ou les contrepoisons.

Bref, une équipe composite sous sa bannière rose, qui reflète assez bien l'électorat centre gauche qui a porté au pouvoir un Mitterrand apparemment peu conditionné par son alliance avec le PCF. Mauroy et Defferre, Cheysson et Hernu, Delors et Rocard, Faure, Jobert et Chandernagor : ce ne sont pas les communards ni les bolcheviks que le vainqueur du 21 mai a mis aux commandes – si tant est qu'il y en ait d'autres que les siennes...

L'une des attributions du pouvoir à l'Élysée, héritage des temps anciens, est, chaque mercredi matin, la présidence du Conseil des ministres. Pour Mitterrand, la politique, c'est, comme pour Briand, « dire des choses aux gens ». Mais le service de l'État, c'est l'écrit, le scribe, accroupi ou non. Le Conseil lui paraît un exercice vain. Il le dit et s'y ennuie, lisant parfois son courrier ou échangeant des petits papiers avec Defferre. Il demande que l'on n'intervienne « pas plus de dix minutes » (en quoi il n'est pas toujours satisfait...). Et le fait que Rocard prenne visiblement plaisir à se manifester, et pas toujours à propos selon lui, avive sa mauvaise humeur contre la corvée du mercredi.

Peut-être est-il abusif de se fier aux têtes ou aux étiquettes. Le nouveau pouvoir a un programme, les « 110 propositions », qui sont certes une version atténuée du projet socialiste de 1980, lui-même en retrait sur le Programme commun de 1972. Mais il ne faut pas s'y tromper :

« Notre projet, rappelle quinze ans plus tard Louis Mermaz, visait à une rupture, à un combat frontal contre le capitalisme. Notre espoir était de faire plier les puissances d'argent – ce que n'avaient pu faire ni Herriot ni Blum, dotés de faibles pouvoirs. Et c'est pourquoi Mitterrand nous répétait sans cesse : il faut aller très vite. Après quelques mois, revenus de leur stupéfaction, "ils" se seront ressaisis. Ne leur en laissons pas le temps [9]... »

C'est ce que précise alors le nouveau président à Jacques Chaban-Delmas, président de l'Assemblée, le seul notable du pouvoir abattu le 10 mai avec lequel il se sente en confiance : « Tu voulais, avec ton programme de 1969, changer la société. Nous voulons, nous, changer de société. » Est-ce l'ambition de la majorité des membres du gouvernement ? C'est celle en tout cas qui anime la troisième composante de la panoplie mitterrandienne : car à l'Élysée, au gouvernement, il faut ajouter le parti qui est son œuvre même, par lequel il n'entend pas se laisser dicter la loi, qu'il traitera volontiers de haut, mais qui constitue à la fois le ferment du pouvoir et sa courroie de transmission avec les citoyens. Parti qui est, après tout, en ce printemps 1981, la plus grande force politique du pays, la plus considérable qu'ait jamais suscitée le socialisme en France.

A la tête du parti d'Épinay, il a placé deux ans plus tôt un jeune quadragénaire ébouriffé et grave, Lionel Jospin, passé par l'ENA (institution que le président n'aime guère, mais il lui faudra bien s'y faire...), doté d'un assez convenable bagage marxiste pour savoir mesurer les risques et les pesanteurs des alliances à « gauche », bûcheur et bien informé des affaires du monde. Le premier secrétaire est flanqué notamment de Jean Poperen, ancien communiste au regard perçant, à l'intelligence fertile, « idéologue » en chef du PS, de Paul Quilès, l'organisateur, et de Véronique Neiertz, militante à l'état pur, intrépide, que le président cite volontiers en exemple.

Au complet, la grande machine appelée à « changer de société », à mater les « forces de l'argent », à exalter le « peuple de gauche » ? Non : l'Assemblée élue en 1978, celle que M. Marchais a offerte à la droite, est toujours en place et en mesure de renverser la fière équipe de Pierre Mauroy, qui n'est, en fait, qu'en sursis : à la première tentative de mettre en application les « 110 propositions », à la moindre amorce de nationalisation ou de refonte fiscale, voilà le maire de Lille renversé et ses projets à l'eau.

Beaucoup, dont Michel Rocard et Robert Badinter, conseillent au nouveau président de passer par cette épreuve et de ne dissoudre la Chambre qu'après qu'elle aura fait la preuve de son hostilité. Mais nous avons entendu Mitterrand déclarer le 5 mai, face à Giscard, qu'en vertu des pouvoirs que lui confère la Constitution il commencera par dissoudre l'Assemblée nationale pour être en mesure de gouverner : il ne doute pas que sa propre élection mobilisera les électeurs en faveur des siens. Et pourquoi tendre la joue pour une gifle, quand on peut l'éviter ? Provisoire ou non, une défaite est une défaite, et Mitterrand en a subi de trop cuisantes pour y avoir pris goût. La droite est acculée « dans les cordes » ? Matraquons-la, jusqu'au KO... Clemenceau ou de Gaulle n'eût pas raisonné ni agi autrement.

Le corps électoral est convoqué pour les 14 et 21 juin. On votera bien « dans la foulée » du 10 mai. Les deux camps se mobilisent inégalement. A gauche, l'hégémonie socialiste est telle, quatre ans après la rupture voulue par le PCF, que Marchais doit en passer par les conditions dictées par Mitterrand : désistement au second tour en faveur du candidat le mieux placé – le socialiste, dans neuf cas sur dix... Quant à la déclaration commune des deux partis, elle met crûment l'accent sur ce qui sépare les gens de Solférino de ceux de la place du Colonel-Fabien, du volume des nationalisations aux rapports Est-Ouest. Les électeurs en jugeront... Le nouveau président n'a pas la victoire plus modeste avec ses « amis » qu'avec ses adversaires.

A droite, on a tenté dès le 15 mai de pallier les effets du désastre par un accord Chirac-Lecanuet « pour une nouvelle majorité » – aussi avantageux pour le RPR que l'est, sur l'autre bord, celui qu'a dicté le PS –, le centre n'ayant pas su, sous Giscard, s'enfler et se muscler en parti de pouvoir. Tant bien que mal alliés, les vaincus du 10 mai n'ont guère d'arguments neufs à faire valoir. Tandis que Michel Poniatowski clame toujours que « si la gauche l'emporte, on verra les chars soviétiques place de la Concorde », Jacques Chirac fait campagne sur le thème : « Les socialo-communistes au pouvoir », c'est, « à brève échéance, 20 % d'inflation et 2 millions de chômeurs » – un coup à côté, un coup au but...

Les socialistes se contentent de réclamer aux Français de « donner à Mitterrand les moyens de sa politique », dans un climat d'euphorie estivale que viennent à peine troubler, dans quelques meetings, les avertissements de vieux sages ou de moralistes grincheux (ou rocardiens) contre la création d'un « État PS » guère plus respectable *a priori* que l'« État UDR » ou l'« État Giscard » de naguère. Mais l'heure n'est pas à Cassandre. (L'est-elle jamais ?)

Au soir du 14 juin, c'est le raz de marée : la gauche, prise en bloc, totalise 55 % des voix, dont 38 % pour le PS associé au petit MRG*, alors que les communistes ne comptent plus que 16 % d'électeurs

* Mouvement des radicaux de gauche.

fidèles. Tous ces chiffres sont sans précédent, tels qu'osait à peine les entrevoir dix ans plus tôt, en 1971, le fondateur du parti d'Épinay – bien qu'il les fît prévoir à ses camarades de l'Internationale socialiste assemblés à Vienne, qui le prenaient alors pour Tartarin...

Une semaine plus tard, le 21 juin, l'effet amplificateur des désistements du second tour donne à la victoire socialiste quelque chose de vertigineux. Ses compagnons les plus proches, Mermaz et Estier, décrivent le grand sorcier abasourdi par sa propre performance (« C'est trop ! C'est trop ! », glisse-t-il à Attali) et ajoutant à l'usage des autres : « Regardez bien ces chiffres. Nous ne les reverrons plus » – aussi étonné que de Gaulle considérant les scores issus des élections de juin 1968. (Mais le Général savait bien que le *jack pot* était provoqué, et touché, par Pompidou : Mitterrand ne doit le sien qu'à lui-même, et ne le laisse pas oublier !)

285 sièges pour le parti moribond de 1959, revigoré en 1971... 40 de plus qu'il ne lui en fallait pour s'assurer la majorité absolue, rêve de tout gouvernement. Par rapport à l'Assemblée sortante, le PS dispose de 145 sièges supplémentaires, alors que le parti de M. Marchais perd la moitié de ses députés, dégringolant de 86 à 44, et qu'à droite chacune des deux grandes formations est réduite de moitié... C'est l'ahurissement général – qui n'épargne pas, on l'a vu, le grand vainqueur.

Les biochimistes et les experts-comptables de la vie politique française pourront toujours objecter que ce n'est pas la gauche qui a progressé – moins de 1 % des voix de plus que lors des législatives de 1978 – mais la droite qui a reculé. Argument inusable et mille fois ressassé depuis 1936. Mais qui connaît vraiment la dynamique des voix, les procédures de glissement, les naturalisations de suffrages du centre droit en centre gauche, du désistement de gauche en report à droite ? Il n'est de vérifiable que le rapport des forces.

Qui oserait ici faire l'économie d'une référence à la « Chambre introuvable » de 1815 ? Mitterrand n'y manque pas, non sans faire observer, l'œil en vrille, que le triomphe de Louis XVIII était dû à Waterloo et au suffrage censitaire. Lui n'a eu besoin ni de Wellington ni d'un scrutin biaisé... Il n'en est pas moins à la tête d'un capital politique inimaginable – septennat, majorité absolue à la Chambre, sans compter sa propre autorité. Qu'est-ce donc qui distingue un tel pouvoir de la dictature, sinon la volonté du maître ?

Un grain de sable dans la machine, pourtant : un Sénat conservateur – dont il a su utiliser naguère la force d'objection, sinon de blocage. Mais n'est-il pas secrètement satisfait que ce frein puisse, à l'occasion, ralentir les élans et impulsions des siens ?

Car il y a les militants en ébullition, les impétueux, les doctrinaires, les enflammés de la nationalisation, les prédicateurs chevelus de la hausse radicale des salaires et de la réduction brusquée du temps de travail. Il y a, sur les travées de la Chambre, ces barbus par dizaines qui se tiennent pour des élus dotés d'un mandat impératif par le peuple souverain plus encore que pour les miraculés de la magie mitterrandienne, et qui rêvent désormais de jouer les Montagnards face à la Gironde. Et il y a les communistes.

Trois considérations guident, à leur propos, François Mitterrand. La première, menue, est l'équité : pour le meilleur et pour le pire, on a mené tant de batailles ensemble (pas toujours dans le même camp), qu'on est voués à partager (inégalement) les fruits de la victoire... Argument qui n'aurait pas suffi si n'intervenait le deuxième : ils sont trop faibles pour être nuisibles. Dès lors qu'a opéré le nœud coulant fabriqué en 1972 grâce à l'Union de la gauche, dès lors que l'ancien parti de Thorez (près de 30 % des électeurs de 1946) n'est plus que celui de Marchais (moins de 50 % de celui de Mitterrand), pourquoi ne pas lui faire une place auprès du chauffeur ? Troisième raison : si le Parti est faible, la centrale syndicale qu'il inspire ou manipule, la CGT, reste un acteur dominant de la vie économique. Pas de refonte des rapports sociaux et productifs sans sa très active participation...

Dès le 5 mai, lors du débat (qui décidément aura été décisif) avec Giscard, Mitterrand avait bien fait connaître son intention de ne pas cantonner les communistes dans le rôle de coléreux producteurs de richesse condamnés à la marginalité politique. Mais il était hanté par la préoccupation de ne pas dépendre d'eux*. Dès lors qu'il avait assuré son hégémonie et que les volte-face de Georges Marchais ou l'élévation de Roland Leroy ne pouvaient jouer que sur les marges, l'invitation faite à cette force d'appoint serait sans risque, payante du point de vue social et – accessoirement – conforme à la justice représentative... C'est sur ces données que, en dépit des avis de Pierre Mendès France, le chef de l'État se fonde pour décider que des communistes participeront au gouvernement – où Mauroy les accueille volontiers, en dépit des mises en garde de Defferre, Badinter, Cheysson, Hernu, dont fait état Jacques Attali [10].

Compte tenu du rapport des forces, on « en » prendra quatre, décrète le président. Pas Marchais, eu égard à son comportement depuis 1977, mais son second, Charles Fiterman, qui, en tant que secrétaire de Wal-

* C'était l'argument de Pierre Mendès France refusant en juin 1954 de décompter en sa faveur les voix des communistes alors qu'il allait engager une négociation avec leurs camarades vietnamiens et ne voulait pas dépendre de leurs votes à la Chambre – argument que son ministre François Mitterrand récusait alors...

deck Rochet en 1965, a été mêlé à l'invention de l'union. Plus l'austère commis de l'État qu'est Anicet Le Pors, venu du catholicisme, le judicieux Jack Ralite, que Mitterrand, amateur de théâtre, a connu au festival d'Avignon ou aux Amandiers de Nanterre, et Marcel Rigout, vieux résistant limousin, qu'il estime particulièrement. Peu de couteaux luisent entre ces dents-là...

« En somme, faisait-il observer en riant à la fin de sa vie, ce n'était pas l'opération Néron [11]. » Néron pour qui ? Voulait-il dire par là qu'il ne tenait pas les communistes pour les chrétiens du Ier siècle ? Ou qu'il n'avait pas décidé d'anéantir Paris dans un grand incendie rouge ? Je ne suis pas parvenu à lui faire expliciter sa formule. Le fait est que la majorité de l'opinion parut comprendre qu'il était entré dans la phase ultime de son opération en vue d'« extirper le léninisme du mouvement ouvrier français [...], d'effacer le congrès de Tours [12] », dont il s'était si peu caché, depuis Épinay, que Georges Marchais lui-même avait fini par le comprendre, sans savoir retourner contre l'autre la prise de judo.

Mais ce qui parut clair à la majorité des électeurs français (et même à Mme Thatcher) parut damnable aux maîtres de Washington – où régnait un personnage qui professait que le monde était partagé entre l'empire du Bien, les États-Unis (quand ils sont aux mains des républicains californiens), et l'empire du Mal, le communisme, et avait pour secrétaire d'État un général haut sur bottes, Alexander Haig, qui tenait son ancien patron, Henry Kissinger, pour un « rouge »...

François Mitterrand savait cela. S'il osa, lui, fervent « atlantiste », américanophile convaincu, intégrer quatre communistes dans le gouvernement d'un pays membre de l'Alliance atlantique – opération contre laquelle Washington avait naguère mis en garde Italiens et Portugais –, c'est qu'il avait une aussi haute idée du principe d'indépendance nationale que celle de la fidélité à ses alliés, et estimait le bloc de l'Est beaucoup moins menaçant que du temps où le général de Gaulle embarquait Thorez et ses camarades dans ses divers gouvernements.

A la veille des élections de juin, il avait dépêché à Washington son ministre des Relations extérieures*, Claude Cheysson, non pour expliquer la présence de militants du PCF au gouvernement – sa décision n'était pas encore prise –, mais pour réaffirmer son profond attachement à l'Alliance. Anglophone émérite et bien connu de la plupart des hauts fonctionnaires américains, Cheysson avait-il su persuader les maîtres de Washington que Paris n'était pas tombé aux mains des bol-

* Titre que l'intéressé avait tenu à substituer à celui d'« Affaires étrangères ».

cheviks ? En tout cas, ses hôtes lui avaient annoncé la visite du vice-président George Bush à Paris le 24 juin : ancien patron de la CIA, et comme tel averti des réalités du monde, Bush n'était pas homme à confondre Jacques Delors avec Joseph Staline.

L'entrée des communistes au gouvernement français après les élections ne pouvait manquer de raviver la méfiance de Reagan et des siens : on signifia à l'ambassadeur de France, François de Laboulaye, que, dans ces conditions, le voyage à Paris de George Bush était compromis. Mais un échange téléphonique entre Haig et Cheysson aboutit au maintien de la visite du vice-président le 24 juin, le jour même où, pour la première fois depuis trente-cinq ans, des ministres communistes allaient participer au Conseil des ministres français.

François Mitterrand doit abréger quelque peu la séance du Conseil au cours duquel, côté cour, les quatre camarades de Marchais ont réaffirmé leur « loyauté », leur « solidarité » et demandé à leurs collègues de pallier leur « inexpérience », pour recevoir, côté jardin, le vice-président des États-Unis. Le chef de l'État fait valoir, sur un ton magistral, qu'il a ainsi réussi son opération de domestication des communistes. Si rompu qu'il soit aux pratiques des mondes exotiques, le très libéral M. Bush exprime son étonnement : pour mieux réduire le Parti communiste, faut-il l'installer au pouvoir ?

La réponse de François Mitterrand, combinant quelques principes de physique élémentaire sur la liquéfaction des corps dans un milieu dissolvant et de brillantes considérations sur les différences entre sociétés catholiques fondées sur l'autorité (de l'Église ou du parti) et protestantes inspirées du libre examen, emporte-t-elle l'adhésion de l'honnête M. Bush ? Quand, après le déjeuner, le président de la République raccompagne son hôte sur le perron de l'Élysée, les questions des journalistes fusent. George Bush rappelle que la présence de communistes au gouvernement de Paris est « de nature à causer du souci aux alliés de la France » – ce qui est bien la forme la plus modérée et objective que l'on puisse donner à un inévitable désaccord. Après quoi, sûr d'avoir convaincu son visiteur, le chef de l'État profère, en fixant les journalistes, sur le ton le plus gaullien qui soit : « La politique de la France est celle de la France et restera celle de la France. »

Mais alors que, jugeant l'incident clos, George Bush dîne avec Pierre Mauroy chez l'ambassadeur des États-Unis Arthur Hartman, celui-ci lui communique une brutale déclaration du secrétaire d'État Haig : « ... Nos rapports en tant qu'alliés seront affectés par l'arrivée des communistes dans le gouvernement français. » Un texte identique, à un mot près, à celui que Washington avait adressé à Rome cinq ans plus tôt, au temps du « compromis historique ». De ce communiqué, l'ambassadeur Hartman nous donnait à entendre le lendemain qu'il ne reflétait que les vues des « ultras » de Washington – ce très intelligent spécialiste du monde communiste se refusant à préciser qu'il rangeait parmi eux son propre ministre [13]...

Cette algarade sert le prestige et l'autorité du président. Claude Cheysson, approuvé par l'impeccable gaulliste qu'est Pierre Messmer, a beau jeu de qualifier d'« inacceptable » cette intervention d'un pays étranger dans les affaires intérieures de la France. Même *Le Figaro* s'indigne de voir ainsi la France traitée « comme le Salvador ou Saint-Domingue » ! Quant à François Mitterrand lui-même, il n'est pas homme à laisser passer une si belle occasion de se hausser sur ses ergots : « M. Reagan se fâche, M. Reagan éternue ? Et après ?... La réaction des Américains est leur affaire. La décision est la mienne ! » Ô fantôme du Général...

* * *

Les Américains sont loin. Le franc est proche. Il est même au centre du débat, et l'on a cité Mitterrand observant, au cœur des journées euphoriques de la fin mai, que les réserves françaises fondaient à vue d'œil. Sa mémoire est bonne, et les lamentations d'Herriot et de Blum trahis par les banques, en 1924 et en 1936, lui sonnent aux oreilles. S'il négligeait le sort de la monnaie, trois hommes seraient là, tout proches, pour le mettre en garde.

Dès le 21 mai à l'Élysée, alors qu'il vient d'être le témoin ému de l'accolade entre François Mitterrand et Pierre Mendès France (symbole de la rigueur financière), Michel Rocard, incarnation du mendésisme au sein du gouvernement, saisit Pierre Mauroy par la manche. « Il faut dévaluer, très vite [...]. Au train où vont les choses, on ne tiendra pas le franc, et nos réserves fondent ! » Et peu de jours plus tard, le nouveau ministre du Plan nous confie : « La crise n'est pas conjoncturelle. Elle est structurelle. Nous entrons dans la tempête ! » Ce que répète à tous les échos le ministre des Finances, Jacques Delors, qui, observant l'hémorragie monétaire, gronde : « C'est la Berezina ! »

Mauroy, alerté par son conseiller financier Jean Peyrelevade, incline à des mesures de ce type ; mais il se heurte d'emblée à un président plus attentif, alors, aux symboles qu'aux réalités immédiates : « Pas question de créer, dans l'esprit public, la confusion entre l'arrivée de la gauche au pouvoir et la chute du franc. Ce genre d'assimilations nous a fait trop de mal. Mes prédécesseurs y ont perdu leur crédit. Il faut tenir[14] ! »

En réalité, le parallèle qu'il établit avec Blum pour mieux s'en distinguer est mal venu : le leader du Front populaire avait fait le même raisonnement que lui, contre l'avis de bons experts comme Paul Reynaud et Alfred Sauvy, s'acculant ainsi à une dévaluation tardive et plus coûteuse quatre mois plus tard : ce sera le chemin parcouru par les hommes de 1981, qui, en dépit des avertissements de beaucoup et alors qu'une rectification monétaire pouvait être présentée comme une sanction de la gestion antérieure, attendront jusqu'au 5 octobre pour dévaluer une première fois, et trop faiblement.

Une telle erreur tactique s'explique chez Mitterrand par la structure même de son esprit – qui situe toute chose publique dans une hiérarchie dominée par le politique, ce dernier obéissant à des dominantes spirituelles, psychologiques ou symboliques*. On peut s'être appliqué à lire Marx – du Marx prédigéré par Joxe, Chevènement ou Christian Goux – et ne pas poser les problèmes de l'économie dans les mêmes termes que le philosophe de Trèves.

Politique « chimiquement pur », Mitterrand a trop étudié les échecs de la gauche française, bien sûr, pour négliger les dimensions sociales**, économiques et financières des problèmes qu'il lui faut désormais résoudre. Il a choisi de s'entourer pour cela de jeunes gens rompus à ce genre de calculs – Attali, Fabius, Sautter, Stasse – et d'hommes dotés d'une solide expérience en ce domaine – Delors, Bérégovoy et Legatte. Mais il n'en professe pas moins que la politique domine, que la volonté prime, que la décision du pouvoir est reine – se référant à deux précédents inattendus en sa bouche : ceux d'Antoine Pinay et de Charles de Gaulle, qui, « aussi ignorants que moi en matière économique, dit-il en riant, ont rétabli le franc, par la confiance, en 1953 et en 1958***... ».

Cet « état de grâce » qu'il annonçait trois mois avant sa victoire électorale, il y voit sa meilleure arme de gouvernement, au moins pendant les premiers mois. Comment admettre de briser l'élan de confiance qu'il implique en dévaluant le franc, valeur symbolique par excellence ? La dévaluation, ce sera son Algérie à lui. Gagner du temps pour mieux trancher plus tard, son autorité assise...

---

* « Pour lui, tout se réduit aux symboles », assure Michel Rocard.
** Auxquelles sa formation initiale l'a préparé.
*** Mais, en 1958, le plan Rueff-Pinay s'accompagnait d'une sèche dévaluation...

* * *

Bref, tandis que s'évadent les capitaux et que s'alourdit le déficit, le nouveau pouvoir s'attaque à trois bastilles : la centralisation, la peine de mort et le grand capital. Trois des « 110 propositions » vont ainsi trouver à bref délai leurs réponses – pour la troisième, une amorce de réponse. Des initiatives qui en disent long sur le tempérament politique et les priorités idéologiques de Mitterrand, provincial en réaction contre le vieux centralisme jacobin, humaniste choqué par les exécutions capitales, socialiste qui voit dans cette doctrine, au-delà d'un surcroît de justice sociale, de nécessaires bouleversements des structures.

On a vu que la question de la décentralisation s'est posée dès avant la formation du cabinet, Gaston Defferre réclamant, exigeant presque de se voir confier, à lui, l'auteur de la loi-cadre africaine de 1956, de « décoloniser la France après avoir décolonisé l'Afrique ». Ce grand « baron » socialiste, patron de la deuxième ville de France, ne supporte plus que cette métropole soit, comme Lyon, Toulouse ou Bordeaux, soumise à l'hégémonisme parisien. Il a eu d'autant moins de peine à convaincre son ami Mitterrand qu'il aurait ainsi la gloire de réaliser la dernière « grande pensée du règne » de Charles de Gaulle* que cette réforme fait l'objet de la 54e des « 110 propositions » du candidat de la gauche : elle promet notamment l'élection des conseils généraux au suffrage universel et la suppression de l'autorité des préfets sur les collectivités locales.

Est-ce bien la « grande affaire du septennat », la « révolution tranquille », comme le proclame Pierre Mauroy – qui sait que la volonté, ici, peut l'emporter sur les pesanteurs sociologiques et économiques, ce qui n'est pas le cas du sort de la monnaie et du taux de chômage ?... C'est en tout cas l'un des objectifs fixés qu'il aura atteint, ayant rapidement mené la charge et rencontré, sauf au Sénat, une bonne intelligence de l'opposition, l'UDF y étant majoritairement favorable et le RPR se trouvant en situation particulièrement inconfortable pour le combattre, eu égard aux positions prises par le général de Gaulle à la fin de sa vie. Ce qui n'empêche pas Michel Debré d'y voir, bien sûr, une tentative de destruction de l'État, ni même Olivier Guichard, artisan de la réforme sous de Gaulle, de la dénoncer sous Mitterrand...

La loi Defferre est votée le 12 septembre : elle libère non seulement

* C'était l'un des thèmes du référendum qui provoqua la démission du Général en 1969.

régions et communes de la tutelle de l'État, mais même le département, cette pierre angulaire de l'État napoléonien, puis de la République radicale. Le conseil régional devient une composante importante de la communauté nationale, et la fonction de maire, déjà exaltée par l'évolution de la vie économique et l'urbanisation fiévreuse, s'affirme comme un moteur essentiel de la vie publique. Mais c'est surtout le président du conseil général qui se voit promu – aux dépens du préfet.

Que la moralité publique y ait gagné est improbable : combien a-t-on vu de ces notables, du fait moins de leur inconduite personnelle que de l'ampleur et de la soudaineté de leurs responsabilités, s'embourber dans leurs projets et leurs comptes ? Le chef de l'État ne cessera de se prévaloir de la décentralisation comme de l'un des grands accomplissements de sa présidence. Une majorité d'historiens lui en donnent acte.

Mais l'entreprise s'est, en cours de route, fixé des limites. La France socialiste veut bien décentraliser, non reconnaître les personnalités culturelles. Au nom d'un refus du « différencialisme » (refus d'ailleurs très défendable), elle s'en prend au préfet – non à l'instituteur. L'ethnologue est prié de se faire discret. Parler de « peuple corse », comme le faisait Mitterrand candidat, sera refusé à Mitterrand président (pourquoi pas « peuple breton » ? lui objecte-t-on). Et pourquoi un département basque, qui chagrinerait les Béarnais (alors que deux départements alsaciens laissent impassibles les Lorrains) ? Defferre, pourtant, poussé par Mitterrand, a trouvé la formule magique : « le peuple corse, composante du peuple français »... Pierre Joxe tentera bravement de relancer l'idée – en vain.

* * *

Tandis que jacobins et girondins disputent des composantes de la France, de la nocivité ou de l'excellence de la langue basque, un homme travaille d'arrache-pied à mettre en œuvre l'une des plus périlleuses promesses électorales de François Mitterrand, celle qui a trait à l'abolition de la peine de mort, promesse qu'il a rappelée avec éclat lors de sa campagne, notamment lors de son débat télévisé avec Alain Duhamel et Jean-Pierre Elkabbach, le 16 mars 1981 : c'est Robert Badinter.

L'auteur de *L'Exécution*[15] n'a pas été le premier garde des Sceaux du régime mitterrandien, on l'a dit. Maurice Faure s'incrustant place Vendôme, la guillotine fonctionnerait-elle encore en France ? Non :

l'aimable député du Lot lui était hostile lui aussi, et plus encore le chef de l'État. Mais qui eût mis à sa suppression autant d'éclat, de conviction et de style que Robert Badinter ? Qui d'autre aurait su faire de l'abolition un acte aussi solennel, ce codicille à la Déclaration des droits de l'homme de 1789 qu'elle est devenue grâce à lui ?

Sitôt installé Place Vendôme, Robert Badinter a pressé Mitterrand de déclencher le processus d'abolition et de faire intervenir le débat avant la rentrée judiciaire : « On sait qu'en cas de peine capitale vous gracierez [...]. Les jurys condamneront donc plus facilement à mort. Ce qui créera un climat, des précédents. Il faut faire très vite ! » Le président agit en conséquence, en dépit de la résistance de Gaston Defferre et de Pierre Joxe, alors opposés à l'abolition pure et simple.

Si Robert Badinter fit prévaloir ses vues devant l'Assemblée, ce fut au prix d'un plaidoyer bouleversant, au cours duquel il fit valoir, contre la prétendue « valeur dissuasive » de la peine capitale, que dans la foule qui, à Troyes, lors du procès de Buffet et Bontemps*, avait hurlé « A mort ! » se trouvait un certain Patrick Henry – assassin d'enfant qu'il devait lui-même arracher cinq ans plus tard à la guillotine au nom de l'inanité du châtiment suprême...

On peut s'étonner du décalage observé ce 17 septembre 1981 entre ces deux chiffres : alors qu'un sondage révèle que 62 % des Français restent partisans de la peine de mort, ce même jour 369 députés contre 113 votent l'abolition. Parmi eux 16 RPR, dont Jacques Chirac, Philippe Séguin, Michel Noir et Jacques Toubon. Mais il se trouve un M. Julia pour proclamer que, si Badinter ne recherche que la célébrité, lui préfère être « un Français obscur qu'un assassin célèbre », tandis qu'un certain Micaux clame : « Ce jour restera comme la fête des assassins ! » et que l'ancien garde des Sceaux du général de Gaulle, le malencontreux Jean Foyer, multiplie les manœuvres dilatoires**.

La bataille sera plus dure au Sénat, refuge de tous les conservatismes. Mais, le 29 septembre, Robert Badinter arrache aux pères conscrits, défavorables par principe à cette mesure « laxiste », un vote positif : 160 voix contre 126. François Mitterrand, qui n'est pas accoutumé de couvrir de lauriers ceux qui, sous sa responsabilité, servent l'État et sa justice, lui rend un hommage particulier en promulguant, le 9 octobre 1981, la loi qui abolit la peine de mort en France.

Que fit-on de la dernière « veuve » en activité*** ? Badinter avait

* Dont il était l'avocat et qui fut exécuté.

** A noter que certains opposants à l'abolition, comme Hélène Missoffe (RPR), surent s'y rallier, une fois la loi votée.

*** Elle avait encore servi en 1977 à une exécution capitale.

pensé l'installer au musée Carnavalet, considéré comme celui de la Révolution, ce qui était la naturaliser en objet historique, instrument de la « terreur » plutôt que de la « justice ». Mais non : par un stupéfiant trait d'humour macabre, on choisit de l'exposer au musée des Arts et Traditions populaires [16] !

Arrachée non sans mal au Parlement, on l'a vu, et contre l'avis de la majorité des citoyens*, la loi du 9 octobre 1981 reste probablement, dix-sept ans plus tard, l'un des actes du règne mitterrandiste les moins controversés. Bien que née à gauche, la guillotine, ultime avatar du châtiment suprême, était l'un des symboles de l'inégalité des peines dans une société qui depuis des décennies n'avait plus expédié à l'échafaud un citoyen assujetti à l'impôt sur le revenu...

* * *

« Trop de nationalisations ? Mais non : on n'en a pas fait assez ! » Ainsi nous parlait François Mitterrand trois mois avant sa mort, tous comptes faits. Peu d'historiens de l'économie le suivent sur ce terrain. Mais comme le président de 1981, le vieux chef de 1995 avait d'autres références que celles de la rationalité économique : l'éternel défi à l'« argent », la prééminence de la volonté du pouvoir sur les pesanteurs financières, l'hégémonie de l'État... Comme il était gaullien, là encore !

Le 24 juin 1981, présidant le premier Conseil des ministres du gouvernement Mauroy, alors qu'il s'apprête à signifier à l'envoyé des États-Unis que la France, État indépendant, entend former ses gouvernements à sa guise, François Mitterrand peut bien balancer encore à propos de telle ou telle mesure à prendre – mais non sur le principe de la nationalisation des neuf grands groupes industriels et de la majorité des établissements de crédit. La décision est, si l'on peut dire, incorporée à son accession au pouvoir. Elle définit le premier mitterrandisme, comme l'abolition de la peine de mort ou la décentralisation.

D'où vient, sur quoi repose cette détermination – nullement impliquée par sa conversion au socialisme dans les années 60 ? Comme Michel Rocard le lui a fait remarquer à diverses reprises, les nationalisations ne sont pas indissociables du socialisme et leur exaltation, dans les années 30, fut plutôt le fait de théoriciens en dérive vers

* Qui depuis semble s'être retournée.

le fascisme*. Esprit farouchement indépendant, peu tenté par les doctrines et hostile aux dogmes, très attaché à l'initiative et à l'entreprise, fils d'un petit industriel, François Mitterrand n'en fut pas moins fasciné très tôt par les nationalisations. On a cité plus haut tel de ses discours de président de l'UDSR sur ce thème, en 1951, et, d'Épinay à Metz, on l'a vu proclamer son attachement à la socialisation des moyens de production et du crédit. S'il a résisté sur ce terrain à Marchais et aux siens, en 1972, c'est parce qu'il déteste se laisser déborder, et qu'il a, entre-temps, pris le temps d'écouter les objections de conseillers avertis…

La détermination qu'il affiche en juin 1981 tient à la volonté de « rupture » avec le capitalisme et se prévaut d'un solide consensus gouvernemental dont Pierre Mauroy est le noyau : le Premier ministre a confié l'opération au seul ministre choisi par lui, Jean Le Garrec, exécutant impeccable de ses volontés, qui sont aussi celles du président. Les objections qui vont surgir – de la part de Jacques Delors et de Michel Rocard entre autres – auront trait au caractère massif des mesures et à leurs modalités plutôt qu'au principe, qui est (ils s'y résignent) l'une des pierres angulaires du nouveau système.

Les personnalités mêmes des deux contestataires, Delors et Rocard, ont tendance à « durcir » Mitterrand, à le faire s'opiniâtrer, par agacement et volonté de trancher à tout prix. Ils font deux objections : trop de nationalisations et par des voies trop brutales. Pourquoi tant de banques, y compris de petites maisons provinciales, et pourquoi socialiser à 100 % ? En prenant 51 % des parts, l'État assurerait son contrôle sur les grandes industries. N'est-ce pas ce qui est en question ?

C'est le 2 septembre, exceptionnellement à Rambouillet**, que se déroule le Conseil des ministres décisif. Récit de Michel Rocard :

> « Mauroy présente le texte qui prévoit les nationalisations à 100 %. Silence apparemment approbateur. Mitterrand jette un regard circulaire : "Pas d'objection ? Qui souhaite prendre la parole ?" Nouveau silence, interminable celui-là. J'attends une intervention de Jacques Delors, que je sais en désaccord. Point. Le silence est si lourd que, derrière la porte, le chien du président lui-même se tait ! Alors François Mitterrand referme majestueusement ses dossiers et va pour se lever en proclamant que le débat est clos quand je n'y tiens plus, lève la main et, sous quarante regards que je crois unanimement réprobateurs, je dénonce, plus d'un quart d'heure durant, la procédure choisie : on va payer ces entreprises, selon les cas, deux, trois ou quatre fois leur prix,

* Le Belge Henri de Man, par exemple.

** En raison de travaux à l'Élysée.

alors que, dans le cas de Saint-Gobain par exemple, il n'y avait qu'un appoint à faire pour que l'État soit majoritaire...

Quand je me tais, j'ai l'impression d'avoir fait mon devoir dans le désert, en pure perte... Mais non ! Des mains se lèvent. Celle de Badinter, que je ne connaissais pas et qui ne se définissait pour moi que comme un ami du président. Or le voici qui me soutient, pour des raisons juridiques [...]. Et puis voici Delors, qui m'approuve. Alors intervient Defferre, en défense du projet Mauroy, mais si maladroitement qu'il conforte ma thèse. Et surtout l'on entend Fiterman, si modéré, équilibré, si peu engagé du côté Mauroy, qu'il me soutient objectivement. Quant à Fabius, il se contente de donner deux chiffres : ce que l'État aurait à payer dans les deux cas. Ce qui, en fait, sert mon argumentation. L'aurais-je emporté ? Mitterrand se lève, très sec : "Je vous ferai connaître ma décision avant peu !"*

Cinq jours plus tard, Mauroy nous convoque à Matignon pour un comité interministériel consacré à l'affaire. Cette fois, j'attaque bille en tête :

– Rien n'est tranché, reprenons le débat...

– Si, coupe Mauroy, c'est tranché.

Je fais l'innocent :

– Comment, par qui ?...

– C'est tranché. Nationalisations à 100 %...

Sans ajouter un mot, je me lève et quitte la salle[17]... »

Mais Rocard ne démissionne pas plus que Delors : l'un et l'autre ont mesuré, sur ce terrain, la détermination de Mitterrand – lequel se dit convaincu par les chiffres que lui a communiqués Le Garrec : en nationalisant trente-six banques et neuf groupes industriels, l'État contrôlera plus de 90 % du montant des dépôts, son autorité sur l'appareil de production passera de 11 à 17 %. Le président déclare à qui veut l'entendre : « De Gaulle a doté la France de la force de frappe militaire, je la dote de sa force de frappe économique[18]. »

Le débat n'est pas clos pour autant. Si l'État socialiste prétend opérer une « rupture », il ne fait pas « la révolution » : les entreprises nationalisées se voient promettre de substantielles indemnisations. « Sur la base des cours de la Bourse », propose Mauroy lors du Conseil des ministres du 23 septembre. Mais le Conseil d'État, dernière instance d'opposition** avec le Sénat, exige que soient retenus d'autres

* La version ainsi proposée par Michel Rocard est contestée par certains témoins. Sa tonalité n'en est pas mise en cause.

** Le Haut Tribunal administratif n'est pas rebelle par nature, mais du fait du fonctionnement de l'État français qui recrute dans ses rangs ses notables : à chaque changement de majorité, les grands commis de la veille sont mutés, et les décideurs de la veille se retrouvent, frustrés et marris, au Conseil.

critères d'indemnisation, tandis que les élus de l'opposition, appelés au combat par quelques jeunes députés RPR et UDF, Michel Noir, Gérard Longuet, Jacques Toubon, François d'Aubert, Alain Madelin, mènent une bataille d'obstruction retardatrice contre le vote – inéluctable, compte tenu du rapport des forces à l'Assemblée. Comportement surprenant de la part, non de « libéraux » militants comme Madelin, mais de gaullistes comme Noir et Toubon, qui semblent ignorer que le plus ardent nationalisateur de l'histoire de France, depuis Colbert, fut Charles de Gaulle.

Si attaché qu'il fût à cette réforme, Mitterrand n'en perdit pas moins la plus rude bataille de la guerre tiède entre le « grand capital » et le pouvoir socialiste : celle qui conduisit à la fausse nationalisation de Dassault. Aucune de ces opérations ne s'imposait autant, vu l'énormité de l'entreprise et sa nature en majorité militaire. Mais cette observation ne tient compte ni de la formidable ruse de l'avionneur, ni de la profondeur de ses liens semi-séculaires avec les divers pouvoirs français, ni de l'amitié qui depuis 1932 unissait son *alter ego*, Pierre Guillain de Bénouville, à François Mitterrand. Pierre Favier et Michel Martin-Roland ont si bien raconté l'affaire [19] qu'on fera à leur récit quelques emprunts.

L'entreprise de Marcel Dassault a déjà été nationalisée deux fois*. Mais elle est si complexe et ramifiée qu'il dispose encore de 54 % des actions. Il décide de faire la part du feu en proposant à l'État 26 % des actions de Bréguet Aviation, qui fabrique les Mirage – son plus beau fleuron. Mais il garderait le contrôle du groupe. Mauroy lui dépêche un émissaire, le secrétaire d'État Georges Lemoine, qui lui signifie que l'État a décidé de s'assurer la majorité. L'avionneur le regarde en souriant et lui tend une boîte d'allumettes sur laquelle il vient de griffonner « 800 milliards de centimes »...

Cependant Bénouville est reçu à l'Élysée. Un arrangement se mijote : 46 % pour l'État, avec deux tiers des voix, par application du « vote double ». Mais cette transaction, qu'il a d'abord jugée favorablement – en Conseil des ministres, Jean-Pierre Chevènement la qualifiera de « scandaleuse » –, ne suffit pas à Dassault. Au temps de la cohabitation, sous le gouvernement Chirac, Bénouville attaquera le principe du « vote double » devant le tribunal de commerce et gagnera son procès... Mitterrand s'est laissé « rouler ». En y mettant un peu du sien ?

---

* Marcel Dassault meurt en avril 1986.

* * *

Mais pourquoi donc a été élue la gauche, et d'abord en la personne de l'homme d'Épinay ? Pourquoi, sinon pour desserrer le corset où, depuis des décennies et en dépit des bonnes performances de l'économie française depuis 1952, étouffent les classes défavorisées ? La modernisation du pays n'est pas vraiment confisquée par une oligarchie, mais ses bienfaits sont si inégalement répartis qu'ils avivent les attentes et aggravent les frustrations. Entre les classes, les niveaux s'égalisent moins que les canaux de communication ; il n'est plus de manœuvre qui n'ait, par la presse ou la télévision, l'œil sur l'enrichissement du cadre le plus proche. Le bien-être est à la portée de la main, mais trop peu ont les moyens monétaires de s'en saisir.

La victoire du Front populaire avait été provoquée par une misère structurelle aggravée par la déflation imposée en 1935. La poussée à gauche de 1981 est le fruit d'un manque à consommer, mais aussi d'un manque à travailler : 1 800 000 chômeurs déclarés, le double de l'effectif dénombré au début du septennat Giscard, « sonné » lui-même par les deux chocs pétroliers des années 70. Cette économie minée par une inflation que le savant professeur Barre, depuis cinq ans Premier ministre, n'a pas pu maintenir à moins de 14 %, les économistes socialistes* pensent avoir trouvé le moyen de la ranimer (en corrigeant les injustices) par la relance fondée sur la consommation populaire. En injectant des moyens d'achat par une hausse substantielle des salaires et des prestations sociales, ils pensent à la fois doper la production, réactiver l'emploi et accroître le niveau de vie de ceux qui les ont élus (encore que le rapport entre niveau de vie et vote à gauche soit moins simple qu'il n'y paraît).

François Mitterrand n'a jamais formulé la moindre mise en garde contre cette ligne. Il l'eût, pour un peu, inventée. S'il n'est pas le « joueur » que certains ont voulu décrire, il goûte les audaces. Et son socialisme est avant tout un « justicialisme », hérité du Sillon de son adolescence. Bref, rien n'est plus mitterrandien que le slogan : « relance par la consommation », sinon l'idée de résorber le chômage par le lancement de grands travaux – souvenir de la révolution de 1848, de Louis Blanc** et de son cher Lamartine. Quelques semaines

---

* Formule commode, mais dangereuse : parce qu'il est difficile de confondre les avis, préceptes et pronostics de Michel Rocard et Christian Goux, de Jacques Attali, Jean Peyrelevade, François Stasse, Jacques Delors et Laurent Fabius.

** Inventeur (socialiste) des Ateliers nationaux.

avant sa mort, il exprimait encore le regret que l'on n'ait pas ouvert en 1981 de vastes chantiers, notamment routiers et ferroviaires, rêvant à la Tennessee Valley de Franklin Roosevelt*.

Regrets justifiés, regrets vains. Si, une quinzaine d'années plus tard, le témoin de ces débuts de septennat devenu récitant de cette histoire garde le souvenir d'un étonnement navré, c'est à propos de la timidité de ce pouvoir populaire – qui l'est encore dans tous les sens du mot – face à la lèpre qui attaque la société occidentale, et d'abord française : l'exclusion du monde de la production d'un nombre croissant de citoyens.

Comment et pourquoi cette force politique élue autour d'un leader prestigieux (et avide de s'affirmer populaire) ne s'investit-elle pas avec plus d'abnégation dans cette tâche fondamentale ? Qu'un groupe dirigeant formé de Mauroy, Defferre, Delors, Rocard, Questiaux, Chevènement n'ait pas pris l'affaire à bras-le-corps, fait du Premier ministre le ministre de l'Emploi, osé créer en deux ans plus de 200 000 emplois d'intérêt public et quelques chantiers pour la jeunesse au risque de faire s'esclaffer les rieurs professionnels d'une droite évidemment fière d'avoir, en sept ans, laissé multiplier par deux le chômage, voilà qui reste peu compréhensible.

En cet été 1981, ce pouvoir porté par près de 60 % des citoyens français pouvait-il beaucoup plus ? En ce domaine vital, tant sur le plan des principes que sur celui de la solidarité nationale si chère à François Mitterrand (au point qu'il a voulu qu'un ministère lui fût consacré, sans lui donner vraiment les moyens d'agir), il a fait peu. Si peu que le chiffre des sans-travail déclarés augmente encore, de mai à octobre, de 20 000. Quelques chantiers en plus, et aussi quelques patrons exprimant leur révolte contre le nouveau pouvoir par des opérations de « dégraissage » (!), et la descente aux abîmes continue, s'accentuant même l'année suivante : plus de 2 millions de chômeurs en juin 1982…

Ici, Mitterrand, le fabricant de gestes et de rites, surprend et déçoit. On ne pouvait attendre de lui qu'il descendît comme Benito Mussolini ou Norodom Sihanouk, torse nu et pioche en main, dans quelque carrière ou chantier. Et il est vrai que ses ministres l'entendirent souvent en Conseil les presser d'agir pour l'emploi. Mais qu'il n'ait pas voué son éloquence, son énergie, ses dons de fascinateur à ce combat-là restera une écharde (une épine de rose ?) dans sa main. On le vit et l'entendit souvent alors plaider ce dossier sur d'autres fronts, de Cancún à

* Autorité fédérale créée en 1933 par Franklin D. Roosevelt pour ranimer le dynamisme des États-Unis.

Bonn, d'Ottawa à Jérusalem. Beaucoup pensaient alors que l'élu du 10 mai 1981, l'homme qui avait voulu faire de l'hommage à Jaurès le premier geste du septennat, avait d'abord sa place aux côtés des exclus du travail, de Carmaux à Longwy et de Sarcelles aux Minguettes.

Certes, le budget préparé par Laurent Fabius, ministre en titre, à l'insu ou presque du ministre des Finances, Jacques Delors (auquel Mitterrand a refusé d'être le ministre de tutelle du responsable du budget, comme il est d'usage), est volontariste. Il donne priorité à l'emploi, que doit servir la relance, s'autorisant un déficit de 80 milliards de francs*, presque le double de celui qu'avait prévu Raymond Barre. Chiffre qui reste raisonnable, compte tenu de la pesée globale qu'exerce le déficit de la Sécurité sociale et de l'audacieux accroissement des crédits accordés à la Recherche, à la Culture et, naturellement, au Travail.

La principale originalité du budget Fabius, qui contredit la totalité de ceux de l'époque, déflationnistes, est l'introduction de l'impôt sur les grandes fortunes, inscrit dans les « 101 propositions » du candidat socialiste. Il est censé frapper les 200 000 contribuables qui estiment eux-mêmes leur patrimoine à plus de 3 millions de francs. En fait, près de la moitié d'entre eux s'y soustrairont.

L'institution de ce type d'impôt, qui fait déjà partie de la panoplie fiscale d'une dizaine de pays européens, soulève chez les assujettis français une colère plus vive encore que celle provoquée par les nationalisations. L'exonération de l'outil de travail au-dessous de 2 millions de francs donnera à beaucoup de possédants l'occasion d'y échapper : de combien de demeures et bâtisses ne peut-on dire qu'elles servent au travail de leurs propriétaires ? Si juste qu'il soit, cet impôt ne rapportera guère à l'État plus de 3 milliards de francs par an... chiffre qui excitait la verve vengeresse du président Mitterrand devenu vieux.

* * *

Chose curieuse quand on pense aux incitations à « faire vite » que ne cessait de formuler François Mitterrand et au précédent du Front populaire, qui, sous la pression, il est vrai, des occupants d'usines, avait accordé d'emblée la semaine des 40 heures et les congés payés, les premières réformes à proprement parler « sociales » du gouvernement Mauroy se firent attendre près de six mois.

---

* Au-dessous des fameux 3 % du PIB, dont on reparlera !

Dès le 3 juin, avant même l'élection d'une majorité socialiste, le premier gouvernement désigné par François Mitterrand avait pris quatre mesures en faveur des défavorisés : augmentation de 10 % du SMIC, relèvement de 25 % des allocations familiales, élévation de 20 % du minimum vieillesse, hausse de 50 % de l'allocation logement. Mesures de stricte équité, qui ne grèvent certes pas le budget prévisionnel, mais surprennent l'opposition par leur relative modération. Compte tenu des promesses du candidat Mitterrand et de l'ampleur de la victoire électorale des socialistes, ce sont des mesures d'une tout autre ampleur qu'est chargé de préparer le ministre du Travail, Jean Auroux* : réduction de la semaine de travail à 39 heures sans diminution du salaire** et 5e semaine de congés payés. Et, surtout, apport capital du nouveau pouvoir, les textes associant les travailleurs à la gestion des entreprises, les « lois Auroux »***.

Ici aussi, la part prise par le président est primordiale. Contre l'avis de la plupart des experts de l'Élysée, de Matignon et du ministère des Finances, il fait prévaloir des mesures coûteuses et risquées où il voit comme le paiement d'une dette d'honneur à ce « peuple de gauche » qu'il mythifie comme pour mieux se poser lui-même en mythique fondateur d'un « socialisme à la française ».

* * *

Les audaces coûteuses de ce « socialisme »-là, comment les jugent, dix-sept ans plus tard, et à la lumière des résultats, deux de ceux qui en furent, de l'intérieur, les opérateurs critiques : Michel Rocard et Jacques Delors ?

Michel Rocard : « J'ai été trop timide. Je n'ai pas poussé assez loin les mises en garde. Notre relance était en contradiction trop forte avec la conjoncture internationale et les stratégies de nos voisins. Nous avons été entraînés par l'attitude de Mitterrand, esprit purement politique, allergique aux arguments économiques et financiers, et qui croyait que tout dépendait de la manipulation et de la volonté politiques [...]. Prendre le risque d'accroître le budget de 27 %, folie[20] ! »

Jacques Delors : « Trop fort ? Trop vite ? Il ne faut pas oublier que

* A la demande expresse du président, dès la première séance, le 27 mai 1981.
** Voir chapitre suivant.
*** Qui ne sont pas sans faire penser au projet de « participation » rêvé par de Gaulle et bloqué par Pompidou en 1967.

nos électeurs nous avaient donné un mandat, que nous avions contracté des engagements. La gauche doit se distinguer par sa loyauté [...]. Les mesures de solidarité sociale que nous avons prises n'avaient rien d'excessif, après la longue pénitence des années précédentes. Mais nous nous sommes mal organisés pour contenir les dépenses publiques. La disjonction entre les finances et le budget fut une absurdité. L'économie française était en état de stagnation depuis le premier choc pétrolier. En fait, il y a deux économies françaises. Les couches supérieures étaient dynamiques. Pas les couches modestes, les PME. Elles réclamaient une relance maîtrisée. Nous avons bien relancé. Pas assez maîtrisé [...]. Ce n'est pas faute que j'aie essayé, osant parler de "pause", au scandale de mes amis. Et offrant trois fois (non, pas une de plus, quoi qu'on en dise et écrive...) ma démission [21] ! »

On complétera ce diagnostic de Jacques Delors – poids des promesses, imprudences – par un trait significatif. Quand vient en discussion le texte instaurant la semaine de 39 heures payées 40, François-Xavier Stasse, qui estime, comme plusieurs des conseillers de l'Élysée et de Matignon, qu'il s'agit d'une des premières erreurs du septennat, se précipite chez Bérégovoy : « Pierre, c'est grave ! On va décourager l'embauche ! C'est une victoire du chômage, je peux le démontrer en chiffres ! » Le secrétaire général de l'Élysée le coupe d'un ton sec : « C'est une affaire réglée depuis le congrès de Metz [22] ! » (dit par un mitterrandiste à un rocardien. Malheur aux vaincus – dût le malheur être commun...).

Pourquoi la « relance » de 1981 – à peine plus audacieuse que celle tentée vraiment six ans plus tôt par le Premier ministre Jacques Chirac – ne donna-t-elle pas tous les fruits attendus ? Mitterrand et les siens furent les victimes de deux déboires inattendus.

Le premier à propos de la reprise mondiale, que les experts de l'OCDE faisaient prévoir pour le milieu de l'année 1981 et qui était censée éponger l'accroissement de la dépense publique. Cette « anticipation » des économistes socialistes se référant à tous les experts mondiaux, y compris américains, s'avéra aventureuse dès le mois de juillet.

Dans *Verbatim I*, Jacques Attali note, à la date du 3 juillet : « L'OCDE modifie ses prévisions. La situation [...] s'annonce plus mauvaise qu'[elle] avait prévue, en France et ailleurs [...] la reprise mondiale est pour l'an prochain... » Et le « conseiller spécial » du président de commenter ainsi ces fâcheuses nouvelles : « Nous aurions préféré disposer de ces chiffres avant d'annoncer la relance ! Maintenant, c'est trop tard [...]. Tout repose donc à présent sur le dynamisme industriel de l'État et la reconquête du marché intérieur [23]. »

Et c'est sur ce terrain-là précisément que se situa le deuxième grand déboire de la « relance » de 1981 : la hausse des salaires et des prestations sociales tendait à accroître les moyens d'achat et par là financer la reprise de la production industrielle française. Mais ce furent les importations qui s'accrurent, les Français ayant multiplié leurs achats hors des frontières – conformément à une tendance très forte, datant de plusieurs années (le dollar était encore à un taux très bas...). Au « dopage » de l'industrie française se substitua un alourdissement du déficit du commerce extérieur ! Résultat qu'auraient pu mieux prévoir les experts du nouveau pouvoir, dans la mesure où il s'agissait d'un phénomène dès longtemps analysé.

Commentaire d'un expert qui est alors dans l'opposition, Lionel Stoleru :

> « Le résultat de [cette] relance keynésienne [...] à contre-courant des autres pays qui avaient, comme l'Allemagne et le Japon, expérimenté des relances sans succès en 1979-1980 et étaient revenus à des politiques de rigueur, fut catastrophique [...]. La relance française de 1981 n'aura servi qu'à faire tourner les usines étrangères. »

* * *

L'« état de grâce », dont le candidat socialiste croyait pouvoir faire l'un de ses atouts en cas de victoire, et dont le président élu a bel et bien bénéficié à partir du 21 mai, on peut en dater la fin avec précision : le 23 octobre 1981. L'avant-veille, François Mitterrand s'est envolé pour le Mexique. Il doit participer à la conférence de Cancún sur les rapports Nord-Sud, où la position de la France en faveur des nations moins développées doit faire sensation. Mais en fait de sensations, c'est ailleurs qu'on va les observer...

Ce vendredi-là se réunit à Valence le congrès du Parti socialiste, le premier depuis celui d'Épinay dont Mitterrand n'est pas le maître d'œuvre et la figure de proue. Avant de s'éloigner, laissant à Lionel Jospin le soin de faire de ce rassemblement socialiste un *Te Deum* de victoire, il a adressé à ses jeunes camarades un message à double sens :

> « Candidat socialiste à l'élection présidentielle, je reste socialiste à la présidence de la République. Si je ne suis plus parmi vous, dans le parti, je reste avec vous, avec nos idées et nos espoirs. Je comprends vos impatiences devant certaines lenteurs ou certaines résistances [...]. Tout ne peut pas se faire en quelques semaines ni même en quelques

> mois. Puisque nous avons la durée, il nous faut savoir la gérer et nous assurer que les pas en avant accomplis sont solides, avant que d'avancer encore... »

Ainsi, le chef de l'État « resté socialiste » incite à la prudence (« tout ne peut pas se faire en quelques mois »), mais il « comprend les impatiences » – quelques mots qui trouveront des échos... Et il est de fait que ce congrès des vainqueurs va pour une part se muer en manifestation de frustration et de colère, comme si, en mai et en juin, c'est la droite qui l'avait une fois encore emporté – et comme si la lutte des classes dont se réclament si fort les intransigeants du parti avait cessé à partir d'une simple victoire électorale. Étranges dialecticiens que ces socialistes-là...

Le congrès, réuni les 23, 24 et 25 octobre 1981 à Valence, s'était pourtant ouvert sur une note raisonnable, par un exposé de l'un des rares vrais marxistes du Parti socialiste, Jean Poperen :

> « Nous souhaitons le compromis, la coopération avec les représentants des diverses forces économiques et sociales, y compris, par conséquent, du patronat. Mais cette concertation ne peut porter que sur les modalités, les conditions, le calendrier d'application de notre programme, pas sur le programme lui-même [...] les prophètes de malheur de la droite annonçaient une cascade de catastrophes : l'effondrement de la monnaie, la flambée des prix, les barricades et les grèves insurrectionnelles. Rien de tout cela ne s'est produit, la monnaie n'a pas plongé* malgré les manœuvres visant à créer la panique aux alentours du 21 mai, puis du 15 août. Il n'y a pas eu flambée des prix [...]. Enfin, jamais rentrée sociale n'a été plus calme... »

C'est dans l'après-midi du même jour que le feu fut mis aux poudres, non par des extrémistes, des activistes de la gauche du parti, mais par trois des personnages les plus représentatifs du pouvoir en place : Paul Quilès, Gaston Defferre et Louis Mermaz. Qu'on en juge...

Paul Quilès : « ... personne ne nous saurait gré de laisser en place tous ces hauts responsables de l'économie ou de l'administration qui sont nos adversaires [...]. Mais il ne faut pas non plus se contenter de dire, de façon évasive, comme Robespierre à la Convention : des têtes vont tomber. Il faut dire lesquelles, et le dire rapidement, c'est ce que nous attendons du gouvernement, il y va de la réussite de notre politique... »

---

* Mais on a vu qu'une dévaluation modeste est intervenue le 5 octobre.

Gaston Defferre : « Le problème de la nationalisation des banques se résume en quatre mots. En ce qui concerne les banquiers, c'est simple, c'est eux ou nous. [...] Tout, avant la campagne électorale, pendant cette campagne et depuis l'élection de François Mitterrand comme depuis la constitution du gouvernement, démontre qu'ils n'acceptent pas le verdict populaire. S'ils n'avaient pas été nationalisés, camarades, dites-vous qu'ils n'auraient pas hésité à spéculer contre le franc, à saboter la politique économique et financière du gouvernement, pour essayer de nous chasser du pouvoir*... »

Louis Mermaz : « ... Nous avons une autre conception de l'alternance que l'acception "bourgeoise". Si le droit à l'alternance est pour les démocrates que nous sommes un droit sacré, inscrit dans la Constitution, inscrit au cœur des socialistes, conforme à l'usage du socialisme démocratique, nous ne souhaitons pas que l'alternance soit le retour au passé [...]. Nous voulons réussir pour que demain l'alternance s'exerce, non pas entre aujourd'hui et hier, mais entre les forces de l'avenir... »

Passe encore pour Quilès, dont la référence à Robespierre – fondateur d'un régime appelé « République » sous lequel, à quelques interruptions près, vivent depuis deux siècles les Français – indigna l'opinion : pour maladroite qu'elle parût, il s'agissait évidemment d'une pure figure de rhétorique, préludant à des mesures de relève dans la fonction publique** et les entreprises nationalisées évidemment exclusives de toute violence et que chacun attendait. On fit mine, dans la presse de droite, d'y voir l'annonce d'une « Terreur », comme si, chaque fois qu'un orateur s'inspirant de Danton réclame, à la Chambre, de « l'audace », il préparait les massacres de Septembre... Quilès réclamait de la clarté pour éviter le poids psychologique d'une menace généralisée. Il eut tort d'abord de ne pas citer les noms qu'il visait, ensuite de se situer à l'enseigne d'un personnage dont le nom est inséparable de la guillotine. Maladresse...

C'est bien plus qu'il faut reprocher à ces deux responsables éminents qu'étaient alors Defferre et Mermaz. En posant le problème de la nationalisation des banques en termes purement conflictuels (« eux ou nous ! ») à partir d'un cas individuel***, le ministre de l'Intérieur dramatisait abusivement un débat que le pouvoir avait les moyens de traiter en toute sérénité – compte tenu du comportement de certains banquiers. En réduisant pour sa part la loi de l'alternance, indissociable

* Sur ce thème, voir plus loin, p. 48.

** Pratiquées lors de tous les changements de majorité, notamment après 1974.

*** Celui de Pierre Moussa, patron de Paribas, dont il sera question plus loin.

de la démocratie, à un dialogue entre « forces de l'avenir » (?), le président de l'Assemblée faisait planer sur le débat politique français un étrange parfum de restriction, de bouclage*.

Comment s'étonner que, prenant appui sur une opinion effarouchée, la presse d'opposition se fût emparée de pareilles bévues (sachant bien que ni Defferre, ni Mermaz, ni Quilès n'étaient soupçonnables en tant que démocrates ...) pour déclencher un hourvari où l'épouvante simulée le disputait à une indignation de théâtre ? Titres sur cinq colonnes à la une : « La haine ! », « La saloperie ! », « La guerre civile » ou encore : « Les septembriseurs », un journaliste du *Quotidien de Paris* allant même jusqu'à exhorter tel dirigeant de droite ou tel banquier à fuir son domicile, entrer dans la clandestinité ou émigrer... La Guépéou était aux portes !

Bon. Certains des porte-parole du Parti socialiste, relayés par un auditoire parfois hystérique, avaient donné toutes les verges pour se faire battre, et l'opinion était en droit de s'émouvoir. Sur un tout autre ton, un journal sympathisant de la gauche comme *Le Matin* manifesta une juste sévérité. Mais le procès instruit par certaine presse de droite négligeait l'extrême diversité des propos tenus à la tribune du congrès de Valence. Dès le lendemain, d'ailleurs, *Le Figaro* mettait l'accent sur la substitution aux « incendiaires » de « pompiers » qui, tels Pierre Mauroy, Michel Rocard et même Jean-Pierre Chevènement, se faisaient les « avocats du possible ». Le deuxième fixait pour modeste objectif au pouvoir le « maintien du pouvoir d'achat », ce qui, toujours selon *Le Figaro*, ne l'empêcha pas d'être salué par « une salve d'applaudissements unanime ».

Comme toujours, et c'était son droit le plus strict, la presse avait insisté sur les outrances et les dérapages, sur la brusque mutation de sages en fous. Telle est la loi du genre. Quinze ans plus tard, les historiens sont en droit de s'interroger sur les causes (on n'ose écrire les raisons...) de ces dérapages et incongruités.

Ces causes, on ne peut les trouver que dans les premiers échecs subis, aussi bien que dans les méthodes de « résistance » de l'ancienne majorité, encore imprégnée du sentiment d'« illégitimité » du pouvoir socialiste. Échecs ? Les trois principaux sont la dévaluation tardive et timide (de 8 % par rapport au mark) intervenue deux semaines plus tôt et qui a jeté une ombre sur l'optimisme volontariste du chef de l'État ; le douteux effet de la relance par la consommation ; et surtout la durable stagnation de l'emploi, qui a eu pour lugubre résultat non

---

* Comme le faisait à l'Assemblée le socialiste André Laignel en soutenant que tel orateur de l'opposition, dès lors qu'il était minoritaire, avait « juridiquement tort » !

l'inversion de la tendance mais un léger accroissement du chômage depuis le mois de mai.

Quant à la « résistance », elle a pris depuis quelques semaines la forme d'une implacable guérilla parlementaire de députés de droite comme Michel Noir, François d'Aubert et Alain Madelin. Ayant mobilisé à la tribune un « commando d'intervention », ils multiplient jusqu'à l'absurde les amendements pour retarder le vote des lois de nationalisation. Le climat, à l'Assemblée, est devenu à ce point exécrable qu'on entend Jacques Toubon hurler qu'on va « en venir au coup de poing sur la gueule » et Robert-André Vivien, vieux gaulliste qui estime que son passé autorise tous les débordements, traiter le député socialiste Claude Estier, brave résistant lui aussi, de « Goebbels »...

Mais la clé de l'hystérie de Valence, il faut probablement la rechercher dans ce qu'on est convenu d'appeler l'« affaire Moussa ». Depuis des mois, ce très brillant patron de la banque d'affaires Paribas était soupçonné de transférer les avoirs et dépôts de son entreprise nationalisée dans des filiales étrangères, suisse notamment.

Sondé à diverses reprises par Jacques Attali, auquel revenaient de nombreuses rumeurs en ce sens, Pierre Moussa avait vigoureusement démenti. Mais, le 14 octobre, le « conseiller spécial » du président note sur son carnet :

> « Nous savons maintenant de façon certaine que Pierre Moussa a bien fait transférer à Paribas Genève des participations industrielles que détenait Paribas Paris et qu'il a vendues à un consortium belge, COPEBA, auquel il appartient, 30 % de Paribas Genève, ce qui en fait perdre le contrôle à la maison mère. Pour parler clair, en cette affaire, le gouvernement s'est fait berner[24]... »

Trois jours plus tard, le conseil d'administration de Paribas obtient l'aveu de Pierre Moussa et sa démission immédiate, le président du groupe, Jacques de Fouchier, figure emblématique du capitalisme français, s'écriant : « Je suis contre la nationalisation, mais, *right or wrong, it's my country !** »

Si le vieux banquier Jacques de Fouchier n'avait pu retenir son indignation à l'encontre de l'« entourloupe » commise par l'un des siens, on peut imaginer l'effet qu'elle provoqua sur un congrès socialiste, évoquée à la tribune par un homme comme Gaston Defferre. Si ce banquier se moquait ainsi de l'État, pourquoi pas tous ? D'où le « c'est eux ou nous ! », ainsi plus compréhensible, mais toujours déplorable...

* « Bon ou mauvais, c'est mon pays ! »

Quoi qu'on pense du tempétueux congrès de Valence en octobre 1981 et de son exploitation par l'opposition, il importe de bien marquer le rôle qu'y joua le grand absent, François Mitterrand. Plusieurs de ses collaborateurs ou confidents, comme Jacques Attali ou Michel Charasse, ont complaisamment rapporté les vives critiques formulées par lui dès son retour du Mexique, le 24 octobre, à l'encontre de ces « irresponsables », de leur « bêtise crasse ». Mieux : lors du déjeuner qui suit le Conseil des ministres du 28 octobre, le président tance les orateurs de Valence : « Vous êtes tombés dans le piège de la droite ! Maintenant, c'est moi qui vais payer cela pour longtemps[25] ! »

Certes. Mais c'est oublier ses propres responsabilités. D'abord du fait de son message aux congressistes, lu avant l'ouverture des débats, où il disait « comprendre les impatiences devant [...] certaines résistances » : en ces deux derniers mots était contenue comme une incitation à la démagogie militante. Ensuite, pour ce qui est de la fameuse apostrophe de Gaston Defferre à propos des banquiers, on retrouve la même formule (« C'est eux ou nous ! ») dans la bouche du chef de l'État lui-même réunissant quelques-uns de ses proches à la veille de son départ pour Cancún. Quand on lâche de telles formules en privé, on risque d'en entendre l'écho public...

On note au surplus que les auteurs des pires incongruités verbales de Valence, Defferre, Mermaz, Quilès, ne sont pas des francs-tireurs, des minoritaires : ce sont des intimes du président – ministre, président de l'Assemblée, membre de l'état-major du parti ; des responsables dont il est responsable. Leurs propos, plus ou moins inspirés des siens, l'engagent. En ce sens, Valence est un dérapage, sinon de Mitterrand, au moins du *leadership* mitterrandien.

* * *

Le 17 novembre 1981, Jack Lang, ministre de la Culture, escalade, noire crinière au vent, les marches de la tribune de l'Assemblée et apostrophe ses collègues sur le ton de Marc Antoine haranguant le peuple romain :

> « Doubler le budget de la Culture en temps de crise, est-ce bien raisonnable ? [...] L'urgence ne commandait-elle pas d'autres priorités ? N'est-ce point heurter là de front le sens commun ? A moins qu'il ne s'agisse – suprême habileté – de prescrire la culture comme on prescri-

> rait un analgésique pour mieux faire supporter l'insupportable – la plaie du chômage – que le gouvernement craindrait de ne pouvoir guérir [...].
> Si notre ambition culturelle est une ambition de civilisation, alors aucun ministère n'en a le monopole, aucun ministère n'en est exempté. Chaque administration, chaque service public, chaque entreprise nationale en sera l'artisan. Ce gouvernement compte non pas un, mais quarante-quatre ministres de la Culture [...]. Culturelle, l'abolition de la peine de mort ! Culturelle, la réduction du temps de travail ! Culturel, le respect des pays du tiers monde ! Culturelle, la reconnaissance des droits des travailleurs ! Culturelle, l'affirmation des droits de la femme ! [...] La réponse, c'est le pays tout entier qui l'a, le 10 mai 1981, proférée. Ce jour-là, les Français ont franchi la frontière qui sépare la nuit de la lumière... »

On s'est gaussé de la formule finale, comme on a dénoncé les « têtes coupées » de Quilès. Mais ce que dit par ailleurs le bouillant successeur de Malraux, qui, avec tout son génie, n'avait pu convaincre ses amis de Gaulle et Pompidou, en période d'expansion, de réserver à la Culture plus de 0,5 % du budget, est très judicieux.

S'il est vrai que tout exercice du pouvoir est d'abord une affaire de budget, alors Jack Lang est un ministre plus sérieux ou ambitieux que ses prédécesseurs : il va obtenir pour la Culture ce fameux 1 % du budget qui était le rêve d'innombrables spécialistes de la génération précédente. Et il est clair que cela aurait été impossible sans le soutien déclaré et actif de François Mitterrand, qui avait assuré, quelques semaines avant d'être investi du pouvoir, que « le socialisme, c'est d'abord un projet culturel » – formule séduisante, dès lors que l'on s'interdit d'en inverser les termes !

L'ambition culturelle que nourrissent les hommes de 1981 ne s'inspire-t-elle pas de l'esprit normatif des serviteurs de la monarchie ? Mieux, à coup sûr, que de l'élitisme distingué pratiqué sous les deux précédentes républiques. Ne prétendant pas fonder le socialisme en doctrine officielle, elle se garde surtout de faire de la culture un domaine réservé.

André Gide se refusait à « voir Dieu ailleurs que partout » : ainsi Lang et sa cohorte, ces panthéistes de la culture, prétendent-ils la débusquer et l'animer en tous les domaines où s'affairent des hommes en quête d'épanouissement ou de délectation. Idée que le ministre a formulée, on l'a vu, en parlant des « quarante-quatre ministres de la Culture ».

L'idée directrice du nouveau pouvoir culturel semble bien être d'abattre les barrières qui isolent de la vie de tous la « culture » des spécialistes, d'anéantir ou de minimiser la vieille discrimination entre un champ culturel où seraient censées briller quelques centaines d'intellectuels ou d'artistes en quête de prix Nobel ou Goncourt, d'académies et de lauriers universitaires, et une masse vouée aux épreuves du quotidien et bercée par quelques « loisirs » innocents.

Pourquoi la grande ambition culturelle qu'affiche le gouvernement qui agite la bannière du « socialisme à la française » et a fait du pétulant M. Lang son tambour d'Arcole ne suscite-t-elle pas plus d'effervescence intellectuelle et une plus éclatante adhésion populaire ? Ceux qui ont connu le Paris de la Libération, en 1945, son explosion poétique, sa fécondité plastique, les débats qui opposaient Mauriac aux communistes et Sartre à Camus, le fourmillement d'une presse exaltée, le jaillissement des idées, des images et des sons, la rive gauche en ébullition et la musique débordant des caves, se disent parfois déçus par cette capitale trop sage et un débat d'idées où la nécessaire insolence prend surtout la forme de l'aigreur du disgracié.

La victoire est peu propice aux intellectuels, dont on peut dire que ce gouvernement, pour l'essentiel, les exprime – pour un temps... Privés de ces admirables sources d'inspiration que sont l'indignation, l'invective ou l'admonestation professorale, les voilà réduits au silence et même à l'infertilité... Ne sauraient-ils se manifester valablement que dans l'exil intérieur ? Les occasions viendront...

A ces questions on peut donner d'autres réponses : le pouvoir a aspiré nombre d'artistes et d'écrivains et les a voués à des tâches plus arides – et peut-être plus constructives – que le commentaire, le sarcasme et la glose. Dans la France des années 80, une intelligentsia déçue d'être ramenée (ou promue ?) au rôle de l'« intellectuel organique » défini par Antonio Gramsci va bientôt ronger son frein, doublée, surclassée par une cohorte – entraînée par Jack Lang – de créateurs de la rue plutôt que de l'Académie, d'inventeurs de la quotidienneté, de percussionnistes, designers, tachistes, orphéonistes et cuisiniers, qui auront porté à l'incandescence du génie les artisanats décoratifs.

Autour d'un ministre qui fut non seulement professeur et doyen d'une faculté de droit, mais surtout fondateur et animateur de l'un des plus audacieux festivals de théâtre du monde, celui de Nancy (où l'a connu Mitterrand), les nouveaux croisés de la culture sont tous des praticiens ayant assumé des responsabilités directes sur le terrain, de l'ancien ouvrier fraiseur Gilman, devenu plus tard directeur de la Maison de la culture de Grenoble, au syndicaliste Jean Gattegno (par ailleurs spécialiste de Lewis Carroll), de Maurice Fleuret qui fit de la région de Lille un des foyers les plus actifs de la musique en France, à Paul Puaux, passé du festival d'Avignon à l'Opéra, de l'écrivain Bernard Pingaud à l'imprimeur d'art Robert Delpire et au directeur de l'Institut Pasteur, François Gros. Si l'on ajoute à cette équipe très « professionnelle » la présence dans l'entourage immédiat du chef de l'État d'écrivains et d'artistes tels que Régis Debray, Paul Guimard et Claude Manceron, on doit convenir que l'action culturelle ne risquait pas d'être, dans ce pays, le fruit d'une improvisation.

C'est quelques semaines après l'installation du cabinet Mauroy, le 31 juillet, qu'est adoptée par l'Assemblée la loi sur le prix unique du livre à laquelle a été donné le nom de son promoteur, Jack Lang, dont frappe encore une fois l'esprit de décision : une loi qui aura fait beaucoup pour sauvegarder les « petits libraires », ceux qui servent de guide aux indécis, aux débutants, contre la mainmise du commerce du livre par les grandes surfaces. Ici, vraiment, culture et gauche se confondent…

On a raillé le côté « paillettes » de l'animation culturelle dont Jack Lang s'est fait le promoteur. Tout le monde ne peut pas être Georges Pitoëff-le-pauvre ou Georges Rouault-le-dépouillé. La culture ne fleurit pas que dans la pénombre monastique, et le faste ostentatoire qui marque le surgissement de ce nouveau surintendant Fouquet – qui loin de susciter la mortelle jalousie du roi, bénéficie de son active faveur – reste un legs de ce règne socialiste, dont l'invention de la fête de la Musique, le 20 juin, demeurera un des beaux fleurons.

Et comment oublier ceci ? Le 11 juillet 1981, sept semaines après s'être installé à l'Élysée, François Mitterrand reçoit une courte note de Jack Lang sur le thème : rendons le Louvre tout entier à la culture pour en faire le plus beau des musées. Note du président en marge : « Belle idée. Mais très difficile à réaliser, comme toutes les belles idées. M'en reparler. » Dix ans plus tard, la « belle idée » était bel et bien devenue réalité – qui pérennisera peut-être plus que tout, Europe comprise, le passage de François Mitterrand dans la vie publique de la France.

Car le Grand Louvre n'a dû son existence qu'à l'acharnement combiné du président, de son ministre de la Culture, du secrétaire d'État aux Grands Travaux Émile Biasini et au génie plastique de Yeoh Ming Pei. N'oublions pas que, ministre des Finances, Édouard Balladur avait juré que, lui vivant, le ministère des Finances ne quitterait pas l'aile Richelieu du Louvre…

On reviendra sur les lumières et les ombres de ce « festival Lang » – sur la facticité de certains « coups » comme sur l'éclat de la réinvention obstinée d'une culture populaire. Il faudra attendre 1993 pour que l'enseignement esthétique trouve enfin son encadrement légal.

Quant aux Grands Travaux, qui ne regrette que la hideur monumentale de l'Opéra-Bastille* réponde si mal à la splendeur du Louvre?...

* * *

François Mitterrand avait été élu en raison de son aptitude supposée à rénover la société française, plutôt que pour sa capacité éventuelle à restaurer la situation de la France dans le monde. Telle était en tout cas l'idée commune. Pas la sienne : longtemps chargé des affaires d'Afrique, visiteur studieux de la Chine, de l'URSS et du Chili, interlocuteur apprécié de Henry Kissinger, membre très actif de l'Internationale socialiste, militant européen, engagé dans le grand débat israélo-arabe, il était un homme de l'universel. Et, jusqu'à ses derniers jours, il s'attachera à faire valoir son rôle de correcteur, d'ajusteur de la « grandeur » gaullienne.

Pas de négateur. Car, au-delà des aigreurs et dénis de justice qu'il n'a pas su s'épargner, s'agissant du Général, la continuité de vues entre le connétable du Nord et le cadet d'Aquitaine est aussi claire que celle qui lie Mazarin à Richelieu et Clemenceau à Gambetta.

L'un est certes plus rebelle à l'hégémonie américaine et moins disposé à inscrire la France dans une Communauté européenne qu'elle ne régenterait pas; l'autre est sans doute plus sensible aux exigences immédiates des rapports de force et plus enclin à s'illusionner sur les miracles que peut attendre d'une négociation un chef d'État rompu aux ruses de l'Histoire. Mais sur l'essentiel – à partir bien sûr de la conversion de Mitterrand, entre 1971 et 1973, à la force de frappe nucléaire – le président socialiste conduira les affaires de la France en géostratège aussi imprégné de l'Histoire et féru des réalités géographiques que Charles de Gaulle.

Moins raide mais tout aussi vigilant et « consistant » à l'endroit des Américains (qu'il apprécie mieux que ne le faisait son immense prédécesseur), plus anglophile, également persuadé de l'absolue centralité des relations avec l'Allemagne (réinventant avec Kohl le tandem de Gaulle-Adenauer), également attaché à la détente avec l'Est (mais avec plus de circonspection), « tiers-mondiste » plus verbal qu'efficace (et qui gardera, par rapport au Général, le handicap de n'avoir pas su – pas voulu? – mettre fin à la guerre d'Algérie), apportant plus

* La responsabilité en incombe à un jury dont le chef de l'État voulut respecter le verdict, non au ministre.

d'équité dans le débat israélo-arabe, également englué dans le clientélisme africain (mais avec, à son passif, un plus sinistre bilan*), il semble s'attacher à fournir obstinément les données d'un parallèle et à prolonger la ligne de vie de la diplomatie française tracée par l'Autre. De Charles-le-grand à François-l'avisé, du Capétien altier au Valois ingénieux, on relève en fait moins de fractures ou de ruptures que de différence d'altitude. Et si le bilan de l'aîné, du créateur, est d'un autre volume, on doit reconnaître au troisième successeur les talents de l'adaptateur subtil.

Ajoutons, pour conforter cette thèse du « gaullisme infus » (plus que conscient) chez Mitterrand stratège diplomatique : la plupart de ceux qui travaillent à ses côtés en ce domaine sont de près ou de loin des admirateurs du Général – de Claude Cheysson à Régis Debray, d'Edgard Pisani à Hubert Védrine, de Jean-Marcel Jeanneney à Edgar Faure, sans parler, au gouvernement, de Michel Jobert et de Jean-Pierre Chevènement, voire de Pierre Joxe.

Moyennant quoi, il serait absurde d'ignorer la spécificité de la diplomatie mitterrandienne, qui n'est pas seulement une adaptation soyeuse de la quête de grandeur gaullienne. Sa saveur propre est faite aussi des effluves du terrain aquitain, des sinuosités de la Charente, des odeurs de ferme du Morvan, du pessimisme de Vichy et des audaces de la clandestinité. Elle a également pour composante une sensibilité européenne où Machiavel, Voltaire, Hugo, Tolstoï, Toynbee et Thomas Mann sont tenus pour des maîtres à penser et à sentir également proches et inspirants, un internationalisme à la Jaurès vient corriger les leçons de Bainville et de Barrès, et ce qu'il faut appeler un opportunisme musclé : Mitterrand est l'homme qui prétend ne jamais s'enfermer pour n'être jamais pris de court, et *a fortiori* piégé. Il le sera d'une certaine façon à propos de la réunification allemande pour avoir fait trop de cas – lui, le méfiant, le machiavélien – de ce que « pèse » encore Mikhaïl Gorbatchev ou la germanophobie russe ; à propos de la Bosnie pour n'avoir pas su faire prévaloir, contre ses amis allemands, sa vision catastrophiste de l'implosion yougoslave, et au Rwanda, enfermé qu'il est dans sa vision ethnocratique de l'Afrique.

Trop sûr de lui, de sa culture et de ses artifices ? Peut-être. Trop lucide pour faire de la France l'invincible « madone » de Péguy animée par de Gaulle, pour voir dans le socialisme un talisman, pour reconnaître à l'Histoire le rôle d'arbitre infaillible que lui fixait Hegel, il aura cheminé à travers les champs de mines du siècle en fin limier

* Voir chapitre XIII.

plutôt qu'en fondateur, en pilote plus qu'en découvreur de terres, Ulysse aux mille ruses plutôt qu'Achille et ses certitudes. Trop pessimiste en tout cas pour être grand* ; assez lucide pour jouer à bon escient – à quelques dérapages près – les cartes de la France.

Pour s'en tenir à ces mois qui voient le souverain du Front populaire prendre en main les leviers, mettre ses gens en place, mesurer ses limites, dévoiler ses faiblesses – mettons, jusqu'au début de 1982 –, on retiendra trois tests de son aptitude à piloter la France, après le dénouement assez crâne qu'il a donné à la petite crise ouverte avec Washington à propos de l'entrée des communistes au gouvernement : le premier sommet des sept pays les plus industrialisés à Ottawa en juillet ; la conférence Nord-Sud dite « de Cancún » en octobre ; et la répression du mouvement populaire polonais en décembre. On le verra dans les trois situations peu disposé à admettre l'hégémonie américaine, impatient d'afficher un tiers-mondisme décoratif, très (trop ?) réaliste face à l'Est.

La « conférence des riches » n'était pas la meilleure porte d'entrée dans l'arène internationale pour un président socialiste. « Complice » pour les uns, il risquait de n'être, aux yeux des autres, qu'un contestataire naïf et malotru. Il ne fut ni ceci ni cela, nouant avec Ronald Reagan une relation limitant au minimum l'arrogance intellectuelle de l'Européen face à celle, matérielle, de l'Américain.

De ses premiers contacts avec Ronald Reagan, et en dépit du mépris que certains de ses collaborateurs affichent à propos de l'« homme aux fiches** », le président français gardera un assez bon souvenir pour confier trois mois plus tard à Helmut Schmidt, venu le voir à Latche : « C'est un homme sans idées et sans culture [...] mais, sous cette croûte, vous trouverez un homme qui n'est pas sot, qui a un grand bon sens et qui est profondément bienveillant. Et ce qu'il ne perçoit pas par son intelligence, il y arrive par sa nature [26]... »

Bon pour le contact, s'agissant non seulement de « Ronnie » mais aussi de « Maggie » Thatcher, à laquelle ce connaisseur trouvera « du charme », et du brillant Canadien Trudeau, mais nul pour le résultat. Sur la verte pelouse de Montebello, le président français avait cru pouvoir convaincre ses puissants alliés que, tout fléchissement de l'économie française affaiblissant l'Alliance, une baisse des taux d'intérêt pratiqués par les États-Unis accélérerait la relance annoncée par tous les experts et qu'ils reportaient désormais au début de l'année 1982. C'est

* Bien que Clemenceau le fût autant, mais en des circonstances si particulières...

** M. Reagan, à quelques élans près, s'exprimait en lisant les fiches rédigées par ses collaborateurs, rangées dans la poche intérieure gauche de son veston.

ce dont il avait chargé son « sherpa* », le grand économiste Jean-Marcel Jeanneney, de convaincre les Américains ; mais l'ancien ministre du général de Gaulle était rentré porteur d'indications très négatives (« Ne vous faites aucune illusion, ils ne feront rien pour vous ! »).

Ainsi François Mitterrand revint-il bredouille d'Ottawa. Mais il s'y était acquis un brevet d'allié loyal, de personnage convenable, de décent membre du club. A cet effet, il avait donné un gage en transmettant au leader de l'alliance les informations communiquées depuis plusieurs mois aux services de renseignement français par un agent soviétique doté du nom de code de « Farewell ». Les informations reçues de ce personnage** haut placé dans la hiérarchie soviétique – certains documents sont des notes émanant directement de Youri Andropov, annotées par Brejnev ! – peuvent-elles être dissimulées aux Américains ? Giscard n'avait pas pris la décision. Sitôt en place, Mitterrand le fit. Souci de mettre en valeur son loyalisme occidental ? Opération de prestige français ? Ou simple fidélité à l'Alliance ? Le fait est que la rencontre d'Ottawa lui donna l'occasion de communiquer à Ronald Reagan et à son équipe le dossier « Farewell ».

L'entourage de Mitterrand a longtemps soutenu que la communication des pièces de ce dossier avait stupéfié les Américains et restauré d'un coup leur confiance dans l'allié français – décidément préservé de la lèpre soviétique. A la fin de sa vie, pourtant, l'ancien président émettait des doutes sur la valeur des informations en question. S'il éluda la question relative à cette affaire quand je la lui posai, en octobre 1995, il avait confié six ans plus tôt*** à Pierre Favier et Michel Martin-Roland que ces informations pouvaient bien venir des États-Unis et avoir été communiquées à Paris afin de « tester la France socialiste et me tester personnellement… ». Il ajoutait : « Si tel était le cas, on devait avoir l'air malin, Cheysson et moi, devant Reagan et Haig, en "révélant" l'affaire [27] ! »

Bref, de sa première grande épreuve internationale le président socialiste revient « blanchi » par la Commission des activités anti-américaines****, mais bredouille en tant que père nourricier de l'économie française. Bon pour le visa, mais pourquoi est-il donc allé se jeter dans ce « socialisme », démocratique ou non ?

---

* Personnalité chargée par chacun des participants aux sommets d'« escalader » pour eux la « pente » avant l'ouverture du débat – déjà clos quand ont opéré ces experts.

** Qui, quelques mois plus tard, sera victime d'un « drame passionnel » – selon la version officielle… (Voir chapitre XIV.)

*** Février 1989.

**** Organisation anticommuniste dont Ronald Reagan était, dans les années 50, un fervent zélateur.

Le brevet de loyauté acquis en juillet au Canada, François Mitterrand allait en éprouver la fragilité trois mois plus tard au Mexique. C'est à Mexico, là même où de Gaulle avait lancé un « *mano en la mano* » qui fit quelque bruit, puis à Cancún, en présence de neuf chefs d'État du Nord et du Sud, que le président français donna vie au concept de « non-assistance aux peuples en danger » – danger qui était ici celui de la misère*. Mais si la foule massée sur le *zócalo* de Mexico acclamait, le 20 octobre, l'appel formulé avec le lyrisme insufflé aux périodes mitterrandiennes par un Régis Debray au meilleur de sa forme et opérant sur son terrain, ses puissants interlocuteurs de naguère à Ottawa accueillirent froidement les suggestions françaises.

La proposition formulée par Mitterrand d'ouvrir, sous l'égide de l'ONU, une négociation globale entre riches pays du Nord et pauvres pays du Sud en vue d'une répartition plus équitable des richesses de la planète, idée simple, et juste s'il en est, fut écoutée par les éventuels payeurs – Américains, Japonais, Anglais, Allemands – avec l'indifférence poliment ironique réservée par les gens de bien aux prédicateurs de l'Armée du salut.

Ronald Reagan, bonne âme au dire des siens, voulut bien concéder verbalement que l'idée d'une « relance pour le Sud » pouvait présenter quelque intérêt. Mais sitôt que l'avion du président des États-Unis se fut envolé vers Washington, un message du secrétariat au Trésor américain parvint à Paris, invitant les responsables français à ne pas tenir compte des propos du président des États-Unis [28]**...

* * *

C'est sur le terrain de la diplomatie « chaude », celle que mettent en jeu les grandes crises internationales et le sang versé, que beaucoup vont mesurer la crédibilité de la diplomatie mitterrandienne. Le dimanche 13 décembre 1981, à l'aube, le monde apprend avec stupeur qu'il est coupé de la Pologne. Deux mois après que le syndicat anticommuniste Solidarnosc, animé par Lech Walesa, se fut déclaré prêt à prendre la relève du système communiste épuisé, faisant naître à

---

* Formule qui sera retournée contre lui à propos de la Bosnie (voir chapitre XI) et du Rwanda (chapitre XIV).

** On observera plus loin que c'est au retour de Cancún, où il s'était senti endolori, que François Mitterrand eut, le 16 novembre 1981, la foudroyante révélation de sa maladie.

Moscou – qui dispose, sur le territoire polonais, de forces d'occupation imposantes – des projets d'intervention redoutables pour la paix, le général Jaruzelski, nouveau secrétaire général du PC polonais, a proclamé pendant la nuit l'« état de guerre ». Arrestations et rafles se multiplient. Walesa est placé en résidence surveillée. Le peuple polonais est, une fois de plus dans son histoire, ligoté.

Jaruzelski est communiste. Il est aussi polonais. Dans une déclaration diffusée au cours des heures qui suivent, il affirme que la décision qu'il vient de prendre est la seule qui permette de « sauver l'État » – en d'autres termes, de prévenir une invasion soviétique. Ce que la plupart des observateurs étrangers, à commencer par le chancelier social-démocrate autrichien Bruno Kreisky, meilleure « tête politique » d'Europe centrale, résument en cette formule : plutôt la police polonaise que les chars soviétiques. Probablement. Mais l'opération n'en est pas moins atroce, et rien ne prouve au surplus qu'elle n'est pas le premier temps d'une radicale reprise en main du pays par l'URSS, un retour au statut de l'époque stalinienne semblable à celui d'octobre 1956, après une tentative de « libéralisation » de Gomulka.

Ce qui paraît clair, en tout cas, dans les premières heures, c'est qu'aucun mouvement de troupes soviétiques n'a été repéré par les indicateurs et satellites occidentaux. Alexander Haig, le secrétaire d'État américain, dont la modération n'est pas la vertu principale, communique aussitôt cette information à ses collègues anglais, allemands et français, qui reçoivent de leurs services les mêmes indications. Pour l'heure, c'est une affaire intérieure polonaise...

... Qui n'en pose pas moins des problèmes spécifiques à la France, en raison des liens séculaires qui unissent les deux peuples (une visite à Varsovie de Pierre Mauroy, élu des mineurs polonais du Nord, est prévue pour les jours suivants) – et du fait de la présence de ministres communistes au gouvernement, qui peut donner à la « modération » de Paris les allures d'une complicité. Fiterman et ses trois acolytes ne vont-ils pas tenter de convaincre leurs collègues du gouvernement d'être « compréhensifs » à l'endroit de leur camarade Jaruzelski ?

L'opinion n'a pas eu le temps de formuler ces questions quand le chef de la diplomatie française donne une première réponse, qui va dramatiser et surtout biaiser le débat. Vers 8 heures du matin, alors que l'on vient de recevoir les premières informations et que le public ne sait pas si les forces soviétiques sont engagées ou non dans la répression, un journaliste d'Europe n° 1 appelle, en direct, Claude Cheysson, ministre des Relations extérieures (qui s'entretient fiévreusement depuis deux heures avec ses collègues américains et allemands) : « Le gouvernement français a-t-il l'intention de faire quelque chose ? » La réponse du ministre tombe comme un couperet : « Naturellement, nous ne ferons rien ! »

Techniquement, professionnellement, cette réponse n'est que l'énonciation d'une décision collective et indiscutable. Tous les signaux indiquent qu'il s'agit jusqu'à nouvel ordre d'une affaire « entre Polonais ». Les collègues étrangers de Cheysson ont opiné dans le même sens après avoir consulté Mgr Glemp, l'archevêque de Varsovie*. Le propos n'en est pas moins malheureux, assené qu'il est comme une tranquille évidence. La franchise peut être, en matière diplomatique, l'habileté suprême – entre professionnels. Elle l'est plus rarement dans le domaine de la communication entre le pouvoir et l'opinion. La vérité décochée comme un obus par Cheysson, en cette matinée de deuil, à propos de ce peuple ami et blessé, n'était pas assimilable. Elle ne fut pas assimilée et déclencha contre le pouvoir socialiste un triple procès – politique, idéologique et humanitaire.

Il est peu de dire que François Mitterrand désapprouva le propos de son ministre, qui l'avait informé du fait, mais pas consulté sur le commentaire à en donner. Le président, qui deux mois plus tôt, dans son entretien de Latche avec le chancelier Helmut Schmidt, avait envisagé la prise de pouvoir par Jaruzelski comme un recours contre l'invasion soviétique – ce qui était plus encore le point de vue de l'Allemand** –, sait, à l'instar de son partenaire de Bonn, que nulle représaille militaire ne peut être seulement envisagée. Il voit bien que tous les gouvernements occidentaux s'en tiennent à une prudente réserve. Mais il connaît, mieux que Cheysson, la sensibilité de l'opinion française, la tradition historique qui, depuis le XIXe siècle, lie les « libéraux » français à la Pologne***. Et il sait qu'en l'occurrence ses ministres communistes pèsent lourd.

Le 16 décembre, l'affaire polonaise donne lieu à un échange très vif en Conseil des ministres : Michel Rocard met l'accent sur la sauvegarde des libertés polonaises et parle de nécessaire assistance à personne en danger ; Robert Badinter et Nicole Questiaux suggèrent une interruption des crédits consentis à la Pologne – tandis que Defferre, Delors, Chevènement, Hernu plaident pour une attitude d'attente ; Fiterman fait sensation en déclarant qu'« un communiste est toujours réservé quand un général fait arrêter des syndicalistes... ». Quant à Mitterrand, que ses amis allemands, notamment, incitent à une réserve

---

* Dont, il est vrai, la faculté d'« accommodement » était vertigineuse...

** Voir plus loin, chapitre III.

*** C'est d'ailleurs de la gauche non communiste que viendront les critiques les plus acerbes contre l'attitude de la France.

pour laquelle il avait d'emblée opté, il se prononce en faveur des prudents : « ... Peut-être dira-t-on un jour que Jaruzelski a agi de façon intelligente au prix de la perte des libertés... Nous n'avons à notre disposition que des mots, et des vivres... que seul peut distribuer le gouvernement polonais en place... Tout le monde est d'accord pour qu'on n'envoie pas de divisions en Pologne [29] ? »

Le président confiera à son entourage que l'affaire polonaise marque « le début de la fin du Parti communiste français » et il ne cessera tout au long de la crise, dans ses rapports avec les voisins et alliés de la France, d'attirer l'attention sur le sort de la Pologne ligotée. Il n'en payera pas moins durement le prix de l'impair de Claude Cheysson, qui aura donné à l'ensemble des comportements français, inévitables et d'ailleurs moins veules que ceux des autres Européens, une coloration munichoise.

Mais les plus virulents dénonciateurs de cette attitude semblèrent oublier le comportement de l'État français (alors présidé par le général de Gaulle) lors de l'invasion de la Tchécoslovaquie par les troupes soviétiques et leurs alliés, en août 1968. Contre cette agression sanglante et massive, qui n'avait rien d'une affaire intérieure, quelle avait été la réaction, à Paris, des successeurs des gouvernants coupables d'avoir trente ans plus tôt abandonné Prague aux nazis ? Michel Debré, ministre en exercice, avait qualifié l'invasion soviétique d'« incident de parcours »...

* * *

A qui sillonnait la France à la fin de 1981, comme le fit l'auteur*, l'image de François Mitterrand, chef de l'État depuis six mois, apparaissait, comme son personnage et sa vie, un kaléidoscope. L'« état de grâce » épuisé, le franc dévalué, les incongruités de Valence et le « Nous ne ferons rien ! » fraîchement imprimés dans les mémoires, le pouvoir socialiste semblait plus ébréché que son chef, mais encore porté par une faible majorité de l'opinion.

Les mineurs de Lorraine espéraient toujours un sursis. Si la viticulture méridionale s'inquiétait des projets d'accueil faits par l'Europe à l'Espagne, le patronat du Nord s'étonnait de n'avoir pas dû faire face à plus d'agitation sociale. Jarnac ne s'était pas transformé en Colombey, la Bretagne investissait bravement dans l'élevage ou l'artichaut et un

* Cf. Simonne et Jean Lacouture, *En passant par la France*, Le Seuil, 1982.

peu partout naissaient et s'organisaient des troupes de théâtre et des groupes musicaux encouragés par le scintillant ministre de la Culture, tandis que s'opéraient des transferts de fonds vers l'étranger…

La France de Mitterrand ? Il fallait, pour prendre conscience de ses mutations et de l'implication du personnage dans ce mouvement brownien, courir de-ci, de-là, et retrouver partout, en état de fermentation, les fragments du personnage. Ayant donné quelques preuves de son talent politique et en attendant de se hausser (ou non) en personnage historique, le voici, multiple, contradictoire, moiré, fondu dans le paysage, document ethnographique, chef-d'œuvre de pluralité sociologique.

CHAPITRE II

Le socialisme ou l'Europe

• La galerie des Glaces • « Socialisme à la française » • Le souhaitable et le réel • Premières mises en garde • La rigueur de 1982 • « Visiteurs du soir » contre groupe des Cinq • Les « ides de mars » • « Quel tournant ? » • Le giron de Bruxelles • Une Europe en quête de relance...

Il s'avance, de ce pas de cérémonie circonspect que semble lui avoir appris le chambellan d'une principauté italienne, le long de la galerie des Glaces de Versailles, méditant. A ses côtés, Ronald Reagan, inconscient Charles Quint de l'âge nucléaire, Margaret Thatcher, moderne Élisabeth dont la flotte se bat à l'extrémité des mers, et Helmut Schmidt, vaguement ironique. Joue-t-on là du Racine ou du Molière ?

Après un an d'exercice d'un pouvoir quasi absolu, inimaginable deux siècles après la Révolution et un siècle de pratique républicaine, François Mitterrand s'apprête, le 4 juin 1982, à présider en grand arroi, sous les plafonds du Roi-Soleil, le sommet des sept puissances réputées les plus riches du monde – tandis que l'un de ses conseillers les plus proches note acidement dans son carnet : « Dans les sept pays ici réunis, il y a cinq millions de chômeurs de plus qu'en juillet dernier, la croissance mondiale est nulle [...]. Au Liban, la guerre gronde et, en France, la dévaluation* est pour dans huit jours [1]... »

Quelques mois plus tôt, le 31 décembre 1981, notre souverain socialiste avait d'ailleurs fait passer à son « conseiller spécial » Jacques Attali ce billet d'une impériale brièveté : « 1981 : 1) Qu'a-t-on dépensé ? 2) Pour qui ? » Note qui aurait pu servir de slogan à une campagne de ses plus violents adversaires, mais qu'on peut retenir aussi comme une manifestation de l'indicible ambivalence du personnage, qui ne fait le socialiste couronné qu'avec la conscience la plus aiguë de la relativité de ces choses, du signe qu'elles portent comme du coût qu'elles entraînent « Combien ? Pour qui ? » Un fils de bourgeois charentais. C'est

* La seconde en un an...

de cette méditation souveraine au milieu des ors et des fastes de Versailles que va dater l'une des mutations décisives du régime – de la monarchie socialiste flamboyante à une république de la rigueur.

Quels enseignements peut-il tirer en fait de ces treize mois voués à trois tâches, dont il constate mieux chaque jour sinon l'incompatibilité, en tout cas l'extrême difficulté à les accommoder : être le président de tous les Français, instaurer le « socialisme à la française » et rendre son élan à la construction européenne ?

Président sinon de tous, en tout cas de beaucoup de Français (56 % d'opinions favorables, encore, au début de 1982), il n'a pas beaucoup de mal à l'être, du fait de ce que son personnage a de notable, d'avunculaire*, d'expérimenté, de décisif – on dirait de « parvenu » si le mot n'avait pris dans le langage commun un sens si négatif. Oui, il est parvenu au sommet à force d'audace, d'acharnement, de talent, de métier : toutes choses que ses électeurs, et bien d'autres, reconnaissent, compte tenu de la dose de cynisme qu'il a fallu injecter dans ce parcours. « Il ne l'a pas volé ! », constatent, hochant la tête, une majorité de citoyens qui préfèrent aux inspirés les patients bâtisseurs d'eux-mêmes.

Et puis il y a cette vigoureuse représentativité collective accumulée par le sergent évadé, le maréchaliste résistant, l'élu de la IVe République, le radical devenu socialiste (pour redevenir radical ?), le Charentais du Morvan, le Landais de Paris, le flâneur de la rive gauche projeté, par l'élection, sur les Champs-Élysées, le très éminent Français moyen amoureux des livres comme les uns, des arbres et des bêtes comme les autres, membre de la Société des amis des ânes, maître d'un labrador, qui mettrait ses landes dans un pot et d'une rose ferait une forêt.

Bon. Un président à l'usure et plus encore à l'usage, dominateur et sûr de lui, à l'oreille fine, à l'appétit solide et qui dîne en ville – huîtres et bœuf miroton – pour ne pas être ce prisonnier du palais que lui a décrit Valéry Giscard d'Estaing. Personnage du rôle, dirait un metteur en scène, fût-il plus proche de Beaumarchais que de Corneille et de Jules Renard que de Paul Claudel. Mais sur le trône dessiné par les maîtres artisans gaullistes, assez à son aise pour savoir, d'un coup de reins, plonger dans la foule, bouquiner chez les libraires ou conter fleurette à Colombine.

Il ne s'agit cependant pas « seulement » de cela. Ce règne, il l'a défini, d'entrée de jeu, comme « socialiste ». Il n'a pas escaladé ces marches pour succéder sagement à M. Giscard d'Estaing, ni même, on l'a vu, pour changer la société, mais pour « changer de société », c'est-à-dire les rapports de pouvoir et de production, sinon les mœurs. Projet

* On ne parlera de « Tonton » que trois ou quatre ans plus tard.

dont on voit mieux, seize ans après, et expérience faite, le côté « Tintin », comme eût dit Charles de Gaulle, ce caractère romanesque sinon romantique qui colle à la peau du réaliste Mitterrand, ce goût du défi qui donne sa saveur à la carrière de ce grand professionnel de la politique. Assez averti, dira-t-on, pour savoir que le rêve est une donnée fondamentale de la vie d'un peuple, qu'on ne peut entraîner celui-ci que par une ambition commune. Pour de Gaulle, ç'avait été l'indépendance. Saura-t-il, lui, donner autant d'éclat à l'objectif de justice ?

Il sait pourtant ce qu'est la société française, son conservatisme, les adhérences qui bloquent les mouvements, les rapports de forces, les contraintes alentour. Il n'est pas un *outsider* comme Proudhon, ou Vaillant, ou autrement Jaurès. Il fréquente et admire quelques-uns des hommes qui donnent son style et sa force au capitalisme français. Mais, en 1981 comme en 1971, il proclame que quiconque ne cherche pas la « rupture » avec cette société n'est pas socialiste...

Qu'était-ce donc que ce « socialisme à la française » échafaudé, autour du premier secrétaire, d'Épinay à Metz, par quelques audacieux – Pierre Joxe, Jean-Pierre Chevènement, Didier Motchane, Jean Poperen, Claude Estier, Édith Cresson, Paul Quilès, Laurent Fabius et, avec plus de prudence, Lionel Jospin –, doublant hardiment sur leur gauche les braves rescapés de la SFIO – Gaston Defferre, Pierre Mauroy, Alain Savary –, les autogestionnaires de Michel Rocard et les sociaux-démocrates incarnés par Jacques Delors.

Était-il « à la française », ce socialisme, parce qu'il était moins décroché de Marx que ses homologues allemand ou anglais, se refusant à troquer les leçons du maître rhénan contre celles de Proudhon ou de Jaurès – quitte à retrouver, par d'autres voies, Saint-Simon ? Parce qu'il restait attaché au concept de lutte des classes ? Parce qu'il se voulait plus jacobin que girondin ? Ou simplement parce qu'une constante de notre histoire veut que les Français ne puissent faire de réforme que sous forme de révolution, en recourant à la logomachie et à la gestuelle révolutionnaire, qu'ils ne puissent changer la société qu'en faisant mine de changer de société ?

Là où l'ensemble des socialistes européens, de Brandt à Kreisky, de Palme à Gonzalez, se réclament d'une social-démocratie (dont ni Engels ni Jaurès ne disaient tant de mal, et dont Blum avait su préserver les chances au congrès de Tours), la cohorte qui entoure le vainqueur du 21 mai 1981 prétend faire prévaloir un projet placé sous le signe de l'« exception française » qu'imprègnent des siècles d'une histoire, une longue tradition étatique, des échos de Mai 68, pour certains le gauchisme et, surtout, le passage par l'Union de la gauche et le Programme commun.

Et aussi, convenons-en, par le gaullisme. Comment ne pas s'étonner de voir converger vers ce pouvoir né de l'antigaullisme formel – celui de 1958, de 1962, de 1965 – tant d'hommes qui, par des voies ou regards divers, y découvriront quelque chose de ce gaullisme de gauche dont ils ont rêvé – de Jean-Marcel Jeanneney et Edgard Pisani à Frédéric Grendel, de Michel Jobert à Pierre de Boisdeffre ? Quitte à manifester plus tard leur déception, ce courant-là est un des affluents du fleuve de 1981.

Bien sûr, face à des partenaires comme Ronald Reagan ou Margaret Thatcher, qu'il soit « à la française », « à la portugaise » ou « à la bulgare », c'est le socialisme qui est réprouvé. L'un des plus proches collaborateurs du président américain, Richard Allen, ne déclarait-il pas à l'un de ses interlocuteurs français qu'il ne voyait pas en quoi la politique du gouvernement Mauroy différait de celle des Soviétiques ? Autour de « Maggie », on est un peu plus subtil – mais non moins prévenu. Pour les ultra-libéraux qui dominent alors l'économie mondiale, ce ne sont là que ruineuses folies et folklore gaulois. Témoin, ce propos du *Wall Street Journal* après la troisième dévaluation, celle de mars 1983 :

> « L'idée appelée socialisme est morte, et les intellectuels qui ont essayé de rendre le collectivisme respectable se cachent. C'est un très grand événement pour la civilisation occidentale. La part de la culture française qui est inspirée par le socialisme est et restera une nullité mondiale [...]. La France s'éloigne de ce tas d'ordures. »

Citant ce texte, Philippe Bauchard pourra écrire : « Cette gifle américaine traduit une réaction virulente des milieux d'affaires internationaux, peu éloignée des sentiments réels des hommes d'affaires français [2]. »

C'est par rapport au cadre européen que le programme mitterrandien de 1981 – nationalisations massives, relance de choc, réduction du temps de travail sans mise en cause des salaires – provoque la rupture et l'isolement. Voulant « rompre » avec la société pompidolienne et giscardienne, il prend le risque de le faire avec ses partenaires européens. Là va se situer le vrai débat : instaurer ce socialisme « chirurgical » qui s'est proclamé à Metz et confirmé à Valence, c'est aussi poser le problème de la solidarité européenne, en termes monétaires d'abord, sociaux ensuite, politiques enfin. Qu'un Européen aussi convaincu et expérimenté que François Mitterrand ait dû confronter pendant deux ans ses démarches avec celles de ses voisins pour en venir à cette conclusion a de quoi déconcerter.

On le verra, d'un concile européen à l'autre, de Bruxelles à Luxembourg et à Stuttgart, tenter de rallier à ses vues audacieuses des partenaires plus soucieux de parer aux catastrophes annoncées par les chocs pétroliers de 1973 et 1979 que de faire jaillir plus de justice de sociétés conditionnées par le marché, et entre elles interactives. De sommations en sollicitations et en compromis, on le verra adapter les ambitions de 1981 aux contraintes de l'environnement.

On peut s'apitoyer, ricaner, censurer ou admirer : c'est au terme de rudes combats que le socialisme de rupture de 1981 finira par s'ajuster, en 1983, à ces deux cadres contraignants : le marché et la solidarité européenne.

Que l'on ne croie pas à un repli élastique du virtuose dépris des illusions de 1971-1981 sur les positions préparées à l'avance d'une social-démocratie molle, confiant au capital le soin de produire et à l'État celui de répartir. Qu'on ne l'imagine pas docile aux avertissements prodigués à la fin de 1982 par des observateurs comme Jacques Julliard, excellent interprète de la pensée de Michel Rocard : « Le socialisme ne devrait plus être un discours sur le souhaitable, mais un parti pris sur le réel[3]. »

Non. Le converti frémissant d'Épinay, le vainqueur du congrès de Metz, l'avocat de la « rupture » de 1981 ne se rallie que pied à pied à ce « réel ». Il lui arrive de se cabrer. En avril 1984, il fait à Jean Daniel cette confidence :

> « Vous vous souvenez de ce qu'on a appelé l'"état de grâce" en 1981. C'était un moment extraordinaire. Je pouvais tout faire... Je ne dis pas que j'en ai eu la tentation, mais enfin j'ai quelquefois caressé, comme ça, l'utopie, je me voyais agitant le pays... Robespierre... Lénine... vers une sorte de collectivisme... J'aurais marqué l'Histoire, j'aurais mis la France en branle pendant quatre ans... j'aurais tout nationalisé, pourquoi pas ! Je sais pourquoi je ne l'ai pas fait, vous le devinez... »

Dans le *Verbatim* d'Attali, on entend l'écho de velléités révolutionnaires, de nostalgie du tout ou rien : « Si j'étais Robespierre, si j'étais Lénine... » Le fait est qu'il n'était ni l'un ni l'autre...

S'il avait pu « faire le socialiste* » sur les tribunes de la Mutualité et du stadium de Toulouse au point de se prendre au jeu et de s'investir pleinement – sinon définitivement – dans ce rôle de grand réformateur politique et social, il ne pouvait faire le Montagnard, le bolchevik. Ni face aux délégués syndicalistes, ni face au patronat, ni au regard d'un

* « Faire le » traduit une locution italienne qui implique à la fois la comédie et l'engagement, une part d'altérité et un fond d'intériorité : « *Fatto il presidente...* »

parti multiple, d'une opposition composite, moins encore à l'adresse du chancelier fédéral ou du président de la Commission européenne. L'audace était la part du rêve. Le compromis sera le fruit du réel.

François Mitterrand avait su quelquefois « rompre » à titre individuel, de 1941 à 1958, et plus tard. Mais ce qui se présentait là était une rupture globale, collective, peut-être la mise en cause de la démocratie, en tout cas celle d'une forme de solidarité européenne vieille de près de trente ans. La révolution ? Qui a su la faire de l'intérieur d'une société à laquelle il appartenait ? Ceux qui la déclenchent et s'y opiniâtrent mieux que La Fayette ou Mirabeau viennent de la périphérie – exil, province, roture ou frustration.

Élu des classes moyennes autant que du « peuple de gauche », le président aux « 110 propositions » de 1981 était voué au recentrage, dès avant que ne pèsent sur lui les contraintes financières auxquelles on va le voir tenter de résister.

* * *

« Le tournant ? Quel tournant ? Il n'a jamais existé que dans la tête des journalistes… » Ainsi parlait François Mitterrand quelques mois avant sa mort, interrogé par l'auteur à propos du choix de la « rigueur » et pour l'Europe opéré en mars 1983, et, par lui, à l'issue d'une semaine mouvementée où la France avait manqué trois fois de changer de Premier ministre et à deux reprises de stratégie économique et financière. « Pas de tournant » ? Ainsi les plus grands politiques se refusent-ils à reconnaître, accompli en eux ou par eux, le changement, honneur de l'homme*.

On voit bien que ce que le vieux président signifiait là, c'est qu'il ne s'agissait pas, en 1982-1983, d'un changement qualitatif, mais quantitatif. Que ce n'était pas la ligne, la direction qui avait changé, mais la vitesse. Ce que la plupart des observateurs inspirés par d'autres mobiles que la haine ou la dévotion contestent. Et l'auteur avec eux.

Que les décisions prises en juin 1982 et en mars 1983 aient signifié ou non l'abandon du « socialisme à la française » et le ralliement à la social-démocratie classique, on se gardera d'en décider si vite. Mais il est de fait que ces mesures couronnèrent une longue série d'aménagements et de correctifs, sinon de replis, amorcée par la dévaluation de

---

* Mais, le 14 juillet 1983, il devait lui-même parler de la « grande césure d'aujourd'hui »…

l'automne 1981 et telle ou telle déclaration de Jacques Delors, mesures et propos qui annonçaient le changement décisif, le plan de rigueur qui suivit la seconde dévaluation, celle de juin 1982.

Est-ce une « autre politique » qui est alors mise en œuvre ? C'est pour le moins une politique autre, le fût-elle par les mêmes opérateurs ; que l'on nomme cela « tournant » ou autrement, ce à quoi préside très activement François Mitterrand à partir de juin 1982, c'est une profonde révision du programme et de la politique affichés et entrepris en 1981 sous le signe des « 110 propositions ». Au socialisme de la rupture succède un socialisme de l'aménagement.

Le gouvernement Mauroy, d'abord plus attentif à ses promesses électorales et à l'attente des couches sociales les plus défavorisées qu'à la conjoncture mondiale et européenne, s'était lancé, on l'a dit, dans une relance audacieuse de l'activité économique et une stratégie expansionniste pour juguler le chômage, procédant à une injection énergique de pouvoir d'achat dans l'économie au prix d'un accroissement de 150 % du déficit budgétaire.

Les marchés internationaux, surtout anglo-saxons, ne pouvaient manquer de jouer systématiquement contre l'« expérience socialiste » française, qui vint buter sur trois récifs : les taux d'intérêt prohibitifs imposés par les États-Unis, le retard sinon l'avortement de la croissance annoncée pour le second semestre 1981 et la transformation en importations massives de l'augmentation du pouvoir d'achat assurée aux Français. La relance de la consommation, qui devait assurer la reconquête du marché intérieur, aboutissait à un doublement du déficit commercial extérieur... La relance de type keynésien amorcée par Jacques Chirac six ans plus tôt, tentée par les Japonais et les Allemands l'année précédente, avait de nouveau échoué. Cet échec ne suffisait certes pas à résumer vingt-deux mois de gouvernement Mauroy, dont le bilan restait imposant, mais il risquait de tout remettre en question.

A la fin de 1983, un parlementaire gaulliste que n'a jamais aveuglé le fanatisme, Lucien Neuwirth, entreprenait de me démontrer que ce régime « ne tiendrait pas deux ans* ». « Mais, objectai-je, nous ne sommes plus au temps du Front populaire. Grâce à vous, il y a des institutions stabilisantes, le président est bien élu pour sept ans... – Non, coupa-t-il, un président qui laisserait mettre l'État en banqueroute serait disqualifié... »

C'est pourquoi la grande révision de 1982-1983, opérée sous la responsabilité directe de François Mitterrand, indubitable recul du « socialisme à la française », banalisation, remise dans le rang du sys-

---

* Ce que disait aussi alors Jacques Chirac.

tème, fut presque aussi décisive que la déferlante électorale de 1981. L'institution gaullienne avait permis à la gauche d'occuper la place pour longtemps. Mais pour durer, pour surmonter l'épreuve, il allait falloir à Mitterrand toutes les ressources d'une ingéniosité minutieuse, tant il est vrai que c'est à l'art de conduire une retraite que se reconnaît le grand stratège.

* * *

Les avertissements n'avaient pas manqué à François Mitterrand. Dès la publication des « 110 propositions », des économistes comme François-Xavier Stasse, qui, tout rocardien qu'il fût, était promis en cas de victoire à un rôle de conseiller à l'Élysée, mettaient en garde leurs collègues contre les audaces d'un programme en contradiction trop violente avec la conjoncture internationale, l'environnement européen et le climat régnant à la tête des entreprises françaises.

Le président n'est pas encore installé à l'Élysée que, le 21 mai, assis à son côté dans la voiture qui remonte les Champs-Élysées, Pierre Mauroy, chapitré par Michel Rocard, lui fait part de ses inquiétudes. Le nouvel élu coupe court à toute hypothèse de dévaluation. Mais son optimisme va bientôt recevoir un rude démenti : Jean-Marcel Jeanneney, envoyé le 1er juillet outre-Atlantique pour préparer le prochain sommet d'Ottawa en tant que « sherpa », mais surtout en tant que grand expert économique pour tenter de convaincre Washington d'abaisser des taux d'intérêt asphyxiants pour les entreprises françaises, en revient bredouille : « Il n'y a rien à attendre d'eux... » (Comment un réaliste comme Mitterrand a-t-il pu se faire la moindre illusion ?)

Simultanément, l'OCDE publie ses prévisions pour les mois à venir, renvoyant la reprise aux calendes, invalide le projet de relance française. On a relevé plus haut* la notation alarmiste de Jacques Attali dans son carnet à propos de cet « excès d'optimisme initial » de l'OCDE. Après tout, la France n'est pas gouvernée par cet organisme. Elle a ses centres de prévision. Que la relance ait été « modeste » ou pas, fallait-il l'ajuster à des prévisions qui sont par définition fragiles ?

Bref, dès le cœur de l'été, une anxiété se fait jour, ce que le ministre des Finances (mais non du Budget) Jacques Delors, investi quasi-officiellement du rôle de Cassandre, exprime mieux que tous. Après avoir

---

* Voir chapitre I, p. 40.

réclamé « plus de rigueur », le 17 août, et fait prévoir quelques jours plus tard un déficit budgétaire plus lourd que celui que Laurent Fabius, le ministre responsable, a cru pouvoir intégrer à son « budget de relance » présenté au début d'octobre.

Lors de sa première conférence de presse, le 24 septembre, François Mitterrand dénonce, comme Édouard Herriot en 1924, le « mur de l'argent » qui se dresse contre toute tentative de réduire les inégalités. Et le 4 octobre, il lui faut se résigner à l'opération repoussée en mai : la dévaluation de 3 % du franc français, accompagnée d'une réévaluation de 5,5 % du mark. Fin des illusions ? Coup de projecteur en tout cas, mais qui n'entraîne encore aucun correctif important dans la conduite des affaires.

Et quand, six semaines plus tard, parlant au micro d'une radio périphérique, Jacques Delors ose lâcher le mot tabou : « Il est temps de faire la pause dans l'annonce des réformes* » – ce mot de « pause », lié aux premiers échecs du Front populaire depuis une fameuse déclaration de Blum**, il provoque un scandale dans la majorité et un coup de colère du président : « Pourquoi le dire ? », mais non le sursaut qu'il avait espéré.

Près d'un an passera, avec ses conquêtes politiques, juridiques et sociales, la semi-réussite des nationalisations, le maintien de la paix sociale, l'honorable « tenue » d'un gouvernement réputé sans expérience, la cohésion minimale entre les diverses composantes du pouvoir, pour que soit entamée l'inévitable révision d'une stratégie économique trop conquérante et qui n'a pris appui ni sur une juste prévision de la reprise, ni sur la rigidité des contraintes monétaires, ni sur une convenable analyse de la vraie nature du chômage en tant que donnée structurelle.

Avant d'en venir aux diverses étapes de l'*aggiornamento* socialiste de 1982-1983, il est bon d'en assurer la datation, d'en rappeler les protagonistes (les Français, en tout cas) et de délimiter le mieux possible le rôle du président lui-même – beaucoup moins marginal, ou même « arbitral », beaucoup plus impliqué dans le processus de décision que ne le veut la légende.

Retenant la date de la première dévaluation, celle d'octobre 1981, nombre d'historiens font remonter à la fin de cette année-là le début de l'opération***. On préfère retenir l'avis – sans complaisance – de l'expert élyséen François-Xavier Stasse :

---

* Non sans ajouter qu'il fallait mener à bien celles qui étaient décidées.

** En mars 1937.

*** C'est aussi le point de vue de Laurent Fabius, qui fait état, dans *Les Blessures de la vérité*, d'une démarche dans ce sens auprès de François Mitterrand.

> « Le véritable virage ne fut pris qu'en 1982, au lendemain du "sommet" de Versailles. La dévaluation de 1981 n'avait été qu'un correctif. C'est la seconde dévaluation, celle du 12 juin 1982, accompagnée du premier plan de rigueur alors mis en place par Pierre Mauroy et Jacques Delors, qui marque le vrai changement de cap. »

On s'en tiendra à ce point de vue d'expert.

Qui livre alors la bataille ? Au sommet, le président, dont le rôle sera examiné plus loin. A Matignon, rue de Rivoli et à l'Élysée agissent cinq personnages clés : Pierre Mauroy, Jacques Delors, Laurent Fabius, Pierre Bérégovoy et Jacques Attali.

Le Premier ministre est essentiellement un politique, d'ailleurs fin et courageux, largement social-démocrate de culture et de tempérament, séduit par le panache du « socialisme à la française », mais armé d'un bon sens populaire qui le conduit à estimer qu'on ne doit dépenser que ce qu'on a. Son équipe – Robert Lion, Jean Peyrelevade, Michel Delebarre, Henri Guillaume, Daniel Lebègue notamment – l'incite à la prudence et nourrit d'arguments « réalistes » son discours économique volontiers optimiste : « C'est lui, c'est Mauroy qui fut le véritable pilote du grand virage de 1982, celui de la rigueur », assurait quinze ans plus tard Jean-Louis Bianco.

Chez Jacques Delors, formé à la technique bancaire, syndicaliste éprouvé, ancien inspirateur* de la « nouvelle société » de Jacques Chaban-Delmas qui proposait tout ce que le post-gaullisme pouvait intégrer de social-démocratie, c'est le pessimisme qui formera, en 1981, le fond du discours. Non que l'homme en soit imprégné, mais parce que l'application des « 110 propositions » mitterrandistes contredisent trop fortement à ses yeux la conjoncture de 1981, et expriment une tendance (la « rupture ») qui n'est ni dans son tempérament ni, selon lui, dans l'esprit du temps. Sa résistance à ce qu'il tient pour une fuite en avant prendra trois fois la forme d'une offre de démission. On s'en moquera, mais ce sont ses judicieux avis qui prévaudront, en 1983.

La rupture, on a vu que Laurent Fabius s'en était fait l'avocat au congrès de Metz, contre Rocard. L'homme est trop intelligent pour transposer tel quel, au gouvernement, un argument polémique de congrès. Mais la victoire de mai 1981 a été si nette, et Mitterrand si convaincant ! Au ministère du Budget, il s'appliquera à rester dans la ligne du président, qui est entré à l'Élysée imbu d'un esprit conquérant. Si bien que c'est le ministre du Budget qui, dans les débats de l'époque, reflète le mieux les idées et arrière-pensées (et illusions) du

* Avec Simon Nora.

président – quitte à se déjuger soudain, à contribuer même au changement de cap décidé par celui-ci, et celui-ci seul, en mars 1983.

Pierre Bérégovoy, syndicaliste cheminot formé à la politique dans la mouvance (large) de Pierre Mendès France, puis d'Alain Savary, s'est rallié au milieu des années 70 à l'équipe Mitterrand. Il s'y est vite taillé une place prépondérante, comme négociateur de l'actualisation du Programme commun avec le PCF, puis comme rédacteur des « 110 propositions ». Au poste apparemment technique, en fait très politique, de secrétaire général de l'Élysée, il pèse dans le sens radical du « socialisme de Metz ». A gauche, toute...

De Jacques Attali, dont le bureau est en quelque sorte l'antichambre de celui du président et qui est à la fois son mamelouk, son père Joseph et sa pythie, comment mesurer l'influence ? Ce qui est clair, c'est que, en dépit de l'outrance et de la cocasserie de telle ou telle de ses démarches, cette influence s'exerça presque constamment dans le sens du réalisme et de la mesure – du fait notamment de son réseau de relations et de sa connaissance des échanges et des rapports de forces mondiaux, qui lui faisaient bien apprécier les possibilités d'action de la France face à ses partenaires malintentionnés ; du fait aussi d'une proximité avec le président qui ne lui inspirait pas forcément un juste diagnostic des intentions et intuitions de son chef de file, mais le dotait des moyens de connaître les composantes de ses décisions...

Autour de ces cinq protagonistes vont agir une dizaine de personnages, soit au sein du gouvernement, où se manifestent en ce domaine les audacieux – Jean-Pierre Chevènement, Nicole Questiaux, Édith Cresson – et les prudents – Michel Rocard, très volubile, Robert Badinter, Claude Cheysson, Michel Jobert (Gaston Defferre ne se rangeant pas toujours à leur avis) –, soit à l'Élysée où, autour de Jacques Attali, gravite une équipe d'experts de fort calibre – François-Xavier Stasse, Christian Sautter et Jean-Louis Bianco, qui va succéder à Pierre Bérégovoy au secrétariat général –, tous attentifs à prévenir les dérapages ruineux.

Et il faudra bientôt tenir compte d'un troisième groupe, celui des « visiteurs du soir » – amis ou relations du président réunis autour de Jean Riboud et Jean-Jacques Servan-Schreiber, notamment, soutenus par Pierre Bérégovoy, Laurent Fabius et Jean-Pierre Chevènement ; il tentera de l'engager dans une autre voie, celle du rejet des contraintes de la solidarité européenne. On y reviendra.

Dans ce tourbillon, dans ce tournoi, où situer Mitterrand ? Écartons d'abord l'idée qu'il n'est qu'un thermomètre ou l'aiguille d'une boussole, ne serait-ce qu'en raison de son « incompétence » en ce domaine. Peut-être fut-il tenté de dire comme de Gaulle en mars 1945 après un exposé de Mendès France : « Je ne permettrai plus jamais à personne de me parler d'économie politique trois heures d'affilée ! » Et s'il ne la cita pas, il s'inspirait de la formule prêtée au Général : « L'intendance suivra » – autrement dit, tout est affaire de décision politique. Mais comme le fondateur de la Ve République, François Mitterrand, confronté à ces problèmes, fit la part la plus grande à l'expertise et au conseil. De juin à décembre 1958, avant de trancher en faveur du plan d'austérité de Jacques Rueff et Roger Goetze combattu par son ministre des Finances Antoine Pinay, le Général avait entendu nombre d'experts comme, en novembre 1968, lors de la longue crise provoquée par le projet de dévaluation du franc. En 1982, son troisième successeur se comporte de même, s'investissant plus personnellement dans le débat.

> « Je reste abasourdi du nombre de notes, émanant de chacun d'entre nous, que François Mitterrand a compulsées à cette époque, observe – entre autres – François-Xavier Stasse. Et nous savions qu'elles étaient lues, car il les annotait et nous les retournait, parfois dans les vingt-quatre heures. C'est pourquoi il est faux de parler à son sujet d'incompétence. Dans la discussion collective – très rare –, il intervenait peu, mais non sans pertinence. Il n'a certes pas pris que de bonnes décisions, mais alors c'était pour d'autres raisons… »

Ces « autres raisons » tiennent évidemment à la primauté qu'il accorde au politique – à la rigidité du projet socialiste auquel il a lié son accession au pouvoir, aux rapports de forces avec le parti qu'il a fondé et avec ses partenaires communistes, et aux échéances électorales qui scandent son parcours jusqu'en 1988. La « rigueur », il en voit bien la nécessité, lui qui a prédit dès les premiers jours que 1982 serait une année pénible, où il faudrait payer les audaces du début. Mais faut-il que cette « rigueur » prenne la forme d'un démenti aux « 110 propositions », d'un défi au Parti socialiste, d'une gifle aux électeurs ?

C'est bien à la « rigueur » préconisée d'abord par Jacques Delors, puis par Pierre Mauroy et la plupart des conseillers élyséens qu'il va se rallier tout au long de l'année 1982, avant de trancher, en mars 1983, en faveur du maintien de la France dans le système monétaire européen et ses contraintes.

On a dit « trancher » : pour mieux donner à ces choix un caractère personnel. Quel qu'ait pu être alors le rôle d'un Mauroy, d'un Delors ou d'un Fabius, c'est bien à l'autorité du chef de l'État qu'il faut rapporter, pour le meilleur et pour le pire, les décisions prises. Le président s'appliquera à faire croire que les mesures de rigueur lui furent arrachées, que son socialisme pur et dur dut se plier douloureusement aux arguments terre à terre des sociaux-démocrates de Matignon et des Finances.

De fins et proches observateurs – Attali, Stasse, Favier et Martin-Roland, par exemple – voient mieux la main de Mitterrand dans le grand tournant de 1982-1983 que celle d'aucun autre, sans négliger le rôle joué par Mauroy, ni l'influence de Delors. On est donc tout à fait fondé à attribuer au président les responsabilités principales. Dans cette périlleuse et sinueuse navigation, comme dans la conquête du pouvoir, il fut vraiment le timonier. Ou plutôt le capitaine.

* * *

En présidant au grand tournant de 1982, François Mitterrand tient compte notamment de trois données : les sanctions que lui infligent les électeurs lors de diverses consultations ; la pression exercée sur lui par de nombreux chefs d'entreprise ; l'éclat qu'il entend donner au sommet de Versailles, prévu pour juin.

En janvier, la majorité a perdu les quatre élections partielles alors organisées. Mitterrand fait mine de hausser les épaules. « C'est une constante. En ces circonstances, le pouvoir reçoit toujours ce type d'avertissements*. » Mais lors des élections cantonales, il apparaît que la gauche est en passe de perdre la majorité en voix dans le pays. Le 2 février, un Conseil restreint est convoqué à l'Élysée, dont Laurent Fabius souligne l'importance : alors est révélée au président l'ampleur du déficit (passé de 100 milliards de francs en 1981 à probablement 150 en 1982...) et la crise de l'UNEDIC. C'est alors que, selon le ministre du Budget, « l'inflexion est amorcée [4] ».

Dès cette époque, François Mitterrand, alarmé, resserre ses rapports avec les porte-parole d'un patronat moderniste, tels Yvon Gattaz qui vient heureusement de succéder à la tête du CNPF à François Ceyrac dans un esprit de dialogue, ou ses amis François Dalle, qu'inquiète la « relance », et Jean Riboud, qui voudrait lui voir prendre un tour plus favorable à l'entreprise. L'heure est venue des décisions amères.

Dangereuses, du point de vue de l'ordre public ? Des grèves ont éclaté chez Renault et Citroën, au printemps. Mais très vite se met en place, grâce à Delors, un dispositif d'entente entre les syndicats et le gouvernement qui joue le rôle d'extincteur : en militant pour l'union de la gauche, Mitterrand avait en tête le poids de la CGT, plus encore peut-être que celui du Parti. Le calcul paie : la voie est libre pour le passage à la « rigueur ».

---

* Comme le pouvoir gaulliste lors du scrutin de 1959.

Au Premier ministre qui le presse en mai de prendre sa décision, le président lâche : « Laissez-moi d'abord faire "mon" sommet ! » Pris entre Colbert et Louvois... Mais dans ses carnets, Jacques Attali parle déjà du « plan qui accompagnera la dévaluation du 12 juin ». La décision est donc déjà prise, et ce ne sera pas une simple opération comptable comme neuf mois plus tôt. Delors met l'accent sur les coupes budgétaires et un blocage des prix. C'est pourquoi nous avons vu François Mitterrand déambuler à Versailles, le 4 juin, ayant en tête autre chose que les rayons du royal soleil : il a vite constaté que, pas plus qu'à Ottawa l'année précédente, ses hôtes américains n'entendent desserrer l'étau où se débat l'économie française.

La conférence de presse convoquée par le président pour le 9 juin – la deuxième du septennat – avait pour objectif originel de dresser un bilan optimiste du fastueux sommet. La déception qu'il en éprouva et surtout l'épreuve qu'allaient traverser le pouvoir et les citoyens l'incitèrent à substituer un discours-préface à un discours-bilan : plutôt faire semblant de prévenir que paraître subir.

Superbe exercice de simulation, mi-aveu, mi-proclamation. A un peuple auquel il s'apprête à administrer un révulsif, il tient tour à tour deux langages : nous avons hérité d'une situation détestable ; une nouvelle forme de redressement est mise en place. « ... La crise mondiale s'est aggravée [...] le délabrement de l'économie est plus grave que nous ne l'imaginions [...] nous entrons dans la deuxième phase de notre action mais nous gardons les mêmes objectifs [...]. Ceux qui font le tour de France [connaissent] le changement de profil des étapes [...]. Là, c'est la plaine et, là, la montagne. »

« La montagne » ? Les auditeurs sont prévenus : le parcours sera rude. Mais au-delà de la métaphore sportive, dont de Gaulle usait volontiers, il y a l'annonce d'une stratégie d'investissement et de lutte contre l'inflation remplaçant la croisade contre le chômage. A la relance de la consommation pour réactiver l'emploi, objectif déclaré en 1981, le chef de l'État substitue l'impératif d'équipement et de modernisation. « A l'action sur la demande succède l'action sur l'offre [5] », observent pertinemment Favier et Martin-Roland.

L'opinion est-elle vraiment préparée à l'effort, sinon à l'épreuve qui va lui être imposée ? Mitterrand pourra toujours soutenir qu'il a joué cartes sur table – même si les cartes n'étaient visibles que par un seul joueur...

Quatre jours plus tard, le dimanche 13 juin, François Mitterrand préside à l'Élysée, dans le salon dit des « ambassadeurs », un Conseil restreint au cours duquel est entérinée la dévaluation. La veille, devant le Comité monétaire européen, Jacques Delors a obtenu un ajustement – moins 5,75 pour le franc, plus 4,25 pour le mark ; 10 % d'écart qui sont plus que ce que proposait Bonn, et un peu moins que ce que demandait Paris. Bon résultat technique. Mais il faut bien annoncer la mesure impopulaire par excellence : le blocage des salaires. « Chacun, note Attali, ressent l'humiliation de cette seconde dévaluation et entend, abasourdi, sonner la fin des largesses sociales[6]. » Mais relevant qu'il n'y a pas de remise en cause des réformes de structure, le « conseiller spécial » croit pouvoir conclure : « Il ne s'agit que d'une nouvelle phase de la gestion conjoncturelle[7]... »

Dure « gestion » et rude « conjoncture » qui conduisent à réduire le pouvoir d'achat du franc tout en bloquant les salaires, et qui contraignent les distributionnistes de 1981 à se transformer en comptables un an plus tard. La première attitude était conforme au mandat électoral reçu par la gauche en 1981. La seconde est inévitable et conforme aux exigences du réel ; mais, entre les deux lignes, par quel mot résumer la différence ? Il y a moins qu'un reniement et plus qu'un changement de vitesse. « Vous faites du Barre ! », clame Chevènement en Conseil des ministres. On ne résistera pas au détestable jeu de mots en parlant plutôt de « coup de barre » – qui ne casse peut-être pas la machine, mais dissipe beaucoup d'illusions.

* * *

Sur la voie du « réalisme », François Mitterrand va s'engager beaucoup plus loin. Deux mois après avoir couvert de son autorité la rigoureuse opération de dévaluation-blocage du 16 juin, le président part, en septembre, visiter les provinces du Sud-Ouest. Et, le 27 septembre, à Figeac, alors que rien n'annonce qu'il a fait choix de la ville natale de Champollion et de l'ombre des platanes de la place Violle pour y faire un éclat, le fondateur du parti d'Épinay, le socialiste pur et dur de 1981, lance un manifeste qui est un double éloge de l'esprit d'entreprise et du pluralisme.

Non que ceci ou cela soit en contradiction avec toute forme de socialisme ; mais en appelant au « rassemblement » pour « l'effort » et en rappelant que faire porter « par les faibles le principal du sacrifice », Mitterrand semble pasticher le de Gaulle des grandes années de la croissance industrielle. La main est tendue aux entreprises qui, dit-il, sont « surendettées » et ne peuvent « choisir qu'entre la faillite et l'inflation ». C'est par leur « esprit d'initiative » qu'elles pourront « échapper aux trois menaces du moment : l'accroissement de leurs charges, la hausse des taux d'intérêt, la surcharge de leur endettement ». « La volonté de la France, celle que j'exprime en son nom, est de prendre position sur la capacité de créer, de transformer, d'inventer sous toutes les formes. » Et qu'à cet effet soit préservé le « pluralisme [...] des idéologies [...]. Rien ne sera fait sous mon autorité qui puisse en quoi que ce soit altérer cette diversité... ».

Belle envolée, nobles ambitions – mais qui nous situent assez loin d'Épinay et de Metz. D'autant que Mitterrand ne craint pas de mettre les points sur les *i* : « Le socialisme à la française, je n'en fais pas une Bible ! » Aussi bien les inspirateurs du discours de Figeac (dont le texte a été préparé par l'un des économistes de l'Élysée, Christian Sautter) sont les grands chefs d'entreprise Jean Riboud et François Dalle. A l'Élysée, Charles Salzmann a résumé leurs arguments par cette formule : « Sauvez l'entreprise ! »

Étonnant, ce Mitterrand qui craint d'ouvrir à ce point l'éventail des possibles. Du thème de la lutte des classes, le voilà qui passe à celui de la libre entreprise, nerf de la production, à l'éloge de l'initiative, qui irait de pair avec le libéralisme intellectuel. Au-delà de Charles de Gaulle, on n'est pas loin ici d'un dynamisme industrialiste à la Pompidou ou du meilleur Giscard, celui du début de septennat.

Dans l'entourage présidentiel, on ne relève guère de signes de stupeur, pas plus qu'à la tête du parti. Bref commentaire curieusement décalé d'Attali*, qui voit là le « reflet des conversations [du président] avec ceux qu'on va appeler les "visiteurs du soir" »...

« Le moratoire qu'annonce ce discours est à peu près inapplicable, sauf si le président a l'intention de laisser flotter le franc. Le veut-il vraiment[8] ? »

Les « visiteurs du soir », le « flottement du franc ». Voilà annoncée en sept mots une des batailles majeures du septennat. Et trois jours plus tard, commentant une réunion à l'Élysée avec lesdits « visiteurs », Jacques Attali écrit : « Le grand tournant idéologique est pris. On ne parle plus que d'allégement des charges des entreprises... » Est-ce bien là la sortie du cadre de ce « socialisme à la française » dont nous savons maintenant que le président ne faisait pas « une Bible » ?

Cet épisode capital, on voudrait le résumer en une citation de François Mitterrand, en date du 19 février 1983 : « Je suis partagé entre deux ambitions : celle de la construction de l'Europe et celle de la justice sociale. Le SME** est nécessaire pour réussir la première,

* Ne l'a-t-il pas rédigé beaucoup plus tard ?

** Le SME (système monétaire européen), créé en 1979, est une organisation de contrôle et d'équilibre des monnaies de ses membres (l'Angleterre n'en fait pas partie), et il aide ceux qui sont en difficulté. On le confond souvent avec le « serpent » également monétaire et européen, qui n'était qu'un accord essentiellement fluctuant entre taux de change.

et limite ma liberté pour la seconde [9]. » En ces quelques mots tout est dit – encore que dans les esprits de ses partisans l'éventuelle sortie du SME, accompagnée d'un abaissement des charges sociales et salariales des entreprises, ne semble pas liée à la « justice sociale », mais à l'efficacité des entreprises.

D'où venait et qui désignait cette formule de « visiteurs du soir » ? C'est à Pierre Mauroy qu'on en attribue la paternité, agacé qu'il était de croiser, en sortant de ses entretiens à l'Élysée, quelques hommes qu'il savait attendus par le président et décidés à plaider pour une autre politique que la sienne, politique qu'il résume, au moins depuis le 17 juin 1982, par ces quelques mots : rigueur et solidarité européenne.

Ces « visiteurs », pas toujours nocturnes, qui étaient-ils ? Jean Riboud, qui dirige l'entreprise Schlumberger, et son expert Jean Denizet, Jean-Jacques Servan-Schreiber, Serge-Christophe Kolm, qui sont écoutés avec faveur, à l'intérieur du gouvernement, par Pierre Bérégovoy, Jean-Pierre Chevènement et, non sans circonspection, Laurent Fabius, à l'Élysée par Alain Boublil et Charles Salzmann et, à l'Assemblée, par Christian Goux, président socialiste de la Commission des finances. Puissante coalition, mais disparate.

Le leader en est Jean Riboud, héritier d'une grande dynastie bourgeoise lyonnaise, patron de la prestigieuse multinationale Schlumberger, gentleman mendésiste naguère très proche de *L'Express*, dont il a été l'un des bailleurs de fonds. L'économiste Jean Denizet et Roger Priouret se font souvent ses porte-plume, Jean-Jacques Servan-Schreiber son écho sonore.

On ne comprendrait rien à l'extraordinaire « embardée » de François Mitterrand hors de la stricte logique européenne, qui était, plus que toute autre, la sienne, si l'on ne tenait compte avant tout de ce personnage fascinant qu'était son ami Jean Riboud, ancien déporté à Buchenwald, homme de culture, grand collectionneur de peinture (mécène de Michaux, de Matta, de Wols), qui n'éblouissait pas seulement le président par son charme, sa culture et son passé, mais aussi parce qu'il était l'un des plus grands chefs d'entreprise de son temps (d'ailleurs en très bons termes avec les communistes, ayant été sauvé à Buchenwald par l'organisation du Parti). Maître de l'argent, conquérant d'une fortune : Mitterrand se jugeait capable de bien des choses, mais pas de cela... Pour lui, Riboud était le phosphorescent patron de la Schlumberger, dont il avait décuplé les performances, l'un des hommes le mieux payés du monde, États-Unis compris.

Son ami était aussi l'homme de trois cultures, vivant comme chez lui aux États-Unis, marié à une Indienne parente de Rabindranath Tagore – Asie, Amérique, Europe... Ce mondialisme avant la lettre n'ouvrait-il pas des perspectives immenses ? La France et ses entreprises ne pouvaient-elles se projeter hors des frontières de l'Europe et de ses contraintes débilitantes ? Dans l'aventure des « visiteurs du soir », il y a aussi cette odeur de grand large, une part romanesque, presque poétique. Ce franc qu'on propose de laisser « flotter »... Ô aventure ! Mitterrand est aussi un dévot de Saint-John Perse, d'*Anabase*, d'*Amers*...

Si importantes qu'aient pu être, dans la décision finale du président, les données internationales et européennes, il faut aussi tenir compte des influences de proximité. Il n'est pas indifférent que se soit constitué à l'Élysée un parti de la résistance, un commando contre la sortie du SME et que, face aux « visiteurs » planétaires, la totalité de l'équipe des experts économiques et financiers du président – Attali, Guigou, Stasse, Sautter et Bianco – se soit liguée contre cette sortie. Que Jacques Attali ait pris soin de plaquer sur ce refus une étiquette positive en parlant de « nouvel élan » ne change pas grand-chose à ce qui fut surtout l'expression d'une fidélité européenne.

La « charte » de cette résistance, c'est Élisabeth Guigou qui la rédige sous forme d'une note adressée au chef de l'État le 21 février 1983, intitulée « Conséquences économiques d'une sortie du SME » – qui entraînerait « une baisse de 10 à 15 % du franc par rapport au dollar et une augmentation du déficit extérieur de 2 milliards par mois et la nécessité de contracter un emprunt massif qui n'irait pas sans un plan de redressement imposé de l'extérieur[10] ».

Texte déjà percutant, auquel Jean-Louis Bianco, secrétaire général de l'Élysée depuis neuf mois, ajoute cette annotation foudroyante : « Monsieur le président, sortir du SME nous mettrait au FMI » (c'est-à-dire sous le contrôle implacable du Fonds monétaire international). Commentant ce texte, Bianco devait ajouter : « Ne croyez pas que nous n'avons pas été tentés par le projet Riboud. Nous étions exaspérés aussi par le permanent diktat monétaire allemand. Mais nous étions bien placés pour faire les comptes ! »

Au surplus, ce qui peut-être fit échouer l'opération, c'est que les avocats de l'« autre politique » ne visaient pas tous le même objectif : les uns – Riboud et Servan-Schreiber, avocats du « national-protectionnisme », voulaient desserrer les contraintes européennes (parités monétaires et taux d'intérêt) pour libérer et sauver les entreprises dans l'esprit du discours de Figeac –; les autres – Bérégovoy et Fabius (épaulés par Chevènement) – souhaitaient prendre les mêmes mesures en vue de desserrer les contraintes monétaires pour arracher le franc à son face-à-face écrasant avec le mark. Mais les uns et les autres étaient inspirés par une philosophie commune : celle du saint-simonisme productiviste.

Avant d'en venir aux péripéties du grand combat de mars 1983, qui vit les rigoristes, conduits par Mauroy et Delors, l'emporter sur les expansionnistes, Riboud et « Béré », dans l'esprit de François Mitterrand, et arracher ainsi sa décision, observons que, si les premiers l'emportèrent, ce n'est pas parce qu'ils étaient « plus socialistes », mais parce qu'ils s'affirmaient « plus européens » – avec ce corollaire : si, à court terme, les règles du système européen étaient des entraves et les partenaires de la France peu propices au développement de l'expérience de gauche, à long terme, François Mitterrand savait bien qu'il n'y avait pas d'avenir pour le « socialisme en un seul pays » et qu'il lui fallait ménager l'environnement.

* * *

On ne saurait raconter ce qui fut l'un des épisodes cruciaux du règne de François Mitterrand, les « ides de mars » 1983, qui s'acheva par la victoire sans réserve de l'Europe sur le socialisme, en tout cas des contraintes européennes sur les flamboyances du « socialisme à la française » – déjà pas mal assombries, on l'a vu, par le plan de rigueur de juin 1982 –, sans décrire son environnement historique, économique et politique.

Le début de mars 1983 avait toutes les chances d'être une période décisive : c'est alors que se situent à la fois les élections municipales françaises, premier test électoral majeur du système Mitterrand, et la consultation législative allemande, première épreuve du nouveau chancelier Kohl, et c'est la date (reportée à la demande de Delors) d'une réunion du Comité monétaire européen, d'autant plus attendue que, surtout depuis le début de février, le franc est attaqué sur toutes les places et qu'à Paris la succession de Pierre Mauroy à l'Hôtel Matignon paraît ouverte : les crises s'emboîtent comme des poupées russes.

Aux sollicitations de changer de politique et de gouvernement dont on le presse, François Mitterrand ne cesse de rétorquer : « Attendons les municipales. Si elles tournent mal, tout ce que j'aurai décidé avant sera dévalorisé. Si elles tournent bien, je serai plus fort pour agir. » Il ne croit pas à cette seconde hypothèse et envisage dès le début de l'année la perte de trente ou quarante villes, sur les soixante gagnées en 1977. Alors il faudra reprendre l'initiative et affronter la troisième dévaluation qu'annoncent les experts…

Le 6 mars tombe le verdict des urnes : alors qu'en Allemagne Kohl et les démocrates chrétiens remportent un bon succès, en France l'électorat de gauche se révèle minoritaire (vingt mois après le triomphe de juin 1981...) et les partis au pouvoir perdent déjà seize villes; Defferre à Marseille et Bérégovoy à Nevers sont fort menacés. Compte tenu des résultats de part et d'autre du Rhin, le franc s'affaisse, le mark culmine, le ruineux différentiel s'aggrave encore.

Faut-il admettre ce soir-là que c'est aussi bien la ligne d'union de la gauche que le « couplage » avec l'Allemagne passée aux mains des chrétiens-démocrates qu'il faut revoir, ou révoquer ? En tout cas, ce dimanche 6 mars résonne comme un appel au renouvellement, presque une sommation. Ministériel, idéologique, monétaire, diplomatique ? Sale temps pour le président...

Le scrutin du second tour, le 13 mars, lui apportera un soulagement : Defferre sauve – à l'arraché – sa mairie de Marseille, Bérégovoy celle de Nevers, Chevènement celle de Belfort, Édith Cresson conquiert la municipalité de Châtellerault. Trente et une villes perdues, « seulement ». Du coup, les opérations chirurgicales envisagées au soir du 6 mars perdent un peu de leur urgence politique. Mais le débat monétaire reste tendu, le rapport à l'Europe et au mark angoissant, la réunion du Comité monétaire européen est imminente et les éloquences rivales de Riboud, Bérégovoy et Chevènement d'un côté, de Mauroy, Delors et Attali de l'autre, accroissent leur pression sur le chef de l'État.

Et c'est ainsi que s'ouvre la fameuse décade du 13 au 23 mars 1983, que certains ont décrite par référence à un livre célèbre* comme « les dix jours qui ébranlèrent Mitterrand », formule bien emphatique pour évoquer une période d'incertitude, de suspense, de délibérations fiévreuses, de fausses manœuvres et de vraies ruses, où se manifeste jusqu'à la caricature, mi-tragédie, mi-théâtre de boulevard, le principe mitterrandien par excellence : « On ne sort jamais de l'ambiguïté qu'à son détriment... »

Nous verrons que le suspense ne dura pas dix jours, mais quatre; l'essentiel – le maintien dans le cadre européen – étant réglé au soir du mercredi 15, le reste n'était plus qu'une affaire de comptables et un jeu de rôles. Nous examinerons plus loin si ces péripéties souvent ahurissantes furent le fruit d'une interrogation profonde sur l'avenir de la France ou un montage dû à l'esprit fertile et enchevêtré de Mitterrand afin de faire mieux passer (« Tout dans les mains, messieurs-dames, rien dans les poches ! ») la troisième dévaluation du franc et le plan d'austérité.

---

* John Reed, *Dix jours qui ébranlèrent le monde*, Messidor-Éd. sociales, 1982 (l'histoire de la révolution d'Octobre).

Observons en attendant que, combinée ou subie, cette intrigue ne révèle pas plus de désarroi au sommet de l'État que celle qui accompagna en novembre 1958 la non-dévaluation du franc par le général de Gaulle*, et relève d'un génie proprement scénique. Entrées, adjurations, séductions… « On m'a reproché d'avoir flotté, cafouillé, bégayé, confiait ironiquement le président à la fin de sa vie. Ce qui est vrai, c'est que, pendant ces dix jours, j'ai trop consulté, ou peut-être trop ouvertement… En France, le président n'est pas censé délibérer, mais décider ! »

Ce qui était prendre du bon côté une crise qui coûta quelques milliards à la République…

* * *

L'offensive des « visiteurs », de quand la dater et quelle forme prit-elle d'abord ? Dans son livre de souvenirs, Charles Salzmann précise que c'est au début de septembre 1982 que François Mitterrand le consulta à propos d'une note de Jean Riboud qui proposait : *a*) de désendetter massivement les entreprises en réduisant leurs charges ; *b*) d'abaisser durablement le coût du crédit ; *c*) de protéger les produits français de la concurrence étrangère – ce qui revenait à décrocher la France du système monétaire européen. Thèmes qui trouvèrent un écho partial dans le fameux discours de Figeac, prononcé trois semaines plus tard[11].

Mauroy se disant fatigué et inquiet, c'est alors que se dessine le projet d'un nouveau gouvernement, dont le chef serait Pierre Bérégovoy – bien que, selon Salzmann, Jean Riboud y eût aspiré.

Tout donne à croire que le président balance encore entre la belle aventure proposée par Riboud et les dures disciplines du pacte européen. Quand, le 28 février, Jacques Attali organise pour lui un déjeuner d'économistes où Pierre Uri et Jean Denizet soutiennent Riboud, alors qu'Edmond Malinvaud, Jean-Marcel Jeanneney et Michel Aglietta le contredisent, tous le font avec de si bons arguments de part et d'autre que François Mitterrand se convainc qu'en économie tout est dans tout et que la seule vraie décision est politique. Mais « il a tellement peur qu'on devine sur son visage ce qu'il a décidé qu'il hésite à se confier à lui-même la totalité de ce qu'il pense… », soupire Jean Riboud.

---

* Dont la résignation à l'inéluctable fut combattue avec succès par Jean-Marcel Jeanneney.

Alors que Jacques Attali tire de ces échanges la conclusion que le président a « choisi la sortie », Jean-Louis Bianco, qui, partisan du maintien dans le SME, n'en est pas moins sensible à l'argumentation adverse, voit ce jour-là un Mitterrand se délectant des contradictions de ces « experts », riant sous cape et d'ores et déjà décidé à ne pas tenter une aventure qui s'amorcerait dans un aussi total brouillard. A dater de ce repas des experts, Mitterrand semble n'avoir plus cherché que des raisons de refuser l'option protectionniste. Mais l'action dramatique – et dramatisée par lui – va dérouler ses flamboyantes péripéties. Lui seul « sait », ô délice...

* * *

Le lundi 14 mars, le quotidien *Libération* ouvre le feu en publiant un article signé de son directeur, qui secoue la classe politique. Sous le titre « La nouvelle politique de François Mitterrand », Serge July, dont les sources d'information sont manifestement au cœur du pouvoir et qui n'est certes pas un simple faiseur de « coups », écrit sans ménager ses effets :

> « L'Histoire avec un grand H. Il est rare qu'un cliché ait une telle force d'expression ; cela tient sans aucun doute à la consonance tranchante de cette majuscule qui évoque ces rendez-vous exceptionnels d'hommes singuliers avec le destin d'une société. François Mitterrand est en mesure de trancher les nœuds gordiens de son septennat, et plus largement ceux qui, selon lui, entravaient l'avenir de ce pays, y compris et surtout dans les rangs de la gauche politique.
> Cette épreuve ne l'a pas surpris outre mesure. Depuis des mois, il consulte de manière quasi ininterrompue des hommes aux expériences et aux horizons très différents, il lit et relit des notes et des rapports préparés à cette intention en multipliant les croisements, les sources et les éclairages divergents. Depuis une semaine, les consultations, les auditions se sont accélérées, selon un rituel à peu près immuable. Mitterrand écoute, et écoute encore ; de temps en temps, il pose une question. Une confidence est un signe de confiance, mais cela ne va jamais au-delà. De telle sorte que personne n'est en mesure d'affirmer avec certitude ce que le président a décidé. »

Mais, ajoute July, « tout indique qu'il annoncera mercredi la nomination d'un nouveau Premier ministre et le choix d'une nouvelle politique sociale, économique et financière [12] ».

Le directeur de *Libération* précise que Pierre Mauroy va être remplacé par Pierre Bérégovoy ou Jacques Delors afin de mettre un terme au « noviciat gouvernemental », à la « cacophonie », à l'« amateurisme », et que les mots d'ordre de la « nouvelle politique » seront la « compétitivité », la « qualité du travail », le « partage de la rigueur » – et qu'au surplus la nouvelle équipe gouvernementale devrait comprendre trois grands chefs d'entreprise, dont Jean Riboud...

Si l'on a retenu au passage que, selon July, Mitterrand allait « trancher les nœuds gordiens » au détriment de ceux qui « entravaient l'avenir de ce pays, y compris et surtout dans les rangs de la gauche politique », on peut imaginer l'émotion que suscita ce texte fulminant. On peut même ressentir celle qui animait Pierre Mauroy quand il se fit annoncer au milieu de la matinée à l'Élysée, *Libération* en poche... On croit voir aussi l'air benoît, étonné, les sourcils levés, du président. « Voyons, mon cher Pierre, tout cela est du roman... En tout cas très exagéré... » Mais, la veille au soir, il a confié à Jacques Attali qu'il envisageait de changer de gouvernement[13]...

Ainsi s'ouvre, ce lundi 14, le premier acte de la pièce, *fortissimo*. Face à l'empereur étonné, mais qui lui confirme que la sortie du SME est son hypothèse de travail, Burrhus se dresse, intraitable : « Vous ne me ferez pas faire cette politique-là... Ne comptez plus sur moi. La sortie du SME, le flottement, c'est l'aventure. Je ne sais pas conduire sur une route verglacée... »

Au deuxième acte, les protagonistes apparents sont Pierre Bérégovoy et Jacques Delors, qui se voient tour à tour offrir Matignon, mais c'est en coulisse que se joue la partie la plus sérieuse. A l'Élysée, en effet, le ministre des Affaires sociales est d'abord invité à assumer la succession de Mauroy. Il ne dit pas non, assuré que Mitterrand l'appelle pour faire l'« autre politique ». Trois heures plus tard, c'est Delors, surpris, qui s'entend proposer à son tour de prendre la tête d'un gouvernement chargé d'opérer la sortie du SME...

Le président croit-il vraiment que des hommes publics de ce calibre accepteront de se déjuger à ce point ? Illusion sur son « charme » ? Mépris de la nature humaine ? Ou gesticulation dramatique pour tester les hommes ou pour occuper le tapis – tandis qu'à Bonn, où il a été dépêché en secret, Jean-Louis Bianco, secrétaire général de l'Élysée, tente de convaincre l'entourage de Helmut Kohl (le chancelier ne le reçoit pas) de réajuster le rapport entre franc et mark en vue de maintenir la France dans le SME. En vain. Mais il est décidé que le ministre fédéral Stoltenberg sera à Paris le surlendemain.

Le troisième acte est, prématurément*, celui de la décision. Laurent

* Du point de vue de l'art dramatique, non de l'intérêt de l'État...

Fabius, tout ministre du Budget qu'il soit, et fort proche du président, n'a pas joué encore de scène capitale. On le sait favorable aux « visiteurs », mais prudemment, et troisième ou quatrième candidat à la succession de Mauroy. L'idée de la « scène à faire » est-elle venue du président ou d'Attali ? Celui-ci, effrayé de voir pencher son chef de file vers la sortie du SME, celui-là effrayé peut-être lui-même de contrôler si mal ce dérapage (Riboud est si séduisant !) organisent un face-à-face, le mercredi 15, après le Conseil des ministres où François Mitterrand maintient le suspense, entre Fabius et le directeur du Trésor, Michel Camdessus. (On peut s'étonner qu'un tel dialogue ait dû être « organisé » : n'allait-il pas de soi, entre hauts personnages de la rue de Rivoli ? Mais Fabius, c'est le Budget, Camdessus le Trésor, c'est-à-dire les Finances, c'est-à-dire Delors, que la manipulation mitterrandienne a opposé au précédent...)

Bref, Fabius demande à Camdessus quelles seraient les conséquences monétaires d'une sortie du SME. La réponse est terrible : la chute du franc qui s'ensuivrait, évaluable à 20 %, exigerait une couverture monétaire massive et une hausse des taux d'intérêt... Or les caisses sont quasi vides : il reste 30 milliards de francs environ. On ne tiendrait que quelques jours, le FMI attendant derrière la porte. Fabius se précipite à l'Élysée pour alerter Mitterrand : si on flotte, on coule... En admettant que le président ait vraiment pensé à « décrocher » ou qu'il n'ait pas pris sa décision depuis des semaines, c'est cet après-midi-là, mercredi 15 mars, que sa stratégie est arrêtée et qu'il tentera dès lors à tout prix de rester dans le cadre disciplinaire européen. En un sens, la pièce est jouée ; mais, l'orientation choisie, se posent des questions essentielles de taux et de responsables.

Au quatrième acte, le décor s'élargit au-delà du bureau présidentiel, à La Celle-Saint-Cloud notamment, où, dans le pavillon du ministère des Affaires étrangères prêté par Cheysson, Delors s'efforce de convaincre son homologue allemand Stoltenberg de combiner réévaluation du mark (5 %) et dévaluation du franc (entre 3 et 4 %). Mais il se heurte à une résistance aussi forte que Bianco l'avant-veille à Bonn...

... Tandis qu'à l'Élysée le président invite de nouveau Bérégovoy à former un gouvernement, mais cette fois pour assurer le maintien de la France dans le SME ! Ce qui est pousser bien loin la manipulation, sinon la comédie. Pour surpris qu'il soit, « Béré » n'a pas, lui, des réactions de rejet aussi vives que Mauroy ou Delors. Il prépare sa liste de collaborateurs, tandis que Mitterrand fait ses comptes : sa décision prise, il a déjà débauché deux « poids lourds » du camp des « visiteurs du soir », Fabius et Bérégovoy. Désormais, le choix est fait, seules les modalités sont à débattre. La balle est dans les mains de Delors, qui joue sa partie sur le terrain de Bruxelles, où est convoqué pour le lundi suivant le Comité monétaire européen.

Le cinquième acte, qui s'étale sur trois journées, les 19, 20 et 21, aurait revêtu sa pleine signification dramatique si le ressort de l'action était resté bandé, du fait par exemple de cette menace : faute de réaménagement monétaire satisfaisant (autour de 10 % de différentiel entre mark et franc), Paris sort avec fracas du SME. Mais il se trouve que le porteur de cette menace est Jacques Delors. Les experts de Bruxelles ne croient pas que cet européen loyal puisse se faire l'exécutant d'une telle politique, ni d'ailleurs que Mitterrand puisse la couvrir. La poudre de l'explosif français est donc mouillée... Quelques années plus tard, le ministre des Affaires étrangères allemand Hans-Dietrich Genscher déclarera à l'auteur : « Jamais nous n'avons cru que la France allait sortir du SME [14]... »

C'est avec de faibles munitions – désarroi du franc, incertitude politique à Paris, non-crédibilité de la menace – que Jacques Delors négocie samedi et dimanche à Bruxelles – où ses interlocuteurs allemands sont très durs, exigeant de la France un plan de rigueur – entre deux navettes pour Paris. Mitterrand lui fait à nouveau miroiter l'idée d'une entrée à Matignon – non sans téléphoner chaque jour à Mauroy : « Ça va, Pierre ? »

Le dénouement intervient le lundi suivant, au cours de la réunion du Comité monétaire de Bruxelles. Le franc est dévalué de 2,5 % et le mark réévalué de 5,5 %. Un écart de 8 %, alors que Paris espérait 10 %. Jacques Delors et son équipe estiment tout de même que, compte tenu des cartes qu'ils avaient en main – un deux de trèfle et un trois de carreau... –, ce résultat est honorable. Ce que confirme la presse spécialisée. Mais quand, atterrissant à Bruxelles dans l'après-midi pour participer à un Conseil européen où chacun se félicite de la décision française, le président apprend de la bouche de son ministre le résultat de l'accord, il laisse tomber (en dépit de l'exclamation de joie d'Attali) : « Tout ce temps pour en arriver là [15] ? »

Sur ce féroce mot d'auteur à la Mirbeau tombe le rideau de la pièce qui se déroule depuis le 14 mars, où s'est joué l'avenir européen de la France, jeu qui a fait osciller le pays entre deux politiques antagonistes et trois Premiers ministres virtuels, manipulés par le montreur de marionnettes, chacun chargé tour à tour de jouer à contre-emploi... Pièce que résume ainsi Charles Salzmann, l'un des partisans de l'autre dénouement : « Cette semaine-là, la France a vraiment épousé l'Europe [16]. »

On a compris que l'auteur est tenté de ramener l'ensemble de l'affaire à une pièce montée par un grand metteur en scène dirigeant *L'Illusion comique*, ayant pris sa décision depuis des mois et camouflant en enfouissant dans un imbroglio d'hommes-pantins et d'idées miroitantes la dure nécessité de dévaluer le franc pour la troisième fois et d'imposer la rigueur accrue que réclament le partenaire allemand et la cruelle nécessité…

A l'appui de cette thèse, on citera d'abord de très proches et fidèles collaborateurs de François Mitterrand – Jean-Louis Bianco, Élisabeth Guigou, François-Xavier Stasse – qui sont tous persuadés que, si le président avait bien envisagé la solution « national-protectionniste » au cours de l'été et l'automne 1982 (le discours de Figeac en témoigne), il avait pris une décision contraire dès avant le début de l'année 1983.

Autre argument en faveur du caractère artificieux de la crise des « ides de mars », cette réflexion prêtée à François Mitterrand par Jacques Attali à la veille du dénouement, le 21 mars 1983[17] : « Il faut parfois fabriquer des crises pour y parer. Voyez de Gaulle à Baden-Baden*… » Et l'on sait à quel point cet autre grand machiavélien qu'est Henry Kissinger est attaché à l'idée qu'on ne résout les tensions qu'en les portant à l'incandescence… On a indiqué enfin que le très intelligent ministre allemand Genscher n'a jamais cru que la France pourrait sortir du SME.

Opéra-camouflage, donc, au cours duquel le grand metteur en scène aurait mis à l'essai quelques idées, une solution miracle et soumis à l'épreuve de la fidélité à eux-mêmes (et à lui) trois ou quatre des hommes capables de l'aider à gouverner le pays ? Énorme manipulation des protagonistes, des partenaires, de l'opinion publique, pour camoufler l'échec économique de vingt mois de gouvernement ? « Pendant dix jours, écrit Serge July le 23 mars, la France est restée bouche bée devant le spectacle élyséen. »

Présentation trop simple ? Quand il s'agit de Mitterrand, c'est un mot dont il ne faut user qu'avec parcimonie… Il n'est guère douteux que le président avait été séduit par les projets de Jean Riboud, au surplus relayés dans son entourage par Bérégovoy, Fabius, Salzmann… Il est plus sûr encore que l'échange et l'entrelacement des arguments économiques et financiers, tous péremptoires, lui avaient paru si complexes, et équilibrés, que la conclusion s'imposait pour lui, emportant sa conviction la plus intime : toute décision est politique. Ce qui le ramenait au débat profond entre le socialisme et l'Europe…

---

* Formule à double tranchant, car il est difficile de soutenir que de Gaulle « fabriqua » la crise qui l'amena, le 29 mai 1968, en Allemagne. Mais peut-être le procédé fut-il anxiogène…

Les récits ou les notes de la majorité des témoins, notamment du très averti Jacques Attali, font paraître un Mitterrand balançant, ou faisant semblant de balancer, jusqu'au mercredi 15 mars, quand la communication des chiffres des réserves françaises par Michel Camdessus coupe court, mathématiquement, au débat. Mais tenons compte aussi de cette confidence faite plus tard par Jean Riboud* à ses amis, dont Serge July : « Au fond, je ne crois pas que François Mitterrand se fût jamais décidé à décrocher du SME [18]. »

Propos que recoupe celui de Claude Cheysson :

> « La décision européenne du président, elle était inscrite en lui-même. La solidarité européenne, c'est-à-dire allemande en l'occurrence, s'imposait à lui comme une priorité absolue. D'où j'étais, les yeux fixés sur Bonn et Bruxelles, je n'ai jamais pu imaginer qu'il laissât "flotter" le franc. Cette idée, selon moi, lui était étrangère [19]. »

* * *

Peut-on à une tragédie classique ajouter un sixième acte ? Le dénouement, en matière financière et internationale, est bien intervenu le lundi 21 mars : la France reste dans le système européen, la parité franc-mark est modifiée de 8 %, un dur plan d'assainissement sera mis à exécution. Mais par qui ? Les trois noms – Mauroy, Bérégovoy, Delors – tournoient toujours dans la tête du maître de l'Élysée. A ceci près que, depuis le 21, le deuxième apparaît trop comme le vaincu pour avoir l'autorité de diriger le redressement, et le troisième fait trop figure de vainqueur pour ne pas lui être insupportable…

Car il n'a pas le succès prudent, le bon Delors qui vient d'être élu maire de Clichy, ce qui lui donne un atout supplémentaire face à un homme aux yeux duquel le suffrage universel revêt un caractère sacré. Compte tenu de l'issue de la crise, et poussé par ses plus proches collaborateurs (Attali, Bianco, Vauzelle), le président se décide à promouvoir le ministre des Finances. Le 22 mars, rentrant de Bruxelles, il convoque Delors à l'Élysée et réitère son offre. « Bon. Mais à Matignon, fait Delors, je veux avoir, sinon les Finances, au moins le contrôle du Trésor, désormais vital… »

Le président manque s'étouffer de saisissement, et, nous racontant la scène, Jacques Delors l'imitait en mettant un mouchoir devant sa

* Emporté par un cancer en 1986.

bouche… Sitôt le ministre parti, Mitterrand appelle Attali, qui s'entretient avec Henry Kissinger – tout fiévreux d'impatience derrière la porte : « Vous vous rendez compte, Delors veut, avec Matignon, avoir la haute main sur les Finances ! Je ne peux me mettre entre les mains d'un seul homme ! Je garde Mauroy ! »

Un an plus tard, François Mitterrand en reviendra pour quelques heures à l'hypothèse Delors. Mais, recevant le ministre (qui choisira, on le sait, d'aller présider la Commission de Bruxelles), il lui dit, sur le ton inimitable où l'ironie se mêlait si bien à l'affabilité : « En somme, l'an dernier, vous vouliez devenir le maire du palais et faire de moi un roi fainéant[20] ! »

Une partie de la presse de l'époque se gaussa de ce « non-choix ». Certains mêmes (comme Pierre Briançon dans *Libération*) évoquèrent la « fuite » du Général à Baden-Baden le 29 mai 1968. Ce qui était oublier que de Gaulle avait fait alors un choix très net en prorogeant pour un temps Pompidou et sa stratégie – comme Mitterrand en 1983 en gardant Mauroy, doublé de Delors, pour mettre en œuvre une politique d'austérité. N'y a-t-il *choix* que lorsque le pouvoir se lance dans l'aventure ? Dans les deux cas, la théâtralisation ne fait que voiler, un temps, la décision.

« Je garde Mauroy… » Le mardi 22 mars, en effet, le maire de Lille, qui a vécu pendant une semaine sa lettre de démission en poche, pénètre à nouveau dans le bureau présidentiel. Il a survécu à la grande bourrasque, démontré sa fidélité à ses idées, son abnégation. L'estime que Mitterrand lui voue s'est accrue. C'est lui qui est chargé, à la tête d'une équipe resserrée de quinze ministres, de transformer la rigueur en austérité.

Prenant la parole à la télévision, le 24 mars, François Mitterrand assume la pleine responsabilité des décisions prises et des rudes mesures à venir en déclarant : « Nous n'avons pas voulu isoler la France de la Communauté européenne. »

Ce refus de créer un « isolat socialiste » au cœur de l'Europe conduit les hommes de 1981 à une stratégie de type chirurgical. N'étaient les réformes déjà entrées en pratique à propos du rapport des travailleurs avec l'entreprise – « lois Auroux », 39 heures –, sur lesquelles il n'est pas question de revenir, le plan de rigueur de mars 1993 fait penser à un anti-juin 1981.

La potion est amère : impôt forcé pour les contribuables payant plus de 5 000 francs, prélèvement proportionnel de 1 % sur les revenus de 1984, hausse des tarifs de l'électricité, du gaz, des carburants, de la SNCF et – c'est là que l'opinion réagit le plus durement – création d'un carnet de change pour limiter la fuite des capitaux : pas plus de

2 000 francs par an d'achats et devises. « Atteinte à la liberté sur le modèle des pays de l'Est », clame la presse de droite, oubliant que ce système avait été appliqué en novembre 1968. Hommage selon les uns, disgrâce pour les autres, Raymond Barre salue ce train de mesures...

De bons spécialistes ont noté que si la distribution au consommateur de 1981 avait impliqué 1 % du PNB, la récupération de 1983 portait sur 2 % du même PNB... ce qui a conduit les plus sérieux historiens du septennat à avancer que « le coup de frein de 1983 est deux fois plus énergique que le coup d'accélération de 1981... » et que « la gauche enterre dix années de discours distributionniste et paie très cher ses erreurs d'appréciation quant à la marge de manœuvre de la France [par rapport à] ses partenaires allemands »[21].

Comment le parti d'Épinay et de Metz pouvait-il réagir à cette opération chirurgicale antidistributionniste ? C'est en cette occurrence probablement que Lionel Jospin manifesta pour la première fois, au-delà de sa diligence gestionnaire et de ses compétences idéologiques, ses talents politiques, en brodant sur le thème de la nécessaire « parenthèse », que le comité directeur du PS, le 26 mars, et l'opinion de gauche dans son ensemble agréèrent. Beau tour de force, à propos d'un tel tour de vis*.

L'épreuve resserra d'ailleurs les liens entre le très réaliste président et celui dont il avait fait le dépositaire du « socialisme à la française ». Quinze ans plus tard, Lionel Jospin mettra l'accent sur la rudesse de l'épreuve qu'ils durent affronter de compagnie, l'un et l'autre sachant bien qu'il s'agissait d'autre chose que d'une « parenthèse », en tout cas pour le socialisme imaginé au temps du Programme commun. D'autant qu'il ne partageait pas alors l'enthousiasme européen du président et que ce qui était perdu sur les plans de l'idéologie et de la solidarité sociale lui apparaissait moins évidemment qu'à Mitterrand compensé par la fertilisation européenne.

Au cours de cette décade des dupes, il peut faire mine d'arbitrer un débat français, une longue crise ministérielle. Il n'en regarde pas moins au-delà des frontières, et s'il teste la solidité de Mauroy ou la disponibilité de Delors, il prend aussi la mesure des intentions allemandes, constatant que Helmut Kohl et les siens ne sont ni faciles à duper, ni portés à la générosité aveugle, ni disposés à financer le socialisme.

Les péripéties, jusqu'à l'entrée en scène de Stoltenberg, ont été franco-françaises. La conclusion est d'abord franco-allemande, en attendant d'être pleinement européenne. Et si déplumé qu'il paraisse

---

* Voir, en appendice, l'interview de Lionel Jospin, p. 581 s.

en tant que socialiste, François Mitterrand peut faire valoir qu'il a préparé là, bon gré mal gré, la relance de l'Europe amorcée, trois mois plus tard, lors de la conférence de Stuttgart.

Avait-il assez de Jaurès en tête, ce Mitterrand de Jarnac, pour soutenir que le socialisme, ce ne sont pas seulement des lois sociales, des mesures économiques, des refontes de structure, c'est aussi tout ce qui contribue à abolir les frontières et à consolider la paix ? Que tout recul du nationalisme est une victoire populaire – fût-il accompli par un accord avec les porte-parole de la bourgeoisie rhénane ou de la grande entreprise lombarde ?

C'est, peu ou prou, le raisonnement qu'il tenait en 1957 à Pierre Mendès France, rétif au traité de Rome où il voyait un conglomérat de capitalistes. Cette fois Mitterrand, déçu dans sa tentative de socialiser l'économie française, va s'efforcer de prouver qu'il y a plus de socialisme infus dans l'idée d'Europe que dans telle ou telle nationalisation. Paradoxe voué à un semi-échec. Mais un socialiste devait-il voir comme un succès la preuve que le socialisme est soluble dans l'Europe ?

Le fait est que, engagé en 1981 dans une entreprise axée sur l'« exception française » et les illusions d'un socialisme spécifique sinon cocardier, l'européen François Mitterrand se voit ramené en 1983 non seulement aux exigences communautaires, mais encore à la rude discipline du couple franco-allemand.

CHAPITRE III

Rendez-vous à Verdun

• Le dernier livre, le premier article • Une imprégnation culturelle • L'Europe passe par Bonn... • ... A moins que... • D'un Helmut à l'autre • La Charente et le Rhin, le franc et le mark... • Bonace à Stuttgart • L'élan de Rambouillet • Main dans la main.

Sur le lit où François Mitterrand, livide, les traits creusés, a dû s'allonger pour me recevoir – nous sommes en octobre 1995 – quelques feuillets épars où courent des phrases inachevées. Le président : « C'est mon dernier livre... sur l'Allemagne... enfin, les relations franco-allemandes. J'espère avoir le temps de le terminer... »

Cinq mois plus tôt, il a prononcé son ultime discours de chef d'État à Berlin, le 8 mai, cinquantième anniversaire de l'armistice par quoi s'acheva la dernière guerre entre les deux peuples : « Comme il s'agit de l'un des derniers actes que j'accomplirai (en tant que président), je suis fier que cela soit ici, avec vous. C'est bien le moins que je devais à l'Allemagne... »

Dernières pages, derniers mots consacrés à ce pays. Mais c'est à lui aussi qu'avaient eu trait ses premières pages publiées – des articles écrits par l'étudiant François Mitterrand. Le premier que le leader socialiste jugea bon de reproduire dans *Politique I*, quarante ans plus tard, était celui qu'il avait consacré en mars 1938 à l'Allemagne dans la *Revue Montalembert*. Le jeune François y dénonçait l'*Anschluss*, on l'a vu*, en tant que victoire du pangermanisme populiste sur le meilleur de la culture allemande. Dans le même ouvrage, le troisième et le quatrième des textes choisis pour être reproduits ont encore trait à l'Allemagne, notamment ce « Pèlerinage en Thuringe, souvenir d'un prisonnier de 1940 » publié par *France*, revue officielle de Vichy : faut-il qu'il ait tenu à ce texte et à ce qu'il révèle de connaissance en profondeur de la gémellité tragique entre les deux nations pour avoir

* Voir tome 1, chapitre I.

pris le risque de faire apparaître si publiquement, au plus fort de son combat politique, son engagement vichyste…

Cette évocation est évidemment le fait d'un bon étudiant de l'École des sciences politiques, élève de Siegfried, de Rivaud et de Renouvin, mais surtout lecteur de Romain Rolland, de Jules Romains et de *L'Été 1914*, de Roger Martin du Gard, des romantiques et de tous ceux qui ont plaidé pour la convergence entre les deux rives du Rhin. Le jeune homme avait lu aussi des auteurs moins pacifiques, Péguy, Barrès et Bainville, bien sûr, mais au cours de ces fiévreuses années 30 ses textes de jeunesse le montrent en quête d'entente ou de compréhension, plutôt que de défis. Très peu maurrassien, là encore.

Les goûts littéraires de sa vingtième année orientent son jugement historique et politique : *La NRF* de Gide, où, jusqu'en 1933, règne un esprit de rapprochement, les romans de Thomas et de Heinrich Mann, mais aussi *Sur les falaises de marbre* d'Ernst Jünger – dont la collusion avec les nazis, plus tard, ne suffira pas à le détourner : il osera même, au cours d'une visite d'État en Allemagne, rendre visite à Jünger presque centenaire, au grand scandale d'une partie de la presse allemande…

Il n'est pas germanisant, mais assez éclairé quant à l'histoire et aux valeurs allemandes pour éviter de confondre nazisme et germanisme – ce qui est élémentaire – mais aussi pour discerner l'antagonisme entre l'hitlérisme et la Prusse. Peu de pages sont aussi éclairantes, en ce domaine, que celles qu'il a écrites dans son dernier livre sur l'un des animateurs du complot des officiers contre Hitler en juillet 1944 :

> « La Prusse avait autre chose à dire et à prouver que le fanatisme hitlérien […]. Quelques-uns des siens le firent pour elle, fils de la vieille noblesse, soldats élevés dans le culte de l'État et de l'armée et qui choisirent leur camp au prix de leur propre vie […]. Je pense à Henning von Tresckow*, figure de proue, trop ignorée en Occident. Vingt-quatre heures après l'échec de l'attentat du 20 juillet 1944, auquel, chef d'état-major de la IIe armée, il avait participé […] il engagea seul son command-car dans la forêt de Krolovy, au sud de Poznan, fit halte, en descendit et marcha jusqu'aux avant-postes des troupes soviétiques. On retrouva son corps la tête éclatée. Le matin même, il avait pris sobrement congé de son ami et adjoint Schlabrendorf en lui disant : "Aucun de nous n'a à se plaindre de son sort. Celui qui a rejoint la Résistance a endossé du même coup la tunique ensanglantée de Nessus. La valeur d'un homme ne se mesure qu'à sa capacité de sacrifier sa vie pour ses idéaux"[1]. »

* Dont il parlait souvent avec Helmut Kohl.

De Gaulle mis à part, peu de Français engagés dans la vie publique sont capables de parler ainsi d'un guerrier prussien. Et peu de prisonniers évadés surent évoquer leurs souvenirs sur un ton aussi serein que le directeur du journal *Libres* en 1944. Tout semble donc le porter à être, sous le signe du socialisme qui s'enracine dans la germanité, le plus germanophile des chefs d'État français – encore que son prédécesseur puisse se flatter d'avoir, sur ce terrain, un excellent dossier.

Au moment où il accède au pouvoir, on ne peut résumer en quelques phrases les principes, les visées ou les pulsions intimes qui vont guider ses pas en ce domaine extérieur qu'il aura toujours, comme de Gaulle, tendance à privilégier, à partir d'un certain nombre de données historiques et géographiques qu'il maîtrise avec moins d'éclat mais non moins de pertinence que le plus illustre de ses prédécesseurs. Ces quelques rappels ne prétendent pas résumer la pensée diplomatique de François Mitterrand*. Ils peuvent permettre d'éclairer ses démarches.

L'histoire contemporaine de la France commence au mois de juin 1940. Si lointaines et profondes soient les causes de l'effondrement de l'État sous les coups du nazisme – et d'abord l'affreuse saignée de 1914-1918 –, la révision des hiérarchies s'opère d'un coup. Annoncée depuis un siècle par Tocqueville, la double hégémonie russo-américaine est là, sanctionnée à Yalta. La France est, avec d'autres, ramenée dans le rang.

Tentant vingt ans plus tard de restaurer son statut de « grande nation », le général de Gaulle lance douloureusement à l'un de ses ministres : « Je porte la France à bout de bras : elle est morte, et elle ne le sait pas ! » Morte ? Moins tragique, Stanley Hoffmann écrit à la même époque : « Il ne serait pas faux de décrire la politique étrangère de la France des vingt dernières années comme une bataille contre l'humiliation[2]. »

Arrachée par de Gaulle à cette prostration, la France que Mitterrand prend en charge en mai 1981 souffre surtout d'une extrême difficulté à s'adapter à un rôle, à un espace nouveau – comme ces gens qui, ayant maigri d'un coup, ne savent comment réinventer leurs gestes, ou comme ces champions qui, après une longue retraite, piétinent avant de « trouver leurs marques » devant un sautoir ou sur une piste.

D'une génération à l'autre, les jeunes Français sont morts pour permettre aux stratèges et aux diplomates d'aligner sur le Rhin les frontières du Nord et de l'Est. Mais ni le peuple français ni ses gouvernants successifs n'ont mis en doute, depuis pas mal de siècles, que

---

* Dont le meilleur reflet est évidemment *Les Mondes de François Mitterrand* de son proche collaborateur Hubert Védrine, Fayard, 1996.

leur turbulente nation n'ait pour berceau naturel et assiette durable l'harmonieux espace compris entre Manche et Alpes, mer du Nord, Atlantique et Pyrénées, et ces espaces, là-haut, vers le froid, qu'allongeaient ou restreignaient, au gré des batailles, hussards, négociateurs et géomètres.

Pays d'Europe en tout cas, dès avant la naissance de l'Europe ; pays d'Occident, si fort qu'on y rêve à l'Orient ; pays de l'hémisphère Nord, enfin, bien que, sans ancrage au sud, il perde beaucoup de sa raison d'être. La France a mis douze siècles à connaître sa vocation multiple et ses limites. Douze siècles qui pèsent lourd...

L'Europe, vue de France, c'est d'abord la nation allemande. Quand un Français regarde au-delà de ses frontières, c'est avant tout à l'Allemagne qu'il pense, à la richesse, aux méthodes, aux intentions de l'Allemagne. En termes de conflit, tout indique que c'est un problème résolu. Quel Français imagine se retrouver un jour en guerre avec ce pays qui est son principal partenaire commercial, qui lui envoie ses plus nombreux visiteurs, dont il utilise largement l'appareil technologique ? Si l'idée d'Europe reste populaire en France, en dépit de la légende qui veut que les mécanismes du Marché commun jouent à son détriment, c'est parce qu'elle aura été la structure de réconciliation des deux antagonistes de naguère.

Mais cessant d'être un ennemi potentiel, l'Allemagne, divisée et par là insatisfaite, reste-t-elle un allié sans réserve ? Après avoir tant craint les Germains sous les armes, les Français viendraient-ils à les redouter encore plus sans armes ? Au fantôme du militarisme prussien se substitue peu à peu celui d'une Allemagne pacifiste, si déprise de la guerre qu'elle se refuserait même à devenir arsenal ou champ de bataille. Oubliant que le neutralisme allemand ne puise pas seulement son inspiration dans un atroce passé, dans une division qui peut inspirer de complexes démarches à un peuple qui n'est pas, lui, seulement tourné vers l'Ouest, et que la stratégie « tout azimuts » du gaullisme n'a pas manqué de laisser quelques traces dans la conscience des Allemands, certains Français en viennent à se demander si l'intégration de l'Allemagne à l'Europe est bien irréversible.

En tout état de cause, un malaise est perceptible entre Bonn et Paris* au moment où François Mitterrand entre à l'Élysée. Malaise surtout européen ? Franco-allemand aussi. L'urgence d'une « relance » est ressentie ici et là – tant il est vrai que la dynamisation de l'Europe passe par l'harmonisation et la consolidation de ce qu'on appellera le

---

* Dû surtout à une mésentente ponctuelle entre Giscard et Schmidt à propos de la stratégie nucléaire.

« couple franco-allemand ». La vérification de cet axiome va être plus instantanée encore que prévu.

* * *

Les premiers gestes du président Mitterrand, qui sont d'abord des choix d'hommes, vont bien dans ce sens : aux Relations extérieures, il installe un homme, Claude Cheysson, que ses fonctions de commissaire européen à Bruxelles, après une longue mission à l'ambassade de France à Bonn du temps d'Adenauer, et une très bonne pratique de l'allemand désignent comme un trait d'union avec la République fédérale. C'est à partir de longs entretiens à propos de l'Europe et du « couple franco-allemand » que Mitterrand avait appris à connaître Cheysson – lequel restait obsédé par une confidence du vieil Adenauer, chrétien-démocrate rhénan qui avait pris en affection ce jeune diplomate français : « Dépêchons-nous de souder notre alliance, avant que le balancier de l'Allemagne ne se retourne vers l'Est, et l'aventure[3]... » Propos auquel tous les successeurs du vieux chancelier ont fait écho.

Quand François Mitterrand prend les rênes de la diplomatie française, un obstacle singulier se dresse entre Bonn et Paris : le socialisme – au pouvoir ici et là... c'est-à-dire les contradictions entre la social-démocratie allemande, qui a renié ses sources marxistes au congrès de Bad Godesberg*, et le « socialisme à la française », qui se fonde toujours sur la lutte des classes... L'idéologie, qui n'avait joué depuis quarante ans aucun rôle dans les rapports entre les deux pays, s'interpose soudain. On n'a pas oublié que, interrogé quelques mois plus tôt sur les chances électorales de Mitterrand, Helmut Schmidt avait riposté : « Ne me parlez pas de malheur ! »

Pourquoi ? D'abord parce que le chancelier avait noué avec Valéry Giscard d'Estaing des liens amicaux, de véritable complicité intellectuelle entre anciens ministres des Finances, entre esprits méthodiques, réformistes et calculateurs. Mais aussi et surtout parce que le « socialisme » de l'homme de Hambourg n'a guère à voir avec celui qui s'est manifesté à Épinay, puis à Metz, et qui a fait alliance – horreur ! – avec les communistes. (Il est vrai que la vision qu'on pouvait avoir du communisme quand on est le responsable d'un pays divisé au nom de cette doctrine et occupé pour un tiers par l'armée d'un empire étranger

* Ville jumelle de Bonn où sont logées les ambassades auprès de la RFA.

fondé sur la même doctrine ne saurait être tout à fait la même que celle du chef de parti d'un pays indépendant.)

Depuis que les socialistes français ont fait alliance à Paris avec les survivants du stalinisme, les camarades allemands, qui ont proclamé lors de leur congrès de Bad Godesberg la rupture avec le marxisme, manifestent une visible méfiance à leur endroit. Avant Helmut Schmidt, social-démocrate « droitier » par excellence, le très chaleureux socialiste Willy Brandt n'a pas laissé de tenir en suspicion Mitterrand – dût-il en recevoir l'hommage enthousiaste à l'occasion du geste admirable qu'il accomplit à Varsovie, le chancelier allemand tombant à genoux devant le monument aux martyrs juifs de Pologne.

Longtemps, les deux hommes ont gardé leurs distances. « Je n'y mettais pas d'entrain », a avoué Mitterrand, agacé des imputations prosoviétiques formulées à son encontre par l'entourage du chancelier de l'*Ostpolitik*. Et puis, un jour, invité dans le train spécial du chancelier Willy Brandt, entre Stuttgart et Mayence, Mitterrand voit, dans la nuit rhénane, tomber ses préventions : « Nous avons rêvé ensemble », confiait-il. Rêvé, bien sûr, à l'accouplement franco-allemand, rapportant que le chancelier lui avait confié : « Je suis sans doute le dernier Allemand du Nord à accepter l'Europe latine. » Affirmation et concept fort discutables : est-elle « latine », l'Europe de Bruxelles et de Strasbourg ?

François Mitterrand parlera de l'« approche d'une amitié » – lui qui ne badine pas avec ce mot. Quelques années plus tard, en 1990, tenant à coup sûr cette amitié pour approfondie, il entraîna son « camarade » dans une étrange équipée, refaisant avec lui les étapes de son évasion de 1941, à partir de Rudolstadt (qui fait encore partie de la « République démocratique »...), mais en auto cette fois... Une balade que l'on ne fait pas avec n'importe qui... Quelques mois encore et, le 21 mai 1981, vers la fin de l'après-midi, on verra Willy Brandt, bras dessus, bras dessous avec ses camarades français, italiens, espagnols, portugais, remonter la rue Soufflot vers le Panthéon en chantant *La Marseillaise* : l'évadé de Rudolstadt est devenu président de la République française...

Willy Brandt était un sentimental. Un tel retournement n'allait pas de soi, s'agissant de son successeur, le très cassant et magistral Helmut Schmidt. Comment ce symbole de l'Allemagne hanséatique et marchande allait-il réagir à l'élection de François Mitterrand, dont il disait, en février 1981, qu'elle serait « un malheur » ? L'Histoire galope, et en zigzag, fût-elle vécue par un géomètre sûr de lui. Trois jours ne s'étaient pas passés depuis l'intronisation de Mitterrand que le successeur de Willy Brandt atterrissait à Paris et s'invitait à l'Élysée – premier dirigeant étranger à pénétrer dans le bureau du nouvel élu*.

Cette démarche, plus cordiale encore que cavalière, avait eu d'ailleurs une curieuse préface. Dix jours plus tôt, alors que son chef de file n'était encore qu'élu, et pas encore en place, Jacques Attali avait vu entrer dans son bureau de l'« antenne » du 6 de la rue de Solférino** un Allemand fort curieux, qui lui sembla être un journaliste, posant beaucoup de questions sur Mitterrand et l'Allemagne. Il ne sait comment le traiter quand Claude Cheysson, qui n'est encore que l'un des membres de l'entourage de Mitterrand, entre et s'écrie : « Mais tu ne connais pas Manfred Lanhstein, secrétaire général de la chancellerie[4] ? » Ainsi Helmut Schmidt avait-il procédé à un sondage de haut niveau avant de s'asseoir en face de son hôte.

L'entretien du 24 mai à l'Élysée se déroule au mieux. Massif, concentré, la crinière blanche en ordre de bataille, bien calé dans son fauteuil, le chancelier, qui n'a pas revu son « camarade » depuis quatre ans, découvre que, sur l'essentiel, le nouveau président et lui sont sur la même longueur d'ondes. Mais chacun a une requête à formuler. L'Allemand, non sans faire état des campagnes pacifistes qui agitent l'opinion allemande, demande à son hôte de soutenir sa proposition d'installer en 1983 sur son territoire une centaine de missiles américains Pershing II, face aux SS 20 soviétiques déployés depuis 1977 en Europe de l'Est et qu'il a été le premier, en 1979, à dénoncer comme une menace vitale pour l'Europe occidentale. La réponse est un « oui » plus net que ne l'espérait le chancelier***, encore que Mitterrand déclarât souhaiter une négociation préalable.

Le Français réclame, lui, que se manifeste la solidarité monétaire de l'Allemagne, alors que le franc est très durement attaqué depuis le 10 mai, sans que l'équipe Giscard-Barre, encore en place jusqu'au 21 mai, s'estime en position de prendre les mesures préservatrices nécessaires. Le chancelier donne une réponse d'autant plus claire et positive que le président exclut devant lui toute hypothèse de dévaluation ou de sortie du SME.

Ce premier dialogue entre le chancelier et le tout nouveau président, qui inaugure ainsi une inimaginable série de face-à-face diplomatiques franco-allemands (une centaine en quatorze ans...), est tellement fructueux que, Schmidt parti, après le dîner, François Mitterrand ne résiste

* Giscard s'était installé dans un autre bureau.
** Voir tome 1, chapitre XIII.
*** Alors que Mitterrand s'était prononcé en ce sens dès 1979.

pas à l'envie de convier dans son bureau ses trois plus proches collaborateurs en ce domaine – Jacques Attali, Pierre Bérégovoy et Hubert Védrine – pour leur présenter son compte rendu de l'entretien : pratique qui ne se reproduira plus…

Avant de retrouver Helmut Schmidt lors des consultations franco-allemandes dès longtemps prévues pour le 12 juillet à Bonn, François Mitterrand accorde à l'hebdomadaire allemand *Stern* une interview, publiée le 9 juin, qui en dit long sur le succès du premier tête-à-tête. « Un axe Paris-Bonn ? Non, je n'aime pas cette expression d'axe*. Parlons d'une amitié privilégiée, non pas tant entre les personnes qu'entre les deux pays. » Il minimise bien sûr la signification de la présence (encore) éventuelle de communistes au gouvernement et déclare à propos des missiles soviétiques SS 20 : « Ils rompent l'équilibre des forces en Europe. Je n'accepte pas cela. J'admets qu'il faille réarmer à l'Ouest pour retrouver un point d'équilibre. A partir de quoi, il faudra négocier. Je redoute ces deux attitudes : celle du neutralisme et celle des pousse-au-crime. »

A l'issue de la consultation de Bonn, François Mitterrand, invité à commenter cette interview, précise à ses hôtes allemands qu'il s'agit d'« une amitié privilégiée mais non exclusive » (ce qui donnera lieu à Bonn à bien des supputations inquiètes sur un dérapage français vers l'Angleterre…). Mais Schmidt et Mitterrand – qui a été fort bien reçu par son homologue allemand Richard von Weizsäcker, désormais tenu en haute estime – trouvent un nouveau terrain d'entente : la condamnation des taux d'intérêt imposés par les Américains, épuisants pour les économies européennes. Sur ce thème, les « amis privilégiés » de Paris et Bonn feront front gaillardement à Ottawa quelques jours plus tard. Les beaux temps des « couples » de Gaulle-Adenauer et Giscard-Schmidt paraissent revenus.

Au point que le conseiller diplomatique Hubert Védrine glisse une idée à son chef de file : pourquoi ne pas suivre l'exemple de ses deux prédécesseurs et inviter le chancelier dans sa bergerie de Latche ? Genre de geste auquel un homme issu d'une culture familiale ne peut manquer d'être sensible. Ainsi, quelques semaines plus tard, le 7 octobre à 17 h 30, le chancelier atterrit-il à l'aéroport de Mont-de-Marsan, où l'attend François Mitterrand, accompagné de Pierre Bérégovoy et Hubert Védrine – lequel, dans une note préliminaire, a signalé que ce qui intéresse avant tout le visiteur, dès lors que le soutien de Mitterrand est acquis sur les SS 20, c'est la fermeté de Paris

---

* C'était la formule inventée pour décrire les liens entre Hitler et Mussolini.

dans la maîtrise de sa politique économique et financière. Or la dévaluation vient de montrer que le gouvernement de Pierre Mauroy a le sens des réalités.

Mitterrand et Schmidt ont d'abord deux heures d'entretien. Puis ils dînent ensemble et, après le petit déjeuner du lendemain, discutent encore pendant plus de deux heures. Étonnant dialogue champêtre ! Qui pourrait imaginer, à lire le *Verbatim* de Jacques Attali [5] (à partir des notes prises par Hubert Védrine), que ces deux hommes-là étaient censés, cinq mois plus tôt, s'opposer ?

Les moments les plus forts en sont les échanges de pronostics sur la réunification allemande (Mitterrand était plus optimiste que Schmidt...) et la constatation des différences de politique économique entre les socialistes français et les sociaux-démocrates allemands.

Sur la réunification allemande :

Helmut Schmidt : « Je sais qu'il existe en France la crainte de voir l'Europe centrale choisir le neutralisme pour favoriser un rapprochement entre les deux Allemagnes. Mais je ne crois pas qu'il y ait un véritable danger neutraliste, ne le craignez pas non plus.

« Je rendrai bientôt visite à Honecker*. Cette visite sera brève et pas très cordiale, mais ce sera un exemple pour les autres Allemands, une invitation à se rendre visite. [...] Nous aurons sans cesse à renégocier, c'est notre destin et cela restera comme ça. Mais il est vital pour nous que ces liens ne soient pas rompus.

« Je ne pense pas que la réunification intervienne d'ici à ma mort, mais elle aura lieu après l'an 2000. Je pense que le manque profond de sécurité qu'éprouve l'Allemagne distinguera toujours nettement la politique allemande de celle de la France [...]. En fait, vous êtes une puissance nucléaire, vous êtes l'un des garants du statut de Berlin, vous êtes dotés d'une protection indépendante. Alors que nous, nous sommes interdits de nucléaire, nous dépendons des autres pour notre protection, nous portons le poids d'Auschwitz et nous souffrons d'une blessure psychique et morale. C'est pourquoi nous traitons Brejnev mieux que nous ne le ferions si tout cela n'existait pas, mais il ne s'agit pas d'un flirt ! »

François Mitterrand : « Il vous faudra du temps pour atteindre la réunification. Elle est inscrite dans l'Histoire. Elle correspond à des réalités objectives et subjectives. Il faudra qu'une génération passe. Il faudra que l'empire soviétique se soit affaibli, ce qui interviendra dans les quinze ans**. »

---

* Le chef du gouvernement est-allemand.

** Nous sommes en 1981...

Helmut Schmidt : « A mon avis, cela durera beaucoup plus longtemps ! »

Sur les deux politiques économiques :

Helmut Schmidt : « ... Vous avez choisi de suivre un chemin différent. J'espère que vous réussirez. Mais vos moyens, vos méthodes et les nôtres sont tels que nous ne pouvons plus les harmoniser. Celles de Mme Thatcher sont encore plus dures à harmoniser avec les nôtres. Les douze mois à venir seront donc un test de cohésion. Nous avons eu un premier test, le week-end dernier, en matière monétaire ; nous l'avons surmonté, ce qui permet d'espérer... »

François Mitterrand : « Je ne crois pas qu'il y ait autant de contradictions que vous le pensez entre nos politiques économiques. Nous avons besoin de dominer notre héritage... Il était normal d'essayer à tout prix d'obtenir une croissance modérée par une relance de la consommation. Pour cela, nous injectons dans l'économie 35 milliards de francs en un an, et nous ferons en sorte que cette relance se fasse en limitant au maximum la part de ce qui doit être importé...

« C'est un moment difficile à passer pour l'économie française. J'essaie de relancer les investissements. J'essaie de maintenir l'inflation à 14 ou 15 % sur un an ou deux*. Il faut ensuite que j'arrive à la ramener à 10 % au maximum [...]. Je sais que je courrais à un échec si l'inflation ne pouvait être maîtrisée. »

Helmut Schmidt : « En fait, compte tenu de votre taux d'inflation, vous versez environ 2 % d'intérêt ; ce n'est pas excessif et ce n'est pas énorme. Nous, nous versons un intérêt réel de 4 %. »

François Mitterrand : « Je sais bien que ce que nous faisons n'est pas génial. »

Helmut Schmidt : « Si, c'est très bien ! »

François Mitterrand : « Mais notre politique est plus stricte qu'on ne le dit. Ce qui compte le plus, c'est la maîtrise des salaires. »

Helmut Schmidt-François Mitterrand... Si les deux dictateurs jumeaux des années 30 prétendaient avoir passé entre Berlin et Rome un « pacte d'acier », les deux leaders « socialistes » des années 80 pouvaient, un demi-siècle siècle plus tard, parler, eux, d'un pacte lucide. Lisons plutôt ce portrait sarcastique du chancelier par le président – qui décrira en de tout autres termes l'autre Helmut, le successeur de l'homme à la casquette bleue :

> « ... Je me souviens de sa façon d'être, lors du Conseil européen, brutale, agressive, qui carrait son visage et donnait à son regard un éclat

* Sur ce point Jacques Delors est plus exigeant, et performant...

toujours furieux. Il parlait la tête appuyée sur un coude et sortait toujours de sa poche de veste des papiers en vrac qu'il jetait sur la table et qui avaient tous pour objet de souligner l'énormité des sacrifices financiers consentis par l'Allemagne fédérale à l'Europe. Mme Thatcher m'adressait des clins d'œil mi-sérieux, mi-malicieux...
Helmut Schmidt donnait l'impression d'être toujours en colère. Son visage rougissait sous ses cheveux blancs à la seule idée qu'on pût alourdir ses charges. Mais l'accalmie succédait à la tempête. Car Schmidt était profondément, passionnément européen et veillait avec un extrême soin à ne jamais déborder les limites [6]. »

Mais voici une tout autre image, tracée par le même portraitiste, à propos de l'accueil que lui réserve Schmidt, chez lui, en écho à la réception de Latche, après une conférence faite par le président français à l'Ubersee Club de Hambourg :

« Je lui vis peu à peu un autre visage. Celui qu'il me réservait dans sa petite maison de Hambourg quand il s'installait au piano et jouait avec art et sensibilité les *Lieder* allemands. L'atmosphère de cette maison était calme, tranquille, faite de rythmes, de rêverie. Hanne-Lore Schmidt, sa femme, peignait pendant ce temps des fleurs* sur porcelaine [7]... »

Entre l'Allemand et le Français, l'écart est manifeste, et le premier ne manquera pas de rappeler – non sans cruauté parfois – qu'entre le « socialisme à la française » et l'Europe, Paris devra tôt ou tard choisir. Mais tant sur les rapports avec l'Est que sur les relations avec Washington, les convergences sont nombreuses. Axe ou non, Bonn et Paris jouent leurs partitions sur des tonalités différentes, qui ne tendent pas toujours à l'harmonie.

En dépit du « C'est très bien ! » de Latche, Helmut Schmidt ne sera jamais bienveillant, en public, à l'adresse de la stratégie économique de ses « camarades » français. Ainsi, le 4 avril 1982, à Hambourg, devant son public d'hommes d'affaires de la Hanse, critique-t-il violemment

« la politique de relance pratiquée par le gouvernement actuel en France [qui] comportera des effets négatifs sur les prix, sur la monnaie et sur la balance des paiements. Ce qui suscitera une forte tentation de développer le protectionnisme pour les échanges commerciaux et de capitaux, et de rétablir le contrôle des prix. Même si le poids de son déficit budgétaire par rapport à son PNB demeure inférieur à celui de

---

* La salle à manger de Latche est ornée de ces œuvres, d'ailleurs charmantes.

> l'Allemagne en 1982, il est peu probable que la France pourra continuer de pratiquer l'actuel *policy mix* au-delà de la fin 1983 ».

Commentaire de Jacques Attali : « Le chancelier nous poignarde dans le dos : avec un pareil discours, la crise du franc ne peut que s'aggraver[8] ! » Mais sur trois thèmes essentiels : la stratégie défensive, sur laquelle Mitterrand ne tente pas même de marchander son soutien ; la monnaie française, que Schmidt semble décidé, non sans aigreur, à soutenir ; et l'unification de l'Allemagne, que le Français semble tenir pour aussi souhaitable, et plus proche, que son voisin, la convergence s'affirme.

Un an encore, malade, irascible et passablement désabusé, pris en tenaille entre ses incertains alliés libéraux et ses adversaires chrétiens-démocrates, Helmut Schmidt mènera sa chancellerie d'une main rude et maintiendra avec le président français des relations à la fois chaleureuses et critiques.

A l'occasion des sommets, Helmut Schmidt, sans s'écarter d'un pouce des positions stratégiques américaines, mais fort critique à propos du maniement des taux d'intérêt par les États-Unis, recherchera constamment une complicité intellectuelle avec François Mitterrand, notamment à propos de Ronald Reagan. Lors des entretiens, les deux Européens s'étaient entendus pour trouver du charme et du bon sens au Californien, et pour juger amusant son recours aux notes rédigées par ses collaborateurs qui lui tiennent lieu de pensée. Mais lors du sommet de Versailles, à l'occasion d'une des rares interventions spontanées du président des États-Unis (« Les communistes ne déclencheront jamais la guerre parce que le peuple se soulèverait contre eux... »), Helmut Schmidt n'y tient pas et glisse en aparté à Mitterrand : « Ce type me fatigue. Il est nul ! »

Complicité ? Oui et non. Le Français est plus réservé : les témoins les plus proches mettent l'accent sur le souci qu'avait François Mitterrand de ne jamais humilier, par l'« arrogance » intellectuelle souvent attribuée aux Français, le représentant élu d'un grand pays ami.

* * *

Trois mois plus tard, en septembre 1982, le Parti libéral de Hans-Dietrich Genscher ayant décidé de passer de l'alliance avec le SPD à une coalition avec les chrétiens-démocrates, Helmut Schmidt, le social-démocrate hanséatique, est remplacé à la chancellerie par Helmut Kohl, le chrétien-démocrate rhénan, le 1er octobre 1982. Une note transmise au président français analyse les conséquences possibles de cette succession : risques accrus d'incompréhension de la politique économique de Paris, d'alignement sur les États-Unis, d'hostilité à tout « protectionnisme » français. Et l'ère Schmidt se clôt par un échange de messages amicaux.

Éloquente symétrie : c'est exactement trois jours après son élection à la chancellerie, comme Helmut Schmidt avait choisi de le faire après l'entrée de Mitterrand à l'Élysée, et le soir même de sa prise en charge, que le nouveau chancelier fait face au chef de l'État français. On ne saurait manifester avec plus de minutie, et de ponctualité, la vitalité du mariage franco-allemand, sous le régime de la communauté.

Mais qu'attendre de la relation personnelle entre le géant surgi des eaux du Rhin, gardien du trésor à la démarche lourde, aux formes gigantesques, et le président florentin trop sûr de ses ruses et de son éloquence ? Le visiteur est un jeune vainqueur au sein d'un monde féru de libéralisme, le visité un socialiste quelque peu usé par seize mois de pouvoir et de ralliement à une rigueur blessante au lendemain du faux triomphe de Versailles. Tout – nature, culture, idéologie, circonstances – les éloigne.

Pour accueillir le nouveau chancelier à l'aéroport – la visite est impromptue –, Mitterrand a dépêché son plus proche collaborateur, Jean-Louis Bianco, bon germanisant et très au fait des affaires allemandes. Au lieu du balourd que décrit la presse d'outre-Rhin (suivie par la française...), Bianco découvre un homme très informé, qui ne perd pas une minute en simagrées passéistes et affiche d'emblée sa préoccupation fondamentale : la menace que font peser sur son pays les missiles SS 20 soviétiques. C'est pour cela qu'il est venu, c'est de cela qu'il entend parler. On ne saurait être plus précis, ni plus éloquent. Avant que le massif visiteur soit introduit dans le bureau présidentiel, Jean-Louis Bianco a le temps de prévenir son patron : c'est un interlocuteur de fort calibre qu'il va recevoir[9].

Le visiteur saura donner une autre preuve de perspicacité. Abordant son hôte, il ne pouvait manquer d'évoquer ses prédécesseurs, les promoteurs de la réconciliation franco-allemande. En bon disciple d'Adenauer, il est naturellement tenté de vanter le précédent fameux créé par le vieux chancelier de Cologne et le général lillois. Mais il sait que ce précédent agace Mitterrand ; alors il prône de préférence l'œuvre de cet autre pionnier du rapprochement que fut Robert Schuman – dont le président socialiste a été, en 1948, le ministre... Bien joué !

Le président français n'en croit pas moins bon de tempérer un peu les ardeurs du chancelier en rappelant qu'il n'est pas séant de mettre trop crûment l'accent sur l'« axe franco-allemand », dont peuvent s'offusquer leurs autres partenaires européens. Commentaire un peu lourd du chancelier : « Il faut créer cet axe, mais surtout pas le faire sentir... » Surtout pas aux Anglais...

Mais les deux hommes savent déjà sortir des généralités pompeuses. Comme il en a averti Bianco, le chancelier pose clairement la question relative aux fusées, dont l'installation est prévue l'année suivante en Allemagne face aux missiles soviétiques : Mitterrand ne se fait pas prier pour se déclarer favorable en principe à cette opération si la négociation échoue. Encouragé, Helmut Kohl aborde plus prudemment la question de l'unité allemande, rappelant qu'au-delà du rideau de fer, c'est encore la terre de son pays. Ce qui s'appelle, dans les deux cas, entrer dans le vif du sujet.

Les réactions du président, aussi bien que celles de son entourage, sont extrêmement favorables. Le monumental visiteur, dont la presse allemande moque si souvent la lourdeur et la banalité, n'a paru, à ces rusés Gaulois, ni lourd ni banal. Synthétisant les propos tenus alentour par le président, Bianco, Védrine et lui-même, Jacques Attali résume ainsi les paroles du chancelier :

> « Je suis le dernier chancelier allemand pro-européen*. Vous êtes un homme d'histoire et de littérature, moi aussi ; et je crois que, dans l'Histoire, il y a plusieurs périodes. Si je ne me trompe, il semble que les années à venir seront des années où des décisions majeures devront être prises ; surtout dans le domaine de la politique étrangère et de la sécurité. Nous connaissons la valeur de la paix, je l'ai dit à Brejnev quand je l'ai vu, à l'automne dernier.
> Mais nous savons aussi ce que c'est que la liberté. Et nous voulons relever le défi qui consiste à préserver à la fois la liberté et la paix. En tant que député de l'opposition, je dois dire que j'étais étonné de voir que le gouvernement ne s'inquiétait pas plus du stationnement des SS 20 à l'Est. J'espère que les États-Unis négocieront sérieusement à Genève. Mais si l'URSS ne met aucun contenu dans ses concessions, comme elle le fait souvent, je ne vois pas comment nous éviterons d'installer les fusées Pershing l'an prochain.
> Bien sûr, il ne faut pas non plus que les États-Unis ne fassent que semblant de négocier, pour pouvoir installer leurs fusées envers et contre tout. Nous devons être extrêmement attentifs. L'équipe au pouvoir aux États-Unis en ce moment ne connaît pas l'Europe, sauf peut-être

---

* C'est, on l'a relevé, ce que disait Adenauer à de Gaulle, Brandt à Pompidou et Schmidt à Giscard...

> Shultz*. Ils ne comprennent pas que l'Allemagne est assise sur une poudrière, et que cela inquiète la population allemande[10]. »

Commentaire du « conseiller spécial » :

> « Tout est dit : l'angoisse, la détermination, la solitude, le sentiment, mille fois répété plus tard, que le pire est devant nous. Le même souci que Helmut Schmidt, mais exprimé avec beaucoup plus de sincérité, d'humanité et de volonté**. François Mitterrand sera profondément marqué par cette première rencontre[11]. »

Comme pour authentifier ces impressions, le président français devait déclarer à la presse allemande :

> « En Helmut Kohl, que je ne connaissais pas, j'ai découvert un homme [...] très solide, très réfléchi, habité par un idéal. Il se situe dans la lignée d'Adenauer, et je pense que c'est l'homme qui aura fait le plus avec Adenauer pour l'unité allemande. Il a un bon sens très aigu en réalité, une disponibilité, une foi, une croyance dans un certain destin de l'Allemagne, dans un certain destin de l'Europe. Il y met toute sa foi, il y croit et il ajoute aux qualités d'homme d'État des qualités comme la sagesse, le bon sens, la finesse que je reconnais assez bien dans beaucoup de mes compatriotes de la province paysanne française [...]. Au-delà justement de nos divergences d'appréciation politique sur la manière de conduire nos pays à l'intérieur, il s'est créé une véritable amitié. »

Ce dernier mot a été contesté par divers diplomates et collaborateurs des deux bords. A supposer qu'une amitié soit possible *a*) dans le champ de la politique, *b*) dans un rapport de puissance à puissance, *c*) entre deux personnages apparemment si antinomiques, on recueille tout de même des indications qui révèlent un peu plus qu'une relation cordiale. Jean-Louis Bianco met notamment l'accent sur des centres d'intérêt communs, la philosophie religieuse par exemple : « Combien d'heures n'ont-ils pas passées à discuter des rapports entre piétisme et quiétisme ! » Et le secrétaire général de François Mitterrand attire l'attention sur la qualité et le raffinement des cadeaux échangés entre les deux hommes d'État[12].

Quand le chancelier offre au président une édition rare des poèmes d'Apollinaire, Mitterrand choisit de remettre à son interlocuteur une

* Le secrétaire d'État américain.
** Parallèle un peu sommaire.

lettre de la princesse Palatine à Louvois en vue d'éviter la destruction de Heidelberg par les armées de Louis XIV. (En vain...) Pour le Palatin qu'est Kohl, c'est une pièce d'une valeur inestimable...

Fonder une relation sur de telles bases fait courir le risque de cruelles déceptions, dans l'ordre des affaires publiques. Mais ce retournement ne se produisit pas – à quelques accrocs près, d'ordre surtout monétaires, atténués par deux entourages extrêmement attentifs à prévenir le pire – à Paris Jean-Louis Bianco, Hubert Védrine, Élisabeth Guigou et un peu plus tard Pierre Morel, à Bonn Horst Teltschik, Peter Hartman et, à partir de 1985, Joachim Bitterlich –, sans parler des ministres Cheysson et Genscher.

Mais, amitié ou pas, ce qui compte avant tout pour Helmut Kohl, c'est cette affaire des missiles. N'a-t-il pas dit à Bianco, d'entrée de jeu, que tout pour lui en dépendait ? Or il sait, au moins depuis l'entretien inaugural de l'Élysée, que son partenaire français est rallié à ses vues, qui sont celles de la « double résolution » de l'OTAN prévoyant que les Occidentaux installeraient en Allemagne fédérale des fusées à moyenne portée pour faire pendant aux SS 20 soviétiques. Dans *De l'Allemagne, de la France*, Mitterrand soutient que, s'il s'écarte là de l'attitude frileuse jusqu'alors adoptée par la France, sous prétexte qu'elle était extérieure à l'organisation intégrée de l'OTAN, c'est parce qu'il s'agissait d'une « question majeure » pour la sécurité nationale conditionnant « l'équilibre européen »[13].

M. Kohl savait cela. Mais son partenaire français oserait-il proclamer publiquement de telles intentions, faisant passer les exigences stratégiques avant la solidarité avec ses alliés sociaux-démocrates allemands ? Et en dépit des tensions monétaires entre les deux pays, les maîtres de la Bundesbank ne mettent pas beaucoup d'empressement à renflouer le « socialisme à la française »...

Il se trouve que le 20 janvier 1983 est le vingtième anniversaire du traité signé à l'Élysée par le général de Gaulle et le chancelier Adenauer, traité fort solennel mais dont la faiblesse résidait en ceci qu'il manifestait surtout la communauté de vues entre deux vieillards, dont la disparition prochaine risquait de remettre beaucoup de choses en question – du côté allemand, notamment.

Les projets de célébration se multiplièrent, et l'on convint d'un échange de visites entre Paris et Bonn, les 20 et 21 janvier, ponctué par un discours de François Mitterrand devant le Bundestag*, discours

* Le projet d'un discours symétrique au Palais-Bourbon fut abandonné pour des raisons constitutionnelles, aucun homme d'État étranger n'y ayant encore parlé depuis le président Wilson...

qui devait s'avérer comme l'une des interventions capitales du chef de l'État français dans la vie internationale de son temps.

Le mercredi 19 janvier, François Mitterrand rentre fatigué d'un premier périple africain. Pendant toute la durée du Conseil des ministres, sans daigner prêter attention à ce qui se passe autour de lui, il annote fiévreusement le projet du discours qu'il doit prononcer à Bonn, projet qui lui a été communiqué au Gabon et qu'il a déjà demandé à Claude Cheysson de corriger dans l'avion. Dans la soirée, il convoque dans son bureau ce dernier, Charles Hernu, Jean-Louis Bianco, Hubert Védrine, Pierre Morel, Jean-Michel Gaillard et le général Saulnier*. S'aidant de leurs avis, il récrit le texte dont il veut faire à la fois une contribution à la solidarité franco-allemande et un avertissement aux Soviétiques (et aux Américains).

On s'en voudrait de ne pas citer la description que fait Hubert Védrine de la réécriture de ce discours capital, dans la nuit du 20 janvier 1981 :

> « ... Je n'oublierai jamais, pour ma part, le François Mitterrand exigeant et rigoureux de cette nuit-là, son esprit concentré tel un laser sur les aspects les plus complexes de la sécurité européenne, son insistance à pousser Cheysson, Hernu, Bianco, Saulnier, Attali et moi dans nos derniers retranchements, son entêtement à trouver le mot juste. Je nous vois encore tard dans la nuit, disposés en arc de cercle autour de son bureau, dans la lumière des lampes. J'entends dans le silence de la pièce sa plume crisser. Je revois l'encre bleue, le gros stylo Waterman, son écriture régulière. De tous les discours à la préparation ou à la relecture desquels j'ai participé, c'est celui qui reste pour moi "le" discours, celui dans lequel ont été fondus le plus exactement la rigueur sémantique, les choix stratégiques, la décision politique[14]. »

Toute l'habileté, tout l'art de Mitterrand est alors de transposer ce grand débat Est/Ouest en manifestation de solidarité franco-allemande. Le leader de l'Alliance, Washington, est-il vraiment décidé à renforcer la main de l'Occident par le rétablissement de l'équilibre entre les missiles nucléaires de l'Est et ceux de l'Ouest et à installer en Allemagne fédérale ses Pershing II face aux SS 20 soviétiques ?

Une négociation est en cours à Genève, sur la base de l'« option zéro », qui aboutirait à un retrait réciproque des missiles soviétiques et américains : « Ni SS 20, ni Pershing ! » Mais les premiers seraient retirés jusqu'où ? Un retrait au-delà de l'Oural n'équivaut pas à un retrait au-delà de l'Atlantique, qui est d'une autre nature, et peut aboutir au

* Le chef d'état-major du président.

« découplage » entre défense américaine et européenne. L'équilibre prévu par la « double décision » de l'OTAN, entre engins rivaux, présente d'autres garanties, aux yeux de Mitterrand comme à ceux de Kohl.

Mais le visiteur est très conscient des réserves qui se font jour dans l'opinion allemande, du dégoût qui s'exprime en République fédérale contre toute perspective de course aux armements, à ce « plus jamais de guerre » qui est au cœur de ce peuple si longtemps tenu pour belliqueux. Lui imposer ce surcroît d'armement, fût-ce pour le sauver, c'est risquer de le faire basculer dans le neutralisme, qui peut aussi être l'une des voies de la réunification nationale : et sur ce thème, depuis trente ans, les plans, souvent inspirés par les Soviétiques, n'ont pas manqué. Unis et pacifiques, quel rêve !

La plupart des leaders sociaux-démocrates, à commencer par Helmut Schmidt (et, plus timidement, Willy Brandt, très courtisé par les « verts » pacifistes), sont favorables au rétablissement de l'équilibre stratégique par le renforcement de l'armement occidental en République fédérale. L'un des derniers opposants à cette stratégie parmi eux est Hans-Jochen Vogel. Mitterrand décide de le convaincre. A l'issue d'un déjeuner à l'Élysée où, selon Edgard Pisani, témoin de sa performance, le président « manifesta une maîtrise et une connaissance des problèmes stratégiques dignes de Charles de Gaulle* [15] », le dirigeant social-démocrate s'avouera frappé par l'argumentation du Français en faveur du rétablissement de l'équilibre entre les deux géants lanceurs de missiles.

Mais la masse du SPD, social-démocrate, le « parti frère » du PS, répugne à l'installation sur le sol allemand de nouveaux engins nucléaires. Dans les rues avoisinant le Bundestag, une foule de manifestants scande des slogans hostiles. D'où l'extrême fragilité de la position de François Mitterrand quand il entame son plaidoyer pour l'installation en RFA des fusées Pershing, et quand il lui faut rappeler la vertu dissuasive de la force nucléaire française à l'adresse d'un peuple qui en est dépourvu :

> « Seul l'équilibre des forces peut conduire à de bonnes relations avec les pays de l'Est, nos voisins et partenaires historiques, martèle-t-il. Il a été la base saine de ce que l'on a appelé la détente. Il vous a permis de mettre en œuvre votre *Ostpolitik***. Il a rendu possibles les accords d'Helsinki.

---

* Dont Pisani avait été le ministre et le confident.

** Politique à l'Est.

Or, cet équilibre, dans le monde contemporain, qu'on s'en félicite ou qu'on le déplore, c'est celui de la dissuasion. Pour qu'il soit rétabli – rétabli et non maintenu, puisqu'il a été rompu unilatéralement par les SS 20 –, il faut que la détermination commune des membres de l'Alliance atlantique et leur solidarité soient clairement confirmées, si l'on veut que la négociation aboutisse. Faute de quoi, le déploiement sera inéluctable. Une menace convaincante de déploiement est le seul ressort de la négociation. »

Quant à la force de frappe nucléaire française, précise-t-il :

« ... elle est et demeurera indépendante. Cette indépendance, avec tout ce qui en découle, n'est pas seulement un principe essentiel de notre souveraineté, elle accroît également l'incertitude pour un agresseur éventuel, et seulement pour lui. Elle rend du même coup plus effective la dissuasion, et, par là même, je vous le répète, l'impossibilité de la guerre [...]. Amis allemands, en cette année fatidique, recherchons ensemble, et pour longtemps, comme naguère, les chemins du développement et de la paix... »

Helmut Kohl et ses amis chrétiens-démocrates sont enthousiastes. Au SPD, on critique moins les thèses du président socialiste que l'appui qu'il offre ainsi à l'adversaire, au risque de consolider indéfiniment le gouvernement Kohl. Mais on sait bien, depuis 1979, que ces thèses sont les siennes. Elles gênent en l'occurrence la base du SPD. Elles ne peuvent surprendre ses chefs, on l'a vu.

Contrairement à ce qui est souvent écrit, ce n'est pas dans le discours du Bundestag de janvier 1983, le plus important peut-être de ceux qu'il prononça dans l'ordre des rapports internationaux, que François Mitterrand lança la formule décisive : « Les pacifistes sont à l'Ouest, les euromissiles à l'Est* », c'est à l'hôtel de ville de Bruxelles, sept mois plus tard, qu'il jeta ces dix mots en quoi se résumait la situation**. Et c'est en novembre que furent mis en place les 120 Pershing II censés faire équilibre aux 225 SS 20 dont Moscou pointait les têtes vers l'Europe occidentale.

Car il va de soi que l'intense dialogue franco-allemand, nonobstant ses résonances très fortes du point de vue historique, et les implications économiques et monétaires dont il a été longuement question, ne peut être situé au bon niveau et trouver sa signification que dans le

---

* Dont l'inventeur, dans un brouillon de discours, était Jean-Michel Gaillard.

** Ainsi lit-on souvent que « la France a perdu une bataille, elle n'a pas perdu la guerre » est extrait de l'appel du 18 Juin. Ces mots furent placardés à Londres en juillet.

cadre européen. Il est normal qu'au discours du Bundestag la conclusion soit donnée à Bruxelles, comme il était normal, simultanément, que l'âpre marchandage entre Paris et Bonn à propos de la parité nouvelle entre le mark et le franc trouve sa conclusion dans un Conseil monétaire européen tenu dans la même capitale de la Communauté. Incessant, indispensable tricotage des rapports bilatéraux – qu'envenime parfois encore le souvenir des tragédies passées – avec les relations multilatérales.

* * *

L'Europe ? Il est peu de dire qu'en 1983 elle est en état de langueur. Quand Charles Salzmann écrit qu'au cours de la décade dramatique (ou dramatisée) de mars la France a « épousé l'Europe », on ne saurait manquer de faire valoir qu'il ne s'agit pas d'un mariage blanc ! C'est vraiment pour la féconder, comme le fit Zeus, ravisseur de la nymphe Europe, que Mitterrand se jette – se rejette ? – sur elle. Puisqu'il se révèle impossible de fonder par des procédures démocratiques « le socialisme en un seul pays* », alors, faute de l'approfondir, il élargira sa visée en tentant d'infuser, d'instiller autant de « socialisme » que possible dans l'espace où s'exerce plus ou moins directement l'influence de la France, cet ensemble européen dont il est depuis trente-cinq ans un promoteur diligent.

La « déprime » de cette Communauté européenne qu'il va mettre ses ardeurs à dynamiser se résume, au début des années 80, en trois mots, en trois maux : la division, l'isolement et la peur.

La division est provoquée par une stratégie anglaise qui, depuis qu'elle est conduite par Margaret Thatcher, ne dissimule même plus ses ambitions destructrices. Depuis la mise à l'écart du très européen Edward Heath, l'Angleterre conservatrice ne vise plus qu'à appartenir à une zone de libre-échange, très vague ersatz de l'Europe, à l'exclusion de cette structure à fondement continental où se consolide – hantise de la diplomatie britannique – l'alliance franco-allemande. Il n'est donc pas de querelle, budgétaire ou autre, que « la Dame de fer », métal réputé tranchant, n'envenime ou n'invente pour dissocier ou concasser ce qui lui paraît une machinerie maléfique mise au service

* C'est, indépendamment du totalitarisme impliqué par le léninisme, et de ses propres penchants, pour avoir voulu instaurer « le communisme en un seul pays », que Staline en a proposé la sinistre caricature qui porte son nom.

de l'industrie allemande et de l'agriculture française, aux dépens des pauvres insulaires.

Deuxième plaie d'Europe : le vieillissement et le disparate de son appareil de production. Face aux États-Unis et au Japon, ces deux géants bien équipés qui inondent sans entrave sérieuse son marché – on l'a bien vu à propos des produits américains et japonais lors de la relance française de 1981 –, l'industrie européenne se sent vieille, s'essouffle. Et la méritoire performance allemande, dont l'appareil industriel, anéanti entre 1943 et 1945, affiche sa nouveauté, sert moins de modèle et de pilote qu'elle n'excite les jalousies.

L'Europe, enfin, a peur. Bonasse mais surarmée, activiste, parfois belliqueuse, l'URSS de Brejnev affiche une telle supériorité stratégique en Europe que beaucoup, hantés par la menace nucléaire, ne voient plus que dans un neutralisme fondé sur la dénucléarisation du continent la clé d'une paix aléatoire. Et c'est en Allemagne, pierre angulaire du système, que se développe le plus dangereusement ce virus de la peur, d'autant qu'il est compensé chez nombre de citoyens de la République fédérale par l'espoir de faire du neutralisme l'instrument de la réunification. Depuis le temps que Moscou tend cet appât...

C'est par rapport à cette Europe anxieuse et divisée que va se développer la démarche mitterrandienne. Inopérante sur le plan social où elle veut d'abord se placer, marginale dans le domaine industriel, réaliste sur le terrain monétaire, on l'a vu, elle va être décisive et profondément créative face à la peur. En ce sens, le comportement du président français fait penser à celui du pape Jean-Paul II lançant dix ans plus tôt le fameux « N'ayez pas peur ! ».

Sur la scène européenne, le président de 1981 avait débuté par un échec cuisant – dans sa tentative d'injection d'une certaine dose de « socialisme », si modeste soit-elle, dans la machinerie européenne. Il a pu mesurer, dès le premier Conseil européen auquel il a participé, à quel point cette suggestion est jugée extravagante par ses partenaires. C'était à Luxembourg le 29 juin 1981, cinq semaines après son entrée en fonctions, au sommet de l'« état de grâce » – qui n'est pas vu comme tel par tous ses voisins !

A la fin de sa vie, François Mitterrand, aimait raconter cette scène. Lui, face à ses neuf partenaires, proposant benoîtement la création d'un « espace social européen », l'élaboration d'un plan industriel commun, voire une réduction coordonnée du temps de travail.

> « Dire la stupéfaction, sinon l'effroi, que je vis se dessiner sur les visages, autour de moi, est impossible. Notamment sur celui de mon ami social-démocrate Helmut Schmidt. S'adressant à la cour de Vienne,

Saint-Just n'aurait pas provoqué un pire scandale... Un seul de mes auditeurs fit exception, le Danois : mais si prudemment ! Par quelques signes, il me fit comprendre qu'il était en accord avec moi. Mais de là à soutenir ouvertement mes projets [16]... »

Dans une interview à *Stern* le 9 juillet suivant, il évoquait le comportement de cet « allié » :

« Seul un audacieux et cependant timide Danois, peut-être par commisération, avait bien voulu m'apporter une sorte de soutien dont je ne puis même pas dire qu'il ait été verbal, mais enfin un bon regard m'indiquait que sur ce terrain-là on pouvait peut-être parler ensuite dans les couloirs... »

De cet état d'esprit qui inspire les Dix, Pierre Mauroy, appelé à relayer François Mitterrand l'année suivante, Helmut Kohl ayant remplacé Helmut Schmidt à la chancellerie, sera le témoin. Lui qui n'est pas, ni à Lille ni à Paris, un isolé coupé des choses du monde, ni le mineur de fond ni le manœuvre de base, reviendra d'un Conseil européen effaré d'avoir touché du doigt « à quel point l'Europe est conservatrice ».

En fait, un début de « réanimation » se produit en juin 1983 à Stuttgart, en grande partie du fait des deux décisions de François Mitterrand que nous avons analysées : le soutien de l'installation en Allemagne occidentale des fusées Pershing américaines, coup décisif porté au neutralisme allemand, dont beaucoup de ses camarades sociaux-démocrates se sont faits les avocats ; et le maintien de la France dans le système monétaire européen, qu'aurait ébranlé une défection de Paris.

Que cette décision, accompagnée du plan de rigueur que l'on sait, ait mis un bémol au déploiement du « socialisme à la française » ne peut que donner aux gestes de l'homme de l'Élysée un prix supplémentaire aux yeux de ces Européens si « conservateurs ». Notamment au regard de l'homme qui, neuf mois plus tôt, a pris la place du social-démocrate Schmidt à la chancellerie de Bonn, le chrétien-social Helmut Kohl. Cette France enfin raisonnable, et qui semble désormais porter plus d'attention aux saines disciplines du mark qu'aux chimères de Marx, comment ne pas écouter son leader avec une attention accrue ?

Le climat alentour, pourtant, n'est pas très favorable. A Londres, Margaret Thatcher et ses Tories viennent d'être réélus avec une confortable majorité (397 sièges sur 650) : l'intransigeance de la dame ne peut qu'en être accrue, surtout à propos de la contribution financière anglaise à la politique agricole commune qu'elle s'est juré de démanteler, procédant de façon si agressive qu'au sommet franco-allemand de Bonn d'octobre 1982 François Mitterrand déclare à ses partenaires qu'on fait preuve envers « Maggie » d'« une indulgence excessive ».

D'autre part, en mai, au sommet des sept pays industrialisés de Williamsburg, exquise petite cité coloniale de Virginie où semblent errer les ombres des « pères fondateurs », une faille importante se manifeste entre Allemands et Français à propos d'une proposition américaine dont il est peu de dire qu'elle frise l'extravagance : au nom de la « sécurité globale », M. Reagan prétend en quelque sorte faire du Japon un associé du Pacte atlantique... ce qui créerait, pour les Européens, des responsabilités totalement nouvelles, et insurmontables.

S'opposant avec vigueur à cette prétention, le président français a la surprise de voir son collègue allemand rester sur une prudente réserve. Tout plutôt que d'indisposer le puissant allié dont dépend la sécurité de la République fédérale. Ce décalage entre les positions allemandes (pays quasiment désarmé, privé de l'arme nucléaire et contigu à l'empire soviétique) et la France est encore l'un des obstacles à une véritable et profonde coordination entre Paris et Bonn. A Williamsburg, dans le climat de ces sommets où les représentants de la diplomatie française sont toujours tenus en suspicion, cette faille est d'autant plus visible que Helmut Kohl, encore jeune chancelier, ne sait pas dissimuler la réalité des rapports de forces. François Mitterrand saura ne pas lui en tenir rigueur – la suite va le prouver.

Le 1er juin 1983, à la veille du rendez-vous de Stuttgart, Helmut Schmidt est de nouveau reçu à Latche, cette fois en retraité – et en ami. Son hôte le trouve très monté contre les Américains : grâce aux taux d'intérêt exorbitants qu'ils imposent, les États-Unis pompent les réserves de dollars japonaises ou européennes (surtout allemandes), qui vont s'investir chez eux et, au lieu de contribuer à l'investissement dans les industries de leurs alliés et du tiers monde surendetté, ne servent en fait qu'à l'effort d'armement de l'administration Reagan[17]...

C'est sous la présidence de Helmut Kohl que s'ouvre, le 17 juin à Stuttgart, capitale du Wurtemberg, le cinquième Conseil européen, auquel participe François Mitterrand. Il dira plus tard que ce fut le « plus dur » et le « plus important » de tous ceux auxquels il prit part. Il devait même préciser qu'à deux reprises on fut au bord de la rupture, n'était la monumentale diligence de Helmut Kohl, seul capable d'interposer sa masse entre « la Dame de fer » survoltée par son succès électoral et le président français encore endolori par les péripéties de mars.

La bataille la plus féroce eut pour enjeu la ristourne exigée par le

Premier ministre anglais sur les versements opérés depuis dix ans par son pays et jugés par lui excessifs*, prétention que Margaret Thatcher résume en une formule dont la crudité eût surpris Gladstone ou Anthony Eden : « *I want my money back !* » Elle estime son « dû » à 1 250 « mecus » (millions d'écus), ce que Mitterrand juge exorbitant. Le chancelier s'entremet : « Soyez plus *fair play* ! » lance-t-il à « Maggie », tandis qu'il fait valoir auprès du Français, qui ne veut « lâcher » que 600 millions : « Nos amis néerlandais et belges veulent bien aller jusqu'à 800. Et vous ? » Mitterrand accepte de transiger à 650... Alors, l'Allemand, faisant sentir son poids à « la Dame de fer » : « Cette fois, c'est à prendre ou à laisser ! » La capitulation (apparente) de Margaret Thatcher, qui ne sera effective qu'au Conseil européen de Fontainebleau, en juin 1984, rouvre la voie du débat européen – qui va de nouveau achopper au Conseil d'Athènes sur la question de l'élargissement de la Communauté à l'Espagne et au Portugal.

Buisson d'épines pour Mitterrand. D'abord parce qu'il professe que l'élargissement doit être précédé par la consolidation (d'autres disent « approfondissement ») et qu'il convient de mettre au point des procédures de règlement à dix avant de se réunir à douze (il estime que l'admission de la Grèce a été prématurée, et le dit à son ami Papandhréou), ensuite parce que l'adhésion de l'Espagne et du Portugal va poser à l'agriculture française, dont les prix de revient sont plus élevés, des problèmes encore insolubles.

Lors de rencontres avec le roi Juan Carlos, qu'il respecte, et avec son ami Mario Soares, il tente de justifier une thèse restrictive qu'il désapprouve en son for intérieur – s'agissant de deux pays ayant payé leur tribut à la démocratie. Il peut bien arguer qu'« il est trop facile de prôner l'élargissement avant d'en avoir rempli les conditions », le voilà pris au piège : et ce n'est pas sans ironie que Felipe Gonzalez, son camarade espagnol, assure qu'il est en principe favorable, mais qu'il se croit tenu de poser des « préalables ».

A Bonn, où Kohl n'a pas les mêmes problèmes avec ses agriculteurs, on joue à fond la carte de l'adhésion espagnole. François Mitterrand observera avec amertume qu'il eut l'impression en cette affaire d'être pris dans une « tenaille germano-espagnole » – ce qui n'était pas une nouveauté dans l'histoire de la diplomatie française. Il lui faudra encore deux ans pour amadouer les producteurs du Languedoc, au risque de passer, au-delà des Pyrénées, pour un mauvais européen.

---

* L'Angleterre est, avec l'Allemagne, l'un des deux seuls pays « contributeurs » au budget de la Communauté versant plus qu'ils ne reçoivent. L'exigence formulée par Mme Thatcher est la cause principale du blocage de l'Europe depuis 1979.

Mais avant d'avoir trouvé une issue à ce propos, il aura provoqué, en juin 1984, la véritable relance de l'unification européenne, au Conseil de Fontainebleau. Quel meilleur théâtre pour l'entrée en scène de ce Valois d'Angoulême que le château du roi François, le premier ? Depuis le 1er janvier, c'est à la France qu'est revenue la présidence européenne. Depuis le Conseil de Stuttgart, le président français avait pu vérifier la solidité du couple franco-allemand, rudement mis à l'épreuve par les négociations à propos de la nouvelle parité franc-mark lors de l'imbroglio de mars.

On a dit que la conclusion donnée à ce débat était un décisif engagement européen. Selon Hubert Védrine, alors conseiller diplomatique du président, c'est vraiment à Fontainebleau que l'option prise le 21 mars 1983 à Bruxelles s'épanouit en grande politique. La réaction d'opportunité se transforme en stratégie. Et c'est une stratégie très personnelle : « Ce tournant majeur de sa présidence, Mitterrand le prend seul », assure Védrine. Non que ses collaborateurs de l'Élysée et du gouvernement, de Mauroy à Cheysson, d'Attali à Bianco – pour ne pas parler de Delors ! –, fussent tièdes à l'égard de l'Europe. Mais, ayant donné le coup de gouvernail de mars 1983, c'est lui qui ne cesse de hisser la voile, ou de pousser la vapeur.

C'est en décembre 1983, au cours d'un voyage en Yougoslavie où il a emmené son vieil ami Roland Dumas (qui n'est alors, curieusement, que député), que Mitterrand interpelle soudain son compagnon dans l'avion du retour : « Roland, je vais vous nommer ministre des Affaires européennes, et nous allons désembourber l'Europe[18] ! »

C'est, si l'on peut dire, la part la plus personnelle, la plus intime de son activité politique. En chacun des autres domaines, on trouve à ses côtés au moins un spécialiste ou un inspirateur – Attali, Cheysson, Delors, Fabius, Badinter... Ici, c'est lui seul qui inspire et anime – poussant en avant Dumas, lisant et critiquant les notes de Pierre Morel, dont il a su faire la « dynamo » de sa relance européenne.

Option prise par défaut, par élimination ? Védrine pose la question, pour mieux en faire ressortir l'inanité. Son attachement à la construction de l'Europe est trop ancien et a survécu à trop de déboires pour qu'on puisse y voir un « faute de mieux » – faute par exemple d'avoir pu imposer le socialisme en un seul pays... En tout état de cause, ce sera la grande affaire de ce règne à facettes et rebondissements.

Faut-il parler de « second sacre » ? Le 1er janvier 1984, quand échoit à la France la présidence semestrielle du Conseil européen, François Mitterrand ne rameute pas les foules sur les marches du Panthéon. Mais il voit en cette mission l'occasion d'un nouvel élan. L'aventure idéologique et sociale entamée en 1971 à Épinay, couronnée le 10 mai

1981, éprouvée, altérée, minorée en 1982 et 1983 ; le reflux que subissent dans l'opinion son gouvernement, son parti et surtout lui-même (33 % d'opinions favorables au début de cette année-là) ; la crise de l'école ; la fragilité de l'économie française, l'affirmation brutale de l'hégémonie américaine, les menaces que fait peser sur la paix l'échec des négociations de Genève sur les euromissiles*, tout pourrait le conduire à une mélancolie de fin de règne.

Et voici que s'offre une tâche à sa mesure – à la mesure de celui qu'il rêve d'être : un homme de l'Histoire. Cette Europe à laquelle il lui a fallu un an plus tôt sacrifier « son » socialisme, celui des militants d'Épinay et de Metz, ce cadre contraignant, il va en faire le refuge du socialiste empêtré, sa revanche et sa contribution à l'Histoire. Formules d'ailleurs trop narcissiques : on a vu et éprouvé que ce champ-là, il l'avait très longtemps labouré, avec ou sans éclat. Ce n'est pas une brillante diversion, une expédition d'Égypte : c'est un approfondissement opportun.

Cette relance européenne sous drapeau tricolore qui doit trouver sa conclusion solennelle à Fontainebleau, en juin, François Mitterrand la prépare comme une invention, une création, estimant, comme le murmure l'un de ses conseillers, que l'échec des Dix, à Athènes, a été si éclatant que tout redevient possible – sur la table rase…

Dès le 9 janvier, il réunit à l'Élysée l'état-major de cette « campagne d'Europe », Mauroy, Cheysson, Delors, Rocard** et surtout Dumas, promu exécutant en chef – sous sa gouverne, bien entendu. Le premier objectif tracé est un compromis global sur les principaux points du contentieux – reversement d'une part de la TVA à la Communauté, quotas laitiers – lors du sommet de mars à Bruxelles. Deuxième objectif : à Fontainebleau, en juin, régler enfin la question de la contribution britannique et préparer les voies à l'admission de l'Espagne et du Portugal. Le tout sanctionné éventuellement par un référendum… Et de conclure : « Pour réussir, le dialogue franco-allemand est essentiel. Je construirai tout autour de cela. Roland Dumas s'en occupera. Je ne veux pas de négociation parallèle. » Bigre ! Rarement le souverain s'est affirmé aussi absolu… Son propos revient en effet à renvoyer sur la touche Cheysson, Delors et Rocard, qui n'apprécient guère cette exclusion, au bénéfice non seulement de Dumas, mais de l'équipe élyséenne (Bianco, Attali, Guigou, Morel, Védrine).

De janvier à mars, le président, personnalisant à l'extrême l'entreprise, déploie une activité intense. Il court de La Haye à Athènes, de

---

* Voir au chapitre IV.

** Devenu ministre de l'Agriculture.

Copenhague à Milan, de Luxembourg à Dublin, reçoit à Paris ses deux partenaires majeurs, Margaret Thatcher et Helmut Kohl, après s'être entretenu quelques jours plus tôt de l'adhésion espagnole avec Felipe Gonzalez.

Le 7 février, à La Haye, il donne un coup d'accélérateur : « Il n'y aura pas de nouveau départ si la jeunesse n'a pas d'espoir, si l'Europe néglige ou craint de se donner un projet politique. » Mais compte tenu de ses diverses rencontres, il déclare le 7 mars en Conseil des ministres que les difficultés avec la Grande-Bretagne restent apparemment insurmontables, qu'il faut s'attendre à des « ébranlements », à un « séisme » difficile à évaluer d'avance (mais nous savons qu'à l'exemple de De Gaulle et de Kissinger il estime qu'il est souvent préférable d'opérer « à chaud »...).

La session du Conseil européen de Bruxelles les 19 et 20 mars vient confirmer son pronostic. Sur dix-sept questions en suspens, seize trouvent une solution totale ou partielle, sauf celle de la contribution britannique. D'où ce commentaire dramatique du président français : « L'Europe des Dix n'est pas morte. Disons qu'elle a reçu une blessure de plus ! » Plus loquace avec ses ministres, il leur confie qu'en vue de faire plier « la Dame de fer », il s'est mis d'accord avec le chancelier pour revenir aux règles et aux principes du traité de Rome : tout ce qui peut être décidé à la majorité le sera ainsi... Propos qu'il confirmera le 22 mai lors d'une interview accordée à plusieurs journaux de province :

> « Une façon évidente d'avancer dans la construction européenne, c'est d'abord de lui donner les moyens de décider, c'est-à-dire de revenir autant qu'il est possible à la règle du traité de Rome, qui est le vote majoritaire pour la plupart des décisions. »

Une solution alternative est préparée à l'Élysée : un rapport rédigé par Élisabeth Guigou, sur le thème « Comment fonctionner à neuf » – autrement dit, en l'absence de la Grande-Bretagne. La conseillère la plus écoutée du président (sur ce sujet) conclut que rien n'interdit de faire cette expérience [19].

La route de Fontainebleau et de la relance de la Communauté serait donc déblayée si, à la veille de la rencontre, le 17 juin, n'intervenaient des élections au Parlement de Strasbourg qui font apparaître un recul de près de 3 points du Parti socialiste (20 % au lieu de 23 %) et une forte poussée du Front national, qui grimpe d'un coup à près de 11 %. Ce qui, compte tenu des 10 % des communistes et des réticences au sein du PS et du RPR, rétrécit gravement la base populaire de la stratégie européenne du président (déjà un avant-goût de Maastricht...).

Mais, le lundi 25 juin 1984, après un détour par Moscou* et alors que des foules de manifestants contestent violemment la politique scolaire de son gouvernement**, François Mitterrand reçoit l'Europe à Fontainebleau – comme il avait reçu le monde à Versailles deux ans plus tôt : mais avec plus de bonheur.

De l'extrême importance qu'il attache à la réussite de ce rendez-vous de Fontainebleau retenons un signe, relevé par le journaliste chinois Bin Jia, du *Guang Min Rin Bao* : à l'entrée du château, Mitterrand se tenait en haut du célèbre escalier à double révolution qui fait sa gloire. Et chaque fois qu'arrivait l'un de ses hôtes, il descendait les marches et les remontait avec lui. Neuf escalades, pour un septuagénaire... Cet attentif fils du ciel vit dans cet exercice la marque d'un exceptionnel sens de l'État – et du rituel, dont les Chinois, on le sait, sont férus.

Les règles du jeu sont désormais claires, et le verrou britannique risque de sauter : Mme Thatcher est menacée d'expulsion pour hors-jeu systématique. Dès le premier jour d'ailleurs, Pierre Morel, négociateur français, prend langue avec son homologue anglais Robin Renwick, qui lui confie : *« My feeling is, that time, the lady must say yes***. »* Cependant, Mitterrand et Kohl se sont réparti les tâches pour « travailler » leurs amis respectifs. Le Français sermonne Papandhréou, Craxi, Fitzgerald**** ; l'Allemand, les siens – Martens, Lubbers, Schlüter*****. Tous conviennent que, cette fois, « on ne peut pas céder ». Et Helmut Kohl, à la fin de la soirée du 25, souffle à Roland Dumas : « Nous allons vous aider à réussir Fontainebleau [20]. »

Alors Mitterrand fait face à « la Dame de fer » dans la grande salle de bal Henri-II : un décor pour Marie Stuart. « Chère amie, nous avons une solution de compromis. On ne peut pas aller plus loin. Je suis certain de l'attitude des autres, vous devriez en parler au chancelier Kohl. » Lequel lance à « Maggie » : « C'est à prendre ou à laisser. » Elle cède, comprenant qu'elle ne peut pas cette fois entamer le bloc forgé par Mitterrand et Kohl. Elle réclamait la restitution de 2 milliards d'écus. Ses partenaires ont accepté de transiger à 1,5 milliard. Alors elle a réclamé 75 % de supplément. Les autres ont transigé à 65 %. Elle a arraché 66 % – faisant observer à Helmut Kohl, pour y parvenir, que son pays bénéficie de la protection des soldats anglais [21]...

---

* Voir le chapitre suivant.

** Voir chapitre V.

*** « Mon sentiment est que cette fois la dame doit dire oui. »

**** Représentant la Grèce, l'Italie, l'Irlande.

***** Représentant la Belgique, les Pays-Bas, le Danemark.

Trois jours plus tard, en Conseil des ministres, le président résume ainsi l'affaire : « La Grande-Bretagne a soudain craqué. Mme Thatcher a dû s'incliner dès lors qu'elle a vu qu'il n'y avait pas de possibilités de passage entre la France et l'Allemagne. Elle a été forcée de s'aligner, tous les autres pays ayant collé à la position commune franco-allemande*. »

Indépendamment du « chèque » de Mme Thatcher, le sommet de Fontainebleau a ouvert la voie à l'adhésion de l'Espagne et du Portugal en dégageant des ressources nouvelles par le biais de la TVA, lancé le concept d'une « Europe des citoyens », créant à cet effet un comité *ad hoc* présidé par l'Irlandais Doodge, et a enfin abouti à la vieille idée lancée par Mitterrand de l'« espace social européen » – qui paraissait si absurde à ses interlocuteurs de Luxembourg trois ans plus tôt. Et le président français se donne à lui-même la mission d'aller informer sur place Madrid et Lisbonne de leur prochaine accession dans le club des Dix.

Cette relance européenne du début de l'été 1984 – largement due aux initiatives et à l'entregent de François Mitterrand –, dira-t-on, en constatant le caractère très concentré des procédures et la minceur des effectifs des décideurs, qu'elle n'est guère démocratique ? L'Europe en effet se replie ou se dilate, s'affaisse ou s'élance du fait de quelques personnes – Kohl, Mitterrand, Thatcher, Dumas, Cheysson, Stoltenberg, Genscher, Lubbers, Craxi... Et il est vrai que, pour ce qui est de la France, l'opinion, consultée, n'est guère porteuse : on a dit à quel point les très récentes élections européennes manifestaient la méfiance des Français.

Écoutons le point de vue d'un expert, Hubert Védrine** :

> « N'ayons pas peur des mots : depuis l'origine (le Pool Charbon-Acier de 1951), la construction européenne a été une démarche volontariste et élitiste [...]. Certes, le traité de Rome a été présenté à l'Assemblée nationale française et adopté le 24 juillet 1957 par 340 voix contre 236*** ; en mai 1972, Georges Pompidou a consulté les Français par référendum sur l'élargissement à la Grande-Bretagne, [...] en 1979 et 1984, les élections au Parlement européen au suffrage universel ont été plutôt dominées par la politique intérieure. Mais toutes les décisions majeures ont été prises par de petits groupes de dirigeants, voire d'hommes et de femmes d'influence. L'Europe des années 1980 est le pur produit d'une forme moderne de despotisme éclairé [22]. »

* Voir, chapitre IV, la version donnée par « Maggie »...
** Qui convient d'ailleurs que c'était le seul moyen de mettre l'affaire en branle.
*** Le projet de Communauté européenne de défense (CED) ayant été rejeté deux ans plus tôt par la même instance.

Notons tout de même que ces « despotes » sont tous des élus et que la démocratie représentative délègue beaucoup de pouvoirs à ses champions. Leur mandat est pluriel. S'il fallait que chaque décision fût soumise au suffrage universel, la politique étrangère, Europe ou pas, serait stagnante. Mais il est vrai que l'Europe, dès lors qu'elle fut initiée par des hommes d'État très représentatifs (Jean Monnet excepté), s'est développée sur la base d'un postulat qui faisait d'elle le synonyme de la paix. Ce qu'ont ressenti particulièrement Allemands et Français...

* * *

Le 28 mai 1984, lors du sommet franco-allemand de Rambouillet, François Mitterrand suggère à Helmut Kohl de venir inaugurer avec lui l'ossuaire souterrain de Verdun. Quel plus beau symbole de réconciliation entre les deux nations affrontées soixante-huit ans plus tôt lors de la plus longue bataille de l'Histoire* ? Kohl : « Un Allemand à Verdun ? Est-ce possible ? – Oui. Tant de morts, cela impose le respect... »

Écarté quelques jours plus tôt – et non sans raisons – des cérémonies organisées pour le cinquantième anniversaire du Débarquement**, Helmut Kohl accueillit l'idée du président avec enthousiasme. Rendez-vous fut pris pour le 22 septembre, le général Saulnier, chef d'état-major de l'Élysée, étant chargé de l'organisation. A la veille de la rencontre, le chef de l'État accorda une interview à FR3-Lorraine. Rappelant sa participation au premier Congrès européen « de réconciliation », à La Haye, en 1948, il répéta qu'« il ne convient pas de parler d'axe franco-allemand » mais qu'« il n'y a pas d'Europe sans un bon accord franco-allemand », et invita la jeunesse à participer en grand nombre à la cérémonie du lendemain.

Une phrase du communiqué final devait résumer, non seulement le face-à-face du 22 septembre, mais encore les trente-six ans d'histoire qui venaient de se dérouler : « Nous nous sommes réconciliés, nous nous sommes entendus, nous sommes devenus amis. » Mais ce ne sont pas ces douze mots qui ont fait de la rencontre de Verdun un moment de l'histoire de l'Europe et l'un des temps forts de la carrière de François Mitterrand : c'est le geste qu'il fit alors.

---

* Onze siècles plus tôt, le traité de Verdun avait scindé l'empire de Charles (Karl) le Grand (Charlemagne)...

** En Normandie, le 6 juin 1944.

Alors que résonnait une de ces musiques par quoi l'on entend, en Occident, honorer les morts, on vit, sous la voûte, le président français saisir de sa main gauche la droite du chancelier allemand – dont la surprise première se mua en une émotion visible, à la mesure de sa stature formidable. A son côté, le Français nous parut soudain plus petit, tassé, si attentif à ne pas perdre un pouce de sa taille... par contraste peut-être, avec la force, la noblesse du geste accompli ?

Notation de Lutz Herman, du *Reinische Post* : « Décidément, ce président a des traits gaulliens : quand il se dresse au côté du chancelier Kohl à Verdun devant les morts de la guerre, l'Allemagne se souvient d'une autre scène : de Gaulle et Adenauer côte à côte dans la cathédrale de Reims... »

La relance européenne de Fontainebleau n'eût-elle servi qu'à permettre cet instant où semble se dissoudre des siècles de folies, il faudrait s'en louer. Mais c'est toujours à partir de cette impulsion que sera lancée la coopération militaire entre les ennemis séculaires, leur accord de libre circulation réciproque, et surtout le projet de recherche communautaire « Eurêka* ».

L'Europe s'est ouvert de nouvelles perspectives, tirée, poussée (non sans agacement ou irritation) par le « couple franco-allemand », agité lui-même de contradictions d'intérêts et de visées géopolitiques par rapport aux États-Unis, à l'Europe centrale, aux Balkans. « Couple » tout de même, auquel François Mitterrand aura conféré son style fait de volonté de séduire et de nostalgie du commandement...

---

* Qui doit beaucoup aussi, pour son lancement, à la diligence du ministre des Affaires étrangères allemand Hans-Dietrich Genscher. Mais le projet a vraiment été inventé à Paris.

CHAPITRE IV

Les alliés de la guerre

• Cinq principes, plus un • Le choix nucléaire • « Ronnie » *and Co* • Le gaz est-il marxiste ? • Missiles contre missiles • L'angoisse de Genève • IDS ou « guerre des étoiles » • « Maggie », ses yeux, sa voix... • Malouines, toutes ! • Les îlots ou le tunnel • Un bras de fer permanent • L'URSS et la Russie • Une cure de désintoxication • L'expulsion des 47 • En juin à Moscou • A quand Gorbatchev ? • Éloge de la tortue...

Quatre ans après son entrée à l'Élysée, François Mitterrand jugea bon de formuler à l'usage des citoyens (et de ses interlocuteurs étrangers) les lignes directrices de son action diplomatique et « la marque particulière qu'impose à la vie d'un peuple celui qui le conduit ». D'où la publication de ses *Réflexions sur la politique extérieure de la France. Introduction à vingt-cinq discours (1981-1985).*

Cette politique, affirmait-il en manière d'exorde, « s'ordonne autour de quelques idées simples : l'indépendance nationale, l'équilibre des blocs militaires dans le monde, la construction de l'Europe, le droit des peuples à disposer d'eux-mêmes, le développement des pays pauvres [1] ».

Le lecteur devait-il s'étonner de ce que l'unification de l'Europe ne fût située qu'au troisième rang des urgences par un homme qui, depuis le début de 1984, semblait en faire sa mission prioritaire ? Le même lecteur pouvait-il observer, avec ou sans ironie, que les objectifs un, deux et trois furent, sous l'impulsion de l'auteur de ce texte, mieux défendus que l'avant-dernier, dès lors qu'il fut question de l'Afrique, sinon des Balkans ?

Mais ce qui est clair, c'est que ce président eût été en droit d'ajouter un sixième titre à ces règles d'or de sa diplomatie : la fidélité aux alliances de guerre, ne serait-ce que parce qu'il la pratiqua. Homme de mémoire, pétri d'une certaine culture historique et formé, modelé par son expérience guerrière, comme on l'a vu, autrement, à propos de l'Allemagne, François Mitterrand restera à jamais l'homme qu'un avion anglais transporta de Londres – où il avait pu admirer le courage du peuple britannique – à Alger en 1943*, qui, entre beaucoup d'autres, prépara avec ses camarades de l'ORA le débarquement de juin 1944 où des centaines de milliers de *boys* dépêchés par Roosevelt donnèrent leur vie pour la libération en Europe, et qui eut pour compagnons de captivité et de résistance des hommes se réclamant peu ou prou de l'idéologie émanant de Moscou.

Qu'il ait à diverses reprises, et avec vigueur, prôné la « sortie de Yalta », la rupture de l'ordre injuste imposé en 1945 par les Alliés du fait du rapport de forces qui prévalait à la fin de la guerre (et qui eût été le même, la France présente à la conférence de Crimée) ne tend pas à condamner ce qui fut fait alors par Roosevelt, Churchill et Staline, mais l'horreur engendrée par la coagulation d'un ordre circonstanciel.

Si forte soit l'« idée » qu'il se fait de la France et des Français et ambitieux le rôle qu'il leur assigne dans le monde, Mitterrand restera beaucoup plus lié que de Gaulle – génie vertical, auteur de son propre destin – à ce passé collectif. Lié pour le meilleur plutôt que pour le pire : qu'il s'agisse de la cohésion occidentale face aux tentatives d'hégémonie de l'URSS, du soin mis à ne jamais substituer au refus de l'impérialisme soviétique une croisade occidentale anticommuniste, de la coopération avec Washington ou de la solidarité des vieilles nations européennes face à des opérations de reconquête armée, on verra le vrai patron de la diplomatie française guidé par un louable souci de fidélité, aux dépens parfois de tel ou tel intérêt apparent de la France. Plus fidèle que lucide ? Les faits justifieront souvent cette conduite.

Le général de Gaulle avait su, avant de prononcer le discours de Phnom Penh contre l'impérialisme américain, s'affirmer l'allié sans condition de John Kennedy lors de la crise des fusées de Cuba, en avril 1962. Pour ménager les susceptibilités de Washington à propos du Salvador, du Nicaragua et de l'ensemble du continent latino-américain, François Mitterrand s'affirmera sans cesse fidèle à l'Alliance atlantique. Ainsi écrit-il au début du livre cité plus haut : « Mon vote favorable à ce traité** il y aura bientôt quarante ans me satisfait toujours », ajoutant que « le pire danger pour nous, comme pour nos voisins d'Europe occidentale, serait [...] que l'Amérique s'éloignât des rivages de notre continent » [2].

Avant de rappeler les manifestations de cette fidélité et les cas où elle se nuance de critiques ou de résistances, il est bon d'éclairer deux

---

* Voir tome 1, chapitre v.

** Que le général de Gaulle, alors dans l'opposition, approuva.

ou trois points de ce parcours sinueux. Le premier a trait à l'alliance passée en 1972 par le créateur du parti d'Épinay avec les communistes et au choix fait en 1981 par le président de la République d'inclure quatre d'entre eux dans le gouvernement de Pierre Mauroy. On sait* que les dirigeants américains ne cachèrent pas leur désapprobation et qu'elle s'exprima sous forme d'un communiqué diffusé par Washington et jugé « inacceptable » par le chef de la diplomatie française. Il faut ajouter que l'ambassadeur des États-Unis Evan Galbraith s'exprima parfois sur le sujet avec une brutalité si incongrue de la part d'un diplomate qu'on ne pouvait l'imputer qu'à sa notoire inculture politique. Mais passé ces turbulences initiales, et compte tenu de la docilité dont firent preuve les ministres intéressés, la question cessa vite de se poser. « La crise est derrière nous », déclarait le secrétaire d'État Alexander Haig, dès le mois de juillet 1981.

Plus encore que la présence de communistes au gouvernement de Paris, les positions prises par François Mitterrand par rapport à l'armement nucléaire étaient de nature à préoccuper les responsables américains. Non qu'il s'y opposât : longtemps contempteur de la bombe française qu'il estimait ruineuse, inefficace et vouée à l'exaltation d'un nationalisme hors de saison, le leader socialiste s'était rallié à cette stratégie en 1973**, entraînant peu à peu l'adhésion de ses camarades, jusqu'à la faire entériner par la majorité du Parti socialiste en 1978.

Mais les conceptions nucléaires du troisième successeur de Charles de Gaulle ne cadraient guère mieux que celles du Général avec les règles fixées par les stratèges américains, aux yeux desquels l'emploi de ce type d'armes devait relever du seul leader de la coalition occidentale. Pour de Gaulle, l'autonomie de l'arme française allait de soi. Mitterrand, lui, avait d'abord lu et écouté les responsables de Washington. Il avait retenu ce propos de Robert McNamara : « Il n'y a pas d'usage militaire sensé de nos forces nucléaires. »

Comme ses amis allemands, il avait entendu plusieurs dirigeants des États-Unis parler du caractère « hypothétique », non automatique de leur intervention à ce niveau. (Jimmy Carter avait même dit à Helmut Schmidt qu'elle était « improbable ».) La seule règle d'emploi de la bombe était donc l'appréciation de Washington, surtout pour ce qui avait trait au moment ; d'où l'idée de la « réponse flexible », antino-

---

* Voir chapitre I.

** Déclarant alors à l'Institut des hautes études militaires, dirigé par le général Buis (l'un des responsables de sa « conversion »), qu'on ne « noierait pas les sous-marins nucléaires comme des petits chiens ».

mique avec l'idée même de dissuasion, qui tend à prévenir et non à corriger. Étrange dissuasion, qui s'envisage postérieure à l'acte et s'appelle alors représailles... Qu'est-ce qu'une terreur qui se veut modérée[3]?

C'est pourquoi le Mitterrand de 1981, disciple tardif de De Gaulle, avait faite sienne la « dissuasion du faible au fort », qui consistait pour le premier à convaincre le second que le risque pris par lui serait toujours plus important que l'enjeu. S'il vous est possible de raser les Vosges, vous subirez simultanément l'ablation de l'Oural...

D'où la mise en place d'une stratégie à la fois très « atlantique » et autonome, très exigeante à propos de l'engagement américain (le pire danger pour nous est que l'Amérique s'éloigne...) et marquée par le souci de prendre en main toute forme de riposte – ne serait-ce qu'à titre de déclencheur. Ainsi a-t-on vu le président français militer pour que soient installées en Europe les fusées Pershing porteuses de bombes nucléaires et, simultanément, rappeler à ses alliés allemands l'existence de la force de frappe française.

Alors M. Reagan et les siens, cessant vite de se poser la question de la fidélité de leur allié français, vont découvrir en lui un partenaire plus incommode à coup sûr que les Allemands, aux yeux desquels, la sécurité de l'Europe occidentale dépendant en fin de compte des seuls Américains, il convient d'orienter tous leurs comportements sur ce postulat, et que les Britanniques, dont la force atomique n'est guère qu'un satellite de celle des États-Unis.

Incommode? Avant d'être secrétaire d'État, Henry Kissinger avait écrit, à propos du général de Gaulle, qu'un allié indocile mais déterminé à se défendre vaut mieux qu'un autre dont la docilité risque de se muer en passivité face au péril. François Mitterrand tenait l'ancien professeur de Harvard en trop haute estime pour n'avoir pas retenu sa maxime et s'en inspirer. Écarté du pouvoir, M. Kissinger l'en loua*.

* * *

François Mitterrand aimait les États-Unis. Cet attachement ne datait pas de 1944. Lors du voyage qu'il fit en Amérique pour la célébration de l'anniversaire de la bataille de Yorktown, en 1981, il se plut à évoquer la part prise par la grande aventure américaine (les récits de Mayne Reid, de James Oliver Curwood) dans l'imaginaire des jeunes

---

* Lors d'un entretien avec l'auteur, en juillet 1998, à Gordes, l'ancien secrétaire d'État de Nixon loua sans réserve la conduite de la diplomatie française par Mitterrand, qu'il jugeait tout à fait « gaullienne ».

Français, dont le sien. Son ami Claude Manceron avait brillamment retracé la saga des « pères fondateurs » et le rôle alors joué par leurs alliés français [4]. Accueilli à Williamsburg en 1981, il ne pouvait pas manquer d'entrevoir le fantôme de Thomas Jefferson, familier de ces lieux, l'un de ses héros. De Jack London à Faulkner et Styron, il admirait fort le roman américain – et on a cité telle ou telle page de *L'Abeille et l'Architecte* qui est un vrai péan à la civilisation américaine : n'allait-il pas jusqu'à comparer New York à sa chère Florence ?

L'homme américain ? Des *founding fathers* à Roosevelt, il a trouvé maints modèles. On a évoqué ici et là des tête-à-tête encourageants. Le portrait qu'il a tracé de Kissinger* est si brillant et affiné qu'on dirait un autoportrait – mi-Mazarin, mi-Metternich. Celui qu'il proposera de George Bush se conclura par le mot « ami », et ses premiers contacts avec Ronald Reagan, de tous les Américains celui avec lequel il a en principe le moins d'affinités, le soumettent au charme indéfinissable de cette incarnation balbutiante du rêve transatlantique – avant que la vacuité de l'interlocuteur ne finisse par le lasser.

Le vieil atlantiste, en Mitterrand, ne se démentira jamais – mais les nuances et correctifs seront vite perceptibles. A la fin de 1990, lors d'une discussion avec Maurice Couve de Murville précédant de peu l'ouverture des opérations militaires au Koweït, et alors que diverses hypothèses restaient ouvertes, j'entendis l'ancien ministre des Affaires étrangères du général de Gaulle proférer cette sentence : « Qu'attendre d'autre de Mitterrand qu'un alignement sur les Américains – qui fut toujours sa règle ? »

Depuis des années pourtant, et indépendamment de ses attaches avec la branche française du stalinisme, le troisième successeur du Général entretenait avec ses alliés américains des relations souvent compliquées, parfois orageuses, et que – n'en déplaise au grand diplomate que fut M. Couve de Murville – ne saurait résumer ou décrire le mot « alignement ». Aussi bien lors du grand débat de 1981 sur le gazoduc reliant l'Union soviétique à l'Europe occidentale qu'à propos de l'Amérique latine, à l'occasion des tensions proche-orientales ou dans l'affaire dite de la « guerre des étoiles », on a vu ou on verra ce chef de l'État français extrêmement soucieux de ne pas confondre les points de vue dictés par les intérêts et la sécurité de son pays avec ceux que ses grands alliés de Washington veulent faire prévaloir.

Passé l'accès de « fièvre rouge » de juin 1981, un climat de compréhension avait été créé entre Washington et Paris par la première inter-

* Voir tome 1, chapitre XI.

view de l'élu – accordée au *New York Times*, un journal qu'il ne cessera de privilégier (dût-il mettre hors de pair, dans la presse américaine, le très intelligent Joseph Kraft).

Sur le thème confortable de la « communauté de civilisation », François Mitterrand avait su jeter un pont en direction de l'opinion américaine, celle en tout cas qui subit l'influence du grand quotidien new-yorkais. Et on a vu que le premier contact entre les deux présidents, à Ottawa, avait fait bien augurer des relations à venir.

Mais les premières contradictions se manifestèrent vite, sur trois points : les taux d'intérêt imposés par les Américains, asphyxiant les économies européennes ; le commerce Est-Ouest, que Washington voulait réduire au minimum pour étouffer Moscou ; et les résistances opposées, au sud du Río Grande, à l'hégémonie des États-Unis – résistances qui rencontraient, à Paris, à l'Élysée notamment, des sympathies et des appuis.

On a déjà abordé le premier point et signalé la déception éprouvée par François Mitterrand, aussi bien que par son collègue Helmut Schmidt, devant la rigoureuse incompréhension des maîtres du Trésor américain. Superbe indifférence ou volonté de faire capoter l'expérience socialiste française ? A diverses reprises, Mitterrand proclamera sa détermination de ne pas laisser « marginaliser » son entreprise. Mais peut-il ignorer que tout le système américain est, dans ses profondeurs, braqué contre ce que le *Wall Street Journal* appelle l'« ordure » socialiste ? que la superstructure du pouvoir américain est aux mains d'un homme aux yeux duquel toute forme de collectivisme relève de l'« empire du Mal » – empire que tel de ses collaborateurs, comme Richard Pipes, décrit comme « au bord de l'effondrement » ?

D'où la lutte menée par les hommes de Ronald Reagan contre le développement, alors manifeste, du commerce entre l'Ouest et l'Est. Lequel prend, au moment où les socialistes accèdent au pouvoir en France, la forme d'un projet de gazoduc euro-sibérien qui doit permettre de multiplier par deux l'acheminement du gaz sibérien vers l'Europe occidentale : 40 milliards de mètres cubes à partir de 1986, dont 8 à la France et 12 à l'Allemagne de l'Ouest. Dès avant l'élection de Reagan, et alors que les négociateurs français étaient Giscard et Barre, Washington dénonçait les risques d'une dépendance énergétique de l'Europe occidentale par rapport à l'URSS et de transferts de technologie stratégique au bénéfice de Moscou.

A Ottawa, Helmut Schmidt et François Mitterrand s'efforcent d'apaiser ces craintes. Dans le communiqué final, ils se disent certes prêts à veiller à ce que leurs « échanges économiques avec l'Est restent compatibles avec [leurs] objectifs de sécurité ». Mais lors d'une conférence de presse tenue avant son départ, Mitterrand tient à rejeter tout ce qui pourrait ressembler à une injonction de ses alliés et à préciser que les achats de gaz en question représenteront 4,5 % pour l'Allemagne, « ce qui ne pose donc pas de problème stratégique ».

Commentant ce débat, Hubert Védrine écrit : « Entre une administration américaine presque tout entière occupée à ébranler l'URSS et des Européens qui n'entendent pas faire les frais de cette lubie*, les choses ne vont pas en rester là. »

L'injonction américaine, car c'est de cela qu'il s'agit, va se trouver à la fin de l'année en quelque sorte justifiée, en tout cas musclée, par une formidable péripétie : la crise polonaise. Si les stratèges militaires américains se disent alors aussi convaincus que leurs confrères européens qu'il n'y a « rien à faire » en l'occurrence, leurs homologues politiques se saisissent de l'occasion pour essayer de faire proclamer un embargo général sur les échanges avec l'URSS et ses satellites. Quelle meilleure forme de représailles imposer à l'empire soviétique ? Si bien que la signature de l'accord sur le gazoduc, au début de janvier, provoque un sursaut d'indignation, aussi fort dans beaucoup de cercles parisiens qu'aux États-Unis.

Dans une lettre reçue le 13 janvier 1982 à l'Élysée et qui est adressée simultanément à Helmut Schmidt, Ronald Reagan hausse le ton, se fait impérieux, sinon menaçant : « L'exportation sans contrôle de technologies et d'équipements sensibles au bénéfice des infrastructures militaires soviétiques doit être stoppée. » Il apparaît clairement que le gazoduc n'est plus la seule cible du veto de Washington, qui prétend désormais soumettre à une sorte de blocus toutes les exportations européennes vers l'Est, un blocus aussi bien politique qu'économique... Le pouvoir américain a d'autant plus de chances d'arriver à ses fins qu'il contrôle les organisations multilatérales telles que le COCOM, dont il a fait son instrument de contrôle des échanges entre l'Est et l'Ouest.

La pression américaine va s'exercer en particulier sur la France pour

---

* « Lubie » ? C'est ce qui paraît alors. Convenons que cette lubie est, par des voies étranges, devenue dix ans plus tard une réalité, du fait de la stratégie d'« ébranlement » américaine, dût-elle prendre vers le milieu des années 80 la forme abracadabrante de la « guerre des étoiles » (IDS). Selon un bon analyste de la stratégie soviétique comme Youri Roubinski, en effet, le désastre américain au Vietnam raviva l'ambition hégémonique de Moscou – depuis plusieurs années résigné au rôle de « brillant second » – et incita les dirigeants soviétiques à une course suicidaire aux armements impliqués par l'IDS. Ainsi le Vietnam aurait-il servi d'instrument à la désintégration de l'URSS, et donc à la victoire américaine ! (Ancien diplomate, conseiller de presse à l'ambassade d'URSS à Paris, M. Roubinski est aujourd'hui directeur à Moscou de l'Institut français.)

une autre raison : c'est le moment en effet que choisit le ministre français de la Défense, Charles Hernu, pour annoncer à son homologue américain, Caspar Weinberger, qu'un contrat de vente d'armes vient d'être signé par la France avec le Nicaragua (pro-communiste) mais qu'il ne s'agit que d'armes « défensives »*. Fureur du ministre américain, qui exige l'annulation du contrat – et communique l'information au *Washington Post.*

Le scandale qui s'ensuit est d'autant plus vif que, cinq mois plus tôt, en août 1981, alors que la presse américaine crépite de dénonciations contre la présence à l'Élysée du « guérillero » Régis Debray, la France a publié, conjointement avec le Mexique, une déclaration de reconnaissance du front de résistance du Salvador, dit « Farabundo-Marti », précisant que la gauche salvadorienne devrait être appelée à mettre un terme à la guerre civile en ce pays. Stupéfaction à Washington où est condamnée cette « première intervention d'un État européen dans les affaires américaines en violation de la doctrine de Monroe... ». Le conseiller de la Maison-Blanche Richard Allen va jusqu'à téléphoner à son homologue Jacques Attali pour lui demander si la France prépare une intervention armée... Riposte d'Attali : « Sans doute, mais rien n'est encore décidé... » Alors tous deux éclatent de rire [5]...

L'émotion n'en est pas moins vive. A tel point que François Mitterrand décide brusquement d'aller s'entretenir de l'affaire en tête à tête avec le président américain à Washington, le 12 mars 1982. Il fait valoir à son hôte que la stratégie des États-Unis en Amérique latine, si elle se réduit à la répression, risque de fabriquer plus d'émules de Cuba qu'elle n'est appelée à en éliminer. Sèche riposte de Ronald Reagan : « Nous ne pouvons tolérer la moindre présence marxiste au sud du Río Grande. Nous avons peur que, de proche en proche, le Mexique soit atteint par le communisme » (encore la théorie des dominos, si bien illustrée au Vietnam...). Mitterrand se retient d'observer que, s'agissant de la Pologne ou de la Tchécoslovaquie, Leonid Brejnev recourt à un raisonnement symétrique : pas un capitaliste à l'est du Río Elbe... Et il conclut cette passe d'armes en décidant l'interruption de toute livraison d'armes en Amérique latine...

Le rapide et acide face-à-face de mars 1982 à Washington en fait prévoir d'autres, moins rapides mais plus acides. Et d'abord, trois mois plus tard, à Versailles. Sous le faste, le feu. La délégation américaine y est arrivée animée d'une double détermination : faire plier les Européens sur le commerce Est-Ouest et ignorer les périlleuses fluctuations du marché des changes. Le désaccord se focalisera sur les

* Deux vedettes, trois hélicoptères et des camions Renault.

aides publiques accordées aux exportations par la France et l'Italie. Mitterrand se rebiffe contre ce « blocus économique partiel » infligé à Paris et à Rome : « Est-ce une telle mesure qui va freiner l'armement soviétique ? » Et il conclut par cette étrange formule : « L'énorme bœuf s'est dérangé pour casser cet œuf-là ! »[6].

Commentaire du secrétaire d'État américain, Alexander Haig, dans son livre de souvenirs *L'Amérique n'est pas une île*[7] : « Le rejet de Mitterrand de l'accord* sur les crédits pour l'URSS, rejet qui suivait l'inexplicable refus de soutenir le franc français annoncé par Donald Regan**, avait rendu le dénouement inévitable[8]. » Le général Haig a au moins le mérite de signaler (ici) une particularité du *leadership* américain, qui consiste à exiger de ses alliés des sacrifices sans contrepartie. Soyez fermes et restez pauvres…

Sa lucidité en ce domaine (qu'il n'étendit pas au Proche-Orient, on va le voir), Alexander Haig devait la payer de son poste : irrité qu'il n'eût pas su faire plier les Européens à Versailles – Helmut Schmidt déclarait dès le lendemain que l'accord sur le gazoduc sera bel et bien appliqué –, le général-diplomate formé par Kissinger dut faire place à George Shultz, qui s'avérera d'ailleurs un diplomate plus sagace et mesuré que lui.

De ces rudes affrontements Washington tira une conclusion à sa façon, décrétant unilatéralement l'embargo sur les exportations en URSS de matériel de production de gaz, le 18 juin 1982. Geste qui inspira à Claude Cheysson, peu accoutumé à user de la litote, un commentaire au vitriol lors d'une interview sur Antenne 2. Évoquant un « divorce progressif entre Américains et Européens », il précisait : « Nous ne parlons plus le même langage. Ils sont complètement indifférents à nos problèmes… » Et quelques mois plus tard, le ministre clamera, à la tribune du Sénat : « C'est le traité de Washington que nous avons signé, pas le pacte de Varsovie*** ! »

Les dirigeants américains s'en étaient d'ailleurs avisés avant lui : le 13 novembre, confrontés à la résistance coordonnée de Londres et de Paris, ils lèvent l'embargo décrété par eux seuls en juin. Saisissant l'occasion de ce retour à la normale dans les relations avec Washington, François Mitterrand adresse le 20 novembre au président américain une lettre qui se voudrait une charte de bonne conduite entre alliés. Ayant ajouté à « Monsieur le président et cher ami » un « cher Ron » significatif, il s'explique :

---

* Du projet d'accord, plutôt.

** Secrétaire au Trésor américain.

*** Celui qui liait alors les pays de l'Est à Moscou.

> « Vous et moi connaissons la profondeur de la sympathie qui a porté nos deux peuples l'un vers l'autre depuis plus de deux siècles, en particulier lors des épreuves communes. Vous savez l'extrême importance que j'accorde à la participation de nos deux pays à une même alliance militaire défensive, dans le respect de la souveraineté de chacun...
> Chacun d'entre nous, monsieur le président, est bien conscient de la prudence que requiert la conduite des relations avec les pays de l'Est. Chacun d'entre nous est bien conscient de ses intérêts nationaux à cet égard, dont il est le meilleur juge et le premier garant dans le respect des procédures de concertation existantes. Notre intérêt commun, en tant que pays membres de la même Alliance, me semble être que celle-ci puise ses forces dans notre diversité. C'est en respectant la personnalité nationale de chaque État, profondément compatible avec la solidarité nécessaire sur l'essentiel, que nous favoriserons l'enracinement dans chaque pays de la volonté commune de défense. »

Mais dans une interview accordée au *Monde* le 26 novembre, il s'attache moins à arrondir les angles :

> « L'Alliance atlantique verse depuis trop longtemps dans le malentendu. Ce serait déjà la réformer heureusement que de se décider à mettre les points sur les *i*. C'est ce que la France a fait à propos du gazoduc et de l'embargo américain [...]. La souveraineté de la France ne se marchande pas [...]. Mais je ne me résigne pas non plus à la dégradation d'une alliance qui gagnera en précision et en efficacité à se vouloir moins boulimique [...]. Je ne veux pas que d'une façon insidieuse on en vienne à appeler stratégique la vente à la Russie de beurre ou de pois chiches. »

L'algarade a été chaude et connaîtra des rebondissements, notamment à propos de la question palestinienne* et des incursions françaises dans la chasse gardée de Washington au sud du Río Grande. Ces controverses ne provoqueront entre Washington et Paris aucune crise comparable à celles que déclenchait de Gaulle à propos du dollar, de l'OTAN, d'Israël ou du Québec. Mais elles modifient le regard que portait Mitterrand sur l'Alliance avant son élection. Cet atlantiste dans l'âme devient un atlantiste de raison. Y eut-il jamais bonne alliance autrement que dans un regard rétrospectif** ?

Si échaudé qu'il fût par ces échanges, c'est lui pourtant qui, sans appliquer son effort à cet objectif précis, va ranimer la flamme de

---

* Voir chapitre v.

** « Depuis que j'ai commandé les forces d'une coalition, disait Foch, j'admire moins Napoléon... »

l'Alliance : en prononçant le fameux discours du 20 janvier 1983 devant le Bundestag, François Mitterrand restaure d'un coup son crédit auprès des augures de Washington et rend son sens véritable à l'Alliance atlantique, qui est bel et bien un contrat multilatéral et égalitaire signé en vue de préserver l'Europe occidentale de la menace venue de l'Est.

Sa position en flèche dans le grand débat des euromissiles, que nous avons examinée sous l'angle des relations franco-allemandes, François Mitterrand ne l'avait pas forgée d'emblée et tout uniment, pas plus que son engagement dans le champ nucléaire. On a vu qu'en 1979, face à un chef de l'État, Giscard, qu'il allait affronter lors de l'élection présidentielle et qu'il jugeait trop conciliant dans les relations avec les Soviétiques, il avait jeté à la tribune de l'Assemblée : « Ni SS 20, ni Pershing ! » Ce qui allait devenir l'« option zéro » de Reagan.

Le dialogue poursuivi tant bien que mal au sommet permettant d'envisager au début de décembre 1982 un « gel » d'une partie des missiles soviétiques*, on verra François Mitterrand céder à la tentation de l'« apaisement » commode. C'est avec surprise que le grand journaliste américain Jo Kraft, qui dès longtemps s'efforce de persuader ses lecteurs de la fermeté du chef de l'État français face à Moscou, enregistre ce propos, le 13 décembre 1982 : « Une réduction du nombre des SS 20 soviétiques en échange d'un accord de non-déploiement des Pershing par les alliés me satisferait... »

Propos qui provoque l'émoi de son conseiller Hubert Védrine : dans une note, ce collaborateur avisé met aussitôt en garde le président contre une telle souplesse, susceptible de raviver les inquiétudes allemandes... François Mitterrand n'aime pas s'entendre donner des leçons. Mais celle-là est assez discrète pour lui permettre de rectifier le tir. Ce qu'il fait dès le lendemain en recevant le secrétaire d'État américain, George Shultz :

> « ... J'ai dit que je considérais que le déséquilibre en faveur de l'Union soviétique était grave depuis l'installation des SS 20. J'ai dénoncé ce déséquilibre avant et après mon arrivée à la présidence. J'ai dit que, si ce déséquilibre n'était pas corrigé par la négociation, il ne serait que juste que les fusées Pershing soient déployées, et je maintiens ce raisonnement, en dépit de ce que j'ai pu lire dans la presse. Je n'ai pas changé de point de vue [9]. »

* En juin 1982, le représentant américain aux négociations de Genève, Paul Nitze, aurait consenti au non-déploiement des Pershing.

La dernière phrase est presque caricaturale. Mais ainsi sont faits ceux que Régis Debray appelle « nos seigneurs » (on pourrait citer de telles formules de Charles de Gaulle – « Je n'ai pas changé ! » – à propos de l'Algérie !). Toujours est-il qu'un mois plus tard, devant le Bundestag, à Bonn*, et quoi qu'il en coûte à ses amis sociaux-démocrates, François Mitterrand dressera la plus forte barrière de mots que peut alors opposer aux Soviétiques un homme d'État occidental – dont on sait que la panoplie n'est pas faite seulement de phrases.

Du coup se manifeste l'enthousiasme américain. Dès le 21, Henry Kissinger téléphone à Jacques Attali : « J'ai trouvé tout à fait remarquable le discours du président [...]. Mon seul regret est que le gouvernement américain n'ait pas jugé utile de se réjouir immédiatement d'un tel discours[10]... » Une semaine plus tard enfin, Ronald Reagan jugera bon de réagir :

> « Votre discours de Bonn renforce l'Alliance au moment où les pays européens avouent sinon leur impuissance, du moins leur anxiété devant le poids de leur opinion. Je partage pleinement votre jugement sur les risques de découplage entre l'Europe et les États-Unis. Votre discours [...], contribution importante à nos efforts mutuels pour renforcer la sécurité de l'Occident [...], est d'une valeur inestimable. »

La bonace ne durera pas. Une nouvelle tornade va se déchaîner à la fin de mai, lors du sommet des Sept à Williamsburg, dont Ronald Reagan a décidé de faire un véritable *show* de la puissance américaine en vue du lancement de sa campagne électorale de 1984. L'un des thèmes majeurs en sera – la presse de Tokyo en fait déjà ses titres – l'« association » du Japon à l'Alliance atlantique. Ce qui, d'emblée, paraît absurde, et en tout cas hors de propos dans ce cadre (le sommet des Sept) qui n'est pas voué à l'étude des problèmes stratégiques.

Ronald Reagan veut-il faire de « son » sommet le foyer d'un pacte qui, d'atlantique, se muerait en une gigantesque pince planétaire prenant les Soviétiques en tenaille ? Au surplus, le projet roule autour du rôle de l'organisation intégrée atlantique – dont la France s'est détachée. Enfin, les Américains font savoir que la réunion de Williamsburg s'attachera à soutenir la position des États-Unis dans la négociation de Genève sur les euromissiles – ce que refuse Mitterrand, son pays n'étant pas partie prenante à la négociation.

Jacques Attali a raconté à sa manière la scène la plus poignante de cette conférence des affrontements, au cours de laquelle est proposé le texte « absolument exécrable » inspiré par les Américains, qui « enté-

---

* Voir chapitre III, p. 106.

rine l'inclusion du Japon dans l'Alliance » et prend parti pour l'« option zéro » en Europe :

> « L'ambiance est très tendue. François Mitterrand est acculé à l'affrontement franco-américain que, depuis six mois, il cherche à éviter [...]. Je sors prévenir le conseiller pour la Sécurité, le juge Clark, que le texte comprend une série de choix inacceptables pour la France et que nous ne le signerons pas tel qu'il est. Il hausse les épaules et me tourne le dos : "Vous signerez."
> Une scène terrible commence alors. François Mitterrand parle le premier, calmement. Il décortique le texte et refuse catégoriquement de "s'associer à des formulations détaillées qui l'engageraient à appuyer de façon précise les propositions faites par les États-Unis à Genève". [...] Bref, pas question de reprendre quoi que ce soit du projet à notre compte.
> La tension est grande. Reagan voit son sommet lui échapper. Il tape du poing sur la table pendant que François Mitterrand intervient [...] puis, emporté par la colère, Reagan jette ses propres papiers loin devant lui. [...]
> Le chancelier Kohl et Margaret Thatcher voient l'un et l'autre séparément François Mitterrand et se disent prêts l'un et l'autre à n'importe quoi pour que la France signe la déclaration. Le président de la République : "Tout ce qui donne l'impression que la France est associée à une décision de commandement intégré de l'OTAN est inacceptable."
> Clark vient me parler dans le brouhaha. (J'apprendrai plus tard que cette démarche a été préparée soigneusement par les Américains et que Shultz comme Reagan l'ont exigée.) Il me dit : "Nous allons à un *clash*. Vous ne signerez pas, nous allons rompre tous les ponts avec vous. Le président Reagan interrompra immédiatement tous nos échanges militaires avec la France, en particulier dans le domaine nucléaire."
> J'hésite. Le dire au président ? Sa réaction à ce chantage est assurée : rupture immédiate de la négociation, et la plus grave crise franco-américaine depuis la sortie du commandement intégré de l'OTAN*. Je décide de ne pas le lui dire tout de suite, pour préserver les chances d'un compromis [11]... »

Dans le texte finalement adopté par les Sept, la délégation française a réussi à faire inclure une idée chère à son président : une conférence monétaire mondiale regroupant les ministres des Finances et le directeur général du FMI, en vue d'améliorer le système monétaire international. Allemands, Anglais, Italiens et Canadiens se prononcent pour le texte français. Les Japonais, plus réticents, se rallient, suivis par les Américains**.

---

* Décidée en 1966 par le général de Gaulle.

** Moyennant quoi la presse d'opposition dénoncera le lendemain l'« alignement » de la France sur les États-Unis !

Une telle confrontation laissera des cicatrices dans les rapports entre Reagan et Mitterrand. D'autant qu'un nouveau projet du premier, plus grandiose encore que ceux proposés à Williamsburg, va se heurter à une opposition tout aussi obstinée : c'est le fameux projet IDS (Initiative de défense stratégique)*, étrangement connu sous l'appellation de « guerre des étoiles ».

* * *

Tout avait commencé le 23 mars 1983. Émergeant à peine des turbulences de ce qui est alors la semaine la plus mouvementée de son septennat, celle de la fausse sortie du SME, François Mitterrand trouve sur son bureau une lettre de Ronald Reagan qu'il ne lit qu'avec une incrédulité ironique, le sourcil levé :

> « Nous avons, vous et moi, depuis un certain temps, la charge d'assurer la sécurité de nos peuples contre la menace la plus terrifiante de l'histoire de l'humanité... [...] Dans le débat qui s'est ouvert aux États-Unis, il apparaît nettement que les critiques, de caractère émotionnel, sont en grande partie fondées sur la peur, elle-même suscitée par le sentiment que nous n'avons manifestement pas d'autre solution que de construire toujours davantage d'armes offensives. [...] Je me suis rendu compte qu'il n'y a guère de solutions de rechange à court terme. J'ai néanmoins la conviction que nous devons nous efforcer, par tous les moyens possibles, de réduire le niveau des systèmes offensifs. Mes conseillers – notamment le Comité interarmes des chefs d'état-major – ont recommandé récemment un examen plus approfondi des possibilités inhérentes aux technologies de défense, donnant ainsi à notre peuple – et à tous ceux que protège le parapluie de l'OTAN – l'espoir à long terme que nous pourrons un jour assurer notre sécurité sans menacer personne[12]. »

Ainsi, le chef de la grande coalition antisoviétique ne propose rien de moins que de « dépasser le nucléaire » en rendant inopérants les missiles chargés d'armes de destruction massive. Rêve radieux ou calcul à long terme pour rendre son hégémonie absolue à la seule puissance susceptible de se doter à court terme d'un système de défense entièrement nouveau, fondé sur l'« énergie dirigée », capable de frapper non l'ennemi, mais ses engins en vol...

---

* En anglais : SDI (Strategic Defense Initiative).

S'agit-il, de la part du romanesque président américain, d'une anticipation utile à son image dans l'opinion – celle du cow-boy audacieux, rénovateur de la puissance des États-Unis (*« America is back »*), mué en bon génie tendant un parapluie protecteur de la sécurité de son peuple – qui se trouve pour la première fois dans son histoire, depuis 1960, placé sous une menace globale, au moins théorique ? Ou relance, sur le thème de la défense absolue, fondée sur une technologie que maîtrise seule la puissance américaine, d'une suprématie sans partage ? Rêve d'une sorte de ligne Maginot de l'espace qui, pour longtemps, isolerait les États-Unis de leurs alliés – comme la France l'était psychologiquement des siens, à l'Est, en 1939 ?

Au cœur des années 60, de tels projets, limités à la protection des villes par antimissiles, avaient été lancés dans la permanente négociation américano-soviétique – puis formellement rejetés par un traité dit « ABM » signé en 1972. Le projet Reagan n'était donc que la résurrection d'une idée que les deux protagonistes avaient jugée en fin de compte dangereuse, en ce qu'elle allait détruire pour un temps indéterminé l'« équilibre de la terreur » sur lequel était fondée tant bien que mal la paix depuis près de quarante ans.

La réaction de Mitterrand, assez récent converti à la dissuasion nucléaire pour n'en être pas un zélateur fervent, fut d'abord plus que sceptique à propos de « ces phobies qui ont cours en Californie ». Il n'en incita pas moins son conseiller Hubert Védrine à examiner « si cela [pouvait] marcher[13] ». La question ne portait pas seulement sur l'installation d'un bouclier antimissile, mais sur l'ampleur dudit bouclier. Qui serait dessous ?

Le scepticisme initial de Mitterrand se nuança. Il était tour à tour influencé par Jacques Attali, fasciné par la science et la technologie, prêt à envisager un déclin du nucléaire, et par Hubert Védrine, que son enquête auprès des chercheurs et des spécialistes conduisait à mettre en doute la crédibilité du projet Reagan. « Jacques croyait au ciel, et moi je n'y croyais pas[14] », résume joliment Védrine.

Le président balance entre rose et réséda. Il est frappé par l'argument selon lequel, tout farfelu qu'il paraisse, le projet IDS va induire, pour des années, un immense effort de recherche auquel la France se doit de s'associer. C'est aussi, du point de vue allemand, ce que pense Helmut Kohl. Et Mitterrand souffre trop de sa réputation d'homme du passé pour ne pas tenter ici de se lancer dans la science-fiction…

Au début de février 1984, date magique* pour tous ceux qui s'aven-

---

* *1984* est le titre de l'admirable livre de George Orwell décrivant le monde totalitaire absolu.

turent dans l'anticipation, il prononce à La Haye un surprenant discours, incitant à « porter nos regards au-delà du nucléaire si l'on ne veut pas être en retard sur un futur plus proche qu'on ne croit ». Certes, son propos se présente moins comme un plaidoyer pour le projet Reagan que comme une invite à créer une Communauté européenne de l'espace. Mais Machiavel est peut-être en train de se prendre pour Galilée, sinon pour Jules Verne... Un an après le discours de La Haye, il évoque une station orbitale européenne, en tant qu'« élément de la guerre des étoiles... ». Celui qu'on commence à appeler « Tonton » ne regarderait-il pas un peu trop les films de Spielberg et de George Lucas ?

Les réalistes, autour de lui – Cheysson, le général Saulnier, Morel, Védrine et le conseiller scientifique Jean-Daniel Lévi –, réagissent. Après avoir déposé à la conférence de Genève sur le désarmement un projet d'interdiction des nouvelles « armes à énergie dirigée capables de détruire les missiles balistiques », ils font en sorte de détourner l'appétit scientiste et futuriste du président vers une « initiative de sécurité européenne » dont le concepteur est Jacques Attali : ainsi Mitterrand pourra-t-il opérer la synthèse entre le parti du rêve et celui du réel. Et Pierre Morel invente, le 26 février, le sigle « Eurêka », sous lequel se présentera l'agence de coordination de la recherche européenne.

Le 25 mars, recevant le chancelier Kohl, Mitterrand lui présente « le grand projet technologique pour l'Europe, à retombées à la fois civiles et militaires ». Selon lui, « l'avenir de l'Europe se joue dans ces grands projets ». Il propose donc de créer une Communauté européenne des hautes technologies, baptisée « Eurêka », institution légère où les pays qui veulent s'associer à un projet précis pourront le faire de façon souple, sans nécessairement prendre part à tous les projets – dont le principal est le programme de la station spatiale habitée européenne... Faute de telles initiatives, « nous risquons, conclut Mitterrand, d'être pétrifiés par le bond en avant des Américains ».

Pétrifié ? C'est d'abord M. Kohl qui l'est. Pour séduit qu'il soit, il va voir dans ce projet une sorte de « missile anti-Reagan »...

* * *

« Une année idyllique dans les rapports franco-américains [15] » : ainsi Hubert Védrine définit-il 1984. C'est alors en effet que se déroula, entre la bataille des euromissiles et celle de l'IDS, le traditionnel voyage officiel du chef de l'État français chez son plus grand allié.

François Mitterrand y arrive, le 21 mars, en vainqueur de la bataille des SS 20. Tout « socialiste » qu'il soit encore avec son contingent de ministres communistes, le président français est traité en ami par un Reagan déjà entré en campagne électorale, qui donne à ses visiteurs l'impression que ces trois années de présidence l'ont assagi et instruit – à force de lire les notes de ses experts. Il se garde désormais de parler, au moins en présence d'étrangers, de l'« empire du Mal » et a cessé de déclarer que si les vieux messieurs du Kremlin se retiennent de déclencher la guerre atomique, c'est parce qu'ils craignent que leur peuple retourne ses armes contre eux... Il parle désormais plutôt du « complexe de l'encerclement » dont ils souffrent, et c'est surtout le secrétaire d'État George Shultz qui insiste sur leur rôle dans le terrorisme international, qui « efface toute distinction entre la guerre et la paix ».

Volonté de ne pas jeter la moindre ombre sur le voyage ? Les hôtes américains n'évoquent guère le projet IDS, alors le seul sujet de friction entre eux et les visiteurs. C'est dans l'avion, avec ses conseillers, que François Mitterrand aborde le sujet, posant la question cruciale : « Si l'un des deux Grands parvient avant l'autre à neutraliser totalement l'arme nucléaire, que se passera-t-il ? L'Europe saura-t-elle mettre sur pied la Communauté européenne de l'espace [16] ? »

Mais Ronald Reagan croit toujours « au ciel ». Le 27 mars 1985, dépêché par lui à Paris, le secrétaire à la Défense Caspar Weinberger est reçu par Mitterrand à l'Élysée, bien décidé à « vendre » aux alliés européens le projet connu désormais comme l'IDS. Mais le ministre américain reconnaît loyalement qu'il ne sait pas si le projet est réalisable : le président français n'en est que plus à l'aise pour refuser de s'engager. Et il pousse désormais ses collaborateurs à mettre rapidement sur pied le plan « Eurêka ».

Ne s'agit-il pas là d'un « contre-IDS » ? Les promoteurs français assurent que non. Mais à Londres et à Bonn, on s'interroge. Beaucoup y voient une nouvelle manifestation de l'ombrageux, du prétentieux particularisme français. Si Hans-Dietrich Genscher s'en est fait en Allemagne l'avocat, Helmut Kohl, qui se méfie de son ministre, n'en est que plus perplexe : il ne peut pas risquer de s'aliéner le grand allié américain...

C'est à Bonn, où est convoqué en mai 1985 le sommet des Sept – à la veille du quarantième anniversaire de la victoire alliée sur l'hitlérisme – que va se dérouler l'affrontement décisif. Dans ses *Réflexions sur la politique extérieure de la France*, François Mitterrand raconte comment un hélicoptère de l'US Air Force vint le cueillir à Cologne, le 2 mai, pour le déposer dans le jardin de l'ambassade américaine à

Bonn, où l'attendait, tout sourires en batterie, une heure avant l'ouverture de la conférence, Ronald Reagan :

> « Mon interlocuteur attaqua d'emblée le sujet difficile : l'Initiative de défense stratégique. La question n'était pas inscrite à l'ordre du jour de la conférence, mais elle occupait toutes les conversations et remplissait les colonnes des journaux. On savait que le président des États-Unis souhaitait obtenir rapidement l'accord de ses partenaires. Il m'exposa méthodiquement ses arguments et prêta à sa conviction les accents chaleureux et la sincérité qui font le charme de sa personne [...].
> Il développa à son tour l'argumentation de Caspar Weinberger et souligna que la France et ses industries tireraient avantage des offres de sous-traitance que les États-Unis ne manqueraient pas de leur soumettre. Je tiquai sur l'expression "sous-traitance" [...]. Ronald Reagan fit encore valoir l'urgence et la nécessité qu'il y avait à accélérer les recherches en raison de l'avance soviétique dans la connaissance des armes balistiques antimissiles et antisatellites, connaissance qui, selon lui, plaçait les Russes en position de frapper les premiers sans craindre de représailles sérieuses.
> Nous nous séparâmes après avoir parlé, autre affaire délicate, de la convocation éventuelle d'une conférence commerciale (le GATT) pour 1986, et nous partîmes pour le palais Schaumburg rejoindre le chancelier allemand, notre hôte. [...] Cette conversation convainquit sans doute nos amis américains de la résolution de la France de ne pas s'engager dans l'IDS. Il n'en fut plus question entre nous [17]. »

Le chef de l'État français ne se contente évidemment pas, à l'usage de ses lecteurs, de ce sec rappel de son veto. Il appelle à la rescousse les opinions de savants, techniciens et hommes publics américains – non sans reconnaître qu'un nombre égal d'experts se prononcent en sens adverse : ainsi fait-il valoir qu'un groupe de savants nucléaires, de prix Nobel de physique et d'astronomes, membres de l'Union of Concerned Scientists, concluaient ainsi leur étude : « Les chances d'atteindre le but d'une défense antibalistique effective sont négligeables. La défense du *Stars War* offre si peu de perspectives et tellement de risques que nous ferions bien de renoncer dès maintenant à l'illusion qu'elle incarne de façon si alléchante », tandis qu'une étude du Congrès réalisée par le Bureau des évaluations technologiques (OTA) surenchérit : « L'IDS présente le risque de déclencher une nouvelle course aux armements », alors qu'il semble impossible de « garantir la protection de la population américaine si les Soviétiques sont décidés à nous en empêcher ».

François Mitterrand se prévaut enfin de l'opinion de Lee Aspin, président de la Commission des forces armées à la Chambre des représentants, qui estime qu'« après avoir dépensé des milliards et des milliards de dollars, nous pourrions réaliser que nous avons payé pour la plus grande instabilité que le monde eût connue depuis le début de l'ère atomique ».

Bref, Paris dit non, et Washington s'irrite une fois de plus de l'outrecuidance française, qui rappelle le temps des orageuses relations avec le Général. D'autant que sur un sujet sur lequel, plus immédiatement qu'à propos de l'IDS, l'intérêt américain est engagé autant que l'idéologie reaganienne, Paris fait encore la « mauvaise tête ».

Le GATT (General Agreement on Tariffs and Trade*) date de 1947. Il est en quelque sorte la charte du libre-échange mondial, une institution aussi importante, pour les États-Unis, que l'ONU et ses dépendances. *Free trade* : quoi de plus beau, de plus sacré pour une tête américaine ? D'autant que cette institutionnalisation du libéralisme a encadré l'ère fabuleuse de la croissance mondiale qui va de 1945 à 1975 : il est tentant de confondre le GATT avec l'explosion flamboyante du « monde libre » – qui ne se confond pas forcément avec l'univers de la libre entreprise.

Tout le monde ne trouve pas son compte à ce système. La plupart des États pensent à protéger leur production. Des dissonances se produisent, appelant des vérifications et des adaptations collectives (le GATT groupe 107 membres), séances ou conférences qu'on appelle *rounds*, baptisés du nom du lieu de la rencontre (l'Uruguay par exemple) ou de l'hôte (Kennedy). Ainsi, au sommet des Sept de Londres, en juin 1984, les États-Unis proposent-ils un nouveau *round*, qui sera convoqué à Tokyo. Point n'est besoin d'être un espion pour subodorer que cette session sera l'occasion d'une remise en cause de la Politique agricole commune (PAC) de l'Europe, dont l'esprit – la préférence européenne – ne va pas sans contredire le libéralisme à tout va que le GATT se fait fort de préserver ou d'imposer.

En tant qu'Européen et socialiste, François Mitterrand n'a pas tendance à se faire un dévot de ce système, ni à se féliciter de cette initiative américaine. Selon lui, il n'est pas question de rompre avec le GATT – mais d'y assurer une meilleure participation des pays dits « émergents » et surtout d'y défendre bec et ongles les institutions et pratiques européennes. En mars 1985, rencontrant le Premier ministre japonais Nakasone, qui prête une oreille complaisante à toute critique de la surpuissance américaine, il lui confie : « Les États-Unis nous imposent déjà les conséquences de leur déséquilibre budgétaire, leurs

* Accord général sur les tarifications et le commerce.

taux d'intérêt élevés, le désordre monétaire. Ils ne vont pas, en plus, démolir notre système commercial [18]. »

C'est lors de ce sommet de Bonn, préfacé par le *clash* entre Reagan et Mitterrand à propos de la « guerre des étoiles », que va se produire l'affrontement au sujet du GATT. Le 4 mai 1985, Mme Thatcher – adversaire de la Politique agricole commune... – propose que le prochain *round* du GATT soit fixé en 1986 « pour ne pas renforcer les tendances protectionnistes du Congrès américain » (!). Mitterrand s'y oppose. Helmut Kohl, qui préside, met en garde contre tout « isolement » de la France et surtout contre un « diktat ». Mais l'atmosphère est telle que le président français explose :

> « ... J'entends dire que personne n'a voulu isoler la France. Mais elle l'est, en fait, dans cette salle. Ce n'est pas sain. Comme il n'est pas sain que les affaires de l'Europe soient jugées par des pays éloignés de l'Europe. Je suis prêt à ouvrir une polémique publique, si cela continue [...]. Si ces sommets ne retrouvent pas leur forme initiale, la France n'y viendra plus. Nous ne sommes pas froissés d'être minoritaires dans une institution. Mais, ici, ce n'est pas une institution, nous sommes là pour mieux nous connaître et harmoniser nos politiques. C'est tout... »

Dans un silence à couper au couteau, Mitterrand poursuit :

> « Sur aucun sujet vital la France n'a jamais manqué de solidarité. C'est ici que la France a soutenu et continuera de soutenir l'Alliance*. Je me sens donc bonne conscience. Je comprends les difficultés internes de tel ou tel – en particulier des États-Unis, dont nous sommes les plus anciens alliés et amis. Cela ne réduit en rien notre liberté de porter jugement.
> ... Je n'accepte pas le fait accompli. De façon plus générale, nous ne sommes pas le directoire des affaires du monde. Il y a des institutions pour cela. Nous ne sommes pas non plus un tribunal qui aurait à juger amis et alliés. Si c'était cela, je prendrais garde à ne pas mettre mon pays dans une telle situation. Si la France était ainsi traitée, j'y mettrais fin. Je ne viendrais plus... »

Une chape de plomb est tombée sur la salle. Le Premier ministre canadien Brian Mulroney intervient :

> « François Mitterrand a raison sur ces points vitaux. Ce sommet a une valeur symbolique extrême. Le vrai *leadership* exige de donner des signes d'harmonie et d'espoir à notre jeunesse. Oublions cet incident. »

---

* Allusion à son discours sur les euromissiles de janvier 1983.

On se lève, sans oser se regarder. Mais Mulroney, sincèrement choqué, n'en a pas fini. Il interpelle Ronald Reagan : « Mais enfin, arrêtez, qu'est-ce que c'est que ça ? Vous traitez François Mitterrand comme un adversaire ! C'est un allié, et même notre allié le plus sûr ! » Étonné, Reagan se retourne vers ses ministres renfrognés, hésite un long moment, puis son visage s'éclaire : « Mais oui, de fait, c'est vrai : c'est notre allié [19] !... »

* * *

Voilà une formule que le Premier ministre Margaret Thatcher n'a pas manqué de se répéter pour s'en convaincre, encore qu'elle en eût reçu de Mitterrand, dès 1982, une éclatante démonstration. Mais le métal dont on la disait faite était assez dur pour résister aux preuves de bonne volonté administrées par un être humain qui ne fût né ni anglican ni conservateur.

Tout – sauf qu'ils étaient de sexes opposés – vouait « Maggie » Thatcher et François Mitterrand à entretenir des relations exécrables. Entre l'aristocratisme intellectuel et continental de l'un et les implacables certitudes insulaires et *middle class* de l'autre, entre le socialisme « à la carte » du fils du vinaigrier des Charentes et le conservatisme de combat de la fille de l'épicier londonien, que pouvait-il se passer qui ne fût acrimonieux et méprisant ? Le fait est qu'entre eux, bizarrement, un certain courant passa, certaines complicités fugitives s'établirent, des marques d'estime furent échangées...

Passé la rencontre collective d'Ottawa, en juillet 1981, le premier face-à-face entre la dame tory de Downing Street et le monsieur socialiste de l'Élysée se déroula à Londres, les 10 et 11 septembre de la même année. Dur échange à propos de l'Europe et de la thèse anglaise du « juste retour » : pas de versement à la caisse communautaire qui ne correspondît à un avantage équivalent, thèse que le visiteur combattit comme contraire à l'« esprit européen » – l'hôtesse se défendant d'ailleurs de la poser en doctrine. Plus raide était le désaccord sur les violations de l'esprit communautaire dont se rendaient coupables les importateurs anglais d'automobiles japonaises – et plus encore sur le traitement infligé aux militants irlandais qui poursuivaient leur grève de la faim à la prison de Naze en vue d'obtenir le régime « politique » : cinq étaient déjà morts... « Ce sont des malfaiteurs ! » coupa sèchement cette métallique personne (quatre d'entre eux encore allaient mourir).

Commentaire de François Mitterrand, si l'on en croit Attali, dans l'avion de retour : « Elle a les yeux de Staline et la voix de Marilyn Monroe. » Ainsi lui trouvera-t-il toujours quelque charme, derrière la lame du couteau qui luit. Mais profonde, évidente est la discorde à propos d'à peu près tout – on reviendra sur cet « à peu près »*...

Bref, au début du printemps 1982, entre celle qui privatise au nom de la liberté et celui qui nationalise au nom de la justice, celui qui s'est donné pour mission de consolider l'Europe et celle qui ne rêve que de la concasser, et dussent-ils parler déjà à demi-mot du tunnel sous la Manche, il est peu de dire que les dissonances sont stridentes. On est au temps de la mésentente cordiale, qui ne saura manquer de se manifester lors du prochain sommet de Versailles...

... Quand, le 2 avril 1982 à l'aube, les forces du général Galtieri, chef de la junte militaire argentine, débarquent à Port Stanley pour s'emparer de l'archipel des Falkland (ou Malouines, ou Malvinas), possession britannique revendiquée depuis un siècle par Buenos Aires. La plupart des quelque 3 000 habitants sont d'origine anglaise. Ces îlots sont d'autre part rattachés géographiquement au continent, c'est-à-dire à l'Argentine, qui entend assurer la succession du système colonial espagnol.

Au-delà du débat juridique sur la dévolution de ces îlots, il y a agression, conduite par un régime sanguinaire à des fins de propagande : mais le peuple argentin, s'il déteste la junte, appuie son action « patriotique ». Et le tiers monde y voit un acte de décolonisation.

La réaction de Mitterrand ? On l'imagine embarrassé, balançant entre le « tiers-mondisme », dont il veut se faire le chantre, et la solidarité européenne. En fait, il n'hésite pas plus que « Maggie », qui a mis d'emblée l'Angleterre sur le pied de guerre. Après une brève consultation de Cheysson – fort divisé entre sympathie là et solidarité ici** –, il prend son téléphone et appelle Mme Thatcher : « Nous sommes avec vous en cette affaire !... Non, nous ne romprons pas les relations diplomatiques avec Buenos Aires... Tenez-moi au courant... Je verrai ce que je peux faire pour vous aider... Ne me remerciez pas, c'est normal... » Ayant reposé le récepteur, il se tourne vers son « conseiller spécial » : « Elle croyait que je soutiendrais l'Argentine. Elle ira jusqu'au bout... Je la crois. A sa place, j'en ferais autant. » (Et

---

* Il y aura aussi des phases de rejet. Après avoir rencontré Indira Gandhi, Mitterrand confiera à un collaborateur : « C'est une femme de culture, qui a une vision du monde : le contraire de Mme Thatcher... »

** Mais contrairement à ce qu'a écrit l'auteur de *Verbatim*, Cheysson, s'il fit valoir les arguments des uns et des autres, ne prit pas position pour l'Argentine, dictature agressive.

le lendemain, il confiera au même : « Je l'admire... ou je l'envie ? » Ce qui ouvre encore de nouvelles perspectives sur la multiplicité du personnage et annonce les journées de 1990 dans le Golfe...)

Ce comportement exemplaire d'allié de la guerre (on n'ira pas jusqu'à dire qu'à sa façon, très personnelle, Mitterrand paie ici les dettes du général de Gaulle...) ne sera pas facile à maintenir tout au long de la crise, qui, du point de vue militaire, s'achèvera au milieu de juin par la reconquête de Port Stanley et la victoire anglaise. La France, en effet, a vendu à l'Argentine des fusées Exocet d'une redoutable efficacité. Décidant de suspendre la livraison de telles armes au Pérou, qui les eût mises à la disposition de ses voisins en guerre, Mitterrand demande en outre que l'on informe les Britanniques des caractéristiques de ces engins, pour qu'ils puissent y parer ; mais, le 4 mai, le destroyer anglais *Sheffield* est atteint par un Exocet et 22 marins sont tués. La réaction de la presse britannique contre les « marchands d'armes français » est très violente.

François Mitterrand était en droit d'attendre une certaine compréhension, sinon d'une presse qui, le *Guardian* mis à part, ne se lasse jamais de prendre la France pour cible, au moins du Premier ministre et de son cabinet. Il est vrai que lors du sommet de Versailles, Mme Thatcher qualifiera l'attitude de Mitterrand dans l'affaire des Falkland de « splendide », avant de s'esquiver pour mieux se consacrer à la bataille, de son PC de Downing Street.

Mais quelques jours auparavant, le 17 mai, l'ambassadeur de Sa Majesté s'était fait annoncer à Matignon pour signifier à Pierre Mauroy que, si la France cessait de soutenir la Grande-Bretagne dans l'épreuve des Falkland, son gouvernement retirerait son accord au projet du tunnel sous la Manche ! Surprenante muflerie de la part d'un fonctionnaire de Sa Majesté, et bien inutile, compte tenu de l'évidente détermination d'un allié qui avait su se retenir d'entrer dans quelque marchandage que ce soit à propos du soutien spontanément offert, alors que Washington, leader de la coalition occidentale, adoptait une posture de médiateur entre agresseurs « américains » et agressés – et alliés – européens !

Si le président français avait espéré de « la Dame de fer » quelque réciprocité, ou témoignage de reconnaissance (mais trois décennies de vie publique l'avaient mithridatisé contre ce type d'illusions), il eût été amené à déchanter. Comme le font observer Favier et Martin-Roland, « Maggie n'a jamais renvoyé l'ascenseur », qu'il s'agisse des réunions au sommet, à propos de la Nouvelle-Calédonie ou de l'affaire du *Rainbow-Warrior*. On peut ajouter, avec Claude Cheysson, qu'« elle aurait pu s'abstenir de nous traîner dans la boue ».

Entre Thatcher et Mitterrand, les contradictions étaient tout de même les plus fortes, à propos tant de l'idéologie que des conceptions de l'Alliance atlantique ou de l'unification de l'Europe. Sur ce dernier point surtout. A dater de 1982, il n'y eut guère de Conseils européens qui s'achèvent, à Stuttgart ou à Fontainebleau, sans que Mitterrand (et d'ailleurs Kohl) ne pose publiquement la question de la présence de l'Angleterre thatchérienne dans la Communauté.

De cette animosité militante le trait le plus saisissant fut peut-être le propos tenu par « la Dame de fer » à l'occasion du dîner offert à Buckingham Palace lors de la visite d'État de François Mitterrand en Grande-Bretagne, le 23 octobre 1984. La voici dressée, le visage coupant sous l'ondulation permanente :

L'hôtesse : « Je vous remercie de m'avoir cédé à Fontainebleau*, car cela a permis de débloquer l'Europe... » (Elle a dû se retenir avec peine d'évoquer Trafalgar, ou Fachoda.)

L'invité : « Je ne veux pas polémiquer avec vous sur le mot “céder”. L'essentiel est que vous le croyiez... »

L'hôtesse : « C'est indiscutable. Moi, je suis rationnelle, même en politique[20]... »

Commentaire de Jacques Attali, ici d'une louable modération : « Il vaut mieux, ce soir, être de la délégation française[21]... »

Et pourtant, abreuvé de rebuffades et de défis, cet homme si susceptible – et pour lui, et pour son pays – ne cessera jamais de jeter sur ce masque de fer un regard de velours – quitte à serrer, dans la main et derrière le dos, une de ces matraques dont sont dotés les *bobbies* londoniens**.

* * *

Lorsqu'il porte son regard vers Moscou, l'élu du 10 mai 1981 voit se déployer, à travers les bouleaux, trois perspectives : celle qui conduit à une littérature vénérée (il ne met rien au-dessus de Tolstoï...) ; celle qui lui fait voir un peuple héroïque dans le combat ; celle qui dévoile un

---

* On a lu, au chapitre III, le récit de l'épisode. Mme Thatcher n'était pourtant pas accompagnée, pour s'enfermer dans ses illusions, par des reporters du type de ceux que Staline traînait derrière lui...

** Ses collègues ne gardaient pas tous la même réserve. Comme Mme Thatcher, pour lutter contre toute réglementation du travail, rappelait, lors d'un Conseil européen, qu'elle avait travaillé dans une entreprise de trois personnes, Giulio Andreotti la coupa : les deux autres sont-elles mortes d'une maladie professionnelle ?

pouvoir qu'il ne tient pas seulement pour oppressif et décadent, mais pour moribond.

Lorsqu'il a visité l'URSS en 1975 (on a conté* sa visite à Brejnev et son dialogue avec Souslov...), il n'a pas seulement pris la mesure de la dégradation du système des gérontes « rouges » : il a cru percevoir qu'entre la capitale du communisme et ses satellites français des failles se faisaient jour, dont il avait eu la preuve la plus éclatante dans l'incident intervenu lors de la campagne présidentielle de 1974. La visite très médiatisée de l'ambassadeur Tchervonenko à Valéry Giscard d'Estaing entre les deux tours du scrutin qui allait assurer la défaite du candidat de la gauche avait provoqué une protestation de M. Marchais, reçue avec un étonnement irrité à Moscou.

Visiblement, la politique d'État soviétique, fondée sur le maintien des situations acquises (qualifié de révolutionnaire dans les congrès...), et celle, évidemment contestataire, du Parti communiste, ne coïncidaient plus : François Mitterrand en tirera les conséquences, distinguant résolument « ses » communistes, par lui satellisés, de l'appareil de Moscou. Nul n'aura joué plus froidement sur ce découplage entre la maison mère du Kremlin et la succursale parisienne de la place du Colonel-Fabien : au point qu'il faudra souvent s'interroger sur la réalité d'une présence communiste au gouvernement ou sur la persistance en France d'un système encore inspiré de la IIIe Internationale.

François Mitterrand est entré à l'Élysée contre la volonté et malgré le pronostic de Moscou, parce que les idéologues du Parti, chapitrés par Mikhaïl Souslov, tiennent la social-démocratie ou toute organisation socialiste non marxiste pour perverse et n'envisagent la venue au pouvoir des communistes qu'en tant que force dominante, hégémonique, les sociaux-démocrates ne devant servir que de force d'appoint, promise à l'absorption. Aussi parce que le leader de la gauche française a défié Moscou en intervenant publiquement en faveur des juifs d'Union soviétique en butte au racisme qui imprègne le système, puis en protestant contre ce qu'il tient pour des complaisances de Valéry Giscard d'Estaing à l'égard de Brejnev. Ce socialiste ne serait-il pas surtout un antisoviétique ?

Au surplus, souligne le perspicace Youri Roubinski**, les analystes politiques du Kremlin considèrent qu'un pouvoir de « gauche » au sein de la galaxie capitaliste est immédiatement appelé à donner des gages

---

* Voir tome 1, chapitre x.

** Le seul des vingt diplomates soviétiques de haut rang accrédités à Paris en mai 1981 à avoir pronostiqué la victoire de Mitterrand (la proportion fut la même d'ailleurs à l'ambassade allemande...).

à Washington et que, pour se faire pardonner ses origines et la présence de communistes au gouvernement, le nouvel élu devra « en rajouter » sur le plan de l'atlantisme dans ses relations avec un pouvoir aussi réactionnaire que celui de Ronald Reagan. Enfin, selon le même observateur, les préventions contre Mitterrand se fondent surtout sur le profond conservatisme de l'état-major du Kremlin, qui a tout changement en horreur et s'accommodait fort bien du partenariat avec le giscardisme, si souple [22]...

Bref, Mitterrand est en place, et il faut « faire avec ». Le lourd Tchervonenko est maintenu pendant dix mois à son poste en dépit de son « pas de clerc » avec Giscard – comme pour signifier au nouvel élu que, aux yeux des maîtres de l'URSS, si le pouvoir français a peut-être changé d'étiquette, il n'a pas changé de nature, et qu'il s'agit d'une simple péripétie. Mais l'une des premières visites de l'ambassadeur à l'Élysée est pour faire savoir au nouveau président qu'il serait le bienvenu à Moscou.

François Mitterrand fait le sourd. S'agissant des rapports avec l'Union soviétique, il s'est imposé ce qu'il appelle une « cure de désintoxication ». Il estime que ses prédécesseurs – à commencer par le général de Gaulle –, sous prétexte de manifester l'indépendance de la France vis-à-vis de Washington, se sont montrés trop conciliants avec l'URSS, jusqu'à tolérer sans réagir l'installation de centaines de missiles SS 20 braqués sur l'Europe occidentale. Aucune négociation sérieuse avec l'Est ne peut selon lui être amorcée tant que cette épée de Damoclès reste suspendue sur la tête des Européens.

S'il fait une exception pour le gazoduc soviétique, qui contribue à lier les industries soviétique et française (et allemande), c'est parce que la négociation engagée par Giscard et Barre est trop avancée, en cet été 1981, pour que sa rupture n'aille sans d'énormes pertes et une dissonance grave avec l'Allemagne aussi bien qu'avec l'URSS. Et s'il n'a pas manifesté la fermeté qu'il eût souhaitée dans l'affaire polonaise de décembre 1981, ce n'est pas seulement parce que son ministre des Relations extérieures a laissé échapper une réflexion malencontreuse, c'est aussi parce qu'un consensus général s'est établi, du Vatican à Bonn et à Washington, pour considérer la crise comme circonscrite aux frontières de la Pologne. (La rencontre très controversée du président français avec le général Jaruzelski se situera, quatre ans plus tard, dans un autre contexte.)

Mais sur l'Afghanistan on ne saurait être plus ferme. Dès le 7 juin 1981, Claude Cheysson a déclaré en son nom : « Tant que les troupes soviétiques sont en Afghanistan, on ne peut pas s'attendre à ce qu'il y ait des relations normales entre la France et l'URSS » (il n'a pas dit

« bonnes », il a dit « normales » : ce qui est pousser loin la mise en garde). Et le ministre français multiplie à cette époque les dénonciations des systèmes « totalitaires », mal reçues à Moscou.

C'est dans le domaine des missiles, évidemment, que Mitterrand applique le plus rudement son principe de « cure de désintoxication ». Pendant plus de deux ans, on l'a vu, il ne cesse de durcir sa position face aux SS 20* et aux propositions de Moscou, qu'il s'agisse de l'« option zéro » de Reagan, qui revient à renoncer à l'installation des Pershing en échange d'un retrait (mal vérifiable) des missiles soviétiques, ou des suggestions de Brejnev, puis d'Andropov, en vue de faire reposer la stabilité en Europe sur l'équilibre entre les engins soviétiques et l'armement nucléaire français et anglais – dont le rapport avec ceux de l'UASS est de 1 contre 1000.

Parmi les raisons qui poussèrent François Mitterrand à s'engager si hardiment dans la bataille des missiles, on en retiendra une, plus spécifiquement « allemande », avancée par Youri Roubinski, qui donne probablement l'explication la plus profonde de cette détermination :

> « Je ne crois pas que François Mitterrand ait beaucoup senti peser la menace des SS 20 contre l'Europe occidentale. Ce contre quoi il a voulu se dresser, c'est contre la peur allemande, contre la montée du pacifisme qui eût détaché la République fédérale de l'Occident, donné naissance au diptyque "neutralisme plus réunification". C'était la destruction de la Communauté européenne et du co-*leadership* franco-allemand si utile à la France. C'était l'abolition du glacis allemand, la projection de la France en première ligne du champ de bataille, et d'une certaine façon la réduction à néant, ou presque, de l'indépendance de la France, réduite à n'être plus que la plage de débarquement des USA, le balcon américain à l'ouest de l'Europe. En rendant son courage à l'Allemagne, en préparant la voie au vote du Bundestag en faveur de l'installation des Pershing, François Mitterrand a probablement sauvé la Communauté européenne et permis à la France de maintenir son rang[23]... »

Nul geste enfin n'aura plus fermement symbolisé et même opéré la « désintoxication » promise que celui qu'il accomplit le 5 avril 1983 en faisant procéder à l'expulsion de 47 membres des services soviétiques en France. 47 d'un coup ! Il est vrai que l'ambassade de l'URSS à Paris est devenue, au cours des dix dernières années, une véritable usine, employant plus de 700 citoyens soviétiques.

A quelles tâches ? Trois mois plus tôt, les équipes du contre-espion-

* Voir ci-dessus, chapitre III.

nage français ont découvert des documents démontrant que les communications de l'ambassade de France à Moscou sont interceptées – ce que permettent de vérifier les fuites assurées par le fameux agent « Farewell », encore en activité*. Une telle pratique appelle évidemment la représaille. Mitterrand la veut formidable, à la mesure du respect dont il entend jouir, si peu de semaines après les amères journées de mars 1983 où il a dû subir un quasi-diktat de la Bundesbank. Les espions soviétiques paieront pour les banquiers de Francfort.

47 citoyens de l'URSS (dont 35 membres du KGB) embarqués par le prochain Tupolev, direction Moscou : le geste est fort... Mais le président français se dit assuré que les gens du Kremlin ne réagiront pas. Dépêché sur-le-champ au Quai d'Orsay auprès de Cheysson pour protester, le nouvel ambassadeur, Youri Vorontsov, qui vient de succéder à Tchervonenko, voit étalées sur le bureau du ministre français les pièces de la correspondance française interceptées et des documents du dossier « Farewell »...

Il insiste d'autant moins que de Moscou vient un mot d'ordre de prudence : Tchervonenko, qui, rentré à Moscou, supervise les dossiers français et sait à quoi s'en tenir, a plaidé dans le sens de la modération. Le nouveau tsar, Youri Andropov, se contentera de dénoncer une « intolérable provocation », sans prendre la moindre mesure de rétorsion. Mitterrand ne cesse de faire valoir que « rien de tel, avec les Soviétiques, que la fermeté appliquée au point sensible ». Il déclare qu'en l'occurrence il a voulu marquer que « la France entend être respectée » : il a gagné son pari.

Il l'a même gagné sur deux plans, parce que les communistes, alors tentés de retirer leurs ministres pour protester contre le « plan de rigueur » que vient de dévoiler Pierre Mauroy, à l'issue de la crise à rebondissements de mars 1983, ne peuvent évidemment plus le faire sans paraître lier leur sort à celui des espions soviétiques... Dans un discours prononcé à Roissy, Marchais a grondé : « Je ne suis pas disposé à avaler des couleuvres... » Il ne peut, désormais, faire autrement ! « C'est la manœuvre mitterrandienne par excellence, l'un de ses chefs-d'œuvre tactiques », soupire en riant Youri Roubinski, revivant quinze ans plus tard les affres d'une diplomatie russe aux prises avec un grand joueur d'échecs [24].

François Mitterrand peut-il considérer qu'il a achevé la « cure de désintoxication » imposée à sa majorité ? L'ouverture vers l'Est a été amorcée le 16 février par un voyage à Moscou de Claude Cheysson, qui avait, trois mois plus tôt, représenté la France en compagnie de

---

* Voir chapitres I et XV.

Pierre Mauroy aux obsèques de Leonid Brejnev. Le fruit n'est pas mûr et le ministre est revenu de Moscou malcontent. Nouveau maître de l'URSS – enfin une tête entre les épaules du géant… –, Youri Andropov lui a fait durement comprendre que la campagne de Mitterrand contre les SS 20 interdirait toute amélioration des rapports entre l'Union soviétique et la France, notamment à propos du commerce extérieur que Paris juge par trop déséquilibré.

Quand, le 24 novembre 1983, le Bundestag vote en faveur de l'installation des fusées Pershing en République fédérale – provoquant quelques contre-mesures de Moscou, qui déploie des SS 21 en RDA et en Tchécoslovaquie afin de sauver la face et de se donner une marge pour des négociations ultérieures, Mitterrand estime la « cure » achevée.

C'est par la bande – procédure typiquement mitterrandienne – qu'il va déclencher le processus de détente : visitant la Yougoslavie, en décembre 1983, il déclare que les Français reconnaissent qu'ils doivent d'avoir recouvré leur liberté au « courage de leurs amis slaves » et à la « glorieuse armée soviétique », et précise que l'« harmonie en Europe passe par le dialogue entre Paris et Moscou » ; puis, au cours de son voyage officiel aux États-Unis, devant le Congrès américain : « N'ayons pas peur de dialoguer avec l'Union soviétique dès lors que les bases et les finalités de ces échanges sont clairement définies. »

La voie paraît d'autant mieux dégagée vers la relance annoncée qu'à l'ambassade d'URSS à Paris Moscou a enfin donné pour successeur à Tchervonenko un diplomate de talent. Youri Vorontsov est l'étoile de la nouvelle diplomatie russe : ce qu'il démontre en préparant, en coordination étroite avec Claude Cheysson, le voyage officiel de Mitterrand à Moscou, menacé jusqu'au dernier moment par un rebondissement de l'affaire Sakharov.

Les autorités soviétiques ayant refusé de laisser Elena Bonner, la femme du grand physicien contestataire, partir pour faire soigner ses yeux en Italie, les deux prisonniers ont entamé une grève de la faim qui émeut l'opinion mondiale et jette une ombre sur le voyage. Le président ne devrait-il pas renoncer ? Parlant visiblement en son nom, Roland Dumas répond à un journaliste : « C'est une raison de plus d'aller parler de ce problème aux Soviétiques. » A condition d'oser le faire…

Que la « question Sakharov » ait été posée à Moscou dès avant l'annonce de la visite est démontré par le fait que la dépêche de l'Agence Tass annonçant le voyage, le 4 juin, est suivie trois heures plus tard de celle-ci : « Les Sakharov ne jeûnent pas et sont en bonne santé. » Et d'ailleurs, lors du sommet des Sept réuni quelques jours plus tard à

Londres, Mitterrand n'est pas du tout considéré par Reagan ou Thatcher comme quelqu'un qui part pour Canossa. Mais nul ne s'aventure à parier qu'il va défier les hiérarques du Kremlin.

La fièvre qui nous* étreint au moment de monter dans l'Airbus pour Moscou est d'une autre nature que celle que nous éprouvions naguère, quand toute plongée dans l'univers soviétique était lourde d'anxiété ou d'appréhension. La question n'est plus : « De quelle souffrance chuchotée allons-nous être informés ? », mais : « Que pouvons-nous (que peut-il) faire pour eux ? »

Fondamentalement, quelque chose a changé. Certes, nous devions apprendre au cours du vol que, jusqu'au dernier moment, les gens du Kremlin s'étaient opposés à la présence de tel ou tel d'entre nous. Mais Mitterrand n'est pas homme à laisser un compagnon en chemin – que ce soit Michel Tatu, trop bon kremlinologue pour s'être assuré l'indulgence des bureaucrates militarisés de la place Rouge, ou Théo Klein, président du Conseil représentatif des institutions juives de France (CRIF), dont la seule présence évoque des souvenirs honteux pour nos hôtes.

« En parlera-t-il ? En a-t-il parlé ? » Encombrants invités du président, nous n'étions pas conviés au solennel dîner d'État organisé dans la gigantesque salle Saint-Georges du Kremlin aux murs couverts de fresques exaltant les grands tsars, Ivan le Terrible surtout. Nous avons vu s'engager et se perdre sous les voûtes un invité, le ministre communiste Charles Fiterman, qu'a remis sur le droit chemin notre confrère Michel Tatu, réputé ici antisoviétique, mais familier de ces lieux…

Alors ? Par bribes, au cours de la soirée passée sur la place Rouge où il fait si beau, ce 21 juin, nous apprenons d'abord que, dans le discours annoncé par le fantomatique maître des lieux, Constantin Tchernenko, a été omise la phrase de mise en garde qu'avaient rédigée ses services contre toute évocation de l'« affaire Sakharov » (« ceux qui essaient de nous donner des conseils en matière de droits de l'homme ne font que provoquer chez nous un sourire ironique »). Ce silence signifie-t-il qu'un autre silence suivra ?

Mais non. Négligeant les conseils de quelques membres de son entourage, le président français a parlé. Citant d'abord une phrase de Sakharov : « Toute entrave à la liberté pourrait remettre en cause des principes librement acceptés », Mitterrand évoque « ces personnes qui atteignent des dimensions symboliques », dont le sort provoque « l'émotion en Europe », ce qui est « le cas du professeur Sakharov

* L'auteur était, pour cette unique occasion, intégré au groupe des « invités personnels » du président. Il s'autorisera, de ce fait, quelques touches de son cru.

et de bien des inconnus qui, dans tous les pays du monde, peuvent se réclamer des accords d'Helsinki ».

Sur la salle Saint-Georges, le silence s'est abattu. Charles Fiterman entend son voisin, Guedar Aliev, qui est aussi son homologue soviétique, murmurer à son intention que, décidément, « il eût mieux valu que Giscard soit réélu... ». Mais si peu préparés qu'ils soient à ce genre de situation, les brontosaures rouges reprennent leur souffle. Le dîner se poursuit. Le scandale ainsi créé met-il en danger la suite du voyage ? Revenu dans son appartement entouré de Cheysson, d'Edgar et Maurice Faure, d'Estier et Attali, le président français leur confie : « On va voir si on est renvoyés demain... »

En fait, observe Youri Roubinski, « si honorable qu'il soit, ce fut là surtout un geste à usage externe, visant plutôt l'Occident. Les dirigeants soviétiques en furent vexés, mais pas aussi émus qu'on l'a dit : les uns parce qu'ils étaient trop vieux pour s'émouvoir encore de quoi que ce soit, les autres parce qu'ils étaient encore assez jeunes pour préparer les évolutions prochaines [25]... ». Le fait est que le tabou a été brisé.

Mais si l'on ajoute foi au brillant récit de la soirée que propose Jacques Attali, les mots les plus remarquables, ce soir-là, furent peut-être dits par un autre, un certain Mikhaïl Gorbatchev, commissaire du peuple à l'Agriculture dont on commençait à voir monter l'étoile.

Assis entre Constantin Tchernenko et Andreï Gromyko, qui s'affiche comme le véritable maître de maison, le président français avise, en bout de table, le jeune commissaire (qui est aussi l'un des deux ou trois principaux dirigeants du Parti) et lui demande pourquoi il n'a pas encore participé aux entretiens. Gorbatchev répond qu'il était retenu par une réunion sur l'agriculture en Azerbaïdjan.

Constantin Tchernenko : « Et que se passe-t-il là-bas ? »

Mikhaïl Gorbatchev : « Tout le monde dit toujours que tout va bien, mais c'est faux. D'ailleurs, l'agriculture dans toute l'URSS est un désastre... »

Constantin Tchernenko : « Depuis quand ? »

Mikhaïl Gorbatchev : « Mais depuis 1917 [26]... »

Propos qui parut, aux témoins et à d'autres, prometteur...

Le thème des libertés auquel il vient de donner, sous les plafonds du Kremlin, le sens d'un défi, le président français devait lui consacrer l'intervention qui lui a été concédée (sept minutes) à la télévision soviétique :

> « La France est [...] la patrie de la Déclaration des droits de l'homme [...] un pays de libertés. Notre système politique, économique et social

> est celui de la démocratie [...]. Liberté d'expression, liberté d'association, de réunion, liberté de conscience et de croyance, droits des travailleurs, liberté syndicale... »

Ce qui s'appelle retourner le fer dans la plaie... Mais cet antitotalitarisme ne saurait aller sans hommage au peuple russe. Le surlendemain, nous partons pour Stalingrad, rebaptisée Volgograd, où, devant l'énorme monument commémoratif, François Mitterrand (qui n'est pas homme à oser dire, comme le général de Gaulle devant le même champ de bataille, quarante ans plus tôt : « Quel grand peuple... je veux dire le peuple allemand[27]... ») salue « l'abnégation des défenseurs [...] qui ont péri en ce lieu pour défendre leur sol et leur indépendance. La leur, la nôtre... ».

Pourquoi faut-il que cette halte en des lieux tragiques reste marquée, pour les témoins, par un double éclat de rire de François Mitterrand ?

Au moment du décollage de l'avion de Volgograd à destination de Moscou, un cri résonne parmi les passagers : « On a perdu les Faure ! » Edgar et Maurice sont introuvables – le premier se fiant à sa pratique du russe pour s'égarer volontiers, avec son homonyme, hors des sentiers battus par le protocole. Alors l'un d'entre nous pose aux officiels soviétiques la question qui fait s'esclaffer le président français : « Auraient-ils demandé l'asile politique ? »

Les voilà, tout essoufflés... Est-ce dans l'avion, est-ce plus tard, au cours de la soirée dans l'appartement du Kremlin où est accueilli le président, qu'Edgar Faure raconta cette admirable histoire (probablement inventée par lui, bon connaisseur, comme Mitterrand, des ironies, rituels, retournements et cabrioles du pouvoir). Quelque temps avant sa mort, Joseph Staline reçoit le télégramme suivant : « Camarade, compte tenu du caractère éminemment patriotique de la bataille, et des erreurs que l'on t'impute, ne serait-il pas juste de rendre à Stalingrad son nom de Volgograd ? » Réponse de Staline : « Camarade, tu as raison », signé « Joseph Volguine ».

De quelle nature était le rire dont fut secoué, ce soir-là, François Mitterrand ?

* * *

Dans l'avion du retour, ne parlait-on pas surtout de ce notable soviétique qui, au cœur du Kremlin, face aux héritiers de Lénine, osait proclamer que 1917 était une date sinistre pour les paysans russes ? Non.

François Mitterrand avait certes inscrit le nom de Gorbatchev dans un casier de sa mémoire avant d'en faire l'usage que l'on sait. Mais nous appelant à ses côtés, deux amis et moi, ce n'est pas de l'URSS qu'il parla, mais de l'affaire qui agitait alors la France : l'avenir de l'école, les retombées de cette crise nationale sur la stabilité de son gouvernement – et sa propre autorité politique et morale…

Tout de même, le nom, la carrière de Gorbatchev sont désormais au cœur du débat. Le brillant ambassadeur Vorontsov tente de persuader Mitterrand et Cheysson qu'il est l'homme de demain. Propagande ? Mais voici que, le 10 mars 1985, alors que, tout récent successeur de Cheysson au Quai d'Orsay, Roland Dumas atterrit à Moscou, est annoncée la mort de l'improbable Tchernenko – et, moins de vingt-quatre heures plus tard, l'élévation de Mikhaïl Gorbatchev au poste suprême : *gensec*, secrétaire général du PCUS.

Les obsèques de l'éphémère sixième successeur de Staline vont donner l'occasion d'un face-à-face avec le nouveau maître du jeu. Mitterrand est déjà dans l'avion : c'est avec lui que Gorbatchev a son premier échange au sommet. Et, d'emblée, abandonnant le « piapia » solennel qui a cours en ces lieux et ces occurrences sur les « amitiés traditionnelles » et le cher disparu, on aborde l'essentiel : négociations nucléaires Est-Ouest et IDS.

Sur cet entretien, le témoin Hubert Védrine est discret. Mais Jacques Attali déploie son éloquence à partir des notes prises par son collègue. Des pages de *Verbatim* consacrées à l'affaire, il ressort que Gorbatchev a pressé son hôte d'intervenir auprès des Américains pour qu'ils cessent d'utiliser la négociation de Genève en vue de mieux réarmer, dans le cadre, notamment, de l'IDS [28]… En conclusion de cet entretien, serré, Mitterrand déclare à son hôte : « Nous entrons dans une période nouvelle de nos relations, sans complaisance et en toute loyauté. » Et aux journalistes qui l'interrogent ensuite, il confie : « … l'atmosphère et le ton ont été directs, précis, intéressants. C'est un homme solide, calme, à l'esprit délié […] qui aborde sa fonction avec la volonté de saisir l'événement […] avec audace et précision [29]. » George Bush et Helmut Kohl, qui rencontrent ensuite le nouveau *gensec*, le décrivent avec une égale faveur.

Ainsi s'ouvre le débat qui, près de dix années durant, va opposer politiques et soviétologues – ceux-là convaincus (à commencer par Mme Thatcher : « *We can do business with him** *!* ») que l'homme, en passe de changer le système, est un partenaire fiable, ceux-ci que la rigidité des structures staliniennes sera la plus forte. L'un de ces spécia-

* « Nous pouvons faire affaire avec lui… »

listes, à vrai dire le plus grand, l'Américain George Kennan, n'en rejetait pas moins ce scepticisme : « Gorbatchev, me disait-il en 1986 à Princeton, se résume en deux mots : *Perestroïka*, "reconstruction", ne veut pas dire grand-chose. C'est *Glasnost*, "transparence", qui est décisif : si vraiment il ose entrer dans ce jeu-là, celui de la vérité, et je crois qu'il va le faire, alors le totalitarisme se dissoudra et l'Union soviétique s'arrachera au stalinisme [30]... »

François Mitterrand s'inscrit prudemment dans cette perspective. Il ne se fait pas trop d'illusions sur les chances qu'a un homme de dominer, voire de transformer des structures forgées pendant des décennies : il a observé de près en France la défaite subie par Waldeck Rochet face à Marchais et Plissonnier. Mais il est aussi impressionné par l'homme de Stavropol, loquace ingénieur méridional, arpenteur de terres, amateur d'arbres, et pétri d'une histoire qui lie les gens de la Volga à ceux de la Loire. Il ne cessera de répéter à son propos que le vrai problème n'est pas de savoir s'il est sincère, mais de procéder comme s'il l'était...

Parce qu'il est tout sauf un naïf, Mitterrand voit bien que, si Gorbatchev lui témoigne une si volubile sympathie, c'est parce qu'il espère, par lui, enfoncer un coin entre les États-Unis et l'Europe. Et nous savons le président français peu enclin à se laisser isoler de son allié majeur. Mais il se trouve que les deux hommes ont une cible commune, l'IDS, où Mitterrand voit le risque d'un « découplage » entre Washington et l'Europe, une marginalisation de cette force nucléaire française où il a fini par découvrir la sauvegarde de la France et l'outil de son indépendance.

Le point de vue de Gorbatchev est différent, bien sûr. Mais, estime le très bon témoin critique qu'est, en cette affaire, Hubert Védrine, si le Russe et ses conseillers sont trop bien informés des technologies défensives pour « ajouter foi aux espoirs reaganiens de constitution d'une défense spatiale étanche non nucléaire », ils voient dans le projet de « guerre des étoiles » un « nouveau "bond en avant" des États-Unis en informatique, électronique, matériaux nouveaux, armes spatiales, les contraignant à une course de rattrapage qu'ils ne peuvent que perdre et qui va les saigner à blanc. Or Gorbatchev a besoin d'un répit [...] pour restructurer l'économie russe... » [31].

Pour sa première visite d'État en Occident, le 2 octobre 1985, Mikhaïl Gorbatchev à choisi Paris, où il s'est ménagé une écoute, où il trouvera une bonne caisse de résonance et où les points de rencontre sont assez forts pour permettre une négociation offensive. Ni sur le désarmement, ni sur la place de la force nucléaire française dans le débat Est-Ouest (mais le président français réaffirme que jamais la

RFA ne disposera de l'arme nucléaire), ni sur l'Afghanistan ou le Cambodge les positions ne se rejoignent.

Durs négociateurs tous les deux : d'où la description du visiteur que fait Mitterrand dans ses *Réflexions sur la politique extérieure de la France*, rédigées quelques semaines plus tard : « Personnalité compacte, ramassée sur elle-même, comme on le dirait d'un athlète sur la ligne de départ et que l'action libère[32]... » Quant à la stratégie de l'homme par rapport au communisme, Mitterrand n'est pas plus naïf, prévoyant qu'il modernisera l'URSS, mais que, s'agissant du système, il incarne plutôt « une intelligente façon de le perpétuer »...

L'année suivante, c'est à Moscou que se retrouvent le Russe et le Français, dans un climat, semble-t-il, allégé par les premières réformes accomplies à Moscou. Mitterrand entend de son hôte des propos inespérés : « Nous voulons réussir ici une restructuration économique, sociale, spirituelle et créer la démocratie politique... » Si bien qu'avant de regagner la capitale française, au cours de la conférence de presse commune inaugurée à Paris, désormais traditionnelle et qui procure chaque fois à Gorbatchev une sorte de ravissement, le Français ne craint pas de saluer en son hôte « un homme moderne dont l'objectif n'est plus l'armement, mais la victoire sur la crise économique ».

Mais son texte le plus « gorbatchévien », Mitterrand le réserve à Ronald Reagan : c'est celui d'une lettre adressée le 31 juillet 1986 au président américain qui se prépare à rencontrer Gorbatchev le 12 octobre suivant à Reykjavik :

> « Son intelligence est vaste, rapide et souple [...]. Il a un sens aigu des réalités tant en ce qui concerne son pays, me semble-t-il, que le reste du monde [...]. Parce qu'il veut une URSS puissante et respectée, il s'efforcera de moderniser son pays [...]. Je pense qu'il saura, tout en défendant avec intransigeance ses intérêts, envisager des compromis [...]. Les partenaires occidentaux de l'URSS devraient se trouver dans des dispositions psychologiques et politiques leur permettant de saisir ces occasions. »

On sait l'usage abracadabrant que le président américain fit de ce conseil, offrant à son interlocuteur un quasi-désarmement nucléaire qui, si ses collaborateurs n'y avaient mis bon ordre, livrait l'Occident au bon vouloir des Soviétiques. Gorbatchev jouait là sa partie, celle d'une Union soviétique qui se croyait encore un avenir en tant que telle. Mais ce qui faisait, aux yeux de Mitterrand, le prix du numéro 1 soviétique, c'est qu'il était capable de parler des grandes options stratégiques et spatiales avec le chef de l'État français aussi bien qu'avec le grand interlocuteur américain. Dans le dialogue Gorbatchev-Mitterrand, la France n'était plus tenue pour un satellite de Washington, une Bulgarie de l'Ouest, mais pour un partenaire à part (presque) entière...

Au « sortir de Yalta » du Français, qui n'est dit d'ailleurs qu'avec circonspection (qu'imaginer pour la suite ?), répond la « maison commune* » européenne de l'autre, qui a une bien jolie connotation mais dont Mitterrand se méfie un peu. Car à force de rendre la maison « commune », de l'élargir, on risque d'en fissurer les murs déjà fragiles... Mais quoi : un Français parle ainsi sur le ton d'un égal avec le géant de l'Est, instillant en lui une conception post-communiste, en tout cas postérieure aux « blocs », des relations internationales, des rapports entre nations, avec l'Allemagne surtout. Évolution qui jouera son rôle en 1989...

De ses relations avec cet intelligent communiste russe, avec cet « homme moderne », François Mitterrand tire-t-il la conclusion, dès les années 1987-1988, que l'édifice communiste est en train de s'effondrer, l'URSS de se désagréger ? Il rapporte dans son *De l'Allemagne, de la France* que, dès 1981, il a demandé à certains de ses collaborateurs d'étudier l'hypothèse « majeure » d'une liquidation de l'empire soviétique en l'an 2000.

Dès avant l'avènement de Gorbatchev, il envisage, notamment avec Helmut Schmidt** la dislocation du bloc de l'Est vers la fin du siècle. La prise en main des affaires, à Moscou, par un homme d'État moderne, fût-ce à l'intérieur du marxisme, fait évidemment mûrir ce pronostic, qui se fondait moins sur la nécrose que sur la sclérose du système. D'autres ont été plus visionnaires, s'agissant de la disparition du système et de l'empire staliniens*** ? Peut-être : Mitterrand n'était pas un pronostiqueur, mais un politique.

Dans la bouche de Mitterrand, il est question de l'approche des « bourrasques heureuses » (le talent, tout de même...) ou de « bonheur dangereux ». Nul ne peut douter qu'il souhaitât la liquidation du stalinisme en tant que système, et du colonialisme soviétique. Mais – on retrouve là le vieux thème de la guerre, des alliances, de 1945 – il faut respecter les rythmes, d'une part, et, de l'autre, les frontières, les « réalités issues de la guerre »... A un immense fracas, il préfère un déhalage bien conduit – dès lors surtout que se présente l'homme apte à conduire cette opération, pour peu qu'on l'en presse.

---

* Belle formule, que Gorbatchev a empruntée au lugubre Gromyko, que l'on n'eût pas cru capable d'une telle invention...

** Voir chapitre III.

*** Tel Emmanuel Todd, dont *La Chute finale* est publiée en 1976 (Robert Laffont).

De « son train de tortue obstinée », écrit Bernard Guetta[33], Gorbatchev cherchait sa voie entre retouches, réformes et révolution. François Mitterrand aura prudemment contribué à ce qu'il pratique les retouches, sans aller jusqu'à la révolution.

* * *

A la fin de 1990, l'Europe et le reste du monde mettent officiellement un terme à la guerre froide, lors de la Conférence sur la sécurité et la coopération européenne (CSCE) réunie en novembre à Paris. D'où vient que la joie que devrait provoquer l'abolition de la grande peur d'un demi-siècle soit si timide ? De ce que cet heureux aboutissement coïncide avec l'entrée en agonie politique de l'homme qui l'a rendu possible, Mikhaïl Gorbatchev. En se contentant d'entériner sans réagir l'unification allemande, phase essentielle, et lourde de risques, de la grande opération, le Russe a épuisé son crédit auprès de ses compatriotes. Avoir mis un terme d'abord à la terreur interne, puis à la « grandeur » externe a attiré sur lui des rancunes inexpiables, celles des nostalgiques du totalitarisme et de l'empire...

Accueilli en avril 1991 dans la *datcha* de Gorbatchev à Novo Ogariovo, près de Moscou, François Mitterrand trouve son hôte désemparé, inquiet d'être pris en tenaille entre le clan des vieux staliniens et les ambitions de Boris Eltsine. Un espoir lui reste : invité au sommet des Sept, à Londres*, en juillet, obtiendra-t-il les crédits qui lui permettraient de justifier, auprès de son peuple, sa solidarité avec l'Ouest ? Mais en dépit des avis de Bush et de Mitterrand, on le laisse repartir les mains vides.

Reçu à la fin de juillet à Moscou, puis à Kiev, George Bush peut constater l'ampleur des réformes mises en chantier – tant en ce qui concerne la démocratisation du socialisme que l'assouplissement des liens avec ses partenaires de l'URSS : tout ce qu'espérait François Mitterrand de son interlocuteur choyé de 1989 est en cours...

... Quand, le lundi 19 août 1991, à l'aube, une junte dirigée par Guennadi Ianaev, que Gorbatchev a récemment promu vice-président pour se concilier les conservateurs, proclame le président – parti se reposer en Crimée – dans l'« incapacité » d'exercer ses fonctions pour des « raisons de santé », tandis que des unités blindées sillonnent

---

* C'est une idée de Mme Thatcher, qui la fait admettre par ses partenaires avant d'être elle-même mise à l'écart.

Moscou, distribuant des tracts dénonçant la *Perestroïka*, « poison pour la patrie soviétique ».

François Mitterrand est, en dépit de la saison, à Paris. Alerté vers 9 heures par Hubert Védrine qui a eu l'ambassadeur de France à Moscou, Pierre Morel, au téléphone, le président manifeste d'abord son scepticisme : « Ça ne peut pas marcher. » Puis, assure le secrétaire général, il charge le standard téléphonique de l'Élysée de joindre, où qu'il soit, Mikhaïl Gorbatchev. En vain. Il appelle alors le chancelier Kohl, lui aussi réservé quant aux chances du putsch, les divers chefs de gouvernement européens et George Bush, qui reste évasif.

Dans l'après-midi, le président, qui a décidé de s'exprimer le soir à la télévision, rédige un texte d'avertissement aux putschistes de Moscou, les mettant en demeure de « garantir la vie et la liberté de MM. Gorbatchev et Eltsine [34] ». Quelques instants plus tard, l'ambassadeur d'URSS Doubinine, l'air fort penaud, est reçu par Hubert Védrine, auquel il remet une lettre d'Ianaev, le chef des rebelles, assurant que « les réformes seront poursuivies » mais par « un processus de transformation maîtrisé ». En somme, les putschistes tendraient à faire du Gorbatchev... sans Gorbatchev.

Appelant Bonn au téléphone, les hommes de l'Élysée apprennent que le même message y a été reçu et que l'objectif commun doit être d'« enfermer [les putschistes] dans leurs promesses [35] ».

A 20 heures, François Mitterrand fait face, sur les écrans de télévision, à deux journalistes sérieux, Georges Bortoli et Dominique Bromberger. Il croit bon de lire d'abord le message d'Ianaev, au risque d'accréditer le personnage, non sans rappeler que l'« on ne peut pas revenir en arrière » et qu'il faut faire confiance au mouvement « lancé en 1985 » (par Gorbatchev). Mais ce n'est pas le cri d'indignation attendu, la ferme protestation, la mise en garde solennelle que faisait prévoir son amitié pour la victime du coup de force.

L'impression d'indécision est telle que Bromberger, qui n'est pas un provocateur, croit utile de lui demander : « Condamnez-vous le coup d'État ? – Bien entendu ! Comment pouvez-vous poser cette question ? » Si le journaliste l'a formulée, cette question, c'est parce que le propos n'était pas clair. Ceux que ne cuirassait pas la foi mitterrandienne étaient en droit de se demander en effet si le président français ne se contentait pas des assurances des putschistes. Après tout, s'ils font « du Gorbatchev »...

Interprétation trop négative ? Ceux qui étaient ce jour-là aux côtés de Mitterrand et ceux qui l'ont entendu au téléphone assurent que ni son pronostic ni sa détermination n'étaient équivoques. Et à qui s'étonnait qu'il n'eût pas exprimé sa confiance et son soutien par téléphone à Gorbatchev « aux arrêts » dans sa villa de Crimée, ils répondent que plusieurs tentatives furent faites sans succès – le seul à s'être enfin entretenu avec « Gorby » étant George Bush [36].

Reste une impression de flottement, qu'aggraveront la ferme attitude d'un Eltsine juché sur son char et haranguant les Moscovites à portée de fusil des putschistes, et le rapide retour de Mikhaïl Gorbatchev à Moscou : plus piteux l'échec, du coup, plus troublante l'indécision, ou ce qui fut tenu pour tel.

Le rescapé de Crimée ne devait pas tenir grief à son ami français de cette attitude ambiguë. Si peu même qu'un mois plus tard, au retour de la conférence de Madrid sur le Proche-Orient dont il était avec George Bush le coprésident, Mikhaïl Gorbatchev accepta l'invitation de Mitterrand de le rejoindre une fois encore à Latche – où l'affaire fut évoquée en commun par le Russe et le Français qui devaient se revoir plusieurs fois encore, notamment six semaines avant la mort de Mitterrand, à Colorado Springs.

Pas de trace, sinon dans les récits d'innombrables commentateurs acerbes ? Pas de nuages ? Si. Au moins dans l'entourage de l'inventeur de la *Perestroïka*. Tentant en 1998 de définir à mon intention le comportement qui fut alors celui du président français, Andreï Gratchev, confident et porte-parole de Gorbatchev et francophone raffiné, hésitait entre le mot de « faiblesse » et celui de « manquement ».

Gratchev n'en rapportait pas moins que, lorsqu'il remit à Gorbatchev l'exemplaire des *Mémoires* rédigés par son chef de file entre 1992 et 1995 et qu'il venait de parcourir, il exprima l'étonnement de le voir si peu critique à propos de la façon dont s'était alors conduit Mitterrand à son égard. A quoi le dernier maître de l'URSS répliqua : « Mais Mitterrand, c'est pour moi comme mon précepteur, mon... confesseur [37]... » (Le parfait bilingue qu'est Andreï Gratchev ne garantit pas la traduction du dernier mot – mais son sourire, alors, en disait assez long...)

CHAPITRE V

La Bible et les Philistins

• « Ma » Paix... • Le signal de Begin • Détour par l'Arabie • Sadate et les Perses • ... où les pierres cachent des serpents... • La tribune de la Knesset • La guerre de Sharon • A propos d'Oradour • L'Irak, vraiment ? • Le décollage de Beyrouth • Sauver les otages • « Caduque »...

Pierre Mendès France meurt le 18 octobre 1982. Chacun sait que rien ne sera plus tout à fait comme avant, dès lors que le regard du précurseur aura cessé de se poser, sans complaisance, sur les faits et gestes de l'élu de mai 1981.

La nostalgie des fidèles du visiteur de Carthage s'est muée en un poignant regret. Comment un tel homme, nonobstant son état de santé, n'a-t-il pas été associé par quelque biais à la marche des affaires du pays, lui auquel François Mitterrand confiait le 21 mai à l'Élysée* que, sans lui, rien de tout cela n'aurait été possible ?

Par divers canaux, correspondances ou entretiens, le nouveau président avait été instruit de l'attente de beaucoup des proches et des compagnons de route de « PMF », dont certains étaient devenus les siens : quand la gauche accède au pouvoir, au début des années 80, Mendès France ne saurait être écarté de toute responsabilité. Ni Rocard, ni Cheysson, ni Delors, ni Bérégovoy, qui tous ont été de ses proches, ne suffisent à le représenter. L'altération de sa santé lui interdit de remplir de façon permanente une tâche de haute responsabilité. Mais une ou plusieurs missions provisoires sont à sa portée, notamment à propos de la paix au Proche-Orient. N'est-il pas alors le seul homme au monde qui jouisse à la fois du respect des Israéliens et de l'estime des Arabes ?

C'est sur ce thème qu'en juin 1981 Jean Daniel fait le siège de François Mitterrand.

---

* Voir chapitre I.

« Quoi ? Pour assumer une telle tâche, Mendès est-il trop fatigué ? Vous sentez-vous en désaccord avec lui sur trop de choses ? – Ne comprenez-vous pas, rétorque le président au directeur du *Nouvel Observateur*, que je ne laisserai à personne, fût-ce à cet homme éminent, le soin de faire cette paix ? C'est une mission que je me suis donnée [1]. »

Voilà qui est clair : pour le président de mai, la paix au Proche-Orient est un objectif primordial, et personnel – un objectif où se projette une bonne part de sa culture, et où se manifeste une des plus fortes convictions de sa vie.

Brillante et séduisante (il en use avec un brin d'ostentation), la culture de Mitterrand est très classique, en tout cas conforme aux données traditionnelles, des tragiques grecs à Françoise Sagan. Entrecroiser Pascal et les *Mémoires d'outre-tombe*, Lamartine, Renan, Jules Renard, Tolstoï et Saint-John Perse n'est pas pour provoquer une « rupture culturelle ». (Et, d'ailleurs, pourquoi y viserait-il ?) Mais dans le bagage de ce Français cultivé comme il sied s'affirme une originalité forte : la connaissance intime de la Bible, si rare chez les catholiques de ce pays.

Féru d'histoire des religions, Mitterrand avait une prédilection pour celle du judaïsme, assez pour mettre en balance Juges et Rois, Isaïe et Jérémie, Moïse et Josué. (Ah ! la passion qu'il met à débattre de tout cela avec Élie Wiesel ou Jean Guitton...) Le respect qu'il porte au peuple de la Bible, respect que lui a inculqué sa mère, il le reporte sur ses accomplissements modernes. Pour tout dire, il est un fervent ami d'Israël. Sans jamais poser le problème des justifications du sionisme, il tient pour essentiel que l'État fondé en 1948 par les rescapés du grand massacre jouisse enfin de la paix. D'une juste paix, qu'il ne croit pas devoir distinguer de la reconnaissance des droits de ses voisins – il l'a rappelé dans la quatrième de ses « 110 propositions ».

Les Arabes, il ne les considère pas du même œil. Peu informé de la civilisation de Bagdad ou de Cordoue et de l'Islam en général, il a tendance à voir surtout en cet ensemble de peuples brimés par l'Histoire moderne les adversaires valeureux du système colonial français, du Levant au Maroc. Il a porté sur l'émancipation des anciens protectorats un regard compréhensif. Mais l'Algérie reste pour lui comme une plaie ouverte. Moins parce qu'il voit en la sécession de 1962 une défaite de la France qu'en raison du jugement que portent sur son comportement en cette affaire des hommes qu'il respecte – des hommes jeunes et de gauche, surtout...

Mais si sa relation à l'univers arabo-musulman est d'une tout autre nature que celle qu'il entretient avec le monde juif, ou judéo-israélien, il nouera vite, à l'est plus qu'au sud d'ailleurs, des relations humaines très cordiales, surtout avec des Égyptiens, des Libanais, quelques Palestiniens. Entre gens du Livre...

Retenons cette notation d'un proche particulièrement bien informé, Hubert Védrine :

> « Au début de sa présidence, François Mitterrand manifeste ainsi pour toutes ces questions d'Orient une curiosité vive et détaillée, une appétence, une gourmandise, pourrait-on écrire, qui lui feront désirer de se rendre dans tous ces pays afin de voir de ses propres yeux tous les lieux historiques et rencontrer tous les dirigeants [2]... »

Le 21 mai 1981, à l'Élysée, le voilà à pied d'œuvre, en cette affaire comme en d'autres. Qu'il ne la considère pas du tout comme marginale, on en voit aussitôt maintes preuves – parmi lesquelles le choix, pour le Quai d'Orsay, d'un homme comme Claude Cheysson, dont une longue mission dans l'Algérie accédant à l'indépendance qu'il avait préconisée au cours de la guerre dans un rapport retentissant*, a fait un ami de ce pays, très ouvert aux arguments arabes.

Si le « couple » Mitterrand-Cheysson ne pouvait fonctionner qu'en harmonie à propos de l'Europe et des rapports Est-Ouest, en ce domaine les grincements et les heurts étaient prévisibles. Pourquoi l'« israélophile » Mitterrand choisit-il, pour conduire sa diplomatie, l'« arabophile » Cheysson ? Comment ces deux personnages purent-ils travailler ensemble, sur ce terrain, pendant près de quatre ans, au cœur des pires turbulences qu'ait connues le Proche-Orient, de 1981 à 1984 ? Réponse de Cheysson :

> « En fait, les choses ne se présentaient pas tout à fait ainsi. Quand il m'a offert le Quai d'Orsay, le président me connaissait très bien depuis dix ans et n'ignorait rien de mes vues, notamment sur les Palestiniens et la nécessité de leur permettre de créer un État, de les y aider. C'est même sur ce point que nous avons trouvé le meilleur terrain d'entente. Avant même d'arriver aux affaires, en 1979, Mitterrand avait préconisé la création de cet État, dans l'intérêt d'Israël. Il estimait que la paix, nécessaire à l'État juif, ne pouvait passer que par l'établissement de frontières sûres du fait de leur reconnaissance par la communauté palestinienne qui avait elle aussi des droits à faire valoir sur cette terre... C'est en tant qu'ami d'Israël qu'il a mené ou supervisé cette stratégie.
>
> Qu'il ait, dans un deuxième temps, pris intérêt à Arafat pourchassé, à

* Et alors nuisible à sa carrière.

ses compagnons, à l'OLP, à la "cause" palestinienne, ne change rien à l'affaire. Cette réévaluation en profondeur, amorcée avant mon départ du ministère, à la fin de 1984, s'est approfondie ensuite. Mais pendant la période où j'ai exercé mes responsabilités, je le répète, c'est avec le souci primordial d'assurer la pérennité d'Israël et de le situer dans un climat de justice et dans le cadre d'une reconnaissance mutuelle que Mitterrand a pris tous les risques que l'on sait, en dépit du traitement que lui ont infligé Begin et les tenants du "Grand Israël"...
Dans toutes les autres affaires concernant la région, entre 1981 et 1984, je ne l'ai guère vu intéressé par le sort des autres pays arabes – à part le Liban et l'Égypte. Il voulut bien me laisser m'engager dans le soutien à l'Irak contre l'Iran, mais d'assez mauvaise grâce. Ce sont vos affaires, me disait-il, "vos" Arabes... »

L'entrée de François Mitterrand à l'Élysée a d'abord été considérée comme une victoire d'Israël. Mais – dût-il ignorer encore les nuages qui, de ce côté-là, s'amoncelaient sur sa tête – il a une trop haute ambition en ce domaine pour ne pas tenter de nuancer cet *a priori*. A peine élu, il dépêche auprès des ambassades arabes, voire au Proche-Orient, des émissaires (de son frère Jacques, le général, à son ami diplomate Claude de Kémoularia et à un grand notable libanais comme Khalil El-Khoury) chargés de dissiper la légende d'un pro-israélisme allant jusqu'à l'arabophobie.

Dès le 29 mai, il signe une lettre à plusieurs chefs d'État arabes, où il est spécifié que tous les États reconnus par la communauté internationale au Proche-Orient doivent pouvoir « vivre en paix dans des frontières sûres, reconnues et garanties [...] en tenant compte des droits légitimes de toutes les parties concernées ». Deux jours plus tard, le 3 juin, il écrit au Premier ministre Menahem Begin pour exprimer le « souhait de voir le peuple palestinien disposer d'une patrie » – lettre qui, du fait des circonstances, ne sera pas expédiée. Et, alors que le roi Khaled d'Arabie Saoudite, qui, grâce à l'entremise de Claude de Kémoularia, vient tout bonnement de consentir à la France un prêt de 4 milliards de dollars, le presse de visiter d'abord son pays, il reste décidé à faire en Israël, à bref délai, son premier voyage à l'étranger, le premier d'un chef d'État français en Terre sainte. Mais le gouvernement de Jérusalem va en décider autrement...

Dans un livre publié en 1997*, Shimon Peres donne les raisons de ce changement de cap :

« Invité à l'inauguration du mandat présidentiel [de Mitterrand], je n'y suis pas allé [...]. Il m'a demandé pourquoi. Je lui ai raconté la vérité.

---

* Robert Littell, *Conversations avec Shimon Peres*, Denoël, 1997.

> Menahem Begin avait décidé de bombarder le réacteur nucléaire irakien* le jour même de l'investiture de Mitterrand**. Je suis allé voir Begin et je lui ai dit : "Écoutez, ça ne se fait pas. C'est un réacteur français. Vous ne pouvez pas agir en un tel jour. Ce sera interprété comme une provocation." Begin a accepté de remettre l'opération, mais je n'étais pas certain qu'il tiendrait parole. Alors j'ai décidé de rester en Israël pour m'en assurer. »

Le chef du gouvernement israélien n'a su retenir son bras que pendant deux semaines. Le 7 juin, son aviation frappe le site de Tammouz, tuant, entre autres, un jeune technicien français, alors que Claude Cheysson, à peine installé au Quai d'Orsay, avait entamé avec les Israéliens des négociations pour resserrer le contrôle de l'utilisation de l'énergie nucléaire ainsi accumulée.

Parce qu'il a pris l'initiative de ces démarches et obtenu des garanties en vue de rassurer les Israéliens, Cheysson est indigné de l'initiative de Begin – prise en pleine campagne électorale, à des fins de prestige. Il rédige pour l'Agence France-Presse un communiqué dénonçant rudement cette opération « inacceptable ». Une heure plus tard, il est appelé de l'Élysée par Pierre Bérégovoy, au nom du président, qui, ayant entendu à la radio le texte de Cheysson, s'élève contre sa rudesse, le sermonne sur un ton si véhément que le ministre se sent désavoué. Première dissonance dans un duo qui en connaîtra d'autres.

Ainsi, défié par Begin et choqué par la mort d'un citoyen français, François Mitterrand a pour premier réflexe de « comprendre » le geste israélien au point de rudoyer le ministre responsable. « Nous condamnons le raid, pas Israël », tient-il à préciser. Mais l'opération de Tammouz aura tout de même un effet négatif sur ses relations avec Israël : ce n'est plus par Jérusalem, mais par l'Arabie Saoudite***, que l'élu du 10 mai entamera ses visites à l'étranger, non sans avoir reçu d'abord le roi Khaled à l'Élysée, le 13 juin.

Auparavant, il aura eu avec le prince héritier Fahd, le 8 septembre, l'un de ses entretiens les plus éclairants sur les rapports franco-arabes :

> « Il n'est pas question de perdre notre amitié avec Israël et il faut encore renforcer notre amitié avec les Arabes. Nous n'y parviendrons pas en tenant un double langage. Les Arabes, qui ont le sens de l'hon-

---

* Le centre nucléaire de Tammouz, construit par les Irakiens (d'où le nom « Osirak ») avec la collaboration technique de la France sous le contrôle de l'Agence internationale de l'énergie atomique contre la prolifération nucléaire.

** 21 mai 1981.

*** Qui, au lendemain du 10 mai 1981, on l'a vu, a manifesté sa « sympathie financière » au nouveau pouvoir.

> neur, me comprendront [...]. J'irai dire à Jérusalem qu'ils doivent reconnaître aux Palestiniens leur droit à une patrie et à un État... »

Désormais, ses positions sont arrêtées et ne varieront guère, si déconcertants ou encourageants que puissent être les comportements des uns et des autres...

Dans le même temps se dessine un autre danger, jusqu'alors peu considéré par la diplomatie française et relevant plutôt du domaine, fort agité au demeurant, du marché des armes. A la fin de juillet 1981, Claude Cheysson reçoit du Caire un message dramatique : le président Anouar El-Sadate, l'homme de la main tendue à Israël (et pour cela cher à Mitterrand), veut le voir au Caire pour l'alerter sur la menace terrible que font peser sur le monde arabe (et, au-delà, sur l'Occident) ceux qu'il appelle « les Perses ».

Le président égyptien adjure le ministre français de tout faire pour que les forces de Téhéran ne submergent pas l'Irak. Faute d'une aide appropriée, Saddam Hussein (qu'il déteste) sera vaincu, et « les Perses viendront jusqu'à Alexandrie » ! « Mais, fait le ministre français, ce sont des chiites*... Quelle influence peuvent-ils exercer sur vos sunnites ? – Ce sont des fanatiques, et nous avons les nôtres, unis avec eux contre l'Occident et ses amis. Ils ne rêvent que de me tuer ! »

Cheysson, essayant de convaincre à son tour François Mitterrand d'apporter un plus ferme soutien à l'Irak, trouvera le président français très réservé : se faire l'allié d'un tel régime... L'assassinat du Raïs égyptien, le 6 octobre suivant, contribuera pourtant à lever les objections de Mitterrand – non sans que le ministre ait prononcé un mot plus que maladroit à propos de son malheureux interlocuteur égyptien. Invité à commenter l'attentat du Caire, il en dénonça la sauvagerie et rendit hommage à la victime, non sans ajouter que la disparition d'un personnage aussi controversé allait faciliter la réconciliation entre l'Égypte et ses voisins**. (Commentaire du président français : « Écoutant ces propos à la radio alors que j'étais au volant de ma voiture, j'ai failli verser dans le fossé... »)

Bref, voici la France un peu plus impliquée en Orient – plus que ne le souhaiterait Mitterrand, et d'autant plus que l'Iran des ayatollahs est décidé à faire payer à Paris son engagement de plus en plus voyant aux côtés de Bagdad en déclenchant une campagne d'intimidation, tandis que la Syrie supporte de moins en moins que la France apporte son appui à ce qui reste de l'unité du Liban – État dont les maîtres de

* Musulmans en rupture avec le sunnisme majoritaire, notamment en Égypte.
** Ce qui était vrai.

Damas n'ont jamais reconnu l'existence et qu'ils s'emploient méthodiquement à dévorer feuille à feuille.

On a dit le lien très fort – culturel, spirituel, existentiel – qui unit le président à Israël. Entre le Liban et lui se manifeste un agent de liaison effervescent, son vieil ami François de Grossouvre, qui, fort de ses amitiés maronites, surtout phalangistes*, voudrait l'engager très avant sur ce terrain miné...

C'est parce qu'il est l'exécutant et le symbole de cette politique française de protection de l'unité libanaise face aux visées syriennes que l'ambassadeur de France au Liban, Louis Delamare, est assassiné à Beyrouth le 4 septembre. Le chef de l'État français refusera que soient déclenchées des représailles contre la Syrie – évidemment impliquée dans l'attentat, mais sans que la preuve soit apportée de l'étendue de ses responsabilités, probablement partagées avec Téhéran, sinon avec quelque clan palestinien... Tout indigné qu'il soit par l'immolation de son ambassadeur, le président français connaît trop bien le dossier de la région, et sa vocation de bâtisseur de paix lui importe trop pour qu'il puisse achever de se brouiller avec le pouvoir de Damas – qui est au centre, au cœur de l'affaire.

* * *

Israël, terre promise (par lui) à la paix, quand y atterrira-t-il ? Il n'a de cesse qu'il n'y parvienne, harcelant Cheysson, Attali, Védrine. Faudra-t-il que M. Begin soit devenu pacifiste pour qu'il puisse lui exposer les bonnes raisons de faire la paix ? Hier, c'était le raid sur Tammouz qui sabotait le voyage. Maintenant, après un face-à-face à Beyrouth entre Claude Cheysson et Yasser Arafat qui provoque l'irritation d'Israël, c'est la proclamation solennelle par le Parlement de Jérusalem de l'annexion du Golan, le plateau syrien conquis par l'État hébreu lors de la guerre des Six Jours – en contradiction formelle avec la résolution 242 des Nations unies condamnant toute acquisition des territoires par la force – qui exaspère les Arabes.

Comme le trop loquace Cheysson, en visite cette fois dans les émirats du Golfe, déclare à Abou Dhabi que toute paix en Palestine passe par la reconnaissance d'un État palestinien sans procéder dans la même phrase au traditionnel rappel du droit imprescriptible d'Israël à l'existence et à la sécurité, Menahem Begin, jamais à court d'une pro-

* Milices chrétiennes des frères Gemayel.

vocation pour peu qu'on lui en donne l'occasion, déclare que, plutôt que de s'occuper de l'État juif, la France ferait bien de reconnaître les droits de la Corse... Est-ce la pierre d'achoppement décisive du voyage ?

Non. Décidément non. François Mitterrand choisit de passer outre. Tel qu'il connaît maintenant le leader du Likoud israélien, il ne peut attendre indéfiniment qu'un tel homme fasse patte de velours pour lui assurer une visite sereine en Israël : le Premier ministre israélien ne vient-il pas de faire planer la menace d'une intervention militaire au Liban ? Si un tel projet était mis à exécution, son voyage à Jérusalem serait encore rejeté aux calendes. Plutôt tenter de prévenir le geste. Il se justifie ainsi, en Conseil des ministres, le 24 février, d'avoir pris la décision de visiter Israël huit jours plus tard :

> « La réplique de Begin ne m'a pas choqué. La Corse, après tout, n'est française que depuis 1768 : c'est tout de même plus récent qu'Abraham [...]. D'ici mercredi, date de mon départ, mille provocations vont tenter d'empêcher mon départ. La valeur symbolique de mon voyage devrait balayer les soupçons [...]. La France n'est pas un arbitre, pas un négociateur, mais les Palestiniens ont droit à une patrie [...].
> Ce n'est pas de double langage que nous souffrons, mais de notre volonté de tenir un langage unique. S'agissant des territoires occupés, il faut distinguer la Samarie et la Judée, considérées comme historiquement dévolues par Dieu à son peuple, et le Golan ou le Sinaï qui n'ont jamais appartenu aux juifs : c'est de la conquête pure et simple. Un statut particulier est à trouver pour Jérusalem : ville à 95 % arabe, mais où les juifs ont un droit depuis 3000 ans... En le disant nous ne nous mêlons pas des affaires de Begin mais des affaires de la paix ! [...] Notre politique est condamnée à déplaire, nous n'en changerons néanmoins pas le langage. Il faut même que ce langage devienne rituel [...]. Les Israéliens se font de plus en plus menaçants pour nous amener à prononcer des paroles allant de plus en plus loin pour les rassurer [...]. Il n'est pas besoin de tout approuver dans la politique d'un pays pour y aller [...]. En Israël où je vais avec un certain plaisir, mais conscient des difficultés à vaincre, on est dans un domaine où les pierres sont pleines de serpents[3] ! »

Le même jour, *L'Arche*, revue juive de haute tenue, publie une interview de François Mitterrand où il rappelle que le problème à résoudre est celui de deux peuples revendiquant une seule terre en invoquant des droits séculaires, et pose la question : « S'appelle-t-il extrémiste, celui qui revendique une patrie ? » Soutenant que l'OLP est le seul interlocuteur capable de négocier et d'imposer aux siens un traité, il convient que toute négociation devra être précédée d'une renonciation à l'objectif primordial de l'OLP : détruire Israël, et ajoute : « Toute action unilatérale préférée au dialogue va désormais à l'encontre de l'intérêt bien compris des peuples en présence. » Insistant sur sa familiarité avec le fait juif, avec la Bible, source de sa propre culture, il en vient à l'avenir de Jérusalem : aussi pour les chrétiens et les musulmans, « on ne peut pas régler l'histoire au moyen d'un compas » [4].

A la veille de prendre son vol pour Jérusalem, le 2 mars 1982, le premier chef d'État républicain français à se rendre en Terre sainte confie à ses plus proches collaborateurs : « J'aimerais mieux voir ce voyage derrière moi que devant moi [5] ! »

Plus la date approche, en effet, et mieux le président français mesure le caractère incompatible des positions des partisans du "Grand Israël" qui sont au pouvoir à Jérusalem et les espérances palestiniennes, entre les avocats du *statu quo* à Jérusalem et les attentes des porte-parole des deux autres « religions du Livre », entre sauvegarde de l'indépendance du Liban et plans de partage du même pays entre les hommes de Begin et ceux d'Hafez El-Assad, à Damas.

Bref, flanqué de Claude Cheysson (que la presse israélienne mitraille à boulets rouges depuis qu'il a rencontré Yasser Arafat), Michel Rocard, Jacques Attali, Pierre Bérégovoy et Hubert Védrine, le quatrième président de la Vᵉ République atterrit le 3 mars 1982 à l'aéroport Ben-Gourion : c'est son septième voyage en Israël – et le premier en tant que chef d'État. Aux côtés du président Navon, affable, on pousse vers lui, cloué sur une chaise de malade, un Menahem Begin souffrant*, blafard et renfrogné.

Sitôt accomplis les rites du pain, du sel et du vin, le visiteur précise qu'il se refuse à visiter les territoires occupés**, ce qui contribue à tendre l'atmosphère. Et, très vite, le Premier ministre Begin engage le débat à propos de ceux qu'il appelle « la bande des tueurs palestiniens ». Les officiers qui l'entourent conduisent les visiteurs dans une salle des cartes où leur est décrit le parcours des terroristes depuis le Sud-Liban : le ton est tel qu'il apparaît clair qu'une opération se prépare sur ce terrain...

D'autant que dans un mois Israël devra exécuter la clause majeure des accords de Camp David : la restitution du Sinaï à l'Égypte. Bien que ce territoire ne soit pas l'une de ces « terres données par Dieu au peuple juif » (et qu'il lui est donc impossible d'évacuer sans sacrilège – essentiellement Jérusalem, la Judée et la Samarie***), le Premier

* Il s'est brisé le col du fémur.

** La Cisjordanie, que les Israéliens appellent « Judée-Samarie ».

*** Les trois objets principaux de la négociation à venir...

ministre israélien tient pour une torture la restitution à l'Égypte de la montagne où « la Loi fut donnée » aux juifs par Moïse. La souffrance ainsi infligée à un homme comme lui ne doit-elle pas se payer par une opération compensatoire au Liban, sur des terres ravagées jadis par les Philistins ? Pour un familier de la Bible comme François Mitterrand, ce sont là des thèmes connus, et il n'est que trop enclin à arpenter les mêmes chemins, à voir dans les Palestiniens d'aujourd'hui les Philistins de jadis – ce qui n'est pas sans fondement linguistique et historique.

Lors d'un premier entretien officiel dans le bureau du Premier ministre, en présence de l'ambassadeur Marc Bonnefous, Menahem Begin expose son plan d'« autonomie » palestinienne, dont le visiteur dit qu'il est peut-être « juridiquement valable », mais que « personne n'en veut » et qu'il est « inapplicable ». Vraiment ? Un expert militaire s'empresse, cartes en main, d'en démontrer la faisabilité : une surveillance du remuant voisin est possible, grâce à des armes sophistiquées.

Mitterrand prône, lui, la démilitarisation des territoires, avant de rappeler qu'il a soutenu les accords de Camp David contre Giscard. A Begin (qui en fut le signataire) : « Je croyais ainsi vous faire plaisir. Me trompai-je ? » Et il conclut cet échange en indiquant qu'il a interrompu la participation de la France au boycott arabe des produits israéliens.

Le dîner à la Knesset est l'occasion pour le président français d'improviser une méditation sur le destin juif et le rôle que peut être amené à jouer, par rapport à lui et aux tragédies qu'il a vécues et peut encore vivre, un ami familier de la Bible. Après avoir évoqué telle ou telle de ses amitiés juives et sa sympathie pour les émigrants de l'*Exodus*, il tente de fonder son intervention dans le grand débat :

> « Quel est le droit d'un Français dans tout cela ? Il n'est pas de se substituer à vous [...]. Mais vous comprendrez qu'un ami ne puisse l'être que s'il garde sa liberté de jugement, en servant la paix [...]. Je ne suis pas venu pour regarder un arbre en fleur. Si toutefois j'en aperçois, j'essaierai de comprendre le symbole de ce printemps [...]. L'amitié entre Israël et la France servira à préparer la moisson... »

Pendant le dîner, François Mitterrand insiste longuement auprès de Menahem Begin pour que l'armée israélienne n'entre pas au Liban, comme l'ont fait prévoir dans l'après-midi, on l'a vu, certains propos des officiers d'Ariel Sharon. Il confie dans la soirée à Jacques Attali : « Je crois l'avoir convaincu. S'ils y vont, ce sera sur quelques kilomètres seulement[6]... »

Au cours de la journée suivante, le visiteur a un entretien avec Shimon Peres (co-leader de l'opposition avec Itshak Rabin), un déjeuner de travail avec le Premier ministre ; il prononce une brève allocution au mémorial des martyrs juifs, Yad Vashem, et visite l'université de Jérusalem. Mais le grand moment, c'est tout de même le discours devant la Knesset, au milieu de la journée.

Toute la nuit du 3 au 4, dans sa chambre de l'hôtel King David, François Mitterrand a travaillé d'arrache-pied, en compagnie surtout de Jacques Attali, remaniant de fond en comble le discours préparé au Quai d'Orsay et corrigé par Hubert Védrine, avant d'en faire une lecture à Claude Cheysson. Il n'est pas un seul des mots écrits là pour être prononcés tout à l'heure qui, comme les pierres évoquées devant ses ministres le 24 février, ne « dissimule un serpent ». Il faut pourtant parler, devant ce Parlement d'Israël où se dardent sur lui des regards sévères et où, vers 13 h 30, s'établit un silence de plomb…

Il a trouvé les mots pour rappeler tout ce que la France, l'Europe, l'Occident doivent au peuple juif et à son message – puis pour évoquer l'Holocauste et ses horreurs, la renaissance et la grandeur d'Israël. Et il entre dans le vif du sujet :

> « La France ne cherche pas à se substituer aux peuples intéressés, il appartient à ceux qui vivent dans cette région de débattre et si possible de régler les affaires qui les concernent. […] Vous avez […] l'irréductible droit de vivre. Ce droit, c'est le vôtre, il est celui des peuples qui vous entourent, et je pense bien entendu en prononçant ces mots aux Palestiniens de Gaza et de Cisjordanie […]. Pourquoi ai-je souhaité qu'[ils] disposent d'une patrie ? Parce qu'on ne peut demander à quiconque de renoncer à son identité […]. Il appartient […] aux Palestiniens comme aux autres de décider eux-mêmes de leur sort. A l'unique condition qu'ils inscrivent leur droit dans le respect des autres et de la loi internationale […]. Je n'ai pas plus qu'un autre à trancher qui représente ce peuple […]. N'excluez de la négociation aucun sujet quel qu'il soit. “Je propose […] que tout soit négociable”, disiez-vous ici même, monsieur le Premier ministre, vous adressant au président Sadate le 20 novembre 1977…
>
> Je ne sais s'il y a une réponse acceptable par tous au problème palestinien. Mais nul doute qu'il y a un problème et que, non résolu, il pèsera d'un poids tragique et durable sur cette région du monde […]. Comment l'OLP, par exemple, qui parle au nom des combattants, peut-elle espérer s'asseoir à la table des négociations tant qu'elle déniera le principal à Israël, qui est le droit d'exister et les moyens de sa sécurité ? Le dialogue suppose que chaque partie puisse aller jusqu'au bout de son droit, ce qui, pour les Palestiniens comme pour les autres, peut, le moment venu, signifier un État […]. Jérusalem apparaîtra fatalement un jour comme le lieu où se rassembleront les peuples séparés… »

François Mitterrand peut bien conclure en hébreu, d'une phrase traduite à son intention par son ami Henri Atlan : « Longue vie au peuple d'Israël, longue vie aux peuples d'Israël ! », il s'attire une violente réplique de Menahem Begin. Avec « fureur », écrit Jacques Attali, le Premier ministre dénonce la charte de l'OLP comme « une version arabe de *Mein Kampf* », fait le procès de Claude Cheysson et conclut : « Le principal obstacle à l'unité profonde entre Israël et la France est le soutien qu'apporte celle-ci au principe d'un État palestinien » [7].

Le climat est tendu. Il le sera un peu moins après la conférence de presse commune tenue dans l'après-midi, au cours de laquelle le visiteur déclare qu'il n'a pas été « surpris » par les prises de position de son hôte, bien « connues » de lui, et rappelle que celles de son ministre Claude Cheysson ne sauraient être distinguées des siennes... La détente est assez sensible pour que M. Begin propose à Mitterrand de lui acheter une centrale nucléaire – à quoi le visiteur répond qu'elle sera négociée dans les mêmes conditions que la reconstruction de Tammouz [8]...

François Mitterrand est-il allé trop loin, a-t-il trop demandé à Israël, mettant ainsi en péril une amitié précieuse ? Étrangement, c'est moins du côté israélien (où la critique porte sur l'ingérence – indéniable – plutôt que sur le fond) que le hardi propos de la Knesset est critiqué que dans la presse du monde arabe, où l'on se dit en majorité « déçu »... Déçu que cet ami d'Israël ait osé prôner la négociation avec l'OLP ? Mais le *Times*, qui n'a pas coutume de ménager les démarches françaises au Proche-Orient, salue dans le discours de la Knesset un rare mariage de l'habileté et du courage.

Lors du Conseil des ministres qui suit son retour à Paris, le chef de l'État français rend compte de son voyage sur un ton très mesuré. S'il estime avoir fait une percée vers la reconnaissance du fait palestinien, avoir levé un tabou, il ne se dit pas très confiant en une évolution rapide. Il croit pouvoir assurer néanmoins que Menahem Begin et les siens ont, grâce à lui, renoncé à l'intervention militaire au Liban...

... Mais avant que ceux qui gouvernent alors Israël brisent ses illusions en déclenchant l'opération dont il a cru les avoir détournés, une vague d'attentats terroristes rappelle que, sous la pierre que vient de poser François Mitterrand, grouillent bien les serpents qu'il avait entrevus, en bon lecteur de la Bible. Les mots prononcés à la Knesset et les évolutions ou révolutions qu'ils impliquent ne sont pas innocents.

Trois semaines après son retour, le 29 mars 1982*, à Vienne, l'ambas-

* Une bombe qui explose dans le train Paris-Toulouse, le même jour, n'a probablement guère à voir avec les affaires d'Orient.

sade de France est atteinte par un engin au plastic et, à Beyrouth, un attentat est commis contre un officier français. Le 3 avril (le jour où l'armée argentine débarque aux Malouines), le deuxième secrétaire de l'ambassade d'Israël, Jacob Barsimentov, est assassiné à Paris par un groupe terroriste libanais, les FARL (Fractions armées révolutionnaires libanaises) d'Ibrahim Abdallah. Et, le 22 du même mois, une bombe explose, rue Marbeuf, devant les locaux d'un hebdomadaire arabe hostile au gouvernement de Damas, *Al Watan Al-Arabi* : à la demande de Gaston Defferre, deux fonctionnaires syriens, dont le « conseiller culturel » de l'ambassade, sont expulsés sur-le-champ.

Un mois plus tard, à Beyrouth, une voiture piégée explose dans les locaux de l'ambassade : 11 morts ! Cette fois, l'État français est directement défié, comme il l'a été par l'assassinat de Louis Delamare*. Par les mêmes assassins ? C'est le Premier ministre Pierre Mauroy qui vient manifester l'indignation de son pays, mais non son intention de céder à ce type de pressions.

Le pire est atteint quand, le 9 août vers 13 heures, un groupe de tueurs cagoulés (trois, quatre ?) fait irruption dans le restaurant Goldenberg de la rue des Rosiers, dans le Marais, mitraillant au hasard la clientèle essentiellement juive : on relève 6 morts et plus de 20 blessés. François Mitterrand accourt, trois heures plus tard, puis gagne la synagogue voisine, rue Pavée, devant laquelle quelques militants du Betar, branche française du Likoud israélien, le conspuent aux cris de : « Mitterrand, trahison ! »

Le même soir, retrouvant, écrit Jacques Attali, « les accents de sa jeunesse, du terrorisme », Menahem Begin se déchaîne à la radio israélienne : « Si les autorités françaises ne mettent pas fin aux actions meurtrières des néo-nazis contre les juifs, visés parce qu'ils sont juifs, je n'hésiterai pas à lancer un appel aux jeunes juifs de France pour qu'ils assurent la défense de leur dignité humaine ! » Une milice juive pour assurer, au nom d'une communauté, l'ordre en France ? Voilà qui est manier de bien lourds explosifs…

Mitterrand fera mine de n'avoir rien entendu de cela : il préfère savourer le télégramme reçu de Yasser Arafat exprimant son « indignation », dénonçant l'« attentat criminel » et présentant ses condoléances aux familles des victimes. Mais ses familiers témoignent que la campagne menée contre lui par ses amis juifs et israéliens fait alors de lui un homme abattu.

Une semaine plus tard, et alors qu'un nouvel explosif a fait 45 blessés devant le lycée Carnot, François Mitterrand monte au créneau, à la

---

* Voir plus haut, p. 167.

radio : « Les extrémistes de tous bords* entendent frapper la France parce qu'elle est le principal facteur de paix dans le conflit qui se déroule. » Bien dit ! Mais ces paroles de raison s'accompagnent d'une décision funeste : la création à l'Élysée d'une « cellule antiterroriste » dont le régime n'a pas fini de connaître les fruits empoisonnés**...

* * *

Le 6 juin 1982 en fin de matinée, à Versailles, alors qu'il s'efforce en vain depuis deux jours d'éblouir les six autres représentants des « pays les plus riches du monde », François Mitterrand reçoit un message téléphonique de Yasser Arafat, l'informant de l'attaque déclenchée par l'armée israélienne contre le Liban. Informés aussitôt par leur partenaire français, les chefs d'État qui débattent alors durement du commerce Est-Ouest, reçoivent la nouvelle comme un défi, y compris Ronald Reagan, qui, note Attali, « fait preuve de ses talents de comédien » en feignant la surprise : on saura bientôt que l'opération a été montée avec l'aval de Washington, avant que Mitterrand n'informe ses ministres qu'il espère avoir dissuadé Begin de la déclencher...

Le président français reçoit en séance un message de Begin (double de celui qu'il a adressé à Reagan) plaidant la légitime défense face à un « agresseur assoiffé de sang », qui, en multipliant les opérations de commando à partir du Sud-Liban, a violé le cessez-le-feu conclu avec l'OLP un an plus tôt. Le Premier ministre israélien, fondant au surplus son action sur un parallèle avec l'opération conduite par Mme Thatcher aux Malouines***, assure que la pénétration d'Israël au Liban sera limitée à 40 kilomètres...

Après que Claude Cheysson eut fait approuver par les Sept un texte très modéré qui appelle à l'arrêt immédiat des combats – entérinant en fait l'opération si elle se limite aux 40 kilomètres annoncés par Begin –, François Mitterrand se résigne le soir même, au moment où se séparent les Sept de Versailles et que se manifeste l'échec de ce sommet aux chandelles, à « condamner l'opération israélienne ». Visiblement à contrecœur [9].

Tous ceux qui, de près ou de loin, ont été mêlés à ces tourbillons versaillais**** ne peuvent oublier le décalage qui se manifestait entre le

* « De tous bords » : il n'exclut donc aucune hypothèse, aucun coupable...

** Voir chapitre XIII.

*** Voir chapitre précédent.

**** L'auteur, entre autres.

président français, le visage fermé, muet (sur ce sujet) et ses collaborateurs, à commencer par Claude Cheysson, très montés contre l'intervention israélienne. Évidemment choqué par l'initiative de ses hôtes récents, vexé par le peu d'effet de ses objurgations pacifiques à l'adresse de Begin, s'accrochant au « trompe-l'œil » évident des 40 kilomètres, et par ailleurs conscient du « flop » de son sommet, Mitterrand est alors en désarroi. Il faut que les forces du général Sharon, se riant de la ligne des 40 kilomètres, poursuivent implacablement leur offensive sur Beyrouth pour qu'il sorte de sa réserve.

Dans une conférence de presse tenue le 9 juin, après avoir plus ou moins assimilé les « trois occupations du Liban » (par les Palestiniens, les Syriens et les Israéliens), il se résout à une « condamnation sans réserve de l'agression israélienne au Liban » et, pour faire bonne mesure, en appelle à la création d'un « État palestinien » dont il lui est « impossible de définir les contours » mais dont il aperçoit « quand même bien le centre... ». Son entourage ne le trouve pas moins « indulgent » à l'égard de ce qu'il croit encore être « une opération de police élargissant la zone de sécurité d'Israël ». Contre l'évidence.

Il faudra attendre le 12 juin, l'investissement de Beyrouth-Ouest (à prédominance musulmane), l'encerclement de Beyrouth-Est (où dominent chrétiens et Occidentaux) et les supplications de tous les chefs d'État arabes, dont Hussein de Jordanie, pour que le chef de l'État sorte enfin de son somnambulisme : « Begin m'a menti ! » Et dès lors, il va appuyer à fond les efforts de Cheysson pour qu'en accord avec Washington, soient évitées les horreurs du « nettoyage » antipalestinien de Beyrouth...

Mais le pire est désormais assuré : la jonction entre les forces d'Ariel Sharon et celles de Bechir Gemayel, les milices chrétiennes qui ne cachent pas leur volonté d'éradiquer toute présence palestinienne, annonce une effrayante chasse à l'homme. Quelques semaines plus tard, ce sera le massacre de Sabra et Chatila...

François Mitterrand écrit à Menahem Begin :

> « J'ai gardé le souvenir de nos rencontres à Jérusalem et de votre souci d'alors de rechercher les voies d'une paix durable [...]. Je souhaite que vous puissiez faire la preuve que telle est plus que jamais votre intention. Mon amitié pour votre pays et les relations personnelles que nous avons nouées m'autorisent à vous demander [...] que cessent au plus tôt les combats [10]... »

Itschak Shamir, reçu à l'Élysée le 14 juin, manifeste l'obstination rageuse qui est la marque de son personnage, et se dit indigné de la « sympathie de la France pour les terroristes ». (Comment oublier à ce point ce qu'on a été dans sa jeunesse*? Comment ignorer à ce point qu'il n'est pas un occupant, anglais, allemand ou français, qui ne désigne ainsi les résistants ?) L'affrontement entre les positions israélienne et française prend sa forme extrême quand Shamir, ce soir-là, rencontre Cheysson. « Hallucinant », résume ce dernier, encore heureux de n'être pas traité, par le visiteur, de nazi…

Deux jours plus tard, le président français et son ministre sont reçus à Vienne par le chancelier Bruno Kreisky, social-démocrate d'origine juive, qui s'est fait, dès avant Mitterrand, l'avocat du dialogue avec l'OLP, et qui martèle : « Il faut éviter l'anéantissement de l'OLP. Sans Arafat, ce serait pire. » Mais, fait observer Hubert Védrine, les deux chefs d'État autrichien et français « sont alors, dans le monde occidental, douze ans avant les accords d'Oslo, à peu près les seuls à le penser [11] ».

François Mitterrand est submergé par une de ces vagues de pessimisme et d'amertume qui parfois entamaient de Gaulle. Le terrible gâchis qui, au Proche-Orient, semble être le seul fruit de ses audacieuses démarches le pousse tantôt au catastrophisme (il parle de conflit généralisé, de recours à l'arme nucléaire dans cette orageuse région du monde…), tantôt à l'exaspération à l'encontre de ses incommodes amis de Jérusalem.

En voyage à Budapest, il entend un journaliste perfide lui demander ce qu'il pense des « Oradour » commis au Liban par l'armée israélienne. Et lui, sans relever au passage ce que l'assimilation entre les acteurs (sinon entre les actes) a d'outrageant, enchaîne : « Pas plus que je n'ai accepté l'Oradour provoqué par l'occupation allemande, je n'accepterai les autres Oradour, y compris à Beyrouth… » Dérapage qui provoque la fureur (cette fois plus compréhensible) de Menahem Begin et révèle l'amertume et le désarroi du président français.

Éviter l'anéantissement de l'OLP et d'Arafat ? L'avertissement du chancelier Kreisky n'a pas été formulé en vain : l'investissement de Beyrouth par l'armée israélienne ne se borne pas à faciliter ou couvrir les massacres des réfugiés palestiniens par les soins des milices chrétiennes, il met Arafat et ses compagnons à portée de fusil des hommes de Tsahal : Ariel Sharon a raconté qu'il avait nettement vu le leader de l'OLP dans le viseur de ses jumelles et que, s'il avait eu en main l'arme adéquate…

Pour Claude Cheysson, le sauvetage des négociateurs irrempla-

---

* Au sein de formations extrémistes sur lesquelles les fondateurs de l'État, comme Ben Gourion, faisaient tirer au canon, et auxquelles Léon Blum imputait ce qu'il appelait, dans *Le Populaire*, « le terrorisme palestinien ».

çables est un objectif prioritaire. Avec la bénédiction de François Mitterrand et le concours inlassable de son collaborateur Bruno Delaye, familier du monde arabe, il a positivement subtilisé ou confisqué Yasser Arafat à la poigne formidable de Begin et de Sharon, et à celle, non moins menaçante, du Syrien Hafez El-Assad. En août 1982, puis en décembre 1983, le leader de l'OLP dut par deux fois son salut, puis son transfert à Tunis à des initiatives françaises.

> « Sans Arafat, sans son acharnement lucide, soutient Cheysson, l'OLP n'aurait pas décroché des dispositions de sa charte faisant un préalable de la destruction d'Israël. Abolir cet objectif était la condition évidente de tout dialogue avec Jérusalem. Lent cheminement ? Oui. Mais que lui seul pouvait accomplir [...]. A cela, nous avons fortement contribué [12]... »

A quel prix ! Au terme de quelles remises en question... Alors même que le flamboyant « socialisme à la française » vient buter sur les récifs du marché et de l'environnement pour adopter un plan d'austérité que beaucoup présentent comme un déni, François Mitterrand voit ses amis israéliens saboter avec une sorte de jubilation féroce son plan de paix fondé sur la reconnaissance réciproque des deux peuples implantés sur une terre unique. Au peuple de Salomon, il a proposé un nouvel ordre fondé sur la justice ; il a provoqué la terrible réponse de David : « Périssent les Philistins ! »

Alors qu'il apparaît de plus en plus clairement que Washington est totalement engagé aux côtés d'Israël et de son opération de curetage (de dératisation ?) de Beyrouth, au point d'opposer son veto à un modeste plan français de désengagement des forces en présence approuvé par tous les autres membres du Conseil de sécurité – les Américains y voient une « provocation » à l'encontre d'Israël... –, Mitterrand et Cheysson, encouragés par Kreisky et l'Égyptien Moubarak, s'acharnent à sauver, physiquement, Arafat et l'OLP.

Le 25 juin, l'aviation israélienne, poursuivant le pilonnage de Beyrouth-Ouest, lance des tracts pressant les « civils innocents » de s'enfuir : « Dépêche-toi de sauver ta vie ! » Commentaire de Jacques Attali : « Texte terrible... Tout habitant de Beyrouth est donc un ennemi en puissance ? Le massacre s'annonce. » François Mitterrand en est à ce point bouleversé qu'une nouvelle bouffée de pessimisme le saisit. Lisant une lettre où Brejnev signifie à Reagan que, si Israël poursuit son invasion, une telle attitude pourrait avoir des « conséquences internationales imprévisibles », le président confie à son « conseiller spécial » : « La guerre mondiale est inévitable... Le Liban est au confluent des deux affrontements... » (Est-Ouest et Nord-Sud).

Et Attali de commenter : « Triste été. Pluies sur nos rêves : dévaluation et chômage, guerre au Liban, accrochages avec les États-Unis, disputes en Europe pour quelques écus [13]... »

En cette fin de juin 1982, c'est la tragédie libanaise qui monopolise l'attention de Mitterrand. Au Conseil européen qui se tient à Bruxelles, il inspire une « vigoureuse condamnation de l'invasion israélienne » et un projet de « séparation des forces » sous le contrôle des Nations unies. Cette obstination française finit tout de même par recueillir quelques fruits : le négociateur envoyé par les Américains au Levant, Philip Habib, arrache aux Israéliens les promesses de « retrait » (de quelques miles), l'acceptation d'une présence politique de l'OLP à Beyrouth, un projet de tractations militaires, l'idée d'une force multinationale d'interposition...

Du coup, l'hypothèse d'une visite à Paris de Yasser Arafat – pour l'heure acculé dans un bunker de Beyrouth-Ouest... – se précise. Mais Mitterrand, qui s'est entretenu avec l'un des adjoints du leader de l'OLP, Farouk Kaddoumi, précise qu'il fera recevoir Arafat par Pierre Mauroy, non sans avoir engrangé deux progrès en vue du grand dialogue entre Israël et les Palestiniens : tandis que trois prestigieuses personnalités juives, Pierre Mendès France*, Nahoum Goldmann et Philip Klutznick, se prononcent pour cette « reconnaissance mutuelle » et l'arrêt des combats à Beyrouth. Le 14 juillet, à Londres, l'un des plus proches compagnons d'Arafat, le Dr Issam Sertaoui, déclare que « l'OLP reconnaît officiellement le droit à l'existence d'Israël, sur une base de réciprocité** ». Mais qui, dans le groupe dirigeant israélien, est capable d'entendre cela ?

Pourtant, les Américains commencent à s'impatienter. Le *Blitzkrieg* israélien s'éternise. Recevant Shamir à la Maison-Blanche, Reagan lui signifie que « le monde ne peut plus tolérer cette escalade sans fin de la violence ». Ce qui ouvre la voie à la création et la mise en place de la force multinationale d'interposition, dont la mission première sera de protéger l'évacuation du Liban par les unités palestiniennes : forte de 2 400 hommes, elle est composée d'Américains, d'Italiens et de Français – en dépit, pour ces derniers, d'une vigoureuse opposition des Israéliens, qui tiennent désormais Mitterrand pour le complice d'Arafat.

Le 16 septembre, peu après que la force d'interposition américano-italo-française se fut retirée, le nouveau président du Liban, Bechir Gemayel, tombe sous les coups d'assassins pro-syriens : c'est alors que des bandes armées plus ou moins liées aux Phalanges chrétiennes,

---

* Qui mourra trois mois plus tard, on l'a vu.

** Il sera assassiné peu après à Lisbonne.

dont l'éphémère chef d'État libanais était le chef, pénètrent dans les camps de réfugiés palestiniens de Sabra et Chatila, couteaux et haches à la main, sous le regard complaisant des occupants israéliens. Le lendemain, on décompte plus de 2 000 morts. Spectateur du massacre – comme César au cirque, il a baissé le pouce –, le général Sharon en profite pour parachever sa mainmise sur Beyrouth.

François Mitterrand, auquel un premier rapport a pu donner à croire (il s'y est refusé) que les Israéliens étaient les auteurs mêmes du massacre, ne se contente pas d'exprimer son « horreur ». Il décide sur-le-champ de renvoyer à Beyrouth le contingent français de la force d'interposition – aussitôt suivi par les Italiens et les Américains.

Le chef de l'État français a pris là une mesure purement conservatoire, pour protéger non plus les Palestiniens, mais les Libanais – « au risque, précise-t-il en Conseil des ministres, de vies françaises ». Mais il ne croit plus, pour longtemps en tout cas, à cette paix qu'il a si ardemment recherchée. Une certaine évolution américaine (provoquée par l'extrémisme israélien), l'apparition de plans de règlement comme celui qu'ont élaboré les États de la Ligue arabe réunis à Fès, reconnaissant « tous les États de la région », la convergence de ses vues avec celles des Égyptiens, rien ne lui paraît de nature à ouvrir avant longtemps, la voie à la paix. S'adressant à ses proches, il est catégorique : « Tant que Begin sera là, rien ne sera possible. Son "Grand Israël" rend toute négociation vaine. Il n'y a rien là de négociable. ».

S'il fallait encore un signe – après l'invasion du Liban par ses amis, après les injures entendues rue des Rosiers, après le massacre-spectacle de Chatila – pour le détourner de cet univers biblique où il a cru pouvoir déployer au mieux son génie de la négociation, il le reçoit le 23 octobre 1983 : ce jour-là, un peu après 6 heures, à Beyrouth, un véhicule bourré d'explosifs réduit en cendres le bâtiment du Drakkar, où sont cantonnés les soldats français de la force d'interposition renvoyés au Liban en 1982. Les corps de 58 Français sont retirés des décombres, après ceux de 239 Américains tués, quelques minutes auparavant, non loin de là et par le même procédé.

Le président français est informé à 3 heures (françaises). Il convoque à l'aube son conseiller militaire le général Saulnier, Bianco, Attali, Védrine et son ami Grossouvre. « Mon intention est d'y aller. Qu'en pensez-vous ? » Une majorité se dégage en faveur d'un tel geste, si lourd de risques soit-il. Son rôle dans la décision a été trop grand pour qu'il ne prenne pas sa part du deuil, du péril et du sauvetage. Saulnier, Grossouvre et Védrine* accompagneront le chef de l'État.

---

* Dont le récit inspire celui qui suit.

L'avion, un Mystère 50, décolle dès la nuit suivante pour Beyrouth, où, sur l'aéroport, l'accueillent le nouveau président du Liban, Amine Gemayel (qui a succédé à son frère cadet assassiné), et Charles Hernu, dépêché en avant-garde.

Que de ruines et de sang, non seulement au Drakkar mais dans la ville et à l'ambassade, la magnifique résidence des Pins, balafrée, hachée par les bombes ! Saulnier et Védrine communiquent à la presse de faux itinéraires du président et des horaires fantaisistes : les tueurs seront partout, au cours de cette longue journée de témoignage et de solidarité à travers les décombres.

Le plus grand danger sera couru au moment du décollage de l'avion, bien repéré dès l'atterrissage. L'orientation de la piste contraint l'appareil à survoler d'abord les quartiers de Beyrouth où s'entassent les éléments les plus hostiles – surtout chiites – à la présence française : on assure que certains de ces groupes disposent de missiles russes sol-air. Pour brouiller leur système de visée, le général Saulnier a donné l'ordre à des appareils Super-Étendard du porte-avions *Foch*, mouillé en rade de Beyrouth, de tourbillonner autour du Mystère 50 après son décollage.

L'avion du président prend son vol. Mitterrand, à Saulnier, officier de l'armée de l'air : « Général, quand saurons-nous que nos femmes sont veuves ? – Nous pouvons être touchés pendant encore trois minutes. » Le silence, dans ces cas-là, est pesant… Trois heures plus tard, après l'atterrissage à Villacoublay, le président persifle : « Le moment le plus dangereux […] a été quand le général Saulnier a pris les commandes pour atterrir [14]… » Cette prise de risque a, pour le voyageur, valeur de conclusion* : il ne hasardera plus la vie de ses concitoyens pour cette cause. Un « arrangement » discret avec Damas tendra (en vain) à ce que les morts du Drakkar soient les derniers Français sacrifiés pour éviter le dépeçage du Liban.

* * *

Mais il n'en a fini ni avec Israël et la Palestine, ni avec le Liban, ni avec l'Orient en général, qui est décidément inscrit dans sa ligne de vie et d'homme et de président : s'il juge abusive la formule si sou-

---

* Encore qu'un raid de représailles, exigé par le président lui-même, ait été déclenché contre une caserne de Baalbek abritant des forces pro-iraniennes : une cinquantaine de morts d'origine libanaise. Au dernier moment, les Américains s'en sont désolidarisés…

vent entendue de « politique arabe de la France » – qui n'avait un sens qu'au temps où Paris régentait le Maghreb –, il se voit constamment rappelé vers ces terres des « extravagances métaphysiques », comme l'écrivait superbement le général Bonaparte à la veille d'y entamer la plus étrange de ses entreprises.

Ce n'est pas lui, on le sait, qui a noué le lien entre la France et l'Irak. Moins attiré par la civilisation de la Mésopotamie que par celle de la vallée du Nil, il voit le personnage de Saddam Hussein comme une lugubre caricature de ce Nasser contre lequel il a contribué à ameuter les Français en 1956. Mais il se trouve que ses prédécesseurs – notamment, sous Giscard, le Premier ministre Chirac – ont signé avec le régime de Bagdad de très gros contrats – y compris celui de la centrale nucléaire détruite en juin 1981*. Il se trouve aussi que le leader irakien a cru pouvoir déclencher contre l'Iran, en septembre 1980, huit mois avant l'entrée de Mitterrand à l'Élysée, une guerre destinée à liquider rapidement le régime apparemment suicidaire des ayatollahs, lequel, à la surprise générale, a résisté et même refoulé l'agresseur.

On a noté que dès les premiers mois de sa présidence, en juillet 1981, François Mitterrand avait reçu un signal de l'un des hommes qu'il estimait le plus dans la région, Anouar El-Sadate, le priant de tout faire pour éviter que l'Irak, et après lui le monde arabe, soit « submergé par les Perses ». Et, l'année suivante, il a déclaré, lors d'un voyage en Égypte : « Il ne faut pas que soit rompu l'équilibre multiséculaire entre Arabes et Persans[15]... » Désormais, Claude Cheysson reçoit chaque année la visite du vice-Premier ministre irakien Tarek Aziz** en quête d'armes et de soutien diplomatique.

François Mitterrand, si féru d'« équilibre » qu'il soit, déteste cette implication. « Autant j'étais écouté, raconte Claude Cheysson, parlant de la Palestine ou d'Israël, du Liban ou de l'Égypte, autant j'exaspérais Mitterrand chaque fois que je venais lui parler de l'Irak, c'est-à-dire le plus souvent de vente d'armes. »

* * *

Sans cesse, depuis 1982, le président manifeste son hostilité ou sa réserve à l'encontre de ces opérations avec Bagdad, dont Charles Hernu a la responsabilité. C'est Mitterrand lui-même qui nous apprend

---

* Voir plus haut, p. 165.

** Qui sera un protagoniste de la guerre du Golfe (voir chapitre X).

que la signature de tel ou tel contrat le fit « entrer dans une grande colère », ce qui, ajoute-t-il, « m'arrive rarement ». En tout cas, il posa comme principe de ne pas vendre d'Exocet à l'Irak (« pas de vente de missile en cas de guerre chaude »).

Le chef de l'État était, mieux que tel de ses ministres, en mesure de prévoir les effets pernicieux d'une semblable politique sur les rapports de la France avec l'Iran – déjà affectés par l'asile, décidé par lui, d'opposants notoires au régime de Khomeyni, tels que Bani Sadr et surtout le leader communiste Massoud Radjavi. Il a été très frappé par les arguments d'Hafez El-Assad lors d'une visite faite à Damas en novembre 1984 : le dictateur syrien, ennemi implacable de son voisin de Bagdad, l'a mis en garde, insistant sur les risques pris par ceux qui se dressent contre le système de Khomeyni... Mitterrand ne cessait de rappeler à Cheysson, Attali et Védrine que « la France ne se veut pas l'ennemie de l'Iran [16] ». Ce qui n'amenuisera pas le soutien apporté par Paris à Bagdad, et donc la détérioration incessante des rapports entre Téhéran et Paris jusqu'à la fin de la guerre, en 1988.

Très tôt, il avait entrevu les risques de voir se déclencher une campagne d'attentats et de prises d'otages telle qu'elle se développa à partir du début de 1985... Alors que la vague terroriste de 1981-1982 avait été le fait de groupes extrémistes palestiniens, ou libanais, ou des services syriens, celle de 1983-1986 peut être attribuée à des commandos pro-iraniens manipulés ou protégés par les ambassades de Téhéran, plus ou moins relayés par Damas. Le régime des ayatollahs tentait-il de détourner la France de toute forme de soutien à l'Irak – ou, sinon, de le lui faire payer au prix fort ? On l'écrit dès cette époque, ce qui est peut-être anticiper sur la réalité.

Le 22 mars 1985, deux fonctionnaires diplomatiques français, Marcel Fontaine et Marcel Carton, sont enlevés à Beyrouth. Quelques heures plus tard, un coup de téléphone émanant du Djihad islamique lié à l'Iran de Khomeyni présente l'enlèvement comme répondant à un attentat perpétré contre le cheikh Fadlallah, leader de cette organisation, et exige « l'arrêt de l'aide française à l'Irak de Saddam Hussein dans sa lutte contre la république islamique* ». Six jours plus tard, Yasser Arafat communique un « avis » au Quai d'Orsay : c'est l'Iran, c'est Khomeyni qui dirige l'opération. Le sort des otages dépend de Téhéran ; ils ne seront libérés qu'en échange d'Iraniens détenus en France ou de leurs hommes de main. Ce n'est qu'un « avis », mais le chef de l'OLP et ses services sont bien renseignés.

---

* D'après une note établie au Quai d'Orsay.

Deux mois plus tard, nouveau rapt : les victimes cette fois sont le sociologue arabisant Michel Seurat, très respecté dans le pays et marié à une Syrienne chrétienne, Marie, et l'excellent journaliste Jean-Paul Kaufmann. Des comités de soutien s'organisent, animés par Joëlle Kaufmann, femme de Jean-Paul, qui sait à juste titre mobiliser l'opinion. Ils sont reçus à l'Élysée par Hubert Védrine et Jean-Louis Bianco. Le principal dirigeant des chiites libanais proches de l'Iran, Nabih Berri, tente de s'entremettre pour leur libération.

Le 22 juillet, recevant Hubert Védrine que lui a dépêché Mitterrand, le président syrien Hafez El-Assad se répand en promesses d'intervention auprès de ses amis iraniens et permet à son visiteur de parler de « message encourageant ». Six mois plus tard, Paris croira toucher au but, grâce à Damas. Mais nombre de spécialistes soutiennent que le marchandage porte sur la libération de Naccache et des quatre autres terroristes pro-iraniens détenus en France, que la plaque tournante est en Iran, que le manipulateur est le ministre des Pasdaran ou « gardiens de la Révolution », Rafik Doust – lequel ne se gêne pas pour faire savoir à Paris, à la fin de juillet, que les otages français pourraient être libérés en échange de l'élargissement d'Anis Naccache*...

C'est en se fondant sur cette hypothèse que le pouvoir de Paris fait appel aux services de l'ambassadeur à Tunis Éric Rouleau, ancien journaliste de première valeur, très bon connaisseur de l'Iran, où il est considéré comme un « ami de la révolution » et que ses rapports avec Arafat à Tunis et Kadhafi à Tripoli instruisent assez bien des données du problème. Mais cette intervention ne viendra qu'après une terrible erreur de manœuvre de la DST (donc du ministère de l'Intérieur) qui expulse vers l'Irak, le 19 février, deux opposants à Saddam Hussein, donc favorables à l'Iran : geste inepte qui pousse au paroxysme la rage de Téhéran.

C'est alors que le pire intervient : la mort de Michel Seurat** est annoncée le 5 mars. Persuadée qu'il a été exécuté par les ravisseurs, son épouse Marie rend publiquement responsable du crime le pouvoir qui a commis l'irréparable en expulsant vers Bagdad, les vouant ainsi à une pendaison certaine, les deux Irakiens. On sait maintenant que Seurat avait cessé de vivre avant l'expulsion des deux Irakiens.

Éric Rouleau entretenait d'excellents rapports avec François Mitterrand depuis que celui-ci, grand admirateur de ses articles du *Monde,* l'avait chargé d'une mission auprès du colonel Kadhafi en 1984, pour essayer d'obtenir à l'amiable le retrait des unités libyennes du Tchad,

* D'après une note du Quai d'Orsay du 12 septembre 1985.

** On n'apprendra que plus tard que le malheureux est mort de maladie. On croit d'abord à une exécution, et l'horreur est extrême.

qui avait dû être imposé par la force*. La façon dont Rouleau s'était acquitté de sa mission libyenne (bien qu'il n'eût pas été mêlé, comme on l'a souvent dit à tort, à la rencontre Mitterrand-Kadhafi en Crète) avait conduit le président français à lui confier l'ambassade à Tunis, où étaient situés les sièges de la Ligue arabe et de l'OLP.

Au début de mars 1986, peu avant les élections qui porteront Chirac au pouvoir, le nouvel ambassadeur à Tunis, dînant chez des amis, reçoit un appel téléphonique direct de François Mitterrand : « Vous êtes toujours en bonnes relations avec Arafat ? – Oui ? – Nous recevons des nouvelles inquiétantes de nos otages. Demandez à Arafat de tout faire pour les sauver. – Je l'appelle à l'instant. » Le leader de l'OLP, ravi de jouer les médiateurs, convoque son spécialiste des services secrets, Abou Iyad, qui, enquête faite, reçoit Rouleau. « Vos services sont incompétents. Les Iraniens nous font savoir que ce n'est pas avec Mitterrand qu'ils traiteront, mais avec Chirac qui va gagner les élections… »

Le président insiste : Rouleau part pour Téhéran, où il jouit d'un certain crédit auprès de Rafik Doust, le chef des Pasdaran, qui le reçoit aussitôt, flanqué du chargé d'affaires français à Téhéran, Pierre Lafrance. En quelques heures, un accord en cinq points est conclu, qui prévoit la libération par Bagdad des deux Irakiens pro-iraniens (qui n'ont pas encore été pendus !), le paiement de la dette française (dite d'Eurodif) à Téhéran et la remise à Damas des otages français.

On est le jeudi soir, 13 mars : Rouleau s'apprête à repartir pour Paris, mission accomplie, quand il est appelé à son hôtel par Rafik Doust : « Passez immédiatement me voir ! » Toujours accompagné par Pierre Lafrance, Éric Rouleau est reçu à nouveau par le chef des Pasdaran, visage fermé. « L'accord est annulé ! – Pourquoi ? – Je n'ai pas à vous donner d'explication… » Les deux diplomates français, consternés, gagnent l'aéroport, accompagnés par un adjoint de Doust, Mohammed Sadegh, qui les « met au parfum » :

> « Les enchères ont monté. Vos adversaires politiques sont plus généreux : ils offrent non pas la libération d'un Iranien pour quatre Européens, mais un contre un… Et nous savons que Mitterrand sera contraint à la retraite. En tout cas, on attend que le nouveau pouvoir soit en place [17] ! »

L'affaire est trop grave – et à trois jours du scrutin ! – pour que les deux négociateurs français n'en fassent aussitôt la matière d'un télégramme ultra-secret, qui est bientôt la fable du « Quai », où il est fermement précisé que Téhéran a reçu de l'envoyé spécial de M. Chirac

* Par l'« opération Manta », voir chapitre XII.

des propositions « plus avantageuses » que du gouvernement français en place et même des « mises en garde » contre « tout accord qui valoriserait l'actuelle majorité [...] à la veille des élections »*. Jeu terrible, qui, combiné avec les erreurs de manœuvre des négociateurs français, transforme cet imbroglio sanglant en tragédie. Mais qui peut prétendre savoir « gérer » l'innommable ?

* * *

L'action diplomatique de François Mitterrand au Proche-Orient ne saurait se réduire à ces visqueuses et sanglantes affaires de trafics d'armes et d'otages. La belle ambition pacifique de 1981-1982, longtemps bousculée ou occultée par les conflits voisins, et paralysée par l'inimaginable obstination négatrice des dirigeants israéliens du Likoud, va renaître après le tourbillon terroriste du printemps 1986 et la parenthèse de la cohabitation. Mais elle restera comme affectée, blessée par les déceptions de 1982 et 1983.

Détourné par trop de déboires et le mauvais vouloir de Begin d'une démarche spécifiquement française, relevant sinon de la médiation, en tout cas des bons offices, Mitterrand se retourne vers une stratégie de type multilatéral, en vue de déboucher sur une conférence internationale sous l'égide du Conseil de sécurité des Nations unies, et qui pourrait se donner pour objectif la création d'un État jordano-palestinien, tel que le préconise alors son ami Shimon Peres. C'est en tout cas l'idée qu'il étudie avec le roi de Jordanie lors d'un voyage à Amman, en juillet 1984.

Rédigeant en janvier 1986 la préface de ses *Réflexions sur la politique extérieure de la France*, Mitterrand résume très bien cette première étape de sa démarche, et son échec :

> « Au Proche-Orient, j'ai souhaité que la paix soit rétablie par un accord direct entre Israël et les pays arabes, comme ce fut le cas pour l'Égypte. Cet espoir s'est révélé vain. Il paraît désormais très difficile d'y parvenir hors d'un forum auquel participeraient, parmi d'autres, c'est la position de la France, les cinq membres du Conseil de sécurité[18]. »

Admirateur de Saint-John Perse, François Mitterrand, avait apprécié que l'on baptisât « Anabase » l'opération par laquelle, embarqués sur le navire grec *Odysseus-Elitis*, Yasser Arafat et ses compagnons avaient été arrachés à la menace des commandos d'Ariel Sharon, en

---

* Voir, pour compléter ces indications, le point de vue d'Edgard Pisani, chapitre IX.

décembre 1983, pour être transportés à Chypre, puis à Tunis. S'était-il jamais engagé si avant dans le débat, subtilisant leur proie non seulement aux Israéliens, mais encore aux Syriens, qui avaient juré eux aussi la perte de l'OLP et de son chef, ayant des hommes à leur dévotion pour faire de la Palestine, comme du Liban, un protectorat syrien ?

Une fois encore, il avait écouté les avis de Cheysson, relayé désormais par les principaux leaders socialistes européens – Brandt, Kreisky, Gonzalez, Palme, Papandhréou : pas de paix juste possible au Proche-Orient sans l'OLP, dès lors qu'Arafat, après avoir renoncé au terrorisme, aurait reconnu clairement le droit à l'existence d'Israël. A Tunis, le leader palestinien était désormais, tant du point de vue matériel que spirituel, dégagé de l'hystérie où vivait le Proche-Orient et réinséré dans l'univers politique, celui du réel.

Il se trouvait certes des tenants de l'anéantissement du mouvement palestinien : en 1983 encore, dans *Le Figaro*, Annie Kriegel déplorait que l'État français ait jugé bon de sauver Arafat d'un « désastre qui se fût achevé par sa disparition sans phrase [19] ». Mais ce point de vue devenait minoritaire hors d'Israël et de la presse américaine.

* * *

La mise à l'écart de Claude Cheysson, en novembre 1984, fut, à tort, interprétée comme annonçant une mise en sourdine de la politique « palestinienne » du chef de l'État : elle n'était que l'aboutissement d'une manœuvre interne. C'était en tout cas mal connaître le tempérament de son successeur, Roland Dumas, négociateur-né, boulimique du compromis, virtuose de l'entremise, lié à la cause juive par sa culture et son histoire intime (son père, résistant intrépide, avait été fusillé par les nazis*) et proche des Palestiniens pour être allé plaider à Jérusalem, en 1974, la cause de l'évêque grec catholique Hilarion Capucci, accusé de transport d'armes au bénéfice de l'OLP. Quel champ d'action pour un plaideur tel que lui que le tragique imbroglio israélo-palestinien !

Succédant à Claude Cheysson dans un style plus feutré, il s'emploie, sitôt arrivé au Quai d'Orsay, à réchauffer l'ardeur pacificatrice du président – son vieux compagnon de la Convention des institutions

---

* Un arbre à son nom a été planté près du mémorial des Justes de Yad Vachem, à Jérusalem.

républicaines. Lourde tâche. Au début de 1988, François Mitterrand n'a pas encore surmonté le découragement provoqué par les échecs de 1983 et les violences de 1986, et n'a toujours pas trouvé, face à lui, du côté israélien, les « interlocuteurs valables ».

Mais le scepticisme du président est remis en question, de mois en mois, par le déroulement de l'*Intifada.* Il confie à ses proches, Védrine, Attali, Jean Musitelli*, que l'émeuvent à la fois le désespoir que révèle, chez les Palestiniens, cette guerre biblique, ce soulèvement des pierres, et aussi le courage qu'il dénote. C'est l'*Intifada* qui le rapproche de la cause palestinienne. Si seulement ce courage pouvait se doubler d'un signe d'intelligence, d'ouverture politique vers Israël [20] !

Une occasion se présente. Le groupe socialiste du Parlement européen a invité Yasser Arafat à Strasbourg. Dumas suggère d'en profiter pour amorcer le dialogue, en terre juridiquement « neutre ». Mitterrand fait la moue, puis donne son aval : « Si vous croyez devoir le faire... » – ne serait-ce que parce que l'ambassadeur d'Israël a formulé une mise en garde inconvenante.

Le dialogue de Strasbourg entre Arafat et Dumas tel que le rapporte celui-ci, n'est pas anodin.

Arafat : « ... Nous sommes prêts à offrir des garanties de paix pour tous les États de la région [...]. J'ai confirmé ma renonciation à la violence. La charte de l'OLP n'est pas mon programme. J'ai fait le pari de la paix et, pour cela, je cherche un de Gaulle en Israël... »

Dumas : « Et si la condition pour avancer vers la paix était non pas de “reconnaître” juridiquement Israël, mais d'admettre une fois pour toutes l'existence de l'État d'Israël dans des frontières sûres et reconnues ? »

[...]

Arafat : « Absolument... Le Conseil de sécurité formulera les garanties. La résolution 242** indique “dans des frontières sûres et reconnues”. Mais il faudrait aussi que les Israéliens nous reconnaissent en retour... »

Le lendemain, Dumas est reçu par le chef de l'État : « Vous avez vu que tout s'est très bien passé à Strasbourg, malgré les criailleries des uns et des autres. – Oui, mais j'ai trouvé la poignée de main avec Arafat*** un peu longue. »

En Conseil des ministres, François Mitterrand ne défend pas moins chaudement la démarche du ministre :

---

* Porte-parole de l'Élysée.

** Texte des Nations unies qui réaffirme la reconnaissance d'Israël.

*** Filmée par la télévision.

« “J’ai moi-même déjeuné avec Arafat au Caire, il y a quinze ans. Et il serait devenu tout à coup scandaleux de le voir ? [...] La France n’est pas à la merci d’un froncement de sourcils d’un certain nombre d’agents d’Israël ou de différentes associations. Elle doit préserver sa capacité de dialogue. Ne soyons pas effrayés par la peur de perdre quelques voix aux prochaines élections” [21]... »

A vrai dire, à dater de la fin de 1988, les choses recommencent à bouger. Aux États-Unis, George Bush s’apprête à succéder à Ronald Reagan, parangon d’immobilisme, mais, en Israël, le Premier ministre Itschak Shamir reste intraitable. Lors d’un voyage à Paris où il s’efforce de prévenir les demandes pacifiques de la diplomatie française, il se heurte très durement à Mitterrand, qui lui lance : « Vous refusez tout, vous ne proposez rien ! », et confie ensuite à son entourage : « Cet homme-là, c’est du granit... »

Mais c’est évidemment la réunion à Alger du Conseil national palestinien, du 12 au 15 novembre 1988, qui modifie le plus radicalement les perspectives. Là se produit ce que François Mitterrand attendait pour relancer son effort de paix, ce qu’a suggéré Arafat lors du dialogue de Strasbourg : en dépit des efforts des extrémistes de son mouvement, Yasser Arafat réussit à faire adopter, au cours de la nuit du 14 au 15 novembre, une déclaration intégrant deux résolutions des Nations unies (242 et 338), qui impliquent la reconnaissance de « tous les États » de la région – donc d’Israël. C’est une évidente reconnaissance par l’OLP de l’État hébreu. Voilà, pour le chef de l’État français, du « grain à moudre », exactement ce qu’il espérait.

Après une nouvelle rencontre avec Yasser Arafat à Madrid, dans le cadre d’une conférence des ministres européens, Roland Dumas croit le moment venu de préparer un voyage du président de l’OLP à Paris. La France, qui l’a sauvé cinq ans plus tôt, serait-elle l’un des derniers pays européens à le tenir à l’écart ?

Autour du président, et à sa demande, la discussion s’instaure. Bianco, Védrine, Musitelli sont très favorables à la visite. Jacques Attali aussi, en dépit des avertissements, des menaces, voire des insultes qu’il entend, venant de la communauté juive*, tandis que Charles Salzmann se fait, à l’Élysée, l’écho des inquiétudes israéliennes sans pour autant s’opposer au projet. Quant au Premier ministre, Michel Rocard, il en est un promoteur ardent.

---

* Membre éminent de cette communauté et ami du président, Théo Klein a prévenu que les réactions sont « beaucoup plus violentes qu’il ne les avait prévues ». Le CRIF parle d’« insulte » au peuple juif et, dans divers lieux publics, Jacques Attali est traité de « traître » et voué aux gémonies.

Et François Mitterrand, marquant que cette visite est importante pour Arafat, qu'elle peut le rapprocher de la paix, fait valoir que la France doit en compensation « obtenir un geste… ».

Tout au long du mois d'avril, les préparatifs se multiplient. Ibrahim Souss, représentant de l'OLP à Paris, propose que la réception soit reportée à l'automne ; la France présiderait alors la Communauté européenne, ce qui élargirait la portée du voyage. Mais Mitterrand veut brusquer les choses, ne serait-ce que parce qu'il sent se gonfler la vague protestataire. On arrête la date du 2 mai – sans s'apercevoir que c'est, en Israël, un jour dédié aux martyrs de l'Holocauste, ce qui vaudra à Attali d'essuyer la colère du président : « Vous ne pouviez pas nous mettre en garde ? »

Le 1er mai, François Mitterrand reçoit une note de Jean Musitelli qui contient un mot, à propos de la charte de l'OLP, appelé à devenir fameux : « caduque ». C'est en effet de cet adjectif un peu suranné que le conseiller du président invite à qualifier la charte palestinienne qui prévoit la destruction d'Israël. Qu'Arafat déclare la charte « caduque », sa visite en France sera totalement justifiée ! Roland Dumas a saisi d'emblée l'importance du mot et du geste. Il le dit au président, assuré qu'on peut obtenir ce geste d'Arafat. Mitterrand est sceptique : « Essayez, mais il ne le fera pas… »

Le lendemain, Arafat fait face au chef de l'État français dans le bureau présidentiel. Jacques Attali a voulu être présent. Après un déjeuner offert par Michel Rocard, Premier ministre, l'entretien se poursuit au Quai d'Orsay, où Arafat est flanqué d'Ibrahim Souss et de Farouk Kaddoumi, chargé des Affaires étrangères*. Dumas raconte :

> « Arafat […] ouvre un petit carnet, prend des notes. Il est revêtu, comme à son habitude, de sa tenue militaire, coiffé de son keffieh qu'il arrange de temps à autre, resserrant de deux doigts la pointe de sa coiffure, se tournant vers l'un et l'autre, parlant tantôt en anglais, tantôt en arabe. Il roule des yeux ronds chaque fois qu'une question lui est posée. Je laisse la conversation se dérouler comme à l'habitude. Puis je dis à Arafat qu'il est indispensable qu'il fasse une déclaration sur la charte pendant son séjour à Paris. Il me répète que la charte n'est plus appliquée parce que dépassée : “Vous voulez me faire comprendre au fond que la charte est caduque ?” Arafat ne comprend pas le mot. Il manifeste sa surprise, interroge à plusieurs reprises Ibrahim Souss, se fait expliquer le mot, marque un temps d'arrêt, et finalement acquiesce : “Oui, c'est bien cela.”

* Ce récit combine les versions proposées par Roland Dumas et Jacques Attali, tous les deux témoins.

"Alors, lui dis-je, dès que vous en aurez l'occasion, dites-le aux journalistes." Arafat : "Dès ce soir, je le dirai à la télévision française." Il écrit sous ma dictée et celle de Souss le mot "caduque", difficile à traduire en arabe. Dans la voiture qui les conduit à Antenne 2, il demande à son compagnon de lui répéter l'expression française, l'orthographe, le sens précis du mot. Et peu après 20 heures, des millions de personnes l'entendent prononcer le mot "cadouque" – avant qu'il se tourne vers Souss : "L'ai-je bien prononcé ?" Ce 2 mai 1989, un tabou est levé. »

La route est longue encore vers Oslo – et l'après-Oslo, et l'après-Rabin. Mais combien d'obstacles ont été levés depuis qu'un certain jour de mars 1982, devant le Parlement d'Israël, François Mitterrand a osé dire avant tout autre* que nulle paix n'irait jamais en Terre sainte sans dialogue entre les deux familles des enfants d'Abraham, entre ceux qui parlent au nom de David, et ceux que David appelait les Philistins !

Tabou brisé, dialogues amorcés... Un lecteur de la Bible ne saurait s'en satisfaire. Mais qui oserait lui faire grief de n'avoir parcouru qu'une étape ?

---

* Selon Boutros Boutros-Ghali qui était alors son ministre, Anouar el-Sadate avait projeté de le faire lui-même cinq ans plus tôt. Au tout dernier moment, les mises en garde formulées par ses hôtes israéliens l'y avaient fait renoncer. Mais au moment où il fut assassiné, il croyait avoir engagé de façon décisive le processus palestinien...

CHAPITRE VI

« Lui, c'est lui, moi, c'est moi ! »

• La 90e proposition • Bataille pour l'école • « Liberticides » ! • Le chat et le canari • Le sort tomba sur le plus jeune • Une industrie sinistrée • Les TUC, pourquoi pas ? • Le *Rainbow-Warrior*, qu'est-ce ? • Les turbulents silences de Charles • Que signifie « anticiper » ? • L'amère vérité • Face à Chirac • Les lunettes noires • Une odeur de sang • Les risques de la proportionnelle • L'art de la retraite • Je vote pour le plus dur...

Pierre Mauroy est toujours debout...

Après trois ans de luttes, de relances risquées en replis douloureux, le maire de Lille tient encore, en juin 1984, la citadelle de Matignon, sur laquelle viennent se briser les flots des tempêtes, en attendant d'humecter l'Élysée. François Mitterrand a déjà par deux fois et en dépit de tout reconduit ce brave, assuré de son bon sens, de sa vaillance et de sa loyauté. Chez qui donc trouvera-t-il pareille abnégation ? Mais il juge venu, ou proche, le jour de la relève, persuadé qu'un président doit « user » deux Premiers ministres par législature, l'un chargé d'agir et l'autre de défendre le bilan commun devant les électeurs, après cinq ans de luttes.

En mai, le Premier ministre, épuisé, a dû être hospitalisé quelques jours : les uns parlent de tuberculose, les autres de cancer... Et la bataille dans laquelle il s'est lancé corps et âme depuis quelques mois aux côtés de Savary, celle de l'école, tourne mal. Les sondages sont beaucoup plus qu'inquiétants, surtout pour le chef de l'État (environ 30 % de satisfaits...). Il est temps de mettre, entre les citoyens et lui, l'écran d'un nouveau visage. Et le voici en train de battre à nouveau les cartes : roi de trèfle, as de carreau, reine de pique ?

C'est bien lui qui choisira la personne ; mais pas lui, pourtant, qui décidera de l'heure et des circonstances : la retraite de Pierre Mauroy sera le fruit d'une décision personnelle, un acte politique où vont s'exprimer la fidélité à une idée et l'amitié portée à un homme.

Quand, le 19 mai 1981, à Barcelone où il était en mission*, Alain Savary avait entendu Pierre Mauroy lui proposer le ministère de l'Éducation nationale, il avait d'abord été surpris : rien en apparence ne le préparait à cette tâche. Il avait vite compris que, si Mitterrand et Mauroy n'avaient pas fait appel à un spécialiste, mais à un patient négociateur comme lui, c'est parce qu'il s'agissait de mettre fin à une longue guerre, celle de l'école, qui envenimait la vie publique du pays depuis un siècle.

Comme il avait – présumant de ses forces – tenté d'ouvrir les voies de la paix entre Israël et ses voisins, François Mitterrand s'était donné pour mission de mettre un terme à ce conflit dont la persistance et la virulence ne cessent de faire l'étonnement de tous les étrangers – historiens, sociologues ou journalistes – qui font profession d'observer la France. Ainsi la 90e de ses « 110 propositions » électorales avait-elle pour objet la création d'« un grand service public unifié et laïque de l'éducation nationale ». Ce texte ayant suscité des inquiétudes dans son important électorat chrétien, il avait jugé bon de publier à la veille du scrutin, le 10 mai, une lettre où il précisait que son objectif était de « convaincre, non de contraindre » et que celui-ci ne devait pas être atteint par une « décision », mais par une « négociation ». D'où le choix de Savary, réputé exempt de tout sectarisme et dont nul ne pouvait suspecter la loyauté ni la sérénité.

Il n'est pas question d'entrer ici dans les méandres d'une négociation qui dura près de trois ans et déboucha sur un échec – mais simplement d'en rappeler quelques données et phases significatives, celles notamment où intervint le président de la République, et les raisons pour lesquelles ce débat se mua en affaire d'État et fit souffler sur le pouvoir mitterrandien la tempête populaire qui, plus que toute autre, menaça de l'emporter.

L'auteur de *Ma part de vérité* était trop informé de l'histoire culturelle et spirituelle de son pays, il avait été mêlé trop intimement aux luttes de la IVe République pour minimiser les risques qu'il courait en se lançant dans cette entreprise. Dix siècles durant, la monarchie avait forgé une culture d'État française, imprégnée de catholicisme – à quoi la révolution jacobine, puis la République quarante-huitarde, puis l'État radical avaient tenté de substituer un système de valeurs, confondant république et laïcité comme s'étaient conjugués monarchie et catholicisme.

Alors s'était vulgarisé le slogan de l'enseignement laïque : « A école publique, fonds publics, à école privée, fonds privés », qu'énonçait

* En tant que président de la région Midi-Pyrénées.

autrement un ecclésiastique fort notoire entre les deux guerres, l'abbé Lemire, député du Nord : « Comment une école peut-elle se dire libre si elle tend la main à l'État ? » (raisonnement qui prime dans les pays anglo-saxons).

Après le désastre de 1940 et la réaction cléricale de Vichy, la IVe, puis la Ve République avaient été dominées, en marge des conflits de la décolonisation, par les tentatives gaullistes et démocrates-chrétiennes de rétablir pacifiquement Dieu dans la République – par la voie de l'école confessionnelle. De 1947 à 1977, trois lois désignées par les noms de leurs auteurs (Barangé, Debré et Guermeur) avaient aménagé, de façon de plus en plus ouverte et de moins en moins conforme aux principes de la laïcité, le soutien financier de la collectivité à l'enseignement, tour à tour qualifié de « libre », de « privé » et de « confessionnel » (à 95 % catholique).

Pour l'Église de France, en ses superstructures, il s'agit d'une bataille fondamentale, d'une mission sacrée. On ne compte plus les évêques qui font aux familles un devoir de confier leurs enfants à l'enseignement catholique. Si la référence n'est plus faite à l'encyclique *Divinis illius magistri* de 1929, qui prétendait interdire la fréquentation des écoles « neutres » aux enfants chrétiens, un archevêque de Carcassonne dénonçait en 1955 les catholiques qui, envoyant leurs enfants dans une école publique, commettaient « une faute grave dont Dieu leur demandera compte... ». Moyennant quoi, la France comptant officiellement 80 % de catholiques, l'école publique accueillait, en 1981, 82 % des enfants scolarisés, et 18 % l'école confessionnelle, bénéficiant, depuis les interventions de MM. Barangé, Debré et Guermeur, d'un financement public proportionnel.

Il était clair que l'un des effets du retour de la gauche au pouvoir serait de ramener le balancier assez loin du point – très favorable aux tenants de l'école privée – où l'avaient porté les lois votées par la droite au pouvoir. Non que les partis de gauche fissent alors de la laïcité, comme naguère, leur cheval de bataille – sinon leur alibi... Mais un fort courant du Parti socialiste, animé notamment par Pierre Joxe et Jean Poperen, les radicaux et les communistes tendaient à de tels correctifs.

En inscrivant ce projet d'unification laïcisante, Mitterrand faisait-il la part du feu ? Produit lui-même de l'enseignement confessionnel dont il avait gardé le meilleur souvenir, tolérant de nature et prudent par expérience, comptant nombre de catholiques dans son entourage et sa famille, il tendait beaucoup moins à la revanche qu'à une synthèse, par des voies amiables – et lentes. Ce qui compte, dans ses textes de l'époque, c'est moins le mot « laïque » que celui de « négociation »... En attelant à cette tâche le sage, le scrupuleux Savary, agnostique (de père breton, pourtant, et de mère corse...), peu mêlé jusqu'alors à ce type de débats et qui devait d'abord s'informer, il pensait ouvrir un chantier non de législature, mais de septennat. Calendes, que de crimes on évite en votre nom !

Connaissant l'abîme qui séparait les points de vue – unification ici, et là indépendance salariée... –, il n'attendait qu'une issue lointaine, fruit de la lassitude des uns, de l'usure des autres. Que Savary, qu'il estimait mais n'aimait guère (sachant à quel point ce dernier sentiment était réciproque), s'épuisât à remonter ce rocher de Sisyphe n'était pas pour lui déplaire. Ce qu'il n'avait pas prévu, c'est que, bien que manié par des mains circonspectes, le rocher allait se muer en explosif, à ses dépens.

On tentera de simplifier l'évocation de cette petite guerre de Vendée en la décomposant en six ou sept épisodes : l'élaboration de la loi, les négociations secrètes, le temps des meetings, la contre-attaque des laïcistes, le veto du cardinal, la croisade versaillaise, la dérobade présidentielle enfin – sanctionnée par la démission de Savary et Mauroy.

Quelques mots d'abord sur les protagonistes. Autour du président, avide de ne pas se hâter, qui se tient très informé de la négociation* sans jamais se « mouiller » et manifeste de temps à autre son scepticisme ou son agacement, le ministre passionnément circonspect, ses collègues divisés entre laïcistes militants comme Joxe et chrétiens laïques comme Delors, du syndicat d'enseignants très motivés aux mouvements chapeautés par le CNAL (Comité national d'action laïque), ardemment anticlérical. Dans le camp socialiste a d'autre part surgi un fort courant chrétien, dont le député breton Bernard Poignant est le porte-parole, et qui, soutenant pour l'essentiel le projet Savary, se désolidarise des laïcistes militants. Coalition divisée, donc, sûre de son droit mais non de ses objectifs, tétanisée par l'accusation d'« atteinte aux libertés » portée par l'autre camp et qui ne sera jamais capable de mobiliser les foules comme le clan clérical.

Face à cette offensive disparate et incertaine, le front ecclésiastique prétendant au maintien du *statu quo* est épaulé par l'opposition politique, jouant à fond de l'imputation de « liberticide ». Certes, de grandes divergences séparent les chefs du parti catholique : quand Mgr Vilnet, président de la conférence épiscopale, est très ouvert au dialogue (et ami du Premier ministre), Mgr Lustiger s'affirme intensément « romain » (la Rome de Jean-Paul II...). De Pierre Daniel, le compréhensif prési-

* Ne serait-ce que par sa sœur, Geneviève Delachenal, ardente catholique mais diligemment ouverte à la négociation.

dent des associations de parents d'élèves, se distingue le chanoine Guiberteau, très attaché aux prérogatives des enseignants ecclésiastiques. Mais au fil des mois, cette coalition composite se figera dans le refus, sous l'impulsion de la droite politique, qui n'aura jamais cessé d'imposer à l'Église son alliance.

Quant à l'opinion publique, une série de sondages opérés en 1982 et 1983 la montra en forte majorité favorable au maintien d'une école « libre », moins pour des raisons religieuses que sur le thème de la « deuxième chance » : un enfant échouant dans le secteur public devait pouvoir se recycler dans le privé. Sans compter que l'enseignement d'État, pour des raisons géographiques, entre autres, ou de traditions régionales (en Bretagne, en Vendée...), ne pouvait, à court ou moyen terme, suffire à la tâche immense de scolariser 20 millions d'enfants.

Le projet laborieusement mis en forme par Alain Savary et son équipe et adopté par le gouvernement en décembre 1982 s'affirmait en retrait sur celui du candidat Mitterrand. En « oubliant » la formule « grand service public unifié et laïque » – avec l'approbation tacite du chef de l'État –, Savary atténuait le caractère étatique et centralisateur du projet initial, tandis qu'étaient formulés les principes de liberté d'enseignement, de libre choix des parents et d'aide financière de l'État aux établissements privés, à charge pour ceux-ci de s'insérer par contrat dans le service public, notamment par la titularisation des maîtres. Moins qu'une unification, il s'agissait d'une convergence contrôlée mais non dominée par l'État. Protectorat ? Non. Association.

Prié par *Le Monde* de commenter ce projet, le R. P. Henri Madelin, jésuite intelligent s'il en fut, répondait : « ... Tout dépend du pluralisme interne qu'il [le projet] implique. S'il permet le pluralisme, je suis d'accord [...]. Il ne faut pas commencer par intégrer, puis réformer après. Je pense que la pensée de M. Savary, c'est de faire les deux à la fois, mais c'est un exercice difficile[1]... » Comment être plus pertinent ?

C'est chez l'une des sœurs du président, la plus liée à sa formation culturelle, Geneviève Delachenal, militante catholique « œcuménique », que se déroulèrent discrètement les premières négociations entre les porte-parole des catholiques, Pierre Daniel et le chanoine Guiberteau, et les représentants du ministre, l'ingénieur Jean Gasol et Bernard Toulemonde, juriste et catholique de surcroît.

Si elle n'intervint pas dans la négociation, Geneviève Delachenal (dont l'hospitalité impliquait indirectement l'engagement personnel du chef de l'État) garde le souvenir d'un climat favorable, et témoigne de l'intérêt prudent pris par son frère à ces travaux[2]. Dans une lettre adressée à Mitterrand le 11 mars 1983, Savary suggérait que la volonté d'aboutir de la hiérarchie catholique lui semblait « incontestable »[3].

Le chanoine Guiberteau n'en fit pas moins connaître son désaccord à propos du statut des enseignants du privé, qu'il voyait déjà fonctionnarisés – tandis que les partis de l'opposition se saisissaient progressivement du dossier pour en faire une arme de guerre contre la gauche « liberticide » : au micro de Radio Monte-Carlo, en février, Jacques Chirac, président du RPR, dénonçait « la mainmise du pouvoir socialiste et communiste sur le cerveau de nos enfants ».

A partir de l'automne 1983, François Mitterrand s'inquiète. Il parle de « bourbier scolaire », commence à croire et même à dire que le compromis est « illusoire ». Mais il reçoit tour à tour chez sa sœur et chez lui, rue de Bièvre, Mgr Vilnet et le cardinal Lustiger. Il répète au premier qu'il n'est pas question de porter atteinte au caractère spécifique de l'enseignement catholique et affirme au second qu'il ne croit pas à l'aboutissement de la négociation. A-t-il confié au cardinal, comme l'affirme celui-ci, qu'au cours de l'été le texte de loi serait retiré et le gouvernement changé ? Puisque ce considérable prélat l'affirme[4]...

Échappant à la prudente gestion de Savary, le débat s'est envenimé et amplifié en querelle nationale, en affrontement gauche/droite. A Versailles, le 4 mars 1984, 800 000 défenseurs de l'école privée défilent derrière Michel Debré, Jacques Chirac, Charles Pasqua, Jacques Barrot, Jacques Toubon et... Jean-Marie Le Pen, au son du chœur des esclaves hébreux de *Nabucco* (pour dénoncer ce que vont devenir les enfants sous le fouet assyrien de Savary !), tandis que s'étale une affiche où se profilent des enfants enfermés derrière des barreaux : car telle est l'école de la République, une prison, aux yeux de ces gens, clercs et laïcs...

Rien, en tout ce débat où on l'a vu fort circonspect, discrètement attaché en tout cas à la sauvegarde d'un enseignement confessionnel, n'atteint plus cruellement le chef de l'État que cette affiche. Sa sœur Geneviève Delachenal en témoigne : une telle image lui fit l'effet d'une insulte personnelle. De là date peut-être sa tentation de tirer un trait sur l'ensemble de l'entreprise.

D'autant que, du côté laïque et au sein du Parti socialiste, la tension monte. Des syndicalistes enseignants comme Michel Bouchareissas, des dirigeants socialistes comme André Laignel, Pierre Joxe ou Jean Poperen, dénoncent les concessions faites aux cléricaux, la pérennisation de la dualité de l'enseignement à laquelle doit aboutir le projet Savary.

A la veille du débat parlementaire, en avril 1984, le projet de loi est présenté en Conseil des ministres. François Mitterrand organise, ce qui est assez rare, un tour de table sur le sujet* : Badinter et Fabius expri-

---

* Comme à propos des nationalisations au début de septembre 1981, on l'a vu.

ment des « réserves profondes [5] ». Le chef de l'État lui-même formule ses doutes : le piège ne va-t-il pas se refermer sur le gouvernement ? Et lors de sa conférence de presse du 4 avril, François Mitterrand déclare que, si « les propositions de M. Savary sont bonnes », il lui faut tenir compte des résistances de « l'opinion de fond de la nation ». Tiens...

C'est alors que, le 16 avril, Mgr Lustiger publie un communiqué dénonçant sans la moindre nuance « la fonctionnarisation des enseignants [...] qui mettrait en péril l'identité de l'école catholique » – tandis qu'en sens inverse le groupe socialiste de l'Assemblée nationale qualifie le projet Savary de « globalement négatif » et exige qu'il soit assorti d'un amendement, formulé par André Laignel, limitant le financement des écoles privées par les communes. C'est porter atteinte à l'équilibre si minutieusement – et vainement, compte tenu du dernier éclat de l'archevêque de Paris – agencé par Savary.

Durement pris à partie par la foule d'Angers lors d'une visite qu'il fait en mai dans cette ville connue pour son attachement à l'enseignement catholique, Mitterrand, très affecté, se déclare soudain favorable à l'amendement Laignel. (« Dites à vos amis que je n'ai pas oublié les sifflets d'Angers ! » jette-t-il au catholique Alain Poher, président du Sénat [6].) Lors du débat parlementaire du 23 mai, Jacques Chirac juge encore bon de dénoncer le projet Savary comme « un péril mortel pour la liberté des familles ». Le texte n'en est pas moins adopté par l'Assemblée le 24 – y compris l'amendement Laignel, auquel s'est déjà rallié le Premier ministre, contre l'avis de Savary.

Dans un entretien accordé au *Monde*, le 5 juin, le cardinal Lustiger s'élève contre ce « manquement à la parole donnée ». Il continue ainsi à faire monter la fièvre – ne serait-ce que dans son propre camp. Mgr Vilnet peut bien faire comprendre à Pierre Mauroy que l'épiscopat français désapprouve sur ce point le cardinal, tout autant que le fait Pierre Daniel, consterné, face à Savary, le mal est fait...

Alors l'alliance offensive entre les religieux, dépités par le vote de l'Assemblée en faveur d'un texte aggravé par l'amendement Laignel, et les partis de droite, qui tentent vainement de les tenir à l'écart depuis près de trois ans, va prendre sa force explosive. Averti par Pierre Daniel qu'une manifestation de masse est prévue pour le 24 juin à Paris afin de faire reculer les promoteurs de la loi, Mitterrand, qui a conscience d'avoir tenté de calmer le jeu, lui jette, exaspéré : « Je ne vous laisserai pas refaire le 6 février [7] ! »

Le 24 juin, les 1 200 000 manifestants qui convergent vers la place de la Bastille ne s'en prennent, eux, à aucun bâtiment national et n'appellent pas à la mort du régime. Les organisateurs n'ont cessé d'inciter au calme et tenté d'éviter la politisation – mais Giscard, Chirac, Barre,

Chaban, Simone Veil sont là, ainsi que, défilant à part, les chefs du Front national. Du coup, Mgr Vilnet s'esquive après un bref discours, et les prélats se font discrets. Mais le camouflet infligé au pouvoir est cinglant.

François Mitterrand le subit d'autant plus douloureusement que ce *show* monumental lui vole le bénéfice public de deux grands succès diplomatiques : sa performance à Moscou, où il estime s'être montré digne de son rôle de leader occidental*, et le sommet de Fontainebleau, où il s'apprête, le lendemain, à opérer la relance décisive de l'Europe**.

La veille, le 23 juin, dans l'avion qui nous ramenait de Moscou, Mitterrand s'était fait encore, devant Jean Daniel, Marcelle Padovani et moi, l'avocat du texte de Savary, « Véritable déclaration de paix, nous disait-il, équilibre idéal entre privé et public – cette loi régularise à jamais le financement de l'école confessionnelle par l'État. Et c'est la gauche qui l'a fait ! Se rendent-ils compte ? ». Comme j'exprimais le regret qu'il n'eût pas jugé bon de s'exprimer ainsi publiquement, avec l'autorité que lui conférait sa fonction, il répondit que, ce faisant, il s'aliénerait la gauche sans convaincre la droite***...

Bref, son mot d'ordre est désormais : en sortir... Et c'est alors que, soufflée à la fois par Pasqua – pour l'embarrasser – et Charasse – pour le désembourber –, surgit et mûrit l'idée du référendum. Sur l'école ? Non : selon la Constitution, cette procédure ne s'applique qu'à des projets de réforme de l'État. Il faudrait un premier référendum (sur une révision de la Constitution) pour permettre d'organiser le second (sur l'école). Merveilleuse embrouille, où pourrait être noyé ce fichu poisson scolaire... Et comme pour pousser jusqu'à la farce cette grandiose entourloupe juridique, Mitterrand convoque Michel Charasse au Caire, où il fait escale en rentrant d'une visite en Jordanie, pour mettre au point, en vol, cette procédure faramineuse... Où le sapeur Camembert tend la main au baron de Crac...

Ce qui ne peut aller, bien sûr, sans retrait de la loi Savary – qu'il annonce dans la soirée du 12, au cours d'une émission télévisée préparée et rédigée dans le plus grand secret. Alain Savary (qui apprend ainsi la décision présidentielle...) rédige aussitôt sa lettre de démission. Amer ? Si tant est que ce gentilhomme introverti puisse le laisser voir ! Rarement reçu à l'Élysée, jamais soutenu, il n'avait pas manqué de sentir peser sur lui le regard sceptique du président, jamais cessé

---

* Voir chapitre IV.

** Voir chapitre III.

*** Une réponse que faisait de Gaulle, inversant gauche et droite, à propos de l'Algérie – mais avant d'être au pouvoir...

d'entendre l'écho de ses sarcasmes. Cette blessure, qui restera ouverte jusqu'à sa mort, quatre ans plus tard, il la laisse deviner dans la conclusion du livre qu'il a consacré à l'affaire, *En toute liberté* : « A ma lettre de démission le président voulut bien répondre qu'il avait fait un choix… en conscience. La conscience est par essence d'un domaine réservé[8]. »

Alain Savary fut imité deux jours plus tard par son ami Mauroy, en dépit des instances du président, qui finit par accepter la démission du Premier ministre le 17 juillet. « C'est le moment le plus pénible de mon septennat… », soupire-t-il à l'adresse de ses intimes – non sans quelque optimisme…

Le 17, Fabius est invité à déjeuner en tête à tête par le président. « Je vais changer de gouvernement. Je ne sais pas encore avec certitude qui je nommerai Premier ministre. Qu'en pensez-vous ? » Deux heures de discussion, Fabius se refusant à soupeser les mérites des uns et des autres. Comme il prend congé, il s'entend dire : « Bon. C'est plutôt à vous que je pense. Mais je dois encore réfléchir. Gardez le secret. Je vous appellerai en fin d'après-midi[9]… »

« Ce sera Fabius. Je l'ai choisi pour sa jeunesse[10] », aurait-il confié à Jacques Attali. Bien sûr. Mais aussi pour ce quelque chose de technique, d'aigu, d'affûté, de « nickel » par quoi se signale le ministre de l'Industrie, tranchant sur l'épaisseur un peu « vieux jeu » du fidèle qui s'en va. Après la SFIO, l'ENA. Après le discours, la méthode. Des kilos en moins, des réflexes en plus (mais la ligne de la carrosserie fait-elle la fiabilité du véhicule ?). Personne, en tout cas, mieux que Laurent Fabius n'aura su définir le rapport qui s'instaure : « Il souhaitait un responsable de 40 ans avec qui il aurait le sentiment de travailler depuis cinquante ans[11]… »

La formation du nouveau gouvernement pose avec acuité la question du maintien de la participation communiste, qui est d'ailleurs ouverte depuis longtemps – ne serait-ce qu'à partir du plan de rigueur de mars 1983 et du moment où l'Europe a été préférée au socialisme. Depuis lors, l'aigreur s'accumule, se durcit au sein du PCF, où Leroy, Plissonnier, Lajoinie s'opposent aux participationnistes, Marchais arbitrant moins qu'il ne balance. Et, depuis quelques mois, Fiterman, la meilleure tête politique du PCF, et de plus ministre, penche pour le retrait.

Mitterrand reste officiellement en faveur du maintien des communistes – d'autant que son voyage à Moscou lui a fait voir des signes de modernisation que lui confirment de bons experts : ne peut-on espérer, favoriser même, l'émergence d'un Gorbatchev français ? Et si le démocrate, chez lui, tient cette alliance pour un fardeau, Pierre Mauroy n'a jamais cessé de voir en cette stratégie de Front populaire l'un des apports de son gouvernement. La remettre en question devant lui suscite des réactions de mauvaise humeur : « Que l'on ne compte pas sur moi pour les éliminer[12] ! » Sa démission n'en offre-t-elle pas l'occasion ?

Laurent Fabius affirme aujourd'hui que tel n'était pas son objectif, et que ses premiers entretiens en tant que Premier ministre désigné par François Mitterrand, le 16 juillet, n'allaient pas en ce sens. Il rappelle qu'il a même offert deux portefeuilles aux hommes de Marchais, qui en ont exigé davantage. Veto du président. Rentrant de ses vacances en Roumanie, Marchais se prononce pour le retrait*. Réaction de Mitterrand ? Le soir, au cours d'une réception, il rencontre un universitaire américain, Tom Bishop, qui dirige** la section française de la New York University. « Je n'étais pas très au fait des péripéties gouvernementales françaises, racontera-t-il, mais ce soir-là, j'ai trouvé au président, que je connaissais assez bien, le visage du chat qui vient de croquer le canari ! J'ai compris le lendemain pourquoi[13]... »

Bref, voici le quatrième gouvernement du septennat, allégé des communistes. L'effectif en est plus resserré (dix-sept) encore qu'une seconde vague, celle des « ministres délégués » et des secrétaires d'État, l'alourdisse quatre jours plus tard. Peu de sensations. Bérégovoy, qui a fort espéré entrer à Matignon***, concentre en ses mains l'Économie, les Finances et le Budget ; Defferre cède l'Intérieur à Joxe, se contentant du Plan et de l'Aménagement du territoire ; Rocard, qui a souhaité être chargé des Finances, et à qui Fabius voulait confier l'Éducation, reste à l'Agriculture ; Cheysson garde le Quai d'Orsay, en attendant de regagner à Bruxelles les institutions européennes et de céder ses fonctions à Roland Dumas, déjà en charge de l'Europe et porte-parole du cabinet.

Six femmes ministres ou secrétaires d'État : Édith Cresson, Georgina Dufoix, Huguette Bouchardeau, Yvette Roudy, Edwige Avice, Catherine Lalumière ; à leurs côtés, un champion du monde, le Dr Alain Calmat ; un « savant-aventurier », Haroun Tazieff ; un savant prestigieux, Hubert Curien : on ne peut plus parler de Front populaire, mais déjà de « gauche plurielle », et technicienne. Le grand thème, le leitmotiv, est désormais la « modernisation ».

Passons sur le *satisfecit* mitterrandien (dont il se gratifie lui-même)

---

* En septembre, Roland Leroy déclarera même que les communistes « ne font plus partie de la majorité ».

** Avec Nicolas Wahl.

*** « Si ce n'est pas mon tour cette fois, ce ne le sera jamais... », a-t-il soupiré.

concernant ce « jeune Premier ministre que j'ai donné à la France » – argument qui en séduira d'ailleurs beaucoup*. Passons aussi sur la deuxième des missions données à Fabius entrant à Matignon : « moderniser, rassembler ». Moderniser, certes, et l'on y reviendra. Mais rassembler ? « A l'approche d'une campagne électorale que j'avais pour perspective d'affronter, cette formule sonnait creux – fût-ce à propos de la détente dans l'affaire de l'école [14]... », reconnaîtra treize ans plus tard Laurent Fabius. Mais du piège scolaire, précisément, comment sortir ?

A l'instigation du nouveau ministre de l'Éducation, Jean-Pierre Chevènement, Fabius s'est donné pour objectif une conduite « simple et pratique ». D'autres eussent parlé de modestie, de « profil bas ». Le chef de l'État avait tenté la « grande paix » de l'école, une manière de concordat à la Bonaparte, constatant vite que sa victoire de 1981 pesait moins lourd dans la balance que celle du général corse au début du siècle précédent. Alors, maintenant, il fallait « en sortir » , fût-ce par une porte dérobée.

On se contenta – avec la connivence de Pierre Daniel et du chanoine Guiberteau – d'abolir les dispositions de la loi Guermeur de 1977 qui avantageaient par trop (aux yeux des observateurs équitables, catholiques entre autres) l'enseignement confessionnel, non sans maintenir expressément la dualité scolaire. Et Jean-Pierre Chevènement fit chanter *La Marseillaise* aux écoliers, ce qui dut paraître aux manifestants du 24 juin une provocation « liberticide ».

> « Pour faire ainsi tomber la fièvre, commente douze ans plus tard Laurent Fabius, nous avons bénéficié aussi bien de l'euphorie de la droite, qui avait emporté une victoire inespérée, et de l'abattement des militants de la laïcité, vaincus (certains d'ailleurs préférant cette défaite à la loi Savary) en grande partie parce qu'ils n'avaient pas su mobiliser leurs troupes comme l'avaient si bien fait les champions de l'école confessionnelle [15]... »

Mais quoi : la grande tâche du nouveau gouvernement, c'est, on l'a vu, la « modernisation ». Tous ceux qui avaient eu affaire avec le jeune ministre de l'Industrie, depuis deux ou trois ans, étaient frappés par la primauté qu'il accordait à ce thème. Le véhément idéologue du congrès de Metz s'était-il mué en réaliste, en pragmatique ? Il fit sensation en ce domaine, lors d'un Conseil des ministres en septembre 1983 – au point de recueillir les félicitations de Michel Rocard... Comme Mitterrand avait, en 1982 et 1983, opté pour la rigueur et

* 60 % d'opinions favorables dans les sondages.

l'Europe contre le « socialisme à la française », choisissait-il, lui, l'efficacité moderniste contre les ambitions justicialistes ?

> « Je n'ai jamais eu conscience d'avoir à opposer la modernisation au socialisme, argumente-t-il en 1997. Doter un peuple d'une industrie plus compétitive ne se fait pas à ses dépens, mais pour l'avenir de tous [...]. Mitterrand nous répétait que celui qui gagne est celui qui forge l'avenir. Au surplus, il y avait une urgence, la crise où s'enfonçait l'appareil de production français. Nous avions pris le pouvoir sur les trois thèmes de distribution, planification, nationalisation. J'y ai ajouté celui de modernisation [16]. »

Mais avant de s'atteler à cette tâche immense dans des circonstances critiques dont l'escamotage de la réforme scolaire n'est qu'une des composantes, il lui faut d'abord s'affirmer comme un personnage existant par lui-même, et non comme un simple reflet du président : sa nomination a suscité les sarcasmes de la presse, du style : « Mitterrand se nomme Premier ministre... »

Avant de prendre l'initiative de s'adresser au pays sous forme d'émissions mensuelles intitulées *Parlons France*, qui lui vaudront une écoute plutôt sympathique*, il accepte une invitation à *L'Heure de vérité* qu'animent alors, sur Antenne 2, François-Henri de Virieu et Alain Duhamel : important baromètre de l'opinion, examen de passage des hommes publics. La prestation n'aurait été que bonne si, à une question relative à ses rapports avec le président, il n'avait rétorqué : « Lui, c'est lui, moi, c'est moi ! » Dans *Les Blessures de la vérité*, il indique que la formule, « essayée » la veille devant Mitterrand, avait trouvé grâce. La presse la releva comme une impertinence ou un premier signe de désaccord ; et, au Parti socialiste, beaucoup s'en dirent offusqués.

« Dans le contexte d'alors, tient à écrire Fabius, cette formule ne présentait aucun caractère provocant [...]. A l'époque, elle se limitait à traduire une évidence [17]... » Dans *Verbatim*, Attali donne un reflet atténué de l'épisode, faisant dire à Mitterrand : « Vous trouvez ça important, vous [18] ? » Formule qui semble traduire un peu d'agacement, lequel est dû peut-être moins à ces six ou sept mots de bon sens formulés par Fabius qu'au soin mis alors par le Premier ministre à délimiter les terrains entre le président et lui, afin que, hormis les Affaires étrangères, la Sécurité et la Défense, toute affaire d'État lui soit d'abord soumise. Ce que Mauroy n'avait jamais exigé. « Désormais,

---

* Il obtient encore 60 % d'opinions favorables à la fin de l'année, contre 37 % à Mitterrand.

écrit fermement Fabius, il n'y avait plus d'appel : c'était sur moi que portait le poids[19]. »

Et quel poids... Celui de l'industrie notamment, et d'abord celui des grandes entreprises malades.

* * *

Ouvrons le *Verbatim I* de Jacques Attali à la page 745 : s'y élève un chant de triomphe que Laurent Fabius, plus près des réalités, aurait alors refusé d'entonner :

> « L'année [1985] commence bien pour l'industrie française. Nous sommes restés le troisième exportateur mondial*. Il est difficile de juger de la réduction des inégalités : les indicateurs manquent**. Le chômage augmente encore [mais] deux fois moins vite qu'à la fin du septennat précédent [...]. Depuis 1981, le pouvoir d'achat des Français a augmenté de 5,3 % [...]. Il se crée quatre fois plus d'entreprises qu'il n'en disparaît [...]. Le déficit extérieur a été divisé par trois depuis 1980, l'industrie reçoit 40 milliards de plus qu'avant... »

On n'opposera pas à ces chiffres élyséens ceux que manie alors l'équipe de Fabius. Mais le fait est qu'à Matignon les « modernisateurs » mis en selle en juillet 1984 se sont trouvés confrontés à une situation que le nouveau Premier ministre résume ainsi :

> « La réalité est que nous étions parvenus à un degré d'exaspération de l'opinion publique qui me paraissait suicidaire*** [...]. Tout nous était devenu matière à reproche [...]. Les citoyens maudissaient les ministres socialistes [...]. Le jugement de la presse était exécrable[20]... »

Pour être plus précis, cette équipe chargée de « moderniser le pays sur une base de justice sociale » se trouve confrontée à partir de l'automne 1984 à quelques réalités tragiques : le pays compte 2,5 millions de chômeurs, un tiers des entreprises sont menacées de faillite et le climat politique est tel, le pouvoir de contrôle de l'opposition désormais si fort que l'État ne peut plus, comme au cours des premières années

* Mais qui manque ici, l'Allemagne ou le Japon ?
** Il s'en trouve qui ne sont pas favorables...
*** Le choix de ce mot, ici, déconcerte...

du régime, se porter au secours des sociétés en difficulté*, celles qu'on appelle les « canards boiteux ».

Deux d'entre elles notamment posent, par leur ampleur et leur caractère symbolique, des problèmes majeurs au pouvoir : Creusot-Loire et Renault. Quand l'une ou l'autre de ces entreprises s'enrhume, c'est tout le pays qui a la fièvre. Or, à la fin de juin 1984, Creusot-Loire, le seul géant français de la mécanique lourde, et qui représente plus de 21 000 emplois au cœur du pays, annonce le dépôt de son bilan. Désastre !

Mais quand le principal responsable de la gestion du Creusot, Didier Pineau-Valencienne, archétype du grand patron français, se retourne vers le pouvoir pour obtenir le renflouement de l'entreprise, il se heurte au nouveau chef du gouvernement : il n'est plus question de recourir au partage traditionnel (en France) entre la privatisation des gains et la collectivisation des pertes... Les équipes de Fabius et de Bérégovoy, rompant globalement avec cette pratique vicieuse, s'efforcent d'assurer une relance partielle des activités rentables du Creusot par Usinor et Framatome, mais ne peuvent éviter la mise à pied de près de 10 000 salariés, et une lourde addition pour l'État.

Le second défi alors lancé au pouvoir socialiste sera mieux relevé. Il s'agit, tout aussi symboliquement, de Renault, dont la crise, en 1984, est si cruelle qu'en automne le successeur de Bernard Vernier-Palliez (promu ambassadeur à Washington) doit licencier 15 000 ouvriers : à Renault-Billancourt, symbole de l'entreprise nationalisée, du prolétariat arraché à l'aliénation capitaliste.

Ministre du redéploiement industriel, Édith Cresson réclame la mise à pied du nouveau patron, Bernard Hanon. D'accord avec le président, Laurent Fabius fait appel en janvier 1985 à un sauveur musclé, l'ingénieur Georges Besse**, qui propose un remède chirurgical : 20 000 licenciements en deux ans, combinés avec des mesures de reclassement et de rapatriement des OS étrangers. A cette opération drastique, les syndicats ne peuvent s'opposer, et Laurent Fabius sera en droit de se vanter dix ans plus tard d'avoir présidé le gouvernement le moins harcelé par les grèves de l'histoire de la Ve République. En tout cas, c'est largement à Georges Besse qu'il faut attribuer la responsabilité de l'éclatante réanimation de la Régie qui, en deux ans (1985-1987),

---

* De ce principe tout neuf, et dont l'adoption marque son passage au pouvoir, Laurent Fabius aurait pu mieux s'inspirer à propos de la crise qui ébranle l'entreprise de papier journal de La Chapelle-Darblay mise en règlement judiciaire au début de 1981. Alors ministre de l'Industrie, Fabius sauve l'entreprise à coups de gros investissements. Il se trouve qu'elle était située dans sa circonscription électorale.

** Assassiné l'année suivante par un groupe terroriste.

passe d'une quasi-agonie à une situation bénéficiaire – sans d'ailleurs mettre un terme aux remous internes dans l'entreprise : le 8 octobre 1985, l'usine Renault du Mans se met en grève, avec occupation des locaux.

Le Premier ministre n'est pas au bout de ses peines en tant que modernisateur de l'industrie française : le 22 juillet 1985, la sidérurgie du Nord, après celle de Lorraine que n'a pu sauver le gouvernement Mauroy, entre en agonie : le train à poutrelles de Trith-Saint-Léger est fermé. Moins d'une semaine plus tard, le Premier ministre intervient en assurant aux élus du Nord que la fermeture ne sera avalisée que quand les salariés seront recasés. Mais le 30, les fédérations régionales du Parti socialiste manifestent leur indignation, tandis que Pierre Mauroy – qui est bien le dernier à vouloir mettre son successeur dans l'embarras – déclare : « Il y a des usines symboles. Il ne faut pas toucher aux symboles. » Mais de quoi Trith-Saint-Léger est-il alors le symbole ? De la force créative de cette industrie ou de sa sénescence ?

* * *

L'école a pu faire diversion, et après elle les crises industrielles. La hantise du pouvoir socialiste (ou de tout autre) reste le chômage : 2,5 millions de sans-emploi déclarés au début de novembre 1984. Faute de s'être engagé à corps perdu, personnellement, dans la bataille, François Mitterrand en est réduit à harceler son Premier ministre et le nouveau responsable de l'emploi, Michel Delebarre, fidèle lieutenant que Mauroy a légué à son successeur : des idées, des initiatives ! Il va jusqu'à encourager Delebarre à faire mûrir une idée périlleuse : que tout chômeur soit dans l'obligation de suivre à plein-temps un stage de formation… C'est Fabius qui met le holà : « Le coût politique serait fort […]. Une telle contrainte serait mal ressentie [21]… »

Le Premier ministre veut se battre sur trois points : celui de l'aménagement du temps de travail (il confie à cet effet une mission de recherche à l'économiste rocardien Dominique Taddei) ; celui des secours à apporter à la masse de plus de 1 million de chômeurs non indemnisés, qu'on commence à appeler les « exclus » ou les « nouveaux pauvres » (expression qui exaspère Mitterrand, dans la mesure où elle implique qu'ils sont les victimes de la politique socialiste*…) ; et celui de l'entrée des jeunes peu ou non qualifiés dans la vie active.

---

* Alors qu'elle a été vulgarisée dans un rapport au gouvernement Barre dès 1980.

Le 5 septembre 1984, lors de l'émission *L'Heure de vérité* marquée par le « Lui, c'est lui... », Laurent Fabius annonce la création des TUC (travaux d'utilité collective) et du jumelage école-entreprise. Bien que la deuxième mesure soit probablement la plus prometteuse, c'est la première qui retient l'attention générale, s'avérant d'ailleurs beaucoup plus qu'un gadget de virtuose de la communication.

Il s'agissait de confier à des jeunes gens non pourvus d'emploi, et ne pouvant se prévaloir d'une qualification précise – le plus grand nombre –, des tâches d'utilité générale dans l'éducation, les travaux publics, les établissements sanitaires, les mairies ou divers mouvements associatifs ou services – en échange d'une indemnité de 1 200 francs payée par l'État et d'une prime de 500 francs versée par l'employeur –, le tout à mi-temps. Palliatif ? Bricolage ? Le fait est que, prévus pour 70 000 jeunes, les TUC en employèrent plus de 200 000 l'année suivante – avant de tomber en désuétude vers la fin du septennat.

Laurent Fabius : « La formule présentait certes bien des défauts, j'en étais conscient, et elle donna ultérieurement lieu à des abus [...] mais permit pour la première fois depuis 1981 [...] d'inverser en 1985, brièvement, la courbe du chômage[22]... » Inverser ou aplatir ? Le fait est que, de toutes les médications inventées en un quart de siècle par les innombrables Diafoirus de l'emploi, les TUC furent l'une des moins dérisoires – en termes de psychologie sociale.

Contre ces mesures de « traitement social du chômage » se dresse alors un champion inattendu : l'ancien syndicaliste Pierre Bérégovoy, devenu ministre des Finances, qui dans une lettre adressée au Premier ministre adopte non seulement la posture, mais encore le ton d'un « réalisme » que n'aurait pas osé adopter un président du CNPF :

> « ... Le traitement social du chômage, dont le coût budgétaire est considérable, aboutit finalement à une réduction de l'activité économique, génératrice de chômeurs nouveaux [...] [il] ne pourrait que retarder la modernisation de notre économie [...]. Il me paraît donc préférable d'aborder le problème du chômage sous l'angle de l'activité économique. »

Voilà ce qui s'appelle être conquis par sa conquête... Commentaire de François Mitterrand auquel Fabius, suffoqué, a communiqué ce texte : « Je refuse de croire que Pierre Bérégovoy ait rédigé lui-même la lettre qu'il a signée[23]... » Mais tout de même, pour ces trois hérauts socialistes du congrès de Metz, quelle route parcourue sur la voie du « réalisme » !

D'où ce commentaire rédigé par Jacques Attali, le 31 janvier 1985, dans le bureau attenant à celui du chef de l'État, dans la mouvance, et sous l'aile, si l'on peut dire, de François Mitterrand :

> « La gauche a réalisé les réformes sociales qui figuraient à son programme. Aucun plan de rigueur n'a pu les réduire. Mais où sont l'enthousiasme, la passion, la volonté de "changer la vie", l'esprit de rébellion et la force d'indignation qui nous animaient ? Le faire admettre par les "compétents", être respectés par eux, c'est aussi se mutiler, devenir *autres*[24]... »

Est-ce parce qu'ils sont devenus *autres*, ou par la grâce d'une jeunesse, que les socialistes retrouvent, dans l'opinion, du crédit ? Voici que les sondages, au printemps 1985, se retournent en leur faveur – plus lentement, il est vrai, en faveur de leur chef de file. A propos du Premier ministre, on reparle d'« état de grâce » – et *Le Nouvel Observateur*, longtemps méfiant à son égard, ne serait-ce que par fidélité à Michel Rocard, publie une couverture où l'on voit Fabius en tenue d'aviateur sous ce titre : « Vol au-dessus des sondages ». Mais l'été est proche, et avec lui la bourrasque qui va secouer cette aimable navigation.

* * *

Cet été-là, les gens avertis pouvaient prévoir du « gros temps » sur le Pacifique. Pour couper court à la campagne annuelle d'essais nucléaires français prévus en août à Mururoa – il s'agissait cette fois du missile sous-marin M-4 –, les militants écologistes de Greenpeace (« Verte Paix »), entraînés par l'entreprenant Canadien David MacTaggart, disposaient cette fois d'une flottille de cinq embarcations, dont le *Rainbow-Warrior* (« Guerrier arc-en-ciel »), mouillant dans la rade d'Auckland – le principal port de Nouvelle-Zélande, qui est, comme l'Australie, ouvertement opposée aux essais français dans le Pacifique. Au surplus, l'entrée en fonctions d'un gouvernement travailliste présidé par le pacifiste David Lange ne présageait rien de bon pour ses camarades français ralliés depuis une dizaine d'années, sous l'impulsion de Mitterrand, à la stratégie nucléaire.

Le Pacifique mérite d'autant moins son nom, cet été-là, que les possessions françaises y sont agitées de mouvements convulsifs : en Nouvelle-Calédonie, Edgard Pisani essaie de dégager une issue pacifique en négociant une « indépendance-association » avec le FLNKS de Jean-Marie Tjibaou*, tandis qu'à Tahiti les indépendantistes s'agitent. Cet horizon lointain est chargé, et ceux qui sont en charge très nerveux.

Depuis des années, les responsables militaires français qui ont la haute main sur l'expérimentation nucléaire se jugent mis en état de légitime défense du fait des harcèlements d'organisations écologistes à l'intérieur des eaux territoriales françaises – du point de vue juridique en tout cas. Estimant avoir donné toutes les preuves de l'innocuité de leurs expériences sous-marines, ils affichent une bonne conscience rageuse qui va les conduire au pire.

D'autant que les traditionnelles rivalités d'armes et de services qui paralysent souvent en ce domaine l'esprit d'aventure sont écartées : le « patron » du Centre d'expérimentations nucléaires à Mururoa est un marin, l'amiral Fages, comme à Paris, celui de la DGSE (Direction générale de la sécurité extérieure, qui dépend du ministère de la Défense), l'amiral Lacoste.

Une idée a germé parmi les spécialistes du service « Action » de la DGSE : couler discrètement le navire amiral (417 tonneaux) des écologistes, le *Rainbow-Warrior*. On peut penser que Lacoste, homme pondéré, placé à ce poste pour cette raison par les socialistes**, manifeste peu de penchant pour cet extravagant projet. Couler une embarcation dans le port d'un pays étranger est un acte de guerre, que ne sauraient justifier les gesticulations ni même les menaces de MacTaggart et des siens. Il se trouve pourtant que – à quel niveau ? – le « feu vert » est donné...

Signalons en passant les foyers de décision, c'est-à-dire de responsabilité : à Mururoa, l'amiral Fages ; à la DGSE, l'amiral Lacoste ; au ministère de la Défense, Charles Hernu ; et, à l'Élysée, le général Saulnier, conseiller militaire de François Mitterrand. On a volontairement exclu de l'énumération le Premier ministre, tenu généralement à l'écart des problèmes de défense et qui vient, on l'a vu, de délimiter son territoire par rapport au président, excluant d'autant mieux ce type de problèmes qu'il est plus assoiffé de responsabilités ailleurs.

Comment le furet a circulé entre ces différents personnages, peut-être le saura-t-on un jour, et comment les mots « empêcher », « anticiper », « neutraliser » furent-ils compris par des hommes qui, des militaires aux « services » et aux politiques, ne donnent pas forcément le même sens à ces mots. Ce qui est certain, c'est qu'au début de l'été 1985 la question de la protection des essais nucléaires français

---

* Voir chapitre VIII.

** Comme naguère Savary à propos de l'école...

dans le Pacifique se posait dans les hautes sphères du pouvoir ; que l'amiral Lacoste fut reçu plusieurs fois à l'Élysée (quinze en trois ans, précisera-t-il), soit par le général Saulnier, soit par François Mitterrand – si bien que, quand le coup de tonnerre éclata, aucune de ces personnalités ne pouvait se sentir tout à fait surprise – sinon par la lamentable tournure prise par l'opération du fait de subordonnés de l'amiral...

Compte tenu de ces données largement vérifiables (et des interprétations et « trous de mémoire » de l'intéressé...), l'apparition et le développement de l'affaire dans le *Verbatim* de Jacques Attali* constituent un fascinant jeu de miroirs – où les feux, facettes, retournements et divisions du pouvoir semblent décrits par un Pirandello qui aurait trop lu les aventures de Gordon Pym :

> « Lundi 8 juillet 1985 : de son bureau, à l'Élysée, le général Saulnier signe [...] les autorisations de crédit à la DGSE. Cette fois, c'est pour l'opération de "surveillance" de Greenpeace (1,5 million) – trente agents y participeront... "Surveiller", rien d'autre...
> Mercredi 10 juillet : le *Rainbow-Warrior* est coulé dans le port d'Auckland. Un photographe membre de Greenpeace, Fernando Peirera, est tué. Quand la dépêche tombe, le président vient dans mon bureau et me dit : "Qu'est-ce que c'est que cette histoire ? Renseignez-vous." Charles Hernu me dit ne rien savoir. Le général Saulnier se renseigne et revient, visiblement rassuré : "... Nous n'y sommes pour rien..."
> Vendredi 12 juillet : arrestation par la police néo-zélandaise de deux Français qui se disent les époux Turenge**. Pierre Joxe*** : "Les Néo-Zélandais pensent que la France y est pour quelque chose..."
> [...] Le président convoque Charles Hernu et le reçoit pendant plus de deux heures [...]. "C'est quoi cette histoire de bateau ? – Oui, il devait surveiller, c'est tout. Je ne sais pas qui a fait sauter le bateau... – C'est fou ! – Ils ont peut-être mal interprété un ordre, anticipé... Vous aurez un rapport. – Si c'est vous, vous aurez à démissionner****..." Hernu traverse mon bureau avec le sourire. Il répète à Fabius, qui s'inquiète, qu'il ne sait rien [...].
> Dimanche 14 juillet : après le défilé, François Mitterrand reçoit Charles Hernu, qui ressort très pâle du bureau.
> Lundi 15 juillet : le président reçoit ensemble Charles Hernu et Laurent Fabius [...].
> Mardi 16 juillet : Fabius réunit à Matignon Joxe, Hernu et Bianco [...].

---

* Dont le texte (publié en 1993) recoupe souvent celui de *La Décennie Mitterrand* rédigé en 1991, fondé sur des entretiens avec plusieurs protagonistes, dont Roland Dumas et Jean-Louis Bianco, que j'ai pour ma part interrogés en 1997.

** Le commandant Mafart et la capitaine Prieur.

*** Ministre de l'Intérieur.

**** Dans *La Décennie Mitterrand*, ce dialogue est situé le 14 juillet.

> Il répète, furieux : "J'espère que ce n'est pas nous qui avons fait cette connerie. Si c'est le cas, je ne couvrirai pas." Hernu répète que les Turenge n'étaient là que pour surveiller [...].
> Mitterrand : "... Quelques éléments peuvent me contraindre à tenir le secret le temps que cette affaire se déroule. Au-delà, non."
> Mercredi 17 juillet : Hernu [à Attali] : "Ne t'inquiète pas. Si l'affaire s'envenime, je connais un colonel qui acceptera de faire quinze ans de prison pour cela. – Un colonel ? Il est au courant ? Il est volontaire ? – Oui. Il a accepté : raison d'État." [...]
> Lundi 22 juillet : l'amiral Lacoste ne dit mot à personne. Ceux qui sont censés se voir savent sûrement [...]. En ce genre d'affaire, ceux qui parlent sont toujours ceux qui ne savent rien. Les journaux français et britanniques commencent à être sur la piste des services français [25]... »

Acculé, Charles Hernu – que Roland Dumas a vu, positivement, mis « dans les cordes » par Mitterrand dans le bureau présidentiel –, écarlate et suant à grosses gouttes, la voix blanche, a inventé une échappatoire : c'est un coup des services anglais pour nous couler dans l'opinion internationale. La preuve ? Les canots pneumatiques utilisés par les Turenge ont été achetés à Londres... Roland Dumas n'en croit pas un mot, mais appelle son homologue de Londres, Geoffrey Howe. Le chef du Foreign Office mène l'enquête et, reçu une semaine plus tard chez les Dumas, à Saint-Selve, leur donne sa parole que ses compatriotes n'y sont pour rien [26]. Quand Roland Dumas, abasourdi, se retourne vers Charles Hernu pour lui faire valoir l'énormité de l'affaire et le tort ainsi causé au pays, le ministre de la Défense ne trouve rien de mieux à répondre que : « Eh oui... C'est une opération de guerre qui a échoué, comme beaucoup d'autres [27]... » Une « opération de guerre »... Quelque chose entre Verdun et Stalingrad...

Entre-temps, Laurent Fabius a une idée : confier une enquête à une personnalité incontestée, indépendante du pouvoir. Son choix se porte sur son ancien maître de conférences au Conseil d'État, naguère secrétaire général de l'Élysée sous le général de Gaulle, Bernard Tricot, que Mitterrand ne récuse pas. Après une enquête de trois semaines, Tricot remet le 25 août un rapport qui dégage la responsabilité formelle des services français. Mais, interrogé par les médias, cet honnête homme n'exclut pas d'avoir été « berné » par ses interlocuteurs...

Dès la fin d'août, il est clair – et bien qu'il s'en défende dans son livre – qu'une divergence sépare Laurent Fabius du président. Non seulement parce qu'il se rend compte que son chef de file est peu ou prou impliqué dans l'intrigue, mais parce qu'il a, lui, décidé d'exiger la démission d'Hernu, alors que Mitterrand essaie toujours de protéger son vieux camarade – au point de l'emmener avec lui le 12 septembre à Mururoa, où il le laisse s'afficher à ses côtés, avantageux comme jamais, déclarant même le 14 : « Les Néo-Zélandais n'ont aucune preuve de la responsabilité de qui que ce soit dans l'attentat... »

Mais trois jours plus tard, le 17, *Le Monde* publie, sous la double signature de Bertrand Le Gendre et Edwy Plenel, le résultat d'une enquête menée avec rigueur et peut-être la connivence de services concurrents de la DGSE, sinon du ministère de l'Intérieur : « Le *Rainbow-Warrior* a été coulé par une “troisième équipe*” dépêchée, sous la couverture des deux autres, par la DGSE... » Hernu tente d'opposer quelques heures plus tard à ces révélations foudroyantes un communiqué assurant qu'« aucun organisme dépendant de [son] ministère n'a reçu l'ordre de commettre un attentat », osant même ajouter : « ... S'il était établi que l'on m'a menti... » Mitterrand peut bien lui souffler un « Battez-vous ! » qui fait pitié, il est perdu...

Le lendemain, 18 septembre, en Conseil des ministres, le président fait encore mine de jouer la carte de la solidarité ministérielle, dénonçant violemment, face à ses ministres, les mensonges des militaires (on nous a assez menti, ça suffit !), Hernu est déjà mis au ban. De retour à son ministère, il souffle à ses collaborateurs : « C'est la curée ! »

Nouvelle initiative d'un Fabius exaspéré : il convoque les généraux Saulnier et Lacaze (chef d'état-major de l'armée), et l'amiral Lacoste, en les sommant de témoigner par écrit et sur l'honneur qu'ils n'ont pris nulle part à l'affaire. Saulnier et Lacaze s'exécutent. Lacoste refuse : « Je mesure pleinement les risques et les conséquences de mon attitude [...]. Je m'en tiens à ce que j'ai déclaré à M. Tricot » (auquel il a dit qu'il était capable de lui « mentir » pour couvrir ses subordonnés).

Sur quoi le Premier ministre est reçu par le président, le jeudi 19. Selon Attali (il est de l'autre côté de la porte...), la discussion entre eux est « très violente », si violente qu'après le départ de Fabius Mitterrand, blême, déclare, affirme son conseiller spécial : « Hernu doit partir. Il n'y est pour rien [*sic*] mais c'est ainsi. » Constatation qui prend la forme d'une lettre au Premier ministre : « Le moment est venu de procéder sans délai aux changements de personnes et, le cas échéant, de structures, qu'appellent ces carences**. »

Charles Hernu démissionne, l'amiral Lacoste est remplacé par le général Imbot. Le président fait aussitôt porter au ministre limogé une

---

* Les deux autres équipes étant l'une le couple « Turenge », utilisé comme leurre, l'autre, ensuite, un groupe de trois sous-officiers naviguant sur le voilier *Ouvéa*, rapidement repéré par la marine néo-zélandaise.

** Mot curieux, ici, sous la plume de ce bon écrivain. Un Méridional eût osé écrire « cacades »...

lettre éloquente : « Vous gardez toute mon estime, vous garderez celle des Français [...]. A l'heure de l'épreuve, je suis, comme toujours, votre ami. » Et, le lendemain, Paul Quilès est nommé ministre de la Défense. Sitôt en place, il ouvre le dossier, un dossier qui parle...

Remarquable est le récit de cette fiévreuse enquête qu'il fait aux auteurs de *La Décennie Mitterrand* :

> « ... Je me fais apporter des piles de dossiers, j'avale, j'apprends beaucoup. Deux jours et deux nuits de travail et j'ai tout su [...]. J'instruisais le procès comme un juge d'instruction [...]. Certains interrogatoires ont été extrêmement tendus. Des officiers généraux arrivaient avec leur arme de service [...]. S'il y avait eu pendant ces deux jours et ces deux nuits un assassinat, je n'en aurais pas été étonné. L'ambiance était terrible et tournait parfois au psychodrame [28]... »

C'est le 22 septembre que se déroule chez Laurent Fabius, place du Panthéon, ce qu'au théâtre on appelle la grande scène d'explication : Hernu et Quilès, le général Saulnier et le ministre de la Justice Badinter, puis Joxe, puis Mitterrand lui-même se retrouvent dans le salon du Premier ministre. Atmosphère tendue. Quilès révèle ce qu'il vient d'apprendre : se fondant sur des ordres « flous » de Charles Hernu, la DGSE est bien l'auteur de l'attentat, Tricot a en effet été « berné » et Fabius « promené », comme il l'écrit lui-même, précisant que « l'ordre est venu de l'amiral Lacoste avec l'aval de Charles Hernu, l'amiral étant convaincu que le président était au courant et peut-être également moi-même [29] ».

L'heure du grand déballage était venue. Ce soir-là, quelques millions de citoyens installés devant leur télévision virent paraître sur l'écran deux hommes visiblement malheureux d'être là : le Premier ministre et son nouveau ministre de la Défense, Paul Quilès, à peine arraché à ses dossiers. Laurent Fabius prononça les premiers mots sincères émanant du pouvoir d'État français depuis plus de deux mois : la vérité est cruelle, ce sont les agents de la DGSE qui ont coulé le *Rainbow-Warrior* et ils ont agi sur ordre. Ordre de qui ? Trois jours plus tard, le chef du gouvernement profita de son émission mensuelle, *Parlons France*, pour être un peu plus précis : « Cet après-midi même, dans ce bureau [de Matignon], j'ai convoqué successivement l'amiral Lacoste et Charles Hernu [...]. Ma conviction [est faite] : c'est à leur niveau que se situe la responsabilité [qui], dans une démocratie, incombe à l'autorité politique*. »

---

* « Politique », l'amiral Lacoste ?

Celle du ministre ou du Premier ministre ? Faute d'avoir jamais entendu les aveux du ministre de la Défense « démissionnaire » – qui fit figure, aux yeux de l'opinion, de touchant bouc émissaire* – on en est réduit à la version intelligente, sinon complète, proposée par Laurent Fabius dans *Les Blessures de la vérité* :

> « Cherchant la vérité, l'exigeant mais ne l'obtenant pas assez vite, j'ai manqué sinon de fermeté, au moins de virulence. J'aurais dû convoquer immédiatement les chefs militaires, les confronter ensuite [...]. Je me suis contenté de la parole d'un ministre [...]. Si je n'ai pris aucune part directe ni dans l'action perpétrée ni dans la mauvaise comédie qui fut montée ensuite, si j'ai cherché la vérité – avec le concours actif de la presse – et finalement réussi à l'obtenir [...] j'ai commis l'erreur d'accepter trop longtemps l'opacité des services concernés [30]... »

Mais il va de soi que les responsabilités qui nous intéressent ici, ce sont celles qu'encourt François Mitterrand. A l'issue de la très sérieuse enquête qu'ils ont menée auprès d'une quarantaine de témoins (ou acteurs...), Pierre Favier et Michel Martin-Roland concluent : « ... Au terme de cette enquête, les auteurs estiment que François Mitterrand n'a pas donné l'ordre de couler le *Rainbow-Warrior* et imputent cette malencontreuse décision à une faiblesse de Charles Hernu face aux pressions des amiraux [31]. » Ils n'en regrettent pas moins que, dès la découverte de l'attentat, le chef de l'État n'en ait pas assumé la responsabilité.

Les auteurs de *La Décennie Mitterrand* ont recueilli de François Mitterrand, en 1989, cette confidence relative aux origines de l'affaire :

> « Au début de 1985, [Lacoste] m'a dit : "C'est embêtant, les gens de Greenpeace veulent encore aller à Mururoa." Je lui ai dit : "Il ne faut pas qu'ils y aillent..." Jusqu'ici, ces choses-là se passaient à l'amiable Je ne pensais pas à autre chose en lui disant : "Continuez de les en empêcher". » (À vrai dire, on n'imagine pas un chef de l'État, chef des armées, disant "laissez-les faire". Peut-être pouvait-on espérer du président, en revanche, une très expresse mise en garde contre toute opération violente, impliquant l'usage d'explosifs. Ainsi mis en garde, Lacoste aurait coupé court...)

Dans un livre autobiographique publié en 1997 *Un amiral au secret* [32], Pierre Lacoste (dont on avait admiré jusqu'alors la noble retenue, conforme au type de mission qui lui avait été confiée) met

* Il continuait de répéter qu'il n'avait « jamais donné cet ordre stupide »...

pour sa part en cause non seulement Charles Hernu, qu'il accuse de l'avoir positivement contraint de déclencher l'opération (« On nous fait la guerre [...]. Nous ne pouvons pas tolérer que quiconque nous interdise ces expérimentations »), mais, de façon moins convaincante, le Premier ministre (sans jamais apporter la moindre preuve de l'implication de Fabius dans le processus), et enfin le chef de l'État – souvent évoqué à travers le miroir, on le sait déformant*, de François de Grossouvre. Selon l'amiral, Mitterrand se serait montré « très déterminé à défendre notre liberté d'action à Mururoa [...] lors de l'audience qu'il m'accorda le 15 mai... ».

L'amiral Lacoste fait état dans son récit de deux « désobéissances délibérées » de sa part au cours de l'enquête. Que n'a-t-il suivi cette ligne de conduite face à Charles Hernu, s'il est vrai que c'est celui-ci qui lui commanda de déclencher cette opération criminelle et absurde, qu'il désapprouvait ! Et son témoignage serait plus probant s'il reconnaissait, en tant que chef, avoir laissé exécuter, de la façon la plus piteuse et coûteuse, ladite opération**. Cet échec fut d'abord le sien, quoi qu'il en ait... Tout chef militaire est responsable de l'exécution...

Au-delà de ces prémices, le comportement et les interventions de François Mitterrand, tels que les a relevés, on l'a vu, Jacques Attali, peuvent être mis sur le compte de l'absence d'information (mais il est le chef des armées...) ou de l'exaspération causée par le fâcheux comportement des exécutants, si « foireux » qu'il affaiblit durablement la crédibilité de la Défense nationale. Quand il surgit dans le bureau d'Attali, le 10 juillet (« Qu'est-ce que c'est que cette histoire ? »), on peut le voir comme un homme qui, sachant qu'il y a anguille sous roche, s'irrite de voir la pêche tourner si mal...

Nul ne peut douter qu'il ait vu là une faute. Un crime, aussi ? Évidemment. Une chose était de riposter par la violence à tel attentat meurtrier au Liban***, une autre de faire sauter une embarcation pacifiste dans le port d'un pays ami. Mais, si méfiant qu'il fût à l'endroit des « services spéciaux », ayant eu à souffrir d'eux lors de certaine affaire de 1954****, il n'était pas – pas plus que ses maîtres Mazarin ou Clemenceau – homme à faire fi de procédures expéditives. Et quand il lui fallut chercher une comparaison pour commenter son comportement en cette affaire, il ne trouva rien de mieux que de rappeler l'af-

* Ce que sait l'amiral.

** Dont les exécutants, entre mille sottises, ne trouvent rien de mieux, sitôt arrêtés sous une identité suisse, que de téléphoner en direct au ministère parisien de la Défense...

*** Voir chapitre V.

**** L'affaire des « fuites » (voir tome 1, chapitre VII).

faire Ben Barka* – où les responsabilités de Charles de Gaulle étaient tout de même beaucoup plus incertaines ou indirectes que les siennes en l'occurrence.

Citons ce commentaire très nuancé de Laurent Fabius dans un ouvrage écrit plus de dix ans après le drame :

> « D'aucuns pensent que [...] François Mitterrand a donné son feu vert. Je n'ai pas sur ce point de certitude absolue : je note toutefois que la réunion entre le président, Hernu et moi** peut difficilement avoir été fabriquée pour me tromper. Je relève aussi que la déclaration sur l'honneur, par le général Saulnier, chef d'état-major du président, n'est pas anodine. »

Pas anodine, en effet. Mais latérale...

Au moment de tenter de tirer les conclusions de cette affaire, du point de vue des responsabilités du chef de l'État, chef des armées et « garant de l'indépendance nationale », on peut retenir trois scénarios.

Dans le premier, les amiraux – chef du centre de Mururoa*** et patron de la DGSE – convainquent Hernu d'entreprendre l'opération, non sans avoir obtenu de Mitterrand (lors de l'entrevue accordée par le président à l'amiral Lacoste le 15 mai 1985 à l'Élysée) un acquiescement en vue d'« empêcher » les gens de Greenpeace de faire obstacle aux essais prévus en août. Responsabilité directe des marins, partagée par Hernu, implication très vague du président.

Deuxième scénario : la décision est prise en commun par l'état-major de Mururoa et le ministre de la Défense, très ardent à entreprendre, en dépit des avertissements de l'amiral Lacoste, qui y voit se dessiner plus de risques que d'avantages. Le président, là encore, n'est qu'implicitement mis en cause. Mais, dans la mesure où Hernu, son ami, qu'il a mis en place et voit souvent, joue un rôle moteur, il est objectivement plus impliqué – et avec lui son chef d'état-major, qui a débloqué les fonds pour « empêcher ».

Le troisième scénario implique dès l'origine le chef de l'État, trop averti des ruses du pouvoir pour avoir minimisé la portée éventuelle d'un mot comme « anticiper », qui implique une action. De quel type ? Le style débonnaire de l'amiral Lacoste pouvait la faire espérer paci-

---

* L'enlèvement à Paris du leader marocain, auquel se trouvent mêlés les services français.

** Le 15 juillet 1985 à l'Élysée (voir plus haut, p. 209)

*** Les archives présidentielles retiennent une lettre de l'amiral Fages, « patron » de Mururoa, qui n'est qu'une longue dissertation sur le mot « anticiper », impliquant selon les uns la compréhension, selon les autres l'action préventive...

fique, mais non la truculence tricolore de Charles Hernu. Une mise en garde ferme adressée au second, surtout, a manqué. Et le comportement du président, au milieu de juillet, traduit mieux les sentiments d'un homme mêlé à un « loupé » que ceux d'un innocent...

Est-il abusif de préciser que, tout de même, c'est à la deuxième version que l'on attribue le meilleur crédit ? Non sans rappeler ceci : le sens de l'État aurait dû dicter à François Mitterrand, dès la révélation du désastre, au milieu de juillet, d'abord la convocation immédiate dans son bureau des cinq ou six responsables possibles – Hernu, Lacoste, Fages, Saulnier, Joxe et Fabius – et une prise de responsabilité rapide et publique : « La faute est grave. Chef des armées, j'assume... »

Le plus clair, dans cette ténébreuse affaire, est qu'elle porta au système de pouvoir mitterrandien une atteinte irréparable – à l'extérieur, où la réputation des « services » français, déjà peu flatteuse, en fut encore altérée*, mais surtout en France. Les citoyens furent en droit de se sentir « bernés » jusqu'au 22 septembre 1985 – où, après deux mois et demi de tergiversations, le chef du gouvernement leur dit l'essentiel de la vérité. L'étrange est qu'ils ne parurent pas savoir gré à Fabius d'avoir taillé dans le vif, réservant leur sympathie au responsable politique le plus direct, Charles Hernu : il n'est pas jusqu'au congrès socialiste, réuni le 13 octobre suivant à Toulouse, qui n'ait fait une ovation au ministre malencontreux... Ce qui était pousser loin l'esprit de camaraderie, sinon la passion cocardière !

Un divorce s'est produit avec l'opinion, qui voit dans le jeune chef du gouvernement le froid exécuteur d'un camarade malheureux. Aux yeux de certains, il est même le chef qui, dans une occurrence périlleuse où était engagé l'« honneur du drapeau » (!), a osé démasquer l'armée... Absurde ? Oui, car tout en cette affaire, des plongeurs explosifs aux électeurs chauvins, est absurde... et le restera, jusqu'au cœur de la conjoncture électorale de 1988 – suspendue au déroulement de la grossesse d'un des agents** chargés (par qui, mon Dieu, par qui ?) de couler le *Rainbow-Warrior*...

* * *

---

* Un auteur américain, Douglas Porch, croit même utile, dans son *Histoire des services spéciaux français* (Albin Michel, 1997), d'évoquer à ce sujet non seulement le procès de Nuremberg (!), mais encore l'affaire Dreyfus !

** Voir chapitre VII.

Avant même d'émerger, en fâcheux état, des flots tumultueux du Pacifique, François Mitterrand est appelé à trancher un âpre débat interne. Le Parti socialiste n'est pas la DGSE, et les coups y sont moins fourrés. Mais des ambitions peuvent s'y perdre ou s'y exacerber. Fabius s'affirme et, dès avant de se saisir, en pleine tempête, de celui d'Auckland, il a prouvé qu'il savait s'emparer d'un dossier. S'agissant du chômage, face au terrorisme, voire dans le dénouement de la crise scolaire, il n'a pas manqué de révéler un personnage, mieux qu'un favori bien en Cour*. Au risque de heurter « lui », il est devenu « moi ».

Il sait que Mitterrand l'a installé à Matignon pour son savoir-faire et sa jeunesse, afin d'éviter à son parti un désastre électoral en 1986. Quelques signaux économiques (le franc se redresse, la dette extérieure s'allège), les sondages, sa connivence avec le président, tout lui donne l'impression que c'est lui qui doit mener la campagne de la gauche en 1986. Et il le fait savoir le 14 juin 1985 lors d'un meeting, à Marseille, qui semble marquer, neuf mois avant l'échéance, l'ouverture du grand débat électoral. Dès le lendemain, Lionel Jospin est à l'Élysée, pour revendiquer ses responsabilités de chef de campagne en tant que premier secrétaire du Parti socialiste.

François Mitterrand se serait bien passé de cette querelle des investitures entre ces deux moitiés de lui que sont le chef du parti et celui du gouvernement. Mais il lui faut trancher à la fois entre une affinité élective qui dit Fabius et une filiation intellectuelle qui proclame Jospin, et deux conceptions des mécanismes publics dans la Ve République.

Faire du chef du gouvernement le leader de la bataille électorale, c'est exalter le titulaire de Matignon. Aux dépens du maître de l'Élysée ? Qui sait : de Gaulle s'en est aperçu en juin 1968, constatant avec dépit que « M. Pompidou a gagné les élections ». Mais assigner cette tâche au dirigeant du parti, c'est reconnaître à une organisation de ce type une dynamique propre, plus proche de l'esprit de la IVe que de celui de la Ve République.

Est-ce parce que ce choix n'eût probablement pas été celui du Général, fort méfiant vis-à-vis des partis, dût-il s'agir du sien, que Mitterrand décide d'investir Jospin ? Ou pour ne pas l'isoler, le marginaliser par rapport à Fabius ? Le fait est que, le 18 juin 1985, le chef de l'État remet le fanion de commandant (pour la bataille qui vient) à Lionel Jospin**

---

* Dans *Les Blessures de la vérité* (*op. cit.*, p. 121), il s'accuse de « mauvaise gestion » de l'affaire Greenpeace. Le fait est qu'il fut le moins « mauvais » des protagonistes…

** Dans une note manuscrite adressée le 26 juin à l'un de ses collaborateurs, le président fait un éloge très équilibré des deux champions en lice et de leurs égales convictions socialistes – concluant que, si le chef du gouvernement est le « leader de la majorité », c'est l'animateur du parti qui doit conduire la bataille électorale.

– mécontent que celui-ci l'ait mis, abusivement ou non, dans le cas de choisir. Non sans délectation secrète aussi : qu'est-ce donc que le premier secrétaire va avoir à défendre, si ce n'est le bilan de son rival ? Ô délices des carambolages…

Les observateurs professionnels n'ont alors d'yeux et d'oreilles que pour cette dispute confraternelle. Mais qui remarque que le jour même où il subit cette infime nasarde, Laurent Fabius prend une décision courageuse et capitale, et qui ne lui épargnera pourtant pas les pires avanies de sa vie politique : contre l'avis de bon nombre de médecins estimant cette mesure prématurée, il décide que le dépistage du sida sera obligatoire pour tous les donneurs de sang* – décision qui est son honneur et contribuera à ses malheurs…

* * *

S'il est vrai que, de l'affaire Greenpeace, Laurent Fabius a « d'autant plus souffert qu'il en est le moins directement responsable », l'épreuve l'a grandi : il est celui qui, aux pires heures du désarroi des Antipodes, en septembre, est monté sur le podium pour dire la « cruelle vérité ». Exercice coûteux, oui ; mais valorisant pour soi-même, et aux yeux du président, qui a noté la croissance de l'autorité du jeune Premier ministre face à ses camarades lors du congrès de Toulouse.

Le moment n'est-il pas venu, pour ce dauphin bien lustré, de s'affirmer face à l'opinion autrement que par une amère confession publique ? Et le voici qui, d'accord avec le président, lance un défi, un cartel, à celui qui, dans le camp d'en face, devenu majoritaire, osera le relever. Raymond Barre, alors favori des sondages ? Ou Jacques Chirac, chef du parti dominant dans l'opposition ? Ce sera le leader du RPR, impatient de s'arracher à l'enlisement qui semble le guetter.

Face à ce challenger musclé que l'on tient pour inapte à l'exercice télégénique, Fabius compte bien s'imposer. Il décrit très bien le climat qui régnait alors à Matignon, sinon à l'Élysée : « … Je n'allais faire qu'une bouchée de ce ringard qui ne maîtrisait pas les dossiers et sentait l'antimite[33]… » Lui, passe pour un bon communicateur : bien qu'un peu pâles, un peu lisses, ses émissions l'ont montré clair, précis, courtois, usant d'un langage simple. Il plaît.

Le rendez-vous est pris pour le 27 octobre, sur TF1. Première faute de

---

* Voir chapitre IX.

Fabius : trois jours avant le débat, et bien que Mitterrand, vieux renard des plateaux, ait tenté de l'en dissuader (« Vous rentrerez déboussolé... »), il s'envole pour Mururoa, aussi bien pour montrer qu'il fait passer les affaires de l'État et de sa défense avant une joute oratoire que pour réaffirmer que les déboires de l'été n'ont pas entamé la détermination nucléaire de la France – enfin et surtout pour afficher sa « décontraction », qui va tourner en déconcentration, sinon en liquéfaction.

De l'équipée au bout du monde (40 000 kilomètres en moins de trois jours) il rentre le dimanche matin « dans les vaps », et n'en sortira pas, comme si cette excursion à l'envers du globe l'avait mué en un personnage à l'envers de lui-même ; et ce *wonder boy* flegmatique va accumuler les gaffes, de formulation et de comportement. Son refus de serrer la main de son vis-à-vis en arrivant sur le plateau surprend ceux qui le connaissent et lui donne d'entrée de jeu une image négative – qui va s'accentuer au fil des échanges, le soyeux Laurent abusant des interruptions sèches qu'on lui a soufflées comme une recette pour déstabiliser l'adversaire, et qui le jettent lui-même dans l'énervement.

Laurent Fabius : « Ne vous énervez pas... »

Jacques Chirac : « J'ai autant d'expérience que vous et par conséquent... »

Laurent Fabius : « Ça, je reconnais que vous avez plus d'expérience politique... »

Jacques Chirac : « Soyez gentil de me laisser parler et de cesser d'intervenir un peu comme un roquet... »

Laurent Fabius : « Écoutez, je vous en prie, vous parlez au Premier ministre de la France... »

A l'image malséante, au « roquet » de Chirac, il a rétorqué avec ce qu'il a qualifié depuis lors de « grandiloquence ». Et il est de fait que ceux qui lui voulaient du bien gardent de cette riposte le souvenir d'un dérapage ridicule dont, à aucun moment de l'échange, il ne se relèvera – parce qu'il s'est laissé aller à jouer sinon les roquets, du moins les coquelets, plutôt que les Premiers ministres.

La presse ne le ménagea pas, ni l'opinion commune. Indépendamment des maladresses commises par le chef du gouvernement, on avait trop oublié que la réaction à un tel type de débat est largement orientée par le rapport des forces dans l'opinion – qui s'établissait alors à plus de 57 % pour la droite, et moins de 43 % pour la gauche. Dans ces cas-là, pour le minoritaire, le poids spécifique d'une erreur s'aggrave...

La réaction de Mitterrand n'est pas très charitable. Le surlendemain matin, Fabius arrive au petit déjeuner traditionnel de l'Élysée « dépité et légèrement agressif », note Attali (qui décidément ne le ménage pas), jetant à ses commensaux : « Bon, eh bien, c'est raté, on ne va pas en faire un plat ! Il faut mettre son mouchoir par-dessus… » Le « conseiller spécial » voit le président « plutôt amusé que déçu ». Mitterrand sait ce que c'est que « se planter en de telles occurrences » et ne se retient pas de morigéner le Premier ministre de la France : « Vous n'avez pas maîtrisé les choses. Vous n'avez pas su changer de stratégie au cours du débat et vous vous êtes laissé enfermer[34]. » (Écoutant cette leçon, Fabius doit penser que c'est exactement de cette manière qu'il estime le comportement du président tout au long de l'affaire Greenpeace. Mais l'Histoire, en la personne de Jacques Attali, n'a pas retenu qu'il ait formulé cette riposte…)

L'affrontement entre le président et son Premier ministre, qu'une prestation manquée n'a pas suffi à provoquer, la visite inopinée d'un étranger aux lunettes noires va y conduire. A la fin de novembre 1985, le chef du gouvernement communiste polonais, l'homme qui a instauré l'état de guerre à Varsovie en décembre 1981, le général Jaruzelski, est reçu en visite officielle en Algérie. Son ambassadeur fait savoir le 30 novembre qu'il souhaite, sur le chemin du retour à Varsovie, rencontrer à Paris le chef de l'État. Mitterrand accepte sans guère hésiter. Depuis l'origine, il estime – comme la grande majorité des experts – que le général aux lunettes noires, pour antipathique qu'il soit, et détestable son coup de force de 1981, a, ce faisant, évité à son pays une invasion soviétique. Et il fait valoir que le pape et le chancelier Kohl ont, depuis lors, tous deux rencontré Jaruzelski. Au surplus, le resserrement des liens entre la France et la Pologne est d'intérêt commun.

L'escale est prévue pour le mercredi 4 décembre. Mitterrand tient à ce que le secret soit gardé jusqu'à la veille. Mais le lundi 2, l'ambassade de Pologne à Alger laisse filtrer l'information. Participant à un sommet européen à Luxembourg ce jour-là, le président français, interrogé par l'AFP, confirme. Une heure plus tard, Laurent Fabius lit la dépêche. Il est furieux, et de la réception faite au Polonais, et d'avoir été laissé dans l'ignorance d'un geste politique de nature à émouvoir l'opinion. Selon Attali – Fabius contestera cette présentation –, il appelle Luxembourg, demande à parler au président, obtient Roland Dumas : « C'est vrai pour Jaruzelski ? – Oui. – C'est un scandale, faire ça sans me prévenir !… Je ne vais pas me laisser faire ! » Commentaire du président dans l'avion du retour : « … Le Premier ministre n'a pas encore la totale maîtrise de l'appareil d'État »[35]. Tiens…

La réaction de l'opinion est beaucoup plus proche de celle de Fabius que de celle de Mitterrand. *Le Monde* parle le mardi de « grave tort porté à l'image d'une certaine politique française » – mais on apprend que, de Gdansk où il est surveillé de près par la police polonaise mais peut s'adresser à la presse, Lech Walesa rappelle qu'« en politique, c'est l'efficacité qui compte ». Et, à Bonn, Helmut Kohl qualifie la rencontre de « juste » – bien qu'elle risque de ne pas servir les intérêts allemands…

Lors du Conseil des ministres, le président – qui vient de recevoir Fabius, blême et contracté – aborde l'affaire de la rencontre qui, reconnaît-il, provoque plus de réactions défavorables qu'il n'avait prévu. La grande question qui se pose, selon lui, c'est « la jonction des deux Europe » : « Je récuse ici les critiques de ceux qui ont vu Brejnev ou Staline* […]. C'est moi qui ai pris la décision, elle est incommunicable. Elle relève de l'intuition… » Face à Jaruzelski, auquel il précise : « Je vous reçois contre mon opinion publique », Mitterrand pose nettement la question de l'amnistie. La réponse du général polonais est plutôt encourageante : « Je ferai tout pour adoucir les conflits qui persistent dans la vie publique polonaise. » Comme, en se retirant, Jaruzelski lui dit qu'il est « très heureux de [l']entretien », Mitterrand riposte : « Ne le dites pas trop ! »

A l'Assemblée nationale, le même soir, et bien que le président ait demandé que ce ne soit pas lui mais Roland Dumas qui réponde aux interpellations, Fabius monte au créneau : « C'est la question la plus difficile à laquelle j'ai eu à répondre depuis ma nomination. Je suis troublé… » Rapportée au président, cette formule lui inspire un commentaire irrité : « … C'est inacceptable de la part de mon Premier ministre. Je n'ai rien fait que de normal. Il restera Premier ministre, mais je n'oublierai pas. Notez cela ! » Attali** : « Je le sens blessé, meurtri pour longtemps. » Et, le 9, à la radio, Mitterrand revient sur l'affaire, crispé : « Je sais que Laurent Fabius ne doute pas de mon engagement pour la défense des droits de l'homme […] une constante de ma vie personnelle et politique… »

Commentaire fait à l'auteur, douze ans plus tard, par Laurent Fabius : « En me disant "troublé", peut-être ai-je eu tort. Est-ce Walesa qui avait raison ? J'avais fait, de la défense des droits de l'homme, "mon affaire". Ont-ils été servis, en l'occurrence ? … Peut-être[36]… »

* * *

A l'auteur qui lui demandait à la fin de 1985 ce qu'il estimait avoir apporté à la France en ces quelque cinquante mois de pouvoir, le président Mitterrand répondait : les lois sociales comme la retraite à

* Giscard pour celui-là, de Gaulle pour celui-ci.

** Qui n'a rien fait pour amortir le choc…

60 ans et les 39 heures, l'abolition de la peine de mort, le coup d'arrêt porté à l'inflation, la relance de l'Europe, sa contribution au rétablissement de l'équilibre nucléaire entre l'Est et l'Ouest, et la libération de l'information audiovisuelle...

Quinze ans plus tard, l'impression de tohu-bohu que donne ce qu'on est convenu d'appeler le PAF (paysage audiovisuel français : mais il serait honnête de substituer au charmant « paysage » un plus simple « marché ») fait oublier que le desserrement du contrôle des images et des ondes par le pouvoir, esquissé pendant le ministère Chaban-Delmas, poursuivi – non sans retours en arrière – sous Valéry Giscard d'Estaing, s'est opéré au cours de ces années-là, qui ont vu l'envol des radios dites « libres » et l'émancipation relative des chaînes de télévision – soit par la mise en sourdine des interventions du pouvoir dans le secteur public, soit par la privatisation du principal émetteur. C'est alors que TF1 va devenir un véritable « contre-pouvoir* ».

Mouvement inévitable, entraîné par les courants alentour et qui aurait eu lieu, de toute façon, un peu plus tôt, un peu plus tard... ? Certes. Mais comme la charge des catastrophes, le bénéfice des évolutions créatrices doit être rapporté à ceux qui sont alors aux affaires. Sans compter que l'impulsion ne cessa d'être donnée à partir des centres de décision de l'Élysée et de Matignon : un Français vivant en 1986 bénéficie évidemment de plus de chances d'être diversement informé que celui de 1966. En est-il plus sage, meilleur citoyen ? Cela dépend de lui...

Mais pour salubre qu'elle fût, cette évolution prit souvent la forme cocasse d'un feuilleton, dont les personnages jaillissaient soudain, d'une banque, d'une ville étrangère, d'un studio de cinéma, d'une usine, d'un chantier, voire d'un ministère, comme dans un jeu électronique, donnant à cette Liberté sortant du puits l'allure d'une demimondaine ébouriffée...

Que Mitterrand tînt l'audiovisuel pour cette « priorité des priorités », proclamée par Claude Estier en octobre 1981 au congrès de Valence, on n'en jurerait pas. Ancien journaliste (amateur), brillant chroniqueur, dévoreur de papier journal, il ne tenait pas cette corporation en beaucoup plus haute estime que ne le faisait le général de Gaulle – et la télévision l'avait longtemps maltraité. Mais il savait la puissance de quelques mots, de quelques mimiques, d'un éclairage ou d'un angle de prise de vues, y ayant tour à tour perdu et gagné sa couronne.

---

* Au point que, après la cuisante défaite socialiste de mars 1993, le président déclarait à ses ministres qu'il ne saurait se retirer, car il ne saurait à qui « rendre sa rapière » : à M. Chirac ou à M. Poivre d'Arvor...

Le début du septennat avait été marqué, de ce point de vue, par l'explosion des radios « libres », puis par la tentative, vaine, de contenir par la loi, ou quelque combinaison rivale, l'expansion de l'empire journalistique de Robert Hersant*. A partir de 1983 s'est ouverte la bataille pour la télévision – bataille sur plusieurs fronts, qui ont pour enjeux la privatisation de l'une ou l'autre des grandes chaînes publiques, la part que prend la publicité dans le financement de ces organisations et la création d'un, puis de deux, puis de trois de ces nouvelles entreprises, dont une chaîne cryptée et payante.

On n'entrera pas dans ce labyrinthe, sinon pour signaler les quelques interventions par lesquelles le chef de l'État marqua son intérêt pour ce type d'enjeux, sa relative maladresse en ce domaine – qui se manifesta d'abord par l'éviction de Jean-Pierre Elkabbach, qu'il appréciait, puis la mise à l'écart de Pierre Desgraupes, homme libre –, la désinvolture qu'il afficha pour ce qui pourrait ressembler ici à une éthique de l'État ou de la gauche, et la part prédominante que prend chez lui l'amitié ou certaines relations qu'il honore du nom d'ami. Il est vrai que son ambiguïté naturelle joue ici à plein, qu'on le trouve tour à tour résigné à tous les laxismes et rêvant à l'harmonie, au sommet de sa double nature de potentat et d'éternel opposant, de roi qui serait son propre bouffon – tour à tour Triboulet et François d'Angoulême. Mais les critiques des honnêtes gens font tellement plus mal que celles des fripons... Quelle secrète délectation de ne recevoir de flèches que de ceux que l'on méprise...

La « bataille de Canal + » est, de ces différents points de vue, la plus caractéristique. De tous les commentaires sceptiques qu'entend André Rousselet lorsque, quittant l'Élysée où il s'occupe entre autres des affaires d'information, il entreprend de lancer sa chaîne cryptée, celui du président est probablement le plus négatif. Mais Rousselet est un ami véritable – on lui donne sa chance et, le moment venu, on saluera sa réussite...

Est-elle à la source du « laissez faire » que le président semble se donner pour loi, soutenant que la suppression du monopole d'État ne conduit pas nécessairement à la mainmise des grandes entreprises sur l'audiovisuel ? Lors du Conseil des ministres du 31 juillet 1985 – il se déroule sous la pression de l'affaire Greenpeace, qui n'améliore pas les rapports entre le pouvoir socialiste et les médias... –, Georges Fillioud, vieux compagnon des heures chaudes de la saga Mitterrand, censé exprimer les convictions intimes du chef de l'État, annonce la

* Auquel le président restait attaché par des liens indéfinissables datant de la IVe République.

création de deux nouvelles chaînes nationales et généralistes, de télévisions locales et de programmes spécifiquement culturels. Sous l'égide des socialistes, la France entre dans le grand jeu du tout-média.

A Pierre Joxe qui est intervenu au cours de ce Conseil pour mettre en garde contre le « décervelage des téléspectateurs », François Mitterrand oppose une argumentation qui dévoile, mieux que vingt volumes, sa vision des choses, en la matière très réaliste, sinon cynique. On croirait entendre Georges Pompidou parlant des rapports entre Paris et l'automobile :

> « J'ai voulu personnellement, contre l'avis de beaucoup d'entre vous, casser le monopole de la télévision et de la radio. Je l'ai fait pour une raison de principe et pour deux raisons pratiques. Le principe, c'est qu'il n'est pas heureux que l'expression audiovisuelle soit réservée aux chaînes publiques. L'idéologie dont je m'inspire rejoint celles des journalistes et des intérêts capitalistes. Mais ce n'est pas parce qu'il y a cette jonction qu'il faut renoncer à la liberté. Le pouvoir de la presse qui s'affirme aujourd'hui est sans règles, sans déontologie. [Il] s'abrite derrière la bannière de la liberté de la presse, qui cache souvent le pouvoir de l'argent. Sommes-nous contre cette liberté ? Non. Il s'agit par conséquent de trouver des solutions.
> Sur le plan pratique, pendant que nous parlons se posent des câbles, se préparent des satellites. La France demain recevra des images, des dizaines, des centaines d'émissions en provenance de l'étranger [...]. Voilà la réalité, on n'y échappera pas. Pour sauver le service public, il faut le faire cohabiter avec la télévision privée. Il n'y a pas de regret à avoir devant cette évolution, pas plus qu'il n'y a de regret à avoir devant la vie et devant la mort. Ainsi vont les choses, personne n'arrêtera cette marée [...]. Nous sommes obligés de tenir compte du pouvoir de l'argent. Il y a une petite chance qu'il laisse place à l'idéologie pratique que vous* représentez. Le pouvoir de l'argent est déjà en place, il ne ratera pas l'occasion de faire échouer ce qui ne lui plaît pas. Armons-nous [37]. »

Désarmons-nous, plutôt. Quatre ans après les slogans bravaches du « socialisme à la française », c'était pousser loin la résignation aux lois du marché. Parti dans cette direction, François Mitterrand, qui avait pensé faire de la cinquième chaîne, confiée à son cher Jean Riboud (dont la mort intervint sur ses entrefaites), une arme pour la bataille électorale de 1986, allait y faire pénétrer Silvio Berlusconi, qui avait montré, de l'autre côté des Alpes, jusqu'où il était possible de pousser le décervelage du peuple le plus fin de la terre...

---

* Ce « vous », de la part de l'homme du 21 mai 1981...

L'Histoire rendra à Jack Lang cette justice que, ministre chargé de la Culture, il refusa fermement son adhésion – sans démissionner pour autant – à cette dérive néfaste, que ne freineront guère les organismes chargés de veiller sur la vertu du PAF – Commission nationale de la communication et des libertés (CNCL) ou Haute Autorité de l'audiovisuel. Nous verrons comment, au cours du second septennat, le président tentera, par le truchement de personnalités qu'il estime particulièrement, comme Catherine Tasca et Jean-Noël Jeanneney, de réconcilier éthique et audiovisuel. Bien tard...

* * *

Nul moins que François Mitterrand ne se fait d'illusions, à l'orée de 1986, sur les chances d'une victoire de la gauche aux élections législatives prévues pour le mois de mars. Nous avons vu qu'il a fait appel à Laurent Fabius, en 1984, moins pour gagner que pour limiter l'échec. Entre-temps, le Parti communiste a fait sécession, non seulement du gouvernement, mais de la majorité, comme Roland Leroy a tenu à le préciser dès la fin de l'été 1984. La cote de popularité du président a dégringolé de 60 à 30 % en deux ans. Si le baromètre économique a tendance à osciller du mauvais au variable, si l'inflation recule, l'affaire du *Rainbow-Warrior* et, à un moindre titre, l'épisode Jaruzelski, ont porté des coups à la crédibilité du « couple » Mitterrand-Fabius, alors que s'altèrent jusqu'à la tension les relations entre le chef du gouvernement et celui du Parti socialiste... Les « ides de mars » ne s'annoncent toujours pas propices à César.

Le maître mot, depuis des mois, est « cohabitation ». On pourrait croire que les institutions ne tendent pas à une autre issue qu'au surgissement d'une Assemblée équilibrant les pouvoirs quasi monarchiques du président – comme il en va très souvent aux États-Unis. L'hypothèse avait été étudiée en mars 1967, quand le général de Gaulle et Georges Pompidou n'avaient préservé leur majorité que d'un siège, et quand Valéry Giscard d'Estaing, en 1978, se croyant voué à cette disgrâce, faisait prévoir qu'en ce cas il s'isolerait à Rambouillet (Versailles fait un peu voyant...). Mais en 1986, à l'exception notable de Raymond Barre, qui y voit une violation de l'esprit de la Constitution, l'idée de cohabitation (Mitterrand préférerait parler de « coexistence », moins terre à terre) ne cesse de mûrir.

Dès le 16 septembre 1983, dans un article publié par *Le Monde*, Édouard Balladur, numéro 2 du parti néo-gaulliste, qui pousse son chef de file, Jacques Chirac, à être le maître d'œuvre de l'opération, définit ainsi les grandes lignes de partage du pouvoir après la victoire que se promet la droite en mars 1986 :

> « Nos institutions n'ont jamais connu leur minute de vérité, celle où devraient cohabiter un président d'une tendance et une Assemblée d'une autre. Si cela se produit un jour, il serait évident que le pouvoir présidentiel dispose d'une autorité variable selon qu'elle repose ou pas sur une majorité parlementaire. Nous vivons sous une monarchie présidentielle, mais ces pouvoirs sont d'une efficacité variable selon la composition de l'Assemblée. Notre Constitution est riche de nombreuses virtualités [...]. Un jour ou l'autre, nos institutions subiront l'épreuve de vérité qui permettra de juger de leur solidité réelle. »

A peine a-t-il lu l'article de Balladur, Mitterrand pousse la porte qui le sépare d'Attali : « Article intéressant, n'est-ce pas ? » Dès lors, il n'est plus de jour, ou de semaine, que cette perspective ne soit étudiée par tel ou tel expert ou observateur. Prié par l'auteur de la commenter quatorze ans plus tard, Édouard Balladur lui faisait, après usage si l'on peut dire, cette réponse :

> « En publiant mon article de 1983, qui me valut d'innombrables attaques, je n'avais pas le sentiment de faire un éclat. Il s'agissait d'une simple lecture de la Constitution. Si on veut éviter ce chevauchement entre les mandats du président et du Premier ministre, on doit réformer la Constitution. Alors il faut le dire[38] ! »

Mais avant d'entamer cette phase nouvelle de l'histoire de la Ve République, le pouvoir socialiste va tenter une parade pour limiter les risques, ou les dégâts, de la consultation de mars : le retour au mode de scrutin proportionnel. La plupart des experts, un an avant les élections législatives de 1986, prévoient pour le PS une perte de plus de 100 sièges. De 290 il passerait à l'Assemblée à moins de 180 députés. S'ajoutant au recul certain des communistes, ce serait, pour la gauche, une marginalisation radicale, et, pour le président, un affaiblissement plus grave que la simple « mise en cohabitation », un exil intérieur.

Mais passer à la proportionnelle est une aventure. Au dire des experts, la défaite du PS en serait atténuée (de 210 à 220 sièges), le président revigoré. Le PCF, comme les marginaux, les Verts et l'extrême gauche, plaident en ce sens. Mais deux types d'argumentation se font entendre. Les uns, avec Michel Rocard[39], font valoir que c'est là courir le risque d'approfondir les divisions de la gauche, le PC perdant

« la bonne habitude de voter républicain au second tour », et les droites n'ayant pas de mal à faire liste commune d'emblée. Les autres clamant que, grâce à la proportionnelle, le Front dit « national » fera entrer plus de 30 des siens à l'Assemblée. Honte pour ce pays…

Laurent Fabius consulta beaucoup à l'époque sur ce thème. L'auteur, qui prit part à l'une de ces joutes, lors d'un déjeuner à Matignon, l'a entendu douze ans plus tard prononcer un plaidoyer quelque peu nuancé par le temps :

> « La proportionnelle était inscrite à notre programme depuis Épinay. Ce faisant, nous réalisions une vieille promesse […]. En maintenant le scrutin majoritaire, nous allions au massacre, et rendions le maintien de Mitterrand quasiment impossible, une victoire présidentielle inaccessible.
> Le Front national est-il plus nocif représenté ou écarté de la vie légale ? A partir de 10 % de soutien dans l'opinion, je pense qu'il est sain qu'un mouvement soit représenté au Parlement. Quant au calcul attribué à Mitterrand, de promouvoir les lepénistes pour prendre à revers la droite classique, je ne lui ai jamais entendu tenir un tel raisonnement – qui me paraît absurde [40]… »

Bref, le 26 juin 1985, l'Assemblée, PS en tête, adopte le scrutin proportionnel à un tour, avec la perspective de ne perdre qu'une cinquantaine de sièges, et avec plus de 200 députés, de servir de force de réserve à François Mitterrand, bien décidé – textes de la Constitution en main – à assurer la survie politique du président.

Le 16 janvier 1986, à deux mois du scrutin, le président rappelle devant ses collaborateurs les principes sur lesquels il va s'appuyer à partir du 17 mars, pour exercer son mandat :

> « … Personne n'a proposé de récrire l'article 5 de la Constitution [qui] dicte les devoirs du président et donc ses pouvoirs : il est le garant de l'unité nationale de l'intégrité du territoire et du respect des engagements internationaux de la France. Cela ne peut être discuté… »

Trois jours plus tard, en effet, Édouard Balladur, augure du néo-gaullisme, invite Roland Dumas, juriste du mitterrandisme, à venir débattre les grandes lignes de la cohabitation. Mitterrand incite son ministre à la « prudence », mais un code de bonne conduite est alors esquissé.

En attendant, on va se battre… La campagne n'est pas encore ouverte que le président s'y engage, n'ignorant rien des comportements de ses trois prédécesseurs, qui, en pareille occurrence, intervenaient à la veille du scrutin, après la clôture de la campagne, quand aucune riposte n'était plus possible. Lui promet à ses amis de participer à deux ou trois meetings et à trois ou quatre émissions de radio ou télévisées. Pour émoussée que soit sa popularité (33 % d'opinions favorables en janvier 1986), son impact sur l'opinion déborde celui du PS, qui recueille alors 21 % d'intentions de vote : il va le faire voir.

Une conférence de presse à l'Élysée, le 21 novembre, lui donne l'occasion de défendre les « acquis sociaux » de la législature ; mais la cacophonie de Greenpeace est encore trop présente aux oreilles des auditeurs pour ne pas atténuer la portée de son propos. Quelques jours plus tard, au micro d'Europe n° 1, il hausse le ton, pour assener : « L'opposition veut-elle revenir sur les avancées sociales de la gauche ? Si elle n'ose pas, c'est que nous avons eu raison de les faire ! »

Pas de vraie campagne sans contact avec le peuple. Le 17 janvier, il est au Grand-Quevilly, dans la banlieue de Rouen, dont son Premier ministre est l'élu. Il y arrive fatigué, agacé. Mais il montre une fois de plus quelle « bête politique » il reste : à la tribune, après quelques minutes de flottement, « il a rajeuni de dix ans », note avec ravissement Jacques Attali, qui connaît bien « son » Mitterrand en campagne.

Même transfiguration le 7 février à Lille, où il appelle ses compagnons à « transformer ces législatives en un second tour de présidentielle pour parvenir à provoquer le réflexe de vote utile dans l'électorat communiste ». Et d'ajouter : « L'UDF et le RPR vont peut-être obtenir une courte majorité à l'Assemblée, mais il y en a trois qui, à force de s'étriper, ont déjà tout perdu. » (Quelques jours plus tôt, à une invitation de Giscard à tenir un meeting commun, Chirac a bien répondu favorablement, mais Barre a refusé de se « laisser enrégimenter... »)

Pas de vraie campagne non plus sans performance à la télévision. Il ne dédaigne pas de proposer aux Français, face à Yves Mourousi, un « numéro » auquel ne se fussent prêtés ni Blum, ni Mendès, ni de Gaulle, un dialogue dans le style terrasse de café où il est moins question des perspectives électorales ou des responsabilités publiques – présentes, passées et à venir – que du langage inversé des jeunes gens « chébrans », adeptes du « verlan ». Il y a surtout l'image de Mourousi posant une fesse sur le bureau derrière lequel parle le président... Ça plaît, disent les conseillers en communication. A qui ?

Chacun – sauf Raymond Barre, qui perd d'ailleurs du terrain – semblant acquis à la cohabitation, et la droite garantissant le maintien des « acquis sociaux », la campagne tournerait à un vague unanimisme si une série de violences n'y jetaient des taches de sang : trois attentats en février à Paris, la mort à Beyrouth de l'un des otages et la capture de quatre reporters et techniciens de la télévision française. L'opposition en profite pour dénoncer le « laxisme » du pouvoir face au terrorisme, ce qui est absurde, et ses maladresses, ce qui est plus juste. Mais à Mitterrand et Fabius l'opinion non partisane reconnaît de la fermeté face aux exigences des preneurs d'otages.

Selon la vulgate socialiste – formée de divers évangiles plus ou moins apocryphes et de ceux, puisés à bonne source, de Laurent Fabius, de Jean-Louis Bianco, de Jacques Attali ou de Michel Vauzelle –, François Mitterrand est, le 16 mars 1986, un « beau perdant ». Les propos de table qu'il tient ce soir-là à Château-Chinon avec ceux qui l'entourent au Vieux Morvan sont, comme il convient, distanciés. A une culbute annoncée des siens, sa sagacité et sa pugnacité – bien relayées par celles de Fabius – ont substitué une courte défaite. « Il nous a manqué six mois, au Premier ministre et à moi*... », soupire-t-il, sans aigreur excessive.

Au fil de la nuit, les chiffres se précisent. Le PS enregistre un score inespéré un mois plus tôt, dépassant la barre de 30 % d'électeurs, qu'il n'a franchie qu'une fois, lors de l'épiphanie de juin 1981, et que le président s'est fixée pour ambition un mois plus tôt. Mais le PC tombe au-dessous de 10 %, se prouvant à lui-même que la solitude n'est plus de son âge... En fait, le calcul « présidentiel » de Mitterrand dont il était question plus haut a payé : beaucoup de militants communistes ont voté « utile » – c'est-à-dire socialiste. Et le PS, s'il perd 70 sièges, reste le premier groupe parlementaire, avec 215 élus.

L'opposition obtient-elle la majorité absolue, avec 42 % des voix et 288 sièges ? A minuit, il lui en manque 2 ; mais, à l'aube, Saint-Pierre-et-Miquelon, Tahiti et Wallis-et-Futuna lui en apporteront 3... Elle a désormais les moyens de gouverner, sans subir le chantage du Front national, qui, sans progresser clairement en voix dans le pays, conquiert 35 sièges (moins que les poujadistes dans l'Assemblée de 1956).

Ni François Mitterrand ni Jacques Chirac n'avaient jamais douté vraiment qu'en cas de victoire d'une droite dominée par le RPR le second serait appelé par le premier à former le gouvernement. Des rumeurs différentes couraient certes. Lors d'une rencontre chez lui, à Urrugne, à la fin de septembre, Jacques Chaban-Delmas avait confié à l'auteur qu'il avait bon espoir d'être désigné par son ami François – sauf si, voulant « tomber à gauche », le président faisait appel à Giscard. Lequel était dans le même temps approché, au nom du président, par son voisin du Puy-de-Dôme Michel Charasse, ne lui faisant pas grise mine. L'avortement de cette tentative pèsera sur les relations ultérieures entre les deux présidents...

François Mitterrand eût volontiers gouverné avec le maire de

* Pour redresser leur position...

Bordeaux, vieux compagnon de route. Mais consulté, puis invité à Paris par Jean-Louis Bianco, cet homme avisé avait naturellement sondé Chirac et Balladur. Moyennant quoi, il avait confié en soupirant à l'Élysée : « Chirac a tout verrouillé. » Il savait que, verrou ou non, la pesée exercée par le patron du RPR, en butte aux revanchards de son parti et au harcèlement des lepénistes, le vouerait, lui, Chaban, à être débordé comme au temps de Pompidou, ouvrant la voie à un Chirac avide de revanche. Ce que le président voulait précisément éviter.

Allons, mieux vaut tendre la main – ne serait-ce que pour préparer, à long terme, une savante prise de judo, plutôt que de se la faire saisir de force, laissant à l'autre l'avantage de la prise – et de la suite. Dès le 3 mars, le président avait confié à Jacques Attali, si l'on en croit celui-ci : « Je choisirai Chirac : c'est le plus dur, il faut l'affronter de face[41]... » Douze jours plus tard, il ajoute, assure son « conseiller spécial » : « Je veux un Premier ministre qui me garantisse qu'il n'y aura pas de Front national au gouvernement... »

Le lundi 17 mars à 20 heures, le chef de l'État paraît une fois encore sur les écrans. Grave derrière son bureau, avec cette solennité un peu cireuse de musée Grévin, dont ses adversaires même n'arrivent pas à sourire et qui en impose curieusement aux Français, il profère :

> « Vous avez élu dimanche une majorité nouvelle [...]. Cette majorité est faible, numériquement, mais elle existe. C'est donc dans ses rangs que j'appellerai, demain, la personnalité que j'aurai choisie pour former le gouvernement [...]. La majorité sortante laisse la France en bon état [...]. Je forme des vœux pour que la nouvelle majorité réussisse... »

Avant de convoquer à l'Élysée le Premier ministre qu'il semble avoir choisi depuis des semaines, il juge bon de recevoir le 18 au ministère des PTT, dont son vieux compagnon Louis Mexandeau est encore le titulaire, ses chevaliers de la Table ronde – Fabius, Mauroy, Jospin, Joxe, Mermaz, Bérégovoy, Estier, Dumas, Bianco –, pour faire mine de les consulter sur ce choix décisif. Se délecta-t-il de l'empoignade entre les antichiraquiens – le plus ardent d'entre eux, Mexandeau, allant jusqu'à évoquer le souvenir du vieil Hindenburg appelant Hitler à la chancellerie –, les autres, tels Joxe ou Mermaz, décrivant le maire de Paris comme un enragé bonapartiste ? Il vérifie que les plus politiques, Mauroy, Jospin, Bérégovoy ou Fabius, jugent préférable qu'il soit fait appel, conformément à une loi non écrite, au chef du parti le plus puissant de la nouvelle majorité.

Le fait est que le mardi 18 mars, un peu après 17 h 30, Jacques Chirac, maire de Paris, entre dans le bureau du président de la République, l'air un peu las et ne cherchant visiblement pas à s'imposer par une morgue de vainqueur. De ces deux heures d'entretien peu de choses ont filtré. Retenons, bien qu'un peu caricaturale, la version qu'en propose Attali :

> « Je suis sur mes gardes. Chirac est l'ennemi*. J'ai voulu garder mes limites. Je lui ai annoncé que je le laisserais gouverner. J'ai accepté qu'il m'accompagne aux sommets des Sept et aux sommets européens. Je suis même prêt à envisager des ordonnances** [...]. Sans m'engager à les signer toutes [...]. Mais pas d'ordonnances sociales [...]. Je lui ai répété que j'aurais mon mot à dire sur le choix des ministres des Affaires étrangères, de la Défense et de l'Intérieur. Pour le Quai d'Orsay, il propose Giscard, que j'ai refusé... Pasqua, m'a-t-il dit, sera à l'Intérieur.
> Dans ce cas, je l'ai prévenu que plus personne, ni à l'Élysée ni au gouvernement, n'osera encore se servir du téléphone*** ! Chirac m'a répondu [...] : "Écoutez, je m'en porte garant, vous n'avez rien à redouter de Charles Pasqua." Je lui ai dit que je le savais bien, mais que lui, en revanche, n'était peut-être pas à l'abri... Il a eu l'air étonné [42]. »

Le voici donc toujours souverain, mais désormais contraint de partager le trône, Roi-Soleil privé de ses rayons les plus perçants et du poids de son sceptre, Bourbon fait Orléans, potentat mué (pour un temps ?) en reine d'Angleterre, privé de tout sauf de son talent qui s'est encore affiné en ces cinq années d'épreuves. Plus que jamais « charmeur de défaites et d'imbroglios » (Serge July), il vient de préserver son titre de champion toutes catégories du judo politique, apte à muer une culbute en élan, un élan en culbute, capable, deux ans après la capitulation sur le champ de bataille scolaire, sept mois après le naufrage du *Rainbow-Warrior*, vingt-quatre heures après la défaite électorale de ses amis, de jouer les arbitres et de faire entendre au peuple français que ces cinq années de va-et-vient se soldent tout de même par des avancées sociales auxquelles les vainqueurs du 16 mars n'osent pas toucher, un progrès des libertés publiques et privées et un très net recul de l'inflation****. Vaincu ou déjà prétendant ?

A ses dépens, il a royalement rétabli la République. Il lui reste à subir les contraintes d'une démocratie querelleuse. Encore un effort, Français, et vous serez républicains...

---

* Mitterrand a-t-il vraiment utilisé ce mot ?

** Qui permettent au gouvernement de légiférer d'urgence sans passer par le Parlement.

*** Ironie fortement autocritique...

**** De 12 % en 1980 à 5 % en 1986 (estimations très approximatives...).

CHAPITRE VII

Les délices poivrées de la coexistence

• Face à face dans le salon Murat • Rien que la Constitution • Précisions à Solutré • Ordonnances et privatisations • Monsieur Veto… • L'épisode libyen • Être informé • Le 14 Juillet • Les règles du jeu diplomatique • Une défense vraiment nationale • Tumultes pour Devaquet • L'épisode espagnol • La dissuasion est un bloc.

Un homme est là, livide, le regard fixe, au milieu de trente-huit autres. On dirait un rituel judiciaire, policier ou guerrier. Un prévenu au milieu des jurés, un prisonnier sous le regard de ses gardiens ?

« A couper au couteau » : l'expression revient dans la bouche de tous ceux, du président lui-même au plus jeune des ministres, qui s'efforcent de décrire l'ambiance dans laquelle se déroula le premier Conseil des ministres de la nouvelle législature, le samedi 22 mars 1986. Un implacable face-à-face dans ce salon Murat qui a servi de cadre à tant de batailles de la République.

Seul des trente-huit vainqueurs, Alain Madelin affiche un air goguenard, celui du chasseur du voisinage admis pour la première fois par les châtelains, après la chasse à courre, à dépecer la bête. Les autres ont compris, en attendant les combats à venir, qu'à trente-huit contre un une certaine retenue s'impose, qui peut aller jusqu'à la gêne. L'un d'entre eux, François Léotard, raconte qu'il tenta de se mettre à sa place, ne rencontrant que les regards de gens qui avaient « dit des horreurs sur lui », ses yeux passant de la table recouverte de feutrine beige à la fenêtre, et dès lors qu'il les portait sur un visage, voyant une méchanceté, une attaque, une insulte… « Je m'imaginais un instant, président de droite, entouré de socialistes[1]… »

Un autre témoin de ce face-à-face mémorable, Édouard Balladur, n'en a pas gardé le souvenir d'une semblable émotion : « Non, je n'ai pas eu le sentiment que nous vivions une tragédie ou que nous infligions un supplice à un homme seul contre trente-huit. M. Mitterrand avait choisi de rester. Nous, nous venions d'être élus. Chacun appliquait la règle du jeu... » Rappelant que cet homme avait connu d'autres épreuves, plus cruelles, le ministre des Finances eut le sentiment qu'il était de taille à surmonter celle-là [2]...

Mais Mitterrand lui-même, vieux combattant recru d'épreuves, confie à Jacques Attali : « Ce fut atroce... »

Le président est entré sans serrer les mains des ministres comme le veut la tradition : d'aucuns ont voulu y voir une « déclaration de guerre ». Puis il s'est assis entre Édouard Balladur et André Giraud, face à Jacques Chirac, lui-même encadré par Albin Chalandon et François Léotard*. A une petite table proche de l'entrée sont assis Bianco, Fournier et Attali, « les siens ».

Si contraint, isolé, assiégé soit-il, c'est tout de même lui qui, du fait des institutions, de son expérience et de sa pugnacité, mène le jeu. Il a choisi de le faire sur un ton professoral. Après avoir rappelé qu'il a tenu à convoquer le Conseil dès avant la date traditionnelle du mercredi en raison des urgences internationales (sort des otages, opérations au Tchad), il enchaîne :

> « C'est ici, au Conseil des ministres, que se décident les affaires du pays [...]. La responsabilité entière de la conduite de la politique gouvernementale est la vôtre, comme l'a voulu la Constitution. La responsabilité est encore la mienne dans un certain nombre de domaines. Pour assurer l'avenir du pays, c'est la nôtre... »

Les choses sont claires : le respect de la Constitution, décidément bien faite, ce dont s'est avisé peu à peu François Mitterrand, est la règle, la loi unique de cette situation unique. C'est ensuite que viendront les nuances, les retouches, cette « Constitution dans la Constitution » dessinée deux mois plus tard, sans cesse affinée et compliquée pour mieux engluer, embarrasser et perdre le bouillant capitaine de Matignon.

A l'exorde du président, Jacques Chirac répond avec netteté, mais sur le mode conciliant :

> « Le président a fait appel à un Premier ministre de la nouvelle majorité. Il nous faut assumer le gouvernement dans la dignité, en nous fondant sur deux principes : le respect du verdict populaire et le respect de la Constitution, en particulier le respect des prérogatives du président. Nous avons deux priorités : l'emploi et la sécurité. La campagne électorale est terminée : je ne veux pas de polémique... »

---

* Voir plus loin leurs attributions respectives.

Conclusion de François Mitterrand :

> « Nous avons un excellent article 20 de la Constitution qui définit clairement les responsabilités des uns et des autres. Quand j'entends certains ministres s'en recommander, ils ne savent pas le plaisir qu'ils me font. Les responsabilités du gouvernement sont les vôtres. Les miennes sont clairement définies [3]... »

La « cohabitation », qu'il préférera (en vain) appeler plus noblement « coexistence », a pris là, le 22 mars 1986, son élan. Elle ne gardera pas toujours cette impeccable sérénité, mais se dessine déjà si bien qu'on se demande pourquoi son adoption a donné lieu à de tels débats depuis trois ans, après l'article fondateur d'Édouard Balladur*. Certains des nouveaux ministres, comme Albin Chalandon, ont d'ailleurs pris, contre la formule dont ils sont devenus des protagonistes, une position très négative.

Cette alliance compétitive, Chirac et Balladur auraient voulu l'encadrer par un contrat doté d'une force contraignante pour le président, lui faisant entériner une fois pour toutes leur droit de légiférer par ordonnances en tous domaines et sans réserve – ce qui était leur reconnaître un ascendant illimité. Balladur voulait même en faire une condition de leur coopération. Mitterrand** s'y opposa, Chirac céda et se contenta, le 20 mars à 20 heures, de donner lecture, à l'Hôtel de Ville, du projet auquel le président avait refusé de souscrire.

Les ministres ? On a déjà évoqué quelques débats relatifs à la sélection opérée, lors des journées précédentes, le barrage opposé par Mitterrand à l'attribution des Affaires étrangères à Jean Lecanuet (trop antigaulliste) ou Giscard (trop volumineux), de la Défense à Léotard (trop « léger » et trop favorable à l'IDS américaine...). Même veto (accompagné d'un rire sonore) pour le sénateur Étienne Dailly, auquel un naïf veut offrir la Justice (« Il serait obligé de se faire arrêter le lendemain ! » siffle le président), qui échoit à Albin Chalandon, faute des Finances que Chirac ne peut alors refuser à Balladur, flanqué de Juppé au Budget. Au Quai d'Orsay est nommé un bon diplomate professionnel, Jean-Bernard Raimond. Quant à la Santé, on l'a tout simplement, dans la première liste, oubliée... Et on sait que l'Intérieur est, sans vrai débat, attribué à Charles Pasqua. Curieusement, nul ne parle d'Alain Peyrefitte ni d'Olivier Guichard, qui eussent donné plus de légitimité gaulliste et plus d'éclat à cette équipe.

---

* Cf. chapitre précédent, p. 226.

** Refusant de prendre tout engagement impliquant une coresponsabilité.

Celle de l'Élysée est bien groupée autour du président, forte de son homogénéité et de sa compétence. Jean-Louis Bianco, Jacques Attali, Élisabeth Guigou, Jean-Claude Colliard, Gilles Ménage, Hubert Védrine, Frédérique Bredin, Jean-Daniel Lévi, Jean Musitelli, Michèle Gendreau-Massaloux (qui remplace Michel Vauzelle comme porte-parole), Jean Glavany, Ségolène Royal, Nathalie Duhamel, Charles Salzmann et Michel Charasse (dont l'influence ne cesse de grandir avec la multiplication des problèmes institutionnels dont il est un virtuose) forment un petit gouvernement bien rodé, qui dispose d'un fort crédit international et de relations quasi universelles.

Sur l'autre rive de la Seine, à Matignon, Jacques Chirac, déjà initié à la fonction de Premier ministre (1974-1975), a formé une équipe assez classique autour de Maurice Ulrich, diplomate serein et ancien patron d'Antenne 2, rouage essentiel (et très efficace du fait de ses bonnes relations avec Bianco) de la cohabitation. Les autres premiers rôles y sont tenus par François Bujon de L'Estang, diplomate très brillant mais peu conciliant, qui passera longtemps pour le porte-drapeau de la « reconquête », Denis Baudouin, vieux routier de l'information qui a été très proche de Pompidou (gaulliste tiède, c'est un antimitterrandiste enflammé), Jacques Foccart, vétéran du gaullisme que le Premier ministre a convaincu de mettre à sa disposition son expérience africaine, et Michel Roussin, ancien officier de gendarmerie (et futur ministre).

Entre les deux « maisons », François Mitterrand a su, avant la « reconquête » de la droite, occuper quelques positions clés, par exemple le SGCI (secrétariat général du comité interministériel), chargé des affaires européennes et confié à Élisabeth Guigou, qui y conforte son autorité, et surtout la présidence du Conseil constitutionnel, où Daniel Mayer a été remplacé en février 1986 par un des amis le plus fidèles et prestigieux du chef de l'État, Robert Badinter, qui a abandonné pour cela le ministère de la Justice. Longtemps contempteur de cet organisme, Mitterrand va en goûter longuement l'importance…

« Coexistence » ou « cohabitation » (mais pas « cogestion », récusée par les deux partis, qui ont limité au strict minimum les rapports interpersonnels), l'attelage va très vite être mis à l'épreuve. Avant que ne débutent les deux grandes batailles annoncées, sur les privatisations et la réforme du mode de scrutin imposée par les socialistes en 1985, les deux équipes vont confronter leurs idées, leurs réflexes et leurs systèmes d'influences à propos d'affaires urgentes : l'intervention américaine en Libye, le sort des otages français au Liban et la répartition des postes diplomatiques.

Trois affaires, trois accrocs qui font paraître aussi bien la fragilité de l'entente que ce qu'il faut bien appeler sa nécessité – contraignant chacun à limiter la force des coups échangés. Une bourrade est permise, le KO est interdit.

L'intervention aérienne américaine en Libye, qui occupe l'opinion internationale du milieu du mois de mars 1986 à la fin d'avril (la période même où se met en place la cohabitation), manifeste d'abord la cohésion de la diplomatie française, ensuite le caractère compétitif des rapports entre Mitterrand et Chirac. Depuis le milieu de mars, à l'époque des élections françaises, Washington projette de bombarder Tripoli, pour châtier le « chien enragé » Kadhafi, tenu pour responsable de nombreux attentats terroristes, dont un récent, à Berlin, contre des militaires américains.

C'est à cet effet que, le 12 avril, Washington demande à Paris d'autoriser le survol du territoire français par l'escadre aérienne américaine basée en Grande-Bretagne qui a pour objectif le bombardement de Tripoli. Essuyant un refus, Ronald Reagan adresse un message pressant à l'Élysée – puis dépêche à Paris le général Vernon Walters, reçu d'abord par Jacques Chirac, puis par François Mitterrand. L'émissaire américain s'entend répondre par l'un et l'autre que ce type de geste ne peut que rassembler les Arabes autour de Kadhafi – lequel menace au surplus de riposter à une intervention américaine en déclenchant des opérations terroristes sur les villes du sud de l'Europe...

Washington dédaigne ces avis, et ses appareils ayant contourné le territoire français bombardent Tripoli et Benghazi le 15 avril. Le veto français (formulé aussi par les Espagnols) provoque une vive colère aux États-Unis. Mais il est approuvé par une large majorité des Français*, plusieurs sondages en témoignent. Le Premier ministre en profite pour déclarer le 23 avril à la télévision : « La décision que j'ai prise a été approuvée par le président... »

Il est peu de dire que Mitterrand a sursauté... En ce domaine, à la fois diplomatique et stratégique, sur ce terrain qu'il connaît bien, face à son « ami Ronnie », c'est à Matignon qu'aurait été prise cette décision relative à l'indépendance de la France et à la sécurité des Français ? Les excuses du porte-parole de Matignon ne lui suffisent pas : c'est par la presse, sous forme de « fuites » bien organisées, qu'il fera savoir que son « cohabitant » ne lui dicte pas ses décisions... Chirac a cru marquer un point, il a marché sur la patte du tigre...

... Qui ne lui pardonnera guère mieux l'humiliation infligée à l'am-

* Non pas Valéry Giscard d'Estaing qui adresse au président américain un télégramme de solidarité...

bassadeur de France à Tunis, Éric Rouleau, ancien journaliste du *Monde* nommé deux ans plus tôt par ses soins. Dépêché quelques jours avant les élections en Iran, pays qu'il connaît bien et où il compte des amis jusque dans les allées du pouvoir islamique, pour tenter d'arracher les otages français aux Pasdaran et à leurs émules du Liban, Rouleau a pu constater, on l'a vu*, que divers émissaires de ce qui était alors l'opposition, guidés notamment par Charles Pasqua et Robert Pandraud, menaient une opération parallèle et concurrente, faisant valoir aux ravisseurs qu'ils ne devaient pas rendre les prisonniers au gouvernement socialiste mais à ceux qui allaient lui succéder : sur ce thème, Rouleau avait rédigé le 13 mars 1986, avec le chargé d'affaires français à Téhéran, Pierre Lafrance, un télégramme accusateur – que Jacques Chirac et les siens ne pouvaient lui pardonner.

Préparant une visite à Tunis, où Rouleau représentait la France, le Premier ministre avait signifié qu'il ne voulait pas y voir cet ambassadeur et qu'en conséquence celui-ci devrait rester « calfeutré dans son ambassade » pendant le séjour de M. Chirac : on convint entre l'Élysée, Matignon et le Quai d'Orsay qu'Éric Rouleau serait « appelé en consultation » à Paris pendant la visite du chef de son gouvernement à Tunis – où la France prêta ce jour-là à rire... Rentrant sa colère et gardant pour les siens un « C'est scandaleux » qui relevait de la litote, Mitterrand choisit de ne pas faire d'éclat – obtenant pour le diplomate boycotté un poste d'ambassadeur itinérant, « et pas entre Carpentras et Tonneins... »**.

Plus pénible encore est l'isolement de l'Élysée organisé par Matignon, sevré d'une grande partie de la correspondance diplomatique. A partir du mois d'avril, Hubert Védrine, conseiller du président en ce domaine, adresse note sur note à Jean-Louis Bianco : nous ne recevons plus copie des télégrammes diplomatiques importants ni des messages dits DSL (diffusion strictement limitée). Le secrétaire général de l'Élysée multiplie les protestations auprès de Jean-Bernard Raimond et Maurice Ulrich, concluant même l'une de ses notes par cette formule soulignée deux fois : « Cela devient *déloyal.* » La cohabitation va-t-elle capoter ?

Interrogé par *Le Journal du dimanche*, le 18 mai 1986, à propos de l'incident relatif au raid américain sur la Libye, le porte-parole de Matignon, Denis Baudouin, a assuré que l'Élysée était ainsi « mis hors

---

* Voir chapitre v.

** Mais quatre mois après sa nomination, Éric Rouleau, « ambassadeur », ne disposait toujours ni d'un bureau, ni d'un secrétaire, ni de la communication des télégrammes...

jeu ». « A force de dépouiller le chef de l'État de ses attributs, objecte le journaliste, vous allez provoquer chez lui une réaction. Jusqu'où cela peut-il aller ? – Je n'en sais rien », rétorque le porte-parole de Matignon.

Il allait le savoir très vite. Car, le jour même, François Mitterrand avait, comme chaque dimanche de Pentecôte, escaladé la roche de Solutré, en Saône-et-Loire, s'entretenant, après la promenade, avec quelques journalistes. Lesquels se félicitèrent d'être venus... Le chef de l'État avait choisi ce jour, en effet, et cette occurrence pour dévoiler, après deux mois d'expérience, sa stratégie relative à la cohabitation. Et de ce premier compte rendu de mandat allait émerger un « traité de coexistence institutionnelle » infiniment plus riche, plus dramatique et suggestif que celui qui s'était dégagé du premier Conseil des ministres, le 22 mars. Au « toute la Constitution, rien que la Constitution » qui était alors apparu comme les tables de la loi, François Mitterrand allait ajouter un saisissant codicille, sur le thème : « Et si j'estimais que ces règles du jeu n'étaient pas respectées, quelles mesures de rétorsion pourrais-je prendre ? »

Le président, assurant que nul « préjugé » ne le dressait contre le gouvernement, récusa donc toute idée de « guérilla » à son encontre. Mais s'il se refusait à « dégainer » le premier, il convint que « l'antinomie des prises de position sur le fond [était] évidente », qu'il y avait des « points limites » et qu'il devait donc « veiller à ce que les décisions du gouvernement ou de la majorité ne soient pas attentatoires à ce qu'il y a de sain, de bon et de nécessaire dans l'unité nationale ». (Était-ce là ce qu'il appelait « ne pas dégainer » ?)

François Mitterrand, nonchalamment assis dans un fauteuil pliant, innocent promeneur du dimanche au milieu des vignes, dressa alors le catalogue de ses dissentiments avec Jacques Chirac et ses amis à propos de mesures mettant en cause l'« unité nationale » : il cita tour à tour la suppression de l'autorisation administrative de licenciement, les tentatives de règlement en Nouvelle-Calédonie et les privatisations.

S'agissant des licenciements :

> « Je ne voudrais pas qu'en plus d'un certain blocage de salaire des millions de Français, ceux qui produisent, les travailleurs, se sentent comme en dehors du développement de la France. »

A propos de la Nouvelle-Calédonie :

> « Je ne voudrais pas qu'un groupe ethnique, une fraction de la population, une collectivité, se sente comme exclu et en souffre gravement parce que privé de ses propres droits. »

Concernant les privatisations il déclare :

> « Il y a un point limite : on ne peut acheter à l'État dans des conditions qui ne correspondraient pas aux conditions posées lorsqu'on a vendu à l'État. C'est une des raisons de refuser de signer des ordonnances qui concerneraient les nationalisations d'avant 1981, surtout de la période 1945-1946, en particulier parce qu'il n'y avait pas eu de règles d'évaluation. »

Mais alors, fait-on autour de lui, si le « point limite » est dépassé ? Le président, qui ressemble de plus en plus à un personnage de Jules Renard peint par Claude Monet, enchaîne :

> « Il vaudrait mieux pour la France que l'échéance présidentielle ait lieu à la date normale [1988] mais cela suppose que soient respectées les règles impérieuses de la République. Si c'est avant deux ans, je suis le seul à pouvoir en décider, on semble avoir oublié cette vérité première. »

Une démission, donc ? La fièvre commence à gagner l'auditoire : « Pour vous représenter aussitôt ? » Silence narquois, insurmontable. « Alors il y a le référendum… – C'est une arme élimée », rétorque le Président, qui a en tête quelques précédents et déteste d'ailleurs cette procédure gaullienne…

« Et la dissolution ? » Réponse nuancée, mais suggestive :

> « Je l'ai dit à M. Chirac parce que je lui parle très librement. Je n'ai pas l'intention de dissoudre. Pourquoi dissoudrais-je ? La dissolution n'est intéressante qu'après une élection présidentielle, jamais avant*. Et puis pourquoi mener une bataille sur 577 circonscriptions alors qu'on peut la mener sur une seule ? »

« La mener sur une seule » ? La formule ne pouvait manquer de provoquer un flot de questions sur une éventuelle tentative de réélection, comme le lui a demandé un groupe de socialistes réunis à Alfortville une semaine plus tôt. Ce type d'escrime a en lui un maître : « Michel Rocard ferait un très bon candidat. Je n'entends pas le gêner […]. Il faut laisser un peu de souplesse à la vie… » Bon. Mais il ajoute ceci qui, « en souplesse », est tout de même bien éloquent : « Quatorze ans, c'est trop**. Douze ans c'est mieux… » Toute une stratégie se dégage de ces dix mots… Pense-t-il donc au quinquennat ?

---

* Inutile de s'appesantir sur l'ironie rétrospective de ce propos.

** Même observation que précédemment…

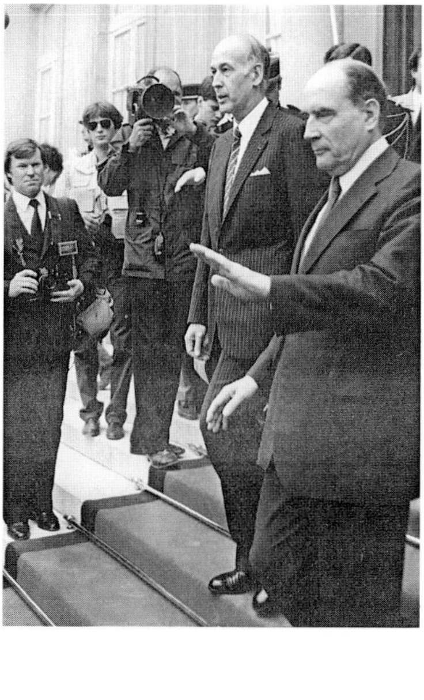

21 MAI 1981

ÉLU PRÉSIDENT DE LA RÉPUBLIQUE.
François Mitterrand
remonte la rue Soufflot en direction
du Panthéon, suivi du cortège des amis :
Willy Brandt, Pierre Bérégovoy,
Roland Dumas, Jean Pronteau,
Roger-Patrice Pelat...se tenant par le bras.
(Photo P. Vauthey/Sygma)

A L'ÉLYSÉE.
Le nouveau président prend la relève
escortant, dans un climat tendu,
son prédécesseur.
(Photo Archive Photos)

Dans le bureau qui fut celui du général de Gaulle,
le nouveau chef de l'État accueille son Premier ministre, Pierre Mauroy.
(Photo D. Goldberg/Sygma)

Entre le président socialiste et « la Dame de fer », héroïne du libéralisme intégral, qui le reçoit à Londres au 10 Downing Street, en septembre 1981, une poignée de main d'entente cordiale.
(Photo A. Keler/Sygma)

ESCALADE ANNUELLE DE LA PENTECÔTE À SOLUTRÉ,
avec Jack Lang qui restera le plus infatigable
et volubile compagnon.
(Photo Novovitch/AFP)

22 OCTOBRE 1981 : L'APPEL DE MEXICO.
Sur un texte fortement inspiré par Régis Debray,
le président français lance l'appel de Mexico
pour une solidarité accrue avec les peuples démunis.
Quelques jours plus tard,
il apprendra qu'il est atteint du cancer…
(Photo D. Goldberg/Sygma)

CONFÉRENCE FRANCO-AFRICAINE DE NOVEMBRE 1981.
A l'issue de cette conférence, François Mitterrand reçoit à l'Élysée les présidents comorien Ahmed Abdallah, nigérien Seni Koutché, voltaïque Sané Zerbo, djiboutien Hassan Gouled, togolais Gnassingbé Eyadéma et centre-africain André Kolingba.
(Photo Archive Photos)

HELMUT SCHMIDT À L'ÉLYSÉE :
un visiteur un peu rude mais ami.
(Photo Archive Photos)

6 MARS 1982.
Devant la Knesset de Jérusalem,
François Mitterrand proclame la dure nécessité de créer un État palestinien.
(Photo D. Goldberg/Sygma)

29 MAI 1982 AU PARC DES PRINCES.
Agen gagne la finale du championnat de France de rugby.
En présence du président Albert Ferrasse (à droite), du ministre des Sports Edwige Avice (à gauche) et de Jean Glavany.
François Mitterrand apprécie en connaisseur assidu.
(Photo G. Rancinan/Sygma)

AU « SOMMET » DE VERSAILLES DE JUIN 1982,
ni Mme Thatcher, ni Ronald Reagan, ni même François Mitterrand
ne semblent éblouis par le faste déployé.
(Photo M. Baret/Rapho)

L'HOMMAGE DE MITTERRAND À MENDÈS FRANCE.
Dans la cour du Palais-Bourbon, le 27 octobre 1982, l'hommage solennel du président à Pierre Mendès France, sans lequel, selon lui, « rien n'aurait été possible » (21 mai 1981).
(Photo M. Philippot, A. De Wildenberg/Sygma)

De Paris à Bonn et...
(Photo Keystone)

... à Latche,
le bon dialogue Kohl-Mitterrand.
(Photo K. R. Muller/Contact Presse Images)

Avec Mobutu
A l'Élysée, le président,
accompagné de Guy Penne, reçoit
son collègue et sa fille.
Ainsi va la politique
de la françafrique...
(Photo M. Baret/Rapho)

Juillet 1984 : le gouvernement Fabius.
Sur le perron de l'Élysée, derrière le président et son nouveau Premier ministre,
Jean-Pierre Chevènement, Georgina Dufoix, Pierre Bérégovoy, Michel Crépeau,
Claude Cheysson, Michel Delebarre.
(Photo M. Philippot/Sygma)

A VERDUN, OSSUAIRE DE DOUAUMONT.
Le 22 septembre 1983, le président et le chancelier,
soixante-sept ans après.
(Photo R. Bossu et A. Brucelle/Sygma)

LE 19 JANVIER 1985, EN NOUVELLE-CALÉDONIE,
François Mitterrand est accueilli par Edgard Pisani et Christian Blanc qui essaient d'éviter la guerre civile.
(Photo J. Langevin/Sygma)

AFFAIRE DU *RAINBOW-WARRIOR* : VERS LE DÉNOUEMENT.
Paul Quilès, à gauche, a osé dire des vérités dont Charles Hernu, à droite, ne se remettra pas...
(Photo P. Habans/Sygma)

Les élections législatives de mars 1986
sont perdues d'avance, malgré le retour au scrutin proportionnel.
Mais à l'appel du Premier ministre, au Grand-Quevilly dont il est le député,
le président tente de sauver ce qui peut l'être, y prononçant un des discours
les plus surprenants de sa carrière.
(Photo P. Rousseau, P. Cotteau/Keystone)

18 JUIN 1986 : SCÈNE DE COHABITATION.
François Mitterrand et le Premier ministre Jacques Chirac se congratulent au mont Valérien, lors de la cérémonie anniversaire de l'Appel de Londres.
(Photo P. Chapuis/Keystone)

A LA VEILLE DE L'ÉLECTION PRÉSIDENTIELLE DE 1988,
en route pour le meeting qu'il va tenir dans le Midi, le président écoute Lionel Jospin, premier secrétaire du PS, faire le point de la situation : c'est « dans la poche »...
(Photo R. Depardon/Magnum)

MIKHAÏL GORBATCHEV,
ici à l'Élysée en octobre 1985, prenait un vif plaisir
aux conférences de presse en duo avec François Mitterrand.
(Photo Keystone)

CHEZ DENG XIAO-PING EN 1983.
Cette visite a-t-elle la même saveur
que celle qu'il a faite à Mao Tsé-toung vingt ans plus tôt ?
(Photo Keystone)

Mais en attendant que s'ouvre, à la date prévue, ou après une démission dont il est le maître, de nouvelles échéances électorales, le président campagnard a tenu à ouvrir, à propos de sa fonction, des perspectives qui ne sauraient enchanter le maître de Matignon :

> « Une idée nouvelle se dégage peu à peu : en 1958, les Français avaient gagné un chef de l'exécutif, un pouvoir fort dans l'usage. Ils ont aujourd'hui l'impression d'avoir gagné avec moi un arbitre. Je dois à la fois marquer des domaines essentiels, ceux qui relèvent des pouvoirs du président de la République définis par la Constitution [...]. Et pour tous ceux qui sont minoritaires, je dois exercer ce pouvoir arbitral, représenter les catégories de Français qui pourraient souffrir d'un manque de justice. »

Arbitre, recours suprême contre l'injustice, maître du jeu et du temps : de la roche de Solutré, un nouveau Moïse a clamé...

Mais s'il a ainsi modifié ou plutôt enrichi les règles du jeu, le dotant du système de sanctions sans lequel il n'est pas de fonctionnement de la vie publique, ce n'est pas en vue de mettre un terme à une situation dont il constate mieux chaque jour qu'elle le sert, le valorise et met dans l'embarras son rival. C'est pour relancer la compétition sur de nouvelles bases.

On ne saurait rêver « animal politique » plus apte à cohabiter que Mitterrand. Cet état est, en un sens, celui qui convient le mieux à sa nature double, autoritaire et conciliatrice, séductrice et imposante, vorace de tout et de tous, maître d'intrigues et avide de clartés, Don Giovanni et Leporello, mi-Beaumarchais, mi-Lamartine, main souple et menton haut. Cet homme de pouvoir avide de s'opposer, cet hédoniste affamé de débats spirituels, ce pascalien qui déploie un génie si typiquement jésuitique, ce pur produit de la IVe République qui s'est épanoui dans la Ve, comment ne goûterait-il pas ce que le partage du pouvoir a de savoureux, de difficile, d'exaltant ? La cohabitation, il la déteste voluptueusement.

Le pouvoir absolu exercé à l'Élysée du temps où Matignon lui était soumis avait quelque chose de lassant dans son immensité, de troublant, de vertigineux aussi. Il est trop autoritaire pour ne pas en abuser, et trop intelligent pour ne pas mesurer les risques que comporte cet abus. Jusqu'où aller, contraindre, exclure, fouiller ? La Constitution, combinée avec son tempérament, lui trace trop peu de limites. La cohabitation le contraint à faire feu de tout bois, le corrigeant de l'absolutisme et le poussant à déployer toutes les ressources de son art pour exister – gymnastique très propre à la musculation.

En ces deux années-là, de mars 1986 à mars 1988, il va s'affirmer au sommet de son art, comme le Napoléon harcelé de la campagne de France. Piquant par-ci, coupant par-là, jouant des textes, rompant s'il le faut, et, dans cette épreuve salubre, retrouvant cette sympathie pour les humiliés que la toute-puissance lui avait fait oublier, il s'aiguise, s'affine et se redresse. Ce classique redécouvre, dans la contrainte, sa règle des trois unités, le cadre du tableau, le sécateur du maître des jardins.

* * *

Le grand combat de la cohabitation, le seul qui l'ait vraiment mis en péril avant la campagne électorale de 1988, ce fut celui des privatisations, parce qu'il était fait à la fois d'un débat sur le fond – les structures de l'économie française, en un temps où, reaganisme et thatchérisme régnant, libéralisme et socialisme s'opposaient comme l'ombre et la lumière – et d'un désaccord sur la forme choisie par Chirac et Balladur, celle des « ordonnances » pour faire l'économie du débat parlementaire. Les vainqueurs du 16 mars savaient, pour avoir usé de ces procédures en 1981, à quel point il est possible d'empoisonner, à coups d'arguties juridiques à la tribune de l'Assemblée, la mise en place d'une réforme : ainsi avaient-ils retardé les nationalisations. Préparant l'opération inverse, ils prétendaient s'épargner les mêmes avanies...

Sitôt accueilli à l'Élysée, le 18 mars, le nouveau Premier ministre avertit le président qu'il compte utiliser la procédure des ordonnances, notamment pour opérer les privatisations, démarche pour lui primordiale ; à quoi le président lui objecte qu'une telle procédure – pratique courante depuis 1958 – exige une loi d'habilitation, donc un débat devant le Parlement, et pose trois conditions à l'adoption de cette procédure : que les ordonnances soient limitées en nombre et qu'elles ne mettent en cause ni les libertés ni les acquis sociaux – l'autorisation administrative de licenciement, par exemple.

La loi préparée au début d'avril par l'équipe d'Édouard Balladur visait à privatiser quarante-deux grandes banques et treize compagnies d'assurances nationalisées, Elf, Havas, Bull et Matra – sans distinguer entre les entreprises nationalisées à la Libération et celles qui l'avaient été en 1981, ce qui donnait au gouvernement carte blanche pour écarter tous les précédents en titre. Le dessaisissement du Parlement était évident. Si bien qu'en se refusant au changement de statut des entreprises nationalisées en 1945-1946, alors qu'il acceptait celui des compagnies qui l'avaient été par ses soins, Mitterrand se trouvait défendre plus jalousement que la sienne l'œuvre du Général contre ceux qui se réclamaient du gaullisme.

D'un Conseil des ministres à l'autre, le débat se poursuivit sur ce thème entre le Premier ministre et le président, avant que la loi d'habilitation ne vienne en discussion à l'Assemblée nationale, les 22 et 23 avril. Les députés de gauche déposèrent 624 amendements (en 1981, la droite en avait défendu 1 438...). La motion de censure étant repoussée le 16 mai, le Conseil constitutionnel n'ayant fait que des réserves formelles, bien que très strictes, la loi d'habilitation fut promulguée le 2 juillet par le président.

Le voici confronté aux ordonnances. Il est d'autant plus décidé à faire prévaloir ses réserves initiales qu'il a découvert un nouveau défaut dans la cuirasse adverse : le caractère français des entreprises n'est pas suffisamment protégé par la clause autorisant 15 % de participations étrangères. (Où est, décidément, dans cet affrontement, l'esprit du gaullisme ?) Et nous l'avons vu à Solutré fort décidé à tenir bon sur ses positions...

A vrai dire, il veut un éclat, non la rupture – un éclat marquant bien qu'il n'est pas résigné à l'encerclement qui lui est imposé, au tarissement systématique des informations auquel il est soumis, à la chasse aux sorcières qui, par exemple, écarte de la direction des affaires politiques au Quai d'Orsay Pierre Morel, tenu pour le meilleur diplomate de sa génération – simplement parce qu'il a appartenu à l'équipe de l'Élysée –, à l'exclusion du général Saulnier* de la liste des promus à la Légion d'honneur, aux propos « déstabilisateurs » tenus par le secrétaire d'État André Santini (« Au pouvoir, les socialistes se comportent comme des voyous... »), ou par François Léotard** (« Je respecte la fonction du président, je dis bien la fonction... »), à la déclaration de Denis Baudouin (« l'Europe, c'est l'affaire du gouvernement »), ou encore au projet de privatisation de TF1 (« parce que cette chaîne est de gauche... »). Oh, oh ! Cela fait beaucoup...

Sur quel thème, cet affrontement recherché ? Sur les dénationalisations, bien sûr, parce que c'est bien là que se situe la ligne de partage, de « front » si l'on peut dire, entre la droite et la gauche, là où subsiste un débat idéologique et quelque chose qui fait penser à la lutte des classes. A quelle date ? Le 14 Juillet et ses fanfares donneront à l'éclat du président un retentissement digne de lui, pour passer de la cohabitation résignée à la coexistence compétitive.

---

* Ancien conseiller militaire du président.
** Ministre de la Culture.

Dès le 11 juillet, Jacques Attali note dans son carnet : « La crise avec Jacques Chirac s'annonce. Elle est inévitable. Elle aura lieu, comme prévu, sur les privatisations… » Et il rapporte ainsi le propos tenu ce jour-là devant lui par le président : « … Le choc est inévitable. Je vais prendre le pays à témoin [...] ce n'est pas le Conseil [des ministres] qui signe les ordonnances, c'est moi. Et je ne signerai pas[4] ! »

Les deux journées qui le séparent de la fête dont il veut faire un combat, Mitterrand les passe avec trois conseillers aux compétences juridiques affirmées, Robert Badinter, Michel Charasse et Jean-Louis Bianco, qui – Lionel Jospin étant mis dans la confidence – l'aident à préparer la traditionnelle interview qu'il accorde en cette occurrence, de l'Élysée, à TF1 : idéale caisse de résonance.

Nanti d'un très solide rapport de Robert Badinter, il a choisi de mener le combat contre la privatisation par ordonnance sur le terrain de l'indépendance nationale. En se donnant pour mission d'éviter que les entreprises françaises ne soient « bradées » à l'étranger, il sait qu'il aura le soutien de larges secteurs de l'opinion.

Jacques Chirac en est conscient. Le 13 juillet, à 21 heures, après un entretien avec Édouard Balladur, il appelle le président, qui dîne avec Badinter, Charasse et Bianco. Il suggère que le chef de l'État pourrait être déchargé, par une déclaration des présidents des deux Assemblées, de toute responsabilité dans le processus de la privatisation par ordonnance. Mitterrand : « Dès le début, depuis deux mois, je vous ai exprimé mes réserves quant à cette procédure. Je ne signerai pas. Je suis prêt à aller jusqu'à la crise, j'en accepte toutes les conséquences… »

Le Premier ministre fait valoir qu'il a atteint les limites de la conciliation possible parce que sa majorité « est à bout ». François Mitterrand riposte que le Premier ministre fait des concessions à tout le monde, sauf à lui, le président… Ainsi, fait son interlocuteur, vous voulez mettre un terme à la cohabitation ? Je ne souhaite pas en venir là, fait Mitterrand, non sans rappeler que, depuis le 22 mars, il a prévenu qu'il n'entérinerait pas la privatisation des entreprises nationalisées par de Gaulle en 1945, à moins que le gouvernement n'en revienne à la procédure classique, parlementaire. Le tout ponctué par un : « Vous avez des convictions. Admettez que je puisse en avoir. »

Chirac a beau revenir sur l'impatience, la « colère » de sa majorité, Mitterrand clôt l'échange par un « C'est déjà un miracle que nous ayons tenu quatre mois » qui laisse son interlocuteur sans voix. Le tout a été dit sur un ton très courtois, sans éclat, plutôt *mezza voce*. Le combiné reposé, le président se tourne vers Bianco et Attali : « Il changera trois fois d'avis, puis il cédera... Ce n'est pas un mauvais type*... »

Sûr de lui, le stratège de l'Élysée ? Hum... Le lendemain matin, Jean-Louis Bianco lui entend dire, avant de se diriger vers les Champs-Élysées où il va présider le défilé du 14 Juillet aux côtés de Chirac : « Je suis sur le fil du couteau. » En tout cas, le secrétaire général, exécutant la consigne du président, téléphone au plus proche collaborateur de Chirac, Maurice Ulrich, pour le prévenir qu'au cours de son interview de 13 heures sur TF1 Mitterrand dira « non »... Les deux hommes qui se tiennent debout devant les troupes savent qu'en cette heure-là le fer est engagé. Lequel se soumettra, lequel se démettra ? Les regards ne se croisent pas.

A 13 heures, s'adressant à Yves Mourousi, François Mitterrand fait connaître aux Français qu'il ne signera pas l'ordonnance de privatisation : il tient compte des objections du Conseil constitutionnel, qui a mis l'accent sur les risques que les privatisations feraient courir, par l'aliénation de grandes entreprises, à l'indépendance nationale. Cette décision ne risque-t-elle pas de provoquer un blocage politique ou institutionnel ? Non, dès lors que la voie parlementaire reste ouverte. Pourquoi ne pas l'utiliser, normalement ? Il juge qu'il n'a pas à apporter sa caution à une autre procédure. C'est au Parlement de prendre ses responsabilités... « Si la loi votée est contraire à mon sentiment, je le regretterai, mais ce sera la loi... », conclut-il.

Regagnant son bureau dans l'après-midi, le président confie à son « conseiller spécial » : « Je vais baisser dans les sondages... Fallait-il l'affrontement ? Il y a des moments où on ne peut le refuser[5]... » Les sondages ? Mitterrand sait bien que, selon l'adage qui a cours alors, « le premier qui dégaine est mort ». Mais le terrain de lutte n'est pas mal choisi : les Français ne souhaitent pas que l'étranger mette la main sur leurs entreprises et ne goûtent pas la mise à l'écart du Parlement dans les occasions graves.

Le 15, François Mitterrand s'en va passer la journée dans sa bergerie landaise, en attendant le Conseil des ministres du 16. Il y reçoit un nouvel appel téléphonique de Jacques Chirac, proposant de retirer du texte sur les privatisations tout ce qui concerne l'évaluation des entreprises, et la possibilité de mainmise étrangère. Le Premier ministre ajoute que, par tempérament, il souhaite une crise mais que sa raison l'engage à l'éviter... Le président demande à réfléchir, puis, dans l'après-midi, fait connaître qu'il maintient son refus. Mais le Premier

* Douze ans plus tard, le président Chirac ne gardait pas le souvenir d'un affrontement cruel, plutôt d'un débat sévère (voir, en appendice, p. 577 s, son interview).

ministre réclamant alors l'inscription de l'ordonnance à l'ordre du jour du Conseil des ministres, le président ne croit pas pouvoir s'y opposer. Le Conseil du 16 juillet va être le plus dramatique de l'histoire de ce gouvernement.

Quand il s'ouvre, alors que, pour la première fois, les deux hommes ne se sont rien dit lors de la réunion préliminaire qui se déroule dans le bureau du président, l'atmosphère est aussi tendue que le 22 mars. D'entrée de jeu, la majorité marque un point : le ministre chargé des privatisations, Camille Cabana, énumère sous l'œil ironique d'Édouard Balladur soixante-douze cas de ventes à l'étranger de filiales de groupes nationalisés – formule qui ne serait donc pas une protection contre les intrusions extérieures... L'argument majeur de Mitterrand est émoussé. Bien joué, monsieur Balladur !

D'autant plus stupéfiante est l'intervention que fait alors le Premier ministre : en proie à une très visible émotion et fixant le chef de l'État les yeux dans les yeux, il prononce des mots qui seront qualifiés de capitulation en rase campagne, scandalisant ses jeunes ministres :

> « Monsieur le président, vous avez fait savoir que, même si le Conseil des ministres approuvait le texte de l'ordonnance, vous ne signeriez pas. Je n'ouvrirai pas de controverse constitutionnelle mais il est clair que seul le Conseil des ministres peut approuver une ordonnance. Il y va de la Constitution. Cela pourrait être à l'origine d'une crise politique grave. Mais devant la situation économique et sociale, le gouvernement, dans une attitude responsable, n'entend pas compromettre le redressement. Il a décidé de recourir à la voie parlementaire. Je demande au Conseil des ministres d'approuver cette procédure nouvelle. »

Le président peut être cruel. Mais il n'est pas homme à abuser sottement d'une victoire qu'il sait acquise depuis que Chirac, l'avant-veille, n'a pas su saisir l'occasion de l'interview présidentielle du 14 Juillet pour démissionner et, sabre au clair, repartir en campagne. Il ne se retient pas d'argumenter un instant sur la question constitutionnelle et le droit qui est le sien de ne pas signer, puis conclut souplement : « La parole est maintenant au Parlement. Cela finira comme cela aurait dû commencer... »

Jacques Chirac ne peut se contenter de cette longanimité, plus humiliante qu'une algarade. Il est trop sensible aux critiques et ricanements autour de lui (« il est indécis », « il n'a pas osé », « il ne fait pas le poids »...) d'hommes comme son conseiller diplomatique Bujon de L'Estang ou son porte-parole Baudouin, qui le poussaient à la démission – contre l'avis de Balladur et d'Ulrich –, pour ne pas tenter de reprendre la main face à l'opinion. Et le soir, devant les écrans de télévision, on le verra dénoncer l'attitude d'un président qui « pour la première fois s'est opposé à la volonté [...] de la majorité des Français ». S'il n'en tire pas, lui, les conséquences, ajoute-t-il, c'est pour épargner à ce peuple une crise politique.

Est-ce avec ou sans son accord qu'une semaine plus tard Denis Baudouin, toujours amateur d'escarmouches, déclare dans une conférence de presse que, « selon M. Chirac, le fusil utilisé par M. le président est à un coup, et pas une carabine à répétition [6] » ? Quelque sens que l'on donne à cette plaisanterie subtile, le président en est piqué au point qu'il charge Bianco de protester auprès d'Ulrich contre l'usage d'« une expression aussi triviale concernant le président de la République ». Aussi bien s'est-il gardé, lui, de faire de Michel Charasse son porte-parole...

A répétition ou pas, la carabine de Mitterrand a fait mouche. L'épisode du 14 juillet 1986 marque un retournement de situation décisif. Jacques Chirac avait engagé l'épreuve de force en soumettant le chef de l'État non aux privatisations, qui étaient inscrites dans sa victoire du 16 mars, mais aux ordonnances. Isolé, acculé, doté d'un dossier contestable, Mitterrand n'a pas cédé. Il a pris ses risques « sur le fil du couteau ». Il sort de ce test bien plus fort qu'au début de juillet, en président de plein exercice. Les chefs de la nouvelle majorité voulaient-ils faire de lui un René Coty, ils n'ont réussi qu'à modifier le rapport de forces. A partir du 14 juillet 1986, c'est l'Élysée qui est redevenu le centre, sinon du pouvoir, au moins de l'autorité.

* * *

La victoire qu'il a remportée, sur les plans tactique et procédurier dans l'affaire des ordonnances ne peut épargner au président la défaite sur le fond qu'impliquait le revers subi par la gauche en mars 1986 : les nationalisations, fleuron des gouvernements Mauroy et de la « gauche unie », ont vécu. Celles aussi qu'avait fait prévaloir, en 1945, la Libération. La majorité parlementaire impose tout naturellement sa loi : le libéralisme, qui semble désormais hégémonique en Occident. L'« exception française » est rabotée, sinon effacée : aux héritiers du gaullisme, par essence colbertiste, qui se réclament désormais de l'école anglo-saxonne et mondialiste, le peuple français a donné le pouvoir de revenir sur près d'un demi-siècle de social-démocratie déclarée ou rampante. Nul mieux que François Mitterrand n'est conscient des responsabilités encourues par les élus de 1981, et d'abord par lui, dans cette liquidation.

La restitution de l'économie française à l'entreprise privée était pour Jacques Chirac et les vainqueurs du 16 mars un exercice en terrain favorable, bien balisé et poussé par des vents amis. La refonte de l'Université, exigée par la droite et l'extrême droite de la nouvelle majorité, impatientes de reconquérir les positions perdues depuis Mai 68 et les lois élaborées par Edgar Faure et les pratiques inspirées par Alain Savary, allait se révéler beaucoup plus aléatoire, ne serait-ce qu'en raison des profondes divergences entre les diverses tendances au pouvoir. L'aile « ultra », animée par l'ancien garde des Sceaux Jean Foyer et le conseiller de Matignon Yves Durand, s'oppose en effet au ministre délégué à l'Enseignement supérieur Alain Devaquet, lui-même décalé par rapport à René Monory, son ministre de tutelle à l'Éducation nationale.

Le député de Paris Alain Devaquet, chercheur de haut niveau, était plus proche, en ce domaine en tout cas, des équipes éliminées en 1986 que de celles qui prétendaient « rétablir l'ordre » à l'Université, sur les deux thèmes de centralisation et sélection. Pour MM. Foyer et Durand, tout ce qui rappelait Mai 68 était pervers. A peine installé dans son ministère, Devaquet fut sommé de faire voter une loi rétablissant l'autorité dans les facultés, et revenant sur le « droit » pour tout diplômé du secondaire d'être accueilli dans l'enseignement supérieur. Le texte qu'il élabora et présenta au Conseil des ministres le 11 juillet 1986*, sans soulever l'objection du président (tout occupé à sa bataille sur les ordonnances...), atténuait les exigences de ses inspirateurs, mais comportait deux mesures de nature à soulever le monde étudiant : une dose de sélection relativisant le « droit » à entrer à l'Université et la hausse des frais de scolarité. C'est pourquoi ce texte modéré – ou qui parut tel à ceux qui connaissaient MM. Foyer et Durand – provoqua une fronde universitaire où allait s'effriter une part de l'autorité du Premier ministre – non sans que le président eût prêté au mouvement une charitable assistance...

Approuvé par le Sénat à la fin d'octobre, le projet Devaquet doit être débattu par la Chambre le 27 novembre. Un comité d'étudiants gauchistes et socialistes, créé, à l'université de Villetaneuse (Paris-XIII), par une étudiante en droit nommée Isabelle Thomas, appelle à la grève universitaire à dater du 17 novembre. Le 22, des délégations de toutes les universités d'Île-de-France convergent vers la Sorbonne, où se tiennent des états généraux qui se prononcent pour une grève

* Ce Conseil a été reporté de deux jours pour cause de voyage en URSS.

nationale des étudiants et lycéens. Une atmosphère qui fait penser à celle du printemps 1968 – à ceci près que l'anarchiste Cohn-Bendit fait place au trotskiste Julien Dray, plus organisé et qui dispose, comme Isabelle Thomas, d'antennes à l'Élysée.

Tandis que 100 000 jeunes gens défilent à Paris pour exiger le retrait pur et simple de la loi, François Mitterrand est à Auxerre, où l'on célèbre le centenaire de la mort de Paul Bert, savant illustre et militant par excellence de la laïcité. Il en profite pour exprimer la sympathie qu'il éprouve pour les contestataires, au nom de l'« égalité des chances », mais ne se prononce pas en faveur du retrait pur et simple de la loi.

Alors que Paris est secoué de houles étudiantes, Alain Devaquet défend sa loi devant une Assemblée enfiévrée, non sans mettre l'accent sur les « précautions » à prendre, avant que Jacques Chirac ne parle à la télévision de « malentendus », et ne suggère que l'on récrive les articles litigieux. Dès le lendemain, Monory, le ministre, et Matignon annoncent la refonte du projet : ainsi Devaquet, le modéré, se voit-il désavoué par ceux qui l'ont poussé en avant... Il parle de démissionner.

Dans la rue, l'émeute gronde toujours. Le vendredi 5 décembre, dans la nuit, un étudiant d'origine algérienne, Malek Oussekine, est tué lors d'une charge de policiers. La tension monte encore d'un cran. Le lendemain, revenant d'une réunion européenne à Londres, le président reçoit Chirac dans son bureau et lui demande le retrait, sinon de la loi, du moins des articles les plus litigieux (sélection et frais de scolarité). Le Premier ministre fait valoir que sa majorité est très motivée. Mitterrand : « En 1984, j'ai tiré les conséquences d'une autre guerre scolaire*... »

Ce n'est pourtant pas sous la pression du président mais sous celle de ses alliés de l'UDR, et notamment d'Alain Madelin et de François Léotard – qui ont trouvé un allié inattendu en Charles Pasqua –, que Jacques Chirac décide, le lundi 8 décembre, le retrait pur et simple de la loi, qui a été précédé de l'acceptation de la démission d'Alain Devaquet, aussi justement blessé de ce « lâchage » que l'avait été deux ans plus tôt Alain Savary...

Avec l'onction épiscopale dont il sait être un maître en de telles circonstances, François Mitterrand félicite Jacques Chirac d'avoir su à son tour désamorcer à temps l'explosif – non sans confier à Attali : « Il fallait que ça vienne de lui. Si c'était venu trop visiblement de moi, il aurait pu y avoir un effet boomerang catastrophique [7]... »

Mitterrand-le-manœuvrier est au sommet de sa forme. Il a pris sa

---

* Référence aux déboires provoqués par la loi Savary, deux ans plus tôt.

revanche sur les manifestations géantes pour l'école privée menées en juin 1984 par Chirac et ses amis. Et le Premier ministre devient la cible des quolibets de la droite « dure », celle des inspirateurs de la loi du pauvre Devaquet, celle qui lit alors, le 6 décembre 1986, sous la plume du directeur du *Figaro Magazine*, que les jeunes manifestants de cet automne 1986, lamentables produits de la « sous-culture Lang », sont « atteints de sida mental... ».

* * *

Mais c'est sur d'autres terrains que peut mieux s'affirmer l'autorité du président : la politique étrangère et la Défense. C'est le champ sur lequel la Constitution, compte tenu de l'article 20 qui assigne au gouvernement la mission de « déterminer et conduire » la politique de la nation, lui reconnaît une responsabilité éminente. L'article 5 fait de lui le « garant de l'indépendance nationale, de l'intégrité du territoire, du respect [...] des traités », et l'article 62 lui confie la tâche de « négocier et ratifier les traités ».

« Domaine réservé » ? Il n'a cessé depuis des années de dénoncer l'absurdité de ce concept, audacieusement formulé en 1959 par Jacques Chaban-Delmas à l'usage du général de Gaulle pour lui permettre de résoudre « à sa main » le problème algérien.

En une bonne dizaine d'occasions publiques, de 1977 à 1986, François Mitterrand avait désavoué, pour ce qui le concernait aussi bien qu'à propos de ses prédécesseurs, cette règle non écrite qui tendait à isoler le chef de l'État dans une imaginaire tour d'ivoire. Le 14 juillet 1985 encore, et bien qu'il sentît approcher l'heure où il pourrait revendiquer ce singulier privilège, il s'y était déclaré hostile. Mais, l'épreuve venue, n'allait-il pas être tenté de se couvrir de cette cuirasse ?

Dans une interview accordée au *Point*, le 10 novembre 1986, après plus de sept mois d'expérience de la cohabitation, il mettait au clair ses conceptions en la matière :

Le Point : « Aujourd'hui, avec le dynamisme qui lui est propre, le Premier ministre Jacques Chirac prend-il une part plus grande que MM. Mauroy et Fabius à la mise en œuvre de votre politique étrangère ? »

François Mitterrand : « Dites plutôt : “à la mise en œuvre de la politique étrangère de la France, continuée ou initiée, selon les cas, par le président de la République actuel”. Pierre Mauroy et Laurent Fabius ont pris une part éminente aux choix et aux orientations qui ont marqué les cinq premières années de ma présidence. Il en va autrement de M. Chirac, chef d'une majorité nouvelle, longtemps très critique, hostile à ces orientations. Il nous faut donc en délibérer davantage aujourd'hui. J'y veille avec attention. »

Le Point : « En cette matière, estimez-vous tenir de la Constitution un pouvoir prééminent ? »

François Mitterrand : « Distinguons. La Constitution m'impose des devoirs. Ces devoirs supposent des droits. J'observe les devoirs. J'en exerce les droits et compétences correspondants. Sur l'essentiel, ils sont prééminents. »

Le Point : « Voulez-vous parler d'un "secteur réservé" ? »

François Mitterrand : « En dépit de ce que je lis tous les jours, je rejette autant que naguère, quand j'étais dans l'opposition, l'idée même de "secteur réservé". Il n'y a pas de "secteur réservé". Il y a la Constitution et l'intérêt national. Il suffit de s'en tenir là. »

Le Point : « Quand on vous écoute commenter ce qui est aujourd'hui la politique étrangère de la France et qu'on regarde les points de divergence, on s'aperçoit qu'en réalité ils sont limités. Est-ce que cela signifie qu'il n'y a qu'une politique possible, qui s'impose à ceux qui en ont la responsabilité ? »

François Mitterrand : « Il y a de cela, sûrement. Ne croyez pas, cependant, que la pratique soit aisée tous les jours. Mais, puisque l'on doit juger sur les faits, les faits plaident dans ce sens. Cela porte un nom : continuité. S'il en allait autrement, je ne saurais m'y associer. »

« S'il en allait autrement »... Conditionnel diplomatique. Le journaliste du *Point* tenait pour « limités » les points de divergence entre le président et le Premier ministre. Nous allons voir que cette formule est restrictive. En fait, entre l'ancien premier secrétaire du Parti socialiste et le fondateur du RPR, les divergences étaient profondes et les points de friction nombreux, tant en ce qui concerne l'Europe que la stratégie de l'alliance occidentale, à propos du Proche-Orient et au sujet des armes nucléaires.

On verra que les prises de position du vieil antigaulliste qu'était (ou que passait pour être) François Mitterrand « collaient » mieux parfois aux directions diplomatiques ou stratégiques du Général que celles du leader du parti néo-gaulliste. Les experts et amis de M. Chirac pouvaient objecter que les temps avaient changé, que l'axe du monde s'était déplacé et que le fondateur de la Ve République était, au-dessus de tout, avant Mitterrand en tout cas, un grand réaliste. Bref, entre Mitterrand et Chirac, la compétition était ouverte...

Parce que le sabreur n'était pas animé d'intentions homicides, sachant que l'escrimeur avait ici l'avantage du terrain, de l'expérience, des relations internationales, le duel ne déboucha jamais sur un affrontement aussi brutal qu'à propos des privatisations. Si l'on considère les positions prises au cours des vingt années précédentes par Jacques Chirac à propos de l'Europe, du Proche-Orient, de l'Afrique ou de la stratégie nucléaire, on peut estimer que les contradictions diplomatiques et militaires entre celui que de Gaulle traitait de « Machiavel de la Nièvre » et celui que Pompidou appelait « mon bulldozer » furent, pour l'essentiel, surmontées.

Mais des escarmouches, il y en eut, soit à propos des questions de « territoire », soit à propos de divergences d'opinions, souvent suscitées en ce domaine par le conseiller diplomatique du Premier ministre, François Bujon de L'Estang, impatient d'affirmer son génie et persuadé que l'Élysée n'abritait plus qu'un retraité amer – mais parfois aussi par l'impulsivité ombrageuse d'un Chirac qui n'avait de cesse d'imposer sa marque et de s'enfermer dans un acte, de peur de se contredire.

Exemple de débat du premier type, sur une affaire de « territoire » entre l'Élysée et Matignon : celle du sommet de Tokyo. Dès ses premiers entretiens avec François Mitterrand, le 18 mars 1986, Jacques Chirac avait fait part à son interlocuteur de son intention de participer au prochain sommet des Sept, prévu à Tokyo pour le début de mai. Et avant de s'être entendu avec le président, il le fit savoir publiquement, précisant qu'il comptait arriver au Japon avant les chefs d'État et s'y entretenir en tête à tête avec Ronald Reagan.

Le 2 avril, le président reçoit le Premier ministre : il le convainc de n'arriver qu'après le dîner d'ouverture de la conférence, réservé aux sept protagonistes, cette arrivée tardive étant imputée à un « emploi du temps trop chargé ». (Jacques Chirac fera dire que le dîner en question est de pur protocole et que les choses sérieuses ne commencent que le lendemain...) Il obtient en tout cas de Mitterrand, le 25 avril, de participer à la rencontre avec le président Reagan. Dans l'avion qui les conduit à Tokyo vingt-quatre heures avant le Premier ministre, le président met en garde Attali contre toute « dispute sur les os à ronger[8]... »

Le 4 mai, lendemain du dîner des Sept, les textes (essentiellement consacrés à la lutte contre le terrorisme international) sont mis au point et prêts à être rendus publics, quand le ministre des Affaires étrangères, Jean-Bernard Raimond, demande qu'ils ne le soient qu'après l'arrivée de Jacques Chirac, deux heures plus tard. Ce qui est fait : moyennant quoi, le porte-parole de Matignon fait aussitôt savoir que les Sept ont attendu le Premier ministre français pour négocier le texte.

Après avoir été présenté à Ronald Reagan par le président, Jacques Chirac s'entretient avec le chef du gouvernement japonais, le très francophile (et nationaliste) Yasuhiro Nakasone. Les propos qu'il tient surprennent à tel point son hôte que la presse japonaise leur donne un écho fort pittoresque : M. Chirac ayant averti M. Nakasone que tout avait changé à Paris depuis les élections, que le président avait perdu l'essentiel de ses pouvoirs et que désormais la gestion française se rapprocherait de plus en plus des normes libérales de l'économie internationale, l'*Asahi Shimbun* résume ainsi l'échange :

Yasuhiro Nakasone : « En somme, vous êtes comme des nouveaux mariés, vous ne vous comprenez pas encore très bien ? »

Jacques Chirac : « C'est cela. Il y a une règle du jeu que nous observons : chacun tire ses propres pouvoirs de la Constitution. »

Yasuhiro Nakasone : « En général, un couple est lié par l'amour. Dans votre cas, c'est le patriotisme qui vous unit... »

Jacques Chirac : « Le président de la République tirait son pouvoir de deux sources, la Constitution et la majorité parlementaire. Depuis les élections du 16 mars, il n'y a plus que le premier. C'est aussi simple que cela... »

Ce *nô* japonais, écrivait alors un hebdomadaire français, ne fut pas du goût de M. Chirac. Le Premier ministre prit le parti d'en rire, mais son entourage, qui trouvait la fable moins drôle, s'employa à dédramatiser l'incident[9]...

Escarmouche...

En d'autres occurrences, les frictions se produisirent sur des thèmes plus graves, à propos de questions de fond. Ainsi, quelques mois après la passe d'armes de Tokyo, le journal israélien *Yedioth Aaronoth* publie, le 20 août 1986, une interview accordée par le Premier ministre au journaliste Ben Porat. Après avoir affirmé qu'il n'était pour rien dans l'accord nucléaire franco-irakien de 1975 dont on lui attribue d'ordinaire la paternité (il en rejette la responsabilité sur M. Giscard d'Estaing, alors président de la République), Jacques Chirac, interrogé sur l'éventuelle reconnaissance d'une Palestine indépendante et le rôle joué par l'OLP, se prononce contre un tel État et contre la représentativité de l'organisation de Yasser Arafat. Il va même jusqu'à personnaliser son refus dans le style folklorique : « Je dirais non à un État corrézien, malgré mes très fortes racines... » Bigre ! Voilà ce que M. Begin lui-même n'aurait pas osé espérer entendre d'un interlocuteur français, qui plus est gaulliste*...

* Écoutant à la télévision ces propos repris lors d'une émission, le président, selon un familier, dodelinait de la tête en murmurant : « Des bêtises, encore des bêtises... »

Ces propos font sensation – à Jérusalem d'abord, à Paris ensuite. La France renoncerait soudain à la politique palestinienne amorcée par de Gaulle et solennellement proclamée à la tribune de la Knesset par François Mitterrand en mars 1982 ? Le chef de l'État n'aura pas la cruauté d'insister. Il informera ses interlocuteurs israéliens que la ligne française reste inchangée et que Paris n'envisage pas d'assimiler la Corrèze à la Galilée...

Mais son entourage fera savoir qu'en raison de cet impair « le Quai d'Orsay a été obligé d'accumuler les gestes en faveur de l'OLP » – Yasser Arafat ayant fait mine de considérer les propos du maître de Matignon comme une véritable déclaration de guerre. Parallèlement, le président incitait Roland Dumas à poser une question écrite à l'Assemblée (le texte étant rédigé par lui-même !) sur les négociations franco-irakiennes de 1975 : ce dont profita Valéry Giscard d'Estaing pour réfuter durement les assertions de Jacques Chirac trahi par sa mémoire.

Escarmouche...

C'est surtout à propos de l'Europe que les contradictions étaient prévisibles – entre le très « européen » Mitterrand, l'homme de la relance de Rambouillet, et Jacques Chirac, qui avait été, comme ministre de l'Agriculture au début des années 70, l'un des hommes publics français le plus méfiants à l'égard de l'Europe. En janvier 1986 encore, le programme du RPR (contresigné par ses alliés de l'UDF) mettait en garde contre l'élargissement de la Communauté au Sud – Espagne et Portugal –, dont Mitterrand s'était fait le champion.

Devenu Premier ministre, le président du RPR assouplit sa démarche tant en ce qui concerne l'adhésion à la Communauté de Madrid et de Lisbonne qu'il ne souhaite plus remettre en cause, que l'Acte unique européen, que ses amis Debré et Foyer dénoncent comme incompatible avec la Constitution, mais qui fait l'objet d'un projet de loi, adopté par l'Assemblée nationale le 20 novembre 1986, sous sa responsabilité.

L'ancien ministre de l'Agriculture sait faire taire en lui de vieux réflexes anticommunautaires à propos des quotas laitiers, qu'il avait dénoncés quatre mois avant d'entrer à Matignon comme contraires aux intérêts des agriculteurs français : il s'en fait l'avocat au Conseil des ministres du 24 mars. Mais, à la sortie d'un Conseil interministériel tenu à Matignon au début de juin 1986, Élisabeth Guigou, en charge de ce dossier, note que la politique du gouvernement à propos de la PAC (Politique agricole commune) « se rétrécit », privilégiant le très court terme sur l'avenir.

L'augmentation jusqu'alors constante des ressources communautaires et de la contribution de la France à cet effet, surtout à propos de la recherche, incite plus que tout Jacques Chirac à se démarquer de la ligne mitterrandienne et à imiter le comportement qui a fait la gloire de Margaret Thatcher, en alléguant l'incompatibilité de cette démarche avec « la politique de rigueur financière menée par [son] gouvernement ». La plus forte expression de ce type de préoccupations est probablement cette confidence faite alors à Élisabeth Guigou par François Heilbronner, directeur adjoint de cabinet de Jacques Chirac :

> « La recherche, on voudrait bien, mais c'est un luxe [...]. Nous devons pratiquer une politique de rigueur nationale. Nous allons limiter au maximum notre apport à la Communauté européenne. Nous n'accepterons d'augmentation de ressources que si nous sommes assurés qu'elles vont à l'agriculture. »

Si bien mouchetés qu'aient été les fleurets à propos de l'Europe, l'affrontement qui couvait, soigneusement contenu par le Premier ministre aussi bien que par le président, rongeant son frein, finit par se produire à Madrid en mars 1987, lors d'un voyage officiel du chef de l'État, accompagné du Premier ministre. Il fut violent*.

Le 11 mars à minuit, dans les salons de l'hôtel Ritz madrilène, Jacques Chirac, improvisant une conférence de presse, accuse ses prédécesseurs socialistes de « légèreté », aussi bien à propos de l'adhésion de l'Espagne au Marché commun sans tenir compte des intérêts des agriculteurs français que concernant le traitement du terrorisme basque, assurant que, dorénavant, « on fera autant d'expulsions que les Espagnols le souhaitent ».

La réplique du président le lendemain, au cours d'une conférence de presse tenue en commun avec Felipe Gonzalez, prend la forme d'une remontrance :

> « Nous sommes tous ici, les Français de la délégation, les représentants de la France, et non pas de telle ou telle partie, de telle ou telle fraction, de telle ou telle tendance. Nous sommes à l'étranger, dans un pays ami, nous sommes dans une négociation internationale, nous sommes les représentants de la France [...]. C'est la France qui, en 1984, en France, présidant à Fontainebleau le Conseil européen, a mis un terme au débat sur cette fameuse adhésion, qui a été fixée au 1er janvier 1986. Ce n'est pas tel gouvernement, c'est la France.
>
> C'est la France qui, en 1985, a signé un pacte d'amitié, avec l'Espagne [...] qui cette année-là a commencé d'extrader des personnes présumées

* C'est le seul auquel, devenu président, Jacques Chirac applique cet adjectif.

> criminelles ou terroristes [...]. C'est la France qui participe en ce jour au premier sommet entre l'Espagne et la France. Voilà ce qui m'intéresse. C'est la continuité de la France, quel que soit son gouvernement... »

Cette escarmouche-là, Mitterrand la conclut en décochant sa « botte de Nevers ». Mais, revenant un an plus tard, dans sa *Lettre à tous les Français**, sur les péripéties de la cohabitation, François Mitterrand conviendra, sur le ton du vieux roi parlant du dauphin incommode, de la convergence de deux démarches à propos de l'Europe :

> « Dans un deuxième mouvement [...] le Premier ministre souscrivit, sans drame, à ce qu'il avait naguère condamné. On fit bonne figure à l'élargissement et les relations avec l'Espagne virèrent au beau fixe. L'Acte unique fut ratifié, le budget agricole maîtrisé plus sévèrement à Bruxelles qu'il ne l'avait été à Fontainebleau, les quotas laitiers rendus plus rigoureux, les ressources propres augmentées, la recherche communautaire financée, les fonds structurels quasiment doublés, le programme "Erasmus" adopté, les ressources budgétaires portées à 1,3 % du produit intérieur de la Communauté. L'accord final obtenu au Conseil européen de Bruxelles, au mois de février [1988], sur le paquet de mesures indispensables à la bonne marche de la Communauté jusqu'à l'ouverture du grand marché, résulta d'une bonne gestion de la "cohabitation" et d'une volonté devenue commune, au service de l'Europe... »

En matière économique, François Mitterrand a transformé en succès tactique, très provisoire, une bataille perdue d'avance sur le fond : la privatisation des entreprises françaises. Dans l'arène diplomatique, il a assuré, sans trop de mal, une prééminence que les textes d'une part, son personnage de l'autre lui garantissaient. Dans l'ordre stratégique, celui de la dissuasion nucléaire et du rôle de la France par rapport à l'Alliance atlantique, il va se trouver dans la position singulière d'un vieil antigaulliste rallié sur le tard à la doctrine du Général, et s'en faisant le défenseur face à des néo-gaullistes fascinés par les thèses américaines – riposte graduée et « guerre des étoiles ».

Ici, le débat se situe moins entre le président et le Premier ministre qu'entre Mitterrand et André Giraud, le responsable de la Défense, qu'il a préféré – s'en mord-il les doigts ? – à Léotard. Le ministre, s'il n'était que de lui, aurait opéré la rentrée de la France dans l'OTAN, sous le parapluie américain, se ralliant en gros aux thèses de Washington à propos de l'IDS** : le lendemain de sa nomination, un quotidien

---

* Voir chapitre VIII.
** Voir chapitre IV.

donnait pour titre à son portrait : « Un ministre pour la guerre des étoiles »...

C'est tout de même entre Mitterrand et Chirac que le débat se déroule au grand jour. Le 12 septembre 1986, le chef du gouvernement est invité à formuler sa doctrine à l'Institut des hautes études de défense nationale. Il met l'accent sur les « armes nucléaires tactiques », dites « à courte portée », qui pourraient être « diversifiées et échelonnées dans la profondeur » – ce qui provoque une réaction négative de l'un de ses auditeurs, pourtant RPR, François Fillon. Le futur ministre croit entrevoir là l'idée d'une « super-artillerie nucléaire », une arme du champ de bataille européen – un élément de la « riposte graduée » à l'américaine : rien n'est plus contraire à la doctrine mitterrandienne, héritée de la gaullienne, dont Fillon s'est fait, lui, l'interprète fidèle.

Le chef de l'État saisit un mois plus tard l'occasion d'une visite au camp militaire du Caylus, dans le Tarn-et-Garonne, pour remettre les choses au point : toute arme nucléaire, qu'on l'appelle « tactique » ou non, fait partie du grand appareil de la dissuasion, qui n'a de fin – et de justification – que l'interdiction de la guerre, et ne doit être conçue que massive, sans nuance, ni flexibilité, ni escalade. Le nucléaire ne saurait être envisagé que dans une perspective absolue, jamais comme d'usage relatif, préfaçant ou prolongeant les combats conventionnels. Si la guerre éclate, c'est que la dissuasion a échoué. Il n'y a pas de guerre nucléaire limitée...

Pour Mitterrand, toute arme nucléaire est stratégique – de destruction ou de préservation massive. C'est pourquoi la flottille de sous-marins nucléaires et le site du plateau d'Albion forment, alors, selon lui, la « pointe de diamant » de la sécurité de la France. Et de conclure : « C'est un point sur lequel j'engage l'autorité que requiert ma fonction. » On ne saurait être plus dévotement gaullien, et Jacques Chirac est assez avisé pour ne pas prolonger le débat.

C'est sous un autre angle qu'il va renaître, celui de « l'option zéro », c'est-à-dire la destruction simultanée de tous les missiles nucléaires soviétiques et américains dits FNI (forces nucléaires intermédiaires). Elle fait l'objet de l'accord signé le 8 décembre 1987 à Washington par Ronald Reagan et Mikhaïl Gorbatchev, accord qu'André Giraud a qualifié de « diabolique » parlant de « Munich », tandis que Chirac émet des « réserves » et que Mitterrand exprime clairement l'approbation qu'il donne à ce « premier accord de désarmement de l'âge nucléaire ».

N'est-ce pas un peu trop confondre la relative confiance faite à Mikhaïl Gorbatchev avec celle que peut se voir accorder, à plus long terme, l'Union soviétique ? En 1987, tout est encore en suspens. Le

« pari » que fait alors Mitterrand ne s'appuie certes pas sur le crédit alloué à Reagan, dont il admirait naguère le bon sens mais qui, depuis quelques mois, a visiblement « perdu les pédales », rêvant à une dénucléarisation généralisée, mais plutôt sur les réactions de Margaret Thatcher et des meilleurs experts militaires américains.

Nous voici donc assez loin des escarmouches précédentes en ces débats sur la stratégie française où se joue l'avenir de la sécurité du pays. Pour Mitterrand, ici gaulliste pointilleux (et qui, affaire Greenpeace ou pas, poursuivra pendant des années encore les essais nucléaires dans le Pacifique...), le nucléaire, c'est la non-guerre. Diviser la terreur en tranches, c'est avoir perdu. La dissuasion n'est pas riposte, mais prévention. Rien de moins « flexible » que cette stratégie qui n'est faite que de raideur. Non sans à-coups, ni polémiques sourdes, l'antigaulliste repenti Mitterrand et le néo-gaulliste Chirac vont pour un temps converger sous la bénédiction du précurseur de Colombey – avant de se contredire à nouveau sur ce point à partir de 1992.

Entre ces débats vertigineux et les querelles d'investiture, de protocole (« de tabourets », eût dit Saint-Simon), deux ou trois débats auront donné à la cohabitation un fort goût de poivre : à propos des otages du Liban qui, dans le cadre des rapports quadripartites avec l'Iran, l'Irak et la Syrie, posent le problème de la survie de quelques citoyens français et du mérite qui en sera attribué par l'opinion à tel ou tel camp.

Aussi celui de l'avenir de la Nouvelle-Calédonie, où, revenant sur les démarches émancipatrices amorcées par Edgard Pisani du temps du ministère Fabius, le ministre responsable dans le gouvernement Chirac, Bernard Pons, mène une politique de reprise en main qui ravive des brasiers d'ailleurs mal éteints : on reviendra sur ces deux crises, inséparables de la grande bataille électorale de 1988...

CHAPITRE VIII

Sept ans encore ?

• Le dur désir de durer • Un certain 16 novembre… • La tentation de Venise • Rocard ? Barre ? Chirac ? Non ! • Angoisse pour une enfant • Sur le mont Sinaï • Trois affaires en travers • Deux tragédies outre-mer • Une lettre à « tous » les Français • Les yeux dans les yeux… • Une barque bien chargée.

Hésita-t-il jamais ? Parvenu au sommet, ne rêva-t-il pas d'emblée d'y surpasser, par une durée sans précédent, le fondateur de cette république ? La longévité peut être une forme de grandeur. Faute d'avoir lancé l'appel du 18 Juin, d'avoir fondé un régime ou imposé une Constitution, là serait la consécration.

Et point n'est besoin de s'acharner sur l'irritant parallèle avec de Gaulle pour découvrir, chez François Mitterrand, le souci de marquer, par un exploit nouveau, sa place dans l'Histoire ; pour reconnaître chez cet ambitieux la certitude que la perpétuation d'un mandat peut être une forme supérieure de service public et que l'État, mieux que le peuple souverain, aime la longue durée, pour peu qu'elle n'aboutisse ni à Malplaquet ni à Sedan.

Nous verrons que diverses données sembleront se mettre en travers de ce chemin – la maladie, son hédonisme, le dynamisme d'un rival, l'indécision des sondages. Mais s'il est possible de déceler, après chaque période de doute, le signe d'un nouvel élan, chacun n'est que la manifestation renouvelée d'un sourd et profond désir.

L'histoire de cette décision, qui ne fut rendue publique que le 22 mars 1988, un mois avant le premier tour du scrutin, on pourrait à coup sûr en chercher les prodromes dès le temps de la présidence de plein exercice, à l'époque des ministères Mauroy ou Fabius. Un homme comme Mitterrand, il n'y a pas d'échec qui ne fouette et n'excite son ambition, l'ardente soif de la revanche, un « dur désir de durer ». Et l'on a vu que ce ne sont pas les épreuves qui manquèrent.

Mais c'est de l'échec majeur, de la défaite électorale de mars 1986, que l'on fera partir cette enquête, fondée sur une évidence : un personnage tel que Mitterrand ne peut accepter d'achever une carrière sur une défaite face à un concurrent comme Jacques Chirac, auquel il reconnaît des vertus privées, mais non celles de l'homme d'État, et qu'il tient pour médiocrement entouré ou facile à trahir. Marginalisé d'abord, éliminé ensuite, oublié enfin, lui, François Mitterrand ? Certes non ; cela ne sera pas...

Considérons d'abord l'homme qui, au printemps 1986, se trouve ainsi défié. Il a 70 ans, ce qui n'est pas un âge où bourgeonnent d'ordinaire les ambitions, surtout face à la perspective d'un septennat ; mais, il ne se prive pas de le rappeler, Georges Clemenceau, l'un de ses modèles, s'est inscrit dans l'Histoire en prenant la tête du gouvernement, en novembre 1917, à 76 ans... Il est encore agile, pratique la marche (peut-on parler, à propos de Solutré, d'escalade ?) et le golf. L'appétit est bon.

Cinq ans plus tôt, il est vrai, la maladie l'a agressé, une maladie que tout disait mortelle, qui a tué son père et reste tapie en lui, le torturant, cette maladie qui est à la fois la fable de l'opinion publique et le secret d'État le mieux gardé : il est le seul à la connaître vraiment, hormis les deux médecins qui l'en ont informé un certain jour de novembre 1981, et quelques spécialistes militaires du Val-de-Grâce. Des amis aussi intimes que les Badinter, des collaborateurs aussi proches que Jacques Attali ou Jean-Louis Bianco, son présumé dauphin Laurent Fabius n'en savent rien. Pas même sa famille... Seule Anne Pingeot, depuis le premier jour, sait.

Les dîners parisiens peuvent bruire de rumeurs sur telle intervention dans un hôpital de province*, telle visite à Cochin, tel cri de douleur poussé sur le golf de Saint-Cloud, les bulletins de santé (dont il a eu l'inconcevable imprudence, lui, le plus avisé des tacticiens, de promettre la publication) commentés dans les milieux médicaux avec une cruelle lucidité, officiellement il est intact. Et l'apparence plaide si bien pour lui qu'il peut plaisanter de sa santé ou affirmer, comme il le fera à l'auteur de ce livre trois mois avant sa mort : « Jusqu'à 75 ans, je n'ai pas pris un cachet d'aspirine[1]... »

Reste que François Mitterrand est bien cet homme qui, le 16 novembre 1981, dans une salle de bains de l'Élysée, a entendu deux médecins, le professeur Steg, éminent chirurgien urologue, et le Dr Claude Gubler, son médecin traitant, lui déclarer qu'il était atteint d'un cancer de la

---

* Où il se trouva un groupe d'internes en grève pour téléphoner à un journal parisien qu'ils détenaient le « dossier cancer » de Mitterrand... Cette ignominie fut révélée par Claude Gubler, médecin du président, qui lui-même...

prostate aggravé de métastases osseuses. Il est l'homme qui s'est alors effondré sur un siège en murmurant : « Je suis foutu... », tandis que le Pr Steg lui parlait de quelques années de survie (trois ans, peut-être...), possibles grâce à des traitements hormonaux. Mais deux heures plus tard, c'est avec le plus grand sang-froid qu'il faisait confidence de la terrible nouvelle à Anne Pingeot – prenant aussitôt un livre dans la bibliothèque de celle-ci, livre qui se trouve être la Bible, ouverte à une page d'où jaillissait la joie...

Trois jours plus tard, il ouvre *France-Soir*, où on peut lire, sous un titre énorme, qu'il est en traitement dans le service cancérologique de Villejuif. Tandis qu'il passe, un peu plus tard, dans le bureau voisin de Jacques Attali, le téléphone retentit. C'est une journaliste très connue et réputée sérieuse : « Je t'annonce, dit-elle au "conseiller spécial", que nous savons que le président est actuellement hospitalisé dans le service cancérologique de l'hôpital militaire de Lyon... Dis-lui que ce n'est plus la peine de se cacher... – Mais je vais le lui dire tout de suite. Il est dans mon bureau... » Le président ne croit pas utile de prendre à son tour le combiné et – nous sommes trois jours après la terrible révélation de Steg... – se contente de déclarer à son ami : « Les rumeurs fonctionnent comme une sorte de meurtre sacrificiel, comme si on plantait des aiguilles sur ma photo. Ils finiront par m'avoir... Mais pas cette fois... »

Il s'est dès lors enfermé dans un secret inimaginable, conforté par les bulletins rassurants signés par le Dr Gübler d'une main que l'on imagine tremblante, mais qui, en fait, ne mentent plus à partir de la fin de décembre 1991 : le traitement hormonal a eu des effets miraculeux. Un an plus tard, le condamné du 16 novembre 1981 se verra assuré d'une longue rémission et se croira guéri. Se croira ou se voudra ? Ce type d'homme, face à une conjoncture formidable, croit ce qu'il veut.

Le fait est qu'à la fin de 1986, cinq ans après le tragique examen de l'Élysée, le président donne tous les signes d'une santé recouvrée. Les quelques douleurs qu'il ressent – jouant au golf, montant un escalier, sortant d'une voiture –, il les attribue à un lumbago ou à un « tour de reins » provoqué par un geste trop brusque : les familiers ont cent fois entendu après un bref gémissement ce type de réflexion, et s'en contentent. A 70 ans...

Peut-il croire vraiment qu'il s'agit, depuis cinq ans, de beaucoup plus que d'une rémission ? Dès l'enregistrement des premiers résultats du traitement, le Pr Steg a avancé des chiffres de l'ordre de cinq ans, alors mirifiques, et écoutés comme tels. Il a fait espérer au président, à partir de la fin de 1982, qu'il finirait son septennat.

Mais il s'agit maintenant d'une nouvelle candidature – les efforts de la campagne, les fatigues du pouvoir – ouvrant d'autres perspectives, un horizon plus vaste. Pour se lancer dans une telle entreprise, il faut disposer pour longtemps de tous ses moyens. Croit-il vraiment qu'il les a récupérés, à l'âge où est mort son père du même mal ?

La pratique de la cohabitation a sur lui des effets trompeurs. Il est toujours président, non ? Et il ne cesse de reprendre de l'ascendant. Mais les charges de la fonction sont bien moindres, surtout aux côtés d'un suractif comme Chirac et avec l'équipe dont il dispose à l'Élysée. Ce régime lui ménage de grands espaces de liberté. Il adopte un style de vie très souple. Robert Badinter évoque avec ravissement cette époque de promenades à travers la France, des visites aux maisons d'écrivains, de voyages en Orient, de soirées au théâtre et au cinéma. Jacques Chirac ne saura jamais à quel point le *forcing* qu'il fit alors à Matignon, libérant son rival, inclina celui-ci à prendre la décision d'engager, contre lui, la lutte...

... Bien que ces temps de relaxe puissent le conduire à l'option inverse – celle de l'abandon à la douceur de vivre. Avec l'« animal de pouvoir » coexiste un François Mitterrand, nul ne l'ignore, hédoniste, aux appétits multiples, amoureux des arbres et des femmes, des paysages, des rues et des bois, des formes et des lignes, des livres et des champs, d'un cours d'eau et d'une façade, gastronome qui manquerait un rendez-vous électoral pour une douzaine d'huîtres et un souper pour la découverte d'une édition originale de Chamfort*. Faut-il se détourner encore de tant de merveilles, s'autoriser seulement celles qu'autorise le temps dérobé à la charge suprême, bien qu'il ait, de la gestion du « temps d'État », une conception étonnamment flexible – d'aucuns disent « désinvolte » – au cours des voyages les plus officiels ?

Sa vie « privée », ou ce qu'on est convenu d'appeler ainsi, est heureuse, aussi heureuse que labyrinthique, organisée (ou vécue) sur un mode double, qui est au plus profond de sa nature. Son épouse Danielle a su maintenir le couple qu'ils forment depuis quarante ans, déconcertant, complémentaire, entouré d'enfants et de petits-enfants qu'ils aiment ; le cœur battant de ce monde est à Latche, sous les pins et les chênes des Landes. Une part de bonheur, rural, feuillu, rieur – chargé d'angoisse aussi, à l'occasion : ainsi lors de l'accident d'auto survenu à son fils Gilbert et aux siens, pendant l'été 1987, en Espagne ; drame qui eut sa part, on le verra, dans le processus de sa décision.

---

* Mais non, sauf si les cantatrices sont belles, pour une représentation de *Don Giovanni*, la grâce musicale lui ayant été aussi cruellement refusée qu'au général de Gaulle...

Il partage autrement la vie d'Anne Pingeot, conservatrice du musée d'Orsay, rencontrée dans les années 60 à Hossegor, au temps de la première campagne présidentielle. Douze ans plus tôt, elle lui a donné une fille qu'ils ont appelée Mazarine et qu'il aime d'un amour fou. Cette autre vie, qu'abrite un appartement réservé à un fonctionnaire de l'Élysée*, quai Branly, et assez souvent une petite maison de trois pièces à Gordes**, dans le Vaucluse, où il joue les anachorètes, se déroule à l'abri des regards d'une presse par ailleurs inquisitoriale et en sa majorité peu favorable au chef de l'État. La pudeur qui fut en l'occurrence respectée, certains la tiennent encore pour une vertu.

Cette vie tissée de lectures, de confidences échangées avec l'enfant, de voyages en Égypte et à Florence, de flâneries au bord de la Seine et des canaux vénitiens, d'escapades en Bourgogne et en Charente, de déjeuners chez Françoise Sagan, de soirées au théâtre avec les Badinter et de matinées au golf de Saint-Cloud, le lundi ou le jeudi, avec Rousselet et Attali, le Dr Raillard, Hélène Couvelaire et le Dr Kalfon, son médecin militaire, quelques grands patrons qui votent et font voter contre lui mais raffolent de sa conversation, n'est-il pas temps de s'y adonner tout entier ? Le miraculé qu'il est, pourquoi ne pas l'abandonner à ce miracle de la liberté ? Voilà qu'opère, en sa plénitude envoûtante, ce qu'Alain Juppé (qui est et redeviendra l'un de ses ministres les mieux appréciés) a appelé *La Tentation de Venise*.

S'il s'y refuse, s'il choisit, contre les gondoles, la navigation de haute mer et ses risques, c'est en partie parce que la part du conquérant, en lui, est plus forte encore que celle de l'hédoniste. C'est parce que la cohabitation a laissé en lui des traces ou des marques qu'il convient d'effacer mais lui a révélé aussi des talents qu'il veut déployer dans la plénitude du pouvoir. C'est parce que, s'il renonce, le débat présidentiel va se dérouler entre trois hommes qui, pour des raisons et par des voies diverses, déferont tout ou partie de ce qu'il considère comme sa contribution à l'Histoire – Chirac ou Barre par la remise en cause globale des « acquis » de 1981, Rocard par l'invention d'un style, sinon d'une stratégie de refonte sociale qui tendrait à révéler l'« archaïsme » de l'ensemble de ses démarches, de 1965 à 1986.

La « solution Barre », il s'y résignerait, estimant l'homme – mais il ne croit pas à la victoire de l'ancien Premier ministre, qu'il ne juge pas assez pugnace et qui a récusé, sous prétexte de fidélité à l'esprit du gaullisme, l'appui d'un grand parti (que de Gaulle, lui, n'avait pas

---

* Inoccupé et prêté au couple par une amie.

** Construite trois ans plus tôt sur un terrain acheté en copropriété avec François de Grossouvre.

négligé). La sortie vers Rocard ? On a dit pourquoi il n'y verrait qu'un pis-aller agaçant. Mais c'est contre la candidature de Jacques Chirac qu'il va surtout se dresser, moins parce qu'il ne pardonne pas les harcèlements de la cohabitation et la tentative des néo-gaullistes de coloniser l'État (l'avait-il, lui, décolonisé ?) que parce qu'il juge l'homme impropre – indépendamment de ses qualités humaines – à exercer des fonctions exigeant la continuité de vues et des capacités d'arbitrage.

S'il fallait s'en tenir aux gestes et aux propos publics ou semi-privés, la décision qui va conduire Mitterrand à la campagne de 1988 pourrait être tenue pour le fruit d'un long, dramatique et secret mûrissement, d'un balancement entre l'être et le non-être candidat. S'il y eut des phases d'hésitation après la crise (probablement déterminante) des ordonnances de juillet 1986, si l'homme flotta peut-être quelques semaines après le choc infligé par l'accident familial de juillet 1987, on croit pouvoir avancer que, pendant les quinze ou seize mois qui précédèrent le « oui » formulé sur Antenne 2 le 22 mars 1988, François Mitterrand s'interrogea moins sur le fond de sa réponse que sur le moment et les circonstances où il la formulerait ; probablement aussi sur la « forme » physique où il serait au début de 1988 – cancéreux en rémission et septuagénaire.

Arrêtons-nous aux mots prononcés.

La première allusion claire du président « cohabitant » à un nouveau mandat date de cette visite à Solutré où il avait, dès le 18 mai 1986, avec une étonnante assurance, tracé les perspectives et les règles de la cohabitation. A une question relative à un nouveau mandat, et après avoir prononcé quelques mots aimables pour Michel Rocard, il faisait cette réponse fort intrigante : « ... Quatorze ans, c'est trop... Douze ans, c'est mieux... » Autrement dit, si le quinquennat était adopté... Ce qui faisait écrire à l'envoyé spécial du *Monde*, Alain Rollat, qu'« en bonne logique "cela" devrait le conduire à faire un nouvel acte de candidature [2] ».

Le 23 juillet, au juriste Olivier Duhamel qui ne manque pas de poser la question il fait une réponse évasive, mais ne résiste pas à assurer : « Si je me représente*, je serai réélu... » Quelques semaines plus tard, à un groupe de compagnons très proches (Cresson, Charasse, Bianco...), il assure que la gauche a de bonnes chances de gagner la présidentielle, mais doit s'accoutumer à l'idée de gouverner avec le centre... Certes. Le 13 octobre, au camp de Caylus, entre deux propos sur la stratégie, il donne à entendre qu'il n'a pas l'intention de solliciter un nouveau mandat : mais au *Club de la presse* du 16 novembre, Lionel Jospin affirme qu'à gauche « une candidature de François Mitterrand aurait

* Au présent, pas au conditionnel.

la priorité sur toute autre », affirmation qui suppose une autorisation, au moins tacite.

Michel Rocard soutient-il, le 3 décembre, à la télévision, qu'il respectera les procédures de désignation de son parti mais qu'on peut y être « minoritaire et candidat », Lionel Jospin déclare tout à trac, le 14 décembre, que « François Mitterrand se représentera et gagnera ». Réaction contre la sortie de Rocard, riposte aux coups de couteau de la cohabitation ? Quand le président, recevant la presse pour le Jour de l'An, assure qu'il n'a « jamais formé ce projet [qui] ne le tracasse pas du tout », peu le croient. Et chacun de consulter les sondages, qui semblent annoncer une victoire de la gauche à la présidentielle, de préférence, il est vrai, si Mitterrand n'était pas candidat...

Tout au long de l'année 1987, le chef de l'État se délecte à entretenir une indécision qu'il a probablement surmontée lui-même. Typique est ce propos tenu à Pierre Joxe : « Plus tard je me déclare candidat, plus j'évite les attaques. » Mais il compulse soigneusement les sondages effectués à son intention par son ami Charles Salzmann qui, à partir du printemps 1987, le donnent vainqueur, d'abord face à Raymond Barre, puis face à Jacques Chirac. Il est clair qu'il ne se lancera dans la compétition qu'assuré du succès. Au début de l'été 1987, à neuf mois de l'échéance, ses intimes le pensent candidat, quand survient le drame.

En Espagne, près de Valence, la voiture que conduit son fils Gilbert est percutée par un camion : tous les occupants sont blessés, mais surtout sa petite-fille Justine, quasiment scalpée et dont la vie restera pendant plusieurs semaines en grand danger. Tous les témoignages concordent : le président est bouleversé. Et, dix jours plus tard, Danielle Mitterrand est hospitalisée au Val-de-Grâce. Cette double épreuve remet en cause la décision qu'il a apparemment prise*.

Ce n'est qu'après l'avoir surmontée, à la fin de septembre, qu'il autorise le lancement par Jacques Séguéla de la campagne « Génération Mitterrand ». Formule assez souple (ses inventeurs disent « réversible ») pour ouvrir la voie à une éventuelle candidature de Michel Rocard, bien qu'elle ne soit pas la meilleure définition que l'on puisse donner, ni dans l'ordre de l'âge, ni dans celui de l'évolution des idées, au député des Yvelines.

Faut-il dater l'entrée en campagne du chef de l'État du début de l'été 1987 ? C'est alors en tout cas qu'il s'ouvre de ses intentions à Lionel Jospin, au cours d'une promenade en forêt : « J'y vais pour une raison fondamentale : si quelqu'un peut gagner, c'est moi [...]. Si je

---

* Selon le témoignage notamment d'un fidèle de Mitterrand, Janine Tillard.

pensais qu'un autre, y compris Rocard, puisse gagner à ma place et assurer la continuité, je ne serais pas candidat[3]. »

Commentaire de Jospin à l'auteur :

> « Par conviction socialiste, républicaine, par rapport à son ego, il ne voulait surtout pas que cet épisode de cohabitation dont il avait souffert pendant deux ans se termine par la victoire de Chirac. Il dit qu'il n'est pas sûr de gagner, mais que personne d'autre ne le peut au PS. »

Deux sondages, à cette époque, le poussent en avant : selon le premier, dû à la SOFRES (5 septembre), 61 % des personnes interrogées déclarent faire confiance au président de la République, qui obtient ainsi son meilleur score depuis juin 1982. D'après le second, Louis Harris-*L'Express* (11 septembre), François Mitterrand l'emporterait au second tour aussi bien contre Chirac que contre Barre, alors que Michel Rocard serait battu par ce dernier.

Rien ne saurait mieux confirmer la détermination du président que les contacts que prend alors Jean-Louis Bianco avec des personnalités centristes – Pierre Méhaignerie, Bernard Bosson, Jacques Barrot. Il a choisi depuis des mois sa stratégie, qui est l'alliance au centre, sous le signe de « la France unie », idée développée dans la *Lettre à tous les Français* dont il commence à lire des extraits lors de déjeuners organisés tantôt chez Édith Cresson ou, après la partie de golf du lundi, à Saint-Cloud. Avec Pierre Bérégovoy, Jack Lang, Pierre Joxe, Louis Mermaz sont débattus les thèmes et les formules lancés par les hommes dits « de communication », Jacques Séguéla, Gérard Colé, Jacques Pilhan. Et le 16 novembre, devant les micros de RTL, il lâche, *mezza voce* : « J'entends dire que j'ai quelques chances... » Autocaricature ?

Ainsi, quand est créée par Paul Quilès et Maurice Benassayag l'association « Avec François Mitterrand », le 26 novembre 1987, on peut tenir pour très vraisemblable un engagement que soutiennent ici et là motions, déclarations et confidences d'écrivains, de comédiens, de journalistes, mis en mouvement par Jack Lang – tandis que, sur la rive d'en face, Jacques Chirac se retiendra jusqu'au 18 janvier 1988 de rendre publique une candidature déjà soutenue par une imposante campagne.

Dès lors, la polémique se déchaîne. Garde des Sceaux du gouvernement Chirac, Albin Chalandon juge bon, le 21 janvier 1988, d'assimiler les relations qu'entretient le président de la République avec les Français à celles que le maréchal Pétain leur avait imposées par la grâce d'un désastre. Et quand, lors d'une réunion de directeurs de journaux, le lendemain, le Premier ministre est interrogé sur ce parallèle injurieux, il se contente d'un « Je ne serais peut-être pas allé jusque-là », suivi d'une philippique violente contre François Mitterrand :

« ... Ce monsieur et sa bande portent la tache indélébile d'avoir mis le Front national au Parlement [...]. Il a un immense mépris de la démocratie. C'est un homme de la IVᵉ, qui emploie toutes les magouilles, qui se livre à toutes les intrigues. Un jour, le peuple français ouvrira les yeux. La cohabitation, vous savez, c'est parfois le calvaire. Mitterrand a un projet de société très dangereux. »

Le président commente ainsi ce type de polémique, dans une interview à Philippe Alexandre : mes amis ont du mal à me convaincre d'y aller. Pas mes adversaires ! Lesquels ne se font pas d'illusions. Témoin Édouard Balladur : « Jamais je n'ai eu de doute à ce sujet... C'est un tel homme de pouvoir ! Le confier à un autre ? Non. J'ai toujours pensé qu'il persévérerait[4]... »

Oui, la campagne est bien ouverte, avant même que les dates des deux tours de scrutin ne soient arrêtées, le 7 février, en Conseil des ministres : ce seront le 24 avril et le 8 mai. Avant de se déclarer, le président tient à avoir deux longs entretiens avec Michel Rocard. Son état-major – Bérégovoy, Joxe, Mermaz, Quilès, Nallet, Glavany – a loué un appartement, avenue Franco-Russe, près du Champ-de-Mars, qui servira de PC de campagne. La déclaration de candidature ne sera plus qu'une formalité.

A sa prise de décision, pourtant, il lui faut donner le caractère théâtral, quelque peu magique, d'une sorte de sacre. Comme chaque année ou presque, il passe les fêtes de Noël en Égypte, en l'occurrence après un voyage officiel à Djibouti. Ses amis Badinter l'accompagnent. « Et si on escaladait le mont Moïse, au Sinaï ? » fait le président. L'ancien garde des Sceaux objecte qu'il faut partir à l'aube, gravir trois mille marches... « Robert, fait Mitterrand, à votre âge* ! » On part à 5 heures et, au cours de l'escalade, le président est reconnu par un groupe de touristes espagnols : « *Arriba Mitterrand !* » Après une longue halte au sommet, ils redescendent vers la plaine. Et Badinter de commenter ainsi l'épisode à l'usage de sa femme : « Il a tenu le coup. Sa décision est prise[5]... »

Le Sinaï, comme sacre ou comme gymnastique ? Il serait sot de ne voir là qu'un exercice d'auto-intoxication ou d'autodérision. En tout cas, pendant les vingt-quatre heures qui suivent, le président s'enferme au Caire avec son ami Charles Salzmann dans un palais faroukien mis à sa disposition par le président Moubarak. Le pronostic de l'infaillible sondeur est clair : si le président oriente sa campagne sur le thème de l'unité française, son score se situera, au second tour, entre 53 et 54 %[6]...

---

* Le président est de huit ans l'aîné de son ami.

Pourquoi retarde-t-il encore pendant près de trois mois une annonce qui ne fait plus guère de doutes pour personne ? Pour d'ultimes vérifications de santé, des mises au point de sa campagne qu'il veut encore plus brèves, dès lors qu'il est en place, que celles de 1974 et de 1981, prenant modèle, de ce point de vue, sur celle du général de Gaulle en 1965, suspendant sa déclaration jusqu'à un mois avant le scrutin ? Afin, disait-il, d'infliger à ses adversaires une « poire d'angoisse »...

On est tenté de voir en ce suspense une stratégie d'affolement de ses rivaux. Il vise moins à se protéger des coups qui pleuvent, des injures qui se multiplient, qu'à noyer l'offensive adverse dans le brouillard de ce qui reste d'indécision. Ah ! la volupté d'être le seul à savoir, ce qui s'appelle savoir, de n'être pas encore coincé dans l'irrémédiable, de n'être pas totalement visible (si tant est qu'il l'ait jamais été !). Il s'est encore inventé un masque, ce Vénitien, tout petit, de velours. Mais comme il est doux...

Le 22 mars, à 20 heures, sur le plateau d'Antenne 2, on voit paraître le chef de l'État un peu plus pâle que d'ordinaire, compassé, face au journaliste Paul Amar, qui, d'entrée de jeu, pose la question attendue par tous les électeurs : « Serez-vous candidat ? » La réponse vient comme à regret, comme si cet abandon du secret (de Polichinelle) était un appauvrissement, le paiement d'un impôt. Ce « oui » est hésitant, plâtreux, frigide. Comme l'aveu d'un petit larcin... « Une voix de jeune mariée », suggérera un commentateur : oui, s'agissant d'un conjoint qui eût été Charles Bovary... De ce point de vue, le deuxième septennat commence mal, comme un acte manqué.

Ce qui va accentuer cette impression, c'est la violence, soudain, du propos, comme s'il voulait justifier une décision dont il sait et sent les risques – dans son corps, autant qu'en son esprit :

> « Depuis quelques mois j'ai beaucoup écouté les discours des uns et des autres, et dans tout ce bruit, j'aperçois un risque pour le pays. Je veux que la France soit unie ; et elle ne le sera pas si elle est prise en main par des esprits intolérants, par des partis qui veulent tout, par des clans ou par des bandes. Elle ne le sera pas non plus, et sur le premier point j'insiste car il faut la paix civile à la France si on veut qu'elle soit prête à aborder le temps qui vient. J'ai dit que la France ne sera pas unie non plus si des intérêts particuliers, égoïstes par nature, exercent leur domination sur le pays au risque de déchirer le tissu social, d'empêcher la cohésion sociale qui correspond à la cohésion nationale nécessaire. Alors je dis : il faut la paix sociale, il faut la paix civile. »

S'il a voulu créer la surprise, en dramaturge, après ce « oui » très attendu, il a réussi en usant de ce ton virulent. Depuis des mois, on ne parlait, dans les milieux dits « informés », que du nouveau Mitterrand qui allait se présenter aux Français, consensuel et bénisseur, celui auquel son ami Salzmann promettait 54 % de votes favorables. Et voilà que resurgit l'imprécateur, le disciple de ses disciples du congrès de Valence… « Des clans et des bandes… » : est-ce bien là le ton du pacificateur, de celui qui a su imposer la cohabitation ?

Et bien que la majorité des commentateurs, de toutes tendances, l'aient jugé trop « sectaire », il va récidiver trois jours plus tard devant le micro d'Europe n° 1. A Jean-Pierre Elkabbach, qui, d'emblée, s'étonne de ce ton de « règlement de comptes à OK Corral », il réplique en dénonçant, sans nommer Jacques Chirac, la « mainmise sur l'État provenant surtout d'une formation politique »… qui tente de contrôler « la presse, l'information, les moyens de communication, la justice, l'argent, les noyaux durs dans les privatisations », et conclut : « La distribution souveraine, au nom du libéralisme, des places fortes aux noyaux durs, ce pouvoir-là doit être démantelé. »

Ce ton est-ce bien celui d'un homme qui se croit, on allait dire qui se sait, rassuré de l'emporter le 8 mai – conformément aux pronostics non seulement de ses partisans, mais de la plupart des observateurs et des instituts de sondage : il n'est pas jusqu'à l'ambassadeur des États-Unis qui ne l'assure de son succès… Ce qui confère sa violence provisoire à l'éloquence de l'homme qui a d'ores et déjà fait choix d'une stratégie de conciliation et de recentrage, c'est le climat que créent autour de lui de sombres affaires judiciaires, et deux crises qui, pour avoir pour théâtre l'Orient et l'Océanie, peuvent encore bousculer la donne électorale.

D'autant qu'elles sont manipulées par un champion tel que Charles Pasqua, la seule autorité, en matière électorale, qui mette publiquement en doute la réélection de François Mitterrand. Ce qui donne à penser que le ministre de l'Intérieur a, en sa besace, quelques explosifs inconnus…

* * *

Le 4 novembre 1987, cinq mois avant l'ouverture de la campagne, Mitterrand et Chirac se font face avant le Conseil des ministres. Le président au Premier ministre : « A quoi jouez-vous, avec ces affaires ? Vous avez tort, vous perdrez. Dans l'imagerie populaire, votre ministre de l'Intérieur, M. Pasqua, c'est le SAC*, votre garde des Sceaux,

* Service d'action civique : service d'ordre gaulliste fondé en 1959, dissous en 1982.

M. Chalandon, des comptes pas très nets. Si vous voulez le déballage, vous l'aurez. Allez-y, vous êtes prévenu... » Langage de l'État ou du Milieu ? En tout cas, le climat est créé, les coups répondront aux coups.

Résumons, pour la clarté du récit, les trois affaires sous-jacentes à ce rude dialogue.

De quand dataient les dernières livraisons d'armes à l'Iran par les soins de l'entreprise Luchaire, livraisons qu'un décret du 21 mars 1980 avait soumises à l'embargo, lui-même levé le 21 janvier 1981, le tout sous le septennat de Giscard ? En mars 1986, à la veille des élections, *La Presse de la Manche*, quotidien de Cherbourg, révélait que ce type d'opérations avait repris du fait de la maison Luchaire contre laquelle le ministre de la Défense de l'époque, Paul Quilès, avait aussitôt porté plainte à la demande de François Mitterrand : le président pouvait en effet se prévaloir d'une constante opposition à ce genre de marchés, notamment au bénéfice de l'Iran, ayant été peu enclin à le faire d'ailleurs, on l'a vu, à celui de l'Irak.

Mais sitôt chargé du ministère de la Défense, André Giraud avait fait ouvrir une enquête par un contrôleur général des armées, Jean-François Barba, dont le rapport, classé « confidentiel-défense », était publié par *Le Figaro* : il y était affirmé que le cabinet de Charles Hernu avait autorisé de telles exportations, et que tels collaborateurs des ministres, et le Parti socialiste, avaient bénéficié de ces trafics.

Cité comme témoin contre Charles Hernu par M. Barba, le général Wautrin dément les propos accusateurs qui lui sont attribués par l'enquêteur à l'encontre du ministre socialiste. Et l'on apprend bientôt qu'en juillet 1987 les ventes d'obus à l'Iran ont repris... Si bien que, dix-huit mois plus tard, les personnes mises en cause sont relaxées. Un coup pour rien ?

Beaucoup plus compromettante pour le système Mitterrand est l'affaire dite du « Carrefour du développement ». En 1983, le chef de l'État avait jugé bon de se séparer de son ministre de la Coopération, Jean-Pierre Cot*, pour lui substituer Christian Nucci, député de l'Isère, qui n'avait pas cru mauvais, lui, de faire de son chef de cabinet, Yves Chalier, le trésorier d'une association intitulée Carrefour du développement, chargée de la formation de cadres africains.

Sitôt installé au même ministère, en 1986, Michel Aurillac avait découvert les étrangetés de la gestion de cette association, finançant indûment la conférence franco-africaine de Bujumbura, en 1984, et, plus grave, une partie des frais de la campagne législative du ministre dans l'Isère. Conscient de ce qu'Aurillac ne peut manquer de tirer les

* Voir chapitre XIII.

conséquences judiciaires de tels abus, Chalier court à l'Élysée demander la protection du président, qui l'éconduit [7]. Dès lors, il ne verra son salut qu'en se réfugiant sous l'aile de Charles Pasqua, en échange de révélations « juteuses » sur les irrégularités de gestion de Christian Nucci, si « juteuses » et troublantes qu'elles feront les beaux titres du *Figaro* tout au long de l'année 1986.

Le député de l'Isère a beau demander lui-même de comparaître devant la Haute Cour pour se justifier, il est de plus en plus clair que ses pratiques avouées jettent la suspicion sur le financement des campagnes électorales du Parti socialiste. Que ces mœurs ne soient pas l'apanage de la gauche ne fait de doute pour personne. Et la gestion de l'affaire par le ministre de l'Intérieur et ses acolytes est à vrai dire presque aussi sujette à caution que les procédés de Nucci et des siens. Mais, dans la perspective de l'élection présidentielle, c'est sur la galaxie mitterrandienne que retombe d'abord l'opprobre.

François Mitterrand le sent si bien qu'il déclare alors à l'un de ses fidèles :

> « On ne trouvera rien de grave contre Nucci, si ce n'est maladresses, légèreté et procédés douteux employés par tous les hommes politiques*. Nous sommes en présence d'une opération politique soigneusement orchestrée [...]. Il n'y a qu'une façon pour les socialistes de s'en sortir, c'est la contre-attaque [...]. Il faut faire comme eux : monter un coup, provoquer la levée d'une immunité parlementaire, bref, leur faire peur. Vous verrez, alors, tout se calmera [8]... »

C'est, ironie, le garde des Sceaux, responsable de la Justice dans le cabinet Chirac, qui sera la cible de la contre-attaque, cet Albin Chalandon qui allait assimiler Mitterrand à Pétain. Le ministre de la Justice est accusé de bénéficier d'un compte courant rémunéré chez le joaillier Chaumet, qui, inculpé d'escroquerie, s'est reconverti illégalement en établissement de crédit. Chalandon se dit victime d'une opération de représailles – en quoi il n'a pas tout à fait tort. Le président a trouvé la cible où planter la flèche. Elle n'est pas mince. Mais dans l'opinion publique, c'est tout de même l'affaire du Carrefour qui sent le plus fort...

Le commentaire fait par le chef de l'État sur l'affaire Luchaire au début de novembre 1987, devant Jean-Louis Bianco et Pierre Joxe, vaut à coup sûr pour l'ensemble de ces épisodes :

> « ... Toute affaire est comme la vie : elle naît, elle se développe, elle meurt. Dans le cas présent, on est encore dans la période de croissance

---

* « Tous » ? Non.

> [...]. Si je vous ai donné tous ces détails, c'est pour que vous ayez une certitude morale. Dans les débats que nous aurons à affronter, la conviction intérieure compte par-dessus tout. »

Venant d'un homme qui a connu beaucoup de traverses – et pas toujours à son avantage –, le propos a son poids. Et tant pis pour qui se contentera d'ironiser sur le thème de la « certitude morale ». A quoi l'on peut ajouter que cette « certitude » a d'autant plus de chances d'être confortée que le maître du jeu veille mieux au respect, autour de lui et en lui, de la morale...

* * *

Le grand combat du printemps entre Mitterrand et Chirac ne va pas seulement se dérouler dans un climat d'imputations morales et judiciaires d'où montent des odeurs de latrines, mais aussi sur fond de tragédie : tandis qu'en France s'échangent ces mots et ces manœuvres, des hommes sont tenus en otages dans la périphérie de Beyrouth et l'avenir de la Nouvelle-Calédonie se joue à coups de vies humaines – Mélanésiens révoltés d'un côté et de l'autre gendarmes métropolitains. Et du fait ou non de calculs ténébreux, le sort des uns et des autres est lié au débat présidentiel français.

S'agissant des otages du Liban, la chose est évidente depuis 1986. Que l'on retienne ou non dans toute sa crudité la thèse des négociateurs alors mandatés par le président de la République, Edgard Pisani au Levant, Éric Rouleau en Iran, il apparaît que des émissaires de MM. Chirac et Pasqua ont alors fait de la surenchère et promis aux preneurs d'otages et à leurs protecteurs iraniens qu'ils obtiendraient de meilleures conditions politiques et financières du nouveau pouvoir que de l'ancien*. A l'Élysée en tout cas, on continue d'estimer qu'en janvier 1986 un règlement est intervenu pour la libération des otages, qu'ont fait échouer les démarches des émissaires de l'opposition.

Le 27 novembre 1987, on apprend la libération de deux des cinq otages français encore aux mains des ravisseurs sous contrôle iranien, les journalistes Roger Auque et Jean-Louis Normandin, et, deux jours plus tard, l'expulsion vers l'Iran (en échange d'un diplomate français retenu à Téhéran, Paul Torpi) d'un fonctionnaire (traducteur ?) de

* On a évoqué plus haut un télégramme adressé au Quai d'Orsay, en mars 1986, par Éric Rouleau et le chargé d'affaires Pierre Lafrance. On lira plus loin ce qu'a écrit à ce sujet Edgard Pisani, ancien ministre du général de Gaulle.

l'ambassade iranienne à Paris, Wahid Gordji, tenu par certains pour l'un des organisateurs des attentats de septembre 1986. Selon un communiqué de l'hôtel Matignon, le juge Boulouque, ayant entendu Gordji, a jugé bon de le relaxer, sans qu'il soit interrogé par les services compétents de la DST. Pourboire à l'Iran en échange des récentes – ou de futures – libérations ?

Lors d'une interview sur TF1, le lendemain, François Mitterrand refuse de répondre à une question sur l'éventuelle libération d'Anis Naccache* et formule une fois de plus l'un des principes qu'il aurait voulu défendre coûte que coûte en cette occurrence sinistre : « On ne peut pas troquer le crime contre l'innocence. ». En tout cas, dans les semaines qui suivent, les exigences des Iraniens pour la libération des trois derniers otages ne cessent de croître, jusqu'à la fourniture massive d'armes à Téhéran : certains vont même jusqu'à parler de centrale nucléaire…

Tout au long de la campagne présidentielle se déploient trois démarches concurrentes – celle de l'homme d'affaires libanais Iskandar Safa, celle de Paul Marchiani (qui se fait appeler « Stephani ») et celle d'Éric Rouleau –, sans oublier le « pilotage » de l'éminent spécialiste des services secrets qu'est le colonel Philippe Rondot, qui relève avec minutie le gonflement délirant des exigences de Téhéran.

C'est probablement le négociateur libanais qui se montre le plus persuasif, faisant miroiter aux Iraniens, au nom du Premier ministre, le rétablissement des relations diplomatiques entre la France et l'Iran, et convainquant le chef de cabinet de Jacques Chirac, Michel Roussin, de venir le rejoindre à Beyrouth en vue de rencontrer son homologue iranien, Hussein Moussawi. Cette fois-ci, fut-il question de livraisons d'armes ? Matignon l'a toujours démenti. Mais nous verrons l'effet produit, au point culminant de la campagne présidentielle, par cette démarche…

En Nouvelle-Calédonie, l'orage avait éclaté le 18 novembre 1984, lors d'élections violentées par des indépendantistes du FLNKS**, suivies d'affrontements entre ceux-ci et les Caldoches blancs : 3 morts (2 autochtones et 1 Européen). Pour trouver une issue à cette situation insurrectionnelle, Mitterrand et Fabius avaient choisi de faire appel à un personnage hors du commun, Edgard Pisani, ancien ministre du général de Gaulle, commissaire européen, ami de Michel Rocard.

Dialogue à l'Élysée dans le style du *Cid* : « Pisani, nous avons songé à vous… – N'avez-vous personne d'autre… ? – Si, mais c'est sur vous

---

* Voir chapitre v.

** Front de libération nationale kanak socialiste.

que je compte… – Est-ce un ordre que vous donnez au serviteur de l'État que je suis ? – Oui. – Dans ce cas, je pars demain[9]. »

« Serviteurs de l'État », il fallait qu'ils le soient, lui et son adjoint Christian Blanc, pour atterrir en pleine insurrection à Nouméa, où, le 1er décembre, le haut-commissaire en place leur déclare : « Il n'y a plus d'État… Vous arrivez trop tard… La seule perspective est un bain de sang… » Dès le lendemain, Pisani et Blanc ouvrent le dialogue avec les insurgés. Alors dix d'entre ceux-ci, dont les deux frères du leader Jean-Marie Tjibaou, tombent dans une embuscade tendue par des Caldoches à Hienghène, le 6 décembre. Mais Tjibaou fait montre de sa hauteur de vues en ne remettant pas en cause pour autant la négociation proposée par Pisani sur la base d'une « indépendance-association ».

Accusé par l'ensemble de l'opposition de ne pas respecter l'article 5 de la Constitution, qui fait de lui le « garant de l'intégrité du territoire* », François Mitterrand soutient sans défaillance la démarche de son haut-commissaire, qu'il appelle presque chaque jour au téléphone pour l'encourager dans sa mission de sacrifice. Mission inutile ? Une émeute générale éclate au début de janvier 1985, après l'assassinat d'un jeune Européen et la mort, au cours d'une fusillade, du chef militaire du FLNKS, Éloi Machoro. Et bientôt le haut-commissariat, où sont barricadés Pisani et Blanc, est assiégé.

François Mitterrand est interviewé le 16 janvier à la télévision par Christine Ockrent : « Monsieur le président, envisagez-vous de vous rendre en Nouvelle-Calédonie ? – Oui. – Quand ? – Demain… » La sensation est forte, les risques sont grands. Il passe moins d'une journée dans cette fournaise, assez pour mesurer la dureté du refus des Caldoches – dont l'organisation, le RPCR, la branche calédonienne du RPR, a pour chef Jacques Lafleur. Et il va inciter Pisani à rééquilibrer son plan en faveur des thèses des Européens. Le haut-commissaire s'exécute, mais il se sent plus ou moins désavoué par le Premier ministre (Fabius) et regagne Paris – où il devient ministre chargé de la Nouvelle-Calédonie. Les élections qui y sont organisées donnent la majorité au RPCR, mais le FLNKS y gagne le contrôle de trois régions sur quatre – celle de Nouméa restant dominée par les Européens.

Ministre chargé du dossier dans le gouvernement Chirac, Bernard Pons n'aura de cesse que le mouvement vers l'« indépendance-association » si audacieusement amorcé par Pisani ne soit stoppé, sinon inversé. Pendant deux ans, c'est le RPCR de Jacques Lafleur qui dicte

---

* C'était le thème des campagnes dirigées contre le général de Gaulle à propos de l'Algérie…

sa loi. Les responsables caldoches du massacre de Hienghène sont acquittés et, pour avoir protesté, le dirigeant FLNKS Yeiwené Yeiwené est jeté en prison, puis relâché. La promotion du très activiste général Franceschi à la tête des forces militaires du territoire ne fait pas prévoir un apaisement. L'annonce, le 27 janvier 1988, d'élections coïncidant avec le scrutin présidentiel, pour bien marquer l'unité de la République, conformément au vœu du RPCR, est reçue comme un défi par les indépendantistes.

Contre la « ligne Pons » Mitterrand n'a cessé de s'élever. Le 18 février 1987, par exemple, il a mis en garde contre « des mesures qui ne peuvent que retarder l'heure des réconciliations ». De fait, l'explosion que beaucoup redoutaient se produit le 22 février : neuf gendarmes sont capturés à Poindimié et gardés en otages par des activistes du FLNKS, rétifs aux consignes de non-violence données par Jean-Marie Tjibaou.

Ratissages, opérations de représailles, prise d'otages : à quelques semaines du scrutin présidentiel, l'avenir de la Nouvelle-Calédonie est, plus encore que le sort des otages de Beyrouth, une charge qui peut à tout instant exploser sous les pas des candidats. Surtout sous ceux du président, dans la mesure où il n'a cessé de s'opposer, pour des raisons de principe, aux exigences des Iraniens (échange des terroristes incarcérés en France contre les otages de Beyrouth), dont l'acceptation eût peut-être permis la libération des innocents prisonniers du Liban. Dans la mesure surtout où il a très ouvertement et publiquement pris parti pour l'émancipation de la Nouvelle-Calédonie conçue par Edgard Pisani.

* * *

S'il a choisi de se proclamer candidat à sa propre succession, le 22 mars, sur un ton agressif, comme pour manifester sa pugnacité et signifier qu'il ne se présentait pas en continuateur de soi-même mais en rénovateur, entendant ainsi prendre l'initiative tactique face à un rival* réputé pour son dynamisme effervescent, François Mitterrand a bel et bien opté pour une stratégie unificatrice. Entré à l'Élysée en tant que chef de l'Union de la gauche, sur des thèmes hardiment socialistes scandés par les mots « rupture » et « classes », il prétend s'y maintenir

* Dès la fin de mars, Raymond Barre, bousculé par la campagne de Chirac, avoue implicitement son échec.

au nom de l'unité des Français. Ayant taillé, il entend recoudre : vieille tradition nationale, qu'ont illustrée quelques dauphins devenus rois, et quelques révolutionnaires devenus sages. Et, après tout, de Gaulle-le-rebelle a choisi pour thème, revenu sur le sol national, celui du « rassemblement ».

Le bréviaire de sa nouvelle campagne, ce sera la *Lettre à tous les Français* (le *tous* est essentiel), qu'il a commencé à rédiger à Gordes au début de mars et qu'il a mise au point à Latche au lendemain de sa déclaration de candidature, pendant le week-end pascal, aux tout premiers jours d'avril : elle est diffusée le 7 avril à 2 millions d'exemplaires, une vingtaine de journaux, dont *Libération,* la publiant sous forme d'encarts publicitaires.

Quarante-sept pages grand format, rédigées par un homme qui aime écrire, croit à sa victoire et voit se profiler sa statue à l'horizon de l'Histoire, se jugeant le plus français de « tous les Français », comme il a aimé l'écrire, se reconnaissant en mille familles, en dix époques, en cent lieux* – et se croyant l'interprète de tous.

Ainsi a-t-il voulu « faire moyen ». Pas d'éclat excessif, ni dans la forme (les textes de *L'Abeille et l'Architecte* ont plus de verve) ni sur le fond. Le candidat qui avait cru bon d'entrer en lice en dénonçant les « bandes » adverses, le voici contenant ses pointes, n'affichant que « la passion d'une France unie » et constatant, avec une exemplaire platitude, que si l'on veut que « la République marche bien, chacun [doit] rester à sa place ». Dans ses moments les plus paternalistes, de Gaulle aurait-il osé proférer de telles fadaises ?

Mais tout n'est pas de cette eau. Le président n'oublie pas qu'il est candidat et pique son compétiteur de quelques flèches à propos de la cohabitation, de son ralliement tardif aux lignes tracées par lui en matière de diplomatie et de stratégie. Le ton reste mesuré dans l'ironie, et d'autant plus efficace, notamment à propos de la dissuasion nucléaire. N'est-il pas dans la position de donner ici des leçons de gaullisme au président du RPR ?

C'est sur l'Europe, à laquelle il ne consacre pas moins de six pages, qu'il est le plus éloquent – ne manquant pas de rappeler qu'il a réconcilié avec elle son rival. Beau rappel d'un parcours qui restera l'un des meilleurs achèvements de son combat politique et conduit au Grand Marché européen. L'allusion à l'Europe « sociale » est très vague, mais il apparaît bien là qu'aux yeux du président « la France est notre patrie, l'Europe est notre avenir… J'y pense, et je le veux ».

Ce qui frappe, en tout cela, c'est l'extraordinaire changement de ton,

* « Je fais partie du paysage de la France… »

de climat et surtout d'objectif qui est intervenu chez cet homme depuis sept ans, depuis les « 110 propositions » du printemps 1981. On décompte encore ici une cinquantaine de suggestions, qui vont de la réduction à cinq ans du mandat présidentiel au rétablissement de l'impôt sur les grandes fortunes et à la création d'un revenu minimum d'insertion, et surtout au « ni nationalisation, ni privatisation » qui marque avant tout les mémoires, avec sa consonance centriste.

Comme tout cela est sage, mesuré, assimilable... « Changer de société ! » clamait-il en 1981. A peine ose-t-il parler désormais de « changer la société » – sur le ton d'un aimable réformateur scandinave...

La « France unie » (que beaucoup vont orthographier désormais « Fransunie »), ce n'est pas avec ce texte sénatorial, qui s'achève certes sur une citation de Jaurès balançant « entre l'idéal et le réel », qu'il va la mettre à mal. Ceux de ses amis qui l'ont incité à s'engager sur cette voie n'ont pas perdu leur temps. Entré à l'Élysée comme leader du Front populaire, le voici candidat de l'Union nationale. Au socialisme voici qu'il substitue le « mariannisme ». Mais en ce Mitterrand radical dans la bonne tradition méridionale subsiste encore de quoi épouvanter quelques éditorialistes, les chaisières de Sainte-Clotilde et les huissiers du Jockey Club.

Le plan de campagne élaboré par Bérégovoy, Joxe et Mermaz est simple : quatre grands meetings, du 8 au 22 avril, à Rennes, à Lyon, à Montpellier et au Bourget, deux émissions de radio, un passage à la télévision dans le cadre d'un programme qui alloue cinq minutes à chaque candidat – et, en réserve, entre les deux tours, un face-à-face avec celui de ses concurrents qui sera arrivé en tête. Au moment où s'ouvre la campagne, on le crédite de 34 à 35 % des suffrages, Chirac de 25, Barre de 18 et Le Pen de 10 à 12 %. La majorité des sondeurs lui donne au second tour une avance de deux ou trois points sur Chirac.

C'est le meeting de Rennes qui restera dans les mémoires, parce que, au-delà des mouvements d'éloquence et de la fête populaire – on y a entendu notamment Barbara* chanter *L'Homme à la rose* –, le président-candidat y a crûment résumé, à l'usage du grand public, et surtout de ses partisans, sa nouvelle stratégie de la « Fransunie ». A coup sûr, le ton de la *Lettre à tous les Français* avait intrigué, séduit ou irrité à gauche. Mais ces choses-là devaient être dites pour être vraiment assimilées. C'est ce qu'il entreprit de faire à Rennes.

L'homme pâle fait corps avec le pupitre, une main crispée sur le micro, l'autre, en l'air, dessinant des arabesques. Son propos sur la

* Dont il était un admirateur enthousiaste.

« France unie » qu'il se prépare à présider va déclencher des mouvements divers, annonciateurs des tensions que ce virage stratégique appelle naturellement :

> « ... Dans les rangs de la majorité, on trouve des hommes de valeur, des hommes excellents... ("Non ! Non !") Mais oui, il y en a... (Sifflets, brouhaha...) Il m'arrive même de les fréquenter... (Le chahut redouble.) Nous ne sommes pas les bons, ils ne sont pas les méchants... ("Si, si") ... même s'ils considèrent, eux, qu'ils sont les bons et que nous sommes les méchants ! »

Cette fois-ci, la salle a pris le parti d'en rire, mais la pilule « Fransunie » ne passe pas aisément... Il va devoir affûter son argumentation.

A la veille du premier tour, le 23 avril, les sondages restent très favorables au président sortant. On estime qu'avec 35 % des voix (Chirac étant crédité de 25 % et Barre d'un peu moins de 18 %) il ne pourrait être battu au second tour. L'institut Louis-Harris lui attribue même 40 % des suffrages, avant de se reprendre : 36 %... Le meeting qu'il tient le 20 avril à Montpellier, où il fait acclamer par 20 000 partisans le nom de Michel Rocard – dès lors considéré comme un Premier ministre potentiel –, est déjà celui d'un vainqueur, qui distribue les rôles, les éloges et les blâmes. Et il récidive le lendemain à Toulouse, où planent de forts souvenirs.

Le vendredi 22 avril, avant-veille du scrutin, le chef de l'État apprend par la radio – Matignon l'ayant tenu à l'écart de l'information officielle – la tragédie qui secoue la Nouvelle-Calédonie, et avec elle le pays tout entier. Dans la petite île d'Ouvéa, le poste de gendarmerie a été attaqué par les indépendantistes : 4 gendarmes ont été tués, 27 emmenés en otages dans une grotte voisine. *Le Figaro* publie le lendemain une photo de François Mitterrand en compagnie de Jean-Marie Tjibaou, avec ce commentaire : l'Élysée savait, le FLNKS y avait été reçu la veille*... Ainsi le chef de l'État est-il accusé par ce journal de complicité dans l'assassinat de gendarmes français, à la veille du scrutin... On dira que M. Hersant n'est pas le porte-parole du RPR, mais... ce qui est clair, en tout cas, c'est que, du scrutin de ce dimanche, le « caillou » du Pacifique ne sera pas absent. « Laxisme » contre « tout-répression »...

C'est comme d'ordinaire à Château-Chinon que François Mitterrand apprend les résultats du premier tour : 34 % pour lui, moins de 20 %

---

* Voir ci-dessus, p. 274.

pour Chirac, 16,5 % pour Barre, 14,5 % pour Le Pen, moins de 7 % pour le communiste Lajoinie. Rentré à Paris vers minuit, attendu par une foule très dense rue de Solférino, puis réunissant ses amis à l'Élysée, il ne peut cacher sa déception : il avait prévu de passer la barre des 35 % et constate que l'effondrement du PCF l'affaiblit.

Mais la défaite du Premier ministre est si lourde qu'elle lui interdit pratiquement de remonter le handicap – en dépit de la consigne donnée aussitôt – mais non sans réticence – par le candidat centriste de voter pour lui. Le seul vainqueur est le chef de la secte lepéniste, qui, sur tous les écrans, laisse éclater sa jubilation : plus de 14 %...

La lutte au second tour, compte tenu de la tragédie d'Ouvéa – en ces cas-là, les arguments des hommes de l'ordre sonnent toujours plus fort –, s'annonce plus serrée que prévu. Le président n'en part pas moins deux jours pour les Antilles, non sans avoir veillé sur les conditions du déroulement du duel télévisé prévu, comme la tradition s'en est établie entre les deux tours. Le rendez-vous est pris pour le 28, lendemain du Conseil des ministres – le plus tendu depuis la séance fameuse du 22 mars 1986. C'est le Président, cette fois, qui cherche les regards des ministres. En vain. Il n'est plus l'assiégé, presque l'assiégeant...

* * *

Le 28 avril, il fait face à celui qui est encore « son » Premier ministre. Entre eux, Michèle Cotta de TF1 et Élie Vannier d'Antenne 2. Le « challenger » a récusé Anne Sinclair et Alain Duhamel, le champion en titre excluant Poivre d'Arvor et Catherine Nay. Devant leur écran, près de 28 millions de Français, une audience sans précédent dans l'histoire politique du pays.

François Mitterrand s'est drapé dans le cérémonial de la toge présidentielle, donnant du « monsieur le Premier ministre » à son interlocuteur, qui, lui, a choisi de s'en tenir à un « monsieur Mitterrand » visant à ramener le chef de l'État au rôle de simple candidat, ce qui, vu le comportement de l'autre, ne sonne pas très juste. Le chef de l'État maintient, en prenant place, un certain ascendant. Le duel durera plus de deux heures. Mais l'Histoire n'en a retenu que cinq ou six répliques, fulgurantes.

Si fondamental qu'il soit, le sujet du chômage, qui ne permet ni à l'un ni à l'autre de pavoiser, ne donne pas lieu à un très vif échange. Pour ce qui est de la politique étrangère et de la Défense, Mitterrand se prévaut, sans charité excessive, d'avoir amené à ses vues un Premier ministre qui, ni sur l'Europe, ni sur la stratégie nucléaire, n'était enclin à les partager.

L'affaire se corse à propos de la Nouvelle-Calédonie, Jacques Chirac laissant entendre que l'Élysée a encouragé les militants du FLNKS à passer à l'action – pour la raison que Jean-Louis Bianco a reçu à l'Élysée, pour le compte du président, une délégation de personnalités que l'on retrouvera mêlée aux négociations*. Sur cette affaire, « monsieur Mitterrand » se contient, non sans mérite. C'est sur un autre terrain, d'ailleurs voisin, que son contradicteur provoquera l'explosion. Le dialogue aborde les affaires de sécurité, donc de terrorisme. Alors l'échange se mue en combat au couteau, et c'est là que tout va se jouer.

Jacques Chirac : « ... Lorsque vous avez été élu président de la République, et lorsque vous avez formé votre gouvernement, Rouillan et Ménigon** étaient en prison, c'est un fait. Ensuite, ils sont sortis. Et vous me dites : "Je ne les ai pas graciés, je ne les ai pas amnistiés..." Ils ont dû sortir par l'opération du Saint-Esprit, c'est possible ! C'est étrange [...]. Nous avons eu beaucoup de mal à les retrouver. Nous les avons retrouvés, nous les avons mis en prison. Hélas ! Entre-temps, ils avaient assassiné Georges Besse et le général Audran. Ce n'est pas moi qui ai évoqué ça, mais c'est un fait [...]. Demandez aux Français s'ils préfèrent avoir comme ministre de l'Intérieur Charles Pasqua ou Pierre Joxe. Vous serez probablement stupéfait du résultat. »

François Mitterrand : « Vous en êtes là, monsieur le Premier ministre ? »

Jacques Chirac : « Oui ! »

François Mitterrand : « C'est triste. Et pour votre personne, et pour votre fonction. Que d'insinuations en quelques mots ! Rouillan n'était pas encore l'assassin qu'il est devenu. Il était passible d'une peine inférieure aux six mois prévus par l'amnistie qui a été votée par le Parlement. Il n'est devenu le terroriste assassin que plus tard. C'est indigne de vous de dire ces choses ! Nathalie Ménigon a été libérée par une décision de justice. C'est indigne de vous de dire ces choses ! »

Jacques Chirac : « C'est vous qui les avez évoquées, ce n'est pas

---

* Voir chapitre IX.

** Deux des fondateurs du groupe terroriste Action directe, qui seront les assassins de Georges Besse, patron de Renault, et du général Audran.

moi. Mais dire que nous avons fait de la publicité en matière de lutte contre le terrorisme, je vous dis non [...]. »

François Mitterrand : « C'est indigne de vous ! Moi, je n'ai jamais libéré les terroristes. Et à cette époque où vous étiez une première fois Premier ministre, et je me souviens des conditions atroces dans lesquelles vous avez libéré un Japonais terroriste après l'attentat du Publicis Saint-Germain. Je me souviens des conditions dans lesquelles, un peu plus tard, avec votre majorité, vous avez libéré Abou Daoud*. Je suis obligé de dire que je me souviens des conditions dans lesquelles vous avez renvoyé en Iran M. Gordji**, après m'avoir expliqué, à moi, dans mon bureau, que son dossier était écrasant et que sa complicité était démontrée dans les assassinats qui avaient ensanglanté Paris à la fin de 1986. Voilà pourquoi je trouve indigne de vous l'ensemble de ces insinuations. »

Jacques Chirac : « Monsieur Mitterrand, tout d'un coup vous dérapez dans la fureur concentrée. Et je voudrais simplement relever un point, dont je ne sais pas s'il est digne ou indigne de vous. Je n'ai jamais levé le voile sur une seule conversation que j'ai pu avoir avec un président de la République dans l'exercice de mes fonctions. Jamais. Ni avec le général de Gaulle, ni avec Georges Pompidou, ni avec Valéry Giscard d'Estaing, ni avec vous. Est-ce que vous pouvez dire, en me regardant dans les yeux, que je vous ai dit que nous avions les preuves que Gordji était coupable de complicité ou d'action dans les actes précédents, alors que je vous ai toujours dit que cette affaire était du seul ressort du juge, que je n'arrivais pas à savoir [...] ce qu'il y avait dans ce dossier et que, par conséquent, il n'était pas possible de dire si, véritablement, Gordji était ou non impliqué dans cette affaire. Et le juge, en bout de course, a dit que non [...]. Pouvez-vous vraiment contester ma version des choses en me regardant dans les yeux*** ? »

François Mitterrand : « Dans les yeux, je la conteste. Lorsque Gordji a été arrêté et lorsque s'est déroulée cette affaire de blocus de l'ambassade, avec ses conséquences à Téhéran, c'est parce que le gouvernement nous avait apporté ce que nous pensions être suffisamment sérieux : comme quoi il était un des inspirateurs du terrorisme de la fin

* Terroriste palestinien impliqué notamment dans un attentat contre le navire italien *Achille Lauro*.

** Voir le commentaire ci-dessous.

*** Ah ! cette affaire des yeux ! Dix ans plus tard, dans son bureau de l'Élysée, le président Chirac me racontera qu'avant le débat, François Mitterrand avait exigé qu'il n'y eût pas de deuxième caméra permettant de montrer l'un des candidats quand l'autre parle. « Ah ! si la deuxième caméra avait pu montrer, quand je lui ai lancé ce défi, le regard de Mitterrand ! » (Voir, en appendice, l'interview de Jacques Chirac.)

1986 [...]. Il n'y avait pas de fureur, non. Il y avait de l'indignation, monsieur le Premier ministre... »

« ... En me regardant dans les yeux... – Dans les yeux, je le conteste... » En ces regards croisés, dussent-ils n'en voir qu'un à la fois, des millions d'électeurs ont assisté à une partie essentielle. François Mitterrand soutint-il le regard de son adversaire – lui dont ce n'est ni le comportement naturel ni le talent, lui dont les cils battent si volontiers ? En tout cas, il semblait avoir marqué un point. Et il l'avait fait, conscient qu'il venait de commettre une faute contre l'État en révélant des propos échangés avec son Premier ministre dans le secret de son bureau. C'est bien une faute qu'avait révélée Jacques Chirac, trouvant à cet égard une judicieuse formule, celle du « dérapage dans la fureur concentrée ».

Mais cette « fureur », qu'il avait suscitée, était justifiée. Jacques Chirac connaissait, en matière de terrorisme, le « dossier Mitterrand ». Il savait qu'en ce domaine le chef de l'État était d'une fermeté insoupçonnable, qu'il avait plus que personne refusé de transiger, que la grâce collective accordée à Rouillan et Ménigon ne visait que des personnes alors inculpées du délit de port d'armes qui ne leur avait valu que des peines mineures. Accuser ainsi le président, en cette occurrence solennelle et avec un formidable enjeu électoral, d'être responsable de l'assassinat ultérieur, par les mêmes, de Georges Besse et du général Audran, était une agression « indigne » en effet du Premier ministre en place.

La réaction du président, dévoilant un entretien secret, était à coup sûr critiquable, mais elle traduisait un état de « fureur » justifié. Soutenant ou non le regard de son adversaire, François Mitterrand gardait en mémoire des accusations très lourdes portées (devant eux, semble-t-il) contre Gordji, quelques mois plus tôt, par Charles Pasqua*, qui tenait ce personnage pour la vraie courroie de transmission entre l'état-major du terrorisme iranien et la France**. Sur le fond du « cas Gordji » Mitterrand avait raison contre ceux qui avaient laissé cet homme dangereux regagner son pays – en échange de quoi*** ?

Cet épisode des regards mobilisa d'emblée l'attention et les passions des commentateurs. « Le Florentin a sorti son poignard... », s'indignait l'un. « En soutenant le regard de Chirac, il a marqué le point décisif », ripostait un autre. Sondage après le face-à-face : 42 % des

* Et non par Jacques Chirac lui-même.

** Contre l'avis de son adjoint Robert Pandraud.

*** « Conversation ou pas, les faits plaident en faveur de M. Mitterrand », écrit Edwy Plenel dans *Le Monde* du 30 avril.

témoins voient Mitterrand vainqueur, 33 % Chirac. Ce qui permet à Serge July d'écrire le lendemain que, si ce débat « fut techniquement le meilleur de tous [ceux qu'avait provoqués l'élection présidentielle], il n'aurait pas eu lieu, cela n'aurait rien changé [10] ».

Nombre de commentateurs ont alors glosé sur la « fin de la comédie » ou l'« hypocrisie » de la cohabitation, sur les masques ôtés et le grand dévoilement. Étranges étonnements, fausses révélations. Qui avait jamais vu dans la cohabitation autre chose qu'un combat, imposé par les institutions et ses « décalages horaires » entre deux types de mandats, un combat livré par les champions de politiques adverses (à quelques questions près), devenues parfois convergentes dans le domaine extérieur ? Un combat qui avait, au cours des dernières semaines, pris une forme atrocement vicieuse à Beyrouth et Ouvéa. L'étonnement n'est pas que le face-à-face télévisé du 28 avril ait connu un moment d'extrême tension, c'est qu'il se soit déroulé, dans sa plus grande partie, sur un ton contenu...

Ainsi, les jeux sont faits, les simulations de votes après le premier tour donnent 53 ou 54 % à Mitterrand. Irréversible ? Non. Sur les deux « fronts extérieurs », en effet, à Beyrouth comme à Ouvéa, le « challenger » de Matignon agit avec les moyens qui sont encore les siens. Peut-on soutenir qu'en décidant de donner l'assaut à la grotte d'Ouvéa, où sont ligotés 20 gendarmes français, et en concédant aux ravisseurs les gages exigés pour arracher *in extremis* la libération des otages, M. Chirac et les siens ont eu essentiellement en tête un objectif électoral ? On citera tel ou tel témoignage en ce sens – sans en tirer un argument décisif. Mais que de coïncidences en quelques jours, en quelques heures, à trois ou quatre jours du scrutin !

Le mercredi 4 mai, François Mitterrand reçoit un appel téléphonique de Damas : le président Hafez El-Assad l'informe que les trois derniers otages français, Marcel Carton, Marcel Fontaine et Jean-Paul Kaufmann, seront libérés dans la soirée. Ainsi le chef de l'État aura été informé par Damas, non par Matignon – de peur qu'il ne s'immisce dans cette opération d'intérêt national ? Son commentaire : « S'il le faut, nous crierons : "Vive Chirac !" [...] Qu'ont-ils promis à l'Iran pour avoir ça ? Les Français [...] savent bien que tout cela est manipulé. Cela ne changera pas une voix [11]... »

Le lendemain, 5 mai (à trois jours du scrutin), c'est par la radio, cette fois, que l'Élysée apprend que l'assaut a été donné la veille au soir à la grotte d'Ouvéa. Les 23 otages ont été libérés au prix d'une boucherie : 2 militaires et 19 Canaques ont été tués... Commentaire du président, d'après Jacques Attali : « ... 21 morts [...] pour 100 000 voix ! On ne fait pas des voix avec de l'argent et du sang [12]... » Le capitaine Legorjus, chargé de l'opération, la qualifie d'« échec ». Tant de morts...

Mais le président est-il lui-même tout à fait étranger au recours à la manière forte ? Depuis plusieurs jours, il a fait connaître son opposition à l'assaut envisagé par le gouvernement. Ses conseillers estiment qu'il y a encore des chances de négociation. Pressé le 3 mai par le ministre de la Défense André Giraud, il a fini par consentir à l'action, non sans donner « l'ordre de ne pas exécuter les Canaques... »*.

Dans son livre de souvenirs, *Persiste et Signe*, Edgard Pisani (qui se dit en accord avec le capitaine Legorjus) assure qu'une solution pacifique était possible et qu'il la négociait alors avec Jean-Marie Tjibaou :

> « Les modalités pratiques de cette solution furent même élaborées : dès la libération des gendarmes, un avion militaire [...] se poserait sur la piste d'Ouvéa, chargerait les insurgés à son bord [...] jusqu'à Paris où ils seraient jugés dans le cadre d'une procédure criminelle régulière [...]. Bernard Pons et Jacques Chirac n'ont pas voulu d'une solution de ce type et ils ont précipité les choses pour la rendre impossible. Ils ont voulu l'affrontement dont ils pensaient qu'à la veille des élections il deviendrait un titre de gloire.
> Mes soupçons sont d'autant plus fondés qu'au moment même où se déroulait le drame d'Ouvéa, je suivais de près un autre dossier qui était celui des otages français au Liban. Or je sais que des émissaires de Jacques Chirac et de Charles Pasqua ont, dans cette affaire, volontairement fait échouer une procédure, dont je ne garantis pas qu'elle aurait abouti mais qui, mise en œuvre, aurait sans doute permis la libération des otages [13]. »

Entre ce gaulliste historique et les néo-gaullistes pompidoliens au pouvoir à Paris en 1988, un procès est donc ouvert, qu'aucun tribunal n'a été chargé de juger.

Et comme si cette cascade de sensations contrastées ne suffisait pas à faire basculer les électeurs, on apprenait le 6 mai que le capitaine Prieur, l'ex-« épouse Turenge » de l'affaire du *Rainbow-Warrior*, placée en résidence surveillée sur l'atoll d'Hao par accord entre les gouvernements néo-zélandais et français, revenait en France « pour raison de grossesse ». « Enceinte ? fit Mitterrand. Depuis combien de minutes [14] ? » Et d'ajouter en soupirant : « Chirac aura vraiment chargé la barque en une semaine. Cette fantasia me coûtera bien un demi-point le 8 mai [15]... »

---

* On apprendra quelques semaines plus tard que le chef du commando kanak, Alphonse Dianou, a été – blessé et prisonnier – achevé.

Encore un meeting à Toulouse le vendredi 6 mai. La soirée des adieux. Il parle d'« ultime bataille » et en profite pour faire applaudir de nouveau Michel Rocard. Est-ce, déjà, un choix pour Matignon ? C'est en tout cas l'entretien d'une certaine flamme, qui pourra s'avérer utile.

Le dimanche 8, jour du scrutin, à Château-Chinon, il déjeune chez son amie Ginette Chevrier, patronne du Vieux Morvan, quand le téléphone sonne, vers 14 heures. C'est Charles Salzmann : « D'après les premiers sondages "sortie d'urne" [...] vous n'aurez pas moins de 53 %... – Charles, merci*. » Il raccroche, un peu déçu par le score. A bord de l'hélicoptère qui le ramène dans la soirée à Paris, il confie à ses proches : « L'important n'est pas que je sois président de la République, cela, je le suis depuis sept ans. C'est que j'aie été réélu. Cela va forcément transformer le paysage politique [16]. »

Cette fois, sa victoire n'est pas celle, collective, due aux efforts d'innombrables militants, comme en 1981, c'est le triomphe personnel d'un homme – de son talent, de ses ruses, de sa maîtrise, de son « aura » –, la victoire du chef assiégé du 22 mars 1986**... Mais c'est aussi celle du candidat qui a fait campagne sur le thème de la « France unie », de l'unanimisme, de « tous les Français » de la *Lettre*. Ce n'est pas une prolongation de mandat qu'il reçoit, c'est un mandat d'un autre type qui lui est accordé.

C'est aussi une victoire unanime sur le plan de la géographie électorale française, soutient le sociologue Hervé Le Bras :

> « La France, dimanche, s'est unie derrière Mitterrand comme le demandaient ses affiches. Ce vote – qui restait encore, sept ans plus tôt, sudiste et républicain – est devenu tout simplement un vote national unanime. Tassement parfois dans les fiefs de gauche, parfois légère progression. Mais ascension sur les terres de la droite, jusque dans les chasses gardées de l'Ouest. A un an de 1989, la Mayenne, la Bretagne ou l'Anjou s'offrent leur "1789". Quant à la Vendée, que des historiens parisiens décrivaient sous le choc du génocide, elle est plus attachée au socialisme que jamais auparavant. Dans son enthousiasme mitterrandiste, elle dépasse certains départements traditionnellement de gauche. L'unification socialiste entraîne, bien sûr, un basculement du Nord au Sud : le président stagne ou recule légèrement, par rapport au score du Parti socialiste de 1986, dans un large Sud-Est, de la Garonne au Jura. Au contraire, au Nord et à l'Ouest, ses progrès, par rapport à 1981, dépassent souvent 10 % et, par rapport à 1986, 5 % [17]. »

---

* « C'est la seule et unique fois qu'il m'a remercié pour un service rendu », confie Charles Salzmann.

** Voir, en appendice, le commentaire sur ce point de Lionel Jospin.

Autre phénomène, du point de vue historique celui-là : le reflux du gaullisme dans ses fiefs. Les électeurs français ont transformé en chemin de croix les « lieux de mémoire » du gaullisme. De Lille, cité des origines, à Calais, celle du mariage, de Saint-Cyr-l'École à Arras et à Metz, les villes de garnison, de Verdun, où il fut laissé pour mort, à Abbeville, où le colonel de Gaulle démontra la valeur et l'efficacité de ses blindés, de Bayeux à Saint-Étienne, de Bar-le-Duc à Épinal, de Saint-Dizier à Quimper : tous les sites où s'est illustré le Général, par les actes ou par la parole, ont basculé dans le camp adverse, avec le Nord, la Lorraine, l'Alsace, la Bretagne et la Marne, terre sainte du gaullisme.

Colombey, tout de même, a tenu : 322 voix pour Chirac, 81 pour Mitterrand…

CHAPITRE IX

Le tour de Rocard...

• L'« ouverture » faite homme • Des élections « ringardes » • Les médiateurs du Pacifique • Une « embellie » ? • Accord sur le RMI • Le délit d'initiés • Généraliser la contribution sociale • Bicentenaire • Un PAF en quête de raison • L'amnistie et la vertu • Le pugilat de Rennes • Ombre de guerre sur Matignon.

Ce que François Mitterrand présente volontiers comme le fruit de la volonté souveraine et brandit comme un sceptre ou une oriflamme, prenons-le, nous, pour une interprétation ingénieuse de l'inéluctable, bien soupesé, bien exploité – telle la désignation de Jacques Chirac en 1986 ou sa propre entrée en lice en vue de sa réélection. Ainsi faut-il considérer le choix qu'il fait de Michel Rocard pour Matignon dans la soirée du 8 mai 1988 – choix qui se déduit d'une situation ou, mieux, d'une séquence de données dont il tire le suc pour en faire l'usage le plus expédient. Mitterrand invente peu – hommes ou idées –, il ne « joue » guère, quoi qu'on en dise. Il analyse, interprète, combine et conclut.

La « Fransunie* », qu'il a concoctée au cours de ses méditations baladeuses de 1987 et qu'il vient de faire triompher lors du scrutin de 1988, on peut y voir l'aboutissement logique d'un septennat amorcé dans la flamboyance idéologique, poursuivi dans les secousses et les virages tactiques ou stratégiques de 1982, 1983 et 1984, et conclu dans le clair-obscur et les ruses fertiles de la cohabitation. Mais elle n'est pas seulement un épanouissement ingénieux, elle est un cadre, une contrainte. Élu à gauche, en socialiste, il est réélu par le centre gauche, en radical-socialiste. A un Blum soigneusement reconstruit succède un Herriot adroitement adapté.

Cette stratégie fructueuse mais contraignante, il y a deux moyens de la mettre en œuvre : ou bien lui donner la forme d'une alliance avec

* On usera parfois de cette graphie, dont l'ironie ne messied pas ici.

le centre ; ou bien l'incarner en un homme qui, aux yeux de l'opinion, en soit à ses côtés le symbole et le garant.

Tout au long de sa campagne, François Mitterrand a, comme il aimait le faire, tenu les deux fers au feu : dépêchant Jean-Louis Bianco auprès de centristes influents – Stasi, Méhaignerie, Barrot –, sinon de gaullistes supposés « récupérables » – Lucien Neuwirth, Michel Noir, Alain Carignon ou Alain Peyrefitte –, et Michel Charasse à la rencontre de Valéry Giscard d'Estaing ; il avait pris soin, pour sa part, de faire applaudir Michel Rocard lors de ses meetings, à Montpellier et à Toulouse surtout, se disant ensuite frappé par la chaleur de l'accueil fait à ce nom par les publics qu'il rassemblait. De toute évidence, l'ancien ministre de l'Agriculture gardait l'oreille de larges secteurs de la gauche.

Le président en voie de réélection avait-il fait son choix entre la stratégie d'ouverture compétitive à la gauche de la droite – Simone Veil, Stasi, Méhaignerie – et celle du compagnonnage critique avec la droite de la gauche ? La première exigeait à ses côtés un Premier ministre très proche de lui, de toute confiance, un « grand vizir », Bérégovoy ou Bianco. Pour la seconde, Jacques Delors ne manifestant pas l'intention de quitter la présidence de la Commission européenne à Bruxelles, Rocard s'imposait.

Le débat tourna autour de l'hypothèse de la dissolution de l'Assemblée. Si le chef de l'État y renonçait, conservant la Chambre de 1986, Giscard et les siens seraient tentés de jouer le jeu, y disposant d'atouts considérables entre un RPR isolé et une gauche non majoritaire, dépendant, pour gouverner, de l'appui de ses partenaires du centre, qui en outre exigeaient le retour au scrutin proportionnel...

Mais François Mitterrand confia à Jacques Attali : « On ne va tout de même pas se traîner aux pieds des centristes ! » Et à un autre : « La décision, ce n'est tout de même pas à Giscard qu'elle appartient, c'est à moi ! »

Les chiffres parlèrent. Avec 54 % des voix, François Mitterrand était trop fort pour laisser espérer à ses adversaires d'hier l'alliance compétitive, sinon égalitaire, envisagée depuis quelques mois. Très vite, dès le soir du 8 mai peut-être, la dissolution fut décidée, c'est-à-dire ce qu'on pourrait appeler l'ouverture « réduite aux amis ».

Autour de lui, certains restent partisans de la « grande ouverture », d'un pluralisme découlant du thème de la « France unie » – tel Charles Salzmann, sinon Jean-Louis Bianco. N'est-ce pas le sens du mandat qu'il a reçu le 8 mai ? Il faut bien comprendre que la structure de son électorat n'est pas la même que celle de 1981. Alors il avait pour lui les voix de la gauche unie. Sept ans plus tard, il a perdu 10 % de cet électorat-là, déçus ou dissidents. Mais il a regagné 15 % de voix à droite. En mai 1988, militants fidèles et sympathisants socialistes et divers gauche constituent environ 30 %, le PCF de 15 à 18 %. Mais les autres, ceux qui ont fait la différence décisive entre 47 et 54 %, qui sont-ils, sinon les partisans de cette stratégie bonhomme définie dans la *Lettre à tous les Français* ? N'est-ce pas le vote « pour Tonton* » qui a été décisif, impliquant la « politique de Tonton » ?

A cette question que je posais rétrospectivement, quatre ans plus tard à propos du clivage gauche/droite, dans la revue *L'Histoire*[1], le président de la République me fit la surprise de répondre, sur un ton très vif, dans une lettre qui éclaire assez bien la conduite alors adoptée par lui :

> « ... Votre réflexion laisse penser que vous m'attribuez la responsabilité d'une situation qu'il est vrai je ne souhaitais pas, la fin du clivage**. Pourtant, je désirais l'ouverture. Si vous avez l'obligeance de vous reporter à l'époque, vous retrouverez les faits et les textes qui vous prouveront que, dans l'heure qui a suivi l'annonce des résultats, les principaux responsables de la droite, et d'abord M. Giscard d'Estaing, se sont résolument situés dans l'opposition, avant même mon intervention télévisée. A qui pouvais-je m'adresser, sinon à des personnalités indépendantes, ce que j'ai fait ? A quel groupe ? Qui était disponible et à quelle condition ? Bien entendu, l'ancienne majorité [encore présente ce soir-là avant dissolution] entendait rester majorité et continuer de gouverner***, il était difficile de s'entendre ! »

Il est de fait que, nonobstant les propos très raides tenus par les uns et les autres le soir du 8 mai (y compris par Simone Veil, qui, les jours précédents, avait laissé entendre que rien ne s'opposait à une coopération avec un gouvernement de gauche), les contacts et les sondages continuèrent le lundi 9 et le mardi 10 mai – « bloqués, rappelle Michel Rocard, par la double exigence des centristes, d'abord de négocier en tant que parti, collectivement, ce qui était inacceptable par Mitterrand, ensuite de refuser la dissolution rapide de l'Assemblée, ce qui était inacceptable par moi, sommé de dépendre d'eux dans une Chambre en majorité rétive[2]... »

Si enclin qu'il fût alors à faire de la « Fransunie » mieux qu'un slogan de campagne, Mitterrand se résignait mal, avec une majorité de 54 %,

---

* Sobriquet qui lui aurait été donné par les chauffeurs de l'Élysée (ou les gendarmes ?) et qu'a adopté l'opinion.

** Sous-entendu : « entre gauche et droite ». Cette « fin du clivage », l'auteur de l'article ne la souhaitait pas non plus !

*** Expression qui semble dépasser la pensée du scripteur...

à dépendre de l'arbitrage d'alliés tactiques restés, en fin de compte, des adversaires stratégiques. Diagnostic d'un bon connaisseur, Jean François-Poncet, ancien secrétaire général de l'Élysée et ministre des Affaires étrangères de Valéry Giscard d'Estaing : « Mitterrand savait trop que Giscard ne pensait qu'à revenir à l'Élysée pour se mettre à la merci d'un rival de cette taille, dont il avait mesuré l'envergure et le talent. Il avait pendant deux ans réduit Chirac à sa merci. Giscard est d'une autre taille [3]... »

Ce sera donc l'ouverture réduite aux amis – si l'on peut situer ainsi l'homme qui va en assurer la charge. Faut-il rappeler tout ce qui oppose Mitterrand à Rocard depuis trente ans, depuis la guerre d'Algérie et le PSU, Épinay, le Programme commun et le congrès de Metz – en fait, depuis qu'ils sont nés, l'un dans l'ombre des Valois, l'autre dans la lignée de Coligny ? Plus encore, depuis qu'il y a des hommes qui croient que « la politique, c'est des gens » et d'autres qui pensent que « c'est des idées ». Mais, après tout, qu'y avait-il de commun entre de Gaulle et Pompidou, entre le deuxième président et Messmer, entre Giscard et Chirac ?

L'appel fait à Rocard, dont il disait naguère sur un ton protecteur : « J'en ferai mon aide de camp... », ne va pas sans l'agacer, dans la mesure où, au lendemain d'une victoire, il donne le pas à un compétiteur ancien (et futur) sur ces fidèles que sont Jospin et Bérégovoy, Fabius ou Bianco. Mais faute d'ouverture « en grand », c'est lui qui incarne cet « esprit de renouveau » dont le président l'a crédité lors de son meeting d'adieu à Toulouse, où certains avaient voulu voir un passage de relais.

Le 9 mai, pourtant, Michel Rocard doute encore ; Pierre Bérégovoy espère toujours. Déjeunant avec son ami Jean-Paul Huchon, qui a été et sera son directeur de cabinet, le député des Yvelines remâche les déceptions, les avanies même que lui a infligées Mitterrand. « Il avait l'impression, raconte Huchon, que le président jouait une partie de bonneteau dont il ne voyait pas passer les cartes [4]. » Mais il reçoit dans la soirée une invitation à déjeuner pour le lendemain, mardi 10 mai, à l'Élysée. Cette fois, tout de même, il touche au but !

Déception : dans la bibliothèque de l'Élysée, la table est dressée pour quatre personnes – et lesquelles ! Autour du chef de l'État sont réunis Pierre Bérégovoy, Jean-Louis Bianco – ses deux principaux concurrents – et lui-même. Encore heureux que ne soient présents ni Jospin ni Fabius ! Le repas se passe, Mitterrand égrenant brillamment des souvenirs, en vrai bourreau chinois... Vient le dessert – et l'heure de l'oracle :

> « Je dois nommer mon Premier ministre... (Une pause, tendue.) L'une des forces du socialisme français, c'est qu'il compte dans ses rangs beaucoup d'hommes de qualité. A mes yeux, ces talents sont équivalents... (Nouvelle pause, et le silence se fait plus lourd.) Je dois dire pourtant qu'à l'heure actuelle Michel Rocard a une petite prime* d'avance... Elle n'est ni psychologique ni affective, elle est politique, c'est la situation qui le veut[5]... »

La situation, en effet... Pour ce qui est de lui, il confie quelques instants plus tard à Jacques Attali : « Rocard n'a ni la capacité ni le caractère pour cette fonction. Mais puisque les Français le veulent, ils l'auront. En revanche, c'est moi qui ferai le gouvernement... » – ce dont ni Mauroy ni Fabius ne pourront s'étonner, connaissant les usages en la matière... Il arrivera aussi à Mitterrand de dire à cette époque : « Rocard, dans dix-huit mois, on verra au travers ! » Mais le règlement magistral de l'affaire de Nouvelle-Calédonie par le Premier ministre modifiera, pour un temps, cette opinion...

A 17 h 50, ce mardi 10 mai, Jean-Louis Bianco, secrétaire général de la présidence (et convive frustré du déjeuner de l'Élysée), annonce sur le perron de l'Élysée que Michel Rocard a été désigné par le chef de l'État pour former le gouvernement. D'emblée, un large secteur de l'opinion réagit favorablement à ce « ticket » espéré depuis longtemps. Dans un article du *Nouvel Observateur* écrit ce soir-là, et qu'il a intitulé « Enfin ! », Jean Daniel résume parfaitement cet état d'esprit :

> « ... Le peuple français a dit non à l'explosion colonialiste en Nouvelle-Calédonie ; il a dit non au diktat des Iraniens qui, en choisissant la date de la libération des otages, entendaient assurer le succès de Chirac. [...] Et sans doute aussi, d'une certaine manière, a-t-il dit non à la tentation de revenir à la guerre civile froide et à la séparation de la France en deux blocs antagonistes [...]. C'est en sachant tout cela que les deux hommes vont aller au combat. Avec désormais deux livres de chevet. Pour François Mitterrand, ce sera encore le texte de la Constitution et tout ce qu'elle permet de faire pour en changer la pratique sans en violer l'esprit. Car il est évident que l'appel aux ministres non socialistes et conservateurs amorce déjà une recomposition du paysage de la Ve République. Pour Michel Rocard, le livre de chevet sera la *Lettre à tous les Français*, que François Mitterrand a écrite avant la campagne électorale. Si vous la relisez aujourd'hui, à la lumière de la désignation de Michel Rocard, elle contient presque l'emploi du temps du Premier ministre[6]... »

* Selon d'autres versions, « marge » ou « longueur ». Petite, en tout cas...

Dès la fin de l'après-midi du 10 mai, Michel Rocard a été reçu, en tant que Premier ministre, par le président – pour voir délimiter soigneusement son territoire. Non seulement Mitterrand lui communique la liste des trente-deux personnes qu'il « souhaite » voir entrer dans le nouveau gouvernement (une moitié de socialistes seulement...), mais il formule un avertissement très significatif :

> « Plus vous vous occuperez des affaires de la France, plus vous serez un bon chef de gouvernement, et plus vos chances de devenir président de la République seront grandes. Plus vous vous occuperez des affaires du Parti socialiste, et plus vos chances diminueront [7]... »

Cette version de l'entretien est celle de Jacques Attali. Elle est pour l'essentiel confirmée par Michel Rocard. Le président nourrit alors le projet d'installer Laurent Fabius à la tête du parti (se heurtant pour la première fois à la résistance des grands notables du PS, qui préfèrent introniser Mauroy*). La mise en garde du président n'en a pas moins de force. Il veut bien donner sa chance à Rocard en tant que gestionnaire, mais non le laisser pénétrer dans l'enclos où ils se sont toujours affrontés...

Un mot d'abord sur la dissemblance cordiale des équipes qui se mettent au travail. Entre l'Élysée et Matignon, on n'en est plus, bien sûr, à la cohabitation hargneuse de naguère. Mais on n'a pas rétabli la convergence (inégale, évidemment) prévue par les auteurs de la Constitution. Dix ans plus tard, Michel Rocard se demandait encore si ce n'est pas lui qui avait vécu la cohabitation la plus difficile, parce que « sournoise » [8]. Mais du fait de la très bonne entente entre les deux « bras droits », Jean-Louis Bianco et Jean-Paul Huchon, du fait aussi de l'extrême souci de Rocard d'arrondir les angles** (il veut durer...) et de ses premiers succès sur des terrains où il ne porte pas ombrage au président, on pourra parler assez longtemps de coexistence positive.

Les équipes sont un peu moins dissemblables que les chefs de file. Les atmosphères qui règnent dans les deux maisons sont antinomiques. Autant dans le palais de la rive droite flotte un parfum monarchique émanant aussi bien des ombres de Mme de Pompadour, des Bonaparte et du général de Gaulle que de l'ironique solennité mitterrandienne, accentuée par la réélection et la légitimité (pour ne pas dire le légiti-

---

* Voir ci-dessous, p. 296.

** Si l'on en croit Huchon, certains de ses collaborateurs, plus rocardiens que Rocard, lui donnent le sobriquet de « Génie des carpettes » – par allusion à celui des « Génie des Carpates » alors décerné par sa presse à Ceausescu, le dictateur roumain.

misme) qu'elle induit, autant le campus de Matignon permet de respirer un air républicain. Ici une Cour, là un club ?

Ce que ne contredit pas l'autorité personnelle de Rocard sur les siens, mieux perceptible que celle exercée par ses prédécesseurs. Ce sont, depuis dix, quinze ou parfois vingt ans* des rocardiens, alors qu'on ne pouvait guère parler en 1981 de mauroyistes, ni même en 1984 de fabiusiens. Mais cette appartenance est très égalitaire et « décontractée ». Ici, on tutoie le Seigneur, comme au temple, et à l'inverse de la cathédrale.

Ce qui ne signifie pas qu'avec l'Élysée les tensions soient entretenues comme au temps de Chirac, de Bujon ou de Baudoin. Entre Bianco et Huchon, entre Védrine et Lyon-Caen, entre Musitelli, Carcassonne et Tony Dreyfus, les relations sont bonnes. C'est par rapport aux « maisons » des Finances (Bérégovoy qui reste marqué et par l'esprit du congrès de Metz et par sa déception du 10 mai) ou de l'Intérieur (Pierre Joxe n'ayant jamais eu beaucoup d'atomes crochus avec Rocard...) que les tensions se manifestent. Sans parler du Parti socialiste, où Pierre Mauroy est bien disposé à l'endroit de son ancien allié de Metz, mais où le « rocardisme » reste considéré comme une maladie infantile du « socialisme à la française »...

Bonne évocation des « gens de Matignon » par Jean-Paul Huchon : « Rocard [...] "intellectuel collectif" [...] a toujours voulu et aimé travailler en groupe et discuter [...]. Cette croyance en l'enrichissement collectif est devenue une des forces – est-ce aussi une faiblesse ? – du rocardisme[9]... » Un tel esprit d'équipe se manifeste dans la formation du cabinet – Jean-Paul Huchon, Yves Lyon-Caen, Jean-Claude Petitdemange, Sylvie Hubac, Yves Colmou, Guy Carcassonne, Tony Dreyfus, Ariane Obolensky, Bernard Spitz et les deux historiens Antoine Prost et Alain Bergounioux – mieux que dans celle de cet étrange gouvernement (« Pas plus de 50 % de socialistes ! ») tout de même dominé par quelques grands « barons » mitterrandiens – Dumas, Bérégovoy, Joxe, Mermaz, Cresson, Lang – dont Rocard aurait souhaité alléger la prépondérance, et l'entrée en lice des représentants de la société étrangement dite « civile » qui, de Pierre Arpaillange à Catherine Tasca**, ont tous été choisis par le président.

Considérant globalement, deux ans après l'éviction du gouvernement Rocard, l'attitude du président, Jean-Paul Huchon a la générosité d'écrire :

---

* Vingt ans, c'est Mai 68...

** Qui s'inscrira cinq ans plus tard – après la défaite – au PS.

« Rocard n'a pas été plus maltraité que ses prédécesseurs. Le 22 mars 1988, François Mitterrand avait annoncé qu'il gouvernerait autrement. Il l'a fait. Le Premier ministre a pu gouverner. Je n'ai jamais eu l'impression que le président montait de longue main des opérations contre lui [...]. Sans doute la conception arbitrale et paternelle de sa fonction le conduisait-elle à prendre position, y compris contre son gouvernement. Jacques Attali me l'avait soufflé un matin : il faut comprendre que le président reste un opposant au fond de lui-même... même à son propre gouvernement[10] ! »

Cette version irénique (mais pas complaisante) des faits, Huchon a tendance à l'étendre aux relations avec le ministre des Finances, aux rapports de « type féodal » entretenus avec Pierre Bérégovoy, pour lequel « les Finances étaient devenues un purgatoire [...] le paradis de Matignon lui ayant par trois fois échappé [...] également habile dans le combat, et fidèle[11] ». Mais il ne minimise pas l'âpreté des relations de son équipe avec le Quai d'Orsay de Roland Dumas et l'Intérieur de Pierre Joxe (qu'il avait pensé, au moment de la formation de son gouvernement, faire glisser, selon le vœu de l'intéressé, vers les Affaires étrangères, se heurtant au veto du président qui lui en tint rigueur. Toucher à la fois à l'« Arche sainte* » de la présidence et à son cher Roland !).

Sur un point, en tout cas, Rocard s'incline moins qu'il n'approuve : la dissolution de l'Assemblée. Lui aussi a été choqué par la disproportion entre les prétentions des centristes et leur poids politique. Lui aussi tient pour absurde d'être prisonnier d'une majorité parlementaire hostile et de ne devoir survivre que par la grâce d'organisations querelleuses. D'accord avec le président sur un retour devant les électeurs, prévu pour les 5 et 12 juin, il juge « excellent » le climat du premier Conseil des ministres, au cours duquel François Mitterrand rapporte ce propos qu'il vient d'adresser à Valéry Giscard d'Estaing : « Je préfère que le sort du gouvernement soit dans ma main plutôt que dans la vôtre... »

Mais il va vite déchanter. Le 22 mai, après l'ascension de la roche de Solutré, qui toujours l'inspire (plus ou moins bien), Mitterrand déclare aux journalistes qui font cercle autour de lui : « Il n'est pas sain qu'un seul parti gouverne [...]. Il faut que d'autres familles d'esprit prennent part au gouvernement... » Rocard a reçu ce message avec stupéfaction ; il téléphone aussitôt à Attali : « Les Français vont prendre ça comme un appel à voter à droite ! Comment veut-il que je gagne les élections avec ça ? »

---

* Expression que Mitterrand jugeait, à bon droit, absurde.

De fait, les résultats électoraux sont médiocres : à l'issue d'une campagne menée de bric et de broc, et où les dirigeants du PS, agacés par Rocard et son style électrique, ne se sont guère investis, le parti du président arrive bien en tête – avec plus de 37 % des votants, il regagne 61 sièges –, mais il lui en manque 14 pour disposer de cette majorité parlementaire que semblaient assurer, un mois plus tôt, le score présidentiel et la dissolution. 22 points de moins pour le PS que pour le Mitterrand du 8 mai ! Jean Poperen, antirocardien de choc, a ce mot cruel : « On a tellement ouvert que les électeurs se sont enfuis ! »

Mais Rocard lui-même est-il si triste de n'avoir à faire qu'à un Parti socialiste quelque peu déplumé ? « Non, confie-t-il en 1988, avec un parti du même volume qu'en 1981, j'aurais eu beaucoup plus de fil à retordre pour gouverner. J'aurais été sous sa coupe, en butte aux pressions de toutes sortes. Ce groupe parlementaire réduit me permettait d'agir, et de négocier, le plus souvent par le truchement de mon ami Guy Carcassonne, dans le cadre de cette majorité mouvante que nous appelions à Matignon la “majorité stéréo” [12]... »

Ce qui frappe, au lendemain de la médiocre performance électorale de Rocard, c'est la longanimité de François Mitterrand à l'endroit de son nouveau Premier ministre. Est-il secrètement satisfait que l'écart soit ainsi maintenu entre eux ? Tandis que la presse titre « Tempête sur Matignon ! » et anticipe une mise à mort précipitée du gouvernement que le président était censé n'avoir mis en place que pour démontrer l'incapacité de son ancien rival, pour « lever l'hypothèse Rocard », on va voir le chef de l'État se répandre en propos consolateurs et relativiser la médiocre performance du débutant de Matignon, en qui il veut toujours voir l'homme le plus capable d'« explorer les voies de l'ouverture* » et de la rendre « crédible devant le Parlement ».

Pourquoi l'ancienne hargne s'est-elle ainsi muée (pour un temps !) en générosité ? D'abord, parce que le jeune chef blessé est, depuis le 10 mai, le leader de son choix : dès lors qu'il est revêtu (provisoirement) des couleurs mitterrandiennes, mandaté par lui, le voilà sacralisé. Désavoué ailleurs ? Qu'importe, s'il est revendiqué par lui... Mitterrand n'a pas goûté les ricanements entendus dans son camp. Vous prétendez marginaliser « mon » Premier ministre ? Je le maintiendrai.

Autre trait d'union : la maladie. Le souffrant qu'est toujours Mitterrand, rémission ou pas, a alors la révélation des douleurs que causent à son Premier ministre des coliques néphrétiques. Le voilà pris pour lui d'un élan de tendresse...

* Mot que déteste Rocard, qui veut n'y voir qu'un « vocable de serrurerie »...

Et puis l'âpre combattant qu'est le président a fort apprécié la vaillance, dans l'épreuve, de l'homme de Matignon, qui, raconte Jean-Paul Huchon, a vécu la dure soirée électorale de juin « avec une sorte de fatalisme joyeux qui n'entame pas l'énergie vitale ». La comparant aux lamentations des autres dirigeants socialistes (« Des ringards à la tête du parti et du gouvernement, ça donne des résultats ringards », a lâché Fabius), le président apprécie la crânerie de l'ancien boy-scout qu'il a choisi pour gouverner la France...

Il est, dans le même temps, fort braqué contre le comportement de ce parti qu'il a fondé, le remettant sept ans plus tôt aux mains de Lionel Jospin. Le premier secrétaire ayant souhaité échanger cette charge très lourde contre un département ministériel – celui de l'Éducation nationale que le président et le Premier ministre définissent comme primordial –, il faut lui trouver un successeur. Le président a jeté son dévolu sur Laurent Fabius, homme de confiance s'il en fut. Mais ni Jospin ni la majorité des cadres du PS ne veulent du *leadership* du Premier ministre de 1984, lui préférant son prédécesseur. Pour la première fois depuis le congrès d'Épinay, François Mitterrand se retrouve en quelque sorte minoritaire dans ce parti, alors même que 54 % des Français viennent de le consolider à la tête de l'État.

L'épisode est important, dans la mesure où le fondateur d'Épinay le ressent comme une marque d'ingratitude de la part d'un Mauroy, d'un Jospin, et prépare à long terme une revanche – qui prendra la forme du déplorable congrès de Rennes, en 1990 ; dans la mesure aussi où beaucoup de militants mitterrandistes apprécient peu de se voir dirigés à Matignon par Rocard, au parti par Mauroy, les deux vaincus du congrès de Metz...

Ce camouflet qui lui est infligé de l'intérieur du clan, comment ne lui ferait-il pas paraître plus aimable ce feu follet marginal qu'il a par ailleurs promu, et qui n'a guère à voir avec le complot de la rue de Solférino* ? Un déboire électoral, la vie publique en est faite, et Rocard s'en relèvera. Mais une rébellion dans le parti, voilà qui ne saurait manquer de laisser des traces...

Bref, en ce début d'été 1988, tout vacillant que soit ce Premier ministre, si crispant avec son éloquence syncopée, ses interventions à tout propos en Conseil des ministres – que le président scande de ses doigts impatients sur la table –, son vocabulaire pavé de néologismes, Mitterrand se trouve « en phase » avec l'« aide de camp » qu'il a fait éclore en l'ancien challenger. Et ce n'est pas ce qu'accomplit Rocard en Nouvelle-Calédonie qui est de nature à troubler cette « saison » d'harmonie.

---

* Encore que les rocardiens, à l'intérieur du PS, se fussent rangés du côté de Mauroy.

* * *

Le climat dans lequel le nouveau Premier ministre s'installe aux commandes n'est pas si serein qu'il ne trouve à s'occuper que d'un îlot du Pacifique : les signes de retour à la croissance dont le gouvernement Chirac n'a pas eu le temps de profiter provoquent une poussée de revendications salariales qui entraînent des grèves chez les aiguilleurs du ciel comme chez les infirmières, les mineurs ou les enseignants. Et, en dépit de la virtuosité manœuvrière de Guy Carcassonne, la mise en place d'une majorité fluctuante à l'Assemblée fait vivre le chef du gouvernement, ballotté entre coquetteries centristes et passions communistes, dans ce que Montaigne, parlant du monde en général, appelait une « branloire pérenne ».

Si la Nouvelle-Calédonie n'en requiert pas moins son attention primordiale, lui donnant l'occasion de déployer un très beau talent de négociateur, c'est que les plus graves menaces de retour à la violence planent sur ce qu'on appelle le « caillou » – qui a pesé si lourd sur la vie publique du pays depuis cinq ans. L'affrontement entre indépendantistes du FLNKS et conservateurs du RPCR (branche mélanésienne du RPR), que la politique récupératrice du ministre sortant Bernard Pons n'a rien fait pour apaiser, risque de tourner au tragique.

On a vu surgir à Nouméa un Comité national contre l'indépendance (CNCI) qui a fait savoir que la réélection de Mitterrand et le retour au pouvoir des socialistes déclencheraient la « phase n° 2 » : le passage des Caldoches à la lutte armée – une OAS* calédonienne, en somme. Quant au député et leader du RPCR, Jacques Lafleur, il déclarait, en février 1988 :

> « Il n'est pas question pour nous de revivre tout ce que nous avons connu en 1984-1985, un plan socialiste de largage, une administration socialiste de trahison. Une fois, ça suffit, merci ! S'ils veulent recommencer leur petit jeu, nous, nous prendrons les grands moyens. »

Michel Rocard se sent très concerné par ce débat – en tant qu'homme de paix, bien sûr, en tant que protestant aussi (l'Église réformée est très présente et engagée sur le territoire), et en tant qu'ami d'Edgard Pisani, l'homme qui y a fait la « percée » émancipatrice. Et il est

---

* L'Organisation armée secrète, qui, dans l'Algérie de 1962, avait déclenché contre de Gaulle une vague de terreur pour prévenir la paix.

conscient, au surplus, que c'est là un terrain où il est en communauté de vues avec le chef de l'État, dont l'attitude est depuis cinq ans assez clairement anticolonialiste pour lui avoir valu, de son adversaire électoral, les attaques que l'on sait.

Ce n'est pas sans être assuré de cet accord que Rocard se lance dans la bataille pour la paix. A l'Élysée, il pose la question de base : le président juge-t-il l'affaire de son ressort à lui (il y va de l'unité nationale...) ou se repose-t-il sur son Premier ministre ? « Cette crise entre dans le cadre de vos fonctions, répond Mitterrand. Prenez vos responsabilités... » Rocard voit là un encouragement et un blanc-seing, plus qu'une mise en garde. Il a raison. Le président jouera le jeu.

Mais comment relancer une dynamique de paix sur cette terre où l'assassinat, individuel et collectif, est devenu l'argument politique majeur, où la prise d'otages de la grotte d'Ouvéa vient de s'achever, le 5 mai, dans un bain de sang marqué par ce que le rapport officiel du ministère de la Défense a qualifié d'« actes contraires à l'honneur militaire »* ?

Rocard a l'idée d'interposer entre Canaques courroucés et Caldoches affolés une équipe de médiateurs choisis hors des partis, en tant qu'autorités morales, et de l'expédier sur place en témoin de la paix et initiatrice de « bons offices ». Dans la fièvre qui accompagne son installation à Matignon et la campagne électorale, il forme ainsi son équipe : un pasteur, Jacques Stewart, alors président du Conseil de la Fédération protestante de France ; Mgr Paul Guiberteau, ancien négociateur de la loi sur l'école libre avec Savary ; Roger Leray, grand maître de la Loge du Grand Orient ; Jean-Claude Perrier, le conseiller d'État, Pierre Steinmetz, et le préfet Christian Blanc, « bras droit » d'Edgard Pisani lors de la première tentative, en 1984.

Partis pour Nouméa dès le 15 mai, quatre jours après l'installation de Rocard à Matignon, ces intrépides médiateurs** vérifieront sur place que, sur le « caillou », l'État s'est évanoui et que, à moins d'un miracle, l'affrontement entre les communautés est imminent. Les contacts qu'ils prennent avec les deux principales composantes de la population et les nombreuses et actives minorités de Nouméa permettent pourtant de préparer un dialogue entre Jean-Marie Tjibaou, le leader du FLNKS, ancien prêtre enclin à la non-violence (bien qu'il ait patronné des actes qui n'en étaient pas exempts...), et Jacques Lafleur, chef de file du RPCR, qui, quelques semaines plus tôt, n'excluait pas, on l'a vu, le recours aux armes contre l'indépendance.

---

* Voir chapitre VI.

** Dont la mission a fait l'objet d'un beau film de Charles Belmont, *Les Médiateurs du Pacifique*, 1997.

De ces contacts naît un rendez-vous, le 15 juin, entre les deux leaders et leurs équipes respectives, à Matignon. Dans un style évidemment inspiré de celui de son maître Pierre Mendès France (qui, appelé à mettre un terme à la guerre d'Indochine en juin 1954 et à peine investi par l'Assemblée, s'était aussitôt envolé pour Genève où se déroulait la négociation et avait abouti au cessez-le-feu un mois plus tard), Rocard, désigné le 10 mai, avait rassemblé ses médiateurs en trois jours, les expédiant le 15 au bout du monde, les rappelant à Paris à la fin du mois avec les deux protagonistes du débat, et présidait à la négociation finale entre le 15 et le 25 juin, date de l'accord. A quelques jours près, c'est, vers la paix, le même rythme effréné.

A Matignon, où il a installé, dans le salon de musique au fond du jardin, les deux principaux négociateurs, Lafleur et Tjibaou (qui, estime-t-on, n'ont pas débattu moins de cinquante heures...), le Premier ministre ne cesse de harceler son monde. Et, le mercredi 22, on semble sur le point d'aboutir.

Rocard se réjouit de pouvoir présenter le projet d'accord à Mitterrand lors du dialogue qui précède traditionnellement le Conseil des ministres, quand il est, dans le bureau du président, comme foudroyé par une crise de coliques néphrétiques. Les soins dont François Mitterrand l'entoure alors, l'étendant sur son canapé, puis le faisant transporter dans son appartement, donnent un ton nouveau à leur relation – pour un temps... En tout cas, l'accord est proche et, remis sur pied le soir même, le Premier ministre en organise brillamment la phase terminale, ayant pu vérifier la fermeté de l'appui que le chef de l'État accorde à sa démarche.

Le samedi 25 juin, en fin d'après-midi, Michel Rocard accueille les deux délégations à Matignon par ces mots péremptoires : « Il n'y aura pas de nouveaux rendez-vous. On siégera sans discontinuer, pendant trois jours s'il le faut, mais on ne sortira pas d'ici sans un accord ! » – sur le ton du chef scout qui a inventé un nouveau jeu de piste...

Après un dîner frugal, pris à des tables séparées (la coutume canaque interdisant que l'on partage le pain avec qui a tué l'un des siens, comme l'avaient été les deux frères de Tjibaou), on passe dans le fameux salon jaune où tant de négociations ont trouvé leur issue. Jean-Paul Huchon, directeur du cabinet de Michel Rocard, a très bien évoqué le climat de ce face-à-face décisif, le sentiment que Lafleur et Tjibaou veulent aboutir : « Il est temps d'apprendre à donner, il est temps d'apprendre à pardonner », dit le premier, qui, le cœur malade, vit dans l'urgence et ne surmonte ses malaises qu'en ingurgitant de la trinitrine...

Vers minuit, Michel Rocard fait circuler un projet d'accord dû à ses services, que les protagonistes jugent trop « technocratique ». On récrit à la hâte une version dont ils se déclarent satisfaits : répartition du territoire pour deux tiers aux Canaques et un tiers aux Caldoches, répartition analogue des crédits publics, référendum dans dix ans*. Alors – il est 2 heures environ –, on voit Tjibaou et Lafleur s'emparer d'une carte Michelin de la Calédonie, l'épingler contre la tapisserie du fond du salon, se déchausser et monter sur le canapé pour vérifier si le découpage inclut ou non telle commune chère à leur cœur...

C'est le lendemain matin que se déroule, présidée par un Michel Rocard épuisé, la cérémonie de signature conclue par la poignée de main « à l'envers », comme le font les sportifs après un joli coup, entre Tjibaou et Lafleur. « Ils se regardaient comme deux frères seuls peuvent se regarder [...]. J'ai senti un sanglot monter en moi [13] », note Jean-Paul Huchon, dans le ton de cet étrange dénouement – qui intervient, il faut bien le rappeler, moins de sept semaines après le bain de sang d'Ouvéa, prometteur de plus affreux carnages...

Cette affaire, Mitterrand l'a suivie avec intérêt, un peu surpris par la « méthode Rocard » (comme il l'avait été d'ailleurs par la « méthode Mendès » trente-quatre ans plus tôt...), mais en plein accord sur les objectifs. La place modeste allouée à la négociation et à son dénouement dans *Verbatim III*, où est révélée la part prise dans l'évolution de Jacques Lafleur par sa brouille avec Chirac et le RPR où l'on dénonce sa « trahison », n'en est pas moins révélatrice d'une certaine réserve (de l'Élysée par rapport à Matignon, d'Attali face à Rocard, ou du « conseiller spécial » à l'égard de Mitterrand ?).

Victoire trop personnelle ? Compte tenu des décevants résultats électoraux que vient d'enregistrer le Parti socialiste, le président n'est pas fâché que « son » Premier ministre s'affirme et se consolide comme pivot de l'« ouverture » qui ne s'est guère matérialisée jusqu'alors que par l'entrée au gouvernement de Jean-Pierre Soisson, promu ministre de l'Emploi, des centristes Lionel Stoleru et Jean-Marie Rausch et du radical Michel Durafour**.

On peut considérer qu'en ce début de l'été 1988 le couple que forment le président et ce Premier ministre qui fut si longtemps son rival est sur la bonne voie. Rocard déclare à Attali qu'il se félicite de « ces relations confiantes » avec Mitterrand, lequel est plus acerbe en privé. Le président confie à son « conseiller spécial » que ce gouvernement « est [...] un peu lourd », mais c'est pour ajouter : « Quand on progresse sur un chemin nouveau, il y a des gens qu'il vaut mieux avoir dans sa voiture que sur le bord de la route [14]. »

---

* En avril 1998, on le sait, cet accord sera renouvelé et le référendum reporté.

** D'autres suivront, comme Bernard Kouchner.

C'est dans ce climat assez favorable que Rocard, consolidé par son succès calédonien, va s'attaquer à sa deuxième escalade : l'instauration de ce qu'il appelle le « revenu minimum d'insertion », le fameux RMI.

« En cette entreprise, j'ai bénéficié du soutien du président, pour la bonne raison qu'il avait avancé une idée analogue dans sa *Lettre à tous les Français*. Bon atout pour moi [15] », racontera Michel Rocard dix ans plus tard. De fait, le projet de « revenu minimum » est sur l'agenda du président en juin, lié au rétablissement de l'impôt sur les grandes fortunes – supprimé par Chirac et Balladur, ce qui constitue probablement l'une des erreurs qui les ont conduits à leur défaite de 1988.

« La France ne peut plus accepter de produire des exclus. » De qui est la formule ? De Mitterrand ou de Rocard ? De Jospin. Mais elle est dans l'air du temps. Le prix à payer pour que les 400 000 familles les plus démunies soient arrachées à l'exclusion, sans condition ni limitation de durée ? Environ 8 milliards de francs. Où les trouver ? Le rétablissement de l'ISF (impôt sur la fortune) devrait rapporter 6 milliards. Commentaire de Matignon : « Dans ce pays, on impose le travail ; il est donc normal d'imposer le capital. »

Ce qui fait l'originalité, l'audace du projet, c'est que ce « revenu minimum » devient ainsi un droit, jusqu'à la réinsertion, sans contrepartie obligatoire de travail. Avec un risque : pérenniser une frange d'assistés perpétuels aux marges de la société. Ne s'agit-il au fond que d'accorder un statut social à la misère ?

Dans son discours d'investiture du 29 juin, connu comme le « discours sur les cages d'escalier » parce qu'il y évoque la pénurie des banlieues, Michel Rocard va présenter les choses sur un ton positif :

> « Après la création de la Sécurité sociale, après l'instauration du minimum vieillesse et des allocations chômage, nous construisons le dernier étage [...] sans créer des abonnés de l'assistance, sans négliger la volonté de réinsertion. C'est pourquoi va être créée une délégation interministérielle qui aura pour tâche d'impulser l'insertion [16]... »

On a cité Michel Rocard parlant, en cette occurrence, de « soutien » du président. Pour l'essentiel, c'est vrai, mais des différences de point de vue très significatives apparurent, non à propos du RMI, mais de son financement : Mitterrand voulait le lier étroitement au rétablissement sinon à l'élargissement de l'impôt sur les grandes fortunes. (Ah ! les « grandes heures » de 1981 !) Rocard préférait distinguer les deux opérations et souhaitait limiter à moins de 1 % le taux de l'impôt en question. A l'argumentation de « gauche » présentée avec véhémence en Conseil des ministres par Jean-Pierre Chevènement, alors ministre de la Défense, Rocard oppose les raisons du bon économiste : il ne faut pas « frapper plus fort pour ne pas faire fuir les capitaux. C'est l'accroissement de l'activité économique qui assurera de meilleures rentrées... ». Retour aux débats du congrès de Metz, dix ans plus tôt ?

L'adoption en première lecture du RMI, le 12 octobre 1988, est un éclatant succès pour Rocard : le texte est voté à l'unanimité moins trois voix... Trop éclatant, ce succès, aux yeux du président ? A l'occasion d'une grève des infirmières que le très rocardien ministre de la Santé Claude Évin a beaucoup de mal à régler, François Mitterrand se répand en propos ambigus sur la « dégradation du climat social » et la nécessité, pour trouver des solutions, de faire appel à des gens « compétents ». Ce qui n'est pas aimable pour le ministre*... Mais lors du Conseil du 16 novembre, il fait grand éloge du RMI et en attribue le mérite au Premier ministre. Le climat entre les deux hommes oscille, à la fin de 1988, entre le beau et le variable. Ces six mois d'accouplement ont été, pour l'essentiel, une réussite, et l'opinion, au fil des sondages, en juge ainsi...

Mais c'est alors qu'une brèche s'ouvre dans cette alliance, au moment où elle semble passer du stade de l'expérience critique à celui de la coopération à moyen terme. Le 15 novembre 1988, un émissaire de la société Pechiney, que préside alors Jean Gandois, communique à l'Élysée une proposition considérable : le rachat par cette firme, dont l'aluminium est la branche principale, de la société américaine American National Can (ANC) dépendant de la *holding* Triangle. Si le projet aboutit, la firme française deviendra le numéro 1 mondial de l'emballage et pourra créer à Dunkerque une nouvelle usine d'aluminium. Mais l'affaire ne peut se conclure sans l'approbation du chef de l'État, Pechiney étant toujours une entreprise nationalisée.

Michel Rocard y est aussi favorable que Pierre Bérégovoy, dont le directeur de cabinet, Alain Boublil, est l'un des inspirateurs de l'opération. Mais, à l'Élysée, Jacques Attali pose aussitôt la question de principe : ne s'agit-il pas d'une privatisation rampante par un canal étranger ? Après deux journées d'hésitations, François Mitterrand donne un consentement maussade ; et le 19, à 20 heures, Michel Rocard annonce aux Français, sur les écrans de télévision, « une grande et bonne nouvelle ». L'accord, rendu public le 21, est présenté comme une victoire de l'industrie française – les experts de l'Élysée n'en ayant pas moins relevé sévèrement que, pour conclure le marché, Pechiney a vendu plus de 25 % de ses parts – au-delà de la limite fixée par le président. La « privatisation rampante » est bien là...

---

* Il a pu être, par bouffées, séduit par Rocard. Pas par les rocardiens...

Mais c'est sur un tout autre terrain que l'opération va déraper, se révélant l'une de ces affaires nauséabondes qui suffisent à ébranler un régime. La presse spécialisée américaine révèle en effet dès la fin de novembre que l'organisme régulateur de Wall Street a constaté des mouvements de fonds anormaux au cours de la semaine qui a précédé l'accord (du 14 au 21 novembre). Les titres de Triangle auraient été rachetés à quatre ou cinq fois leur valeur cotée, entraînant en France la réalisation de plus-values de dizaines de millions de francs. Une enquête commune est ouverte à New York et Paris. Des « tuyaux » ont visiblement circulé...

C'est seulement le 3 janvier que, dans un article des *Échos*, le président de la COB (Commission des opérations de Bourse) donne à entendre qu'en l'occurrence un « délit d'initiés* » a été commis – autrement dit, de fructueuses révélations ont été transmises à ceux qu'il est permis d'appeler les « intéressés ».

On ne saurait mesurer les retombées sur François Mitterrand de cette lugubre affaire sans rappeler l'intimité de ses relations avec celui dont le nom était le plus souvent cité parmi les « initiés », son ami Roger-Patrice Pelat, auquel la fréquence de ses visites à l'Élysée avait valu le sobriquet de « vice-président ». On a longuement évoqué leur camaraderie de guerre, du camp de prisonniers de Thuringe aux combats pour la libération de Paris**. Mitterrand faisait valoir que Pelat, le « colonel Fabrice », était l'un des hommes qui lui avaient sauvé la vie à diverses reprises. Il aimait son courage bonhomme et sa faconde populaire. Et en bon balzacien, il était ébloui par ce « génie de la fortune »... On le voyait en tout cas flâner de longues heures avec ce personnage haut en couleur et riche en anecdotes.

Et il se trouvait aussi que ce jovial compagnon, fortune faite, l'avait aidé dans sa carrière politique, qu'il lui était redevable de bien des choses et qu'il donnait souvent l'impression de faire payer par le président les dettes du candidat...

En une occasion au moins, l'ancien apprenti boucher devenu milliardaire avait bénéficié de ses relations avec l'Élysée. A l'insu du président lui-même ? L'écrire serait passer pour un naïf ; l'auteur prend ce risque... A l'origine de la fortune de Roger-Patrice Pelat était une entreprise créée par lui en 1953, Vibrachoc, spécialisée dans les amortisseurs d'avion, dont le frère aîné du président, Robert Mitterrand, ingénieur, était le vice-président. L'affaire dépérissant, Roger-Patrice

* Qui consiste à utiliser pour des opérations en Bourse des informations confidentielles émanant du pouvoir.

** Voir tome 1, chapitre III.

Pelat avait réussi en juillet 1982, quinze mois après l'entrée de Mitterrand à l'Élysée, à la revendre à la société nationalisée Alstom pour 110 millions de francs, bien que le comité de contrôle de gestion de ce groupe eût établi que ce rachat n'avait « pas d'intérêt au-delà de 60-65 millions ». Pourquoi donc avait été conclue, sur ces bases, cette affaire déconseillée par les experts ? La « recommandation » d'acheter était de toute évidence partie du secrétariat général de l'Élysée, dont le titulaire était alors Pierre Bérégovoy et l'adjoint, le plus directement mêlé à l'opération, Alain Boublil.

Or, au moment où éclate l'affaire Pechiney-American Can, ces mêmes personnalités sont à la tête du ministère des Finances, engagées dans une abracadabrante tentative de « raid » sur la Société générale (redevenue sous le gouvernement Chirac la principale banque privée française) par un groupe qu'anime Georges Pébereau, le généreux acheteur de Vibrachoc, six ans plus tôt... L'opération échouera, en dépit des encouragements du ministère des Finances, voire de Matignon, non sans avoir procuré au passage quelques plus-values substantielles à certains... Dans une interview accordée à un hebdomadaire, quelques jours plus tard, Roger Fauroux, ministre de l'Industrie, déclara que le « raid » sur la Générale était dix fois plus grave que l'opération Pechiney...

De la terrible onde de choc provoquée à l'Élysée par l'affaire Pechiney-Triangle (qu'on la relie ou non à celle du « raid » manqué sur la Société générale, auquel n'est pas mêlé Pelat) on ne saurait prendre mieux la mesure qu'en citant les notations qui émaillent au début de l'année 1989 les carnets de Jacques Attali[17]. Témoignage irrécusable, semble-t-il, d'un certain désenvoûtement du chef de l'État, d'une plongée apparemment stupéfaite dans un univers et des pratiques qui l'intéressaient peu, mais surtout dans le tréfonds d'un personnage qu'il était censé connaître intimement et dont il couvrait, par l'étalage de leurs rapports, les comportements.

Mardi 3 janvier 1989 : « Dans la *Tribune de l'expansion*, Jean Farge, patron de la COB, laisse entendre qu'il y a eu délit d'initiés dans l'affaire Pechiney. Je ne parviens pas encore à y croire. Qui ? Comment le savoir ? »*

Mercredi 4 janvier : « Jean-Louis Bianco informe François Mitterrand que, selon certaines sources, Roger-Patrice Pelat aurait acheté et vendu des actions de la société Triangle. Le président trouve surprenant que Pelat soit mêlé à cette affaire. Il fait preuve d'un grand calme et d'un sang-froid total. Lui-même a la conscience tout à fait tranquille [...] et pense que la vérité finira par éclater... »

---

* La question paraît bien naïve, posée d'un lieu stratégique entre tous !

Dimanche 8 janvier : « ... Pierre Bérégovoy [...] continue, contre toute vraisemblance, à dénoncer un complot politique. François Mitterrand : “Il ne faut pas parler de complot politique dans une affaire purement criminelle. C’est une faute.” »

Jeudi 12 janvier : « Note de Gilles Ménage* [...] : il s’inquiète : Roger-Patrice Pelat est de plus en plus nettement considéré comme l’initiateur. François Mitterrand, lui, reste de glace. »

Vendredi 20 janvier : « ... Pierre Joxe [...] est lui aussi venu prévenir le président [...]. Pelat ne se serait pas contenté d’acheter 10 000 actions Triangle depuis Paris [...] mais en aurait acquis 40 000 de plus depuis la Suisse. Comme toujours, nous ne savons pas la vérité et n’arrivons pas à la connaître. Chaque individu mis en cause jure ses grands dieux qu’il n’a rien fait de mal, et nous ne recevons les informations qu’au compte-gouttes. De surcroît, personne n’ose plus appeler personne de peur d’être placé sur écoutes. Mais par qui ?** [...] Pas de note de synthèse des Renseignements généraux à ce propos depuis le 13...

« La colère du président est homérique. Depuis le début de l’affaire, Pelat a affirmé à l’Élysée [...] qu’il n’était engagé que pour 10 000 actions. Le président me demande de garder un lien avec Pelat, qu’il refuse de revoir et à qui il ne veut même pas téléphoner. J’appelle Pelat pour lui transmettre ce message. L’homme est accablé ; sa voix a vieilli de dix ans... »

Samedi 21 janvier : « *Le Monde* affirme que Roger-Patrice Pelat aurait acheté en Suisse 40 000 actions Triangle par l’intermédiaire de la Banque cantonale vaudoise. Pelat nie farouchement, sur l’honneur [...]. Le président déclare : “Pelat dit que ce n’est pas vrai, mais mon intuition me dit que ça l’est, au moins partiellement.” »

Lundi 23 janvier : « Le président pense que, tôt ou tard, il lui faudra évoquer publiquement l’amitié trahie, sa tristesse, mais il convient de choisir le moment... »

Mardi 31 janvier (en Conseil des ministres) : « ... François Mitterrand aborde le sujet que tous attendent, l’affaire Pechiney [dont il donne un récit conforme aux informations reproduites ci-dessus], mettant l’accent sur ses réticences concernant le rachat d’American Can et le regret qu’il éprouve d’avoir cédé aux instances du ministre des Finances [...]. “A deux reprises [précise-t-il], par une note et un mot

---

* Directeur de cabinet du président.

** Ces sept ou huit phrases sont réellement stupéfiantes. Voici un homme placé au cœur d’un pouvoir quasi absolu, remarquablement informé sur les pratiques financières (il va devenir le PDG d’une banque européenne), qui tutoie le monde entier, de Francfort à New York, et qui s’avoue ici « hors du coup »... Cela pour ne rien dire des deux dernières phrases, sur les « écoutes » !

manuscrit, le Premier ministre a insisté auprès de moi*..." [...] Silence autour de la table. Nul ne répond. Tristesse. [...] La COB a terminé son enquête sur l'affaire Pechiney et saisit la justice. Max Théret**, Roger-Patrice Pelat et Samir Traboulsi***, entre autres, seront poursuivis pour délit d'initiés... »

C'est alors que le rôle joué en l'affaire par le président de la République apparaît aux yeux du grand public à l'occasion de la très populaire émission *Sept sur sept* présentée par Anne Sinclair sur TF1, le dimanche 12 février. Mitterrand n'a pas voulu se dérober à la sollicitation de cette excellente journaliste, qu'il connaît bien et ne tient pas pour hostile, sachant qu'il va devoir parler de l'affaire et de son ami – d'ores et déjà menacé d'inculpation.

Et du fait de cette crânerie dont il est coutumier, lui qui, quelques jours plus tôt, parlait à Jacques Attali d'« amitié trahie », le voilà qui se lance dans un plaidoyer chaleureux pour Pelat, ses origines, son courage pendant la guerre, son dévouement. Ici, l'ancien avocat est au sommet de sa forme, l'ami au comble de la solidarité – le tout face à des millions de Français un peu ahuris, dont beaucoup savent que le héros ainsi prôné est à la veille d'affronter de cruels ennuis judiciaires. La journaliste en vient au fait précis...

Anne Sinclair : « Si le problème est posé pour Patrice Pelat [...] c'est parce qu'il était proche du pouvoir. »

François Mitterrand : « Non, non... »

A. S. : « ... Enfin proche de vous... »

F. M. : « Non. »

A. S. : « Sinon, son nom n'aurait pas été prononcé. »

F. M. : « Qu'est-ce que vous voulez dire ? Que je l'ai informé ? »

A. S. : « Non, pensez-vous, personne ne l'a dit... »

F. M. : « Pourquoi le laissez-vous entendre maintenant ? »

A. S. : « Je ne le laisse pas entendre... »

F. M. : « Je l'aurais difficilement pu, car je ne le savais pas moi-même... »

---

* Dans *La Haine tranquille* (Le Seuil, 1992, p. 141), Robert Schneider, se référant aux témoignages de plusieurs ministres, donne une version plus « politique » de l'intervention du président, imputant l'acharnement de cette poursuite à une opposition décidée à défendre les « noyaux durs » autour desquels ont été opérées les privatisations par le cabinet Chirac, et rappelant que les « dénoyautages » restent un des objectifs de la gauche – observation qui s'applique d'ailleurs mieux à l'affaire de la Société générale qu'à l'opération Pelat-Théret...

** Homme d'affaires réputé « de gauche », qui a financé des organes de presse socialistes.

*** Homme d'affaires syrien, très introduit à Washington, en relations avec Pierre Bérégovoy et Alain Boublil.

A. S. : « La question est de savoir s'il a bénéficié d'informations. »

F. M. : « C'est bien possible. Je n'en sais rien. »

Nous sommes là, entre le défi et le déni, au cœur du système mitterrandien. Il prend des risques insensés, et puis « godille » comme un chanoine, trop brave pour sa ruse, trop rusé pour être tout à fait héroïque. Moins habile à vrai dire qu'on le dit, plus simple qu'on le croit... Il a d'ailleurs glissé dans sa tonitruante confidence à Anne Sinclair : « S'il [Pelat] se révèle avoir commis une faute, dans le cadre de mes fonctions je ne pourrai plus préserver la même qualité d'amitié que celle que j'ai connue... »

Reprenons le fil du journal d'Attali – qui, étrangement, passe sous silence cette extraordinaire séance de dévoilement, élément essentiel d'une histoire qu'il évoque par ailleurs avec tant de sensibilité et de précision.

« Mardi 14 février : « ... Le président est d'humeur sombre [...] et soliloque sur les "affaires" : "C'est sans fin. Ces gens-là, qu'on accuse [...], ne sont pas mes collaborateurs [...] je ne vais tout de même pas publier un communiqué disant : Machin n'est plus mon ami, je ne déjeunerai plus avec Bidule, je ne me promènerai plus avec Truc." [...] »

Jeudi 16 février : « L'inévitable a lieu : Roger-Patrice Pelat est inculpé de délit d'initiés dans l'affaire Pechiney... »

Jeudi 2 mars : « ... Après Roger-Patrice Pelat, Max Théret est à son tour inculpé dans l'affaire Pechiney. Mais qui les a informés tous deux ? Quelqu'un aux Finances ? C'est ce que suggère la presse, mais je n'y crois pas... »

Mardi 7 mars : « ... Décès de Roger-Patrice Pelat. François Mitterrand est effondré, mais il n'en laisse presque rien paraître ; il murmure : "C'est la presse qui l'a tué. Ils ont réussi ce que ni les Allemands ni la maladie n'avaient pu faire. C'était mon dernier ami. Je continue de penser qu'il n'avait rien fait de mal" [18]... »

Ce dernier trait contredit bien des réflexions formulées, on l'a vu, au cours des semaines précédentes... « Dernier ami » ? D'autres, moins sujets à caution, pourraient s'étonner de cette formule (que l'on a entendue en 1985 à propos de Charles Hernu...). Quant aux responsabilités de la presse, on les retrouvera évoquées (à meilleur escient...) au lendemain du suicide de Pierre Bérégovoy, en mai 1993.

Très vraisemblablement ignorant de la manœuvre – mais ne sait-il rien de la réputation de son ami, ne serait-ce que par des hommes aussi agiles, bons juristes et informés que Michel Charasse ? –, Mitterrand oscille constamment entre le refus de voir et le chagrin affiché, entre la condamnation de l'« initiation » et la constatation (assez judicieuse) que « la Bourse n'est qu'affaire d'initiés », entre l'indignation contre le jeu de ses encombrants amis et la dénonciation du rôle attribué à cette commission de contrôle : « Au fur et à mesure que je demandais la transparence, la COB était dévalorisée aux yeux de l'*establishment* financier... »

* * *

De telles péripéties n'étaient pas pour assainir les relations entre l'Élysée et Matignon. Non que l'on fût ici tout blanc et là tout noir, on l'a vu, l'équipe du Premier ministre n'ayant pas coupé court à la tentative insensée de « raid » sur la Société générale et moins encore au rachat d'American Can. Mais s'agissant de l'affaire Pelat, chacun savait que Michel Rocard, lui, n'était pas homme à frayer de trop près avec un personnage porté à acquérir et revendre aussitôt des dizaines de milliers de titres, roulant en Rolls Royce et jouant au châtelain en Sologne. Le Premier ministre resta sur son quant-à-soi, rengainant les traits cruels qu'il aurait pu distiller par le truchement d'une presse qui lui est favorable, et qui en est gourmande*.

Où en sont-ils, après un an de coopération distante mais courtoise, marquée tour à tour par une promotion un peu dédaigneuse, des élections législatives manquées mais des municipales meilleures, une superbe négociation calédonienne, l'instauration progressive du revenu minimum d'insertion sociale ? Le président ne travaille pas avec ce Premier ministre comme avec Mauroy et Fabius, en symbiose. Note acide d'Attali, datée du 16 février 1989 : « Il gouverne avec Rocard comme avec Chirac, par admonestations épistolaires [...]. Avoir dit** semble parfois lui importer davantage que de voir faire. Il n'était pas comme ça en 1981 [19]. »

Le trait, ici, vise Mitterrand plus que Rocard, qui souffre de délaissement plutôt que d'animosité. La comparaison avec Chirac est purement formelle. Mais elle en dit assez long sur une incompatibilité plus culturelle que politique, illustrée à merveille par l'étrange rendez-vous du 9 mai 1989, qui va au-delà de l'anecdote.

Pour fêter le premier anniversaire du gouvernement, l'un des plus proches lieutenants du Premier ministre, Guy Carcassonne, chargé d'assurer au ministère ses majorités improbables qu'il appelle « sté-

---

* Pratique dont il ne s'est pas toujours retenu d'user depuis lors...
** Ou « écrit » ?

réo » et qu'on pourrait dire « Fregoli », suggère à Rocard d'inviter à Matignon le maître de l'Élysée. Lequel accepte sans se faire prier de traverser ainsi la Seine. Visite nonchalante de lieux qu'il connaît mal. A table, on parle du projet de Catherine Tasca, ministre déléguée à la Communication, de réunir Antenne 2 et FR3 sous une présidence commune, projet que Jean-Paul Huchon voudrait voir mieux soutenu par le groupe socialiste. Alors Mitterrand : « J'aimerais, monsieur le Premier ministre, que vous vous concertiez avec moi avec autant d'attention que votre directeur de cabinet traite les parlementaires socialistes [20]. » On rit. L'ambiance oscille entre le cordial et le pervers. Moyennant quoi, rentré à l'Élysée, le président glisse à Attali : « Méfiez-vous de ces gens, ce sont des barbares [21]... »

La formule a fait mouche. L'ennemi ? Bien sûr que non. Des imbéciles ? Pas davantage. Des ignorants ? Non plus : il s'agit de gens qui n'ont pas la même culture, comme Herriot eût pu le dire de Briand. Dite à Attali, d'ailleurs, la formule a de quoi surprendre : s'il est clair que l'auteur de *L'Abeille et l'Architecte* ne lit pas les mêmes auteurs que celui du *Cœur à l'ouvrage* et que Rocard est plus familier de McLuhan que de Saint-John Perse, plus attentif au taux de change qu'au prix des éditions originales de Joubert, on ne saurait dire que le président vive en complète concordance, sur ces plans (ceux de la lecture, de la musique...), avec son « conseiller spécial ». « Barbares » ? La formule a du sel*. Pas de vrai fondement.

Bref, voilà une année d'exercice du pouvoir qui n'a pas justifié les pronostics sarcastiques de la vieille garde mitterrandiste. Le « couple » n'est pas de ceux que le Seigneur bénit. Mais, jusqu'à l'été 1990, il n'a rien d'infernal. On peut faire, sans rugissements amoureux, des enfants. Au surplus, le grand professionnel des consultations électorales qu'est François Mitterrand ne saurait faire fi, dans le jugement qu'il porte sur Michel Rocard, de ses performances dans ce domaine. En 1989, et par deux fois – lors des élections municipales de mars et des européennes de juin –, il a assuré à sa faible majorité des scores honorables (plus de 30 mairies gagnées), faisant ainsi mentir une sorte de règle du système selon laquelle tout succès législatif ou présidentiel est corrigé par un déboire municipal, ou vice versa. Rocard, ici encore, fait mentir les grincheux...

Ainsi, avec moins d'harmonie que pour le RMI, non sans chamaille, l'un tirant l'autre, les deux hommes vont-ils mettre au monde cette

* N'oublions pas que Mitterrand est un vieux barrésien, et que le premier livre marquant de cet auteur lu avec passion à 20 ans s'intitulait *Sous l'œil des barbares* – ceux qui ne cultivent pas les mêmes sensations, le même moi... Il faut donc relativiser...

CSG (contribution sociale généralisée) que Michel Rocard tiendra, dix ans plus tard, pour le meilleur accomplissement de son gouvernement après l'apaisement en Nouvelle-Calédonie[22].

Le financement de la Sécurité sociale est, depuis la fin des guerres coloniales, la mise en place d'institutions stables et le freinage de l'inflation, le casse-tête numéro 1 de la vie publique française. Qui ne s'attaque à ses incohérences, et qui ne s'y épuise ?

La *Lettre à tous les Français* y a fait discrètement référence et le président est revenu sur le sujet dans un discours prononcé le 9 juin 1988 à Nice. Pour Michel Rocard, c'est évidemment une tâche prioritaire : le déficit, pour 1988, est estimé à 11 milliards de francs, et les prévisions, pour 1989, vont du double au triple. Il y va de sa crédibilité. Lors des Conseils des ministres des 8 et 30 novembre, il est question d'un alourdissement de la contribution sociale, le système restant fondé sur la répartition.

Fréquent interlocuteur de Raymond Barre, Rocard a entendu l'ancien Premier ministre dénoncer, comme un des vices du système fiscal français, l'étroitesse relative de l'imposition sur le revenu, l'un de ses objectifs étant d'en assurer l'élargissement. « Il en rêvait, je l'ai fait », constate Rocard, non sans rappeler qu'il dut, à cet effet, batailler, moins contre le président que contre Pierre Bérégovoy, le ministre des Finances s'opposant à tout ce qui pouvait apparaître comme un impôt nouveau, soutenant que la concurrence européenne faisait obstacle à un prélèvement global sur la rémunération de l'épargne, et exigeant en tout cas que ces dispositions soient préparées et votées indépendamment de « sa » loi de finances.

Le 10 juin 1990, le Premier ministre adresse au président une note décisive sur la « contribution sociale de solidarité », sous la forme d'un « impôt prélevé à la source sur la totalité des revenus », qui provoque cette réaction de l'Élysée (Jean-Louis Bianco, Christian Sautter et Isabelle Bouillot) : « Réforme qui va dans le sens d'une réduction des inégalités, mais difficile à expliquer. » Le groupe socialiste, alerté, fait bon accueil au projet – et, du coup, Pierre Bérégovoy passe d'une hostilité déclarée à une réserve prudente, non sans mettre personnellement en garde le Premier ministre.

Au début de l'automne, Rocard organise à Matignon un déjeuner-débat où s'affrontent les principaux intéressés : Jospin et Bérégovoy émettent des réserves, Soisson et Évin (responsables, respectivement, du Travail et des Affaires sociales) se portent à la défense du Premier ministre. Quelques jours plus tard, en Conseil, le président assure que le principe de cette mesure est « heureux », qu'elle va dans le sens de la « justice », mais qu'il faut être vigilant sur son application.

C'est à la suite de cet arbitrage présidentiel que, le 3 octobre 1990, le Conseil des ministres adopte le texte de loi instituant la « contribution sociale généralisée ». Le taux proposé est de 1,1 %. Le produit de cette imposition doit être directement affecté à la Caisse nationale d'allocations familiales et à la Caisse nationale d'assurance-vieillesse des travailleurs salariés. On considère, à Matignon, que, du fait de cette réforme, la très grande majorité des salariés constateront une véritable amélioration de leur revenu disponible qui augmentera en moyenne de 700 francs par an. Ainsi, tout en modernisant le financement de la protection sociale, le gouvernement estime avoir engagé une politique de maîtrise des dépenses sociales.

Soutenue par la CFDT – où Rocard compte beaucoup d'amis –, la réforme est critiquée par FO et dénoncée par la CGT : le 26 octobre, le secrétaire général du Parti communiste, Georges Marchais, écrit au premier secrétaire du Parti socialiste, Pierre Mauroy, pour l'informer de son opposition à la CSG. Il déclare que le PC votera la motion de censure éventuellement déposée par l'opposition – laquelle ne manque pas de le faire. Si bien que le projet n'est adopté à l'Assemblée qu'avec cinq voix de majorité. Aux communistes se sont substitués barristes et indépendants d'outre-mer – rameutés grâce aux démarches des deux sourciers (ou sorciers ?) de la « majorité Fregoli », Jean-Louis Bianco et Guy Carcassonne, auquel le Premier ministre jette, en quittant l'Assemblée : « Cette fois, j'ai eu chaud aux fesses [23] ! » Il aurait pu aussi bien dire : « Si on est passé cette fois, on passera toujours... »

Mais, n'en déplaise à la droite et à M. Marchais réunis, un sondage de la SOFRES indique que 70 % des Français approuvent la réforme du système des cotisations sociales, et que 53 % sont favorables à ce que les chômeurs et retraités paient aussi la CSG. 53 % estiment que la charge entraînée est raisonnable.

Quant au président de la République, dont, dix ans plus tard, Michel Rocard juge l'attitude, en l'occurrence, plutôt négative (« il m'a scié la branche [24]... »), on ne saurait oublier que, lors du Conseil des ministres du 19 octobre, il avait prononcé un éloge appuyé (ambigu ?) du courage du Premier ministre, lui disant : « Le rôle d'un gouvernement, c'est de savoir braver l'impopularité. Vous l'avez fait [...]. Si vous osez aller jusqu'au bout, si vous vous donnez quelques mois ou quelques années* pour assainir la situation de la Sécurité sociale [...] vous aurez accompli une grande chose... »

---

* Le « si vous vous donnez [...] quelques années » est admirable ! Ne sait-il pas déjà qu'il ne « donnera » pas, lui, plus de quelques mois à Rocard ?

Bref, la CSG, le troisième des « grands travaux » de Rocard après la Nouvelle-Calédonie et le RMI, est bel et bien adoptée. Mais, en dépit du sondage favorable de novembre 1990 et du fait de ce qu'un proche du président qualifiera de « communication désastreuse », elle restera impopulaire. François Mitterrand a loué Michel Rocard de « savoir braver l'impopularité » : c'est pourtant sur ce thème, inversé, qu'il le combattra désormais, dès le début de l'année 1990, pour sa « timidité », sa pusillanimité supposée dans l'œuvre de réforme et surtout devant l'immense chantier social. Mais ce n'est pas ainsi que le Premier ministre est perçu dans l'opinion, toujours fidèle à ce jeune homme atypique qu'est resté, semble-t-il, le maître de Matignon : 63 % d'opinions favorables en février 1990 – moment, il est vrai, où la cote de popularité de François Mitterrand a repassé le cap de 60 %...

Cette réévaluation du crédit présidentiel, à un niveau proche de celui où se maintient, imperturbable, son séduisant Premier ministre, à quoi l'attribuer ? Aux activités diplomatiques qu'il déploie ici et là – à propos du Proche-Orient, ce qui lui vaut d'accueillir Yasser Arafat à Paris au printemps 1989*, ou de la détente dans les rapports Est-Ouest, qui semble culminer avec la visite à Paris, en juillet de la même année, de Mikhaïl Gorbatchev** ? A l'heureuse relance de la construction européenne ? On sait que ce n'est pas sur le registre extérieur que se bâtit la popularité des chefs de l'État.

* * *

1989, c'est le deux centième anniversaire de la Révolution française – et donc, pour peu qu'il s'y emploie, l'occasion pour le chef de l'État de raviver des souvenirs grandioses, sinon unanimistes, dont le peuple français est friand. Cette perspective a-t-elle joué son rôle dans la décision prise par Mitterrand de solliciter un nouveau mandat ? On est en droit de penser qu'un homme aussi féru d'histoire (qui, à 14 ans, on l'a dit, récitait par cœur les discours des grands conventionnels) a dû juger, au moment où le gouvernement Chirac commençait la préparation de cette commémoration, qu'il était mieux à même qu'aucun autre homme public de son époque de présider, sinon d'inspirer et d'ordonner ce genre de cérémonies. En tout cas, le 10 mai 1988, il lui reste

* Voir chapitre V.
** Voir chapitre IV.

quatorze mois pour ne pas manquer ce rendez-vous avec l'Histoire, loyalement épaulé par son Premier ministre.

Deux types de problèmes se posent : matériels et programmatiques, c'est-à-dire touchant au choix des dates et des lieux significatifs sur le plan historique, sinon idéologique. La Révolution, c'est quoi d'abord ? Les droits de l'homme ou la Terreur ? La défense du territoire ou la ruée, sur l'Europe, des bataillons tricolores ? En une formule fameuse, Georges Clemenceau avait, à la fin du XIXe siècle, prétendu apporter la réponse : la Révolution est un bloc. C'est-à-dire un tout organique dont on ne saurait retrancher sans la défigurer, sous prétexte de l'exalter ou l'épurer, ni la guillotine, ni les massacres de Septembre, ni la répression de masse en Vendée.

Admirateur de Clemenceau s'il en fut, Mitterrand choisit, pour animer ce bicentenaire*, le petit-fils de Jules Jeanneney, très proche collaborateur du « Tigre », ce qui était un symbole. Professeur d'histoire contemporaine, ancien directeur de la Radio nationale et comme tel fort apprécié, Jean-Noël Jeanneney ne prétendait pas faire de la formule de Clemenceau le fil directeur de la célébration ; mais il se démarquait hardiment d'une école incarnée par le plus prestigieux des récents historiens de la Révolution, François Furet, qui avait accrédité la thèse du « dérapage » et de la dénaturation de la Révolution de l'affirmation de la liberté à l'exercice de la Terreur, de la bonne Constituante à la mauvaise Convention, des honorables droits de l'homme à la guillotine perverse.

En accord très explicite avec le président, Jean-Noël Jeanneney choisit de ne pas isoler 1789 de 1793, d'assumer l'Histoire, sinon en bloc, du moins en son tout, en son « entièreté », et de présenter ces enfances de la République en leurs éclatantes et violentes contradictions. Évitant de se réfugier dans les commodités universitaires ou théoriques, il donna à la célébration un caractère profondément politique sur le thème : de ces éclatantes convulsions est née « notre » République...

Bien sûr, les ambivalences mitterrandiennes (l'historien américain Stephen Kaplan parle d'une « vision mitterrando-gaullienne » de l'affaire [25]) trouvèrent matière à se manifester dans tous leurs miroitements à partir de cette donnée de base. Du discours du 20 juin 1989 au Jeu de paume, où il proclama que de cette grande « aventure collective, nous n'avons pas à gommer les aspérités, à rattacher ce qui pourrait nous déplaire », au discours dit de l'« Arche », où, en août de la

* Après la disparition des deux premières personnalités désignées, Michel Baroin et Edgar Faure.

même année, il mettait l'accent sur les « douleurs » de cette « gestation », François Mitterrand sut en tout cas ne pas transformer ces cérémonies en une « machine de guerre politique »*.

Pour les honorer au Panthéon, il fit le choix, en accord avec Jean-Noël Jeanneney, de trois figures iréniques de la Révolution, l'abbé Grégoire, le mathématicien Monge et le philosophe Condorcet (lui-même victime de la Terreur), symbolisant le rejet du racisme, la recherche scientifique et la passion de l'enseignement. Ainsi était-ce la réconciliation, la « fédération » qui étaient en fin de compte et sans reniement célébrées. C'est de cela que lui furent reconnaissants les Français, retrouvant en cette ligne de conduite le rassembleur élu en 1988 plutôt que le militant socialiste de 1981.

En fin de compte, écrit Stephen Kaplan, « l'épreuve du Bicentenaire tourna au triomphe pour François Mitterrand[26] ». « Triomphe » ? « Succès » serait plus juste.

* * *

Le climat semble propice à engager le fer sur un terrain périlleux entre tous (mais l'affaire Pechiney manifeste qu'il est urgent d'agir), où l'équipe des boy-scouts puritains de Matignon semble bien placée pour intervenir, alors que le président, atteint par le comportement de tel membre de son entourage, brûle lui aussi de manifester son désir d'épuration : il s'agit du financement de la vie politique.

Tout le monde voit bien, à droite comme à gauche, qu'on marche ici au bord d'un précipice. Mais les dépenses électorales ont gonflé de telle façon, notamment à l'occasion de l'élection présidentielle de mai 1988, qu'un nouveau code de conduite doit être établi.

Cette évidence était apparue depuis longtemps à François Mitterrand. C'est sur son incitation qu'à l'occasion de l'affaire Luchaire**, éclaboussant tour à tour les deux majorités successives, mais surtout la sienne, Jacques Chirac et ses amis avaient fait voter, le 11 mars 1988, une loi plafonnant les dépenses pour les élections présidentielles et législatives (mais pas locales) et organisant un financement public des

* Pour ce qui est du défilé du 14 Juillet, mis en scène, sur le mode dionysiaque et dans un esprit universaliste, par Jean-Paul Goude, ponctué par *La Marseillaise* chantée par Jessye Norman, oserai-je dire que j'y ai pris un plaisir très vif ? Libre au lecteur de ne pas partager cet avis.

** Voir chapitre VIII.

partis représentés au Parlement. Bon début : mais chacun pouvait voir que les dépenses de toute nature croissaient de façon exponentielle et que, nonobstant le financement public, tout le monde « se débrouillait » comme il pouvait, en marge de cette sage législation.

C'est à Marseille que le feu est mis aux poudres : en avril 1989 (un mois après la mort de Roger-Patrice Pelat), l'inspecteur Gaudino, enquêtant sur les fausses factures d'une entreprise de travaux publics, la SORMAE, met la main sur les comptes d'un M. Delcroix, directeur régional de la société Urba-Technic, chargé de préparer les plans de travaux publics pour les municipalités socialistes. Cette société se révèle être la « vache à lait » du PS. On apprend en effet qu'elle a été fondée en 1972, après le congrès d'Épinay, pour centraliser les opérations et donc éviter la dispersion des initiatives : il s'agissait en somme de réguler l'illégalité... Ces pratiques étaient, c'est le cas de le dire, monnaie courante – et dénoncées comme telles par la presse satirique. Mais les découvertes faites à Marseille, notamment le « cahier Delcroix », où cet homme sans malice notait scrupuleusement les opérations illégales, notamment les fausses factures, conduisent, dans le climat de 1989, à l'ouverture d'une action judiciaire.

L'étonnant, en cette affaire qui sera une catastrophe pour le Parti socialiste, est que le policier marseillais qui la déclenche est, assure-t-il, un électeur du PS, poussé par un ministre du même bord, qui, à travers les malversations de la SORMAE, comptait plutôt démasquer cinq ou six élus de l'opposition...

Il apparaît vite au garde des Sceaux, le magistrat Pierre Arpaillange, imposé à Rocard au nom de l'« ouverture » par François Mitterrand*, que l'affaire est explosive et va secouer le Parti socialiste. Le président en est si bien persuadé qu'à l'occasion de sa visite à Solutré, le 14 mai, il s'élève contre les « fausses factures et la concussion » et réclame, pour sauver la démocratie, une « loi sévère » qui vise « jusqu'aux communes » – allusion aux limites de la loi de 1988.

La réaction de Rocard est encore plus remarquable. A son conseiller parlementaire Guy Carcassonne, il confie : « On ne peut s'en sortir qu'en reconnaissant que nos pratiques sont contraires à la loi, mais non à la morale : tous les élus socialistes, en bloc, doivent demander leur inculpation [27]... » C'est aussi l'avis du loyal mitterrandien Henri Nallet, par exemple. Veto du PS ; alors Arpaillange lance l'idée d'un texte de loi plus strict doublé d'une amnistie couvrant les dernières consultations, laquelle est récusée par le Premier ministre.

---

* Bien que lié à diverses personnalités gaullistes : il a même été le directeur de la campagne présidentielle de Marie-France Garaud...

L'idée d'amnistie soulève dans la presse un tollé d'autant plus vif que, le 16 juin, intervient un non-lieu général dans l'affaire Luchaire – l'occasion pour Jacques Toubon (et les orateurs du PCF) de dénoncer à la Chambre le « scandale » de l'amnistie, tandis que le PS ressent comme une insulte l'inculpation du patron d'Urba, l'ancien syndicaliste Gérard Monatte, considéré dans l'ensemble du monde politique comme un parangon d'intégrité... Va-t-on vers une crise de gouvernement ? L'été apporte la trêve.

Autour de Rocard naît l'idée d'exclure de l'amnistie envisagée d'abord les parlementaires, ensuite les cas d'enrichissement personnel. Avec le concours du président (rocardien) de la Commission des lois, Michel Sapin, le rapporteur socialiste Jean-Pierre Michel, ancien magistrat qui bénéficie de la compréhension du porte-parole de l'opposition, Jean-Jacques Hyest (centriste), convaincu qu'une amnistie est nécessaire dès lors que tout le monde a trafiqué, et du leader du Parti républicain, Gérard Longuet, estimant qu'il n'est pas décent de « laisser les socialistes faire seuls le "sale boulot" », fait adopter la loi, votée notamment par Raymond Barre.

Il faut noter que, lors de son intervention à la tribune pendant le débat à l'Assemblée, Jean-Pierre Michel a très longuement insisté sur le fait que son texte exclut de l'amnistie les élus nationaux, et qu'il ne s'agit pas pour eux de s'« autoblanchir ».

Dans la mesure où elle ne faisait bénéficier de l'amnistie ni les parlementaires ni ceux qui étaient coupables d'enrichissement personnel, cette loi, adoptée le 22 décembre 1989, présentait un progrès sur celle qu'avait fait voter en 1988 le gouvernement Chirac. Le malheur voulut qu'elle parût faite sur mesure pour épargner Christian Nucci, l'ancien ministre de la Coopération, du fait que l'amnistie couvrait non seulement les délits, mais encore les « infractions* », et que Nucci n'était pas parlementaire au moment des faits... C'est en tout cas la version adoptée et présentée par la majorité des médias.

Michel Rocard se dit assuré que Nucci n'échappera pas. Pierre Mauroy, en bon « patron » du PS, se croit certain que si... Et Mitterrand ? Jacques Attali rapporte de lui un « J'enrage contre ce texte ! » qui peut être entendu dans un sens comme dans l'autre... En fait, on le sait par maints indices, il souhaitait à la fois une mesure globale d'assainissement... et l'impunité de son ancien ministre – qu'il avait substitué à Jean-Pierre Cot, un homme dont il n'eût pu attendre de tels errements !

La catastrophe (pour le PS...) se produit le 4 avril 1990, quand la commission d'instruction de la Haute Cour de justice, dont est passible

* Comme l'« usage de faux » dont Nucci était accusé.

Nucci, accorde à celui-ci un non-lieu partiel, qui lui permet de bénéficier de l'amnistie. Sitôt la décision prise par trois membres de la commission contre deux, le président de cet organisme, Paul Berthiau, qui ne fait pas mystère de ses sympathies pour le RPR, déclare que c'est « la première fois que l'on amnistie des faits criminels », tandis que l'autre magistrat minoritaire soutient que cette loi a été rédigée « sur mesure pour Nucci » – argumentation qui est reprise avec entrain par l'immense majorité de la presse.

Fureur de Mitterrand, selon Jacques Attali : « ... C'est le pire, la lie, le fond, la crasse absolue. Des magistrats partisans, un Rocard peureux, un Mauroy qui panique [...]. Pourquoi ai-je cédé à Rocard ? Il voulait cette amnistie pour protéger ses amis et avoir le soutien du Parti socialiste [...] C'est honteux ! ». Si le président a vraiment dit cela à son « conseiller spécial », on est bien obligé d'écrire que c'est sur lui que retombe la honte. C'est lui qui a « investi » Nucci ; lui qui l'a longtemps couvert ; lui qui a (justement) voulu une loi réglementant le financement de la vie publique, ne faisant rien pour couper court à l'idée d'amnistie restrictive défendue par Jean-Pierre Michel, plus proche de Chevènement d'ailleurs que de Rocard* – lequel n'a cessé de mettre en garde contre tout traitement de faveur accordé à Nucci. On est ici en présence d'un cas limite de mauvaise foi, typique de la conscience coupable...

Et quand l'opinion publique, à l'appel d'un Chirac qui se juge en droit de dénoncer le « scandale de l'amnistie », exprime sa désapprobation à l'occasion d'un sondage qui révèle que 76 % des citoyens jugent « choquante » l'amnistie de Christian Nucci et estiment que les hommes politiques sont, dans leur majorité, « plutôt pas honnêtes », ce n'est évidemment pas en portant son regard sur l'hôtel Matignon qu'elle formule ces jugements... La baisse que subit la cote de popularité de François Mitterrand en témoigne.

Sans que ce ministre-magistrat eût à proprement parler démérité, le cours des « affaires » – notamment celles concernant Urba, Nucci, l'amnistie – avait compromis l'autorité du garde des Sceaux, Pierre Arpaillange. Un remaniement ministériel, le 2 octobre 1990, permit de

* Judicieux commentaire du plus proche collaborateur du Premier ministre, Jean-Paul Huchon (*Jours tranquilles à Matignon*, *op. cit.*, p. 171) : « ... Pour le même prix, on a rendu très difficiles les campagnes politiques et pris de plein fouet l'opprobre lié à une prétendue auto-absolution. Dans ce cas, il aurait presque mieux valu la faire ! [...] Tout le monde repartait de zéro [...]. Tandis qu'aujourd'hui, les politiques sont réduits à l'impuissance, voués aux gémonies, soumis au zèle des juges inutilement excités par ces histoires d'amnistie. Quel bilan ! »

lui substituer Henri Nallet, qui avait été le trésorier de la campagne présidentielle de Mitterrand en 1988. La presse de droite dénonça la mise en place d'un « inconditionnel », ligoté par les financements électoraux du président.

Aux questions posées dix ans après par l'auteur, Henri Nallet répond que, appelé en 1988 aux responsabilités de financier de sa campagne par le président, il reçut de lui deux consignes : ne pas dépasser le plafond légal de 100 millions de francs de dépenses ; s'interdire tout recours à des financements occultes.

> « Me croirez-vous si je vous dis qu'à cette époque je ne savais même pas ce qu'est une fausse facture ? Mon rôle, dans le cadre strict tracé par Mitterrand, fut assez facile : le mouvement en faveur de la réélection était tel que les fonds affluaient... émanant le plus souvent de nos amis ou adhérents. En tout cas, nous avons respecté les règles – alors que nos adversaires engageaient des dépenses triples des nôtres.
> Ma tâche fut beaucoup moins facile quand je fus appelé, deux ans plus tard, à la Justice. La majorité – où les compétences étaient rares dans le domaine juridique – avait approuvé Rocard quand il avait demandé une inculpation collective des élus PS. J'y voyais une sorte de catharsis salutaire... On aurait vidé l'abcès – et pas seulement le nôtre ! Le Parti se refusant à cette opération, il fallut couper court. Plutôt que de laisser au procureur de Marseille chargé de l'affaire Urba le soin de gagner du temps et de “laisser pourrir”, j'obtins de Rocard l'autorisation de lui donner ordre par écrit de classer l'affaire... A l'époque, cela nous a paru plus digne... Mais la réflexion m'a conduit à penser aujourd'hui que le garde des Sceaux doit se voir interdire par la loi ce type d'intervention[28]... »*

* * *

Avant d'en venir à la rupture si longtemps imminente entre le maître de l'Élysée et l'animateur de Matignon, il convient de donner à Michel Rocard l'occasion de dresser un rapide bilan de ce qu'il accomplit entre 1988 et 1991 dans la mouvance et sous le regard – d'abord sceptique, puis sarcastique – du président et celui – plus encourageant – de l'opinion publique :

---

* L'ancien garde des Sceaux tenait le même type de propos fermement autocritiques, à la même époque, au journal *Le Monde* (16 janvier 1998).

> « Il y a ce que j'ai fait sous lui ; puis avec lui ; ensuite sans lui ; enfin contre lui... Sous lui ? Le RMI, qui émanait des travaux du Parti et de la *Lettre à tous les Français.* Aussi la guerre du Golfe. Enfin trois budgets de la République. Avec lui ? La paix en Nouvelle-Calédonie, la gestion de quelque quatorze conflits sociaux – non sans quelques dissonances, à propos des lycées notamment. Sans lui, le renouveau de la fonction publique avec la révision décisive de la grille des salaires, la globalisation des crédits de fonctionnement, la refonte des services de renseignement, pour lesquels il professait une piètre estime... Contre lui enfin, la redistribution des PTT en deux grandes sociétés d'État, avec la coopération d'abord réticente de Paul Quilès, et la grande négociation Renault-Volvo, qu'il désapprouvait pour des raisons de symbole (il ne fonctionnait d'ailleurs jamais que par symboles !).
> [...] Et, j'allais oublier, l'audiovisuel, un domaine où je ne voulais pas me risquer, sachant sa passion, ses préventions et ses implications avec tel ou tel. Mais il m'a fallu intervenir pour soutenir, contre lui, l'un des ministres qu'il avait le plus expressément choisis et qu'il estimait entre tous : Catherine Tasca... »

L'ancien ministre délégué à la Communication, si fidèle qu'elle fût à François Mitterrand (qui disait d'elle : « C'est une lame ! »), confirme ce propos paradoxal :

> « Le président professait, à l'endroit des médias, surtout audiovisuels, une méfiance profonde et globale. S'il avait fait appel à moi pour participer aux travaux de la CNCL* en 1986, puis m'avait nommée, aux côtés de Jack Lang, ministre déléguée à la Communication, c'était pour s'assurer d'une loyauté sans faille dans un milieu qu'il jugeait corrompu et corrupteur – n'ayant pas eu à s'en louer tout au long de sa carrière politique.
> Cette méfiance confondait secteurs public et privé. C'est des médias du service public qu'il avait eu à pâtir, surtout sous la Ve République. Il n'en attendait rien de bon, n'excluant même pas que les privatisations, en ce domaine, puissent apporter des correctifs, couper en tout cas les liens entre pouvoir et médias, qu'il tenait pour essentiellement pervers, et politiquement dangereux...
> Pour ma part, j'ai toujours cru que c'est au sein du service public que pouvaient être préservées ou restaurées l'équité politique (sans la prendre pour modèle, je voyais dans la BBC une bonne référence) et l'ambition culturelle. D'où l'idée de regrouper les chaînes publiques pour donner à cette entité la force de résister à la surpuissance de TF1. Dans ce combat, j'ai été mieux comprise et soutenue par Rocard et son cabinet que par le président, qui n'a jamais caché son scepticisme

* Commission nationale de la communication et des libertés, qui a remplacé en 1986 – sous le régime de « cohabitation » – la Haute Autorité de l'audiovisuel créée en 1982.

– sans pour autant me reprocher (ni même me faire sentir comme tel) l'échec que fut pour moi, en cette opération, l'élection à la présidence commune de Philippe Guilhaume... En tout cas, il a soutenu sans faiblir mes efforts en vue de la création d'Arte, et mes projets de programmes spécifiques à l'intention de la jeunesse [29]... »

* * *

Dans l'inextricable écheveau des rapports Mitterrand-Rocard court un brillant fil d'argent, bien repérable : le refus du président de laisser son jeune rival se mêler des affaires du parti qu'il a fondé à Épinay en 1971, alors que le leader du PSU se croyait capable de faire, à la tête de son propre parti, jeu égal avec lui. Dix-huit mois plus tard, Mitterrand a bien voulu admettre le ralliement de l'autre – mais en tant qu'Autre, qui restera une « pièce rapportée » et ne cherchera d'ailleurs pas à le faire oublier, mettant l'accent au congrès de Nantes sur la différence entre les deux « cultures » où s'enracine la gauche française et présentant, au congrès de Metz, une véritable alternative au mitterrandisme « archaïque ».

Ouvrir à Rocard les portes de Matignon était une chose. Lui ouvrir celles du parti, de « son » parti, en était une autre. La majorité des militants lui avaient refusé en 1988 d'y installer Fabius pour lui préférer Mauroy, bon serviteur de l'État mais son adversaire à Metz. Il avait avalé cette couleuvre en souvenir des services rendus par le premier de ses Premiers ministres. Mais il n'allait pas maintenant laisser l'ancien leader du PSU parachever la revanche des rebelles de Metz.

On n'a pas oublié que, l'appelant à Matignon le 10 mai 1988, il avait signifié à Rocard que toute intrusion de sa part dans les débats du parti l'exclurait de la compétition présidentielle*. Le Premier ministre se l'était tenu pour dit. Et voici que se dessinait une configuration nouvelle...

Depuis son entrée à l'Élysée, Mitterrand voyait son héritage disputé entre deux prétendants – Lionel Jospin et Laurent Fabius. Estimant celui-là, il aimait celui-ci. Il faisait profession de déplorer cette division. Ne fit-il rien pour l'envenimer ? Assurant à l'un une promotion plus rapide et éclatante, entretenait-il, non sans volupté, une « guerre des deux roses », ou des deux armes, entre l'agile fleuret et l'épée

* Voir plus haut, p. 292.

roide ? Voyait-il se projeter, en ce débat, un reflet de celui qui l'avait, souple fabiusien avant la lettre, opposé à l'inflexible Mendès ?

Le fait est qu'en cette deuxième année du second septennat le moment lui parut revenu d'introniser à la tête du parti celui dont il songeait apparemment à faire son dauphin. Opération risquée, il l'avait constaté à ses dépens. Mais Fabius rongeant lui-même son frein, elle fut mise en route le 12 septembre 1989, à l'occasion d'un déjeuner groupant à l'Élysée quelques-uns des fondateurs du parti – Mermaz, Estier, Hernu, Joxe... – à propos du prochain congrès du PS, prévu pour mars 1990 à Rennes.

Le mot d'ordre énoncé par le président est moins de promouvoir d'emblée Fabius – son échec de mai 1988 est encore trop proche – que de barrer la route à Rocard. Un « pape de transition » est-il envisageable ? Louis Mermaz, par exemple ? L'intéressé ne dit pas non. Mais à ce jeu, Jean Poperen n'est pas mal placé non plus. En fait, Laurent Fabius fait savoir qu'il engagera la bataille. Brûlant de se frayer la voie, sinon en 1990, en tout cas en 1992, il ose, en attendant, mesurer ses forces, nouer des alliances à long terme, au risque de faire éclater le courant dit « mitterrandiste » dont il reste l'une des composantes essentielles, eût-il été, en mai 1988, marginalisé.

Son ardeur à conquérir est telle qu'il va, le 8 mars, une semaine avant l'ouverture du congrès, jusqu'à rendre visite à Rocard – avec lequel il a des atomes si crochus qu'ils se feraient saigner l'un l'autre... – et lui proposer un pacte : à lui le parti, au Premier ministre la candidature à la présidence en 1995. Stupéfait, Rocard coupe court – confiant plus tard à Robert Schneider que laisser Fabius prendre le contrôle du parti serait, pour lui, un suicide politique [30]...

Le congrès de Rennes ne fut pas un affrontement politique, comme ceux de Nantes, Metz ou Toulouse, par exemple, on veut dire un débat où s'affrontent des idées, des tactiques ou des stratégies, dussent-elles prendre des visages ou des masques, des voix ou des noms ; ce fut un spectacle tragique, d'ailleurs du plus mauvais style, où s'affichèrent sans pudeur les passions et surtout les rancunes, les ambitions et les dédains, une représentation caricaturale. Grand cirque ou grand-guignol ? Aucun des témoins n'oubliera comment des hommes éminents, qui savaient ou avaient su par ailleurs servir l'État avec éclat ou distinction, ont pu choir ainsi dans l'incohérence rageuse, voire l'hystérie.

On n'entrera pas dans les méandres et la cacophonie de ces trois journées où se défirent près de vingt années de synthèse, cette toile si patiemment tissée par l'artisan François Mitterrand. Bien au-delà du face-à-face Jospin-Fabius, des lamentations sur les ruines proférées par un Mauroy au masque d'Hécube, des furieuses apostrophes de

Poperen ou de Guidoni, des malédictions clamées par Laignel ou Emmanuelli, des effondrements, des explosions*, des entrées fracassantes et des sorties titubantes et de l'apparition, au plus fort du hourvari, des médiateurs parisiens dépêchés en catastrophe par l'Élysée – Édith Cresson et Roland Dumas – se profilait le vrai duel, celui qui opposait le chef de l'État au chef du gouvernement – comme Pompidou à de Gaulle au début de 1969, comme Chirac à Giscard en 1975.

Tous deux sont aux aguets. Mitterrand à l'Élysée, le téléphone sous la main, en contact constant avec Fabius, Mauroy, Mermaz ou Nallet ; Rocard à Rennes, dans sa chambre de l'hôtel Altea qui ne désemplit pas : il a rêvé de s'installer dans les allées du congrès, comme Jospin ou Fabius, mais on lui a fait comprendre que ce serait braver par trop le président et qu'une certaine réserve sied à un Premier ministre. Alors il pilote son bateau à distance, mais si impliqué dans le moindre remous...

C'est lui, plus encore que Jospin, qui bloque la tentative de synthèse préparée par Mauroy, qui aurait fait de Fabius le numéro 2 du parti, chargé de la trésorerie et de l'organisation. C'est lui qui freine les tentatives de rapiéçage de Chevènement et d'Estier. C'est lui qui dresse, autour de Fabius, un cordon sanitaire. Fameux manœuvrier quand il s'y met, ce boy-scout flanqué de ses doux éclaireurs que semblent être Huchon ou Petitdemange, et qui se conduisent ici comme des paras... Tout cela, Mitterrand, l'oreille collée à son téléphone au premier étage de l'Élysée, en entend le récit de minute en minute. Et rien ne sera pardonné.

Témoins ces réflexions que lui attribue Jacques Attali à la veille, au cours et au lendemain de l'échauffourée bretonne :

« Mardi 13 mars : « François Mitterrand : "Rocard est vraiment petit, mesquin. Il est derrière toute cette haine contre Fabius. Des nains entre eux ! Sauf Jospin, peut-être... Et Fabius se bat à leur niveau ! Rocard me paiera ça très cher..." »

Toujours selon Attali :

Vendredi 16 mars : « Le président reçoit le Premier ministre qui s'apprête à partir pour Rennes. Il lui conseille de se tenir à l'écart des manœuvres visant à isoler Fabius. Mais Michel Rocard est prêt [...] [à] en finir avec lui, même si cela nuit à ses relations avec le président [...]. A Rennes, tête-à-tête entre Rocard et Mauroy, prévenant : "Si tu fais alliance avec Jospin, tu vas tout casser. Tu veux quitter Matignon ?" Michel Rocard : "J'ai déjà fait mes valises..." »

---

* La rage de certains militants s'exprima d'étrange façon. Huchon assure avoir entendu un « jospiniste » crier à un groupe chahutant son chef de file : « Ce sont des fabiusiens ! On distingue le bruit des mocassins Weston ! »

Dimanche 18 mars : « Échec à Rennes : sous les sifflets, les dirigeants ne parviennent à aucun accord [...]. François Mitterrand : “Des fous suicidaires ! [...] L’envie me démange de dissoudre l’Assemblée nationale, pour les embêter[31]...” ». (On lit des traits de ce genre, chez de Gaulle, dans les livres de Soustelle, de Peyrefitte ou de Foccart, à l’endroit de ses partisans du RPF...)

François Mitterrand gardera un souvenir d’autant plus sinistre du congrès de Rennes (où son nom a été sifflé !) que cet épisode le conduit à une médiocre prestation télévisée – ce qui est devenu rare chez lui, si emprunté dans les années 70, si maître de lui depuis lors*. Le dimanche 25 mars, interrogé par Anne Sinclair pour *Sept sur sept*, il se perd dans un dédale d’explications embrouillées, tentant de démontrer qu’il n’est pour rien dans cette querelle de progéniture. Effet désastreux sur les auditeurs, qui en retiennent que son favori, Fabius, a perdu la bataille : cinq points en moins dans les sondages...

Un parti en loques ?

Dans les jours qui suivent, une vague motion de synthèse maintiendra au secrétariat un Pierre Mauroy blessé et affaibli. Le seul des protagonistes qui aurait gagné en puissance, dans l’aventure, est Michel Rocard – ne serait-ce qu’en raison de l’affaissement global d’un parti qui ne pourra plus jamais l’encadrer, le patronner, lui imposer sa ligne ou ses mises en garde, à lui qui tire sa légitimité de l’opinion publique. Bon débarras ? Mais non. Les plaies vont suppurer, de l’Élysée surtout. Écoutons cette consultation judicieuse de Jean-Paul Huchon, le guérillero de Rennes, qui a recouvré son sang-froid :

> « Le mal était fait : jamais François Mitterrand ne pardonnerait l’épisode de Rennes à Michel Rocard. La rupture, au fond, était consommée. La fin n’était plus qu’une question de temps : seule l’invasion du Koweït par l’Irak la mettrait dans une parenthèse artificielle[32]... »

On a cité, à propos de l’affrontement de Rennes, les deux formules respectives des protagonistes. Mitterrand : « Rocard me paiera ça très cher... » Rocard : « J’ai déjà fait mes valises. »

L’étonnant est que le couple ait survécu plus d’un an encore à cette épreuve. Huchon donne, à ces « prolongations » amères, le prétexte irakien – qui eût pu au contraire accélérer la relève, l’inventeur du RMI et de la paix calédonienne n’ayant pas précisément le profil du shériff appelé à relever, colt au poing, le défi lancé par un patibulaire potentat oriental.

---

* Que cette mutation soit due ou non à son « expert » Jacques Pilhan.

La réponse semble aussi à rechercher dans les indécisions du président qui, Rocard pratiquement voué à l'élimination, hésite une fois de plus, comme en mars 1983, comme en mai 1991, entre divers candidats* – et voit ses méditations et interrogations suspendues par l'irruption de la tragédie irakienne. A partir du 2 août 1990, le pouvoir va être à ce point concentré à l'Élysée que Matignon paraîtra fondu dans la brume...

---

* Voir chapitre XIV.

CHAPITRE X

Une guerre pour du sable ?

• Le 2 août, à l'aube : il faut en être... • Koweït et Irak • Le droit, l'Amérique, le pétrole... et Israël • Une angoisse nucléaire ? • Les otages, ou l'intolérable... • A l'ONU, le 24 septembre • « Opération Daguet » • Le cas Chevènement • Ultimatum en novembre • Pisani et autres quêteurs de paix • Bush : trop peu, trop tard... • 80% pour le président • La dernière « grande illusion » ?

Quand, au petit matin du 2 août 1990 à Latche, François Mitterrand, réveillé par le conseiller de permanence à l'Élysée, apprend que l'armée irakienne a envahi le Koweït, il manifeste d'emblée qu'il a pris conscience de l'extrême gravité de la crise et des risques de guerre qu'elle implique.

Ses premiers interlocuteurs de la matinée – l'amiral Lanxade, son chef d'état-major, Roland Dumas, le ministre des Affaires étrangères, et Jean-Louis Bianco, le secrétaire général de l'Élysée – ont tous exprimé la surprise que leur cause cette réaction, beaucoup plus pessimiste que la leur. D'où lui vient donc cet alarmisme ?

On a dit avec quelle attention passionnée il suit depuis dix ans les affaires du Proche-Orient – Israël, Palestine, Liban, Syrie, Égypte... On a dit aussi comment il s'était trouvé impliqué, par le biais de livraisons d'armes à Bagdad contre lesquelles il maugréait mais qu'il finissait par entériner, dans le conflit de près de neuf ans entre l'Irak et l'Iran, qui s'était achevé vingt mois auparavant par une sorte de match nul entre les ayatollahs de Téhéran et l'Irak « socialiste » de Saddam Hussein, allié objectif de l'Occident contre le déferlement islamiste parti de Téhéran.

Mais c'est d'une tout autre affaire qu'il s'agit en ce début d'août 1990, où ce qui est en jeu entre les protagonistes, l'Irak et le Koweït, c'est d'abord une dette, ensuite du pétrole. Or, s'il y a un sujet que maîtrise mal le grand géopoliticien qu'est François Mitterrand (à la différence de son prédécesseur Charles de Gaulle, ancien officier d'état-major, et comme tel attentif aux approvisionnements), ce sont les affaires d'hydrocarbures. Tout au long de ces six mois de crise où il jouera un rôle si actif et parfois ingénieux, on ne retiendra guère de références du chef de l'État français à cette donnée fondamentale qu'est l'accès au pétrole – alors que, du côté américain, le secrétaire d'État James Baker allait écrire, dans *The Gulf Conflict*, ces phrases lumineuses : « La vitalité du monde industrialisé a sa source dans le Golfe. Ce qui est en jeu là est notre activité industrielle. Pour l'Américain moyen, c'est une question d'emploi [1]... »

Peu attentif en apparence à cet aspect des choses, François Mitterrand est en revanche très au fait des questions financières et géopolitiques qui se posent et que Saddam Hussein tente de régler par les armes. Si le dictateur de Bagdad s'est jeté sur le Koweït, c'est à la fois pour des raisons anciennes et sous la pression d'une nécessité immédiate.

L'Irak ne dispose que d'une étroite fenêtre maritime au fond du Golfe : une cinquantaine de kilomètres de côte envasée, déversoir du Chott el-Arab, qu'il doit partager avec l'Iran. Annexer l'émirat pétrolier n'aurait pas seulement pour effet d'assurer à l'Irak une place prépondérante sur les marchés mondiaux d'hydrocarbures, mais aussi de lui offrir un accès au Golfe à la mesure de ses ambitions. Depuis les origines de l'Histoire, ces affaires d'accès à la mer sont causes de bien des guerres...

Quand, en juin 1961, Londres avait proclamé l'indépendance de l'émirat*, mis sous sa « protection », le général Kassem, alors maître de Bagdad, s'était refusé à reconnaître cette décision, proclamant que la « province » de Koweït était partie intégrante de la nation irakienne. Il n'en avait pas moins été contraint à une humiliante marche arrière sous la pression conjuguée de la Ligue arabe, de Londres, de Washington et de Nasser. Les maîtres de l'Irak préparaient leur revanche.

Sur la rive sud du Chott el-Arab, l'Irak disposait certes d'un port, Bassorah. Mais le faible tirant d'eau de ses quais (6 mètres à marée basse) le rendait inutilisable pour l'exportation pétrolière ; Oumm Kasr, sur le cours inférieur du Chott el-Arab, développé avec l'aide des Soviétiques, étant consacré au débarquement de l'armement qui faisait de Bagdad – Israël mis à part – la plus grande puissance militaire du Proche-Orient.

L'eau douce du Chott el-Arab étant indispensable au Koweït, l'eau profonde du Golfe nécessaire à l'Irak, une exploitation commune du gisement pétrolier de Randatein pouvait être organisée, ainsi que la

* Qui, en 1990, n'était donc vieille que de vingt-neuf ans.

location des îles koweïtiennes de Boubiyan et de Warbah par Bagdad : un règlement amiable était possible, mais c'était compter sans l'avarice obtuse de l'émir Al-Jaber Al-Sabah du Koweït et la rapacité impérialiste de Saddam Hussein – qui était sorti de sa guerre avec l'Iran ruiné et endetté auprès de ses voisins, notamment le Koweït.

Pour tenter de trouver un règlement au contentieux entre l'Irak et l'émirat, une conférence vient de se dérouler à Djeddah, en Arabie Saoudite. Invoquant les énormes sacrifices consentis par l'Irak en tant que « brise-lames de l'arabisme » contre l'Iran, Saddam a exigé l'annulation de la dette de 15 milliards de dollars contractée par lui auprès de l'émir du Koweït – qui a refusé de faire ce geste de solidarité élémentaire. Moyennant quoi, le leader irakien, qui accuse en outre l'émirat de « pomper » à ses dépens la zone de Roumeila, signifie qu'à ses yeux et à ceux de son peuple le Koweït, création artificielle de l'impérialisme (qu'est-ce que ce pays arabe, ricane-t-il, qui donne à sa capitale le nom de Koweït City ?), n'est que la « dix-neuvième province de l'Irak ». Et, depuis une semaine, les observateurs américains signalent d'importants mouvements de troupes irakiennes aux abords de la frontière de l'émirat...

C'est parce qu'il connaît mieux ce dossier que la plupart de ses collaborateurs – à l'exception de l'amiral Lanxade, qui, dès le 27 juillet, avait tenu, pour l'étudier, une conférence de travail à l'Élysée – que François Mitterrand réagit dans la matinée du 2 août avec tant de pessimisme, déclarant, selon Jacques Attali : « La guerre menace au bout de cette histoire de gros sous. Faire la guerre pour ces potentats milliardaires, ce sera pour nous difficile... » Un temps, puis : « Laissons s'avancer les Américains... » Et, pour conclure, concernant le vote d'une résolution au Conseil de sécurité exigeant le « retrait immédiat et inconditionnel des troupes irakiennes » : « Oui, on votera pour... »[2].

Ainsi, dès la matinée du 2 août, est définie toute sa stratégie des six mois à venir : « la guerre menace au bout », « laissons s'avancer les Américains », il faut être solidaire de l'Occident et des alliés de guerre, mais marquer une spécificité française compte tenu de la nature des « potentats » victimes de l'agression, et voter au Conseil de sécurité de l'ONU en faveur de la résolution 660.

D'emblée, François Mitterrand a choisi son camp (sans consulter Michel Rocard, qui navigue dans l'Adriatique et auquel il fait savoir que son retour « n'est pas indispensable »). Et le moins qu'on puisse dire est que le président français n'y est pas seul. Il le vérifie en téléphonant le 3 août à George Bush (qui lui fait comprendre que Washington ne cédera pas, qu'aucun compromis n'est possible avec Saddam), à Margaret Thatcher, à Helmut Kohl. L'Occident est solidaire. Fidèle à son personnage, le Premier ministre anglais propose même une action de représailles immédiate au président américain, qui préfère agir dans le cadre de l'ONU. Et Mitterrand constate aussi, par les mêmes voies, que le Russe Mikhaïl Gorbatchev et l'Égyptien Hosni Moubarak sont sur une ligne analogue, ce dernier se faisant fort d'obtenir de la Ligue arabe la condamnation de Saddam Hussein – laquelle intervient en effet le 4 août. Et, le 6, le Conseil de sécurité décrète un embargo global (pétrolier et financier) de l'Irak et des avoirs koweïtiens qu'il prétend désormais contrôler.

Quand François Mitterrand convoque à l'Élysée, le 9 août, un Conseil restreint où sera définie la position française, de quoi est donc faite sa détermination ? Quels arguments, quels intérêts, quelles obligations font alors de lui l'homme qui discerne, dans l'ensemble des facteurs qui ont conduit à l'occupation du Koweït et à la réaction quasi unanime des États du monde, une « logique de guerre » – puisque telle est la formule qu'il énonce alors et où on devra inscrire l'ensemble de ses démarches ?

Sa démarche intellectuelle se déploie sur trois plans : d'abord celui du droit international ; ensuite celui du « nouvel ordre mondial » ouvert par l'affaissement de la puissance soviétique, où la France doit prendre une place conforme à ses moyens ; enfin celui de l'organisation d'un Proche-Orient assurant à tous la paix et leurs droits nationaux – c'est-à-dire la sécurité d'Israël et la naissance de l'État palestinien.

Pour un homme né comme lui au cœur de la Première Guerre mondiale, et qui a su voir, encore très jeune, que l'absorption de l'Autriche par l'Allemagne nazie était le prélude de la Seconde Guerre, l'invasion d'un petit pays par son grand voisin qui aussitôt en proclame l'annexion rappelle des souvenirs sinistres et éloquents. Comment ignorerait-il que, dans ces cas-là, l'acceptation du fait accompli conduit au pis, même le « jusque-là mais pas plus loin » clamé par les bonnes âmes en 1938 ?

Nul n'ignore moins que lui le caractère artificiel du Koweït des Al-Sabah, État patrimonial fabriqué par des stratèges anglo-américains en 1961 pour contenir l'Irak et le punir d'avoir allumé un nouveau foyer révolutionnaire*. Mais le Koweït a été admis par les Nations unies. Et combien d'autres, en Asie, en Afrique, en Amérique, sinon en Europe, sont dans le même cas, qualifiés de « création de l'impérialisme » par leurs voisins, donnant aux agresseurs mille prétextes à « corriger », à « simplifier » la carte, à satisfaire un irrédentisme – ne serait-ce que celui de la Syrie sur le Liban ? L'absorption du Koweït par l'Irak est la

* Le 14 juillet 1958, une junte commandée par le général Kassem avait renversé et assassiné le roi Fayçal et son ministre Noury Saïd, pro-occidentaux, au nom du « socialisme arabe ».

première ainsi opérée entre États membres de l'ONU. Le précédent est terrible et porte en son sein des dizaines d'opérations de même nature*. Il faut couper court.

Tout aussi importante, dans la méditation mitterrandienne, est la question du « rang de la France » dans ce « nouvel ordre international » que vient de créer l'affaissement de l'empire soviétique manifesté par la chute du mur de Berlin. Il est clair que ce « nouvel ordre » s'affirme d'abord comme un *imperium*, une hégémonie américaine. Dans le cadre de la guerre froide, la France s'était d'abord affichée comme un bon soldat de l'Alliance atlantique : rôle secondaire, mais clair et conforme aux péripéties de l'Histoire depuis 1940. Puis le général de Gaulle lui avait taillé un rôle sur mesure d'électron libre au sein ou en marge de la grande alliance, jouant son jeu entre les deux superpuissances, fidèle et volage à la fois. La chute de Moscou en tant que superpuissance crée un nouveau système de pouvoirs, dominé par l'unique géant américain. François Mitterrand a montré, à propos de la « guerre des étoiles » ou au Proche-Orient, qu'on pouvait être l'ami sans se faire l'esclave de ce colosse. Mais dans une tempête comme celle qui vient de se lever dans le Golfe, comment se déterminer par rapport au leader dont il vient de mesurer, en un bref entretien téléphonique, la détermination ? Rester sur la rive ou se hisser à bord, y trouver une place et l'occasion d'argumenter, de copiloter ?

Autre impératif auquel obéit, on l'a dit, la conduite diplomatique du président : la solidarité avec les alliés de la guerre. Il n'est certes pas question que les Français se ruent à la suite des GI dès lors qu'ils sont lancés dans une entreprise – du Vietnam à la Grenade… Mais dès lors que les intérêts de la France sont en jeu, le vieil esprit d'alliance est en éveil et peut conduire à la coopération – politique ou militaire.

Ces thèmes de discussion, le chef de l'État français les a souvent abordés tout au long de la crise. Il est toujours resté beaucoup plus discret sur les questions régionales, notamment celle de la sécurité à long terme d'Israël. Mais quand on sait l'intérêt qu'il portait à ce pays, comme nombre de ses proches, on ne peut douter qu'il ait vu, en cette brusque montée en puissance de Saddam Hussein, antisioniste viscéral, une menace pour l'État juif – menace que l'enrichissement du dictateur irakien, prometteur du « progrès dans la maîtrise de l'arme nucléaire », risquait de rendre mortelle. De là à penser qu'Israël serait tenté d'user le premier de cette arme, avec les risques planétaires qui s'ensuivraient…

Mais point n'était besoin d'agiter cette menace pour se prononcer

---

* Comme le dit alors Mitterrand à son entourage : « Si nous laissons passer cela, demain tout État qui a vingt chars de plus que son voisin se jettera sur lui. »

dans le sens de la fermeté. Certes, Mitterrand était conscient de la profonde ambiguïté arabe. Il savait bien que, hormis ces « potentats » du Golfe qu'il n'avait pas le goût de protéger, hormis leurs alliés saoudiens, égyptiens, syriens, que soudait une ancienne et commune animosité contre l'Irakien arrogant, le monde arabe était loin de faire bloc autour des victimes de l'agression du 2 août : les masses de Beyrouth, du Caire ou d'Alger se sentaient infiniment moins proches des émirs milliardaires en dollars que du brutal Raïs de Bagdad, nouvelle incarnation de cette « revanche » arabe contre l'humiliation longtemps incarnée par Nasser (si différents que fussent au demeurant ces deux personnages confrontés à l'Occident...).

La personnalité même de Saddam Hussein, en sa brutalité nue, sa férocité allègre, évidente, joue-t-elle un rôle dans la détermination du président français ? Il a bien des raisons d'avoir peu de goût pour ce chef arabe qui a d'abord été l'homme des néo-gaullistes et le partenaire de Chirac, puis le quémandeur d'armes dont Hernu et Cheysson venaient, à l'Élysée, transmettre les exigences. Les ventes d'armes qu'il détestait, Mitterrand leur a longtemps donné le nom du chef du clan des Takriti*.

Au surplus, la répression abjecte qu'il exerce contre les Kurdes, dont la cause a trouvé en Danielle Mitterrand une avocate fervente, ne peut que l'animer contre l'Irakien. Enfin, un amoureux de l'Égypte comme le président français a tendance à voir, dans les gens du Tigre, l'envers querelleur et nocturne de ceux du Nil, la Macédoine de cette Attique.

Tout paraît de nature à dresser Mitterrand contre le dictateur de Bagdad. Mais des hommes qu'il estime, de Jean-Pierre Chevènement à Régis Debray, du grand orientaliste Jacques Berque à Michel Jobert – et plus discrètement Claude Cheysson –, le mettent en garde contre un « antisaddamisme » primaire : pour brutal qu'il soit, l'homme serait porteur d'une certaine modernité ; et, dans la mesure où les masses arabes reconnaissent en lui l'avocat de leurs frustrations, il a droit à être écouté. Si bien qu'on verra Mitterrand peu enclin à concentrer sur ce personnage, comme le fait George Bush par exemple, la colère ou les émotions de ses compatriotes. Ce n'est pas d'une chasse à l'homme ni même au monstre qu'il s'agit, mais d'un certain usage du monde, et de la place de la France dans ce monde.

Ainsi va, depuis trois jours, l'esprit de Mitterrand, quand il ouvre, le 4 août à l'Élysée, le premier Conseil de crise, où s'inscrit, en pointillé, l'histoire des semaines à venir. En l'absence de Michel Rocard, qui

* Sur lequel Saddam a d'abord fondé son pouvoir.

navigue le long de la côte dalmate, et du ministre de la Défense, Jean-Pierre Chevènement, alors en Toscane, le président est entouré par l'amiral Lanxade, Roland Dumas, Pierre Bérégovoy et le successeur de l'amiral Lacoste à la tête de la DGSE, Claude Silberzahn. Ayant fait taire la veille son ami François de Grossouvre, « ami des Arabes », venu plaider auprès de lui la cause de l'abstention, il impose, sur un ton flegmatique, sa ligne dure. Pas un mot de lui qui ne proclame le souci de participer, de « marquer », d'être « dans le coup ».

A l'ONU, la France a voté pour la résolution exigeant le « retrait immédiat et inconditionnel » de l'agresseur. Elle va voter l'embargo, puis « le blocus, qui comporte un risque de guerre ». Et dans les heures qui suivent, les premières unités navales françaises appareillent en vue de faire respecter les mesures contre l'Irak. La France, par Mitterrand et lui seul, est d'ores et déjà engagée – mais non embrigadée.

C'est pour consolider cette orientation, rassembler son équipe et préparer l'opinion française aux rudes épreuves qui s'annoncent que le président convoque, pour le 9 août, un Conseil restreint, auquel, cette fois, prendront part le Premier ministre et le ministre de la Défense Chevènement, son collègue de l'Intérieur Joxe, les quatre ministres d'État (Dumas, Jospin, Bérégovoy et Durafour), l'amiral Lanxade, Jacques Attali et Hubert Védrine. Avant que le chef de l'État ne détermine en quelques mots une position qui, avec tous les correctifs et modulations à venir, sera jusqu'au dénouement celle de la France, c'est là le dernier débat qui se déroule encore au sommet de l'État, Chevènement s'acharnant en une vaine guérilla d'arrière-garde.

Après un exposé global de Roland Dumas, qui signale que la seule surprise éprouvée par Saddam Hussein après son coup de force a été l'attitude de la France, plus négative que celle qu'il attendait, divers points de vue se font entendre. Très réservé, d'abord, est Pierre Joxe : dans le monde arabe, soutient-il, le coup de Saddam Hussein trouve un écho favorable. S'engager aux côtés des Américains nous couperait du tiers monde. Il ne faut pas intervenir militairement. Plus disponible à l'action s'affirme Lionel Jospin : il n'est pas possible de céder devant le fait accompli ; mais plutôt que d'agir avec les Américains, il faudrait le faire dans le cadre des Nations unies.

Pierre Bérégovoy ne croit pas nécessaire d'intervenir pour la défense du seul Koweït – mais uniquement si Saddam s'en prenait à l'Arabie Saoudite. Ministre de l'Industrie, Roger Fauroux rappelle que l'approvisionnement pétrolier est un impératif de sécurité nationale. Quant à Jean-Pierre Chevènement, il pose les premiers jalons de ce qui sera sa résistance à la guerre en plaidant pour qu'on se limite aux sanctions économiques. Enfin Michel Rocard, qui croit nécessaire lui aussi de gagner du temps, déclare qu'à un appel à l'aide de l'Arabie Saoudite la France ne saurait manquer de répondre sans déroger à la solidarité.

François Mitterrand ne passait pas pour timide, ni même pour très conciliant avec ses collaborateurs. Mais rarement le goût qu'il avait de trancher dans le vif, au risque de blesser, du haut de son expérience et de son « intuition », se sera manifesté avec si peu de retenue que ce 9 août 1990. Sermonnés comme des potaches par le proviseur, ses ministres entendirent une rude leçon, que l'on peut résumer en ces quelques phrases : « Il faut choisir son camp. On ne peut, en de telles occurrences, regarder passer les trains. Nous sommes les alliés des Américains. Il faut résister, à leurs côtés, à l'agression de Saddam Hussein... Je sais qu'il se présente, aux Arabes, comme l'ennemi principal d'Israël, et des féodaux. Mais je sais aussi que l'Irak est une dictature sanglante, qui massacre les opposants et emploie les gaz asphyxiants contre les Kurdes ! Il faut lutter contre Hussein, quelles qu'en soient les conséquences[3]... »

Ayant ainsi claironné ses certitudes, fût-ce à l'encontre de son ami Roland Dumas, qui exclut, lui, la « reconquête » du Koweït, ayant obtenu l'adhésion d'abord rétive mais explicite de Joxe, de Bérégovoy et surtout de Jospin, il se retire une heure durant pour mettre au point la déclaration dont il veut faire la doctrine de la France, qu'il a rédigée de sa main, et qu'il lit à ses ministres :

> « La France entretient depuis longtemps d'amicales relations avec l'Irak. On sait qu'elle l'a aidé lors de la guerre contre l'Iran. Cela l'autorise d'autant plus à dire clairement qu'elle n'accepte ni l'agression contre le Koweït ni l'annexion qui a suivi. Aussi a-t-elle décidé d'associer ses efforts à ceux des pays qui s'engagent pour le rétablissement du droit international violé par l'Irak. C'est pourquoi elle a voté les résolutions du Conseil de sécurité des Nations unies et celles de la Communauté européenne, et pris l'initiative de certaines d'entre elles. C'est pourquoi elle exécute sa part de l'embargo et des sanctions économiques actuellement mises en œuvre. C'est pourquoi, enfin, sa marine est présente dans la zone du Golfe, toujours en application de la décision des Nations unies. Mais la menace s'étend aujourd'hui à d'autres pays de la région. Dans cette situation, la France a souhaité et continue de souhaiter que le problème ainsi posé soit réglé au sein de la communauté arabe. Si cela se révèle impossible, la France assumera ses propres responsabilités :
> 1) en répondant positivement aux demandes qui lui ont été adressées par l'Arabie Saoudite et d'autres États de la Péninsule, concernant par exemple la livraison de matériel et l'envoi de techniciens sur place ;
> 2) en renforçant dès maintenant ses moyens navals et aériens dans la même zone, de telle sorte qu'ils soient en mesure d'intervenir à tout

moment là où cela serait jugé nécessaire, sur décision du président de la République[4]... »

Deux points très intéressants : la préférence donnée à un règlement « au sein de la communauté arabe », qui tend à répondre aux objections des sympathisants du tiers monde du type de Joxe ou Jospin, sinon de Chevènement ; et l'idée d'intervention « à tout moment [...] sur décision du président ». Bigre !

Ainsi, le 9 août 1990, François Mitterrand, en vrai et seul patron*, a fait prévaloir ses vues. Les objections de Joxe, Bérégovoy, Dumas, celles même de Chevènement sont balayées, ou canalisées. Il est décidé que Paris dépêchera dans la région du Golfe son porte-avions *Clemenceau*. Une semaine après l'*Anschluss* des sables opéré par Saddam Hussein, Mitterrand a calé la France dans la coalition.

Reste à convaincre l'opinion, souvent moins sensible que ses ministres aux arguments du président de la République, et qu'une partie de la classe politique – quelques gaullistes, les communistes, les pacifistes, les lepénistes** – commence à mettre en garde contre l'intervention. Mais si Mitterrand s'est laissé envahir par quelques doutes sur le bien-fondé du parti qu'il a pris, et ses chances d'emporter la conviction de ses concitoyens, Saddam Hussein lui offre, en ces journées d'août, un assez puissant argument pour les lever : une prise d'otages...

Vers le 10 août en effet, on apprend que le leader irakien a donné ordre de rassembler les étrangers résidant au Koweït – environ 5 000 personnes, dont 2 000 Américains et 300 Français –, leur interdisant de quitter le pays. Un porte-parole de Washington fait entendre alors qu'il s'agit d'« otages » – on parlera plus tard de « boucliers humains » –, provoquant une profonde réaction dans l'opinion. Le 16, Jacques Attali fait dire à François Mitterrand : « C'est sa plus grave faute. L'Amérique ne le lui pardonnera jamais. Et nous encore moins, après ce que nous avons fait pour lui ! » Et, le lendemain : « Vous allez voir, Saddam va faire pareil avec les étrangers de Bagdad. On va être dans une situation de guerre. Il faut que je parle au pays... »[5].

Quand, le 20 août, Claude Cheysson, qui a rendu visite en Tunisie à Yasser Arafat, lui rapporte que le leader de l'OLP s'est dit en mesure d'obtenir de Bagdad la libération des otages français, le président coupe court : « Ce serait honteux de se séparer des autres[6] ! » Et, le

---

* On pense à de Gaulle à propos de l'Algérie, lors du Conseil des ministres du 20 août 1959 : il donne la parole à chacun – et décide...

** Arabophiles quand il s'agit d'applaudir un dictateur agressif.

lendemain, un communiqué de la présidence de la République dénonce l'utilisation faite par l'Irak de ressortissants étrangers comme « otages », en violation de « toutes les lois internationales » et des « droits élémentaires de la personne humaine », et annonce que la France assurera « par tous les moyens » la « sauvegarde de ses ressortissants ». On s'étonnera d'autant moins le lendemain d'entendre le président parler à la télévision d'une « logique de guerre ».

Mais une objection commence à se répandre, aussi bien dans les Conseils de gouvernement, par la voix de Jean-Pierre Chevènement, que dans la presse : en se lançant sur le Koweït, aux premières heures du 2 août, Saddam Hussein se serait tout simplement jeté dans un piège tendu par les Américains, ou les « Israélo-Américains », informés dans les moindres détails des préparatifs militaires irakiens depuis le début de juillet, et qui auraient pris soin de laisser croire au dictateur de Bagdad que son projet ne les contrariait guère.

Convoquée par Saddam Hussein le 25 juillet, une semaine avant l'invasion, Mme April Glaspie, ambassadeur des États-Unis à Bagdad, avait bien exprimé son « inquiétude » à propos des concentrations de troupes irakiennes aux frontières du Koweït, mais avait ajouté que « les États-Unis n'ont pas d'opinion sur les conflits inter-arabes comme votre conflit avec le Koweït ». Extraordinaire réserve, compte tenu des circonstances, qui a nourri la thèse du « complot » américain, donnant l'illusion à Saddam qu'il pouvait « y aller », pour mieux le prendre la main dans le sac avant qu'il n'ait reconstitué sa puissance, encore limitée par les séquelles de la guerre avec l'Iran. Mieux vaut lui régler son compte maintenant !

Plusieurs livres* ont tenté de donner consistance à cette thèse, reprise par les plus éloquents adversaires de l'implication de la France dans le conflit, notamment Jean-Pierre Chevènement en Conseil des ministres. A quoi Mitterrand ripostait, dès le 9 août : « Cette thèse ne me convainc pas. Même si elle est vraie, c'est Saddam qui a commis la faute de céder à la provocation [7]... »

La thèse du « complot » est-elle confortée par les confidences faites par les deux personnages clés, le secrétaire d'État James Baker dans son excellent *Politics of Diplomacy* et le général Schwarzkopf dans ses *Mémoires* [8] ? Le premier, qui ne saurait se faire passer pour un naïf et montre, dans toute la conduite de l'affaire, une dextérité cynique digne de son prédécesseur Henry Kissinger, avoue qu'à ses débuts, en juillet, il ne porta pas à la crise une attention suffisante, alors que les

* Dont celui de Pierre Salinger et Éric Laurent, et celui de Jean-Pierre Chevènement, *Le Vert et le Noir. Intégrisme, pétrole, dollar*, Grasset, 1995.

alliés régionaux des États-Unis (Israël, l'Égypte, l'Arabie Saoudite, la Jordanie...) affirmaient que les menaces de Saddam Hussein, purement rhétoriques, n'étaient qu'un bluff en vue d'arracher des concessions au Koweït...

Le 28 juillet, précise-t-il alors que certains services de renseignement annonçaient l'imminence d'une attaque, le Conseil national de sécurité rédigeait au nom du président Bush un message à Bagdad tout à fait conciliant : « ... Grâce à l'accord entre l'Irak et le Koweït pour négocier à Djeddah*, les tensions qui vous séparent [...] seront résolues par des moyens pacifiques et non par des menaces de conflit armé... » Commentaire de James Baker : « Ce message n'était pas assez ferme. Envoyé trois jours après l'entretien de Saddam Hussein avec April Glaspie, il a pu signifier pour Saddam que nous n'étions pas véritablement préoccupés par la situation [9]. »

Les Américains ont-ils laissé croire à Saddam Hussein qu'ils ne s'opposeraient pas à une rectification de ses frontières avec le Koweït, en s'assurant le contrôle des îles de Boubiyan et de Warbah ? Le général Schwarzkopf le donne à penser dans ses *Mémoires*, admettant qu'il connaissait l'imminence d'une opération de l'Irak dès le 31 juillet, mais prévoyait qu'elle serait limitée, assurant au secrétaire à la défense, Dick Cheney, que Saddam ne s'emparerait pas du pays entier, mais... de la partie koweïtienne de la zone pétrolifère de Roumeila ainsi que de l'île de Boubiyan contrôlant le port irakien d'Oumm Kasr, puis en resterait là. Et il concluait avec un flegme déconcertant : « La réunion s'est terminée dans une atmosphère paisible : dans la hiérarchie des crises mondiales, celle-ci n'était qu'un incident mineur. »

Dans un livre qui sonne très juste, *De Diên Biên Phu à Koweït City*, le général Maurice Schmitt, alors chef d'état-major français, met à mal la thèse du complot, faisant valoir que c'eût été, pour les Américains, une prise de risques énorme, démesurée – risques qu'ils contrôlèrent, certes, du fait de l'accumulation inimaginable des « gaffes » de Saddam Hussein, du sang-froid des Israéliens, de la loyauté des Égyptiens et de la maîtrise, alors révélée, de James Baker. Qu'un vieux routier du machiavélisme comme Kissinger, théoricien du règlement des conflits par les crises, eût joué cette partie de poker menteur est imaginable. Mais ni Bush, ni Baker, ni leur chef d'état-major, Colin Powell, n'avaient encore acquis le « métier » et le cynisme que suppose une telle opération.

Piège ou non, l'opération déclenchée par Saddam Hussein ne lui aliène pas tous ceux dont on eût attendu, du fait de leur attachement à

---

* Où se déroulait une conférence inter-arabe de conciliation.

la paix et à la démocratie, une réprobation plus catégorique. Tandis que Maurice Couve de Murville, s'adressant à l'auteur, dénonçait une diplomatie française mise « une fois de plus à la traîne des Américains dans le seul intérêt d'Israël », Michel Jobert s'indignait que l'on refuse de tenir compte de la dette que le monde arabe avait contractée envers l'Irak, et assurait que, en empochant le Koweït, Saddam s'était simplement « payé en nature ». Quant à Paul-Marie de La Gorce, il faisait valoir que, d'Alger à Bassorah, c'était une immense vague de solidarité arabe qui allait déferler contre l'opération américaine et déstabiliser les potentats méprisés, accapareurs des richesses pétrolières...

Mais quand les uns et les autres comparent Saddam à Nasser et prédisent que la nouvelle expédition est vouée à un désastre de l'ordre de celui de Suez en 1956, on est bien forcé de relever que : a) l'initiative de Nasser, ni en droit ni en fait, n'avait rien à voir avec l'annexion d'un État voisin, b) l'expédition de 1956 avait été stoppée de compagnie par les deux super-puissances, alors que l'une, cette fois, en est la protagoniste et l'autre son associée. Au surplus, ripostait à Chevènement un Mitterrand* fort échauffé par ces arguments : « Nasser n'a ni massacré ni employé les armes chimiques [10] ! »

A vrai dire, si le chef de l'État est tenté de remettre en doute son engagement pro-américain, on peut dire que Saddam Hussein fait tout pour l'y maintenir. Il pousse jusqu'à l'obscénité sa stratégie des otages, faisant connaître que ceux-ci – américains, anglais, italiens ou français** – seraient dirigés sur les objectifs militaires ou industriels irakiens pour y servir de « boucliers humains » ; et l'on voit un soir le dictateur irakien, hilare sous son béret de parachutiste, caresser la tête d'un enfant otage anglais. Pour le coup, le dégoût soulève plus d'un militant de la cause arabe...

Et, le 14 septembre, on apprend qu'à Koweït City, la résidence de l'ambassadeur de France a été saccagée par les occupants irakiens. Réaction du président français, notée par Attali : « Ça, c'est inacceptable ! Ça, c'est la guerre ! Ils nous cherchent ? Ils vont nous trouver [11] ! » Et il convoque pour le lendemain un nouveau Conseil restreint afin d'étudier les représailles qu'un tel geste appelle contre l'Irak.

C'est lors de ce Conseil restreint à l'Élysée – en l'absence de Chevènement, qui est en mission en Arabie Saoudite mais est tenu à chaque instant informé – qu'est prise la décision la plus importante depuis le 2 août : le lancement de l'« opération Daguet », la plus

---

* Qui, en 1956, garde des Sceaux du gouvernement Mollet, avait plaidé pour l'expédition de Suez...

** Qui pour la plupart travaillaient au développement de l'Irak...

importante que l'armée française ait été chargée d'entreprendre depuis la fin de la guerre d'Algérie : plus de 5 000 hommes de la 6e division légère blindée, soutenus par 50 avions de combat, seront dirigés sur Yanbu, en Arabie Saoudite. Mitterrand a été très explicite :

> « ... Ce qui s'est passé à la résidence de notre ambassadeur au Koweït est une agression. J'aurais préféré un dispositif exclusivement aérien et naval, parce que je souhaite la plus extrême mobilité et la plus extrême autonomie [...]. Je ne voudrais pas qu'en cas d'attaque américaine, nous soyons liés à l'avance par nos décisions d'aujourd'hui [...]. J'exclus toute participation au bombardement des villes en Irak [...] mais pas une participation à une action destinée à libérer le Koweït et qui viserait des objectifs militaires en Irak [12]... »

A Lionel Jospin qui lui demande pourquoi Saddam Hussein s'en prend ainsi à un pays qu'il était censé devoir ménager, le président répond sur un ton rogue : « C'est, de sa part, une volonté de nous tester [...]. Il faut qu'il sache qu'il ne peut pas compter sur notre faiblesse [13]... » Et, le lendemain, il sera encore plus précis face à Jean-Pierre Chevènement, rentré du Moyen-Orient :

> « Il n'est pas concevable que nous restions étrangers à ce qui va probablement se passer. C'est une vue de l'esprit ! Que cela provienne d'une attaque de Saddam Hussein – ce qui est peu probable – ou d'une attaque américaine, ce qui est infiniment plus probable [...]. L'important est que la France garde son autonomie de décision [...] si les États-Unis prennent un prétexte, il faudra pouvoir l'apprécier... » Chevènement : « Nous ne sommes pas capables de soutenir un vrai combat. » Mitterrand : « Alors pourquoi m'avez-vous proposé ce dispositif ? »

Et le président de conclure :

> « Je ne veux pas faire une guerre réflexe, mais je ne m'interdis pas une guerre-réflexion [...] Je n'imagine pas que [Bush] ait déployé les moyens qu'il a mis en œuvre s'il n'était pas décidé à régler cette affaire militairement au plus vite, avant la fin de l'année [14]... »

Convaincant, ce plaidoyer pour la participation ? On s'étonne en tout cas qu'il ne soit pas accompagné d'une ferme décision à propos de ce ministre de la Défense qui ne prononce pas un mot, qui ne fait pas un geste qui ne soit en contradiction avec la « ligne » tracée par le chef de l'État, « chef des armées ». Mots et gestes dont on sent qu'ils expriment une conviction profonde et respectable : il s'agit en fin de compte d'une « guerre des riches contre les pauvres », le ministre allant répétant que « la guerre ferait 100 000 morts »... Pourquoi Mitterrand ne le met-il pas carrément en mesure de choisir, ou tout simplement de prendre congé, comme son prédécesseur Hernu cinq ans plus tôt ? Pour deux raisons. La première est que le « non » de Chevènement est une carte dans son jeu, son double jeu, une perche qui reste tendue vers les Arabes. La seconde est qu'il a toujours décelé, en Chevènement, une part de vérité, de *sa* vérité à lui.

Et c'est précisément cette obscure question en lui, cette interrogation, au plus profond, de l'autre, cette ambiguïté spontanée, vitale, qui va le pousser, non à s'autodémentir, pas même à s'autocontredire, mais à « s'autodoubler », dans la démarche la plus mitterrandienne du monde. A peine vient-il de se poser, avec clarté, énergie sinon outrecuidance en chef de guerre, en mousquetaire (Ah ! ça, monsieur, on ne saurait manquer à la France ! A preuve, voici mon gant dans la figure !), à peine l'a-t-on vu, superbe, dans le rôle du grand Condé, voici que resurgit Mazarin, et non le double jeu, mais le grand jeu, le jeu tout court, qui est la vie, non du fait du hasard, qu'il abhorre, mais de la liberté de choix. Voici Mitterrand à son sommet, aussi haut et loin qu'il peut aller...

Alors même que, le 15 septembre, il vient pratiquement d'entrer en guerre, le voici qui décide d'un coup d'offrir une chance de paix à ce personnage qui vient de l'offenser et détient en otages des centaines de citoyens français, la personne du monde avec laquelle il se sent le moins en accord, mais du coup le plus exposé à ses artifices.

On s'épuiserait à rechercher hors de sa puissante ambiguïté, de sa dualité impérieuse, la raison ou le raisonnement qui lui fait décider soudain, entre le 18 et le 20 septembre, de courir à New York pour y tendre la main à l'Irakien geôlier de ses concitoyens. Bien sûr, c'est une époque où il s'entretient avec des « colombes » comme Cheysson ou Pisani, qui, depuis le début de la crise, vont de capitale arabe en campement bédouin pour maintenir le lien entre le conquérant aux noires moustaches et l'homme d'État d'Occident le plus porté à déceler, derrière chaque geste politique, une chaîne de raisons cachées et les failles d'une volonté... La volte-face mitterrandienne du milieu de septembre, en tout cas son « autodoublage », ne souffre pas d'autre explication que les mécanismes internes de son esprit.

Au moment où, le 24 septembre, le Concorde qui le porte aux Nations unies s'envole de Paris, à la fin de la matinée, nul ne sait ce que contient le discours dont François Mitterrand ne cesse de raturer le brouillon, en cabine. Ultimatum ? Main tendue ? Les feuillets passent des mains du président à celles de Roland Dumas et d'Hubert Védrine... Ce sera, murmure-t-on alentour, un discours « historique ». Un adjectif qui a beaucoup servi…

A 17 h 30, François Mitterrand gravit les marches de la tribune de marbre vert où, naguère, Yasser Arafat avait agité un rameau d'olivier avant de reprendre, dans le hall, sa mitraillette. Le président français s'en tiendra à la première partie de cette gesticulation. Sous les regards inquiets de ses alliés les plus militants – américains, égyptiens, britanniques, saoudiens –, il tend une main vers Saddam. Bien sûr, il proclame une fois encore l'attachement de la France aux principes du droit international et l'indignation que suscitent les prises d'otages. Mais le voilà qui marque un temps d'arrêt et, selon une gestuelle qui lui est familière, se penche en avant et s'accroche au pupitre comme pour retrouver son équilibre.

> « Une solution arabe, je le répète, a ma préférence […] [mais, faute de la dégager] examinons dans quel contexte la diplomatie pourrait encore l'emporter sur l'embrasement […]. D'abord en parlant clair : je dis qu'il n'y aura pas de compromis tant que l'Irak ne se ralliera pas aux vues du Conseil de sécurité. Oui, qu'il se retire du Koweït ! La souveraineté de ce pays, pas plus qu'une autre, n'est négociable. Mais, [et ici il prend un temps, le savoure et lâche les quinze mots qui comptent] que l'Irak affirme son intention de retirer ses troupes, qu'il libère les otages, et tout devient possible. »

« Historique » ou non, le discours de Mitterrand s'affirme soudain comme un document diplomatique important – et qui provoque quelques grondements dans la délégation américaine. Jusqu'alors, depuis la nuit du 2 août, la quasi-totalité de la communauté des Nations unies exigeait l'évacuation immédiate et sans condition du Koweït par les troupes irakiennes. Et voilà que l'un des signataires de ce texte, et l'un des membres permanents du Conseil de sécurité, l'un des participants à l'armada mise sur pied en Arabie Saoudite, ne réclame plus que l'« annonce d'une intention ». Voilà qui fait courir des murmures dans les travées de l'Assemblée. Mais on n'a pas fini d'être surpris. La suite vaut cet exorde :

> « Dans une seconde étape, poursuit Mitterrand, le Conseil de sécurité pourrait contrôler le retrait militaire de l'Irak, la restitution de la souveraineté du Koweït […] dans l'expression démocratique des choix du peuple koweïtien ».

Dans la délégation koweïtienne on s'agite. Le Français veut-il dire que le rétablissement de la dynastie des Al-Sabah n'est pas une condition imposée à l'Irak ? La tribune des journalistes est en ébullition.

Le président français ne s'en tient pas à ces audaces :

> « Viendra alors la troisième étape, celle que tout le monde attend sans trop l'espérer tant elle paraît aujourd'hui hors de portée, ou que l'on redoute parce que ce sera l'ère des choix : le moment de substituer aux affrontements qui meurtrissent le Proche-Orient une dynamique de bon voisinage dans la sécurité et la paix pour chacun. »

Va-t-il une fois de plus demander cette conférence internationale sur le Proche-Orient que les Israéliens refusent, soutenus par les Américains ? Non. Mais Mitterrand n'en évoque pas moins le sort du Liban aussi bien que celui des Palestiniens, « en proie à la désespérance et tentés par toutes les aventures pour satisfaire leur légitime aspiration à une patrie » sans attenter à la « sécurité d'Israël ».

Il est peu de dire que les applaudissements nourris qui saluent cette surprenante intervention ne sont pas unanimes.

> « Dans la salle de presse, racontent Josette Alia et Christine Clerc, les journalistes au téléphone hurlent dans toutes les langues des commentaires coups de poing : "Paris offre un plan de paix pour le Golfe". "Mitterrand au secours de Saddam Hussein", "Mitterrand s'écarte de la ligne anglo-américaine et recommande un plébiscite populaire au Koweït, après le retrait de l'Irak" [15]... »

Une heure plus tard, dans l'avion du retour, les journalistes « cuisinent » sans retenue le président français :

> « "Eh bien, oui, c'est une perche tendue à Saddam Hussein... – N'y a-t-il pas une contradiction entre le discours d'aujourd'hui et le fait qu'il ait, une semaine plus tôt, décidé d'envoyer en Arabie Saoudite des troupes françaises supplémentaires ? – Au contraire. C'est parce que j'ai rassuré les pays arabes du Golfe en m'engageant clairement sur le terrain militaire que je peux aujourd'hui me permettre de proposer à l'Irak une issue acceptable. Pour pouvoir tenir un discours de paix, il fallait d'abord mettre en œuvre l'opération Daguet... – Alors, nous ne sommes plus dans la logique de guerre ? Pourtant la situation dans le Golfe est de plus en plus tendue ?" Le président lève la main droite, dans un effet de balance : "Ça, c'est la logique de guerre et dans ce plateau pèse l'obstination irakienne, sans compter le poids de ceux qui poussent à la guerre... et quand on veut la guerre on finit toujours par l'avoir." De l'autre côté, dans sa main gauche, bien plus légère, la "logique de paix" ne semble pas peser lourd. "A-t-elle encore une chance, franchement, monsieur le président ?" Cette fois, la main ondule : "La paix peut peut-être se faufiler" [16]... »

Y croit-il vraiment, notre Janus ? Il convainc en tout cas quelqu'un, pour un temps au moins, l'un des hommes qui, en son nom, sillonnent l'Orient pour maintenir les portes ouvertes, surtout en vue de libérer les otages : Edgard Pisani, ancien négociateur dans le Pacifique, devenu (il est né en Tunisie) l'un des Français les plus écoutés par les Arabes. Le commentaire que fait l'ex-ministre du général de Gaulle du discours des Nations unies est savoureux, et témoigne d'une espérance – dût-elle être déçue :

> « J'ai accueilli le discours de François Mitterrand à l'ONU comme un événement considérable […] parce que, le premier, il essayait […] de faire se rencontrer deux logiques qui s'étaient jusqu'alors ignorées : celle de l'Irak qui, ayant conquis un bien, un butin, le Koweït, ne pouvait envisager de négocier qu'à partir de la situation créée par sa conquête ; et, en face, celle de la communauté internationale qui ne pouvait pas engager de négociation tant que le "voleur" n'avait pas restitué son "larcin" […].
> Le discours du 24 septembre n'a pas eu l'écho qu'il aurait mérité même si l'analyse qui en a été faite par les observateurs a été très positive. Il y a, me semble-t-il, deux raisons à cela. La première est que les pays arabes hostiles à l'intervention de la coalition, après un moment d'optimisme durant lequel ils l'ont accueillie avec faveur, n'y ont pas vu le moyen objectif d'arrêter le processus qui était en cours. La seconde est que les Américains ont rapidement manifesté qu'ils entendaient n'en tenir aucun compte […]. Par ce conflit qui leur était offert, ils croyaient pouvoir enfin organiser la région à leur guise[17]. »

Ce qui est étrange, dans l'ensemble des conduites de François Mitterrand à partir de la percée qu'il vient de faire avec éclat aux Nations unies, à grands risques, et d'abord celui de se brouiller avec ses amis américains qui n'ont vu là qu'une fâcheuse manifestation de la prétentieuse « différence française », c'est qu'il exploite peu l'atout qu'il vient de sortir de sa manche. Ce discours magistral, où la plupart des auditeurs ont vu l'amorce d'une « troisième voie » et qui, en liaison avec la diplomatie soviétique et celle de telle puissance – asiatique comme l'Inde, ou africaine comme l'Algérie –, pouvait peut-être conduire à une solution politique, à une évacuation négociée du Koweït, il n'en assurera pas l'exploitation rationnelle.

Il a ouvert une voie royale. Il ne s'y engage pas vraiment. Pourquoi ? Parce qu'il se heurte d'emblée à un veto américain, plus brutal qu'il ne l'avait imaginé. Il pourra bien déclarer le 24 septembre au Conseil des ministres que la France n'a pas à « copier » les Américains, à être « servile », il lui faut bien constater que Washington n'envisage, n'accepte qu'une solution militaire : l'investissement en hommes et en matériel déjà opéré en Arabie exclut désormais un repli pacifique.

Toute idée de compromis est tenue pour aussi aberrante à Washington qu'à Bagdad. Les deux béliers se sont avancés pour s'affronter... D'autre part, les Américains excluent au Koweït toute autre solution qu'un retour de l'émir Al-Jaber. Enfin, il y a la mise en garde des Israéliens : ils refusent de lier la question palestinienne à toute négociation globale à propos de la région, telle que la suggérait le discours du 24 septembre.

De son côté, Saddam Hussein n'a rien fait pour reprendre la balle au bond. Certes, un communiqué irakien relève l'absence d'« agressivité » du président français. Mais le Raïs irakien s'en tient là... Qu'il n'ait pas vu en cette démarche la moins fâcheuse porte de sortie de l'aventure où il s'était lancé n'étonne pas pour autant : cette incapacité à mesurer ses intérêts et sa force réelle n'a cessé d'être le trait dominant du personnage dont la stratégie se résume en deux mots : rapt et répression. On imagine le parti qu'un Bourguiba, un Nasser, un Arafat eussent tiré de l'initiative mitterrandienne...

Tout de même, l'ouverture diplomatique pratiquée le 24 septembre à Manhattan tend à s'élargir. On voit cheminer ici ou là l'idée d'un retrait pacifique des Irakiens, et les conciliabules inter-arabes se multiplient, aiguillonnés par Roland Dumas (mais sabotés par Moubarak l'Égyptien et Assad le Syrien, qui ne veulent que l'élimination de Saddam). Le roi Hussein de Jordanie fait, d'émirat en émirat, sa tournée des méchouis, nouant enfin le dialogue qui, en liaison avec les Arabes, pourrait prévenir le recours à la force. A tel point qu'à Washington, George Bush commence à s'impatienter, adressant le 29 octobre à Mitterrand une mise en garde dont l'intéressé s'offusque à bon droit.

Le mardi 30 octobre, Mikhaïl Gorbatchev est reçu par François Mitterrand à Latche, pour souligner l'intimité des relations et la convergence des points de vue. Le visiteur relate d'abord les démarches faites à Bagdad par son émissaire Evgueni Primakov*, ancien ambassadeur en Irak : ayant fait comprendre à Saddam qu'il ne devait pas espérer la dislocation de l'alliance nouée contre lui, le diplomate russe a recueilli l'impression que l'Irakien n'était pas fermé à toute concession qui ne comporterait pas pour lui une « humiliation publique ».

S'engage un remarquable dialogue** :

---

* Qui deviendra sept ans plus tard ministre des Affaires étrangères.

** Qui permet de mesurer ce que le monde a perdu avec le retrait de Gorbatchev...

Mikhaïl Gorbatchev : « … Primakov a eu l'impression que, sous la pression des circonstances, la direction irakienne s'achemine vers un retrait du Koweït. Mais c'est un processus très pénible. Saddam Hussein paraît mieux disposé vis-à-vis de l'Arabie Saoudite [...]. Il y a donc un certain nombre de "signaux" indiquant un changement de la direction irakienne en faveur d'une solution politique : Saddam Hussein n'acceptera pas une solution signifiant sa défaite politique, morale ou autre. S'il se révélait nécessaire de faire quelques pas vers lui, fussent-ils minimes, symboliques, mieux vaudrait les faire dans le cadre du monde arabe. »

François Mitterrand : « Cela suppose l'accord du roi d'Arabie. »

Mikhaïl Gorbatchev : « Dans l'hypothèse d'une variante arabe, c'est au roi Fahd que Saddam Hussein compte voir jouer le rôle primordial, et non pas à Moubarak, qu'il n'acceptera jamais. Saddam Hussein a demandé à Primakov de le dire aux Saoudiens. Donc, il y a là des éléments positifs, mais on ne peut escompter à coup sûr qu'ils passent dans les faits, compte tenu de la personnalité de Saddam Hussein… »

Le visiteur ajoute que Saddam a suggéré à Primakov une démarche commune Gorbatchev-Mitterrand en faveur de la libération des « résidents étrangers », à condition que soit exclue toute « solution militaire ».

François Mitterrand : « Il en demande beaucoup ! [...] Nous devons nous en tenir aux exigences du Conseil de sécurité. La sagesse serait que nous adoptions une position partant du problème des otages et souhaitant une solution pacifique. Sur le fond, certaines demandes de Saddam Hussein peuvent être satisfaites. Mais nous ne pouvons condamner le recours à la force, car c'est la menace de ce recours qui peut conduire à une solution. »

Mikhaïl Gorbatchev : « … Les Irakiens ont dit qu'ils étaient ouverts à toute contre-proposition émanant de nous deux. »

François Mitterrand : « C'est le ton, et non le fond de notre démarche qui tranche sur la démarche américaine. Notre ton n'est pas celui de la complaisance mais du sang-froid et du calme. Nous devons le conserver… »

Mikhaïl Gorbatchev : « J'ai reçu hier une lettre de Bush et une autre de Mme Thatcher. Ils ont une attitude particulièrement réservée par rapport à la mission Primakov, qui affaiblirait selon eux la solidarité. Il ne faut surtout pas fournir un prétexte, quel qu'il soit, aux Irakiens de faire apparaître une divergence entre les membres du Conseil de sécurité. Il n'empêche que la mission Primakov s'inscrit bien parmi les chances de concevoir un règlement politique [...] de rechercher les moyens d'éviter une solution militaire. Les bouleversements qui en résulteraient pour l'ensemble de la région nous atteindraient, nous aussi, et créeraient un fossé entre le monde arabe et les pays industrialisés... »

François Mitterrand : « ... Si Saddam Hussein ne bouge pas, ou bien si George Bush et Mme Thatcher ne veulent rien entendre, il y aura une guerre avant la fin de l'année ; mais il faut l'assortir de buts politiques acceptables pour les Arabes. A long terme, il faudra un jour, à la fin du processus, examiner l'ensemble des problèmes du Proche et du Moyen-Orient. Il faut qu'il y ait cette espérance dans le monde arabe, et pas une espérance trompeuse. Cette perspective peut fournir à Saddam Hussein un alibi pour céder. Mais, à court terme, la principale difficulté tient au fait que les Américains et nous avons mis sur le même plan le retrait des troupes, la libération des otages et la restauration du régime koweïtien. Cela se traduit par la remise du Koweït à la famille El-Sabah comme préalable [...]. Saddam Hussein ne [l']acceptera pas [...]. Ni les Américains ni les Anglais ne sont sans doute prêts à accepter [une autre solution]. Mais ils ont besoin de nous au Conseil de sécurité. C'est là qu'il peut y avoir du jeu... » [18].

Du jeu... Le même soir, 30 octobre, comme pour saluer les efforts du président français en vue de sortir de la « logique de guerre », 262 des otages français dont Saddam Hussein a décidé trois jours plus tôt la libération atterrissent à Roissy. Michel Rocard, Premier ministre, s'empresse de déclarer qu'« il s'agit d'une décision unilatérale » et qu'elle n'a nullement été « négociée ». Ce qui est vrai.

En fait, chacun sait qu'indépendamment de l'ouverture pratiquée le 24 septembre à l'ONU par le président Mitterrand, qui n'a pas manqué d'influencer la décision du dictateur irakien, trois hommes se sont intensément entremis, depuis le milieu de septembre, en vue d'arracher aux Irakiens ce geste d'élémentaire humanité : Yasser Arafat, Claude Cheysson et Edgard Pisani – lui-même flanqué d'Ahmed Ben Bella, l'ancien chef d'État algérien.

Les deux émissaires français, qui se sont entretenus l'un avec le vice-Premier ministre irakien Tarek Aziz, à Tunis, et l'autre avec le demi-frère de Saddam Hussein, Barzan Al-Takriti, à Genève, ont naturellement pris soin de ne pas distinguer le sort des otages français de celui de leurs compagnons d'infortune étrangers : mais fidèle à sa politique de division, et comme pour aggraver la suspicion sur la diplomatie mitterrandienne qui pèse déjà à Washington et à Londres, il a tenu à privilégier les premiers – faisant savoir que les autres seraient libérés « avant Noël » : ils le seront en effet le 6 décembre.

En se décidant à faire ce geste, Saddam Hussein a-t-il pensé créer l'amorce d'un dialogue, une concession ici en appelant une autre là, et préparer la voie au grand marchandage envisagé par Mitterrand et Gorbatchev ? Le fait est que la communauté occidentale se refuse tout bonnement à voir là une « concession » et n'y découvre que le simple retour aux règles de l'humanité – ce qui est tout à fait justifié sur le plan des principes, mais moins dans l'ordre de la diplomatie, qui n'a pas pour seule référence la vertu. Qui lâche une proie s'attend à quelque prime…

Saddam Hussein devait plus tard se plaindre amèrement d'avoir ainsi été roulé (*cheated*) par les Occidentaux. L'un des émissaires lui avait-il fait espérer quelque geste en échange, quelque pourboire, s'agissant de l'embargo, d'un compromis territorial ? Un homme comme Edgard Pisani, que l'on peut croire quand il assure que, pour sa part, il ne promit rien, estime que la communauté internationale eût été bien inspirée de tenir compte du « geste » de Saddam.

Bien au contraire, c'est un durcissement des positions occidentales qui lui répond. Le corps expéditionnaire américain en Arabie ne cesse de gonfler : 250 000, 300 000 hommes en novembre. Comment imaginer qu'une telle machine de guerre se replie sans avoir combattu ? Le 5 novembre, le roi Hussein de Jordanie, qui cherche à prévenir le conflit, est à Paris, assurant François Mitterrand que son discours du 24 septembre aux Nations unies est tenu dans le monde arabe pour une base de négociation sérieuse : « Mais, ajoute-t-il, on s'illusionne quant à mon influence sur Saddam Hussein… – … Comme on s'illusionne quant à la mienne sur George Bush ! », riposte son hôte.

Le 18 novembre, précisément, le président américain est à l'Élysée, où François Mitterrand, très irrité par les déclarations d'officiels américains qui mettent en doute la fermeté de la France, l'a invité à dîner. Le visiteur, réputé très « professionnel », ouvre le jeu sur un ton que l'on eût plutôt prêté à Ronald Reagan : « Votre femme est intéressée par les Kurdes… » – ce qui est une façon de dire que le président français, mu par des pulsions sentimentales, ne saurait être que l'ennemi de Saddam… Mitterrand apprécie peu cette approche. Alors George Bush se fait plus direct et se dit très inquiet « à propos du Golfe, peu satisfait des effets de l'embargo ». Il a besoin d'un accord du Français à l'ONU, parce que, à partir du 1er décembre, la présidence du Conseil de sécurité échoit au Yémen, favorable à l'Irak.

George Bush : « … Il est important que les Nations unies adoptent une résolution autorisant l'usage de la force si Saddam Hussein ne se retire pas… Faire croire à Saddam qu'il peut y avoir la guerre est le seul moyen de le convaincre de se retirer… »

François Mitterrand (qui laisse entendre qu'il ne croit guère à cette hypothèse) : « Il est bon de rester sous le couvert des Nations unies…

Ce label politique est indispensable. La Russie pourra voter le texte s'il est bien rédigé... » Et d'ajouter, insidieusement « ... et mon mandat de l'ONU vous sera utile pour obtenir la majorité au Congrès... »

De fait, le 29 novembre, à 15 heures, le Conseil de sécurité des Nations unies vote à l'unanimité des cinq membres permanents (la Chine s'étant abstenue) la résolution 678, un texte assez bien rédigé pour que l'Union soviétique s'y rallie : il donne mandat aux signataires d'« user de tous les moyens nécessaires » pour libérer le Koweït si les forces irakiennes ne l'ont pas évacué à la date du 15 janvier 1991 à minuit. Le représentant de l'URSS, Édouard Chevardnadze, a insisté pour que soit exclue une référence trop précise aux moyens militaires. Ainsi, ce texte bien rédigé et qui va effectivement aider George Bush à surmonter les réserves de son Congrès, donne-t-il une face légale et un soutien quasi unanime à cette « logique de guerre » entrevue dès le début d'août par le président français.

De ce point de vue, c'est bien ce 29 novembre 1990 qu'a commencé la guerre, avec cet ultimatum fixé au 15 janvier par les experts militaires, compte tenu de l'aggravation des chaleurs dans le Golfe à partir du mois de février et du Ramadan, qui, un mois plus tard, poserait des problèmes spécifiques au séjour des non-musulmans en terre saoudienne.

Est-on dès lors entré, du fait de l'« ultimatum », dans l'irrémédiable, dans ce qui serait non plus la « logique » de guerre, mais le mécanisme opérationnel ? Non. Le texte du 29 novembre a donné à la fois un fléchage et une date, mais il n'interdit pas de déployer des moyens de nature à prévenir ce qui, le 15 janvier, sera irréversible. Six semaines, c'est plus qu'il n'en faut à une diplomatie multiforme et planétaire pour dégager une issue – pour peu que l'interlocuteur s'y prête...

Nul mieux que François Mitterrand n'incarne en cette affaire les deux faces de la vérité. Il est à la fois l'homme du 9 août, celui de la « logique de guerre », et celui du 24 septembre, celui de : « une intention suffirait », celui qui reçoit James Baker pour le persuader de la détermination réelle de la France et celui qui confie à ses proches que « si George Bush avait vu une chance d'éviter la guerre, il l'aurait saisie[19] ». Il est celui qui laisse entendre à Gorbatchev qu'il ne croit pas à un retournement de Saddam, mais qui fait tout pour qu'un front de la médiation soit maintenu entre Moscou et Paris.

Double jeu ? Et comment définir autrement cette forme d'activité fondamentale de la conduite des peuples qu'est la diplomatie ? On ne saurait comparer la conduite du chef de l'État français avec celle de ses collègues américain et anglais, par exemple. Ceux-ci sont étroitement liés aux dynasties et pouvoirs du Golfe, qu'ils ont inventés ou protégés – créant le Koweït, en 1961, afin de sauvegarder leurs approvisionnements en pétrole menacés par la révolution des officiers de Bagdad trois ans plus tôt*. Londres et Washington sont aussi liés au Koweït – sinon par les traités, du moins par l'Histoire – que la France peut l'être au Liban ou au Sénégal. Pourquoi s'étonner qu'à Paris on soit moins impatient qu'à Londres ou à Washington de rétablir la dynastie des Al-Sabah sur le trône de Koweït City ?

Au surplus, l'approche française de la situation au Proche-Orient est profondément différente de celle des Américains. Ceux-ci visent à la fois à stopper une hémorragie et à affirmer leur hégémonie régionale. Paris vise à une globalisation des règlements, liant les problèmes israélo-palestiniens et syro-libanais au rétablissement de l'indépendance du Koweït. De telles préoccupations n'excluent pas une égale réprobation du coup de force irakien, une même détermination pour la combattre. Mais elles conduisent à une recherche plus souple, plus différenciée, plus multiple, de la solution.

A partir de ces données aussi ambiguës que lui-même, François Mitterrand se meut avec une virtuosité voluptueuse, conduisant en maître son double attelage, diplomatique et militaire. Mais comme s'il fallait que, chez lui, l'ambiguïté soit plus ambiguë que chez tout autre, chacune des deux démarches est subdivisée en conduites rivales, ou autonomes, voire contradictoires. Non qu'il ait systématiquement voulu chacune de ces contradictions : la quasi-rébellion de Jean-Pierre Chevènement n'est pas de son fait, et peut-être eût-il souhaité un ministre de la Défense moins idéologue et plus offensif. Mais il s'en accommode rageusement, plutôt que d'exiger une démission que semble imposer la situation. Goûtant secrètement cette déviance, le grand acrobate multiplie les difficultés de son numéro…

Ainsi se verra-t-il confronté à une situation sans précédent, son chef d'état-major personnel, l'amiral Lanxade, son double militaire, vif, flexible, ingénieux politique, se substituant sans complexe au ministre en titre – jusque devant les écrans de télévision – pour conduire l'action, sinon la réflexion, pilotant cette étonnante opération qui fait tourbillonner autour du porte-avions *Clemenceau* un commando grossi jusqu'à 10 000 hommes… Ainsi sous le nom de code d'« opération Daguet », cette petite armada réussit à poser une touche « à la hussarde » sur la formidable opération américaine.

Mais plutôt que cette performance d'état-major, c'est le déploiement des démarches mitterrandiennes en cercles concentriques autour de

* Voir note p. 328.

Saddam Hussein, qui caractérise l'ensemble de la manœuvre. Indépendamment – parfois à l'insu – de son ministre des Affaires étrangères et en prise directe avec le chef de l'État (« secret du roi » ?) agissent ou tentent d'agir, de septembre à janvier, trois hommes qui ont avec le monde arabe des connexions particulières : Claude Cheysson, Edgard Pisani et Michel Vauzelle*.

Cheysson, d'abord. L'ancien ministre des Affaires étrangères**, à l'occasion d'une mission à Tunis d'une délégation du Parlement européen dont il est membre depuis qu'il a quitté le Quai d'Orsay, a été accueilli par Yasser Arafat, qui lui a ménagé un entretien avec le chef de la diplomatie irakienne, Tarek Aziz. Si désireux qu'il fût de trouver une issue pacifique, Claude Cheysson n'a pu que répéter à l'Irakien que rien n'est possible, pas même un contact au niveau élevé avec la France, sans promesse d'évacuation du Koweït. Tarek Aziz lui donne bien à entendre que l'invasion de l'émirat a été une « erreur », mais il n'est pas en mesure de faire la moindre concession, se contentant de rappeler que Saddam Hussein ferait bon accueil à une personnalité officielle française.

Pisani, ensuite. L'ancien ministre, devenu directeur de l'Institut du monde arabe à Paris, est l'un des Occidentaux les mieux écoutés, de Rabat à Mascate. Après un entretien en septembre à Tunis avec Yasser Arafat, qui lui donne à entendre que des pourparlers sont en cours entre Bagdad et les Saoudiens, il rencontre Ahmed Ben Bella, qui lui ménage plusieurs rendez-vous en Suisse avec Barzan Al-Takriti, demi-frère de Saddam.

Le troisième de ces entretiens, le 25 décembre, donne à Pisani l'occasion de préciser un plan global qui comporte l'évacuation du Koweït par l'Irak, puis le retrait des forces étrangères de la région, une conférence internationale sur la Palestine et une déclaration collective relative à la restauration du Liban***. Le frère de Saddam se dit « intéressé » et, le lendemain, Pisani est à l'Élysée, où Mitterrand lui déclare qu'il vient d'accomplir « la mission la plus importante de [sa] vie ». « Puis-je partir pour Bagdad ? – Non. Pas encore[20]... »

L'ultimatum expire dans vingt jours. L'émissaire français est harcelé par Ben Bella, qui fait valoir que l'on s'impatiente à Bagdad, où Pisani est invité. Pourquoi le président garde-t-il le silence ? A-t-il décidé de

* Son propre frère Jacques, le général, qu'il avait dépêché auprès des émirs du pétrole au moment de son accession au pouvoir, et que les notables irakiens souhaitaient accueillir à Bagdad, est tenu à l'écart : le Président estime que ce type de contact le compromettrait trop personnellement avec le dictateur de Bagdad.

** De mai 1981 à décembre 1984.

*** Que souhaite Bagdad pour affaiblir Damas...

dépêcher Roland Dumas lui-même, dont le voyage aurait un sens plus fort encore ? Mais non : le choix de Mitterrand se porte sur son ancien porte-parole Michel Vauzelle qui, en tant que président de la Commission des affaires étrangères de l'Assemblée, est plus représentatif... Le président ne l'a pas expressément mandaté : il est « autorisé à tenter sa chance », qui est peut-être celle de la paix.

Vauzelle s'envole pour Bagdad le 2 janvier au matin – non sans que les Américains, craignant apparemment d'être « doublés », fassent savoir que le secrétaire d'État James Baker propose de rencontrer son homologue irakien Tarek Aziz en tête à tête à Genève le 9 janvier. Déclenchement global de la diplomatie ou coup de frein donné à l'initiative française ? Quelques heures après son arrivée à Bagdad, l'émissaire français est reçu par Tarek Aziz – puis, deux jours plus tard, le 5 janvier – plus que dix jours ! – par Saddam Hussein.

Le discours que tient à son visiteur le dictateur irakien résume, par son ton suicidaire, l'ensemble de son comportement depuis le début du mois d'août. Pendant plus de trois heures, cet homme confronté à une menace gigantesque discourt sur le « martyre » que s'apprête à subir son peuple engagé dans « la mère des batailles [21] », ces centaines de milliers de morts l'assurant, lui, Saddam, d'un rôle glorieux dans la libération des Arabes... Dans ce déferlement irrationnel, Michel Vauzelle décèle tout de même une attente, celle d'un geste de la France, une visite de Roland Dumas... « Mais, rappelle le visiteur, rien de tel n'est possible sans un geste précis de votre part. » Du silence qui s'ensuit, Vauzelle ne veut pas conclure que rien n'est à espérer. Il le dit en rentrant à François Mitterrand, qui tranche : « Si Saddam décide de traiter, ce sera au dernier moment, à la veille de l'ultimatum. Et là nous serons présents [22]. »

Trois jours plus tard, en Conseil des ministres, au moment où s'ouvre à Genève le tête-à-tête supposé décisif entre Tarek Aziz et James Baker (dont il a obtenu la veille le retrait d'une phrase trop menaçante à l'encontre de Bagdad), François Mitterrand décrit ainsi sa posture à la veille de l'expiration de l'ultimatum :

> « ... Je n'ai pas décidé d'envoyer quelqu'un à Bagdad. Je n'hésiterais pas à le faire si je pensais que c'est utile. Mais à l'heure actuelle, j'en doute [...] nous devrons être sur le pied de paix jusqu'à mardi prochain, tout en nous préparant à un conflit armé. Notre choix est celui du droit : si possible, pour la paix ; s'il le faut, pour la guerre. Les dés roulent, ils ne sont pas encore tout à fait arrêtés. Mais la guerre n'est pas un bloc [...]. La France, quoi qu'il arrive, sera toujours du côté des tentatives sérieuses de paix [23]. »

L'échec massif du dialogue Baker-Aziz à Genève – ni l'un ni l'autre n'ont fait un pas en avant –, le vote du Congrès américain qui, le 12 janvier, autorise le président à faire usage de la force – ce qui équivaut à une déclaration de guerre –, l'annonce que les forces alliées, dans le Golfe, totalisent désormais 500 000 hommes, et même la proclamation par Saddam Hussein que l'on est à la veille de « la plus grande bataille entre croyants et infidèles » ne mettent un terme aux tentatives de ceux qui sont, comme l'a dit Mitterrand, « sur le pied de paix ».

Le 10, à Genève, Edgard Pisani a revu Barzan Al-Takriti et, le 11, le secrétaire général de l'ONU, Javier Perez de Cuellar, fait escale à Paris, en route pour Bagdad. Deux démarches qui doivent se compléter ? Elles vont s'annuler. Dans la soirée du 13, au moment où François Mitterrand et Roland Dumas mettent la dernière main à l'envol – enfin ! – du ministre des Affaires étrangères et du directeur de l'Institut du monde arabe pour Bagdad, Perez de Cuellar atterrit à Paris de retour de sa visite au Raïs irakien. C'est la catastrophe : le secrétaire général de l'ONU est effondré et convaincu que son hôte, le faisant patienter des heures avant de le recevoir, n'a eu d'autre intention que de l'humilier – et avec lui la communauté internationale. Yasser Arafat, présent à Bagdad (mais non témoin de l'entrevue), pourra bien donner une version moins sombre de l'épisode, François Mitterrand en conclut que ses envoyés ne sauraient risquer de subir le même outrage : le départ pour Bagdad de Roland Dumas et Edgard Pisani est annulé...

C'est le lendemain que le chef de l'État doit signer le décret d'emploi des forces armées – aux termes duquel de jeunes Français pourront demain mourir dans le Golfe. Il sait que beaucoup des siens réprouvent ce texte, ce geste. Au moment où on lui apporte le décret, il fixe l'amiral Lanxade, son conseiller militaire. « Regardez, amiral, ma main ne tremble pas ! »

Plus que quarante-huit heures... Avant le départ de Paris pour New York de Perez de Cuellar, déprimé par son échec, Roland Dumas convainc Mitterrand de charger le secrétaire général de nouvelles propositions françaises. Le ministre des Affaires étrangères fait rédiger en hâte, dans la journée du 13, un projet qui, à partir d'un « commencement de retrait » irakien du Koweït contrôlé par des observateurs internationaux et la mise en place progressive d'une force de maintien de la paix arabe, offrirait à l'Irak une « garantie de non-agression » ; après quoi serait organisée une conférence internationale afin d'assurer la sécurité dans la région. Aucune mention n'est faite de la date du

15 janvier... La réaction américaine est immédiate et très négative : la France n'est pas un allié sûr... Le projet est enterré*.

Dans la soirée du 14 (plus que vingt-quatre heures !), tandis que Roland Dumas attend fiévreusement la moindre réaction de Bagdad aux propositions françaises pour s'envoler vers un entretien de la dernière chance, François Mitterrand reçoit l'ambassadeur d'Irak Al-Hachimi : « Je ne peux pas exposer la France à une démarche inutile. Nous ne pouvons pas risquer d'être bafoués par cette démarche... » Témoin de l'entretien, et depuis longtemps familier du président, Hubert Védrine garde le souvenir, de sa part, d'un effort de conviction sans précédent, face à ce diplomate consterné, évidemment dépassé par l'événement...

Le 15 janvier, la Maison-Blanche fait savoir que ce jour est « la date limite pour que l'Irak se retire du Koweït, non celle de l'action des Nations unies ». Une dernière fenêtre entrouverte sur la paix ? En fait, c'est le général Schwarzkopf qui a décidé, pour des raisons techniques, de ne déclencher les opérations aériennes que dans la nuit du 16 au 17, en informant l'amiral Lanxade. Convoquée par le président Mitterrand, une session extraordinaire du Parlement s'ouvre à 11 heures, marquée par une intervention superbe de Jean-François Deniau en faveur de l'engagement militaire – que l'Assemblée approuve par 523 voix contre 43.

Dans son message lu aux parlementaires, François Mitterrand déclare que « la France n'est pas l'ennemie de l'Irak » mais que « pas un signe, pas un mot de Bagdad n'ont permis d'espérer que l'on s'y soumettrait aux exigences du droit ». En conséquence, « le recours à la force armée [...] est désormais légitime ». Mais il a le mérite de rappeler que « la communauté internationale n'a pas toujours su faire respecter ses propres principes [...] dans cette région du monde », qu'il est « de ceux qui le déplorent » mais que ce ne doit pas être « un alibi à l'inaction ». Ce qui est bien marquer que la Palestine et le Liban s'inscrivent en toile de fond du conflit qui entre dans sa phase militaire. Et lors du Conseil des ministres qui suit, il se fait plus précis : « Il est évident qu'il y a un lien entre ces différents conflits. J'ai dit clairement à Bush et à Baker : nous ne sommes pas d'accord, et Israël a tort. »

Le 17 janvier, un peu avant 1 heure du matin, l'opération « Tempête du désert » est déclenchée. L'aviation française y participe à partir de 7 heures. La guerre du Golfe est commencée.

---

* La presse new-yorkaise est déchaînée contre la France, accusée de ne travailler là qu'à affaiblir Israël.

* * *

Si les auteurs d'un excellent livre sur le sujet* ont choisi de l'intituler *La Guerre de Mitterrand*, ce n'est pas seulement parce que le président, balayant les réserves d'une partie de ses amis, voire de ses ministres, a choisi d'engager militairement la France dans le conflit aux côtés des Américains, assumant les responsabilités de l'alliance dans un secteur qui pouvait ne pas paraître d'un intérêt « vital » pour le pays**, mais aussi parce qu'il ne cessa d'en assumer publiquement la responsabilité, notamment sur les écrans de télévision.

Rarement chef d'État s'est à ce point identifié par l'image à un comportement discuté, et rarement son personnage aura bénéficié d'autant de plus-value pour un acte lui-même contesté. Alors qu'en janvier 37 % seulement des Français approuvaient l'entrée en guerre, 77 % d'entre eux saluaient, à la fin du mois, l'attitude du chef de l'État... Escalade due, pour l'essentiel, à la « leçon de guerre » (« Pourquoi ? Comment ? ») administrée pendant sept mois par le professeur Mitterrand.

Du 9 août à la fin de février, et surtout à partir du 17 janvier, début des hostilités, le président de la République intervient vingt-deux fois en public, sous forme soit de discours, soit d'allocution télévisée, au nom de la France. Et il le fait de telle façon – claire, documentée, entraînante – que la grande majorité de l'opinion, notamment à droite, se sent représentée par lui. Du discours du 24 septembre à l'ONU à ceux de Reykjavik en Islande, de Bratislava ou d'Alexandrie, il ne cesse d'argumenter, de donner l'exemple d'une conception vraiment didactique de la grande politique.

Et quand il reçoit tour à tour à l'Élysée Raymond Barre, Valéry Giscard d'Estaing, Jacques Chirac et Georges Marchais, convainquant d'ailleurs le premier mieux que le deuxième et le troisième plutôt que le dernier, irréductible opposant, il semble, plus que jamais, en passe de réaliser cette politique de la « Fransunie » sur laquelle il a été élu en 1988.

La performance d'ensemble est impressionnante, comme l'est sur le

* Josette Alia et Christine Clerc, *La Guerre de Mitterrand*, *op. cit.*

** On croit avoir dit en quoi il s'agissait d'intérêts « vitaux », dans l'ordre tant juridique que géopolitique (éviter l'affrontement nucléaire entre Israël et un Saddam devenu surpuissant) et pétrolier (empêcher que l'Irak ne devienne l'arbitre du marché des hydrocarbures, c'est-à-dire de l'industrie occidentale, donc de l'emploi dans le monde...).

plan militaire, à l'échelle modeste qui a été choisie, en accord avec les Alliés, l'« opération Daguet », insérée mais non intégrée dans le *Desert Storm* américain. Longtemps sceptique sur la fermeté de l'engagement militaire français, les responsables américains, notamment le général Schwarzkopf, se déclarèrent « satisfaits » de la protection mobile de leur flanc ouest que leur assurait le général Maurice Schmitt, chef d'état-major français (6e division légère blindée et FAR, force d'action rapide). Du fait de la grande mobilité des unités en cause, le général Roquejoffre, commandant la division Daguet, remplit une mission conciliant l'intérêt militaire collectif, la gesticulation proprement nationale et un souci d'autonomie diplomatique fondamental – sans parler de celui de limiter au maximum les pertes humaines*...

La stratégie globale avait été définie par François Mitterrand lors d'un Conseil restreint tenu à l'Élysée le 19 décembre 1990, à partir d'une note rédigée par l'amiral Lanxade, qui joua en cette affaire un rôle plus décisif qu'aucun autre de ses innombrables collaborateurs en quatorze années d'activité présidentielle :

> « ... s'il y a la guerre nous y participerons. Ce serait une illusion de croire que nous pourrions rester à côté. La France est engagée par ce qu'elle décide. Elle doit se garder une posture de négociation, de conciliation chaque fois que cela se présentera. Il faut qu'elle soit présente au règlement de ce conflit. Si nous sommes absents du conflit, nous serons absents de son règlement [24]... »

Combiner « engagement » et « autonomie », faire de l'engagement la forme suprême de l'usage de la liberté, dès lors qu'il n'exclut pas l'exercice d'une autre forme de liberté, ne s'enfermer dans le « huis clos » de la lutte armée que pour exercer le droit de s'engager sur « les chemins de la liberté » de la négociation, voilà qui évoque un peu lourdement Sartre – bien que l'on eût étonné Mitterrand (et indigné le philosophe) en qualifiant de « sartrienne » cette gestion de la crise du Golfe.

Ce qui est vrai, c'est que dans toute cette affaire le président français s'engage seul (compte tenu de la cohérence d'une équipe élyséenne hors pair, où chacun à son niveau – Lanxade, Bianco, Védrine, Hennekinne et Attali – déploie au mieux ses talents, et de la virtuosité manifestée par Roland Dumas), avec le souci voyant de maintenir le « rang » de la France en Orient et dans le reste du monde, mais aussi d'être présent à la table de la grande négociation – Mitterrand étant peut-être le seul qui la veuille « grande »...

---

* Deux hommes, en fin de compte.

On a beaucoup discuté sur cette question : en l'occurrence, sa préoccupation majeure était-elle l'avenir de cette région du globe – où les intérêts de la France sont très importants et peut-être vitaux en raison des réserves pétrolières dont dépend son activité économique, et aussi du fait de l'apparition de l'arme nucléaire, mise tôt ou tard à la disposition de dirigeants capables d'y recourir – dictateurs fanatiques ou stratèges israéliens s'estimant en danger d'extermination –, ou avait-elle trait surtout au statut de la France par rapport aux États-Unis ?

Le surgissement de la crise du Golfe coïncide avec la monopolisation de la puissance suprême par les États-Unis, manifestée par la « liquéfaction » soviétique lors de la réunification allemande et le renouveau des nationalismes dans l'Est européen : François Mitterrand l'a perçu avec une clarté qui commandait une réévaluation radicale de la diplomatie française. Celle du général de Gaulle et, à un moindre degré, la sienne jusqu'alors, s'étaient déployées sur fond de guerre froide ou de bipolarisation du monde. Désormais, il fallait « faire avec » l'hégémonie absolue des États-Unis. Une puissance n'existait plus désormais qu'en fonction de l'audience que lui accordait le « géant ».

Les archéo-gaullistes avaient beau jeu de comparer, en l'occurrence, la flamboyance du Général à la relative obédience de son troisième successeur. Outre que de Gaulle ne se dissociait de la stratégie américaine que lorsqu'elle était aberrante (au Vietnam, et non à Cuba) et qu'il est bien difficile de savoir ce qu'il eût décidé face à l'agression irakienne du 2 août*, on peut être assuré qu'il aurait tiré lui aussi – à sa façon ! – les conséquences du basculement des forces mondiales opéré en 1989.

* * *

Le traitement de l'affaire du Golfe par François Mitterrand, on le dirait magistral si ne l'entachait ce que l'on peut tenir pour des erreurs, et surtout s'il avait abouti à des résultats plus tangibles.

Erreurs ? On est en droit de se demander pourquoi, dans les jours, les semaines qui ont suivi son intervention à la tribune des Nations unies le 24 septembre, le président français, comme effrayé de sa propre audace, se retint d'exploiter la percée conceptuelle qu'il venait

---

* Gaulliste pour gaulliste, Maurice Schumann (Français libre de 1940) est aussi favorable à l'intervention que Maurice Couve de Murville, rallié plus tardif, lui est hostile...

de réaliser, et qu'admiraient des hommes comme Henry Kissinger. Son conseiller diplomatique Loïc Hennekinne devait regretter que l'on n'eût pas procédé à une « piqûre de rappel », que l'on n'eût pas fait le « service après vente » en direction de l'Irak et de ceux – en Afrique du Nord, par exemple, ou du côté palestinien – qui le soutenaient. Un « front du 24 septembre » eût peut-être évité la guerre. Les grondements de colère perçus à Washington, les injures de la presse américaine ou israélienne (« munichois ! ») freinèrent Mitterrand dans un élan diplomatique digne du général de Gaulle.

Erreur encore : n'avoir pas saisi la perche que tendait le dictateur irakien en libérant les otages – non les Français, en octobre, mais l'ensemble, en décembre ? On dira certes qu'en faisant ce geste Saddam se contentait de renoncer à une pratique terroriste, il cessait d'être un criminel de guerre pour n'être plus qu'un « agresseur de droit commun », si l'on peut dire. Mais qui se croyait, en cette affaire, devant un tribunal civil ? Le fait est que le Raïs de Bagdad abandonnait un gage, ou une cuirasse, et que la nature de l'affrontement en était modifiée. Il y avait là, dans son intransigeance, une fissure, par laquelle pouvait être amorcée une offre, où devait au moins être réitérée avec éclat la doctrine du 24 septembre. Là encore, le veto américain prévalut, sans combat...

Une autre porte fut entrouverte par Bagdad, le 15 février, un peu moins d'un mois après le début des opérations aériennes, quand le Conseil de la Révolution irakien (Saddam était-il éliminé ou empêché ?) annonça qu'il était prêt à appliquer la décision 660 de l'ONU exigeant le « retrait » du Koweït. Moscou saisit la balle au bond, Primakov fit la navette, puis Gorbatchev proposa une réunion du Conseil de sécurité. Verdict de Washington : « Trop peu. Trop tard... » A quoi répondit Paris, en écho : « Trop peu, trop tard... »

Nous sommes alors un certain nombre* à penser que c'est de la part de notre président trop peu et trop tôt. N'y a-t-il pas matière à chercher si les Irakiens, terriblement « corrigés » par les raids aériens, ne tentent que de gagner du temps, de prévenir la guerre au sol ? Si Gorbatchev – dont les efforts reçoivent l'appui du pape – ne brigue qu'un succès de prestige ?

Bush exige maintenant de Saddam une capitulation en bonne et due forme. Mitterrand, qui a toujours limité ses buts de guerre à l'évacuation du Koweït, sans évoquer le renversement du dictateur, emboîte le pas. Le délai d'évacuation est fixé en jours, puis en heures... Saddam

* Signataires d'un appel à un examen attentif de ces propositions : Germaine Tillion, Maxime Rodinson, Pierre Vidal-Naquet, Jean Daniel et l'auteur de ce livre.

pourra bien apparaître le 21 février à la télévision irakienne, défait, amaigri, pour y lire un discours de style testamentaire, on ne veut pas l'entendre. Justice est faite, aux dépens de l'agresseur ? Certes. Mais abréger un effort de guerre qui a déjà porté la majorité de ses fruits n'est-ce pas une forme supérieure de justice ?

Là, François Mitterrand, jusqu'alors électron libre d'une opération visant à la libération d'un État agressé et annexé, se voit absorbé dans une formidable machinerie répressive, comme si la participation à une opération guerrière, fruit d'une « logique de guerre » bien fondée, était promise à l'excès même que comporte l'usage de la violence, fût-elle légale.

Mais chacun sait que toute politique se juge à ses fruits. La fin ne justifie pas les moyens. Elle peut, parfois, les absoudre. Tel ne fut pas le cas. Du point de vue américain d'abord, dès lors que le principal responsable survit à la correction infligée. Du point de vue français, ensuite, le « but de guerre » évident de François Mitterrand étant d'être convié à la construction de la paix orientale.

Ici, tout le talent que déploie le grand artiste politique dans une juste perspective, où entrent en compte aussi bien les intérêts de la France et son rang dans le monde que ceux des Libanais et des Palestiniens, se brise contre la volonté et les moyens du « géant » – qui se plie au veto opposé par Israël à une conférence internationale où l'Europe entraînée par la France, l'Europe, l'URSS et le tiers monde feraient prévaloir la création d'un État palestinien. Aucune puissance extérieure n'est plus désormais en mesure de se faire entendre à Washington ; mais Israël est aussi une puissance intérieure, qui pèse d'un poids décisif sur les décisions du Congrès.

Vaincu, Mitterrand, et par là coupable ? Il faut tout de même observer que les Français sortent de la guerre du Golfe avec le sentiment d'un défi relevé, d'une tâche accomplie – et, pour ce qui est des pertes, 2 morts en cinq semaines de combat. La cote de popularité du président n'a cessé de s'élever depuis deux mois : elle avoisine 80 % de satisfaits. Il se trouve des hommes autour de lui, comme Charles Salzmann, pour lui suggérer une dissolution de l'Assemblée qui lui assurerait, pour cinq ans, une majorité solide – à quoi il se refuse : on ne dissout pas une Assemblée par souci de confort politique…

Il faut aussi reconnaître ceci : si les relations franco-maghrébines ont subi, du fait de cet engagement, une altération douloureuse, la cohésion du corps national n'en fut nullement atteinte. Au contraire : le loyalisme des communautés musulmanes s'affirma avec une netteté inattendue, et l'opposition politique, à la gauche du Parti socialiste, au PCF, dans certains secteurs pacifistes ou « arabistes », suscita de beaux textes (de Régis Debray par exemple) mais pas de fissure dans la volonté collective telle que le Parlement est censé l'exprimer.

De l'épreuve, sur le plan national, Mitterrand sort grandi. Sur le plan international, sa performance, techniquement bonne, intellectuellement brillante, fondée sur des bases juridiques solides et un postulat politique recevable – être dans l'action pour participer à la négociation –, a achoppé sur cette réalité fondamentale qu'est l'hégémonie américaine, encore musclée en l'occurrence par la solidarité inconditionnelle avec Israël.

« Grande illusion* » que d'avoir cru pouvoir agir sur le « géant », naïve surestimation des pouvoirs de la France – ou de son coefficient personnel ? Peut-être. Mais on ne saurait adopter ici la formule sans ajouter qu'elle pourrait aussi servir de sous-titre à une histoire de la diplomatie gaullienne.

---

* C'est le sous-titre donné par les auteurs de *La Guerre de Mitterrand*, déjà cité.

CHAPITRE XI

Au-delà du Mur, encore plus d'Europe

• Un *casus belli* ? • Les idées du Général... • ... et celles du président • L'emballement de l'Histoire • Helmut et « Gorby », François et « Maggie » • Les eaux du Rhin • « Écoutez bien le président ! » • Les « dix points » de Bonn • La grande brèche • L'Europe de Strasbourg • Les « heureuses bourrasques » de Latche • Touchez pas à la frontière polonaise ! • « 4 + 2 » ou « 2 + 4 » ? • Un déficit didactique ou symbolique ? • En route pour Maastricht • L'Union en échange du mark ? • Les risques du référendum • Le verdict de Cochin...

Le 9 novembre 1989 est une date flamboyante dans l'histoire de l'Europe. Non parce que la brèche ouverte ce jour-là dans le mur édifié vingt-sept ans plus tôt en vue de couper court à l'exode des Prussiens et des Saxons vers l'Ouest signifie la défaite du communisme autoritaire : c'est l'érection du Mur elle-même qui avait porté condamnation de ce régime en tant que système socio-économique.

Si cette date flamboie ainsi, c'est parce qu'elle manifeste la fin de la peur, le retour à l'initiative populaire et l'aveu d'impuissance des constructeurs du Mur en tant que pouvoir de contrainte, aveu qui n'est pas seulement celui d'un système satellite mais une capitulation de l'empire soviétique lui-même, dont s'affiche ainsi une dégénérescence aux conséquences incalculables – la première étant la fin du monde bipolaire et l'avènement de l'empire unique, l'américain.

Mais ce qu'a proclamé d'abord le séisme de Berlin, c'est que la grande symbiose allemande, hantise de la diplomatie européenne depuis un demi-siècle*, vient d'entrer dans les faits et bientôt dans le droit, remettant en cause l'équilibre du continent et d'abord les structures de la Communauté européenne. Rassemblée, élargie, tirée vers l'Est, l'Allemagne continuera-t-elle de « coller » à l'Ouest ? A-

* Sinon depuis un millénaire...

t-elle encore, énorme, sa place dans un ensemble de nations moyennes ?

La perpétuation, quarante-quatre ans après la fin de la guerre, du quatrième des châtiments que les crimes hitlériens avaient attirés sur l'Allemagne – après les déluges de feu, l'occupation et l'amputation des territoires de l'Est – posait depuis longtemps des problèmes d'équité et de rationalité à tout Européen sensé.

Passé le temps des juges, l'affaire s'était muée en débat diplomatique majeur. Lequel, de l'Est ou de l'Ouest, était moins disposé à laisser pencher ou glisser vers l'autre, sous forme d'un quelconque rassemblement, le géant allemand ? Et d'ailleurs lequel de ses voisins, de la Pologne aux Pays-Bas, de la Tchécoslovaquie au Danemark, envisageait une telle opération sans inquiétude ?

De l'Est* étaient venus des plans de neutralisation globale de l'Allemagne. A l'Ouest, certains rêvaient d'une intégration sous le parapluie de l'OTAN. Les diplomates de l'Europe occidentale tenaient en tout cas pour un axiome qu'il s'agissait là d'un *casus belli* et que nul disciple ou successeur de Staline ne laisserait, sans combattre, la Grande Allemagne se rassembler et surtout s'amarrer à l'Ouest.

Alors que très peu d'experts de la politique internationale osaient se hasarder sur ce terrain miné – dans ses *Mémoires*, publiés en 1983, Raymond Aron se contente de faire allusion à un « partage auquel le peuple allemand se résigne de plus en plus mal[1] » –, le général de Gaulle était l'un des rares hommes d'État à y avoir pénétré. Dès 1954, encore dans l'opposition, il s'était déclaré favorable à l'idée de réunification dans le respect des frontières de l'époque.

Revenu au pouvoir, il saisit l'occasion de son premier tête-à-tête avec Konrad Adenauer, en septembre 1958 à Colombey – et alors qu'il croit le chancelier, en tant que catholique rhénan, peu pressé de renouer avec les Prussiens protestants –, pour signifier à son hôte que la réconciliation franco-allemande ne peut aller, selon lui, sans « une patience à toute épreuve pour ce qui touche à la réunification ». Mise en garde ? Le grand mot n'est pas moins lâché et le chancelier allemand, moins résigné à la division de son pays que ne le croit le président français, en fait son miel.

Six mois plus tard, en mars 1959, le Général définit la réunification comme « le destin normal du peuple allemand » ; et, en mai 1966, c'est sous l'angle des relations avec les Russes qu'il évoque à nouveau la question face à un Adenauer retraité : « Il faut arriver à l'entente européenne qui sera la clef de la réunification* [...]. Je l'ai toujours dit aux

---

* Du Polonais Rapacki, notamment.

** Formule prophétique : Mitterrand et Kohl ne parleront pas autrement en 1989.

Soviets [...]. Il est important que la question soit posée et qu'elle le soit par la France [2]... » Entente européenne, connivence avec Moscou : le cadre est tracé, par de Gaulle, pour Mitterrand.

* * *

Au début de l'été 1989, Lech Walesa, qui en est un des responsables, signale un brusque « emballement de l'Histoire ». La Hongrie, puis la Tchécoslovaquie, puis la Pologne lèvent le « rideau de fer » : les Allemands de l'Est se ruent en rangs de plus en plus serrés hors de la RDA caporalisée, vers les pays voisins en voie de démocratisation, puis vers l'Allemagne fédérale. Ils arrivent si nombreux qu'ils y posent aux autorités des problèmes d'accueil.

Le 12 juin, un Mikhaïl Gorbatchev fort préoccupé par ces craquements sur le *limes* occidental de son empire est accueilli à Bonn par Helmut Kohl. Le chancelier, auquel la conjoncture donne des ailes, rapporte ainsi, joliment, le discours qu'il tient sur la rive du Rhin au cinquième successeur de Staline :

> « "Voyez ce fleuve qui coule devant nous. Il va vers la mer. On pourra dresser tous les barrages que l'on voudra [...] il continuera de couler vers la mer. Eh bien, c'est comme ça pour l'unité allemande..." Alors, poursuit le chancelier, Gorbatchev s'est mis à me parler pour la première fois des énormes problèmes d'approvisionnement qu'il rencontrait en URSS. Et il m'a demandé si l'Allemagne pouvait l'aider [3]... »

Ayant cité le chancelier, les auteurs de *La Décennie Mitterrand* commentent ainsi son propos : « Kohl prend conscience ce jour-là qu'en répondant par un appel à l'aide à une question sur l'unité allemande, Gorbatchev était peut-être en train de poser les termes d'un marchandage historique* [4]. » Le « peut-être » semble superflu : c'est en ce jour de juin que s'est jouée la scène décisive à laquelle François Mitterrand regrettera toujours de n'avoir pas pris part et qui faussera tout son propre jeu : il comptait sur Gorbatchev pour jouer le rôle du contrepoids. Kohl a mis le Russe affaibli dans son jeu...

Le président français reçoit lui aussi Gorbatchev un peu plus tard à Paris, du 4 au 6 juillet 1989 : flonflons, embrassades, visites de musées

* Quelques semaines plus tard, des émissaires soviétiques débarqueront à la chancellerie, carnet de commandes en main...

et conférence en Sorbonne ne peuvent alléger tout à fait l'atmosphère. Toujours séduit, Mitterrand découvre en cet attachant visiteur un homme angoissé, pris à la gorge par les luttes internes et la pénurie, et peu soucieux de se battre pour arracher à leur destin les dérisoires patrons des régimes communistes de l'Europe de l'Est, notamment ceux de la RDA, dont il parle en termes sévères. Indications qui ne laissent pas indifférent un homme comme François Mitterrand. La question n'est plus désormais de savoir si les dirigeants de Moscou sont décidés à soutenir les maîtres de la RDA, mais jusqu'à quand ils tenteront de le faire – ou plutôt de discerner si cet abandon programmé (dans un an ? dans cinq ans ?) peut déboucher sur une réunification contractuelle avec l'autre Allemagne, la triomphante.

Qui, moins que le président français, pourrait être pris de court par ce basculement historique ? Deux ans avant que Raymond Aron se contente de signaler que le « partage » impatiente les Allemands, Mitterrand, recevant Helmut Schmidt à Latche, le 7 octobre 1981, a évoqué l'hypothèse de la réunification – dans une perspective décennale – avec un flegme qui a déconcerté son hôte : le chancelier social-démocrate, plus circonspect que le Français, ne croyant cette opération possible qu'après l'effondrement du système soviétique, au mieux vers la fin du siècle [5]...

Le président français n'était guère enclin à se laisser endoctriner par ses « camarades » du SPD (on l'a bien vu à propos des SS 20*...) mais le peu d'entrain des socialistes allemands dans le sens de la réunification le frappe. Il ne négligeait surtout pas l'avis des intellectuels allemands. L'une d'eux, Ulricke Ackerman, a fait valoir qu'en République fédérale la gauche était, par « anti-anti-anticommunisme », portée à voir dans la RDA un rempart contre le retour du fascisme :

> « L'idéal démocratique universel prôné par ces intellectuels s'arrêtait en fin de compte au Mur. L'ordre de Yalta et la partition de l'Allemagne étaient considérés comme une conséquence inéluctable des crimes de Hitler, une punition exemplaire censée rappeler la singularité de la mémoire d'Auschwitz [6]. »

Selon Joseph Rovan, éminent observateur de l'Allemagne, s'il est vrai que ce système foulait aux pieds les droits de l'homme, l'appel à la réunification n'était pas très intense en RDA. Les Allemands cantonnés à l'Est rongeaient leur frein, ricanaient, dénonçaient – et beaucoup fuyaient. Mais peu de leurs porte-parole, fussent-ils d'opposition

---

* Voir chapitre III.

et en mesure de s'exprimer, réclamaient de rejoindre leurs riches – trop riches ? – compatriotes. Puritanisme de réformés ?

François Mitterrand ne pouvait manquer de tenir compte de ce type d'arguments, exprimés par des écrivains qu'il admirait, comme Günter Grass, ou des dirigeants de gauche, tels qu'Oskar Lafontaine ou Willy Brandt. Mais au moment où s'annonce le grand remue-ménage de 1989, on va le voir très ouvert aux perspectives de réunification, pour peu que soient respectées les procédures pacifiques et démocratiques.

Le 21 juillet 1989, le chef de l'État français reçoit à l'Élysée cinq journalistes européens, dont Jean Daniel, directeur du *Nouvel Observateur* (qui a été l'initiateur de la rencontre), entouré de ses collègues du *Süddeutsche Zeitung* de Munich, d'*El País* de Madrid, de l'*Independent* de Londres et de *La Repubblica* de Rome. L'entretien est rapidement ciblé :

> « *Pensez-vous qu'il y a une démarche pour la réunification de l'Allemagne ?*
> François Mitterrand : Assurément. Réunifier l'Allemagne est la préoccupation de tous les Allemands. C'est assez compréhensible. Ce problème posé depuis quarante-cinq ans gagne en importance à mesure que l'Allemagne prend du poids : dans la vie économique c'est fait, dans la vie politique c'est en train de se faire.
> – *La République fédérale d'Allemagne pourrait-elle être tentée de regarder plus à l'Est que vers les pays de la Communauté ?*
> – Une sorte de bascule allemande vers les pays de l'Est ? Je ne le pense pas. Que l'Allemagne fédérale veuille entretenir de meilleures relations avec l'Union soviétique et les pays qui l'entourent, qui s'en étonnera ? La géographie et l'histoire les y poussent. Je ne vois pas là matière à scandale. L'Allemagne n'a pas intérêt à renverser ses alliances ni à sacrifier sa politique européenne pour une réunification à laquelle l'URSS n'est pas prête ! Elle n'en a pas l'intention non plus, du moins je le crois. [...] L'aspiration des Allemands à l'unité me paraît légitime. Mais elle ne peut se réaliser que pacifiquement et démocratiquement*.
> – *Mais le veto soviétique est le même selon vous ?*
> – Je ne sais si on peut appeler cela un veto. Reportez-vous au texte du communiqué publié à l'issue de la rencontre à Bonn entre MM. Gorbatchev et Kohl. Il me semble avoir perçu que l'amélioration du climat entre les deux pays n'entraînerait pas de modification de fond dans leur diplomatie**.
> – *Pourriez-vous imaginer que la question allemande se règle sans l'accord de tous les pays européens ?*

* Une note d'Hubert Védrine, datée du 13 juillet, spécifiait que l'unification devrait se faire « pacifiquement et démocratiquement ».

** Voir p. 361.

– Non. Pas en dehors des puissances* qui ont la charge de veiller actuellement à l'application des traités et à la sécurité de l'Allemagne fédérale. Il est juste que les Allemands aient la liberté de choix. Mais le consentement mutuel de l'Union soviétique et des puissances de l'Ouest supposera un vrai dialogue. [...] Ce qui est certain, c'est que ce droit indéniable n'entrera pas dans les faits aux forceps – pour employer une expression médicale. Il faudra d'abord que les deux gouvernements allemands soient d'accord. Aucun des deux pays allemands ne peut imposer ses vues à l'autre. Cet aspect inter-allemand est fondamental. Et les dirigeants d'Allemagne fédérale, ceux que j'ai rencontrés, n'ont jamais prétendu obtenir l'unification en accroissant les tensions internes de l'Europe[7]. »

Très neuf, ce propos ? Un curieux commentaire de Jacques Attali, dans *Verbatim III*[8], nous incite à en douter : « C'est le discours classique depuis quarante ans**... » Mais ce ne fut pas l'avis du correspondant du *Süddeutsche Zeitung*, qui, en se retirant, confiait à Jean Daniel qu'ils venaient d'entendre des propos d'une ampleur de vues et d'une liberté peu banales***.

Alentour, l'« emballement » historique s'accélère. Par Budapest ou Prague les réfugiés allemands affluent en RFA, tandis que les manifestations contre le régime se multiplient à l'Est, surtout à Leipzig. En visite officielle en RDA pour le quarantième anniversaire du régime qui a pris pour capitale Pankow, quartier oriental de Berlin, Mikhaïl Gorbatchev tente de dresser un barrage verbal contre la réunification : il invite les hommes au pouvoir à s'y perpétuer par des réformes aussi hardies que celles qu'il met lui-même en œuvre à Moscou, et incite ses hôtes à se débarrasser du personnage encombrant qu'est le secrétaire général du Parti, Erich Honecker. Onze jours plus tard, ce vieux stalinien doit céder sa place à Egon Krenz, donné pour réformateur. Mais l'ouverture officielle de la frontière entre la RDA et la Tchécoslovaquie, au début de novembre, va transformer le flux est-allemand vers la RFA en torrent.

C'est un Helmut Kohl à la fois « dopé » par cette accélération et décontenancé par son ampleur qui accueille François Mitterrand à Bonn, le 2 novembre, pour le cinquante-quatrième sommet franco-allemand. Menacé de crise au printemps précédent, en perte de vitesse

---

* Les quatre de 1945 : URSS, États-Unis, Royaume-Uni, France.

** Quarante ans ? On pourrait chercher longtemps des propos analogues dans les œuvres complètes des prédécesseurs de Mitterrand, de Gaulle excepté (et dans une autre perspective, celle du long terme...).

*** Ce sont les mêmes que tint ensuite le président à ses ministres en divers Conseils.

dans l'opinion, Helmut Kohl vient soudain de se sentir aspiré vers le haut par le souffle de la réunification : et si, tenu naguère par les « Grands Allemands » de Berlin, de Hambourg ou de Weimar pour un politicien lourdaud, il allait devenir le chancelier de l'unité allemande ? Quelle revanche, et quel destin ! Pour y parvenir, il lui faut l'accord de trois personnes : le président américain, dont il ne saurait se démarquer ; le maître de l'Union soviétique, détenteur en théorie d'un droit de veto sur cette opération, qui, dans la conscience russe, met en jeu la sécurité du pays ; et le président français, pilote avec lui de la construction européenne, qu'il tient toujours pour le cadre naturel de cette opération.

George Bush, recevant François Mitterrand au mois de mai 1989, dans sa maison d'été de Kennebunk Port, sur la côte du Maine, lui a fait comprendre que Washington ne ferait rien contre une réunification accomplie par des voies démocratiques et conduite de telle façon qu'elle n'acculerait pas Gorbatchev à une résistance ruineuse pour tous : indication dont le président français a fait profiter son interlocuteur allemand.

Pour ce qui est de la réaction de Gorbatchev (fût-elle corrigée par les propos moins conciliants tenus à Berlin-Est en octobre), Helmut Kohl se persuade que l'échange de vues du 12 juin à Bonn, le « marchandage historique » au bord du Rhin, suffit à la résumer, et que si le fournisseur allemand est assez généreux, le successeur de Staline ne s'opposera pas à son déploiement – pacifique – vers l'Est.

Et le président français ? Sa visite à Bonn, au début de novembre, à l'occasion du sommet franco-allemand, vient à point nommé pour le chancelier. Très au fait de l'évolution de la pensée de son partenaire, qui l'a résumée dans l'interview du 27 juillet citée plus haut et qui vient de dresser devant le Parlement de Strasbourg un bilan très optimiste des progrès de la construction européenne sous la présidence française, Helmut Kohl voudrait faire de cette visite la manifestation du ralliement du chef de l'État français à l'unification de l'Allemagne.

A la fin de l'après-midi du 2 novembre, les deux hommes ont un entretien qui s'avérera décisif :

François Mitterrand : « Ce qui se passe à l'Est doit nous amener à accélérer et à renforcer l'allure*. »

Helmut Kohl : « Absolument. Il faut faire l'Europe pour que le problème allemand ne soit plus un problème. »

François Mitterrand : « La construction de l'Europe aidera l'Alle-

* De la construction européenne.

magne à se réunifier. Si c'est au sein de l'Europe unie, l'URSS ne pourra pas s'y opposer. Le problème allemand se réglera par la force magnétique de l'Europe* » [9].

C'est apparemment là l'opinion du chancelier, qui, enchanté de l'évolution de la pensée de son hôte français, l'a instamment prié de donner une version publique de sa confidence. François Mitterrand va le faire au cours de la conférence de presse qui se déroule le lendemain, 3 novembre.

Rendant compte pour *Le Monde* de cet événement, Luc Rosenzweig et Claire Tréan soulignent que c'est là, pour la première fois sur le sol de l'Allemagne, que François Mitterrand se prononça clairement en faveur de la réunification, en présence d'un chancelier « confiant certes, mais extrêmement tendu », comme si l'épreuve infligée à son « ami François » était surtout périlleuse pour lui-même, et carrément « mal à l'aise » lorsqu'il fut question des frontières orientales du pays.

> « C'était M. François Mitterrand qui parlait et c'était M. Helmut Kohl qui avait l'air de passer un examen difficile. D'emblée la question était venue : "Monsieur Mitterrand, êtes-vous de ces dirigeants politiques qui parlent de la réunification mais qui, en fait, en ont peur ?" Et le chancelier avait cru bon d'intervenir** : "Écoutez bien la réponse du président ; elle est très importante" [10]. »

« Le problème ne doit pas se situer sur le plan des craintes ou de l'approbation, répond Mitterrand. Non, je n'ai pas peur de la réunification... L'Histoire est là. Je la prends comme elle est. Je pense que le souci de réunification est légitime chez les Allemands, s'ils la veulent et s'ils peuvent la réaliser... » Si l'opération pose des problèmes, ce n'est pas du côté de la France, donne à entendre le président, qui poursuit : « La France adaptera sa politique de telle sorte qu'elle agira au mieux des intérêts de l'Europe et des siens... Je ne saurais faire de pronostic, mais, à l'allure où ça va, je serais étonné que les dix années qui viennent se passent sans que nous ayons à affronter une nouvelle structure de l'Europe... Je comprends très bien que beaucoup d'Allemands le désirent... » [11].

---

* Formulation qui traçait le cadre du déroulement de l'opération, la construction européenne précédant la réunification qui viendrait s'y insérer. L'« emballement de l'Histoire » a mis la charrue avant les bœufs. En l'occurrence, Mitterrand n'a pas péché par imprévision, mais par excès de rationalité dans la prévision.

** Dans *De l'Allemagne, de la France* (*op. cit.*), M. Mitterrand assure que le chancelier intervint ainsi en raison d'une panne de micro. La version des journalistes du *Monde* est plus convaincante.

Ce qu'on doit reconnaître aux Allemands, c'est le droit à la libre détermination, insiste Mitterrand, qui ne se prononce pas sur la forme que prendra l'unité (un seul État, une autre structure ?), c'est aux Allemands eux-mêmes, à l'Est comme à l'Ouest, d'en décider. Il est clair qu'à l'Ouest la réunification est dans les esprits, chez certains avec une impatience peu réaliste ; est-ce là ce qu'attendent les gens de l'Est ? Ce que le président français peut garantir, c'est le respect par la France de la volonté populaire qui s'exprimera dans le sens d'une réunification étatique des deux Allemagnes ou non. En tout cas, précise le visiteur, « les problèmes allemands ne peuvent être résolus que sous un toit européen ».

Ces propos paraissent, quelques années plus tard, presque banals. Mais il faut tout de même rappeler qu'ils furent prononcés une semaine avant l'ébranlement du Mur, devant le chancelier et la presse allemande – alors que tant de bonnes âmes écrivent que, dans l'affaire de la réunification allemande, Mitterrand n'avait « rien vu venir, rien compris, réagi en vieux nationaliste... ». Si l'on se reporte aux commentaires que ces déclarations suscitèrent à l'époque, notamment de la part d'un observateur aussi intelligent et averti que M. Giscard d'Estaing, on en mesure mieux l'audace. « Je pense que ce qu'il dit est prématuré », déclarait l'ancien président dans *Le Figaro Magazine*, le lendemain. Et à Pierre Le Marc, sur France-Inter : « Réfléchissez à ce que seraient la carte et l'État de l'Europe s'il y avait cette réunification ! »

Restait à éclairer l'autre face de la médaille, le problème des frontières de l'Est – si irritante qu'elle fût pour le chancelier.

L'envoyé spécial du *Monde* Luc Rosenzweig lui demandant – toujours le 3 novembre 1989 – si l'unification impliquait une révision des frontières à l'Est, comme l'exigeaient alors une partie de la droite allemande et les associations de réfugiés, dont le poids électoral préoccupait fort Helmut Kohl*, le président français se borna à lui faire une réponse « elliptique », et d'autant plus éloquente : « Il n'y a pas lieu de revenir sur le sujet[12] » – ce sujet qui allait échauffer pendant des mois les opinions publiques.

---

* C'est en 1970 qu'engagé dans son *Ostpolitik* (politique vers l'Est) Willy Brandt avait reconnu la frontière Oder-Neisse avec la Pologne. Mais il n'avait engagé, ce faisant, que la République fédérale. Des millions d'Allemands dont les familles étaient originaires de ces territoires – Prusse-Orientale, Poméranie, Haute-Silésie annexés par la Pologne et l'URSS – représentaient en RFA une force considérable, regroupée dans le Bund der Vertriebenen (Ligue des expulsés), qui était devenu un groupe de pression très actif, balançant entre la CDU de Helmut Kohl et l'extrême droite.

Le même journaliste rapporte que c'est avec une grande sérénité aussi que M. Mitterrand a évoqué son projet de voyage en RDA, précisant que la date n'en était pas encore fixée, en raison des circonstances, mais qu'elle ne serait « pas tardive ». Là encore était abordée, sur le ton le plus égal et sans « faire de vagues », une affaire qui allait déchaîner les passions. Personne, alors, ne songeait à s'en étonner.

Interrogé par l'auteur neuf ans plus tard à Bonn, Hans-Dietrich Genscher assurait qu'en 1989 le chancelier posait encore le problème de l'unification en termes d'années – quand lui, chef de la diplomatie de Bonn, ne comptait plus qu'en mois [13]. Mais avait-il prévu ce qui allait s'accomplir en moins d'une semaine ?

* * *

Six jours seulement après ces échanges lourds de sens, l'« événement » s'est produit : au cours de la nuit du 9 au 10 novembre 1989, alors que le gouvernement est-allemand délibère en vue de l'octroi automatique, à partir du 10, de visas aux citoyens est-allemands désireux de se rendre à l'Ouest, une foule s'amasse le long du mur berlinois et en entreprend la destruction, en tout cas y pratique des brèches qui permettent bientôt à des milliers d'entre eux de s'y engouffrer.

Le tabou est levé, la communication spontanée rétablie entre les deux Allemagnes, un bastion du totalitarisme démantelé. A Bonn, le Bundestag explose en acclamations, tandis qu'à Varsovie, où il effectue une visite délicate, Helmut Kohl, bouleversé, décide de se rendre sur-le-champ à Berlin, et qu'à Paris le ministre des Affaires étrangères, Roland Dumas, parle d'« avancées vers la démocratie », non sans laisser percer une certaine perplexité...

... Qui, chez Mikhaïl Gorbatchev, prend vite la forme de l'inquiétude, sinon de l'anxiété. Selon des confidences faites par son collaborateur Andreï Gratchev, il s'interroge sur ce « déferlement incontrôlable », sur cette « situation chaotique » . Il s'en ouvre aussitôt par téléphone à Helmut Kohl* (« Que faire si les casernes soviétiques sont attaquées ? »), et dans la soirée à George Bush, François Mitterrand et Margaret Thatcher, dont les contingents militaires sont sur place, également concernés. Les informations des uns et des autres concordent : la joie des Berlinois est, selon toute apparence, pacifique.

---

* Qui s'est précipité au pied du Mur démantelé, où il a retrouvé son ministre Genscher et Willy Brandt, tous deux acclamés alors qu'il est sifflé...

C'est à Copenhague, où il participe à un conciliabule européen, que Mitterrand a appris le bouleversement berlinois. Autour de lui, c'est la fièvre : son « conseiller en communication », Jacques Pilhan, l'incite à courir au mur et à le franchir symboliquement avec Kohl et Genscher. Il hausse les épaules : c'est une fête allemande, pas française. Qu'irait-il faire là ? Selon Jacques Attali, son premier commentaire de l'événement n'en est pas moins positif :

> « Cet événement heureux marque un progrès de la liberté en Europe. Il est vraisemblable que ce grand mouvement populaire sera contagieux, c'est-à-dire qu'il ira ailleurs et plus loin… Nous sortons d'un ordre établi [...], celui que, d'une façon [...] très inexacte, on appelle l'"ordre de Yalta". Cela ne peut que réjouir ceux qui, comme moi, appelaient cette sortie de leurs vœux [...]. Ce qui veut dire que cela ira bien mieux, mais que ce sera aussi plus difficile [14]… »

Rentré à Paris, où l'agace l'euphorie de l'opinion enchantée par la chute du Mur, n'y voyant qu'un air de liberté pittoresque, il corrigera cet optimisme spontané, mettant l'accent sur le « plus difficile » qui est à venir. Il fait valoir à ses proches que ces développements ne sont pas, par définition, porteurs de paix, tant il est vrai que Mikhaïl Gorbatchev peut y voir une menace, se sentir acculé et réagir durement*…

Alors se dessine, avant de s'élargir, un profond désaccord entre le chef de l'État et les faiseurs d'opinion publique, qui, en cette fin des années 80, sont, à quelques exceptions près, mus par une religion commune : l'anticommunisme, qui fait parfois d'eux, selon le grand dissident polonais Adam Michnik, peu suspect de complaisance à l'endroit de l'empire soviétique, des « staliniens de l'antistalinisme ». Pour eux, la chute du Mur ne saurait être vue que comme une étape de l'éradication du communisme. Qu'au-delà de cette ruine, de ce tas de pierres tachées de sang, au-delà de cette évidente victoire de la liberté, se profilent les fantômes de la revanche, des nationalismes, de la dislocation

---

* Dès la fin de la journée du 10, Mikhaïl Gorbatchev a communiqué à François Mitterrand un message adressé à Helmut Kohl où il met celui-ci en garde contre « les conséquences imprévisibles de la déstabilisation » et une sous-estimation des « réalités de l'après-guerre », c'est-à-dire de « l'existence de deux États allemands », ce qui risquerait d'altérer « la situation non seulement au centre de l'Europe, mais à une échelle plus vaste ». Le ton n'est pas menaçant, mais ferme. Lors d'un entretien téléphonique avec son homologue russe, François Mitterrand, commentant cette note, fait valoir que « ce qui se passe en RDA n'est pas inattendu », que le chancelier Kohl « restera fidèle à ses engagements ». Gorbatchev dénonce pour sa part toute « accélération » – et tous deux conviennent qu'une rencontre serait utile.

de l'Europe danubienne, des explosions en chaîne, importe peu. Crève la bête* !

Qu'au-delà de l'unification d'un peuple cruellement divisé par la faute de ses anciens dirigeants se reforment les composantes de l'ancien Reich, dont le déploiement n'évoque pas les périodes les plus douces de l'histoire de France, ne semble guère troubler ceux qui ne veulent voir, en la liquidation accélérée d'un État policier dès longtemps déclinant, qu'une victoire de la liberté – ce qu'elle est d'abord, en effet. Tous ceux qui prétendront alors se poser des questions sur le déferlement de ce torrent libérateur, sur son ampleur, son rythme, son éventuelle canalisation, seront tenus pour de petits esprits, timorés, passéistes, sinon pour des nostalgiques du stalinisme.

Au surplus, Mitterrand, bourgeois français, est un homme qui fait des comptes, qui balance et soupèse. Si fort qu'on aime le voisin, il se fait lourd. Il se fait grand. A cette surpuissance jaillie sur le sol européen, dans le cadre européen, ne faut-il pas, dès lors, donner une contre-assurance ? L'URSS manifestant tous les signes de l'avachissement, ne faut-il pas resserrer les liens avec le Grand Ouest, avec les États-Unis ? Jean-Pierre Chevènement a très bien mis l'accent, dans *Une certaine idée de la République*, sur le lien entre le Golfe** et le Mur, « envers et avers d'une même médaille[15] ». Quand un frère devient si puissant, on pense à resserrer les liens avec le puissant cousin...

On relèvera, au fil du récit, les fausses manœuvres du chef de l'État français ou les propos incongrus qu'il lui arrive de tenir au cours de ces quelques mois. Mais on hésite à dénoncer comme imprévoyant un homme dont ont été cités les propos qui, de 1981 à 1989, le montrent fort ouvert aux hypothèses de réunification, et à tenir pour des preuves de myopie, de nationalisme éculé ou ranci des comportements inspirés d'un élémentaire souci de prudence étatique, qu'il s'agisse de la sauvegarde de la paix avec l'Union soviétique, des frontières de la Pologne ou des intérêts élémentaires et de la sécurité de la nation française.

Vit-on jamais, dans l'Histoire, un peuple se réjouir tout uniment, sans arrière-pensée, du renforcement massif et soudain d'un grand voisin – retrouvant le volume et le potentiel qui lui avaient permis d'assurer naguère un rôle dominateur ? Que les forces dirigeantes dans l'Allemagne de 1989 n'aient plus rien à voir avec celles de 1939, que

* Dans *Le Monde* du 11 novembre 1989, pourtant, Daniel Vernet, bon observateur de l'Allemagne, dénonce les risques d'une « réunification à chaud » qui provoquerait un « déséquilibre européen ».

** Le Mur est ébranlé le 9 novembre 1989. Le Koweït est envahi le 2 août 1990.

les sentiments du peuple allemand soient, à la fin du siècle, aussi profondément pacifiques que ceux de ses voisins est une évidence. Mais cette évidence ne peut faire que la force ne porte en elle sa menace latente, et que nul responsable digne de ce nom ne puisse la voir se reconstituer à son côté sans se préoccuper des précautions à prendre, des rythmes à respecter*.

On a vu que Mitterrand était peu enclin à entretenir avec l'Allemagne des rapports fondés sur le soupçon. On a même évoqué ce qu'il convient d'appeler sa germanophilie**, teintée, à la période que nous considérons ici, d'une admiration spécifique pour la Prusse, terre de guerriers, certes, mais surtout de poètes et de philosophes (les trois espèces s'unissant parfois en un souverain ou un écrivain). On relèvera, de lui, une réflexion marquant la gêne qu'il éprouve à voir « les Prussiens » accepter de passer sous la coupe des Bavarois ou des Souabes. Mais cela ne change rien à l'affaire : si l'homme Mitterrand aime les Allemands, le président Mitterrand est tenu de considérer leur brusque rassemblement avec précaution – sa collègue britannique Margaret Thatcher n'y voyant, elle, que menace et promesse d'un retour au pire.

S'est-on vraiment interrogé sur ce qu'aurait pu être le comportement du général de Gaulle en une telle occurrence, à partir des données de sa « politique allemande », répressive en 1945, créative en 1958, audacieuse en 1966 ? On a rappelé quelques déclarations relatives au regroupement des deux Allemagnes – la RDA n'étant reconnue que par son successeur, en 1973 – qui donnent à penser qu'il eût « accompagné le coup » en tentant, lui aussi, de le canaliser, compte tenu de l'affaiblissement de ceux qu'il appelait tantôt « les Russes » et tantôt « les Soviets » – à partir d'une fondamentale exigence commune : la sauvegarde de la frontière germano-polonaise.

Mais il se trouve que l'URSS de 1989 n'est plus celle, adipeuse mais formidable, de 1966 ; qu'en revanche l'Europe des Douze, en ce temps-là, a non seulement pris de l'ampleur, mais conçu une vocation plus considérable. C'est pourquoi Mitterrand, tentant justement de canaliser la « grande gesticulation » allemande, s'engagera moins sur la voie russe, qui le décevra, que sur la voie européenne, qui le comblera.

Une URSS vigoureuse et décidée eût offert une contre-assurance efficace mais périlleuse. L'Europe proposait un cadre, un « toit » (l'expression est de lui, ou reprise par lui) rassurant. Ne prétendant pas s'imposer ou s'opposer, mais réguler, François Mitterrand trouva l'instrument idéal – pour lui aussi bien que pour son partenaire de Bonn.

---

* Montesquieu : Un État change d'esprit selon que s'étendent ses limites...

** Voir chapitre III.

Le moins que l'on puisse dire est qu'à quelques dissonances près l'un et l'autre en jouèrent avec talent.

C'est évidemment à propos de l'Est que les analyses du président français se révélèrent les plus critiquables, parce qu'il avait surévalué les chances de survie provisoires de la RDA, jugée capable de jouer quelque temps encore sa partie quand elle n'était plus qu'un cadavre balbutiant; et parce qu'il avait surestimé non le talent ou la bonne volonté de Mikhaïl Gorbatchev, mais ses moyens réels, et son aptitude à maintenir en l'état de puissance agissante ce qui était déjà un grand corps disloqué et affamé.

On le verra, avec l'héritier des tsars et de Staline, parler stratégie quand l'autre est plutôt préoccupé de survie, et l'appeler à faire contrepoids à un pouvoir qui, en fait, le nourrit. Parce que toute politique est aussi rapport de forces, il était juste et nécessaire d'aller à la rencontre des pouvoirs de l'Est, de Berlin à Moscou, quand celui de l'Ouest parlait, à Bonn, sur un ton très haut. La voix de l'ami réclamant un droit, si elle est trop stridente, demande à être tempérée.

Ainsi se fonde, tout au long de l'année 1989, la stratégie mitterrandienne, sur quatre piliers :

– l'accompagnement très compréhensif du chancelier de Bonn, bon compagnon de route depuis sept ans, dont on encadrera la démarche « pan-allemande » dans le grand ensemble européen, non pas déchiré à l'Est par la poussée germanique comme le font alors prévoir nombre d'experts, mais amplifié par cette dynamique ;

– la préservation des frontières orientales de l'Allemagne (la ligne Oder-Neisse), garanties par les accords d'Helsinki et tenues, surtout par les Polonais et leurs voisins du Sud et de l'Est, pour une donnée intangible de la sécurité européenne, indépendamment de toute idéologie et des diktats de l'époque stalinienne ;

– le maintien d'un incessant dialogue avec Gorbatchev, à la fois pour l'associer à la canalisation de la poussée allemande et pour veiller à ce que la retraite à laquelle on le contraint ne soit pas perçue par Moscou comme une menace ou une humiliation, comme l'exaltation d'un germanisme revanchard, mais comme l'intégration de cette puissance à un organisme foncièrement pacifique et ouvert à ses voisins ;

– le souci de « coller » aux positions du grand allié américain, dût-il forcer un peu la voix dans la crise du Golfe, et un discret intérêt porté aux outrances de Mme Thatcher, qui voit dans la réunification allemande un nouveau Munich.

Tout au long de la crise océanique qui débouchera le 3 octobre 1990*

* Un an exactement après la décisive conférence de presse Kohl-Mitterrand.

sur la reconnaissance globale de l'unité allemande, François Mitterrand s'efforce de cheminer sur ces quatre voies – contraint de constater, sur la troisième, une carence croissante de l'interlocuteur russe, de moins en moins propre à exercer une pression, dès lors qu'il est surtout en quête de survie. Si bien que le jeu tripartite prévu à Paris en 1989 – Kohl, Gorbatchev, Mitterrand – se transformera en dialogue germano-français sur trois thèmes : l'intégration de l'Allemagne en expansion dans une Europe en extension ; le paiement de l'unité allemande par la substitution au mark d'une monnaie européenne ; la pérennisation de la frontière Oder-Neisse.

* * *

Au lendemain de l'écroulement du Mur, Helmut Kohl se découvre en porte à faux, dans une euphorie stupéfaite. Que faire d'un don aussi miraculeux, aussi précipité ? Que faire de cette victoire ? Ses onze partenaires européens, qu'il retrouve quelques jours plus tard à Paris, se refusent à aborder de front, avec lui, le problème : on parle de la Communauté, comme si de rien n'était, au motif que la « question allemande » n'est pas du ressort des Douze, mais, hors l'Allemagne, des Quatre, les puissances occupantes.

Là résida probablement la première erreur de Mitterrand. S'il fut peut-être bien inspiré de ne pas se mêler à la fête berlinoise du 10 novembre (encore que de bons connaisseurs de l'Allemagne* l'eussent bien vu tirer le suc symbolique de cet événement dans le sens de la réconciliation, comme il l'avait si bien fait cinq ans plus tôt aux côtés de Helmut Kohl à Verdun), il manqua là l'occasion de faire fête, en terre française, à son ami l'heureux chancelier, et de situer aussitôt l'unité allemande qui s'amorce dans le cadre européen, et à Paris – le récupérant d'emblée, en quelque sorte…

Est-ce parce qu'il se sentit alors délaissé par ses amis français – tandis que lui parvenaient de clairs encouragements de Washington, où la réunification de l'Allemagne était une affaire moins dramatique ? Le chancelier Kohl fit rédiger en quelques heures, par son conseiller Horst Teltschik, un discours qu'il prononça devant le Bundestag, le 28 novembre : c'était un « plan en dix points » d'unification de l'Allemagne, qu'il n'avait même pas communiqué à son ministre des Affaires étrangères – comme s'il voulait signifier qu'il s'agissait déjà d'une

* Comme Jean François-Poncet.

affaire purement inter-allemande*... Et Paris avait moins encore été prévenu.

La réaction y est désastreuse. Ouvrons *Verbatim III*. « Incroyable ! » note Jacques Attali, qui donne aussitôt la parole au président, dont le propos est ainsi rapporté : « Mais il** ne m'a rien dit ! Rien dit ! Je ne l'oublierai jamais ! Gorbatchev sera furieux [...]. Je n'ai pas besoin de m'y opposer, les Soviétiques le feront pour moi [16] ! » En est-il si sûr ? Il n'est pas exclu que Moscou ait donné un « feu vert » très intéressé... Et n'est-ce pas pour cela, parce qu'il a été « doublé », et sera peut-être lâché par son ami de Moscou, que Mitterrand s'est mis dans cette rage ?

En fait, le « plan en dix points » de Helmut Kohl serait fort raisonnable – il prévoit l'établissement d'une « communauté contractuelle » par des consultations électorales à tous les niveaux, et des liens confédéraux entre l'Est et l'Ouest – et acceptable par les partenaires de Bonn si le chancelier avait seulement évoqué la question de la frontière orientale du nouvel ensemble : mais il est trop harcelé par les organisations de réfugiés des territoires d'au-delà de l'Oder (2 millions d'adhérents), qui joueront un rôle décisif au cours des prochaines élections, en décembre, pour oser aborder le sujet.

Mitterrand et Gorbatchev prendront prétexte de ce silence pour dénoncer les « dix points » de Helmut Kohl. Est-ce la raison qui pousse alors le président français à partir à la rencontre de son interlocuteur russe qui l'attend à Kiev ? Non, le projet d'une nouvelle rencontre, en Ukraine ou ailleurs, est dès longtemps arrêté, Gorbatchev ayant souhaité compléter avec Mitterrand la mise au point de ses relations avec l'Occident qu'il vient d'opérer à Malte les 2 et 3 décembre en tête à tête avec le président Bush. Routine, alors ? Certes, non. L'immense événement de Berlin contraint chacun des « grands » à réinventer le monde.

Le tête-à-tête de Kiev n'eût été qu'un nouveau chaînon dans le savoureux dialogue ouvert en 1984 par le Russe et le Français si, au cours de la deuxième journée, Gorbatchev n'avait soudain déclenché une salve contre le chancelier ouest-allemand et ses initiatives.

Mikhaïl Gorbatchev : « Je compare ce "plan en dix points" à un éléphant dans un magasin de porcelaine... »

François Mitterrand : « Je me rendrai en RDA... »

Mikhaïl Gorbatchev : « Aidez-moi à éviter la réunification, sinon je

---

* Non : elle intéressait les quatre puissances occupantes...

** Le chancelier Kohl.

serai remplacé par un militaire [et] vous porterez la responsabilité de la guerre*. Toute accélération artificielle du processus devra être exclue [...]. Aller trop vite, c'est nuire à la compréhension mutuelle. Cela équivaut à un diktat politique... »

Fallait-il tirer de cet échange des conclusions menaçantes, comme le fit l'ensemble de la presse française ? Après tout, le leader soviétique dénonçait son « accélération artificielle », plutôt que le processus lui-même. La dramatisation du propos servit surtout aux commentateurs à dénoncer le complot de chefs d'État bellicistes qui se permettaient de désapprouver le rythme donné (malgré lui) par le chancelier allemand à une opération dont le principe était, par l'un et l'autre, d'ores et déjà admis, ce que précisa pour sa part Mitterrand dans la conférence de presse qui suivit. N'y avait-il alors de vérité qu'à Bonn ?

Ce n'était pas le point de vue du Premier ministre britannique, qui, rencontrant trois jours plus tard le président français à Strasbourg, alla, elle, jusqu'à évoquer le spectre de Munich, la reconquête par l'Allemagne de la Silésie, de la Poméranie, et même la conquête de la Tchécoslovaquie ! Pour un peu, « la Dame de fer » eût mobilisé...

A Strasbourg, en effet, s'était réuni le Conseil européen les 8 et 9 décembre, dans le « climat tendu [17] » créé par le bouleversement de Berlin et le dynamisme unificateur de Helmut Kohl. Les retrouvailles entre le chancelier et le président français allaient-elles être assombries par l'initiative solitaire des « dix points » ? Non. Passé la réaction rageuse du lendemain, Mitterrand avait repris son sang-froid et était convenu, comme il l'écrira plus tard, que ce plan de Bonn « ne marquait pas de rupture avec la démarche antérieure [...]. Le chancelier poussait ses pièces sur l'échiquier [...] mais ne changeait pas les règles du jeu [18] ».

Si le climat était « tendu » entre Français et Allemands le 8 décembre à Strasbourg, c'était moins en raison des divergences à propos de l'unité allemande que du fait des réticences soudain formulées par Helmut Kohl à propos de la conférence commune sur l'Union économique et monétaire, qui, dans l'esprit de certains négociateurs français, devait être la contrepartie de la réunification. Helmut Kohl se refusait-il maintenant, enflé à l'Est, à faire de la construction du système européen, monétaire et donc politique, l'encadrement de la Grande Allemagne en devenir ? Non. Très vite, le chancelier lève les doutes : dès le vendredi 8, il accepte la convocation de la CIG, la

* Le journaliste Stéphane Denis ayant eu vent (par qui ?) de cette phrase, la publia aussitôt, dramatisant la situation, à la grande colère du président... Fut-elle jamais prononcée ? Elle figure en tout cas dans *Verbatim III*, *op. cit.*, p. 366.

conférence inter-gouvernementale au cours de laquelle sera mise sur pied l'Union économique et monétaire.

Ayant payé son écot, l'Allemand en vient, pendant le dîner qui réunit le soir les chefs d'État, au sujet qui lui tient à cœur : l'unification. Le ton monte. Soutenue par le Premier ministre néerlandais Rudd Lubbers, Margaret Thatcher conduit la charge contre l'opération. A quoi Helmut Kohl riposte qu'un accord signé par les alliés de l'OTAN, en 1970, la prévoit et la recommande. Margaret Thatcher : « Mais c'est parce qu'à cette époque personne n'y croyait ! » Et quand elle évoque le problème des frontières de l'Est, exigeant que le communiqué final en proclame l'intangibilité, Kohl rugit : « *Nein ! Nein !* » Margaret Thatcher encore, avec un sourire féroce : « C'était un test. Il est concluant [19]... »

François Mitterrand et Helmut Kohl ne quitteront pas Strasbourg, à l'issue de ces joutes brûlantes, sans avoir rétabli entre eux le climat de naguère, que ces bouleversements et les écarts de sensibilité nationale ne pouvaient manquer d'altérer – et sachant d'ailleurs qu'ils vont vers d'autres orages... Lors de leur traditionnel petit déjeuner, qui, entre eux, sert de conclusion à ces colloques, le chancelier confie au président qu'au cours de la nuit son homologue est-allemand Hans Modrow lui a fait dire qu'on l'attendait en RDA, où il devrait annoncer « une évolution paisible vers la réunification ». Mitterrand en profite pour indiquer à Kohl qu'il fera lui aussi une visite en RDA au cours du mois : précision qui ne provoque aucune réaction.

Dans un compte rendu rédigé à l'issue de l'entretien auquel elle assistait, Élisabeth Guigou montre un Mitterrand très peu enclin à user, à l'encontre de son interlocuteur, d'un « épouvantail Gorbatchev ». Bien au contraire. Le Français décrit le Russe comme un homme affichant « un calme étonnant » et qui a visiblement exclu toute « décision militaire » [20]. Si le président avait voulu encourager le chancelier à « pousser ses pions », selon sa formule, il n'aurait pas parlé autrement...

Est-ce pour cela qu'au moment de la rédaction du communiqué final, qui reconnaît le droit du peuple allemand à l'autodétermination, nul ne pourra contraindre la délégation allemande à accepter d'y inscrire la garantie expresse des frontières de l'Est : il faudra se contenter d'un rappel des accords d'Helsinki, qui la prévoit.

Avant d'entamer en Allemagne de l'Est l'une de ses démarches les plus controversées, le chef de l'État français souhaite « prendre le pouls » de celui auquel l'événement de Berlin vient d'assurer l'hégémonie mondiale : George Bush. Il le rencontre le 16 décembre dans l'îlot antillais de Saint-Martin, et le trouve aussi prudent que lui à propos de la révolution allemande, « la plus grande depuis le XVIIIe siècle », croit-il pouvoir dire à l'Américain.

George Bush : « A court terme, je suis très inquiet d'une évolution des choses en RDA, qui accélérerait les événements, entraînerait l'usage de la force et ferait pression sur Gorbatchev. Il ne faut pas pousser des forces obscures à commettre des choses stupides. »

François Mitterrand : « Heureusement, il y a des partisans de la sagesse en RFA : Weizsäcker*, Brandt, Genscher. Kohl mélange ses problèmes de politique intérieure et ces questions-là. Il pousse trop loin. »

George Bush : « Vous avez raison. Il s'est un peu calmé. Pensez-vous que nous, Américains, sommes apparus trop favorables à la réunification avec la déclaration de Walters** donnant le sentiment de pousser en ce sens ? »

François Mitterrand : « Oui. C'est trop, car votre ambassadeur a donné un calendrier [il a parlé de cinq ans], ce que même Kohl n'a pas osé faire. Walters ne s'est peut-être pas trompé, mais, en le disant, il accélère le processus. »

George Bush : « Oui, il a eu tort. J'en suis désolé. J'ai indiqué que la position officielle américaine n'était pas celle-là. Nous ne sommes pas contre la réunification, mais nous restons très prudents… » [21].

Prudents, les Américains ? Mitterrand en est réconforté. Mais pas passifs : apprenant que le président français s'apprête à visiter la RDA, le secrétaire d'État James Baker s'y précipite, pour bien marquer, tient-il à préciser, le « *leadership* américain ». Chacun est prévenu… Mais personne ne trouve à redire à cette démarche. Le bras droit de George Bush revient de son voyage persuadé que l'État est-allemand se décompose rapidement, mais qu'il a encore son mot à dire, et entend le faire.

Et c'est aussi pour y précéder François Mitterrand que Helmut Kohl avance d'une semaine son premier voyage officiel en RDA : le 19 décembre, il est à Dresde, aussi chaleureusement accueilli qu'il l'a été froidement au pied du mur de Berlin le 10 novembre. De ce bref séjour en Saxe il reviendra persuadé – il le confie avec effusion à ses proches – que « l'unité est faite ». En termes de mois ? Plutôt, désormais, qu'en termes d'années…

François Mitterrand doit-il alors renoncer au voyage en Allemagne orientale, planifié depuis près d'un an, et dont il a parlé au chancelier à Bonn en novembre, puis à Strasbourg ? Il est vrai que la RDA de la fin décembre 1989 n'est plus celle du printemps de la même année, et que cette visite suscite des réserves à Bonn. Sans parler des sarcasmes de la presse de droite en France et de la mise en garde de l'une des

* Le président de la République fédérale.

** Le général Vernon Walters, ambassadeur des États-Unis à Bonn, ancien patron de la CIA.

collaboratrices les plus écoutées du président, Caroline de Margerie, envoyée en éclaireuse quelques jours plus tôt et qui en a rapporté une impression d'« irréalité ». Lisant la note qu'elle a rédigée à son intention, le président l'appelle : « En somme, vous me déconseillez d'y aller ? – Oui. – Bon, je vous informerai de ma décision [22]... »

Comme toujours, un voyage n'est rien que l'usage qu'on en fait. Celui-ci comme tout autre. A la veille du départ, Roland Dumas a téléphoné à son homologue Genscher, qui n'a pas fait d'objection de fond, mais a formulé deux recommandations : « Que Mitterrand s'engage sur le principe de l'unification, et qu'il se rende à Leipzig, bastion de l'opposition est-allemande, pour y rencontrer notamment le grand chef d'orchestre Kurt Masur, symbole des luttes pour la liberté [23]. »

Le premier soir, à la fin du dîner d'État qui lui est offert à Berlin, François Mitterrand réussit à donner à la fois l'impression qu'il table sur un certain avenir de la RDA (« Nous avons encore beaucoup à faire ensemble ») et qu'il croit en l'« unité du peuple allemand » (au dire du *Monde*, « il n'en a encore jamais parlé de façon aussi positive »). Le lendemain, s'adressant aux étudiants de l'université Karl-Marx de Leipzig, il se dit assuré que des élections démocratiques* permettront bientôt de connaître la volonté « des Allemands des deux côtés ». Et il va alors au Gewandhaus, comme il l'a promis, à la rencontre de Kurt Masur.

Ce qui frappe avant tout le président français au cours de ce bref séjour, c'est son entretien avec les fondateurs du mouvement d'opposition anti-stalinien, dit « Nouveau Forum », Bärbel Boley et Jens Reich, proches de Willy Brandt. Estimant capitale la date du 9 novembre, celle de la chute du Mur, véritable « partage des eaux », à partir de laquelle ils ont eu le sentiment de « sortir de prison », ils mettent en garde contre une réunification rapide, porteuse d'inégalités redoutables. Ce sont aussi les thèses de Willy Brandt et de ses amis.

Au cours de ces diverses rencontres, il donnera l'impression à ses interlocuteurs et à ses compagnons que ce voyage en RDA l'a plutôt encouragé à souhaiter un ralentissement du rythme de la réunification. Après tout, semble-t-il dire, ces gens-là existent, en tant qu'État. Il faut en tenir compte. On dira que s'il traînait quelque peu les pieds avant cette visite à l'Est, ces pieds s'en sont trouvés quelque peu alourdis...

« Erreur », ce voyage ? C'est ainsi que Helmut Kohl, peu suspect de malveillance à l'encontre de Mitterrand, mais trop impliqué dans le processus pour en juger sereinement, le qualifia, pieusement imité par un bataillon d'experts, réels ou supposés tels. Et il est vrai que la

* Prévues en RDA pour le 6 mai.

référence faite par le visiteur à un indéfinissable « peuple allemand de la RDA », les hommages rendus par lui à un bureaucrate ordinaire comme Hans Modrow, éphémère patron de la RDA, la signature d'un accord quinquennal sur la jeunesse avec un État qui devait disparaître avant la fin de l'année semblent autant de maladresses.

En Histoire, il faut toujours se garder de n'apprécier un geste qu'à la lumière de ce qu'a dévoilé l'avenir. (Quelles sottises, à ce titre, que l'alliance franco-russe de 1891, que les accords de Locarno !) Fallait-il, au nom de l'amitié et de la liberté, applaudir sans réserve ni enquête à la restauration de la Grande Allemagne ? Ou bien, en approuvant le principe, tenter d'en modérer le rythme, d'en moduler les formes, au nom de la prudence et de l'équilibre ? Les faits, dix ans plus tard, donnent ici raison à Kohl plutôt qu'à Mitterrand. Mais celui-ci se réclamait alors de l'opinion de nombre de bons esprits allemands et devait tenir compte des violentes mises en garde anglaises, des inquiétudes russes, polonaises… Ne l'oublions pas enfin, il était encore en droit de s'interroger sur l'attitude du chancelier à propos de la frontière Oder-Neisse – qui pouvait remettre en cause le caractère pacifique de l'unification.

Bref, quoi que pensent et fassent Mitterrand, Gorbatchev, Thatcher et même Bush, l'unification ne progresse plus : elle s'impose. Et c'est dans cette perspective que, préparant son allocution du Jour de l'An au peuple français, en cette fin de 1989 qui, entamée sous le signe du Bicentenaire, s'achève par ce qu'il vient lui-même de qualifier de « plus grande révolution depuis le XVIIIe siècle », il décide d'ouvrir, par une formule ingénieuse, des perspectives nouvelles : ce sera la « Confédération ». Le texte vaut une citation partielle :

> « L'Europe […] hier dépendante des deux superpuissances va, comme on rentre chez soi, rentrer dans son histoire et sa géographie. C'est pourquoi il importe que la Communauté des Douze passe à une "deuxième étape", la Confédération européenne, qui associera tous les États de notre continent dans une organisation commune… »

Les plus surpris, à l'écoute de cette allocution novatrice, furent les collaborateurs du président*–, il l'avait rédigée seul, en trois jours, à Latche. Idée neuve ? Elle s'inspirait heureusement de divers projets européens élaborés depuis l'âge des fondateurs des années 40, et de certaines variations gaulliennes sur le même thème, la première version du plan Fouchet ou « l'Europe de l'Atlantique à l'Oural »…

---

* Il faut lire les deux lignes pincées que rédige ce jour-là Attali, visiblement scandalisé d'en être informé par les médias… Hubert Védrine s'en dira « ébahi ».

Idée belle en tout cas, qui permettait de rendre une dynamique européenne en englobant à la fois l'Allemagne orientale et les nouvelles démocraties issues des révolutions de la dernière année, et saluée comme telle, devant l'auteur, par l'européen de référence, Jacques Delors.

Hubert Védrine réagit en praticien : « Cette idée, lancée trop tôt et sans préparation, va faire long feu [...] elle ne se remettra pas des mauvaises conditions initiales dans lesquelles elle avait été formulée [24]. » A l'examen, en effet, sauf Mme Thatcher qui y voit un instrument de dilution indéfinie de l'Europe communautaire qu'elle exècre, la plupart des intéressés rejettent le projet : les Américains, parce qu'ils y voient une tentative de dresser contre eux (ou sans eux) une Grande Europe ; les nouvelles démocraties de l'Est, parce qu'elles y voient une volonté de créer pour elles un espace marginal ; l'URSS, parce qu'elle croit y déceler une tentative d'aspirer vers l'Ouest ses anciens satellites... Et l'éloge qu'en fait Helmut Kohl ne tend visiblement guère qu'à créer un bon climat avant le rendez-vous qu'il a pris avec Mitterrand pour le 4 janvier.

C'est encore à Latche, dans le climat familial où se plaît le monumental visiteur, que se rassérène et se ravive l'échange. L'exorde du président est superbe :

François Mitterrand : « Nous sommes pris dans des bourrasques heureuses [et non plus] dans l'ordre tranquille, insupportable, des quarante dernières années... »

Helmut Kohl : « Il faut en venir dans les mois qui viennent à un traité de communauté contractuelle entre la RDA et la RFA, dont l'ancrage dans la CEE est une condition préalable à la réunification, qui ne réussira que dans le cadre franco-allemand. »

François Mitterrand : « Si j'étais allemand, je serais pour la réunification, c'est du patriotisme. Étant français, je n'y mets pas la même passion... Mais l'unification est en marche : ce n'est pas moi qui fermerai le bout du tunnel. Il faut aller en avant vers l'unité européenne et l'unité allemande. C'est à vous de montrer que la frontière polonaise n'est pas mise en cause [25]... »

Les deux hommes se séparent, bien conscients que, sur le thème de l'unité, les dés sont jetés, que la France, comme l'URSS, en a pris son parti. Mais Helmut Kohl n'a pas manqué de relever, *in petto*, que la dernière phrase lâchée par François Mitterrand pourrait annoncer des « bourrasques » moins « heureuses » que celles qu'ils viennent de traverser sains et saufs...

Quand ils se reverront, pour un dramatique face-à-face à l'Élysée, le chancelier Kohl aura, lors d'une visite à Moscou, approfondi le marchandage amorcé au bord du Rhin au début de l'été 1989 avec Mikhaïl Gorbatchev : l'aide économique apportée par l'Allemagne à l'Union soviétique en proie à la pénurie lèvera les réserves formulées naguère à Kiev* ou à Malte** par le leader soviétique – si tant est que ses réserves eussent pu prendre alors la forme d'une véritable résistance… Et, parallèlement, François Mitterrand aura signifié à Margaret Thatcher, en visite à Paris le 20 janvier, qu'il serait vain, pour les uns comme pour les autres, de « ralentir les choses ». « Maggie » quitte Paris au comble de l'amertume, non sans déclarer à un interlocuteur français : « Mitterrand avait raison quand il disait que rien ne pourrait empêcher la réunification[26]… »

Mais canaliser, encadrer, modérer un *tempo* n'est pas empêcher la musique. C'est bien ce que pensent les hommes qui, avec flegme de l'autre côté de l'Atlantique, non sans appréhension en Europe, ont pris leur parti de la révolution du 9 novembre, ce 14 Juillet allemand… Comment, en attendant, encadrer le mouvement qui balaie sur son passage institutions et pouvoirs à l'Est, où est dissoute la terrible police politique, la Stasi ?

Le secrétaire d'État James Baker propose la mise sur pied d'une conférence regroupant les quatre États chargés en 1945 du contrôle de l'Allemagne (États-Unis, URSS, Grande-Bretagne et France) et les deux États allemands – ce qui montre bien que tenir compte de l'existence de la RDA, au début de 1990, n'était pas une simple billevesée de « franchouillard » attardé***… C'est ce qu'on appellera, dans le jargon diplomatique de ces mois-là, la « 4 + 2 » (ou bien la « 2 + 4 »), afin de ménager la susceptibilité d'Allemands qui ont quelques titres à faire reconnaître la primauté de leurs intérêts.

C'est sur ces entrefaites que, porté par la vague populaire, mais quelque peu embarrassé par la convocation de cette conférence « 4 + 2 » qui tend à placer la symbiose allemande sous la surveillance des anciens occupants, le chancelier Helmut Kohl est accueilli une fois de plus à Paris – où l'a précédé le plus proche de ses conseillers, Joachim Bitterlich, porteur d'un message encourageant : Kohl tend absolument à mener de front réunification de l'Allemagne et unification de l'Europe. Pour sa part, l'ambassadeur de France à Bonn, Serge Boidevaix, signale que, dans la perspective des élections prévues en RDA pour le 18 mars, le chancelier souhaite désormais que « les choses

---

* Avec Mitterrand.

** Avec Bush.

*** A tel point que la formule « 4 + 2 » fut inventée par la cellule de « prospective » du State Department !

n'aillent pas trop vite ». Tout concourt donc à ce que le tête-à-tête de l'Élysée soit celui de l'harmonisation entre Bonn et Paris : ce sera le pire affrontement de cette année de bourrasques...

Les retrouvailles prennent cette fois la forme d'un dîner à six* dans le petit salon des Portraits de l'Élysée. L'un des convives, Jacques Attali, propose de ces échanges une version poignante [27], que l'on tiendra pour authentique, après consultation d'un autre témoin, Élisabeth Guigou, qui prit les notes, et lecture du livre d'Hubert Védrine, qui en fait la synthèse.

Helmut Kohl ouvre l'entretien en racontant sa dernière visite à Gorbatchev, dont, reconnaît-il honnêtement, le ralliement à l'unification ne va toujours pas sans réserve. Mais le Russe a prêté l'oreille à son argument majeur : la coopération de l'Allemagne avec la France au sein de l'Europe communautaire, autour d'un axe qui est désormais le Rhin et alors que la puissance industrielle allemande se concentre au sud du Main, éloigne le « spectre d'un IVe Reich ».

Quelle entrée en matière pourrait être plus rassurante ? Le président français ne se laisse pas envoûter. Si convaincu qu'il soit de la bonne volonté de son hôte, il va le pousser – cruellement, nécessairement – dans ses derniers retranchements. Le résultat est un dialogue où palpite un an d'histoire de l'Europe et peut-être beaucoup plus :

François Mitterrand : « ... la perspective d'unification ne me pose pas de problème en tant que telle. Je l'avais dit dès le 3 novembre [...]**. »

« Nous allons bâtir en Europe des institutions qui vont atténuer la rigueur des frontières. Mais il faut régler ces problèmes des frontières avant. »

Helmut Kohl, « pourpre et embarrassé » : « ... Je souhaite que cela devienne évident après. Qu'un Parlement de l'Allemagne unifiée dise un jour, parlant des frontières : "C'est ça, la nouvelle Allemagne"... Mais vous ne pouvez pas l'exiger de moi maintenant [...]. Si nous parlions dès maintenant en RFA de la frontière Oder-Neisse, nous renforcerions l'extrême droite***. »

François Mitterrand : « On ne peut pas attendre de moi que je parle comme un patriote allemand, mais comme un patriote français. En tant que patriote français, je ne suis pas inquiet. Il y a une réalité allemande nouvelle, il faut faire avec. Ce serait très injuste de ne pas considérer

---

* Le président, le chancelier, Élisabeth Guigou, Jacques Attali et les deux interprètes.

** Les neuf lignes qui suivent font partie de la version Attali, non du texte Guigou..

*** L'argument du chancelier est très sérieux : les organisations ultra-nationalistes n'attendent qu'une concession de sa part sur les frontières pour faire voter contre la CDU, pour l'extrême droite.

les Allemands de l'Est comme des Allemands. Je n'ai pas varié là-dessus et j'accepte cette hypothèse*. Nous sommes, nous Français, habitués à avoir les Allemands pour voisins. Il y eut des périodes heureuses et d'autres malheureuses. Ce que nous venons de vivre depuis 1945 a modifié les données de la question. Mais ce qui m'intéresse, c'est comment aborder les conséquences de l'unification. Il y a plusieurs problèmes. D'abord, les alliances : l'URSS n'est plus en mesure de poser des conditions ; mais il ne faut pas la forcer à aller trop vite. Il est évident que l'appartenance d'un même pays à deux alliances** ne peut pas durer très longtemps. De plus, se posera vite le problème de la présence des soldats occidentaux en Allemagne, et je ne veux pas attendre le moment où la population allemande la trouvera pesante [...]. Vous voudrez être considérés comme une nation majeure. Et cela, je le comprends très bien. Le système des Quatre peut durer encore un peu, mais pas longtemps. Nous ne devons plus avoir de relations de vainqueur à vaincu. Je prête donc attention au moment où les Allemands nous diront : "Une seule armée chez nous : la nôtre." [...] l'Allemagne unifiée ne supportera pas longtemps la présence soviétique en Allemagne de l'Est ! Au bout d'un an ou deux, les Allemands voudront que toutes les troupes s'en aillent. [...] Déjà [...] chaque fois que les Quatre se manifestent, vous froncez les sourcils – vous particulièrement [...]. Les Quatre n'ont pas à intervenir sur l'unification, mais ils doivent avoir un droit de regard sur les conséquences qui les concernent [...] pour ce qui est d'un éventuel armement atomique en Allemagne : est-ce que l'Allemagne unifiée reprendra à son compte l'engagement de l'Allemagne de l'Ouest ? »

Helmut Kohl : « Oui. »

François Mitterrand : « ... En ce qui concerne le problème de la frontière de l'Est, les traités de 1919 et de 1945 sont très injustes ; mais on vit avec***. Il est très important de ne pas rouvrir une frénésie collective en Europe. »

Helmut Kohl : « Aucun danger là-dessus, François ! »

François Mitterrand : « La question la plus importante est celle de la ligne Oder-Neisse. Ce n'est pas la seule frontière qui laisse de l'autre côté des Allemands. Je comprends sentimentalement ce que doivent ressentir les Allemands. Mais, politiquement, c'est autre chose. Cela nous intéresse. »

Helmut Kohl : « Pour ce qui est de ces deux dernières questions,

---

* « Cette évidence », devrait-il dire...

** Antagonistes...

*** Propos qu'il est plus facile de tenir à Paris qu'à Königsberg...

aucun problème. Une Allemagne unifiée aura la même position que la RFA sur le nucléaire et sur les frontières ; [elle] confirmera les frontières. »

François Mitterrand : « Politiquement, il aurait été utile de confirmer avant la réunification la frontière Oder-Neisse. Mais je comprends que, juridiquement, cette reconnaissance ne puisse intervenir avant l'unification. Je vois bien cela. »

Helmut Kohl, « rougissant à nouveau » : « Je veux vous parler de la ligne Oder-Neisse. On a fait mousser cette question. Elle n'aurait pas dû se présenter comme ça. C'est une grosse blessure ; normalement, on traite les blessures avec un baume, pas avec de l'huile bouillante. [...] Nous, Allemands [...], prenons parti contre la réouverture de cette question des frontières. Donnez-nous du temps*. »

François Mitterrand : « Très bien. Nous pourrons créer des communautés, des institutions européennes qui atténuent la rigueur des frontières. »

Helmut Kohl : « C'est mon but. Et ce qui a été possible avec les Sudètes doit l'être aussi avec la Silésie. On n'y arrivera pas si on lie ces questions à l'unification. Il ne faut pas en faire une condition préalable. »

François Mitterrand : « Je ne le fais pas**. »

Helmut Kohl : « En Allemagne, cette question posée en préalable constituerait un thème de politique intérieure. S'il n'y avait pas les élections, on ne la poserait pas. »

François Mitterrand : « Cela ne suffit pas. La frontière Oder-Neisse, héritée de la guerre, a été imposée par Staline. C'est le type même du mauvais traité. Mais c'est fait. Je ne pose pas ce problème de la ligne Oder-Neisse en préalable. [...] Vous dites que c'est le Parlement unifié qui dira : "Nos frontières sont bien là", mais il s'agira d'un acte unilatéral. »

Helmut Kohl : « Non. Pas seulement. Je suis aussi d'accord pour un traité. Mais je suis contre l'idée de réunir une conférence de paix exprès pour ça. »

François Mitterrand : « Je ne suis pas pour un traité de paix [...] Autres questions : que deviendront les alliances ; c'est aussi un problème russe [...]. Et que devient l'Europe des Douze ? La présence

* Dans la version publiée par Hubert Védrine (*Les Mondes de François Mitterrand*, *op. cit.*, p. 436), ces deux dernières phrases, qui n'appartiennent qu'à la « version Attali », ne sont pas reprises.

** Ici, la version de Védrine comporte cette incise : « Sachant que Kohl devra céder, il n'en "rajoute" pas... »

d'un État allemand unifié sera une novation, mais que l'on peut maîtriser. Ça fera 16 à 17 millions d'habitants de plus. Une négociation doit permettre d'aboutir. Je ne vois pas cela comme un treizième État. »

Helmut Kohl : « En effet. Et ce sera bon pour la CEE. »

François Mitterrand : « Mais il y aura 75 millions d'Allemands et 56 millions de Français… »

Helmut Kohl : « Dans les années 90, les Français bénéficieront d'un énorme avantage, [car ils n'auront pas à financer la réunification !*]

François Mitterrand : « Pour ce qui est de la Communauté européenne, on trouvera des solutions. Il y aura une seule Allemagne au sein de la Communauté, pas deux. A mes yeux, ce n'est pas un gros problème. Cela obligera la Communauté à avancer. J'ai parlé d'une possible confédération européenne, car les pays qui se libèrent du joug communiste ne doivent pas rester isolés, ce qui risquerait de déclencher entre nous une compétition mauvaise. Il faudrait donc une institution à laquelle auraient accès tous les pays démocratiques… »

Helmut Kohl : « J'ai publiquement salué votre idée de confédération ! »

François Mitterrand : « Mais elle ne pourra connaître son développement qu'à la fin du siècle... »

Helmut Kohl : « Pour moi, la coopération franco-allemande est la seule qui compte ; il n'y a pas de solution de rechange. Je suis aussi pour un sommet informel des Douze après Pâques. Tout ce qui va se passer après le 31 décembre 1992 en Europe est essentiel. Je veux que nous fassions ce chemin ensemble, comme on le fait ensemble depuis trente ans. »**

De cet extraordinaire dialogue – lucidité percutante de l'un, embarras généreux de l'autre – le « conseiller spécial » de l'Élysée tire la conclusion que le chancelier se retira avec le sentiment que le président français avait renoncé à exiger la « reconnaissance préalable des frontières [28] ». Le « je ne le fais pas » de courtoisie, dans cet échange si âpre, pourrait le faire penser : mais on a cité l'interprétation qu'en donne Védrine. Et il est clair que le ton général du dialogue ne va pas

---

* La formule, qui ne se trouve que dans la « version Attali », ne manque pas de saveur. Mais on peut observer que la France a contribué, comme les autres Européens, à financer la réunification.

** Ce texte, qui reproduit partiellement le récit qu'en fait Jacques Attali dans *Verbatim III* (*op. cit.*, p. 420-428), s'appuie aussi sur le témoignage d'Élisabeth Guigou (entretien de mars 1998) et les citations de Hubert Védrine (*Les Mondes de François Mitterrand*, *op. cit.*, p. 435-437).

du tout dans le sens du renoncement. Paris va continuer à harceler sur ce point son voisin qui ne relèvera aucun autre signe de résignation française. La pression ne cessera pas, dût-elle créer « le seul différend qui ait mis à l'épreuve le couple franco-allemand », commentera le président, parlant plus tard (beaucoup plus tard !) de « crise nerveuse sans importance [29] »...

La ruée allemande vers l'unification va encore connaître alors deux accélérations décisives : le 18 mars, les premières élections libres en RDA donnent la victoire aux homologues de la CDU de Helmut Kohl, partisans de l'unification accélérée, sur le SPD socialiste, favorable à une démarche plus lente (ce dont tient compte François Mitterrand) ; et dopé du coup par ce succès inespéré, le chancelier de Bonn proclame l'Union monétaire entre les deux États à dater du 1er juillet, au taux d'un mark de l'Est contre un de l'Ouest. Absurdité financière à long terme, coup de maître psychologique et politique à court terme : il ne s'agit plus seulement du triomphe d'une germanité abstraite, mais d'une transformation de la vie... Décidément, ce volumineux M. Kohl, qui a su faire reconnaître l'intangibilité de la frontière polonaise par le Bundestag dès le 8 mars*, ne cesse de grandir dans l'épreuve !

Tout le problème pour Mitterrand, désormais, est de capter la formidable énergie unificatrice déployée depuis Bonn au service de la construction politique et monétaire de l'Europe. Comme si, au fur et à mesure que se dresse le géant, il faisait de lui le moteur, le bâtisseur de cette Europe qui les soulèvera et les encadrera ensemble. Faire de ce plus d'Allemagne un plus d'Europe, voilà le grand projet... Et, dès le 18 avril, le Français et l'Allemand publient une lettre commune invitant les dix partenaires à donner pour mission à la prochaine conférence des Douze, convoquée le 28 avril à Dublin, de transformer la Communauté en Union européenne. Qui ne sait que la houle et le vent sont des forces motrices ? De ceux qu'ils viennent de traverser, Mitterrand et Kohl vont faire la dynamo de la nouvelle Europe.

* * *

* La résolution du Bundestag sur l'inviolabilité de la frontière, en date du 8 mars 1990, sera complétée et élargie par Helmut Kohl lors de la conférence de presse du 26 avril, puis, le 21 juin, par une déclaration commune des deux Parlements, de l'Ouest et de l'Est ; le 17 juillet suivant, par les deux gouvernements allemands dans le cadre de la conférence des Six (« 2 + 4 »), le 17 juillet 1990 et enfin dans le cadre de l'Allemagne unie le 14 novembre 1990.

Considérons un instant ce François Mitterrand du printemps et de l'été 1990 – que va saisir, à partir du 2 août, la tornade orientale, le *Desert Storm* engendrant la guerre du Golfe. On croit avoir rappelé, s'agissant de l'unité allemande, sa perception très fine, sa lucidité, ses émotions, ses réticences, ses audaces – qui, face à l'Allemagne, aux Allemagnes, font penser, *a contrario* ou non, aux ruses de Richelieu face à la Ligue du Rhin, aux naïvetés de Napoléon III avant Sadowa, aux ruades de Clemenceau en 1919. Quel Français, en un tel domaine, garde son flegme ? Lui, superbement lucide en 1981 avec Schmidt, le 3 novembre 1989 avec Kohl, le voilà qui bronche et renâcle au tournant de l'année 1990.

Citons la très bonne évocation d'Hubert Védrine, saisie sur le vif :

> « ... Il serait incompréhensible [...] qu'il n'ait aucun état d'âme [...] les propos qu'il tient à ses collaborateurs ou à ses proches au cours de ces mois décisifs traduisent un bouillonnement et un extraordinaire cheminement, comme s'il revivait en lui-même et en accéléré toute la relation franco-allemande des siècles passés, les soixante-dix ans écoulés depuis Verdun, les quarante-cinq ans passés depuis la Libération [...].
> Il affiche une tranquille confiance sur le long terme, mais ressent et récapitule – j'ai envie d'écrire "incarne" – les angoisses françaises face à une Allemagne trop grande, à une réunification qu'il faut "conjurer", à une construction européenne pas encore irréversible. On dirait qu'il passe par toutes les appréhensions, toutes les espérances, tous les fantasmes français avoués ou inavoués : "La réunification se fera, mais pas tout de suite" ; "Toutes les conditions ne sont pas réunies" ; "La 'Prusse' ne peut pas se laisser ainsi absorber" ; "Les Soviétiques ne le permettront pas" ; "Gorbatchev n'y survivra pas" ; "Il y aura une triple alliance France/Grande-Bretagne/URSS", etc. [30]. »

Malheur* pourtant à qui prendrait au pied de la lettre ces « confidences » et qui y verrait l'expression de sa pensée profonde, alors qu'il ne s'agit que de tests, de phrases prononcées dans l'intimité, par exorcisme ou défoulement, de dialogues socratiques comme en ont au même moment les autres grands acteurs de la pièce.

> « La pensée profonde d'un homme d'État, ce sont ses actes ! François Mitterrand triomphe de chacune de ces interrogations par des gestes porteurs d'avenir. Mieux encore : c'est dans les premiers mois de 1990 qu'il s'abandonne parfois à ces tourments français – avant de les

* Est visé ici Jacques Attali, dont le *Verbatim III* reflète au premier degré, et sur le mode le plus défavorable au président, ces variations chromatiques...

dépasser – alors qu'il a d'ores et déjà arrêté et affiché sa politique depuis plusieurs mois, et réussi Strasbourg. Vertige national existentiel, bref et rétroactif[31]. »

Mais à force de se replonger dans l'Histoire, de s'immerger dans les houles et hantises du passé, François Mitterrand en vient à oublier que les peuples, au XXe siècle, ne sont pas conduits comme au temps de Mazarin ou même de Guizot ; qu'ils attendent désormais, d'un chef d'État démocratique, explications et comptes rendus. Ce qu'il va faire admirablement dans l'affaire du Koweït, il manque de l'accomplir à propos du grand psychodrame allemand, il le néglige ou s'y refuse. Le débat est-il, en soi et en lui-même, trop complexe, trop contradictoire, les arrière-pensées trop cruelles pour souffrir l'explication publique ? Quand on peut être à la fois, face à un Irak grossièrement agresseur et preneur d'otages, tour à tour implacable et négociateur, ne saurait-on assumer publiquement à propos de l'Allemagne l'intelligence de l'unité et la mise en garde contre ses risques ? Qui a fait rougir M. Kohl à l'Élysée peut bien dire ses vérités au peuple ami d'outre-Rhin, et à plus forte raison au peuple français…

Il y a encore ceci, que résume très bien l'un de ses opposants les plus intelligents, et dont les compétences en matière allemande ne sont pas contestées, Jean François-Poncet, ancien ministre des Affaires étrangères, le premier qui fut reçu en tant que tel à Berlin-Est :

> « Le traitement de l'affaire allemande par François Mitterrand en 1989-1990 fut d'un homme d'État lucide et conscient à la fois des risques courus et du prix de l'amitié allemande. On peut toutefois discuter de l'opportunité du voyage à Kiev, plus encore de la visite en RDA. Mais tous deux avaient leur sens, et n'ont pas provoqué de dégâts. Ce que je regrette, c'est que cet homme qui avait l'intelligence de l'Allemagne et de la situation n'ait pas su percevoir la dimension symbolique, du point de vue allemand, de la chute du Mur. En y joignant sa main à celle de Kohl, comme il l'avait si bien fait six ans plus tôt à Verdun ? En se mêlant plus modestement à la foule ? A cette intelligente politique, en tout cas, il a manqué un geste[32]… »

Que dire de mieux ? Mais de là à répéter, comme la mode le veut, que « Mitterrand s'est trompé sur l'Allemagne »…

* * *

Reste à résoudre les problèmes évoqués lors de l'ardent débat du 15 février à l'Élysée, et qu'on est convenu depuis lors de remettre aux mains de la conférence des « 2 + 4 », que l'on finira par baptiser prudemment des « Six ». Dans l'Allemagne réunifiée – officiellement à la date du 3 octobre 1990 –, dont Moscou a fini, bon gré mal gré, par accepter l'inclusion dans l'OTAN, que vont devenir les troupes d'occupation, à l'est surtout ? C'est ce que la conférence des Six va régler, en quatre réunions (mai, juin, juillet et septembre), sous l'impulsion de l'Américain James Baker, de l'Allemand Hans-Dietrich Genscher et du Français Roland Dumas.

Le ministre soviétique Édouard Chevardnadze y assume la tâche pénible d'enregistrer concessions et retraits : mais il réussit tout de même à prévenir ou à reporter la dangereuse installation des forces de l'OTAN dans l'ancienne zone soviétique, à assurer l'extension à l'ensemble de l'Allemagne de la renonciation à l'arme nucléaire proclamée par les gouvernements de Bonn et, enfin, à obtenir la proclamation globale de l'intangibilité de la frontière polonaise par les Six – geste qui vaudra au chef de la diplomatie ouest-allemande, Genscher, d'être rabroué par son chancelier...

L'Europe unie et ouverte sur l'Est dont François Mitterrand et Helmut Kohl ont posé les principes à Strasbourg en décembre 1989 et dont ils prétendent assurer l'éclosion lors des deux sommets européens de Dublin, le 27 avril, puis de Rome, le 25 juin 1990, comment lui donner la chance de se développer ? C'est sur ce thème qu'au cours de l'été 1989, après les multiples colloques qui font alors de Paris le forum du monde, Jacques Attali persuade François Mitterrand de patronner l'idée d'une Banque européenne pour le développement – qui sera créée le 29 mai 1990 sous le sigle BERD. L'inclusion du « R » (pour Reconstruction) tend à marquer, à la demande des Américains implacables, que le communisme a laissé en ruine l'est du continent.

Une telle opération ne peut aller sans faire éclater les rivalités inter-européennes et les exigences hégémoniques américaines. En fait, les hommes de Washington voient d'un mauvais œil se créer, en connexion avec Moscou, un organisme purement européen, instrument d'autonomie d'un Vieux Continent pratiquement émancipé du soviétisme. Mais alors, quel y sera le statut de la puissance américaine ? Avec la connivence anglaise et la complicité de la majorité des partenaires européens, le projet d'Attali va glisser peu à peu dans l'orbite anglo-américaine. Le « conseiller spécial » de l'Élysée, qui est l'inventeur de cet ingénieux projet, s'en voit à bon droit accorder la présidence*. Mais le siège est à Londres, l'influence du FMI assurée, la prépondérance américaine reconnue.

---

* Dès lors, Jacques Attali s'écarte de l'Élysée, et la crédibilité de *Verbatim III* s'en ressent !

Il faut entendre Jacques Attali protester avec éloquence contre cette récupération, qui manifeste moins l'ingérence de Washington que la propension des Européens à se blottir sous son parapluie – alors même que s'est évanouie la menace soviétique : « Ce sont les Européens eux-mêmes, écrit-il amèrement dans *Europe(s)*, qui, pour des raisons multiples et contradictoires, n'ont pas voulu se donner les moyens de leur propre indépendance. » Belle colère !

* * *

Le traité de Maastricht sort-il tout droit des ruines du mur de Berlin ? « Sans le choc de l'unification allemande, nous n'aurions pas osé aller jusque-là, passer de la deuxième à la troisième phase de l'unification européenne » : cette formule de Caroline de Margerie à l'adresse de l'auteur fait écho à celle du chancelier Kohl : « L'unité allemande et l'unité européenne sont les deux faces d'une même médaille. »

Cette thèse de l'enfantement de l'Union par le Mur est contestée, ou nuancée, par Élisabeth Guigou, reine des abeilles de cette ruche. Pour l'ancien ministre des Affaires européennes, la chute du Mur donna une impulsion supplémentaire, accrut l'impatience de Mitterrand, le zèle de Kohl, la diligence des partenaires. Mais les mécanismes d'unification européenne étaient déjà bien en place, et programmés, dès le printemps 1988 :

> « C'est lors d'un entretien quasi en tête à tête à Évian, au début de juin 1988, quelques jours après la réélection de François Mitterrand, que tout fut mis en train par les deux hommes, avant le Conseil de Hanovre qui allait s'ensuivre. La "dynamique du Mur" a joué, mais sur un processus qui était bien engagé, selon des plans bien tracés. Kohl avait pris sa décision, Mitterrand inventé sa méthode [33]... »

Encore fallait-il que cette décision et cette méthode, qui furent celles des deux hommes, le chancelier allemand et le président français, fussent approuvées par quelques autres, de Madrid à Bruxelles... Encore fallait-il qu'un pilotage minutieux, à double commande, sût transformer une tension locale en suture globale. De telles audaces ne prennent jamais forme sans que s'exerce la poussée d'un événement extraordinaire. L'Europe des Six, amorcée en 1950 et soudée à Rome en 1957, se serait-elle constituée, à partir des suggestions prophétiques de Jean Monnet, si n'avait pesé sur l'ouest du continent la menace de l'Union soviétique de ces années-là, et si les États-Unis n'avaient vu leur intérêt stratégique dans le regroupement, sous leur aile protectrice, de six des nations européennes ?

L'Europe de 1989 avait cessé de ressentir une telle menace, et les États-Unis ne voyaient plus guère en elle, groupée, qu'un concurrent redoutable. Cette absence de peur et cette méfiance du grand allié risquaient de conduire les pays du Vieux Continent à la dissociation hargneuse qu'avait bravement stoppée le couple Kohl-Mitterrand en 1984 à Fontainebleau – où, résistant à l'acide Thatcher, la Communauté européenne avait repris vie et élan. Mais pour passer à la deuxième phase, il fallait un choc, une menace, une explosion.

D'où le caractère tout de même fondateur de l'épisode du Mur. Le stalinisme avait provoqué la première phase de l'unité européenne. Son effondrement allait impulser la deuxième étape, le passage de la Communauté à l'Union. La soudure au fer rouge des Allemagnes, qui aurait pu faire exploser l'Europe, projetant la puissance germanique vers l'est où sont tant de ses racines, par une exacerbation de l'*Ostpolitik,* un nouveau *Drang nach Osten**, servit au contraire de catalyseur.

Mais faute (si l'on peut dire) de menace extérieure, cette édification va demander un effort acharné, constant, des promoteurs – parmi lesquels s'est taillé une place prépondérante l'ancien ministre des Finances Jacques Delors, promu président de la Commission européenne et dont le dynamisme raisonnable inspire depuis 1985 la stratégie d'unification du continent.

Observons en passant que ces efforts convergents du chancelier et du président se déploient, à partir d'août 1990, dans un climat perturbé, d'abord par la crise du Golfe, puis par la tragédie yougoslave, la première créant entre les deux dirigeants un décalage de fait**, la seconde une véritable opposition sur un terrain vital. D'où des à-coups qui seront difficilement surmontés.

C'est en pensant à la façon dont ils le furent que Hans-Dietrich Genscher, réfléchissant au rôle joué par François Mitterrand, nous confiait : « Le grand homme, l'homme d'État, n'est pas le fils de son époque. Il est celui qui, comme Mitterrand en l'occurrence, en est le père, celui qui enfante[34]... »

On ne refera pas ici l'histoire du cheminement de l'idée d'Union européenne du Conseil européen de Strasbourg en 1989, au plus fort de la crise allemande, aux Conseils de Dublin et de Rome, en 1990. Il suffit de rappeler que l'épanouissement, aux dimensions de l'Europe, du processus d'unification allemande trouve son impulsion originelle

* « Élan vers l'Est ».

** L'Allemagne, de par sa Constitution, s'interdisant toute action militaire extérieure.

dans deux lettres communes du chancelier et du président, en date du 18 avril et du 6 décembre 1990, qui font comprendre à tous au Conseil de Rome (décembre 1990) que l'Union *monétaire* est un acte *politique* et que l'« union politique » est l'objectif de l'ensemble des démarches Kohl-Mitterrand.

C'est du Conseil européen de Luxembourg (28 et 29 juin 1991) que l'on datera l'ouverture de la phase décisive qui conduit au traité de Maastricht. Phase au cours de laquelle François Mitterrand et son équipe – Dumas, Guigou, Védrine, Boissieu, Margerie, Morel... – se trouvent souvent en flèche, sinon en porte à faux par rapport à Jacques Delors qui pousse la manœuvre à un train d'enfer et dans le sens d'un fédéralisme qui parfois les gêne, tandis que les Britanniques freinent l'opération comme il sied à leur opinion publique (ou à la majorité du parti tory), les gens de Bonn refusant de s'aliéner Londres – c'est-à-dire, aussi, les Américains. (Ainsi retrouve-t-on dans les documents français cette subtile notation de Caroline de Margerie à propos du sommet de Luxembourg : « Le chancelier Kohl [le] souhaite bavard et non conclusif... »)

En fait, le sommet de Luxembourg, pour n'être pas « conclusif », n'en resta pas aux bavardages. Un projet précis d'Union européenne y est discuté et servira de base aux négociations à venir. Du point de vue français, l'union politique doit entraîner une politique étrangère et de sécurité commune, l'extension des pouvoirs au Parlement européen, et la création d'un lien plus organique entre les gouvernements et les membres de la Commission européenne nommés par eux, ces nominations étant entérinées par le Parlement européen. Enfin est souhaitée une citoyenneté européenne au contenu encore imprécis mais qui doit impliquer pour les ressortissants des douze États une participation aux élections dans les pays de la Communauté où ils séjournent. A ces thèmes on reconnaît la « griffe » de Mitterrand.

Les débats qui se poursuivent, après le sommet de Luxembourg et en vue du sommet prévu à Maastricht en décembre 1991, donnent l'occasion au président français et au chancelier allemand de tenter de convaincre leurs collègues d'accepter que la Communauté (l'Union de demain) soit compétente en matière de défense, et qu'en matière de politique étrangère il lui soit possible, abandonnant le sacro-saint veto, de prendre des décisions à la majorité qualifiée. Ils se heurtent à une résistance prévisible de la Grande-Bretagne, que soutiennent le plus souvent les Pays-Bas. Quant à l'extension des droits et prérogatives du Parlement européen, la vieille méfiance de François Mitterrand est contrebattue par son ami allemand – qui en fait « son » affaire.

Ainsi s'achemine-t-on vers le rendez-vous de Maastricht de décembre

1991, non sans que François Mitterrand ait visité, du 18 au 20 septembre 1991, les territoires est-allemands (Prusse et Saxe notamment, où l'a invité le président Weizsäcker pour le remercier du rôle qu'il a joué dans la réunification [35], « remerciement » qui a tout de même un sens...), tandis que s'envenime la crise yougoslave, sur laquelle les approches allemande et française divergent profondément*.

Le Premier ministre néerlandais, le très intelligent Rudd Lubbers, a voulu marquer sa présidence et l'hospitalité donnée à ses collègues aux Pays-Bas en présentant un plan de saveur britannique qui tend à minimiser la signification politique de l'Union projetée, et qui, dans le domaine économique, favorise l'institution d'une « Europe à deux vitesses ». Idées que combat notamment la délégation française et que la majorité des ministres des Affaires étrangères repoussent – ce qui ne va pas sans assombrir les perspectives du Conseil, et l'humeur des hôtes hollandais.

Kohl et Mitterrand, pour ce qui les concerne, réussissent, pendant ces quelques semaines marquées par leurs divergences à propos de la Yougoslavie, à maintenir le cap commun en vue de l'Union européenne. Une épine nouvelle est apparue, pourtant, le chancelier réclamant une augmentation de la représentation allemande au Parlement européen, en conséquence – logique – de la réunification, qui a fait entrer 17 millions d'Allemands dans le giron européen... Mais pas plus que le différend relatif aux relations serbo-croates, les réserves formulées à ce propos par le Français n'affaiblissent le dynamisme européen des deux dirigeants.

Certes, au cours d'un sommet tenu à Bonn le 15 novembre, puis d'une visite du chancelier à Paris le 3 décembre, les désaccords sur la Yougoslavie sont évoqués : ils ne mettent pas en péril la solidité du couple franco-allemand. A propos de la représentation allemande au Parlement européen, Mitterrand met en garde son hôte contre la montée de sentiments germanophobes que pourrait entraîner l'entrée brusquée de dix-huit députés de l'Est, à moins que l'on ne gonfle en proportion les autres représentations nationales. La solidarité n'en reste pas moins vigoureuse. Et Bonn n'exprime pas de réserve quand Roland Dumas déclare en décembre à l'Assemblée nationale : « Le traité jette la base d'une Union européenne à vocation fédérale, elle-même épine dorsale d'une Confédération pan-européenne encore à bâtir qui unira douze États et 340 millions de citoyens... », ce qui, commente Hubert Védrine, « est bien la pensée profonde du président » [36].

---

* Voir chapitre suivant.

Le Conseil européen de Maastricht* s'ouvre le lundi 9 décembre 1991. Le président français, entouré d'une imposante délégation**, est arrivé la veille au soir, avec une idée en tête – indépendamment du plan global déjà évoqué : faire admettre par ses onze collègues une « date butoir » pour le passage à l'Union économique et monétaire. Il a compris que les adversaires de l'Union, francs ou camouflés, ne cherchent qu'à gagner du temps. Et en dépit des réserves de Pierre Bérégovoy, il prétend forcer les résistances en imposant « sa » date, dont l'adoption est pour lui un test majeur, en vue de lancer la discussion au niveau politique le plus élevé, avec le soutien allemand, contre les Britanniques appuyés par le Néerlandais Rudd Lubbers. Ainsi le sommet de Maastricht sera, plutôt qu'un combat d'idées – on s'est mis d'accord sur presque tout –, une course contre la montre.

A cette sommation, formulée d'entrée de jeu par François Mitterrand, le chancelier Kohl, non prévenu du « coup », se rallia d'emblée, la soutenant fermement contre la majorité des participants, une fois de plus agacés par la connivence franco-allemande et incités à « traîner les pieds » par le président néerlandais : ce fut là, selon Védrine, « peut-être le moment le plus important [de l'histoire] de quatorze années de Conseils européens ». En dépit des froissements à propos de la frontière polonaise, de la représentation allemande, de la Yougoslavie, le « couple » Paris-Bonn va bon train...

Le lendemain matin, lors de leur traditionnel petit déjeuner commun, Mitterrand confie à Kohl : « La journée sera rude » (précisant qu'il cite là le propos tenu par Damiens, l'assassin virtuel*** de Louis XV, au moment de partir pour subir l'un des supplices les plus horribles de l'Histoire, que lui ont déjà décrit ses juges...). A quoi le géant du Rhin riposte paisiblement : « Eh bien, François, il faut qu'on aille se battre ensemble, avec détermination... » Non sans confier discrètement à son voisin : « Nos dix-huit députés, il n'en sera plus question. » C'est à propos de cet épisode que, commentant l'attitude globale du chancelier, Caroline de Margerie conclut avec admiration : « Kohl s'est vraiment conduit en ami ! Quel esprit de solidarité [37] ! »

Et la journée du mardi, moins « rude » que fructueuse, vit culminer l'harmonisation des mécanismes franco-allemands, Mitterrand se

---

* N'avait-on pas mesuré le handicap que représentait le choix de cette localité au nom mal prononçable par les étrangers, quand il s'agirait de discuter du traité qui lui était lié et porterait son nom ?

** Notamment Roland Dumas, Pierre Bérégovoy, Élisabeth Guigou, Hubert Védrine, Pierre Morel, Caroline de Margerie, Pierre de Boissieu, Jean Musitelli, Jean-Claude Trichet...

*** Un coup de couteau – petit...

réservant les questions sociales et institutionnelles, Kohl les affaires de défense. Soumise à ce rouleau compresseur alternatif, la coalition anglo-hollandaise ne tient pas : le tout se termine par un protocole à onze auquel les Britanniques, se désolidarisant surtout du « volet social », refusent de souscrire. Ce sera le brouillon du traité de Maastricht, signé en février 1992. En ce sens, et deux ans après les orages à propos de Berlin, le Conseil de Maastricht aura poussé à l'extrême, sinon à l'excès, l'une des figures classiques du grand débat européen : la prédominance du « couple » franco-allemand sur la Grande-Bretagne et ceux qu'elle peut arrimer à son char.

Margaret Thatcher s'en indignait, non sans proclamer, rentrée à Londres, qu'elle avait remporté une grande victoire sur les continentaux en refusant de s'associer à leur folie*. Au lendemain de Maastricht, le subtil porte-parole de l'Élysée, Jean Musitelli, résumera ainsi la situation : « Mme Thatcher sautait du train lorsqu'elle voyait arriver l'obstacle. John Major se couche sur les rails, mais il se relève juste avant. »

Prié de commenter le Conseil de Maastricht, le président déclare, le 11 décembre sur Antenne 2 : « C'est l'acte le plus important depuis le traité de Rome [...]. Nous sommes vraiment lancés dans une grande aventure. » Et un mois plus tard, au cours d'une visite officielle au grand-duché de Luxembourg, il insiste : « Si l'on veut que l'Europe se développe, elle doit être politique », et il formule le vœu de saisir directement les Français sur la question de la ratification du traité de Maastricht. Écartant « toute idée de plébiscite », il ajoute : « Je considérerais un refus [...] comme un drame national [...] susceptible d'ouvrir une crise de grande ampleur. »

Le traité dit « de Maastricht », signé le 7 février 1992, ne crée pas une Europe fédérale – une indication en ce sens, suggérée par les Français, a été retirée à la demande des Britanniques. L'Union économique et monétaire (UEM) est fondée, impliquant la création d'une monnaie unique à dater du 1er janvier 1999, la Grande-Bretagne s'en disant exclue. Une « politique étrangère et de sécurité commune » (PESC) est mise en train – les actions communes étant décidées à l'unanimité, point sur lequel Londres l'a emporté. La défense commune reste un objectif lointain...

En fait, la formidable machinerie franco-allemande a suscité, par son poids et son efficacité mêmes, trop de méfiance parmi les dix autres pour que la stratégie retardatrice et minimaliste de Londres n'ait

---

* Version thatchérienne du célèbre *joke* britannique à propos des jours de tempête dans la Manche : « Le continent est isolé ! »

pas trouvé de partisans. La montagne Kohl-Mitterrand a accouché de bien plus que d'une souris. Mais ce traité n'est encore qu'un cadre, qui laisse beaucoup de champ libre à ses adversaires, on va le voir.

L'accueil fait en France à ces résultats par les leaders d'opinion et la presse est en majorité favorable.

Ses adversaires ? La critique vint aussi de son père putatif, Jacques Delors, qui, ayant été à la source, trouva le flot maigre et mélangé. Il confie dix-sept ans plus tard :

> « J'ai parlé à l'époque de bricolage institutionnel. Moi qui ai fait un si long chemin, et si heureux, aux côtés de Mitterrand sur la voie européenne, je me suis détaché de lui à propos du texte de Maastricht, affaibli par l'opposition anglaise. L'idée des "trois piliers", politique et diplomatique, économique et monétaire, social, n'est pas bonne. Elle divise et ralentit la progression vers l'unité. Là, le grand Européen qu'est Mitterrand a faibli [...]. Mais on lui doit beaucoup [...]. Il a payé le prix, pour cette cause... »

Valéry Giscard d'Estaing ne voit pas là assez de fédéralisme, et Jacques Chirac en voit trop, alors que Raymond Barre se félicite de ce « départ ». Le PCF, les lepénistes et les écologistes sont contre, comme les archéo-gaullistes, qui, tel Michel Debré en 1957 à propos de celui de Rome*, annoncent qu'ils rejetteront le traité, « fût-il ratifié ». Quant au *Monde*, il salue le 14 décembre cette « victoire du réalisme ».

Reste la question de la ratification, qui elle-même pose celle d'une éventuelle révision de la Constitution. Le Conseil constitutionnel**, saisi le 11 mars, fait savoir que trois dispositions du traité – participation des étrangers aux élections locales, dispositions communautaires en matière d'union économique et compétence en matière de visas – appellent de légères révisions de la Constitution. Lesquelles sont approuvées en Congrès*** à Versailles, le 22 juin, par 84 % des votants.

Le chef de l'État a le choix, pour cette opération, entre deux procédures : consulter le Congrès, qui se prononce à la majorité des trois cinquièmes, ou en appeler au peuple par voie de référendum. Le vote qui vient d'intervenir à Versailles semble donner une indication favorable à la ratification parlementaire, encore que le scrutin du 22 juin n'ait porté que sur des dispositions mineures. La majorité des observateurs prévoient que le recours au Parlement aura la préférence de cet homme fatigué par les rudes négociations préalables au traité,

* Auquel se ralliera, revenu au pouvoir un an plus tard, de Gaulle – et donc Debré...

** Alors présidé par Robert Badinter.

*** Qui regroupe l'Assemblée nationale et le Sénat.

virtuose dans le maniement des assemblées – et dont les voisins ont choisi, à Bonn comme à Rome ou Madrid, cette procédure. Et la plupart de ses collaborateurs sont persuadés que la voie parlementaire sera préférée, ne serait-ce que par prudence…

Mais le 22 avril, lors d'un Conseil restreint qu'il préside à l'Élysée et auquel participent notamment le Premier ministre Pierre Bérégovoy, Roland Dumas, Jack Lang et Élisabeth Guigou, il met la puce à l'oreille de quelques-uns, glissant à propos d'un « éventuel référendum » qu'il « avisera » et qu'en tout cas « nul ne doit s'exprimer comme s'il avait décidé de ne pas le faire ». Il veut rester libre de se décider jusqu'au dernier moment… C'est le 20 mai que François Mitterrand lève un coin du voile, mais très discrètement. A ce très proche lieutenant qu'est Hubert Védrine, il confie : « Je ferai un référendum. Le sujet est trop important […]. Mais je ne le dirai pas avant l'été. J'attendrai qu'il me soit demandé par la *vox populi*. Chirac l'a déjà exigé [38]… »

Le conseiller diplomatique sachant tenir sa langue, l'option du président reste, deux semaines encore, mystérieuse. C'est à l'occasion d'un Conseil des ministres, le 3 juin, qu'il déclare à des auditeurs en majorité surpris, et plutôt embarrassés, sinon réprobateurs, qu'il appartiendra au peuple de décider. Et il met les points sur les *i* : « La ratification du traité lui-même relèvera du vote populaire [39]. »

Cette date du 3 juin n'est pas indifférente : la veille, consultés par référendum, 50,7 % des Danois ont rejeté le traité. C'est un violent coup de semonce. Si Mitterrand prend ce risque, est-ce du fait d'un besoin de relégitimation de l'entreprise à laquelle il a attaché son crédit international, et qu'un peuple voisin vient de remettre en cause ? Est-ce parce qu'il est le « joueur » invétéré que l'on dit ? Pour des raisons de politique intérieure, sachant que le débat qui va s'ouvrir divisera la droite contre elle-même ? Est-ce pour des raisons institutionnelles ? Parce qu'il connaît, en lui, le progrès de la maladie et veut, avant de quitter la place, livrer un combat historique ? Ou tout simplement parce qu'il estime l'entreprise trop bouleversante, trop décisive dans l'histoire des Français, pour n'être pas sanctionnée par le peuple consulté en son entier ?

Citons quelques intimes. A Jean-Louis Bianco et Georges Kiejman, consultés quelques jours plus tôt et qui lui ont fait connaître leur appréhension – que partagent presque tous les autres ministres et conseillers –, il a rétorqué : « Il faut savoir prendre des risques. Et tomber là-dessus, ce ne serait pas si mal [40] ! » Michel Charasse – qui fut l'un des conseillers le plus soigneusement consultés en cette affaire – pense qu'entre autres mobiles cette décision a eu celui-ci : le président ne voulait pas partir avant d'avoir tiré tout le suc de cette Constitution qu'il avait si astucieusement récupérée. Il lui manquait cette expérience limite, le référendum, dont de Gaulle avait usé avec des fortunes variées [41]...

Hubert Védrine, réfléchissant six ans plus tard à cette décision, y voit un souci de « sanctuarisation » de l'Europe par Mitterrand, une sorte de sacre, de déclaration d'inviolabilité. Mais la meilleure réponse est peut-être celle qu'Élisabeth Guigou formula, elle qui était impliquée plus que toute autre dans le débat, lorsque le président lui demanda son avis sur un éventuel référendum : « Je lui dis que le risque valait d'être couru... Pour moi, ce qui importait avant tout, c'était de rendre l'Europe plus proche, plus familière [42] ».

Et voici Mitterrand de nouveau au pied du mur. Mais celui-ci ne s'écroule pas : il se dresse. Et beaucoup de bons « européens », à commencer par Jacques Delors et Helmut Kohl, ne cherchent même pas à cacher leur appréhension. L'Europe a pour elle d'être « raisonnable ». Mais la nation mobilise toujours les passions – et comment être assuré, en un vote populaire, de la prééminence de la raison sur les émotions, de la vision globale sur l'esprit de clocher, du lointain sur le voisin ?

L'inquiétude de certains des proches a trait aussi à l'état physique de l'homme qui vient de lancer ce défi et dont la participation au combat sera de toute évidence décisive. Faut-il être médecin pour observer le ralentissement du pas, les soudains bouleversements des traits creusés par la douleur, les essoufflements ? Le grand secret si bien gardé depuis dix ans se fissure de jour en jour. Quand s'ouvre le débat, à la fin de juin, nul ne peut assurer que celui qui a jeté le gant ira jusqu'au bout...

Lors d'un des derniers Conseils des ministres réunis avant le début de la campagne, François Mitterrand tente de convaincre le Premier ministre Pierre Bérégovoy et ses collaborateurs que, contrairement à ce qu'on lit dans la presse, il ne souhaite pas ainsi diviser la droite : « Je ne me prétends pas plus malin que les autres. Comme tout le monde, je me trompe une fois sur deux. » Mais, ajoute-t-il, « dans le débat qui s'ouvre, ce n'est pas de politique intérieure qu'il s'agit : c'est une question de principe ».

Principe, politique, division ou pas, l'affaire s'engage mal. Mitterrand, il le confie au début de l'été à ses proches, considère qu'il entre en lice sur une base de 52 % d'opinions favorables, et que c'est la campagne qui décidera s'il maintient ce niveau honorable, s'il recule ou s'il s'enfonce. Or les premiers sondages ne situent guère le « oui » au-dessus de 50 %. La victoire est à conquérir « avec les dents », même si, comme prévu, les « grands électeurs » Giscard, Barre et Chirac se prononcent en faveur du traité (le dernier « sans enthousiasme mais sans état d'âme »).

Le cartel des « non », conduit par des gaullistes comme Charles Pasqua et Philippe Séguin, des archéo-gaullistes comme Michel Debré et Maurice Couve de Murville, les communistes, les lepénistes, les nationalistes, la plupart des syndicats agricoles et toute une école hostile à la rigueur monétariste impliquée par les critères d'adhésion au traité, qui, selon elle, asphyxieront l'économie française, mène une campagne vigoureuse, de ton très populaire (parfois populiste), en tout cas efficace et qui tend à résumer le débat à une révolte des « petits » contre les « gros », des gueux fidèles aux traditions du terroir contre les « têtes d'œuf » de Paris et de Bruxelles, moins Vendéens que patriotes de l'an II : « Nous ne laisserons pas noyer la France dans un conglomérat apatride ! »

Les partisans du « oui », menés à la bataille par Élisabeth Guigou et Jack Lang*, sont mis le plus souvent sur la défensive. La première, ministre responsable du dossier, paraît avec talent sur une estrade au côté de Valéry Giscard d'Estaing. Mais, de semaine en semaine, les « 52 % » du président fondent au soleil de l'été.

Le 21 août, un mois avant le scrutin, un sondage annonce comme probable la victoire du « non ». Cinq jours plus tard, s'adressant à ses ministres, François Mitterrand sonne, non la retraite, mais le rappel. Sur un ton où perce l'inquiétude, il incite à la « mobilisation », constate que « l'enthousiasme » semble être du côté du « non », assure qu'il n'est pas trop tard pour renverser la tendance, maintient que « le peuple ne pouvait être tenu plus longtemps à l'écart de la construction européenne »...

Le 26 août, se promenant sur la plage de l'île allemande de Borkum, où Helmut Kohl, fort inquiet, lui a donné rendez-vous, Mitterrand s'entretient avec Hubert Védrine. Compte tenu des sondages décidément passés « au rouge », peut-on encore inverser la tendance ? Réponse du conseiller : « Nous avons encore quelques jours pour le faire. Les sondages montrent un certain pourcentage d'indécis, qui peuvent changer leur vote. » Bigre !

Le 31 août, le même Védrine réunit les proches collaborateurs du président pour faire le point sur le référendum à trois semaines de l'échéance et ranimer les énergies alentour – qui en ont besoin ! Pour le secrétaire général, « nous sommes sur le fil du rasoir, 50-50, avec une tendance pour le "non" ». Il estime que le danger vient du désir de censurer impunément le gouvernement. Le « non » libérerait une pulsion destructrice contre le pouvoir, le président, le PS, les élites, etc. Selon le plus proche collaborateur du président, jamais enjeu n'a eu

* Dans deux styles différents : elle, sur le terrain ; lui, auprès des personnages supposés influents.

telle ampleur depuis 1981 : il est comparable à celui de l'élection présidentielle. Le « oui » dispose d'importantes réserves : de 30 à 40 % d'indécis. Tout reste ouvert jusqu'à la dernière minute. Quant à l'électorat socialiste, il le juge convenablement mobilisé, à plus de 80 %.

Lors du Conseil des ministres du 2 septembre, au cours duquel Jack Lang soutient que si la poussée du « non » est stoppée, il ne faut pas céder à l'optimisme, le président défend sa stratégie, si lourde de risques soit-elle. Car négliger les suffrages populaires en eût comporté plus encore, s'agissant d'une des grandes décisions de l'histoire de France. « Je verrai, dit-il, ce que je ferai*. Mais c'est une hypothèse que je me refuse à considérer plus avant… »

Tout, ou presque tout, va se jouer le 3 septembre, lors d'une émission de télévision minutieusement préparée depuis le début d'août par TF1, et dont le meneur de jeu sera le très pugnace Guillaume Durand, que certains conseillers du président ont tenté de récuser. Mais lui, naguère si pointilleux sur les détails et les personnes, a tout accepté d'emblée – l'animateur, la participation (à distance) de Helmut Kohl, l'appel à Philippe Séguin et Jean d'Ormesson comme contradicteurs, les questions directes d'un public très présent… Il va jouer là son va-tout – au moment où se répand la rumeur d'une opération imminente, et dangereuse.

L'émission du 3 septembre 1992 fut l'une des plus pathétiques – et décisives – de l'histoire de la télévision française, aussi bien du fait de la grandeur de l'enjeu que de l'état physique où se trouvait le protagoniste. Les 15 millions de témoins que mobilise ce soir-là la télévision voient un Mitterrand blafard, agrippé aux bras de son fauteuil, menant un combat qui excède visiblement ses forces – mais lucide et souvent percutant, dominant en tout cas ses interlocuteurs.

Une déclaration de Helmut Kohl en faveur de la ratification le réconforte d'abord. La presse d'opposition dénoncera l'« ingérence » du chancelier dans les affaires françaises. Mais un sondage, le lendemain, fera ressortir une majorité (62 %) d'opinions en faveur de l'intervention du chef du gouvernement de Bonn sur un terrain qui, par essence et par vocation, a cessé d'être circonscrit aux frontières nationales.

Entrant en lice face à Mitterrand, Philippe Séguin, champion par excellence du « non », semble quelque peu inhibé. La visière de son armure n'est pas tout à fait abaissée, la lance pas très durement pointée. Le charme du vieux séducteur opère-t-il sur son ancien ministre du temps de la première cohabitation ? Sa souffrance est-elle trop appa-

* En cas de victoire du « non ». Allusion à un départ à la de Gaulle ?

rente ? La plupart des observateurs jugeront que le président l'a emporté « aux points » mais « à fleurets mouchetés », sur le contempteur de Maastricht.

Quant au troisième compétiteur, Jean d'Ormesson, on n'attendait pas du charmant académicien du *Figaro* qu'il pourfendît l'homme du livre qu'est Mitterrand. Mais ses flèches parurent moins acérées que ne l'eussent voulu ses amis. Et son idée, baroque mais savoureuse, de demander à Mitterrand d'annoncer sa démission en cas de victoire du « oui » pour obtenir un ralliement massif de la droite ne fut guère prise au sérieux, en tout cas par le principal intéressé, qui sut en sourire sans excès…

L'opinion publique réagit dans un sens plutôt favorable. Du fait de la vigueur de ses arguments ? de la virtuosité de sa dialectique ? de la débonnaireté de l'opposition ? ou du courage déployé par un homme en proie à de si manifestes tourments, les dominant pour plaider une cause à laquelle il croit d'évidence, lui, réputé opportuniste…

Cette sympathie confuse se précise quand on apprend, huit jours plus tard, que le chef de l'État vient de subir une intervention à l'hôpital Cochin, visant à éliminer un cancer de la prostate. La rumeur autour de cette affection, on l'a vu, n'avait jamais cessé depuis 1981. Mais le comportement du président avait fini par la contrebattre, beaucoup considérant que, fût-elle avérée, une si longue rémission aurait valeur de guérison… D'autres, recoupant signes et alertes observés depuis longtemps, en voyage, sur les terrains de golf ou ailleurs, en tirent la conclusion que l'opération du 11 septembre risque de n'être que la première d'une série…

Bref, quand les Français s'avancent vers les urnes le 21 septembre 1992, ce n'est pas seulement à Maastricht, à M. Kohl, à Mme Guigou ou à M. Chevènement, à Charles Pasqua ou à Jacques Delors qu'ils pensent, à leurs impôts, à leur terre, à leur avenir ou à leurs voisins, mais aussi à la longévité du président. Vaut-il mieux, en votant non, abréger la carrière de cet infirme ? Peut-on, le rejetant dans la minorité, infliger une telle avanie au souffrant de l'hôpital Cochin ? Bref, les chirurgiens seront parmi les grands électeurs du 20 septembre, et la courte victoire du « oui » (51,3 %) leur doit peut-être quelque chose…

Le 23 septembre, François Mitterrand, les poches emplies de télégrammes de félicitations – le premier lui a été adressé par Helmut Kohl –, préside à l'Élysée un Conseil des ministres sur lequel pèse encore l'angoisse des derniers jours. Pierre Bérégovoy est le premier interpellé : « Monsieur le Premier ministre, vous n'étiez pas chaud, n'est-ce pas ? Je savais que ce serait dur. Mais je pensais gagner… Une chose est sûre : le "oui" a gagné, le "non" a perdu. C'est toute la différence entre une victoire et une défaite… En 1974, ce n'est pas parce que j'avais obtenu plus de 49 % des voix que je me suis cru élu… Maintenant, il faut passer du noir du refus à la clarté de la connaissance [43]… »

Mis en minorité, aurait-il déposé le fardeau ? Nul, six ans plus tard, ne se hasarde à répondre. Le geste de De Gaulle, en 1969, avait valeur de précédent, non d'exemple. Surtout pas pour lui… On l'entendra, dans les mois qui suivront, commenter moins la minceur du succès que la richesse du débat qui l'avait précédé. Comme le laissait prévoir Élisabeth Guigou, ce coup d'audace un peu fou a fait entrer l'Europe dans les foyers, dans les consciences. Elle est désormais un enjeu fondamental de la vie publique.

Et cet homme qui n'a jamais cessé d'entrecroiser victoires et défaites, qui n'a jamais rien fait que de muer celles-ci en celles-là, qui n'a chuté que pour mieux rebondir et grimpé que pour mieux sauter dans le vide, le voici, au moment même où s'annonce le terme, nanti d'une mince mais claire victoire, une victoire sur l'essentiel, pour lui, pour cette Europe qui aura été la cause la plus nette et la plus constante de sa vie. Victoire fragile, sur un texte contesté ? Victoire…

CHAPITRE XII

Six heures à Sarajevo…

• Ces « folies balkaniques »… • La croisade de Milosevic • « J'aime les Serbes, oui, et alors ? » • La nostalgie de la fédération • Un désaccord franco-allemand… • … minimisé par Hans-Dietrich Genscher • Le jeu du Vatican • « Vous êtes fous, les Français ! » • Entre Mitterrand et Izetbegovic, un dialogue sous les bombes • L'embargo empoisonné • Le plan Vance-Owen et les fous de Palé • Une frappe, enfin, pour faire reculer les Serbes • L'arbitrage musclé de Richard Holbrooke • Un Mitterrand en mal d'ambiguïté…

Quand, à la fin de 1989, les craquements de la fédération yougoslave prennent un tour menaçant du fait de l'élection à la présidence de la République serbe de Slobodan Milosevic, qui vient de s'affirmer le champion du pan-serbisme en asservissant le Kosovo et la Voïvodine, la France et l'Europe regardent ailleurs, fascinées par deux (et bientôt trois) crises majeures : celle où est plongée l'Union soviétique, que l'audacieuse réforme gorbatchévienne affaiblit plus encore qu'elle ne la purge ; celle que provoque l'unification brusquée de l'Allemagne ; et bientôt celle qui va coaliser l'Occident contre Saddam Hussein, prédateur du Koweït.

Dans l'Europe ainsi bousculée par l'ouverture à l'est de la puissance germanique, qui ne suscite dans l'empire soviétique que quelques gesticulations verbales au lieu du formidable veto qui se fût fait entendre dix ans plus tôt, les agitations des Slaves du Sud semblent périphériques. Elles ne suscitent d'abord qu'impatience ou aigreur chez les « bons esprits » ; réactions que l'on peut résumer ainsi : d'abord un « Encore ces folies balkaniques ! », puis un « Depuis la mort de Tito, il fallait s'y attendre… ». Parmi ces « bons esprits », il faut ranger François Mitterrand, souvent plus original…

Dans le procès de non-assistance à peuple en danger intenté au président français à propos de ce « suicide d'une nation* » que fut le

* Titre de l'admirable film de Brian Lapping que la BBC a consacré à la tragédie yougoslave. On a eu ce chef-d'œuvre à l'esprit et dans l'œil en rédigeant ce chapitre.

naufrage de la Yougoslavie titiste de 1989 à 1995, il y a une part d'outrance simplificatrice et de malveillance* que l'on s'efforcera de mesurer. Mais, compte tenu des risques personnels qu'il prit, des idées qu'il lança, des efforts d'arbitrage qu'il déploya, et aussi des sacrifices en vies françaises qu'il dut, avec peine, consentir, il est bien vrai que le comportement du chef de l'État français ne pouvait manquer d'inspirer des critiques – dont certaines restent recevables.

Pourquoi ? Parce qu'un homme d'État de ce calibre ne devait pas fonder ses analyses, d'où découleront bien des erreurs, sur des bases historiques fragiles ; parce qu'il ne devait pas non plus laisser à ce point ses expériences privées, ses souvenirs d'homme et de jeune militaire guider ses décisions au sommet ; et parce que sa lucidité proverbiale manqua de s'exercer sur les prodromes et les développements récents d'une crise portée par lui au compte d'une fatalité incontrôlable – quand des gestes très voyants du protagoniste l'avaient dès longtemps provoquée ; enfin, parce que l'homme d'État machiavélien, dont il restera, avec Henry Kissinger, le modèle en cette fin de siècle, ne saurait faire l'économie de la menace, et d'autant moins qu'il est plus décidé à ne pas aller au-delà.

Serbes et Croates, Bosniaques et Monténégrins étaient-ils voués de tout temps à s'entre-massacrer ? La légende du chaos balkanique est un chapitre de la culture française, au point d'avoir inspiré le néologisme « balkanisation », où s'exprime l'idée de division chaotique. A vrai dire, les aigres relations entre ces peuples également slaves, si elles n'étaient pas meilleures que celles qu'entretenaient Moldaves et Transylvains, Tchèques et Slovaques, étaient surtout la résultante de conflits entre les empires qui les avaient vassalisés ou absorbés – turc ici et austro-hongrois là, de part et d'autre d'un *limes*, d'une marche frontière divisant la Bosnie – et les trois religions, catholique à l'ouest, orthodoxe au centre et musulmane à l'est, qui les inspiraient, le conflit entre patriarches romains et moscovites étant le plus voyant**. Les affrontements modernes les plus meurtriers, comme celui qui avait ensanglanté les Balkans à la fin du XIXe siècle (opposant déjà à Londres « idéalistes » interventionnistes autour de Gladstone et « réalistes » inactifs inspirés par Disraeli), dressaient en fait l'un contre l'autre les empires de Vienne et d'Istanbul ; et, soixante ans plus tôt, celui qui

* Typique de cette attitude d'esprit : lors d'un colloque sur la politique extérieure de Mitterrand, en 1997 à Paris, un universitaire réussit à traiter de son comportement à propos de la guerre de Yougoslavie sans dire mot du voyage à Sarajevo...

** Au point qu'au XVIe siècle bon nombre de Bosniaques préférèrent se rallier au « turban de Constantinople » plutôt qu'à la « tiare de Rome ».

opposait les Obrenovitch aux Karageorgevitch était d'abord serbo-serbe.

On n'ira certes pas jusqu'à nier la réalité des haines et des dissensions historiques entre Serbes et Croates. Mais comment ne pas admirer que ces deux peuples si souvent affrontés aient inventé une langue commune, le serbo-croate, écrit ici en romain et là en cyrillique ? Après tout, on attend toujours que soient inventés le flamo-wallon et l'anglo-celte, sinon le basco-espagnol. Mais, qu'on le veuille ou non, il s'agit bel et bien d'une zone éruptive, où aurait pu être inventé aussi bien par un Croate que par un Bosniaque ou un Serbe ce terrible proverbe : « Dieu a des jambes de laine et des bras de fer. »

Ces convulsions brassées par le Très-Haut avaient pris des formes particulièrement sanglantes au XXe siècle, notamment lors des guerres balkaniques de 1912-1913, et surtout pendant la Seconde Guerre mondiale, où les cruautés, le plus souvent imputées jusqu'alors aux Serbes ou aux Monténégrins, avaient été encore surpassées par l'ignoble régime d'Ante Pavelic et de ses Oustachis croates aux ordres des nazis, systématisant les massacres de Serbes orthodoxes sous le double signe de la croix gammée et de la croix romaine.

La poigne du Croate Tito (aux bras de fer, lui aussi...) avait maîtrisé, pendant près d'un demi-siècle, ces affrontements. Sa « République fédérative » rassemblait sous le signe d'une égalité théorique six nationalités : serbe, croate, slovène, monténégrine, macédonienne et bosniaque – laquelle était subdivisée elle-même entre nationalités musulmane (*sic*), croate et serbe. Le « fédérativisme » de Tito, tardivement codifié par la Constitution de 1974, ne pouvait unifier des composantes à ce point centrifuges, mais il avait en tout cas muselé par la loi l'hégémonisme serbe, héritier d'une longue histoire, la plus récente étant celle du « royaume des Serbes, Croates et Slovènes » de Pierre Ier (1918), devenu en 1929 la Yougoslavie d'Alexandre Ier, outrageusement dominée par les gens de Belgrade*.

La mort de Tito-le-fédérateur-implacable, en 1980, ne laissait pas seulement prévoir l'éclatement de « son » système ; elle faisait craindre que les Serbes tentent de récupérer leur ancienne hégémonie bridée par le dictateur et de rétablir une unité territoriale ressentie comme une exigence par ce peuple ambitieux, prolifique et paysan, disséminé par l'Histoire.

---

* Avec d'autant plus de brutalité qu'un Oustachi croate avait assassiné à Marseille en 1934 le roi Alexandre (et le ministre des Affaires étrangères français Louis Barthou).

Si tel ou tel observateur avait été assez optimiste pour minimiser ces risques de dislocation des composantes de la Yougoslavie post-titiste, il lui aurait suffi, pour se désabuser, de lire ce que Jean-Pierre Faye appelait le 26 mai 1994, dans *Le Monde*, les « textes fous » des années préliminaires de la tragédie yougoslave : le mémorandum de l'Académie serbe de 1986, inspiratrice des politiques suicidaires et cruelles de Milosevic et du psychiatre insensé Radovan Karadzic, revendiquant « l'intégrité totale nationale du peuple serbe où qu'il se trouve », ou les textes de Franjo Tudjman* s'appliquant à démontrer en 1990 que, à l'intérieur des camps de concentration oustachis, c'étaient « les juifs » qui avaient « réalisé la liquidation » des centaines de milliers de Serbes de Bosnie et de Croatie, et à moindre titre l'*Islamska Deklaracija* d'Alija Izetbegovic**, rééditée en 1990, appelant à « islamiser les musulmans » en annonçant que, pour atteindre cet objectif, « l'époque de la paix est révolue à jamais »...

Les dérives, puis les massacres annoncés par ces « textes fous » (le troisième n'égalant pourtant pas en perversité les deux autres) ne sauraient être considérés dans le seul cadre de la Yougoslavie de la fin des années 80, isolée d'un contexte historique et géopolitique également contraignant. Ces années-là sont celles de la grande débâcle de l'empire communiste européen.

La République fédérative de Yougoslavie avait certes été extraite de la galaxie stalinienne par le lucide courage de Tito. Mais l'affaiblissement du vieux protecteur russe (avec lequel l'homme de Belgrade s'était réconcilié en 1955) et l'explosion, partout, des nationalités modifiaient radicalement les rapports de force dans la fédération yougoslave, tout autant que le retour en force du germanisme. Tandis que le môle de référence des Serbes, Moscou, s'affaissait, celui des Croates et des Slovènes, vieux clients ou vassaux de l'Autriche-Hongrie, s'exaltait. Un tel phénomène eût suffi pour exaspérer un leader communiste serbe comme Milosevic. Mais c'est par une autre voie que sa passion nationaliste fut portée à l'incandescence.

En dépouillant de leur autonomie les provinces du Kosovo (peuplées en majorité d'Albanais musulmans) et de Voïvodine, en 1989, Milosevic ne pouvait manquer de provoquer des réactions d'exaspération. Jusqu'alors, ce bureaucrate s'était manifesté comme un communiste conformiste plutôt que comme un Serbe exalté. Mais, au cours d'un voyage au Kosovo, l'accueil mouvementé qu'il reçoit des Albanais musulmans le mue soudain en nationaliste : dès lors, tout au long

* Président de la Croatie à partir de 1990.
** Président de la Bosnie à partir de 1992.

des années 1990 et 1991, on le verra prendre la tête d'une croisade pan-serbe, en rupture avec les principes et la pratique du titisme, et donnant à ses partenaires croates et slovènes, puis bosniaques, tous les prétextes qu'ils espèrent pour rompre avec l'« ordre » fédéral. N'est-ce pas Milosevic qui a tout fait pour le transformer en ordre serbe ?

S'il est vrai qu'à partir de 1989 chacun « reprend ses billes », ce sont les « billes » serbes, les plus grosses, qui ont été les premières retirées du jeu, sinon dans les textes, du moins dans les faits. En novembre 1990, les élections organisées dans les diverses républiques sonnent le glas de la fédération, chaque peuple plébiscitant les candidats « ethniques », faisant prévaloir la nationalité sur l'idéologie fédéraliste. Désintégration politique qui annonce les explosions militaires. Deux mois plus tard, en effet, Croatie et Slovénie revendiquent leur indépendance – non sans que la première ne suggère la transformation de la fédération défunte en confédération d'États souverains –, se heurtant au veto de Belgrade.

Que le bouleversement des rapports de force entre Allemands et Russes à partir de 1989, que la montée des mouvements islamistes un peu partout (et de la puissance turque à l'occasion de la crise du Golfe) aient donné à Milosevic des raisons de craindre et des prétextes pour prévenir par la force une évolution défavorable à sa cause dans la mesure où elle était favorable à celles de ses rivaux croates et slovènes d'une part, bosniaques de l'autre, ne peut dissimuler une évidence : ce sont les initiatives serbes qui ont brisé la fédération dès avant qu'elle ne vole en éclats, et rendu illusoire la stratégie de ceux qui continuaient de rechercher la survie de la construction titiste pour prévenir l'exacerbation des nationalismes et la grande explosion.

Cette idée était théoriquement juste. Quels que fussent les moyens employés, plus ajustés en tout cas aux réalités ethniques, sociales et économiques que ceux dont usait le chancelier Metternich un siècle plus tôt pour maintenir l'ordre au sud de l'Empire austro-hongrois, Tito pouvait revendiquer la gloire d'avoir assuré (imposé) un demi-siècle de paix. La rénovation, l'aménagement du système eussent été un moindre mal. Mais pièce principale, sinon poutre maîtresse du système, et tenue pour telle par ceux qui rêvaient de cette rénovation, la Serbie de Milosevic l'a d'abord brisée, fracassant ce rêve – qui fut celui, entre beaucoup d'autres, de François Mitterrand.

* * *

L'analyse de base du président de la République, dont l'expérience humaine et la culture historique sont tenues pour exceptionnelles, repose, à la veille de l'explosion de 1991, sur trois données – l'une affective, la deuxième historique, la troisième politique.

Effectivement, il « aime les Serbes », dira-t-il à plusieurs reprises, en public et en privé. Pourquoi ? Il appartient d'abord à une génération, celle des deux guerres mondiales, pour laquelle les compatriotes du roi Pierre ou de ses fils sont, globalement, des héros. N'ont-ils pas combattu jusqu'à l'épuisement aux côtés du général Sarrail sur le front d'Orient, en 1916 et 1917* ? N'ont-ils pas, face au IIIe Reich en 1941, été la principale pierre d'achoppement de la *Wehrmacht*, retardant de plusieurs semaines le déclenchement de la campagne hitlérienne en Russie et permettant aux Russes de tenir jusqu'aux grands froids, figeant à jamais la ruée du IIIe Reich ?

(Évoquant cette séquence historique, comme il le fit devant nous en 1995, François Mitterrand avait tendance à opposer les Serbes résistants aux Croates collaborateurs, oubliant ou feignant d'ignorer qu'en rupture avec les séides de Pavelic, les Croates étaient presque aussi nombreux que les Serbes dans les forces de Tito, alors que l'autre composante de la résistance, les Tchetniks serbes du général Mihaïlovic, combattaient presque aussi souvent les forces titistes que les Allemands...)

Mais cette inclination ne repose pas seulement sur une tradition pieusement recueillie et d'ailleurs assez largement fondée. Elle se réfère aussi à une expérience vécue, rappelée à beaucoup d'entre nous et que Mitterrand formulait ainsi :

> Dans mon camp de Thuringe, en 1940, les prisonniers serbes étaient traités et parqués comme des bêtes, méprisés par les nazis, et stoïques. C'étaient les plus misérables et les plus estimables d'entre nous. Cette expérience m'a marqué [1]... »

A cette donnée existentielle Mitterrand ajoutait des considérations plus politiques. Au tout début de la crise yougoslave, le 20 janvier 1990, recevant des nouvelles du congrès de la Ligue des communistes yougoslaves, au cours duquel la délégation slovène**, au nom du droit à l'indépendance, avait quitté la salle, le président a, selon Jacques Attali, cette réaction : « Quel désordre ! Il n'y a que les Serbes de sérieux dans ce pays ! Kohl va encore me parler de ses amis croates [2] ! »

---

* L'auteur, dont le père fit partie de l'armée de Sarrail en 1917, a été élevé lui-même dans le respect du courage serbe...

** Qui a proclamé quatre mois plus tôt son droit à la sécession.

« Quel désordre ! Il n'y a que les Serbes de sérieux... » : en ces dix mots François Mitterrand a peut-être résumé, d'entrée de jeu, la tendance qui va guider sa stratégie yougoslave. Il nuancera certes ce point de vue et sera capable de le réviser en telle ou telle occurrence, on le verra. Mais quatre ans plus tard, et en dépit des atrocités dont se sont rendus coupables, plus encore que leurs homologues, les milices serbes et les gens de Karadjic et Mladic, on l'entendra encore répondre ainsi à une question sur son « pro-serbisme » : « J'aime les Serbes, oui, et alors ? Pendant les deux guerres, comment oublier leur courage ? Ce sont les Croates qui ont opprimé sept cent mille Serbes[3]... »

Quoi qu'on pense de ce dernier trait, Mitterrand ne manquait pas d'arguments pour soutenir que les partenaires de Belgrade avaient leur part dans la désintégration de la fédération : après tout, n'était-ce pas le gouvernement slovène qui* avait donné le signal de la guerre en abattant, dès la fin de 1990, un avion de l'armée fédérale procédant à un vol d'intimidation au-dessus de son territoire ?

L'analyse historique globale formulée par François Mitterrand – la folie inhérente à ces peuples ne peut être jugulée ou tempérée que par le protecteur russe associé à la France... – faisait peut-être honneur à l'enseignement de ses maîtres de l'École des sciences politiques de 1935 ou 1936**, moins à l'attention portée par lui à ses informateurs au cours des dernières années. S'il n'était pas retourné à Belgrade, Zagreb et Ljubljana depuis 1983, il pouvait lire les notes pessimistes fournies par ses conseillers diplomatiques, notamment Hubert Védrine, Pierre Morel et Jean Musitelli, qui mettaient l'accent sur l'ébranlement de la fédération, la montée des nationalismes au détriment de l'idéologie fédéraliste, et le basculement de l'Europe centrale et danubienne vers le pôle d'attraction allemand.

Et nous voilà portés d'un coup au cœur du débat. Face au grand chambardement yougoslave, comme face au grand ébranlement allemand, nous voyons François Mitterrand, si capable d'audaces novatrices par ailleurs, ramené à son essence de patriote français. La réunification de l'Allemagne ? Oui, mais à condition que Paris soit associé à la manœuvre, que les amis polonais ne soient pas lésés, que les partenaires russes aient leur mot à dire. La dissociation de la fédération yougoslave ? Peut-être, mais pas aux dépens de la prééminence serbe, la nation supposée francophile, pas sans garanties des diverses frontières entre « nationalités », pas sans protection des minorités. Et à

* A peine proclamé indépendant.

** Leçons que j'ai reçues des mêmes maîtres cinq ans plus tard, n'ayant eu l'occasion de les mettre en doute qu'au cours de brefs voyages en Yougoslavie dans les années 80.

condition qu'à la vieille « influence » française ne soient pas substituées des directives allemandes. Juridisme estimable et franco-centrisme abusif...

De là une vive discordance entre Bonn, fort de ses liens avec les Croates et les Slovènes, et Paris, où le président n'est pas seul à se proclamer serbophile, la mouvance gaulliste affichant la même sensibilité. Cette discordance était-elle de nature à mettre en péril l'entente dont François Mitterrand, comme Helmut Kohl, avaient fait la pierre angulaire de leur diplomatie ? Nous verrons que la question fut posée, intensément, et au plus haut niveau.

La « ligne » Mitterrand, au moment où la crise atteint de plein fouet la Communauté européenne, est résumée au cours d'un entretien avec le président du Parlement fédéral yougoslave, qui, le 19 novembre 1990, lui parle de la discorde à propos de l'avenir de la fédération et des « risques de guerre civile, tragédie pour les Balkans et pour l'Europe ». Réponse : « Nous souhaitons que la Yougoslavie reste la Yougoslavie. Il n'est pas souhaitable que les pays existants éclatent en plusieurs morceaux. Mais est-ce compatible avec le respect des minorités ? C'est tout le problème... »

Raisonnable, ce point de vue ? Oui. Et c'est celui que défendent la quasi-totalité des pays européens, à l'exception de l'Allemagne (qui vient, elle, au contraire, de se réunifier...), et aussi les États-Unis, qui, par les voix de George Bush et James Baker, s'affirment partisans du *statu quo*. Mais le fait est que la fédération a d'ores et déjà explosé – et d'abord, on l'a vu, sous les coups des Serbes – et que tout ce qui s'y rapporte est plus ou moins lié à l'image du communisme et de sa stratégie « fédérative », alors voués aux gémonies en Europe. La mode intellectuelle (disons, pour être plus aimable, la tendance) y est aux nationalités, sinon aux nationalismes...

Apparemment « raisonnable », la stratégie de François Mitterrand pâtira de ces trois handicaps, qui seront bientôt quatre : un pro-serbisme émouvant à bien des égards mais déshonoré par la voracité conquérante de Milosevic et la férocité de ses milices ; un attachement trop obstiné à la structure fédérale, salubre en soi mais dépassée, et d'ailleurs dénaturée par la confusion maintenue entre le mythe des forces « fédérales » et la réalité, qui est celle d'une armée serbe, ou aux ordres de la Serbie ; la contradiction permanente est de plus en plus douloureuse entre cette ligne et celle de l'alliée intime, l'Allemagne ; enfin, le refus déclaré de soutenir, par des actes énergiques, des propos qui le sont parfois.

« Ne pas ajouter la guerre à la guerre » est alors la devise du chef de l'État français, qui se refuse, dit-il, à « faire la guerre à la Serbie ».

Hypothèse impie, en effet*. Mais à l'exclusion de celle-ci, qu'est-ce qu'une diplomatie qui, dans une conjoncture tragique, rejette par principe tout recours à la force – laquelle a été employée naguère au Koweït ?

On s'appliquera à distinguer les problèmes posés à la société internationale dans la Yougoslavie du début des années 90 de ceux qu'elle avait eu à résoudre naguère dans le Golfe, jadis en Espagne ou en Tchécoslovaquie, qui n'avaient à peu près rien à voir tant du point de vue juridique que géopolitique. Mais les opinions publiques ont tendance à assimiler les inconciliables – et, en l'occurrence, le comportement de François Mitterrand ne laisse pas d'inciter à des comparaisons cruelles. Absurdes, mais cruelles.

* * *

C'est à partir d'avril 1991 que la « question yougoslave » atteint de plein fouet la Communauté européenne, notamment au Conseil européen de Luxembourg, le 23 juin**. Déjà, les organismes mis sur pied pour tenter d'arbitrer le conflit ou d'en préparer l'issue pacifique (les commissions présidées par l'ex-ministre des Affaires étrangères britannique Lord Carrington et l'ancien garde des Sceaux français Robert Badinter, le « groupe de contact » formé de trois ministres européens, ou « troïka ») ont mesuré l'extrême difficulté de leur tâche, quand, de part et d'autre – en l'occurrence à Belgrade et Zagreb –, l'esprit est à la guerre.

L'intervention de Mitterrand à Luxembourg est importante : se fondant sur une note de son collaborateur Hubert Védrine en date du 13 mai, il prend enfin ses distances par rapport au *statu quo* fédéral, qui constituait jusqu'alors la ligne directive de son action diplomatique – et d'ailleurs de celle des États-Unis. La veille, à Belgrade, le secrétaire d'État James Baker a déclaré s'opposer par avance à la reconnaissance d'États formés à partir d'une sécession qui constituerait un « danger pour l'Europe [4] ».

Le président français ne se contente pas d'ouvrir la porte à une révi-

---

* Note significative : lors de manœuvres de jeunes parachutistes volontaires pour la Yougoslavie, un colonel instructeur évoque l'hypothèse de combats contre les forces serbes. Exclamations dans les rangs : « Contre les Serbes ? Mais ils sont nos amis de toujours... » (trait recueilli à Mont-de-Marsan, en 1992).

** La Croatie a proclamé son indépendance le 19 mai.

sion globale des structures yougoslaves : il rappelle la nécessité à la fois de respecter l'intégrité des républiques en question, mais aussi de prendre le temps de veiller aux droits des minorités qu'elles englobent. Ces propos de bon sens sont approuvés par tous les partenaires européens, sauf par la délégation allemande – ce qui fait sensation. Contredisant pour une fois son « ami François », le chancelier Kohl soutient sans nuance ni condition la thèse de l'autodétermination des peuples.

Roland Dumas raconte que, pendant l'exposé de Helmut Kohl, François Mitterrand, au côté duquel il est assis, crayonne une liste des peuples qui, si l'on écoutait Kohl, devraient bientôt exiger de s'autodéterminer : Moldaves, Slovaques, Lombards (ici, l'assimilation est pour le moins prématurée...). « Il en compte dix-sept[5]... »

Entre Français et Allemands – isolés dans leurs positions respectives – règne une tension inhabituelle, plus vive qu'au lendemain de la chute du mur de Berlin. C'est sur un ton sans précédent que le chef de la diplomatie de Bonn, Hans-Dietrich Genscher, qui avait joué les modérateurs dans l'affaire de la réunification mais fait ici le *forcing*, interpelle son homologue et ami Dumas : « Alors, la France est contre l'autodétermination des peuples[6] ? »

Est-ce à dire que les relations franco-allemandes, altérées brièvement par la question de l'unification, entrent, du fait de la dislocation yougoslave, dans une crise profonde ? Répondant à cette question six ans plus tard dans son bureau du Bundestag, Hans-Dietrich Genscher nous disait :

> « Non. Les divergences entre nous étaient sérieuses. Mais, dans ces cas-là, une longue familiarité, un partenariat solide, permet d'éviter le pire. Il aurait dû y avoir une crise entre nous. Elle ne s'est pas produite, du fait des relations humaines que nous avions tissées [...]. En fait, on pourrait dire que nous nous sommes partagé le travail, nous, à Bonn, calmant Tudjman le Croate, et Paris freinant Milosevic le Serbe ! Il est vrai que la tâche des Français était la plus lourde[7] ! »

L'Allemagne n'est pas seule à pousser à la sécession croate. Le 19 septembre, à Weimar, Hans-Dietrich Genscher révèle à Roland Dumas qu'il vient de recevoir du Vatican une invitation pressante à reconnaître le gouvernement de Zagreb : le Saint-Siège, préférant n'y procéder lui-même qu'après la Pologne et l'Autriche, encourage Bonn à prendre les devants. Il y a là, évidemment, une « conjuration catholique » à laquelle Helmut Kohl ne peut pas rester insensible...

La Communauté européenne a beau se prononcer en faveur de la thèse française, signifiant qu'elle ne « reconnaîtra de nouvelles républiques que si elles résultaient d'arrangements internes, et non de décisions unilatérales », dès le lendemain, la Croatie et la Slovénie proclament leur indépendance.

C'est avec la conviction que l'on court désormais à l'irrémédiable – et aussi que sa propre pesée sur l'événement s'affaiblit... – que François Mitterrand fait le point lors du Conseil des ministres du 7 août 1991 :

> « Toutes les données du siècle se trouvent réunies sur un terrain dangereux. Les Douze n'ont pas de forces de combat ou d'intervention. L'URSS, qui a ses problèmes de nationalités, n'interviendra pas. Nous ne devons pas négliger de tenir compte des amitiés traditionnelles. Pour nous, comme pour la Russie, c'est la Serbie. La Slovénie et la Croatie sont plutôt tournées vers les Germains. En conclusion, l'affaire est très grave et ne s'arrangera pas [8]... »

Il faut pourtant tenter de s'interposer. A la fin d'août 1991, alors que tout semble concourir à justifier le pronostic tragique qu'il vient de formuler devant ses ministres, alors que les Serbes, exaspérés par la sécession croate, viennent de déclencher leur offensive sur Vukovar, dont l'écrasement sous les bombes restera longtemps le crime majeur de la guerre*, il invite à l'Élysée le président croate Tudjman (le 28) et son homologue serbe Milosevic (le 29).

Récit d'Hubert Védrine :

> « Il dit au Croate : "Vos frontières seront reconnues par un acte international si vous reconnaissez les droits des 12 % de Serbes qui vivent en Croatie, dans la Krajina et en Slovénie." Et au Serbe : "Les peuples ont droit à l'autodétermination [...] acceptez qu'une cour d'arbitrage tranche les problèmes qui en découlent..." Il obtient des deux protagonistes, du bout des lèvres, une promesse de cessez-le-feu à laquelle je ne crois guère... »

Je demandais, le lendemain, à Élisabeth Guigou ce qu'on pouvait espérer de ces échanges dont elle avait été le témoin. Elle me répondait tristement : « Qu'espérer d'hommes qui ne rêvent que d'en découdre ? » Et quatre ans plus tard, évoquant devant nous cette tentative de médiation, François Mitterrand n'en gardait que le souvenir de deux champions serrant les poings avant d'entrer en lice**...

---

* En attendant Sarajevo, Srebrenica, Gorazdé...

** Le président français recevra Mikhaïl Gorbatchev à Latche quelques semaines plus tard, en octobre : ils s'accorderont en manifestant leur commun pessimisme.

Était-il encore possible de trouver à s'entendre sur la base d'un plan de confédération d'États souverains, proposé en octobre 1991 par les Croates ? Milosevic le fait échouer, lui opposant un projet qui n'était rien d'autre que celui de la « Grande Serbie », rassemblant tous les territoires serbes (de Croatie ou de Bosnie) et le Monténégro*. En fait, depuis la proclamation de l'indépendance croate et sa reconnaissance par l'Allemagne, les dirigeants serbes semblent en proie à un délire de persécution et de destruction : leur ruée sur Vukovar, puis Zadar, Ocijek et Dubrovnik a quelque chose de sauvage, qui contribue de façon décisive à leur aliéner l'opinion mondiale.

Était-il possible d'exercer alors sur eux une pression qui ne fût pas seulement économique, avec l'embargo ? Un plan d'intervention fut étudié à Paris. Elle eût été confiée à une force d'interposition à laquelle l'Allemagne, rompant avec un principe établi depuis la guerre, eût pris part. Un soutien de l'OTAN avait été envisagé à Washington. Tous les témoignages concordent : c'est de Londres que vint alors le veto[9].

Face à ces déchaînements de fureur serbe, et bien qu'il n'ait pas exclu, on vient de le dire, une réaction musclée, François Mitterrand garde un étrange flegme, au moins verbal. Interviewé par la *Frankfurter Allgemeine Zeitung*, le 29 novembre 1991, aux pires moments du pilonnage de Dubrovnik – qu'il ignore d'autant moins que son secrétaire d'État Bernard Kouchner vient d'y recueillir des témoignages bouleversants... –, il se refuse à reconnaître la réalité de l'agression serbe.

Négationnisme buté qui ne cessera plus de peser, notamment en Allemagne, sur l'appréciation de ses comportements en ce domaine, y compris les plus courageux ou les plus raisonnables. Et cela au moment où, plus rudement encore qu'à Luxembourg au plus fort de la guerre serbo-croate, à la veille du décisif sommet de Maastricht, vont s'affronter les thèses de Bonn et de Paris.

Le 15 novembre 1991, afin d'éviter qu'à Maastricht la confrontation à propos du conflit balkanique ne compromette la fondamentale négociation sur l'Europe, le chancelier reçoit le président à Bonn.

François Mitterrand : « ... Obtenons d'abord des garanties pour les frontières et le respect des minorités. »

Helmut Kohl : « Je sais tout cela, mais je vais quand même être obligé de reconnaître la Croatie. »

François Mitterrand : « Ne faites pas cela, ce serait une erreur ! »

Helmut Kohl : « Sans doute, mais la pression chez moi est très forte.

---

* Plan qui fut interprété comme un véritable « défi à l'Europe », écrira Hélène Despic-Popovitch dans *Libération*, le 25 novembre 1991.

Je ne peux plus tenir. Mon parti, les libéraux*, l'Église, la presse, sans compter les 500 000 Croates qui vivent en Allemagne, tout le monde pousse... »

François Mitterrand : « Il faut aboutir à une solution à Douze. Et la reconnaissance doit être assortie de conditions : minorités, frontières, respect des traités... » [10].

Sur le fond, l'homme d'État français a raison. Mais, dans le climat qui règne alors, ses réserves ne tiennent plus : les obus serbes écrasant Vukovar et Dubrovnik ont fait la décision, attirant sur les Serbes l'opprobre du monde, imposant à tous de reconnaître les droits des Croates.

Trois semaines plus tard, à l'Élysée, nouvel effort du président pour dégager, avant Maastricht, une plate-forme commune.

François Mitterrand : « ... Pas de reconnaissance sans garanties internationales. »

Helmut Kohl : « J'ai perdu foi en ce processus... »

François Mitterrand : « Il y a les autres républiques**. »

Helmut Kohl : « Je suis ouvert à toute proposition, mais je ne peux plus attendre » [11].

Un texte de compromis établi par la délégation française permet d'éviter un affrontement à Maastricht, tandis qu'un envoi de Casques bleus sur la zone des combats, à la demande des Croates, contribue à faire tomber, sur place, la pression.

Mais Helmut Kohl n'y tient plus : alors que les Douze s'étaient entendus pour accomplir le geste en commun le 15 janvier suivant, la reconnaissance de la Croatie par le gouvernement de Bonn ravive la rage des Serbes et la mauvaise humeur française. D'autant qu'à Sarajevo les musulmans bosniaques, encouragés par les audaces coûteuses, mais payantes, de leurs voisins de Zagreb, décident à leur tour de pousser leurs pions et d'organiser un référendum sur l'indépendance de leur pays dès le mois de février 1992.

Comme dans ces numéros qu'exécutent les magiciens ou les acrobates, les problèmes engendrés par la désintégration yougoslave ne cessent de se compliquer. La sécession slovène était simple, nul problème de minorité ne s'y posant vraiment. Celle de la Croatie était beaucoup plus risquée, en raison de la présence de 12 % de Serbes, groupés dans la Krajina. Celle de la Bosnie relevait du tour de force, à la mesure de la complexité du tissu « ethnique » (ou ethno-socio-religieux) de la population : 48 % de Musulmans (étrange « ethnie » que

---

* Le parti de Hans-Dietrich Genscher.

** Serbie, Monténégro, Macédoine, Bosnie-Herzégovine.

forment ces convertis à l'islam, pour partie serbes, pour l'autre croates, c'est-à-dire tous slaves...), 32 % de Serbes (orthodoxes), 20 % de Croates (catholiques).

De cette Bosnie-Herzégovine bigarrée, Tito avait voulu faire une sorte de Yougoslavie en miniature*, inventant à cet effet l'étrange « nationalité » musulmane pour équilibrer les deux autres composantes, dont les incontrôlables Serbes, plus remuants encore que leurs congénères des autres parties du pays** et qui ne toléraient leur situation minoritaire que parce qu'ils se sentaient sous la protection de Belgrade, où la main des Serbes était lourde...

L'indépendance de la Bosnie allait-elle faire d'eux de vrais minoritaires, sous la coupe des Musulmans ? Pour « faire passer » une telle hypothèse, il fallait mieux que du doigté – des garanties. Et pour beaucoup de Serbes de Bosnie, la seule solution concevable était le rattachement à Belgrade, sur le thème de la « Grande Serbie ». Quand il décida d'authentifier par un référendum le passage de la Bosnie-Herzégovine à l'indépendance***, le 29 février 1992, le président musulman Alija Izetbegovic ne pouvait ignorer que la communauté serbe refuserait de s'associer à cette procédure. Le boycott était inévitable.

Nul ne se faisait d'illusions sur les projets de la communauté serbe, qui ne se contentait pas de constituer 32 % de la population, mais possédait plus de 40 % des terres, étant composée de paysans, alors que les Musulmans étaient surtout (parce qu'ils formaient l'ossature de l'administration turque ?) regroupés dans les villes. Chacun sait cela, mais alors que se multiplient les actes hostiles sur le terrain, le nouvel État est reconnu le 6 avril par la Communauté européenne, France comprise.

Pourquoi ce geste fatidique – quoi qu'on pense des droits et de la valeur des Bosniaques et de leur président, et compte tenu de leurs indicibles souffrances ultérieures... – fut-il accompli ? Quand je lui posai la question deux ans plus tard (avril 1994) lors d'un entretien en compagnie de Jean Daniel à l'Élysée, François Mitterrand prit l'air étonné ou, mieux, ébahi : « Oui, comment cela se fit-il ? Nous avons

---

* Milovan Djilas, son plus brillant lieutenant, nous disait en 1983 que tout y était fait pour « organiser l'impuissance ».

** Gavrilo Princip, qui, en assassinant François-Ferdinand d'Autriche à Sarajevo, le 28 juin 1914, déclencha la Première Guerre mondiale, était un Serbe de Bosnie... En attendant le Dr Karadjic...

*** Geste qui lui fut reproché par la France, bien que la « commission Badinter » l'eût préconisé – sous certaines conditions...

tous été pris de court, entraînés dans un courant... On ne raisonnait plus... L'émotion l'emportait*... »

Elle l'emportera chaque jour davantage, attisée par les horreurs de la guerre qui commence et va durer plus de quarante mois, soumettant à un insupportable pilonnage le peuple de Sarajevo et livrant des dizaines de milliers de paysans et villageois aux massacreurs en majorité serbes, champions de la « purification ethnique ».

(Comment ne pas élever ici une objection contre cette absurde terminologie : « ethnique » ? On l'a dit, il faut le répéter : il n'y a de part et d'autre que des Slaves, et s'il y a « purification », elle est religieuse, entre orthodoxes, musulmans et catholiques, semblable à celle qu'engendrèrent nos guerres du XVIe siècle ou, aujourd'hui, le conflit irlandais...)

Lors du conflit serbo-croate, dont la première phase vient de s'achever, et dès avant le surgissement de la guerre bosniaque, la Communauté internationale a pris deux initiatives qui donneront lieu, des années durant, à de violentes contestations : l'envoi par les Nations unies de Casques bleus, qui prendront l'appellation de FORPRONU (Forces de protection de l'ONU)**, sous le commandement alternatif de généraux français et anglais, et l'imposition d'un embargo sur les armes. S'agissant de l'une ou l'autre de ces initiatives, la France, en la personne de son président, sera souvent accusée d'avoir imposé la passivité, l'immobilisme et une outrageante neutralité entre massacreurs et massacrés. On y reviendra, bien sûr.

Tandis que s'affairent les diplomates et les juristes pour tenter de prévenir ou d'apaiser le conflit bosniaque – après les missions Carrington et Badinter, ce sera la commission Vance-Owen (le premier est l'ancien secrétaire d'État des États-Unis du temps du président Carter, l'autre le meilleur expert diplomatique de la gauche britannique), qui prendra logiquement en compte les antagonismes anciens et récents pour proposer une solution fondée sur la « cantonalisation », la Bosnie-Herzégovine prend feu.

Nul ne conteste plus que les incendiaires, aussi bien à Sarajevo que dans l'ensemble du pays, ne soient en majorité serbes. Non seulement parce que les plus déterminés sont campés à Palé, bourgade périphérique de Sarajevo, dont les chefs de l'État bosno-serbe autoproclamé et incarné par l'effrayant psychiatre Radovan Karadjic ont fait leur capitale, mais parce que les unités de l'« armée fédérale » engagées dans les combats sont en fait des troupes serbes, ou à la

---

* Et peut-être aussi le souci de complaire aux Allemands, en pleine bataille pour la mise en place du traité de Maastricht...

** 14 000 hommes, dont 6 000 Français, le contingent principal.

disposition d'officiers serbes manipulés par le pouvoir de Milosevic.

Si bien qu'après six mois de combat, la guerre de Bosnie se réduit en apparence au siège de la capitale d'un jeune État reconnu par la Communauté internationale – capitale fameuse par la tolérance intercommunautaire dont témoigne, au moins en apparence, la floraison contiguë des mosquées, des églises et des synagogues, siège imposé par les forces d'un pouvoir rebelle, celui de Palé, adossées à l'État qui se prétend encore fédéral. Et ce siège prend la forme odieuse d'un pilonnage de la population civile par l'artillerie ; pis encore, d'un mitraillage très précis des assiégés par les *snipers* embusqués sur les hauteurs voisines. Et ce siège voue à la famine le peuple encerclé.

Les réactions attendues de la Communauté internationale, et d'abord de l'Europe, peuvent-elles prendre la forme d'une intervention militaire ? Les uns arguent que nul traité ne lie* la jeune République bosniaque aux États européens ou à la Communauté ; d'autres, que la reconnaissance, fût-elle obtenue « à la sauvette », a valeur d'alliance et d'engagement. En ce cas, une assistance s'impose. Ce qui ne résout pas le problème de l'instrument. La Communauté ? Elle n'a pas encore d'armée. L'OTAN ? Jusqu'en 1995, Washington ne jugera pas utile de l'aventurer sur ce terrain marginal. Des « brigades » de volontaires, comme dans l'Espagne de 1936 ? On en parle, sans le faire...

L'action humanitaire, elle, s'impose – encore que se fassent entendre beaucoup de voix pour soutenir qu'elle a valeur d'échappatoire, que c'est pour ne pas combattre que l'on donne, et que la présence de ce corps de charité sert surtout d'alibi à l'inaction. L'auteur se hasardera ici à faire remarquer que, jusqu'aux crimes majeurs de 1994-1995 (ceux des années précédentes n'étaient pas mineurs, bien sûr !), les chances d'intervention militaire (de qui, de qui donc ?) étaient trop faibles pour que l'assistance civile ne fût pas la forme nécessaire, élémentaire, de solidarité avec la Bosnie martyrisée.

Ce raisonnement fut celui de François Mitterrand. Il en tira plus hardiment que personne les conséquences. On peut lui objecter que cette option, il eût pu l'infléchir par un autre comportement, en amont, qui eût engagé plus fermement et la France, et l'Europe ; que la part de résignation que comporte, chez l'observateur, le soutien à la politique humanitaire, « faute de mieux », n'est pas, chez l'homme d'État, de même nature. De ce minimalisme il fut l'un des inventeurs, et donc des responsables**. Mais la suite du récit nous conduira à être plus précis...

---

* Alors que c'était le cas entre la Tchécoslovaquie et la France en 1938.

** Lire sur le sujet, dût-on le tenir pour excessif, le brûlant réquisitoire de Bernard-Henri Lévy dans *Le Lys et la Cendre*, Grasset, 1994.

* * *

Au début de juin 1992, le supplice de la Bosnie dure depuis quatre mois. L'aéroport de Sarajevo est bloqué par les forces serbes, et la ville asphyxiée. Le 5 juin, les douze Européens décident de forcer ce blocus pour établir un pont aérien avec la ville assiégée, et, le 8, le Conseil de sécurité de l'ONU, à l'initiative du secrétaire général Boutros-Ghali, se donne pour mission de créer une « zone de sécurité » autour de la ville et de l'aéroport, assurée par l'envoi d'un millier de Casques bleus. Mais l'accord visant à la réouverture de l'aéroport est violé par les miliciens de Karadjic. Voici la capitale bosniaque de nouveau isolée du monde, affamée autant que mitraillée. A deux heures d'avion de Paris, Sarajevo paraît plus inaccessible que la Terre de Feu.

A la veille du Conseil européen convoqué le 26 juin à Lisbonne pour traiter, entre autres sujets, du sort de la Bosnie, François Mitterrand va répétant qu'il faut éviter que Sarajevo « ne devienne un nouveau Guernica » ; il confie à Roland Dumas qu'il a été très ému par un message de détresse du président bosniaque Izetbegovic, à lui transmis par Bernard-Henri Lévy, et qu'il médite, pour prévenir le pire, de « frapper un grand coup ». Un voyage en Yougoslavie ? En Bosnie même ? En tout cas, les deux hommes décident de convoquer à Lisbonne le secrétaire d'État à l'Action humanitaire, Bernard Kouchner, qui a fait plusieurs voyages en Yougoslavie, notamment à Dubrovnik bombardé par les Serbes, et qui a repéré et expérimenté, à tous risques, les voies d'accès à Sarajevo.

A Lisbonne, le chef de l'État français, ayant averti Roland Dumas qu'il entend préparer ses partenaires européens à une initiative de la France en Yougoslavie, intervient dans l'après-midi du 26 juin. Il parle longuement.

> « Je lis sur le visage de nos partenaires, raconte Roland Dumas : "Où veut-il en venir ?" Le président français : "Il faut faire beaucoup plus. Nous ne pouvons pas nous contenter de la diplomatie traditionnelle. Chaque pays doit agir en usant de ses relations particulières. La France y est prête et agira [12]". »

Au moment où les Douze se séparent en déplorant que « la réouverture de l'aéroport de Sarajevo n'ait pas eu lieu », le président français s'éclipse, n'ayant averti de son initiative que le chancelier Helmut

Kohl et leur hôte Mario Soares : il a laissé entendre, pendant quelques heures, que Roland Dumas prendrait un avion pour Sarajevo. Et brusquement, à la fin de l'après-midi, il annonce à ses collaborateurs que c'est lui qui s'installera dans l'appareil au côté de Kouchner, auquel ont été confiés les ultimes préparatifs et la conduite de l'opération* : c'est lui qui est chargé de prévenir le général canadien Mackenzie, chef de la Forpronu à Sarajevo, et le président Izetbegovic.

Mackenzie : « *My God* ! Vous êtes fous, les Français ! » Izetbegovic : « C'est un geste de grand courage et digne de la France. La ville en a besoin. Faites attention. Avez-vous prévenu à Palé, à Belgrade ? – Nous le ferons en vol. – Vous êtes vraiment les bienvenus. »

François Mitterrand prend place dans l'avion. A Kouchner, à la journaliste de l'AFP Véronique Decouddu** et au photographe Claude Azoulay, il confie :

> « Nous allons vivre un moment fort et important pour l'Europe. Nous allons à Sarajevo. Le but de mon voyage reste humanitaire, je veux casser le blocus des Serbes et rien d'autre, sans arrière-pensée politique.
> – Qu'est-ce qui vous a décidé ?
> – La lenteur de l'Europe, cet immobilisme du Conseil et l'appel du président Izetbegovic que m'a transmis Bernard-Henri Lévy [...]. L'Europe n'avancera pas si Sarajevo tombe. »

Après deux heures de vol, on constate que l'atterrissage à Sarajevo, de nuit, est impossible – ne serait-ce que parce que les éclairages constituent des cibles idéales pour les *snipers* serbes. Il faut se poser à Split, le port croate, où les autorités tentent de dissuader les Français d'être le lendemain à Sarajevo : « C'est le 28 juin ! – Et alors ? – ... l'anniversaire de l'assassinat de l'archiduc par Princip, en 1914 : ce jour-là, les Serbes deviennent fous... » Mitterrand a un rire sec. « Il faudra partir très tôt, et rentrer à Paris avant la nuit. »

Deux hélicoptères ont été dépêchés de Paris à Split. Le président, Kouchner et leur équipe embarquent dans le Dauphin, précédé en vol par un Super-Puma. On vole bas, pour suivre la route, à travers la montagne, que connaît bien Kouchner. L'approche de l'aéroport, entre deux collines, est contrôlée par les Serbes, qui tirent toujours sur les avions : le Super-Puma est touché avant l'atterrissage.

A l'aéroport, c'est le général Mackenzie qui accueille les Français,

---

* Le récit que l'on va lire est inspiré d'un chapitre de son livre *Ce que je crois*, Grasset, 1994, p. 35-51, et des confidences faites par Mitterrand à B.-H. Lévy.

** Qui a « couvert » la guerre du Vietnam..

leur annonçant que les dirigeants serbes souhaitent voir Mitterrand. Lequel exige, naturellement, de rencontrer d'abord les Bosniaques :

> « Le président Izetbegovic nous attendait avec ses ministres au siège du gouvernement. Il salua le président et m'embrassa. Nous les avons suivis au premier étage, dans la salle aux fenêtres brisées par les bombardements : la première entrevue commença [...]. Le président bosniaque était ému, et François Mitterrand aussi [...]. Je n'ai pas à révéler le contenu de l'entretien mais il n'y eut aucune promesse hors l'assurance d'un soutien humanitaire et la volonté affirmée d'une paix nécessaire. »

A l'hôpital, dit « de France », où ils visitent les blessés, Alija Izetbegovic se tourne vers ses hôtes :

> « Ce qui se passe dans nos villes et nos villages est effroyable. On regroupe les musulmans, on sépare les hommes des femmes et des enfants. Les femmes sont expulsées après avoir été violées, et on dirige les hommes innocents, des civils sans arme, vers des camps d'extermination. »

Kouchner :

> « J'ai sursauté à ce terme que les interprètes ont traduit d'un ton égal à François Mitterrand. Je me suis dit [...] que le mot employé était hors de proportion. Je ne pensais pas, à cette époque, qu'il y avait une volonté systématique d'extermination de la part des Serbes de Bosnie [...]. Devant les blessés, dans l'odeur du sang, la pâleur du président et son silence témoignaient de l'horreur de cette guerre. »

Au cours de la conférence de presse qui suit, François Mitterrand rappelle l'objectif de son voyage : ouvrir l'aéroport à l'aide humanitaire. Kouchner : « Nous marchâmes dans les rues cassées de Sarajevo, jusqu'au carrefour, devant le Holiday Inn où les soldats bosniaques nous empêchèrent de nous découvrir au tir des francs-tireurs serbes... »

De retour à l'aéroport, où ils constatent que l'aile du Falcon a été endommagée sur la piste, François Mitterrand accepte de rencontrer les dirigeants serbes. Bernard Kouchner raconte :

> « Ils se montrèrent outranciers et cyniques. L'ancien doyen de la faculté de médecine nous assena : "Vous vous apitoyez, mais pour un mort bosniaque, il y a cent morts serbes que vous ignorez !" Le président le regarde droit dans les yeux et lui répond : "Vous vous moquez de moi et vous dites des bêtises. Vous perdez votre cause. Je ne vous crois pas." Et il tourna les talons. »

Dans l'avion, Bernard Kouchner, qui sent Mitterrand ému par ce qu'il vient de voir et d'entendre, tente de pousser son avantage, de le convaincre :

> « ... Si les bombes continuent de pleuvoir sur Sarajevo, il faudra bien intervenir...
> – Qui ? La France seule ? Non. N'ajoutons pas la guerre à la guerre. Seuls les naïfs, les menteurs et quelques intellectuels enflammés peuvent y penser. [...] Et si vous croyez que la Bosnie a le droit de vivre, pourquoi pas la Serbie ?
> – Parce que la purification ethnique est un racisme pur qui a apporté la haine alors que Sarajevo est une ville de tradition ouverte, de culture mélangée... »

Mitterrand, sur ce point, est sceptique. Il croit que le pluralisme bosniaque doit beaucoup à la « poigne » de Tito, dont il servait les intérêts. Agacé, Bernard Kouchner contre-attaque :

> « Monsieur le président, pensez-vous les Serbes invincibles ?
> – Demandez aux militaires. C'est vous qui m'avez parlé de Fitzroy McLean, le compagnon de Churchill* ? Que vous a-t-il dit, lui qui fit la guerre sous tous ces chemins de montagne que nous survolons ?... »

Après quoi, le président conclut l'expédition sur une note sombre : « Ne soyez pas naïf, Kouchner, l'Histoire est lourde. »

Cinq jours plus tard (2 juillet), néanmoins, la Communauté européenne ouvrait le pont aérien vers Sarajevo. Objectif atteint. Était-il trop limité ?

Ce voyage, salué par l'opinion internationale comme un acte de courage (un journal espagnol barre sa première page du titre « Torero ! », tandis que le chef de la diplomatie britannique Douglas Hurd se contente d'un : « Pas mal pour un vieux ! »)**, contribue en fait à « durcir » la Communauté au-delà de la simple ouverture de la route. Le 7 juillet, à Munich, elle décide de ne « pas exclure les moyens militaires » pour atteindre les objectifs humanitaires ; principe qu'entérine le Conseil de sécurité de l'ONU le 13 août.

---

* Le major Fitzroy McLean avait été dépêché en 1941 par Churchill, dont il était proche, auprès du mystérieux Tito, chef de la Résistance yougoslave, dont on ne savait rien, pas même s'il existait vraiment. De trois ans de guerre à ses côtés McLean rapporta un livre, *Eastern Approaches*, hommage à l'héroïsme de cette Résistance – qui, on l'a dit, n'était pas seulement serbe.

** Bernard-Henri Lévy saluera d'abord avec enthousiasme ce « geste historique », commenté comme tel dans *Le Lys et la Cendre*, pour se faire ensuite le censeur implacable de la politique mitterrandienne qui s'ensuivit – non sans d'excellents arguments de part et d'autre.

Parallèlement se constitue la Conférence permanente pour la paix en Yougoslavie, présidée par l'ancien secrétaire d'État américain Cyrus Vance et le diplomate anglais Lord Owen : ils élaborent en commun sous l'égide de l'ONU et de son secrétaire général Boutros-Ghali un plan qui découpe la Bosnie en dix provinces (trois musulmanes, trois serbes, trois croates, plus Sarajevo), plan qu'acceptent les Croates mais que dénoncent Serbes et Musulmans. Les premiers parce qu'ils ne visent qu'au rattachement à la Serbie ; les seconds parce que l'arrivée au pouvoir à Washington de l'administration Clinton, qui a pris parti pour eux lors de sa campagne électorale contre George Bush, leur fait espérer une intervention américaine en leur faveur.

Qu'en est-il au juste ? François Mitterrand s'en va, le 9 mars, à la rencontre du nouveau président américain, qui en profite d'abord pour s'informer auprès du visiteur. Après un historique détaillé*, raconte Hubert Védrine, témoin du dialogue, le président français réaffirme, obstinément, ses positions : « Je dis non à une bataille de conquête**. Je n'exposerai pas l'armée française à une guérilla [...]. Le jeu des Bosniaques est de tout compliquer : ils ont besoin d'une guerre internationale, et d'une guerre sainte. » A quoi Clinton répond qu'il n'envisage pas, lui non plus, d'engager ses hommes au sol, « sauf pour garantir un accord conclu entre les protagonistes ».

C'est à la demande des médiateurs Vance et Owen que, quelques jours plus tard, François Mitterrand reçoit de nouveau Milosevic à Paris – pour lui donner à entendre que « si les Serbes persistent, ils seront de plus en plus exclus, et sanctionnés », mais que, s'ils « rejoignent la société européenne*** [ils] en tireront les fruits »[13]. Menace et invite qui ne servent à rien. Que le maître de Belgrade en soit responsable ou non, ses compatriotes de Bosnie, inspirés par le délirant Karadjic, rejettent le plan Vance-Owen, alors que les supposés « va-t'en guerre » de Sarajevo, non sans déchirements et nonobstant leur rêve unitaire, s'y étaient résignés. Et voici la diplomatie internationale au rouet, et les malheureux peuples de Bosnie à nouveau ligotés sur le chevalet de torture.

* * *

* Que nous savons quelque peu biaisé en un sens...

** Étrange formule... Qui parle de cela ?

*** Autre formule bizarre...

Deux ans plus tard, au cours d'une conférence à Paris donnée à l'Association de la presse internationale, Lord Owen soutenait avec une compétence et une conviction impressionnantes que si le plan élaboré par Cyrus Vance et lui, entériné à Athènes en mai 1993 par tous les membres de l'Union européenne et approuvé d'abord par les Serbes de Palé et les Musulmans, n'avait pas été sabordé par l'équipe Clinton-Christopher-Albright, faisant espérer au gouvernement de Sarajevo une internationalisation du conflit, la guerre eût été abrégée de deux ans. (Qu'est-ce, après tout, que les accords de Dayton, sinon le plan de mai 1993, aggravé du droit accordé aux Serbes de Palé de se rattacher à Belgrade ?)

Quelques semaines après l'installation de Bill Clinton à la Maison-Blanche, un nouveau gouvernement se met en place en France, présidé par Édouard Balladur. Les Affaires étrangères sont confiées à Alain Juppé, censeur sévère de la diplomatie française en Yougoslavie depuis 1990, surtout de sa timidité à propos de la Bosnie. En fait, l'étude des dossiers, le contact avec les hommes en charge, des Balkans à New York, les entretiens sur le terrain avec les militaires concernés, enfin le constant travail en commun avec le président et son équipe de l'Élysée vont rapprocher les points de vue entre ceux-ci et le nouveau patron du Quai d'Orsay.

Alain Juppé et son collègue François Léotard, chargé de la Défense, vont se heurter aux dures réalités du terrain, aux contraintes de l'action, et subir, bon gré mal gré, l'ascendant qu'exerce Mitterrand. Ce qui ne leur semblait que cynisme et pessimisme prend désormais la figure du réalisme. Et s'il tend à insuffler plus de dynamisme à la manœuvre, de fermeté à la posture, Juppé ne peut échapper d'autre part au poids d'une sensibilité gaulliste favorable aux Serbes, comme en témoignent les interventions des dépositaires les plus fidèles de la pensée stratégique du Général, un Gallois, un de La Gorce. En fin de compte, la nouvelle cohabitation ne modifiera le cours de la politique bosniaque de la France* que dans le style – plus aigu – et le rythme – plus vif. Et c'est surtout en se référant à son comportement sur ce terrain que le François Mitterrand des derniers mois portera un jugement très positif sur Alain Juppé en tant que ministre des Affaires étrangères.

Trois débats agitent alors l'opinion, et les chancelleries : à propos des institutions de la Bosnie-Herzégovine (qui doivent être unitaires selon les Musulmans, fédérales selon les Croates, centrifuges selon les

* Dont le raffermissement, en mai 1995, ne sera pas seulement dû, on le verra plus loin, à la substitution de Chirac à Mitterrand.

Serbes...) ; sur l'efficacité d'éventuelles frappes aériennes contre les milices serbes assiégeant et massacrant le peuple de Sarajevo ; concernant la levée de l'embargo sur les armes décrétée le 26 septembre 1991 par le Conseil de sécurité des Nations unies.

C'est l'ensemble de ces problèmes qu'étudient à l'Élysée, le 4 mai 1993, François Mitterrand et le secrétaire d'État américain Warren Christopher. Face-à-face fondamental, où sont confrontées les deux hypothèses de travail : l'application du plan Vance-Owen enfin ratifié par les Serbes ou la reprise de la guerre.

François Mitterrand : « Certains [dans cette seconde hypothèse] évoquent des bombardements. Ils sont inconcevables sans occupation du terrain [...]. J'approuve votre démarche visant à menacer et à dissuader, mais on doit examiner froidement la suite. » (Il met l'accent sur les risques d'engrenage, ceux qu'encourent les soldats de la FORPRONU, notamment français et britanniques cloués au sol.)

Warren Christopher : « Le président Clinton reconnaît que l'objectif final doit être la négociation. Il ne s'agit pas de rechercher la reddition de la Serbie [...]. Le président Clinton estime comme vous que des bombardements aériens n'auraient que des effets à court terme, des effets de surprise. Ils permettraient d'éliminer des pièces d'artillerie, mortiers, etc., mais le terrain et les autres éléments de la situation font que ces effets resteraient limités. Enfin, les États-Unis n'envisagent pas de déployer des troupes au sol, sauf s'il y avait un accord. Nous savons en effet que personne au Congrès américain ne soutiendrait une telle décision [...]. C'est pourquoi nous avons envisagé l'autre option, celle de la levée partielle de l'embargo sur les armes, pour permettre aux Musulmans de se défendre. »

François Mitterrand : « Moralement, vous avez raison [...] refuser des armes aux Musulmans attaqués à la fois par les Serbes et par les Croates [...] dès lors que nous décidons de ne pas leur apporter notre concours, est paradoxal et choquant. Mais, pratiquement, une telle mesure aurait des effets pervers. Avant même d'être de quelque utilité (car il y faudrait un certain temps), une telle décision signifierait aux Serbes que le moment est venu d'accélérer la phase finale de leur offensive. Et les armes qui, au bout du compte, parviendraient aux Musulmans n'aideraient plus qu'une guérilla. Entre-temps, les Serbes se seraient assuré le contrôle des villes, des nœuds et moyens de communication, etc.

« Cette mesure [...] s'apparente à une sorte de devoir d'assistance [...]. Izetbegovic m'en avait déjà parlé à Sarajevo et avait fait relayer ses demandes par les Turcs. C'est un point qui reste à examiner. Mais n'est-ce pas en réalité un mauvais pari ? Les Britanniques et le gouvernement français apportent une réponse plutôt négative à une telle éventualité. [S'adressant à Alain Juppé :] C'est un point qui devrait être discuté*. »

Warren Christopher : « Le président Clinton a envisagé de prendre certaines mesures immédiates pour dissuader et contrecarrer une offensive serbe : des attaques aériennes limitées et ponctuelles [...] les mesures nécessaires devront être prises pour protéger les troupes des Nations unies. La levée de l'embargo est ce que les Musulmans souhaitent le plus, et ce que les Serbes redoutent le plus »[14].

Conclusion de Mitterrand : « Si la réponse des Serbes est négative, il faudra remettre tout le dossier à plat[15] ! »

Presque tout est dit là, sur les frappes aériennes et les risques qu'elles entraînent, sur la levée de l'embargo et ses conséquences, sur la nécessité d'une solution politique. Mais les arguments du président français, tant à propos des frappes aériennes que de la levée de l'embargo, sont-ils tout à fait convaincants ?

L'embargo sur les armes avait été décrété, on l'a vu, par le Conseil de sécurité des Nations unies, et il était clair que deux au moins de ses membres, Russes et Chinois, opposeraient leur veto à sa levée, ce geste « redouté par les Serbes » selon Washington. Mais la question de fond allait au-delà. L'argumentation des experts de Mitterrand était forte : l'accroissement des forces musulmanes ne serait pas substantiel et efficace avant que les Serbes n'aient redoublé de coups décisifs ; et les arsenaux de l'Europe de l'Est, tous solidaires de Belgrade, étaient plus proches, plus riches en armes de sol et désormais inutiles qu'aucun de ceux de l'Ouest. Pour un canon américain livré, combien de mitrailleuses et de mortiers bulgares facilement acheminés ?

Quant aux frappes aériennes – qui allaient, opérées sous l'impulsion américaine, démontrer leur efficacité en 1995 et aboutir à la levée du siège de Sarajevo –, les objections que leur opposait l'état-major de la FORPRONU, à commencer par les officiers français et anglais attentifs à la sauvegarde de leurs camarades disséminés sur le terrain et qui seraient alors offerts aux représailles des miliciens serbes, étaient fortes. D'autant que les vétérans de la Seconde Guerre mondiale, les anciens du Vietnam et les observateurs des récentes opérations du Golfe citaient les points de vue des experts, américains notamment : les bombardements n'ont guère de portée stratégique s'ils ne sont immédiatement suivis d'opérations au sol, et ont souvent des effets pervers, soudant la population à ses dirigeants – fussent-ils aussi odieux que ceux de Belgrade.

Restait, dominante pour beaucoup, la question morale. Militairement efficace ou non, la Communauté européenne pouvait-elle laisser

* Il l'est déjà, intensément, dans l'opinion publique.

supplicier le peuple de Sarajevo et les villageois bosniaques par les miliciens serbes sans réagir autrement que par l'aide humanitaire* ? Tout, fût-ce au prix de nombreuses vies humaines, ne devait-il pas être tenté pour manifester la solidarité de l'Europe avec la ville martyre ? Et d'alléguer deux précédents : l'un lointain, la guerre d'Espagne ; l'autre récent, le conflit du Golfe. En Espagne, les Brigades internationales – et le pouvoir soviétique – s'étaient portées au secours de la République. Au Koweït, la coalition occidentale avait sauvé un pouvoir légal, au demeurant peu digne de sympathie.

C'était assimiler des inassimilables. En Espagne, un gouvernement légitime, universellement reconnu, était agressé par des rebelles soutenus par une intervention militaire étrangère, allemande et italienne. La France était engagée par un traité à fournir des armes à Madrid. Sa sécurité même était en question. L'Espagne était aux portes de la France, elle pouvait servir de base offensive aux dictateurs, une opération militaire par la Catalogne pouvait être conduite (et d'ailleurs à deux doigts d'être déclenchée en avril 1938). Et une grande puissance, l'URSS, avait assumé, face à l'axe Berlin-Rome, les responsabilités du soutien à la République. Rien de tout cela n'était perceptible en 1993, et la reconnaissance « impromptue » d'une Bosnie encore en devenir n'avait semble-t-il pas valeur d'alliance – quelque sympathie que méritât la cause défendue par Alija Izetbegovic et les siens, et quelque horreur qu'inspirât la stratégie serbe.

Quant à la référence à l'intervention au Koweït, elle exige un rappel pénible, mais qui s'impose à tout observateur de la chose publique. Un État n'aventure les vies de ses jeunes citoyens que lorsqu'un intérêt vital est en jeu. Dans le Golfe, qu'on le veuille ou non, le contrôle d'une grande partie de l'énergie pétrolière qui met en branle l'économie de l'Occident était menacé par un Saddam Hussein que l'on eût laissé maître du jeu. L'enjeu était vital, bien au-delà des manipulations des grandes sociétés pétrolières... A Sarajevo, aucun « intérêt vital » de la France n'était en cause, seulement une compassion fondamentale – et, éventuellement, l'apparition d'un impératif de sécurité collective européenne en devenir, mais dont l'arme n'était d'autant moins prête que ses deux protagonistes naturels – l'Allemagne et la France – étaient, en l'occurrence, désaccordés. Il est triste de rappeler que l'approvisionnement pétrolier contraint mieux à l'action un groupe de puissances modernes que le sort d'un peuple souffrant pour une cause juste. C'est ainsi. Le travail ici pèse plus lourd que la vie là-bas...

* Le « gâtisme humanitaire », écrira-t-on.

Peut-être François Mitterrand eût-il été bien inspiré de rappeler aux Français ces autres contraintes, plutôt que de se lancer dans des généralisations historiques sur les rapports entre peuples balkaniques, et le supposé machiavélisme d'un gouvernement de Sarajevo naturellement impatient de susciter des solidarités extérieures – dont les États musulmans, ou réputés tels, ne furent pas prodigues…

* * *

Le 5 février 1994, le marché central de Sarajevo est bombardé au mortier* : 66 morts, 200 blessés. L'horreur, cette fois, bouscule les calculs et coordonne les énergies. Par la voix de son ministre des Affaires étrangères, approuvé par le président, la France appelle à une action en vue de lever le siège de Sarajevo. Et, le 10 février, l'OTAN lance un ultimatum aux assiégeants serbes pour qu'ils retirent leurs armes lourdes à 20 kilomètres de la ville dans un délai de dix jours.

Et, le 21, alors que les Serbes, se pliant à l'injonction de l'OTAN, ont retiré leurs armes lourdes de la périphérie de la ville, le président parle aux Français :

> « Le retrait des armes lourdes a été obtenu grâce à la détermination des alliés et à l'intervention modératrice des Russes auprès des Serbes. Depuis le début du conflit, la France est à l'origine de toutes les initiatives tendant au règlement du conflit [...]. Nous donnerons une impulsion nouvelle à la recherche d'un règlement politique, car il n'y aura de solution que négociée. »

Mais ce que ni lui ni ses conseillers civils et militaires n'ont vu venir, c'est l'alliance croato-musulmane, nouée sous l'égide de la diplomatie américaine, qui va retourner la situation au détriment des Serbes, du coup mis sur la défensive, puis refoulés à partir du printemps 1994. Ce qui permet au « groupe de contact » formé, le 26 avril 1994, des experts des États-Unis, de Russie, de France, d'Angleterre, d'Allemagne et des Nations unies, de préparer une solution négociée sur la base du plan Vance-Owen.

Au mois de mai 1994, le chef de l'État français reçoit à l'Élysée,

---

* Provocation ? De nombreux observateurs, de l'ONU notamment, l'ont supposé, ou suggéré, ou affirmé. En attendant les preuves décisives, on se refusera à entrer dans ce débat.

comme en 1989 à propos de l'Allemagne, les représentants de cinq journaux européens*. Les échanges sont très directs :

> « Des intellectuels vous reprochent de ne pas soutenir les Musulmans de Bosnie qui sont dans leur droit quand ils demandent la levée de l'embargo sur les armes. On ne peut à la fois refuser d'envoyer combattre à leurs côtés nos forces militaires et leur refuser les armes dont ils ont besoin.
> – L'argument est sérieux. Cette demande de levée de l'embargo que m'avait soumise M. Izetbegovic a été examinée. Elle n'a pas eu de suite, de la part des membres permanents du Conseil de sécurité, après une réflexion approfondie. On a craint une aggravation probable du conflit. Et je crois, en fin de compte, que c'était sage. Aujourd'hui, les chances d'un apaisement apparaissent. Il faut les saisir.
> – La France ne pourrait-elle faire plus pour la Bosnie ?
> – Elle a fait plus que quiconque**. Mais j'ai annoncé, il y a deux ans, que je n'enverrais pas notre armée dans l'ancienne Yougoslavie, sinon pour des raisons humanitaires. On m'a critiqué. Mais je n'ai trompé personne. »

Trompé, non. Déçu, oui, y compris ceux qui ne font pas une analyse très différente de la sienne des rapports de force et des relations de droit, des moyens d'agir et des voies d'accès à un règlement. Trop de « réalisme », est-ce encore le réalisme ? Disraeli n'a pas toujours raison contre Gladstone, ni le Blum d'Espagne contre le Blum du procès de Riom***...

Aiguillonnés par Alain Juppé et son homologue allemand Klaus Kinkel****, les membres du « groupe de contact » élaborent un projet de règlement bosniaque qui doit tenir compte des aspirations contradictoires des trois partenaires et des tropismes des uns vers la Croatie, des autres vers la Serbie. Constatant que Washington a cessé de jouer « sa » carte, la musulmane, contre les pouvoirs européens et soutient le projet, le président Izetbegovic a le courage de s'y rallier, alors que les frénétiques Serbes de Palé continuent de lui opposer les armes, massacrant, de Gorazdé à Srebrenica, des populations placées sous la protection des Nations unies. Comportement si odieux qu'il sera désavoué publiquement par leur protecteur de Belgrade.

---

* La *Süddeustche Zeitung*, *La Repubblica*, *The Independent*, *El País*, *Le Nouvel Observateur*, de nouveau à l'initiative de Jean Daniel.

** 6 000 Casques bleus sur 14 000 sont français. Mais peut-être est-ce là aussi une manifestation de « gâtisme ».

*** Celui de la non-intervention d'une part, et celui du réquisitoire contre Vichy de l'autre.

**** Qui a succédé à Hans-Dietrich Genscher.

Quand François Mitterrand achève son second septennat, en mai 1995, les « ultras » de Palé continuent de bloquer le processus de paix, tandis que les forces musulmanes et croates alliées se préparent à reconquérir la Krajina de Croatie. D'où l'hystérie qui s'empare du camp serbe en ses diverses composantes : Karadjic et Mladic, imitant Saddam Hussein, prennent en otages et transforment en cibles humaines 145 Casques bleus des Nations unies (dont plus de 100 Français) et bombardent à nouveau le quartier central de Sarajevo, faisant 37 morts. Après tant d'autres, tolérés, ces crimes suicidaires conduisent enfin Paris et Londres à créer la Force de réaction rapide, qui réagit contre les agresseurs.

Dès lors, Américains et Européens conjuguant leurs efforts vont pouvoir forcer la paix – sur la base d'un partage de fait entre la fédération bosno-croate, qui contrôle 51 % du territoire, et la « République serbe de Srpiska », qui en conserve 49 % : tel sera le fruit de cinq ans de guerre et des accord de Dayton (Ohio) forgés par le dynamique négociateur américain Richard Holbrooke.

* * *

A la différence de ce qu'il fit à propos de l'Allemagne, François Mitterrand n'a pas tenté de dresser un bilan favorable de son action concernant la Yougoslavie, si contestée fût-elle, et parfois de façon délirante.

On a exprimé quelques doutes à propos des possibilités techniques, diplomatiques, politiques d'une « autre politique », celle de l'intervention militaire, soit après la destruction de la ville croate de Vukovar, en 1992, soit au moment du siège de Sarajevo, en 1993, soit après le massacre de Srebrenica, en 1995. Il est vrai que les frappes de 1995 furent efficaces, faisant lâcher prise aux bandes de Karadjic : mais elles n'intervinrent qu'avec le concours des Américains, maîtres de l'OTAN, longtemps cantonnés dans un rôle d'excitateurs immobiles et persuadés de faire l'économie de la bataille en poussant en avant et armant les Musulmans.

Pourquoi fallut-il attendre la venue aux affaires de Jacques Chirac pour que soit mise sur pied la Force de réaction rapide – qui, de fait, passa à l'acte ? Cette initiative louable, à laquelle contribua le dynamisme d'un président porté à la « réaction rapide », ne fut pas une question d'hommes, ni même d'administrations : il s'agissait d'une opération combinée entre Londres et Paris. Or aucune succession n'était intervenue en Grande-Bretagne, où le très prudent John Major* était toujours aux commandes. C'est la multiplication des défis lancés par Karadjic et ses gens, l'agression directe contre les militaires, notamment anglais et français, qui imposèrent à l'Occident de se donner les moyens de réagir...

Participant à divers colloques** avec les officiers impliqués dans les décisions et opérations, de Vukovar à Srebrenica – tels les généraux Morillon, Janvier, Cot ou Quesnot –, l'auteur n'a pas retenu, de leur part, des remises en cause de la détermination ou de l'énergie, dans l'ordre militaire, de François Mitterrand confronté à la tragédie balkanique.

Si l'on juge toutefois assez lourd le « dossier yougoslave » de celui qui était président de la République de 1991 à 1995 et porte ainsi une part de responsabilités dans le sinistre bilan dressé à l'issue du conflit – où, faut-il le rappeler enfin, la France n'est tout de même qu'une des cinq ou six puissances indirectement concernées... ! –, c'est d'abord du fait de son analyse de base, faussée par une vision un peu simpliste de l'histoire des Balkans. C'est ensuite du fait de ses préjugés serbophiles dont on a cité bon nombre de témoignages, préjugés qui l'ont conduit, sur la base de comportements héroïques anciens, à surestimer les forces de Mladic (d'où la comparaison, proposée à Kouchner en 1992, avec l'armée de Tito cinquante ans plus tôt...) et à refuser de reconnaître que c'est l'hégémonisme grand-serbe de Milosevic qui a tué d'abord la Yougoslavie.

C'est aussi parce qu'il n'a guère prêté l'oreille aux avis d'experts des questions slaves du sud de l'Europe, comme Paul Garde ou Jacques Rupnik, et pas davantage à une opposition serbe qui, pour être elle aussi en proie à la fièvre nationaliste, remettait au moins en cause les comportements césariens et aventuristes de Milosevic.

C'est enfin et surtout parce qu'il a par trop négligé une composante fondamentale de la technique diplomatique, de ce machiavélisme dont il sut souvent tirer les fruits les plus utiles à son pays : la menace.

Comment exprimer ce type de réserves mieux que ne l'a fait son très diligent et lucide collaborateur Hubert Védrine, tour à tour inspirateur inquiet et exécutant loyal de cette politique ?

> « ... En répétant trop, en disant trop explicitement [...] qu'il ne voulait pas "ajouter la guerre à la guerre", le président a malgré lui*** adressé un mauvais signal aux protagonistes, et d'abord aux chefs serbes, ce

---

* Qui avait bloqué la riposte militaire envisagée après la destruction de Vukovar.

** Notamment au séminaire animé par Hubert Védrine en 1997 à l'École des hautes études.

*** On ne peut pourtant pas le tenir pour un étourdi !

> qui a sans doute contribué à leur faire penser qu'ils pouvaient persévérer dans leurs actions. Je sais bien pourquoi il a parlé ainsi : fureur froide contre les oukases bellicistes des médias, volonté de parler franchement aux Français et de ne pas être complice des mensonges trompeurs distillés par d'autres aux Musulmans bosniaques. Le paradoxe est qu'en parlant comme si tout cela dépendait de lui, alors que cela n'était pas le cas et qu'il n'a fait qu'exprimer tout haut ce que pensaient, on l'a constaté, les dirigeants occidentaux et russes, il a alimenté le réquisitoire, à mon sens injuste, dressé contre lui. Et il s'est privé des effets, dissuasifs ou menaçants, de l'ambiguïté [16]. »

François Mitterrand en mal d'ambiguïté ? Il fallait bien, pour voir cela, que les démons balkaniques s'en mêlent...

MITTERRAND SOI-MÊME.
Flanqué de Roger-Patrice Pelat, en visite à l'Élysée, le président pose pour le sculpteur Daniel Druet qui, après avoir réalisé son effigie pour le musée Grévin, s'est pris au jeu, et a été agréé.
(Photo G. Le Querrec/Magnum)

UN « SOMMET DES SEPT »,
réuni à Paris le 14 juillet 1989 à l'occasion du bicentenaire
de la Révolution française, où le président de la Commission européenne
Jacques Delors (à gauche) s'est joint à Margaret Thatcher, George Bush,
François Mitterrand, Helmut Kohl, Brian Mulroney…
(Photo J.-C. Coutausse/Contact Press Images)

A BERLIN-EST, LE 21 DÉCEMBRE 1989,
lors d'un voyage très contesté au-delà d'un mur qui vient de s'écrouler.
(Photo P. Piel/Gamma)

Sous l'Œil de Jospin...
...un dialogue très détendu entre le président et Pierre Bérégovoy.
(Photo J.-C. Coutausse/Contact Press Images)

AVANT LE DÉSASTRE RWANDAIS.
Juvénal Habyarimana est l'hôte de François Mitterrand.
(Photo Gamma)

Le cinquième gouvernement :
Édith Cresson sur le perron de l'Élysée au côté du président,
devant Lionel Jospin, Roland Dumas, Michel Charasse,
Jean-Louis Bianco, Paul Quilès…
(Photo A. Gyori/Sygma)

28 JUIN 1992 : SARAJEVO.
Dans la ville assiégée et bombardée par les Serbes,
François Mitterrand, entre Alya Izetbegovic et Bernard Kouchner,
rend hommage aux victimes. Pour quelques heures...
(Photo A. Gyori/Sygma)

Sur la pelouse de l'Élysée,
le jeune président américain écoute un homme d'expérience.
(Photo P. Artinian/Contact Press Images)

Élisabeth II et François Mitterrand,
suivis d'Hubert Védrine et Alain Juppé,
surmontant de peu le chapeau de la reine.
(Photo T. Orban/Sygma)

L'ACCUEIL DE YASSER ARAFAT À L'ÉLYSÉE
n'alla pas sans histoires, le mot « caduque » prononcé,
valait reconnaissance d'Israël.
(Photo A. Nogues/Sygma)

François Mitterrand et Édouard Balladur.
On a parlé, de 1993 à 1995, de « cohabitation de velours ».
Les deux visages, ici, font plutôt penser à de la bure.
(Photo B. Bisson/Sygma)

Qui se reporte à l'image de la sortie de Valéry Giscard d'Estaing
en mai 1981, puis considère ces souriants adieux de mai 1995,
se prend à penser qu'en quatorze ans,
le principe démocratique de l'alternance a fait quelques progrès.
(Photo J.-F. Campos/Vu)

UN VIEUX PRÉSIDENT
qui n'a pas fini d'arpenter le paysage de son pays.
Entre son fils Gilbert (à sa gauche), Jack Lang, Roger Hanin et quelques enfants.
(Photo P. Artinian/Contact Press Images)

LIVRE, MON AMI...
(Photo K. R. Muller/Contact Press Images)

Quel projet
échafauder encore ?
(Photo K. R. Muller/Contact Press Images)

MAINTENANT,
LE MAL EST LE PLUS FORT.
(Photo Auber/Sygma)

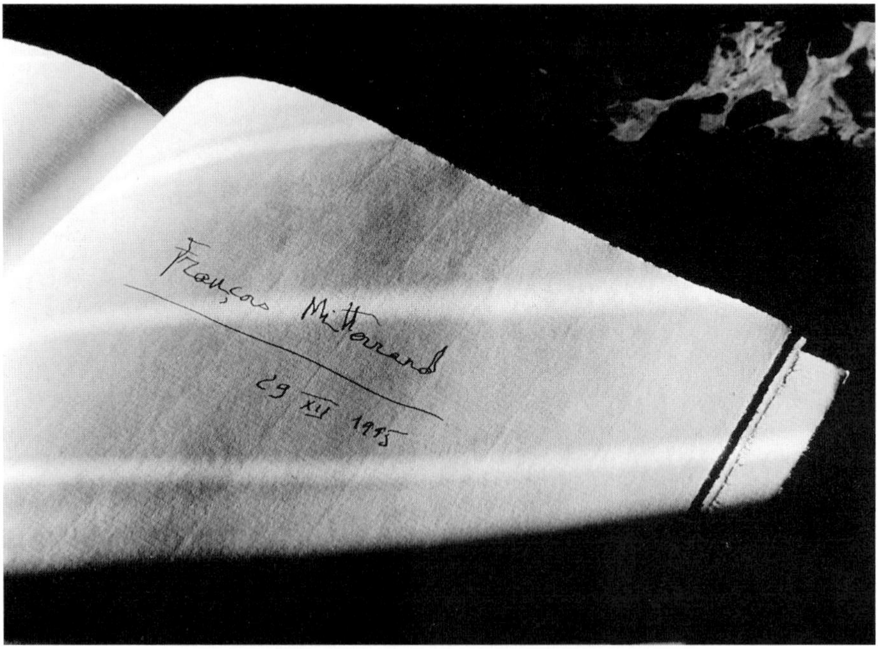

La dernière signature, si tremblée
sur le registre de l'hôtel d'Assouan.
(Photo F. Neema/Sygma)

CHAPITRE XIII

Sang d'Afrique

• « Je me sens de la famille... » • Héritier ou précurseur du Général? • Une vision ethnocratique • La « cellule » de l'Élysée • Jean-Pierre Cot et le « pré carré » • Au Tchad, face à Kadhafi • Double langage avec Pretoria • Les riches ambiguïtés de La Baule • Brève percée démocratique au Togo • La toque de Mobutu • Rouges collines du Rwanda • « A son corps défendant »... • Un procès à Biarritz • L'accueil de Mandela • Le jury délibère...

Un jour de mars 1986, François Mitterrand reçoit sa vieille amie Marguerite Duras :

« Parlez moi de l'Afrique, dit-elle.

– J'y suis allé pour la première fois en 1947. J'avais 30 ans et une certaine fraîcheur d'impressions. J'ai pénétré un monde qui m'a séduit et définitivement retenu... J'y suis retourné chaque année dans la période qui a suivi...

– Vous tenez à l'Afrique comme à quoi ?

– Au risque de surprendre, je me sens de la famille*... »

Deux ans après sa découverte François Mitterrand approfondit sa « familiarité » africaine, en 1949, au cours d'un voyage ministériel à Brazzaville – il est en charge de l'Information – accompagné de sa femme Danielle et de deux amis, Pierre Chevallier, député d'Orléans, membre de l'UDSR comme lui, et Claude de Kémoularia**. Périple jubilatoire, qui attache décidément le jeune politicien à ces horizons, aux gens du bas Congo et du haut Nil.

C'est en Afrique, on l'a vu***, qu'allait s'opérer en 1950, conscient ou non, l'aiguillage à gauche du jeune ministre François Mitterrand. Son action aux côtés des fondateurs du RDA en faveur de l'émanci-

* Ironiser sur l'emploi de ce mot par François Mitterrand, alors et plus tard, serait déplacé.

** Qui deviendra son ambassadeur à l'ONU.

*** Tome 1, chapitre v.

pation de l'homme noir faisant de lui la cible des campagnes de la grande colonisation. Dès lors, fût-il en telle ou telle occurrence allié de la droite, il serait suspect aux gardiens du *statu quo*, et pour longtemps voué, par la force des choses autant que par sa volonté, à les contester.

C'est en Afrique encore que, bien des années plus tard, va se produire le mouvement inverse. Si la gauche peut se définir, compte tenu de toutes les compromissions ou trahisons, par une volonté organisée au service de la justice, il faut bien constater que, de 1983 à 1995, considérant l'Afrique, cette volonté se dégrade chez Mitterrand en velléités, puis en résignation.

De ce retournement, ou de cette désaffection, il est au moins une personne pour ne pas s'étonner : le successeur de François Mitterrand à l'Élysée. Capable de reconnaître en d'autres domaines les qualités de son prédécesseur, Jacques Chirac met en doute sinon la sincérité de ses sentiments à l'égard de l'Afrique, du moins l'attachement que lui portaient les dirigeants africains*. Nous allons mettre ces divers points de vue à l'épreuve des faits.

* * *

La politique africaine du président élu en 1981, réélu en 1988, s'inscrit dans un cadre que dessinent des pratiques coloniales, puis néocoloniales, sa propre relation avec l'Afrique, l'évolution du continent noir accélérée par l'affolement de l'histoire mondiale à la fin des années 80, et un système de pouvoir français incroyablement enchevêtré où interfèrent tour à tour une « cellule africaine » de l'Élysée d'un autre âge, le ministère dit « de la Coopération », le Quai d'Orsay, l'armée et, en période de cohabitation (quatre ans sur quatorze), les spécialistes de Matignon ou du RPR – le tout chapeauté par un président dans le regard duquel l'Afrique apparaît tour à tour (ou simultanément...) comme un grand amour de jeunesse, une solidarité nécessaire et une corvée crépusculaire.

Il n'est pas possible d'apprécier le parcours africain de François Mitterrand sans le comparer, comme on l'a fait en d'autres domaines, à celui de Charles de Gaulle. Et ici plus qu'ailleurs, mieux qu'en matière européenne ou nucléaire. Beaucoup ont situé son action dans une continuité gaullienne. Et si c'était l'inverse qui était vrai ? L'afri-

* Voir en appendice le texte de l'interview accordée par le président Chirac à l'auteur le 13 mars 1998.

caniste Jean-François Bayart suggère que ses prédécesseurs à l'Élysée, y compris le plus grand, ont suivi « la voie que M. Mitterrand avait ouverte en 1951, [et] que Defferre [avait] entérinée en présentant sa loi-cadre de 1956. La vraie continuité est plus ancienne que ne le dit la droite, elle va de M. Mitterrand au général de Gaulle et à ses successeurs[1] ».

Sans prétendre arbitrer et moins encore concilier les contraires, on pourrait suggérer que la continuité prend sa source en amont, dans le discours de Brazzaville de 1944, prononcé par de Gaulle à l'issue d'une conférence organisée par son plus proche collaborateur, René Pleven, dont Mitterrand sera le ministre en 1950-1951*. S'il fut restrictif dans l'ordre politique (ni indépendance, ni autonomie...), le discours du chef de la France libre ouvrait bien la voie à la décolonisation de l'homme africain : il fut reçu comme tel par la plupart de ses destinataires. François Mitterrand pouvait bien le nier avec l'âpreté de celui qui se veut l'inventeur**, la ligne qui va du texte de 1944 aux décisions du ministre de 1950 et de la loi Defferre, et à la création de la Communauté est si constante qu'on croirait y voir le fruit d'une stratégie progressive dessinée par un homme ou une équipe...

On n'évoque là que les superstructures d'une histoire franco-africaine qui eut des composantes moins louables, et non moins permanentes. Car c'est aussi par des méthodes troubles et des procédures douteuses que fut assurée la continuité.

On a coutume de résumer le système d'influence et d'intervention français maintenu en Afrique après le solennel désengagement opéré sous l'égide de Charles de Gaulle en 1960 par le mot de « foccardisme*** », du nom du fondé de pouvoir du Général, à la fois sur ce continent et dans l'ordre des polices parallèles. Que les deux missions eussent été ainsi confondues par de Gaulle sur une même tête ne relevait pas de la coïncidence. Cette décolonisation majestueuse avait son revers – la manipulation, nichée au sommet de l'appareil de l'État.

En empochant sans inventaire cet héritage (à peine retouché par ses deux prédécesseurs), François Mitterrand risquait de se vouer aux mêmes errements****. D'autant qu'il confia bientôt cette étrange mission – allégée des responsabilités policières – à deux proches : l'aimable

* Mais qui le jugea trop audacieux, l'éliminant de son gouvernement suivant.

** Il me faisait notamment grief d'avoir présenté le discours de Brazzaville dans une perspective libératrice...

*** Bizarrement, on écrit « Foccart » et on dit « foccardisme ».

**** A qui lui faisait valoir le caractère folklorique de cette « cellule », il répondait : « Si je la supprimais, les chefs d'État africains me la réclameraient... » Et alors ?

stomatologiste de sa famille, Guy Penne, haut dignitaire de la franc-maçonnerie*, sénateur du Vaucluse, et son propre fils Jean-Christophe. Quelle que soit l'opinion que l'on ait de ces deux personnes d'un commerce agréable, on peut admettre que le président maximisait ainsi les risques de « domestication » des pratiques néo-coloniales. On verra que la désignation de telle ou telle personnalité novatrice au ministère de la Coopération, puis dans la « cellule » même, tendait à équilibrer ces risques – n'y parvenant que par intermittence...

La « cellule africaine » de l'Élysée ne fut-elle qu'un fantasme de journalistes ou de polémistes, comme les « réseaux Foccart » ? Deux bons praticiens de ces affaires, tour à tour opposants et collaborateurs de Mitterrand, soutiennent que la « cellule » n'était pas un mythe, que, sur le double plan de l'information et de la préparation des décisions, elle assuma sa part de responsabilités – quoi qu'en ait dit, devant la mission d'enquête sur le Rwanda, en mai 1998, le fils du président.

Dans ce cadre à la fois contraignant et vermoulu s'exprime par des voies multiples un personnage singulier. Aucun de ceux qui ont travaillé avec François Mitterrand** sur ces questions ne conteste d'abord qu'il « aimait charnellement l'Afrique » (Michel Roussin), ensuite qu'il en avait une connaissance de spécialiste « incroyablement informé des ethnies, de leur histoire, de leurs conflits » (Thierry de Beaucé), et même qu'il éprouvait de l'« amitié » pour ses partenaires africains. A Jean-Pierre Cot qui usait de ce mot, j'objectai qu'il me semblait abusif. « Mais non, mais non, il s'agit bien d'amitié... »

Mais ne s'est-il pas trop focalisé sur le système tribal pour ne pas croire que là est la clé de tout – comme il l'a cru en Yougoslavie ? En un sens, il est le très brillant héritier d'une école qui enseignait à déchiffrer l'Afrique en termes d'ethnies bien structurées, et qui crut pouvoir aménager la colonisation par un usage habile de cette bigarrure – substituant en somme au colonialisme une « ethnocratie » bien tempérée...

L'Afrique de Mitterrand reste, en 1990, celle de 1950. Il connaît les rapports traditionnels entre Wolofs et Sérères, entre Baoulés, Mossis et Yoroubas mieux que les programmes de l'université de Yaoundé, pour ne pas parler de celle d'Accra. Pour lui, l'Afrique est encore celle où le Dr Houphouët, « communiste terroriste », était pourchassé par les gendarmes français et sauvé par un ministre originaire d'une ethnie dite charentaise.

---

* Très influente en Afrique.

** Exception faite, on l'a vu, de Jacques Chirac. Mais peut-on dire que les deux présidents successifs « travaillèrent ensemble » sur ce sujet ?

Dans un numéro de *Politique africaine*[2] qui lui est consacré, Philippe Marchesin veut bien créditer Mitterrand l'Africain d'un « authentique comportement anticolonial », mais considère qu'« il s'appuie sur une dimension culturaliste quelque peu figée du continent noir » et fait « la part belle à l'Histoire », surtout à celle du ministre qui, ayant su en 1950 « désamorcer les tensions et préserver l'Afrique de la guerre »[3], se voit, au congrès de Bamako, en 1957, acclamé par les leaders africains. Lesquels, selon le gaulliste Jean de Lipkowski, « ne se contentaient pas de l'admirer, mais l'aimaient[4] ».

Grisants souvenirs. Dangereux ? Le président Mitterrand des années 80 en est encore baigné. Certes, il connaît et admire les écrivains, les historiens et les anthropologues africains, Ahmadou Hampaté-Ba, Joseph Ki-Zerbo, cheikh Hamidou Kane. Il porte aux nues Aimé Césaire, qui, pour n'être pas africain, est une référence fondamentale sur le continent. Il lit bien sûr les notes d'excellents spécialistes comme Jean Audibert et Henri Réthoré. Dans son entourage, Régis Debray n'est pas homme à s'enchaîner au passé.

Mitterrand sait que l'Afrique bouge. Mais il perçoit mal à partir de quelles pulsions, qui ne sont plus les simples contrecoups de la politique française ou européenne (la chute du mur de Berlin, par exemple, ou la liquidation de Ceausescu*), mais plutôt l'exclusion de potentats comme Bourguiba, la démocratisation du Bénin ou la libération de Nelson Mandela, sans parler des émeutes d'Alger de 1988 ou des craquements qui font prévoir l'effondrement de Mobutu.

Ses connaissances d'avant-garde, jadis, sont devenues d'arrière-garde, son Afrique est « celle de papa », comme le rythme qu'il entend imprimer à son évolution. Conservateur, le président Mitterrand ? Non. Modérateur, prudemment réformiste, et l'on sait que la prudence qui contraint est une imprudence qui s'ignore.

Quant aux mécanismes de pouvoir que met alors en œuvre la politique française, ils suffiraient à vouer à l'infirmité toute stratégie. On a suggéré le caractère à la fois désuet et familial de la « maison » de l'Élysée, que l'injection de talents extérieurs – Jean Audibert, Thierry de Beaucé, Bruno Delaye – ne suffira pas à dynamiser. N'avoir pas fait sauter ce fusible, devenu un verrou, fut la faute initiale de la stratégie mitterrandienne en Afrique. Au ministère de la Coopération, le trop bref passage de Jean-Pierre Cot avait donné une impulsion** ; la fâcheuse gestion de Christian Nucci***, son successeur, allait rendre

* Qui jouèrent un rôle important dans la prise de conscience africaine.
** Voir plus loin, p. 439 s.
*** Voir chapitre X.

difficile la tâche confiée ensuite à Michel Aurillac, Jacques Pelletier, Edwige Avice, Marcel Debarge ou Michel Roussin.

Si les dissonances s'étaient limitées à celles qu'engendraient ces dualités structurelles ! Il fallait compter aussi avec les corps militaires qu'une longue histoire coloniale avait incrustés en Afrique – où Charles Hernu laissait au colonel Mantion ou à son collègue Robert les mains aussi libres qu'à leurs homologues dans le Pacifique, où les vieux briscards de l'infanterie coloniale se tenaient pour autonomes, où le SDECE, rebaptisé DGSE, jouait les cartes les plus diverses, la capacité laissée à cette organisation de les brouiller ne trouvant ses limites que dans le caractère éphémère des missions de ses chefs successifs*.

Et comment ne pas tenir compte des initiatives du ministère de la Francophonie, qui trouve là un champ d'action privilégié, de celui de l'Action humanitaire, qui n'en voit pas moins de raisons d'intervenir, et bien sûr de l'administration des Finances, assez souvent sollicitée par le biais de diverses agences d'investissement ou d'expertises pour juger qu'elle a son mot à dire ? Cacophonie préfabriquée sous la baguette d'un président qui n'a pas d'allergie plus grande que celle qui consiste à réunir en commission, comité ou autre séminaire les divers responsables d'une politique pour tenter d'harmoniser leurs actions.

Virtuose du tête-à-tête et des grands duos, François Mitterrand détestait ce genre de polyphonies – se délectant secrètement (l'adverbe n'est-il pas de trop, tant la jouissance était visible ?) des dissonances... Le système avait connu sa plus sinistre caricature lors de l'affaire du *Rainbow-Warrior*, embrouille sanglante. Aucune leçon n'en fut tirée à propos de l'Afrique.

Homme de pensée mouvante, mais très contrôlée dans la tradition classique, François Mitterrand citait volontiers Pascal, à propos de la nécessité d'appuyer le jugement sur un « point fixe ». S'agissant de l'Afrique, celui-ci était facile à trouver : la France ne saurait être elle-même si elle se retirait de l'Afrique. De Gaulle, plus moderne en un sens, s'y fût résigné. La grandeur peut trouver d'autres voies, moins palpables, plus diffuses. L'« africanité » de Mitterrand, protéiforme, est plus enracinée ou essentielle**. Il le redira sans cesse, et jusqu'en un temps où l'évidence le contredit, à la conférence testamentaire de Biarritz en 1994 : « La France doit refuser de réduire son ambition

* Six en dix ans...
** On a évoqué ces deux attitudes, rattachées à celles de Ferry et Clemenceau, tome 1, chapitre v.

africaine, [elle] ne serait plus tout à fait elle-même aux yeux du monde si elle renonçait à être présente en Afrique*. »

« Point fixe », donc. Mais autour duquel s'enroulent procédures, personnages, manœuvres et décisions souvent contradictoires, mises en œuvre ou en scène par un pilote assuré de sa propre maîtrise mais pas toujours conscient qu'il navigue dans la brume.

* * *

Les choses ont pourtant bien commencé. Quand, en mai 1981, le nouvel élu compose son équipe gouvernementale, il désigne comme ministre délégué à la Coopération (c'est-à-dire d'abord l'Afrique) un jeune homme qu'il estime particulièrement et dont il connaît le non-conformisme et le désintéressement, Jean-Pierre Cot. Il sait que, très accordé aux idées novatrices de Claude Cheysson, son ministre de tutelle, le nouveau patron de la Coopération ne va pas se contenter de surveiller le « pré carré » post-colonial, la zone d'Afrique où s'exerce le plus directement l'influence française. Ce changement d'objectif, Cot entend le manifester sans tarder : soutenu par Cheysson, il réclame d'emblée que sa mission s'étende au développement en général, et se donne pour objectif le « co-développement** », ce qui est faire exploser le cadre proprement africain et ouvrir les perspectives sur l'ensemble du tiers monde. Le président a cédé sur la forme. Mais, dès le 8 juin 1982, il rappelle sèchement qu'il y a des priorités dans la solidarité. Jean-Pierre Cot a compris : le « pré carré » d'abord...

Dès lors, la vie du « couple » président-ministre ne sera qu'un malentendu muet. Avec Cheysson, Mitterrand a certes des désaccords***. Mais il le voit souvent et ne déteste pas l'affronter à propos d'Israël ou de « Maggie ». Cot n'a guère accès au bureau du maître de l'Élysée : il bombarde le chef de l'État de lettres, de moins en moins lues ou annotées.

Mitterrand s'agace des remontrances du jeune ministre, qu'il trouve décidément trop proche de Rocard et trop peu soucieux de maintenir des rapports cordiaux avec les pères conscrits de la « Françafrique », du « pré carré ». Qu'est-ce que c'est que cette façon qu'il a de déclarer

* Voir plus loin sa déclaration lors d'un Conseil interministériel de 1990, en réponse à Jean-Pierre Chevènement, Pierre Joxe et Lionel Jospin.

** Formulation rocardienne qui agace Mitterrand...

*** Voir chapitres I et V.

qu'il ne va pas à la rencontre d'un chef d'État sans lire auparavant le rapport consacré à sa gestion par Amnesty International – rapport qui prend souvent la forme d'un réquisitoire ? Dire ça à Eyadéma le Togolais, à Traoré le Malien !

En diverses occurrences, pourtant, le président et le ministre jouèrent la même partition, celle du renouveau. Lorsqu'il est entré à l'Élysée, le nouveau président a tenu sur l'apartheid sud-africain des propos d'une fermeté sans précédent, que les journaux africains ont relevés avec une vive satisfaction, avant même que Paris n'arrache à Pretoria la libération du grand poète afrikaner et anti-apartheid Breyten Breytenbach, dont Mitterrand est un admirateur. Lorsqu'il prononce, en octobre 1981, à Mexico (et non à Cancún, comme on le dit trop souvent...) un discours* acclamé par les foules latino-américaines, où il rappelle les droits des peuples en voie de développement, avant de participer à la conférence entre pays du Nord et du Sud, où il se heurte à Ronald Reagan, défenseur du *statu quo* entre États possédants et peuples prolétaires, Mitterrand parle le langage que goûte son ministre du « développement ».

Quand il obtient que le sommet franco-africain de l'automne 1981 ne se tienne pas à Kinshasa, comme prévu, mais à Paris, parce qu'il se refuse à être l'hôte d'un personnage tel que Mobutu, Jean-Pierre Cot peut croire qu'il a gagné le président de la République à ses vues – celles d'une certaine « hygiène » dans les relations de pouvoir. (En fait, Mitterrand détestait le dictateur à la toque de panthère.) Mais cette réserve ne dura qu'un an : on renoua avec le Zaïrois l'année suivante à Kinshasa.

Enfin, s'agissant du Tchad envahi, bientôt conquis par la Libye (les troupes de Kadhafi ont atteint N'Djamena, la capitale), le ministre soutient sans réserve l'énergique stratégie du président Mitterrand, qui, avant de déclencher en 1983 l'« opération Manta** », met tout en œuvre pour contenir l'impérialisme de l'effervescent colonel libyen.

Mais les dissonances, de forme, de fond parfois, allaient apparaître. Pourquoi, grommelle Mitterrand, Jean-Pierre Cot juge-t-il bon de ne pas commencer la tournée de ses visites officielles aux maîtres de l'Afrique par la traditionnelle réception à Yamoussoukro, chez le « sage » Houphouët-Boigny ? Le vieux partenaire de Mitterrand en éprouve de l'aigreur. Pourquoi le ministre préfère-t-il inaugurer sa tournée par Yaoundé, périphérique, et la poursuivre à Accra, au Ghana, une zone anglophone ? Ce qui est bien marquer que le « déve-

* Dont Régis Debray a rédigé l'essentiel.

** Jean-Pierre Cot aura auparavant quitté le ministère.

loppement » l'emporte sur la « coopération », et que le « pré carré » est une notion dépassée.

Plus amer : le président décide de renouer personnellement en septembre 1982 avec Sékou Touré (qui a déjà reçu Giscard à Conakry), en dépit du caractère despotique et outrageusement répressif du système imposé à la Guinée. Le dictateur a pu, en 1977, traiter Mitterrand de « crapule » et son parti de « souillure », les vieilles relations des années 50, du temps où Sékou était un éloquent militant syndicaliste et un interlocuteur de Mitterrand, sont les plus fortes...

Jean-Pierre Cot a fait dire à Mitterrand qu'il serait absent de Paris à l'époque de la visite. Le président n'a de cesse que son ministre aille saluer le Guinéen à l'hôtel Marigny, où logent les invités de l'Élysée. Cot est tellement perturbé par la perspective de ce face-à-face qu'il tient à se faire accompagner, pour subir l'épreuve, par son directeur de cabinet Jean Audibert. C'est celui-ci qui raconte la scène :

> « Nous nous trouvons face à un homme écumant de rage, dénonçant en termes belliqueux la France et ses dirigeants qui soutiennent l'opposition guinéenne. Il cherche visiblement à nous humilier [...]. Jean-Pierre Cot suggère que l'on parle de la coopération entre les deux pays [...]. Sékou Touré le coupe : "Je ne m'intéresse pas à ces détails [...]. Mon objectif est de changer l'homme guinéen. J'y parviendrai, malgré vous, malgré les complots. J'y survivrai car je suis immortel !" Jean-Pierre Cot se lève – mais ne partira que les bras chargés des *Œuvres complètes* de notre hôte [5]... »

Moyennant quoi, le soir même, à 23 heures, Sékou Touré, drapé dans son boubou blanc, est reçu par François Mitterrand pour parler du bon vieux temps du congrès de Bamako...

Mais la vraie rupture entre le président et le ministre était intervenue plus tôt, quand le premier s'était abstenu de contresigner le texte de la réforme préparée par le second, annonçant non seulement le changement d'appellation du ministère, « de la Coopération et du Développement », mais encore l'élargissement de ses fonctions à l'échelle mondiale, l'Europe exceptée. MM. Houphouët, Bongo, Eyadéma seraient-ils désormais assimilés à des chefs d'État centre-américains ou extrême-orientaux ? Fort marris de cette perspective, ces puissants personnages firent en sorte, par le truchement de la « cellule africaine » de l'Élysée, que la réforme, affadie, ne portât pas la signature du président, mais du seul Premier ministre, d'ailleurs tout acquis, lui, aux idées de Jean-Pierre Cot. S'agissant du continent noir, une bouderie du président avait valeur pratique de veto. L'Afrique garderait « son » ministère bien à elle...

Six mois plus tard, Jean-Pierre Cot se voyait offrir, comme un hommage à ses talents, l'ambassade de France à Madrid, honneur qu'il déclina, y décelant d'abord la mise à l'écart du « gêneur » qu'il était devenu. Mitterrand voulut-il vraiment se débarrasser de lui ? On sait qu'il n'aimait pas rompre et était fidèle en amitié. Le fait est que cette invite témoignait sinon d'une rupture, tout du moins d'une distance déjà manifestée par bien des signes. Le « pré carré » avait besoin de soins exclusifs*...

C'est un an après son entrée à l'Élysée, en mai 1982, que François Mitterrand entreprend son premier voyage présidentiel au sud du Sahara, très vite suivi d'un deuxième périple, à l'automne. Son élection a été bien reçue par l'opinion africaine, de Léopold Sédar Senghor, qui salue l'avènement d'un « grand président » pour l'Afrique, à la revue gauchiste *Afrique-Asie*, qui titre « Le *ouf* du tiers monde »... Ces louanges se nuanceront ou s'inverseront au fil des années. Mais, en 1982, l'étoile du président français est encore brillante, et le climat favorable. Il est accueilli tour à tour au Sénégal, en Côte-d'Ivoire et au Niger, puis au Burundi, au Rwanda, au Zaïre et au Congo – ce dernier, alors aux mains d'un pouvoir « marxiste », lui réservant un accueil chaleureux.

Mais c'est tout de même à Kinshasa que se déroule, on l'a dit, le sommet africain de 1982. Paradoxalement, et en dépit de son hébergement en ce haut lieu de la corruption néo-coloniale, c'est une défaite pour les militants du « pré carré » : conformément aux souhaits de Cot et de Cheysson, les États anglophones et lusophones y sont presque aussi nombreux que les francophones – dont les dirigeants manifestent leur humeur : ne seraient-ils plus les privilégiés de Paris** ? Au moment même où il se voit exclu, Jean-Pierre Cot aurait-il marqué un point décisif contre « l'Afrique de papa » ? On verra qu'il s'agit plutôt d'un effet d'optique.

* * *

* Il faut observer en tout cas que dans le livre que lui a inspiré sa mission interrompue, *A l'épreuve du pouvoir* (Le Seuil, 1984), Jean-Pierre Cot ne s'en prend nullement au chef de l'État, lui reconnaissant des intentions louables, notamment le souci de placer son action sous le signe du « non-alignement » (sur les grandes puissances). Mais quelques années plus tard, à propos du Rwanda, l'ancien ministre jugera très durement la longue collusion entre l'Élysée et le pouvoir en fin de compte « génocidaire » de Kigali.

** Le « pré carré » s'étend de plus en plus aussi à des francophones nouveaux venus, contre le Burundi et le Rwanda. Hélas...

La grande affaire des premières années africaines de la présidence Mitterrand, c'est la défense du Tchad. Dans l'inventaire global qu'il faudra bien dresser en 1995, non sans tristesse, on pourra classer cette opération dans la colonne des « bonnes œuvres ».

Il ne faut pas oublier que, quelques années plus tôt, les troupes libyennes, faisant incursion au Tchad, se heurtaient à peu d'obstacles. En 1978, sous Giscard d'Estaing, un détachement français avait bien été expédié à N'Djamena. Mais il s'en était discrètement retiré deux ans plus tard, laissant les Libyens occuper la capitale et une grande partie du pays. Ils campaient toujours en territoire tchadien quand Mitterrand entra à l'Élysée. Il fallut douze ans pour obtenir que le dernier soldat de Kadhafi évacue la « bande d'Aozou », au nord. Processus long, marqué de flottements. Mais mission accomplie, bien que, depuis 1976, aucun accord de défense ne liât plus la France au Tchad.

Si contestée qu'elle fût, y compris par des gaullistes que l'on eût crus plus sourcilleux à propos de l'intégrité des États du « pré carré », cette stratégie, qui culmina avec l'« opération Manta », peut être tenue pour l'une des manifestations positives de ce qui reste de présence française en Afrique.

Dans le livre qu'il a consacré à sa mission interrompue, *A l'épreuve du pouvoir*[6], Jean-Pierre Cot décrit sans ménagements la « cacophonie » qui régnait en 1981 à Paris à propos du Tchad, entre partisans de Hissène Habré (les services spéciaux, critiqués par Mitterrand qui n'a pas pardonné à celui-ci l'enlèvement de Mme Claustre*) et défenseurs de Goukouni Oueddeï, alors détenteur du pouvoir (que l'on trouve plutôt au ministère de la Coopération, où d'autres soutiennent l'homme du Sud, le colonel Kamougué), tandis que le Quai d'Orsay tente surtout d'éviter un conflit ouvert avec Kadhafi le Libyen, qui lui-même joue tantôt Habré et tantôt Goukouni, pour mieux déstabiliser le Tchad...

En juin 1982, Hissène Habré n'est pas plus tôt maître de la capitale, N'Djamena, qu'il tend la main à Paris, rappelant que le ministre de la Coopération, Jean-Pierre Cot, fut son maître de conférences à Sciences Po... Et le voilà invité au sommet de Kinshasa, où il fait la paix (formelle) avec Mitterrand. Cette option ne laissera pas de le conforter dans les mois qui viennent et qui s'annoncent difficiles, Goukouni Oueddei ayant, lui, fait alliance avec Kadhafi, que les efforts du Quai d'Orsay n'ont pas réussi en effet à décourager de conquérir le Tchad.

En mars 1983, Goukouni et son GUNT, ouvertement soutenu par le

---

* L'ethnologue française enlevée par Hissène Habré qui (après avoir tué le commandant Galopin) l'a libérée à l'issue d'une mission du diplomate Stéphane Hessel.

colonel libyen et encouragé par le Nigeria (qui en profite pour s'emparer de quelques villages voisins du lac Tchad...), déclenchent une offensive dans le nord du pays et font, trois mois plus tard, la conquête de Faya-Largeau. Mitterrand est persuadé de l'implication des Libyens. Cheysson la minimise, mais c'est le président qui décide. 200 parachutistes prennent pied en août à N'Djamena, à titre de simples « instructeurs* ». Les dés sont-ils jetés – alors que Roland Dumas rend visite à Kadhafi ?

Oui. Pressé par Charles Hernu et par les gouvernements de Côte-d'Ivoire et du Sénégal, Mitterrand dépêche 3 000 Français qui prennent part à l'« opération Manta », face aux forces libyennes associées à celles de Goukouni. A Paris, on précise que l'objectif de cette opération est de défendre une ligne dite « rouge », qui se confond pratiquement avec le 15e parallèle, et non la frontière nord du Tchad – laissant à portée des Libyens la « bande d'Aozou », dans le Tibesti, annexée depuis dix ans par Tripoli et dont l'appartenance fait l'objet de disputes entre juristes et africanistes.

Cette réserve suscite les critiques acerbes de Hissène Habré, qui déclare que la France cède là aux prétentions de Kadhafi. La destruction d'un Jaguar français par un missile soviétique manipulé par les Libyens provoque un raidissement de Paris : le commandement de « Manta » fait savoir que la « ligne rouge » est portée 100 kilomètres plus au nord et que, en deçà, les forces françaises tireront désormais sans préavis. Est-ce un élargissement de la guerre ? L'opinion française renâcle. Mais ce durcissement de ton face aux Libyens est payant : quand, le 17 septembre, Paris et Tripoli annonceront le retrait simultané de leurs troupes du Tchad, les journaux parisiens, dans leur ensemble, estimeront cette fois que le « pari est gagné » – et il n'est pas jusqu'au *Times* de Londres qui n'accordera à la manœuvre sa bénédiction.

Une chose est de signer un accord, une autre de le faire appliquer par Muammar el-Kadhafi. Comment le convaincre de tenir sa parole sinon de vive voix ? Mitterrand s'intéresse intensément à ce personnage des *Mille et Une Nuits*, fantasque, sentimental, sanguinaire peut-être, manipulable à coup sûr. Voici des années qu'il a convaincu Éric Rouleau** de servir d'intermédiaire entre eux – et, depuis lors, il a reçu du Libyen des lettres littéralement amoureuses... Mais, cette fois, ce n'est pas celui dont il a fait son ambassadeur à Tunis qui s'entremet :

---

* Un vocable à géométrie variable, comme l'ont démontré les Américains au Vietnam – et le feront les Français au Rwanda.

** Voir chapitre v.

c'est Roland Dumas qui, en accord avec son ami le Premier ministre grec Andréas Papandhréou, organise le rendez-vous.

Comme toujours lorsqu'il s'agit de Kadhafi, la préparation du face-à-face sera émaillée de déclarations fracassantes ou surprenantes. Le 15 septembre, après avoir annoncé qu'il retirait ses troupes du Tchad, le chef d'État libyen reçoit Claude Cheysson, qui vole du désert à la rue de Bièvre pour presser Mitterrand d'aller à la rencontre de l'homme au burnous. Le président s'y refuse tant que n'est pas opéré le retrait des Libyens. Et voici Cheysson à nouveau sous une tente, près de Tripoli, où le colonel s'engage à une « évacuation totale et simultanée ». Beau succès en apparence. Mais l'accord franco-libyen est annoncé (le 17) avant que Hissène Habré ne soit prévenu – d'où la fureur du personnage qui, secouru par les forces françaises, tente d'ameuter ses partenaires africains contre la France...

François Mitterrand choisit de l'inviter à l'Élysée, le 5 octobre, ainsi que ceux de ses collègues qui mettent en cause l'attitude de Paris – Houphouët, Bongo, Mobutu. Le président français est rugueux, l'affrontement brutal : « Si vous n'êtes pas contents, envoyez vos propres troupes [...]. En Afrique, nous assistons nos alliés lorsqu'ils sont menacés par l'étranger [...]. Si la Libye manque à l'accord, nous reviendrons... »

Hissène Habré, provocant : « Moi, je ne suis pas dupe des Libyens... Je ne suis pas sûr par ailleurs qu'il n'y ait pas d'accord franco-libyen pour un retour ultérieur des Libyens... »

François Mitterrand, exaspéré par cette insinuation injurieuse : « Vous parlez en connaissance de cause : vous les avez appelés à venir au Tchad, pas moi ! »

Hissène Habré : « Ce n'est pas moi qui les ai appelés, j'étais dans le maquis... »

François Mitterrand : « Pas dans le maquis : vous étiez en Libye ! » [7].

Le fait est que les nouvelles du Tchad sont mauvaises : plus de la moitié des forces de Kadhafi s'y incrustent. Le 8 novembre, on apprend même que 2 000 Libyens ont repris position au nord du Tchad. Mitterrand fait dire à Kadhafi que le rendez-vous prévu est reporté *sine die*. Nouveau contact entre Dumas et Papandhréou : la rencontre aura lieu à Héraklion, en Crète, « quand tous les Libyens auront plié bagage ». Condition *sine qua non* ? Mais la date du rendez-vous est d'ores et déjà retenue : le 15 novembre, alors qu'en fait de retrait les Libyens semblent plutôt pratiquer la navette...

Pourquoi François Mitterrand, bravant une presse qui le met sèchement en garde, oublie-t-il soudain la condition posée, le retrait libyen qui n'est même pas problématique ? Il confie à ses proches que « c'est la rencontre [qui] entraînera le retrait». Mais Jacques Attali hasarde ce commentaire acide : « Il ne peut résister au plaisir de compléter sa galerie de portraits*... »

A Héraklion, où, pour bien marquer le caractère semi-privé du rendez-vous, il s'est fait accompagner du seul Michel Charasse, Mitterrand a la surprise d'entendre son interlocuteur lui proposer un traité d'alliance franco-libyen en vue de maintenir en commun la sécurité du Tchad ! Il enregistre en tout cas les promesses du Libyen...

Regagnant Paris dans la soirée du 15, il reconnaît devant la presse qu'il y a encore des Libyens au Tchad, mais assure qu'il revient de sa rencontre avec la certitude d'une évacuation progressive. Pronostic optimiste, que les faits ne vérifieront que partiellement dans les mois à venir**...

Le 4 décembre, répondant à une lettre acrimonieuse du président tchadien Hissène Habré, François Mitterrand fait ainsi le point :

> « Certaines des forces libyennes, en violation inacceptable de l'engagement formel qui avait été pris, sont restées au Nord-Tchad ou sont revenues. Du point de vue militaire, cependant, le départ de "Manta" et la réduction simultanée du dispositif libyen confirment la situation antérieure : le gouvernement français vous avait fait savoir que le 16e parallèle ne serait pas franchi par l'armée libyenne. Il ne l'a pas été. Pour l'avenir, vous savez que les Libyens ne disposent pas au nord du Tchad de l'équipement et des forces qui leur permettraient de passer ce parallèle. S'ils s'en dotaient – ce que nos propres sources d'information détecteraient aussitôt –, leur menace provoquerait notre riposte, si le gouvernement du Tchad nous le demandait, avec les armes et les moyens appropriés.
>
> La France a pris les risques que j'ai évoqués plus haut alors qu'aucune obligation contractuelle ne l'y contraignait. Elle contribue au relèvement des dommages de la guerre civile. Mon gouvernement souhaite poursuivre son aide au Tchad, peut-être déterminante dans la période terrible que traverse votre pays, frappé par la sécheresse et menacé par la famine. J'aurais attendu de ce fait une autre attitude des responsables qui, agissant sous votre autorité, ont tenu des propos compromettant la bonne qualité – à laquelle j'attache beaucoup d'importance – de nos rapports. Je ne puis qu'espérer à cette fin le changement d'un comportement dont les raisons me restent peu claires. Je suis convaincu que, dans l'esprit de nos récentes conversations à Paris, vous souhaiterez également faire prévaloir un climat de respect mutuel et de confiance. »

---

* Ce qui fut le cas pour de Gaulle rencontrant Franco au printemps 1970 (mais le Généralissime n'était plus au pouvoir).

** C'est trois ans plus tard que l'« opération Épervier » finira de bouter les Libyens hors du Tchad, bande d'Aozou comprise.

Et, une semaine plus tard, lors du sommet franco-africain de Bujumbura, en présence de tous ses interlocuteurs sud-sahariens, le président Mitterrand mettra un terme au débat sur un ton quasi impérial. Assurant qu'il lui appartient, à lui et à lui seul, d'apprécier si les intérêts vitaux de la France sont ici en cause, il précise durement :

> « Le franchissement du 16e parallèle constitue une attaque directe de l'Afrique noire impliquant réaction immédiate. La présence* au Tchad du Nord, elle, entre dans la catégorie d'offensive où je suis seul juge de la menace pesant sur les intérêts vitaux de l'Afrique noire [...]. Si vous voulez que j'aille au nord, il faut que l'Afrique me le demande. Et allez-y les premiers !... Non ? Pas de volontaires ? »

Note additive de Jacques Attali : « François Mitterrand reçoit ensuite Habré longuement en tête à tête [puis] me dit d'un air goguenard : "Ne vous en faites pas, maintenant il se tiendra tranquille." » Si outrecuidant et versatile que soit le président tchadien, le ton du Français, ici, fait mal... La décolonisation, c'est aussi une affaire de ton, et de style...

L'éviction de Jean-Pierre Cot du ministère de la Coopération (et du Développement) et la relève par Christian Nucci n'ont pourtant pas suffi à éteindre la flamme de rénovation et d'évasion du « pré carré ». En dépit du maintien des relations économiques et industrielles avec Pretoria – qui implique notamment la livraison très profitable pour quelques grandes sociétés de matériel nucléaire –, les relations avec le régime d'apartheid sud-africain sont marquées de coups d'arrêt et d'incidents relevés avec intérêt par l'opinion africaine (et avec humeur par l'opposition néo-gaulliste), et l'appui apporté aux pays voisins d'Afrique australe, dits de la « ligne de front », nettement accru.

Ainsi, en avril 1983, le gouvernement de Pierre Mauroy inflige-t-il un camouflet retentissant à celui de Pieter Botha en annulant une tournée en Afrique australe de l'équipe de France de rugby, le sport national sud-africain : Afrikaners et anglophones, fiers de leurs Springboks, (d'où sont écartés les joueurs noirs), y investissent une part de l'« honneur » national. Bon connaisseur de ces choses et lié aux milieux du rugby qui tentent de le faire revenir sur sa décision, Mitterrand tient bon. Il sait que ce geste est, plus que tout autre, de nature à piquer (à faire réfléchir ?) les gens du Cap et de Johannesburg.

Un an plus tard, nouvel affront infligé à Pretoria. Le Premier ministre Pieter Botha, invité à Londres par Mme Thatcher, qui mani-

* Des Libyens. In *Verbatim I*, p. 736-737 et 739.

feste à son régime une inépuisable compréhension, a prévu de faire escale à Paris avant d'aller visiter les tombes des soldats sud-africains morts en 1917 sur le front français. Il est averti qu'il ne sera reçu à Paris que par le secrétaire d'État aux Anciens Combattants... Geste sans précédent, qu'applaudit la presse africaine – d'autant qu'à la même époque Paris accueille avec faveur les chefs d'État africains les plus hostiles à l'apartheid, le Zambien Kenneth Kaunda, le Tanzanien Julius Nyéréré, le Mozambicain Samora Machel (tenu pour marxiste) ou l'Angolais Dos Santos. Enfin, geste plus symbolique encore, Mgr Desmond Tutu, ennemi juré de la discrimination raciale, est reçu par François Mitterrand à l'Élysée.

Laurent Fabius parlera de « croisade » contre l'apartheid. Ces gestes pèsent-ils plus lourd que le maintien de fructueuses relations entre Pretoria et les grandes sociétés comme Alstom, Eurodif ou Framatome, qui livrent aux Sud-Africains non seulement de l'uranium enrichi, mais encore la centrale de Kœberg ? Les journaux de droite et la presse anglaise se font un plaisir d'opposer gestes symboliques de Paris et gros contrats de l'industrie française. La majorité des journaux africains retient surtout les premiers, constatant que, pour les autres, aucun chef d'État n'a de leçon à donner... Et, de sa prison, Nelson Mandela semble avoir réagi ainsi ; en tout cas, son comportement ultérieur sera celui d'un homme qui n'a pas oublié la « croisade » dont se targue Fabius.

Ainsi, trois ans après l'installation à l'Élysée de l'ancien ministre de la France d'outre-mer, un esprit non prévenu serait-il tenté d'établir un bilan de sa politique africaine digne de son action en 1950-1951, non pas en rupture avec celle de ses prédécesseurs mais en progrès sur elle, dans le fil d'une histoire à demi séculaire axée sur une progressive, une prudente décolonisation du continent – si, avant que n'éclate la triste affaire du Carrefour du développement, révélatrice de pratiques par quoi l'image de la « Françafrique » sera globalement altérée, la stratégie du « pré carré » n'était retombée dans ses pires ornières.

A Lomé, capitale du Togo, règne un personnage nommé Eyadéma, ancien sergent de tirailleurs dans le corps expéditionnaire français en Indochine. Après avoir participé* à l'assassinat du président Sylvanus Olympio en 1963, il s'est promu général et installé au pouvoir en 1967. Dix-huit ans plus tard, un groupe d'opposants armés venus du Ghana tente de s'emparer de sa personne. Ayant réussi à lui échapper, Eyadéma exige l'application de l'accord de défense franco-togolais**,

* De près ? De loin ?
** Le commando est venu de l'extérieur...

et Paris obtempère. Jaguars et parachutistes sont dépêchés pour sauver ce personnage, qui, réconforté, peut présider le sommet franco-africain de 1986, dans sa capitale, avant de se faire réélire président par 99,96 % des voix – ce qui lui vaut les félicitations conjointes de François Mitterrand, chef de l'État, et de Jacques Chirac, Premier ministre...

* * *

On a évoqué déjà, à propos de la première cohabitation, en 1986*, et dans ses aspects métropolitains, l'affaire du Carrefour du développement. N'étaient les dissonances à propos de l'Afrique du Sud, que Jacques Chirac juge abusivement maltraitée par les socialistes, et l'élargissement de la politique française au-delà du « pré carré » des « fidèles », tenu pour imprudent à Matignon où s'installe, en conseiller très écouté, Jacques Foccart, on aurait pu croire que l'Afrique serait un terrain d'entente entre le président et son Premier ministre.

Mais le nouveau ministre de la Coopération, Michel Aurillac, n'est pas plutôt installé rue Monsieur qu'il relève et dénonce les « anomalies » dans les comptes de son prédécesseur, à propos de l'association Carrefour du développement. On ne reviendra pas sur les péripéties judiciaires et parlementaires, également rocambolesques, d'une affaire au sujet de laquelle, par Yves Chalier** interposé, la droite et la gauche échangent accusations et coups fourrés – la gauche et le président subissant en l'occurrence, non sans raison, les atteintes les plus humiliantes.

Ce qui en reste, du point de vue des Africains, c'est que le ministre français chargé de dynamiser l'évolution de leur continent a utilisé à des fins électorales des crédits destinés à la formation de la jeunesse du Mali ou du Sénégal, ou affectés à l'organisation et à la protection policière du sommet franco-africain*** de Bujumbura, capitale du Burundi – un mot qui n'évoque pas encore les horreurs qui surviendront sept ans plus tard.

On a vu qu'en 1990 la commission d'instruction de la Haute Cour, seule instance habilitée à juger un ministre pour faits relatifs à l'exercice de ses fonctions, accorde à Christian Nucci un non-lieu en partie

* Voir chapitre VII.
** Chef de cabinet de Christian Nucci.
*** Que les Libyens voulaient troubler, disait-on.

dû à la récente loi d'amnistie – qui en est du coup déshonorée aux yeux de l'opinion. Reste que, selon ces magistrats, l'ancien ministre a « laissé s'instituer et se poursuivre une gestion occulte, sans préjudice des détournements révélés par la suite [8] ».

Piteuse affaire, qui jette une ombre lourde sur la fin d'un septennat dont l'Afrique a beaucoup attendu et moins reçu – en dépit des efforts d'évasion du « pré carré » accomplis par Jean-Pierre Cot, de l'« opération Manta » qui a fait barrage à Kadhafi, des gestes politiques contre l'apartheid, des appels à la solidarité avec le Sud lancé par Mitterrand de Mexico ou de Versailles, de l'augmentation de l'aide à l'Afrique de 0,36 à 0,58 % du PNB, de l'accueil relativement lucide fait à des changements de régime, comme celui opéré au Burkina Faso par Thomas Sankara* et ses camarades « gauchistes » – à coup sûr moins hostile qu'il l'eût été au beau temps du « foccardisme ». Velléités plus que volonté ? Inflexion, en tout cas, voilée et compromise par l'intervention au Togo et l'« affaire »...

* * *

Réélu sur le thème de la « Fransunie » en 1988, François Mitterrand pouvait-il manquer d'imposer ce recentrage à la politique africaine, entre-temps « refoccardisée » par l'installation à Matignon, comme conseiller du Premier ministre Chirac, de l'ancien « père Joseph » du général de Gaulle ? C'était compter sans quelques intervenants nouveaux – l'accession à l'hôtel Matignon d'un authentique réformiste comme Michel Rocard, longtemps militant anticolonialiste, l'installation rue Monsieur d'un homme indépendant des lobbies coloniaux, le centriste Jacques Pelletier, l'entrée au gouvernement d'hommes comme Bernard Kouchner, Alain Decaux ou Thierry de Beaucé.

Certes, l'Afrique ne pouvait plus compter sur les coups de boutoir de Claude Cheysson ou de Régis Debray, mais l'éviction de Charles Hernu du ministère de la Défense pouvait lui en épargner d'autres, en sens inverse, comme la prise en charge de l'Intérieur, puis de la Défense, de Pierre Joxe, socialiste fidèle à ses convictions.

Ce qui peut surtout faire bouger Paris, c'est le mouvement interne du continent africain, où les caciques des années 50 vieillissent ou disparaissent, et où se présentent des équipes nouvelles, la génération des

* L'unique face-à-face entre le capitaine Sankara et Mitterrand, pour être mouvementé, ne fut pas aussi négatif que celui de De Gaulle avec Sékou Touré.

rebelles ou des disciples, impatients de passer à une autre phase de libération; de rompre avec les procédures ambiguës d'une Communauté encore engluée dans le néo-colonialisme des « réseaux », lesquels sont toujours si fourmillants que le rappel aux affaires de Foccart auprès de Jacques Chirac n'a pas été ressenti comme une réaction vigoureuse, à peine comme un rappel à l'ordre de papa.

De bons observateurs ont vu dans le second septennat africain de François Mitterrand une réédition du premier. « *Bis repetita* », écrit en 1997 Jean-François Bayart[9]. On nuancera, la première période nous semblant moins négative que ne le veut une vulgate déjà bien établie. Il est vrai que, dans les deux cas, on est passé des illusions originelles (ministère attribué à Jean-Pierre Cot en 1981, discours de La Baule en 1990) à de tristes constatations (affaire Nucci, implication dans le génocide rwandais), mais l'échelle des valeurs est différente. Du fait du vieillissement du président, de l'accroissement de l'attente africaine, de la catastrophe finale, le second parcours nous semble se situer à quelques degrés au-dessous de l'autre. Le bilan de 1981-1988 pouvait être défendu; celui de 1988-1995, non.

Comme en 1981, pourtant, les choses avaient bien commencé. Que pouvait faire de mieux le président de la République, au sommet des Sept de Toronto, le 17 juin 1988, que de proposer une augmentation de l'aide au Sud et, surtout, une réduction drastique de la dette des pays du tiers monde, notamment des Africains? Face à Reagan, Thatcher et Kohl, son propos est clair :

> « Pour ce qui est des pays en développement, il faut atteindre 0,7 % de notre PIB*, reconstruire le Fonds africain. Il faut surtout annuler la dette de certains pays : je suis content que vous ayez bien accueilli la lettre que je vous ai écrite en ce sens. Le Canada et la République fédérale ont bien réagi en ce sens. La France, pour sa part, réduira sa créance d'un tiers [...]. La pauvreté des pays du tiers monde ne menace pas seulement leurs sociétés, mais les nôtres. N'oublions pas que le Nord a reçu 35 milliards de dollars du Sud ! Il faut réévaluer les produits tropicaux... »

Moyennant quoi, le sommet de Toronto adopte à propos de la dette du tiers monde les trois propositions françaises inscrites à l'ordre du jour : annulation partielle, étalement des remboursements, réduction des taux d'intérêt.

Six mois plus tard, pourtant, le sommet franco-africain de Casablanca – la localisation est importante, qui marque le retour du Maroc,

* La France en est alors à environ 0,6 %.

dont le roi est réservé à l'endroit du pouvoir socialiste, dans le concert franco-africain – se déroule dans un climat maussade. Les grands notables du système ne se sentent à l'aise ni chez les Maghrébins, ni avec les anglophones... Pourtant, l'intervention du chef de l'État français, comme celle de Toronto, sort du cadre des banalités grandioses. Mitterrand dénonce le recul de la part de l'Afrique dans le commerce mondial (au-dessous de 5 % depuis deux ans) et comprend la colère de ceux qui sont pris dans un mécanisme où les dettes s'accroissent plus vite qu'ils ne peuvent les rembourser. Ce qui est bien mettre le doigt sur la plaie.

Est-on entré dans le cycle de ce que certains appellent déjà la « paristroïka », une nouvelle approche des problèmes africains par le pouvoir français – plus attentive aux peuples, moins liée à la vieille *nomenklatura* ? Un signe semble le confirmer. Au Bénin*, avec l'encouragement appuyé de la France, le président Mathieu Kérékou (encore un ancien officier « marxiste », détenteur du pouvoir depuis 1972), constatant que son pays est au bord de la banqueroute, fait appel, en mars 1990, pour diriger son gouvernement, à un homme de grande qualité, Nicéphore Soglo, le type de dirigeant compétent qu'attend la nouvelle Afrique. Ancien élève de l'ENA, spécialiste des affaires africaines à la Banque mondiale, c'est aussi un ami de Pierre Joxe. Le peuple béninois ne s'y trompe pas, qui, un an plus tard, donnera la majorité à Soglo lors de l'élection présidentielle que Kérékou avait pris le risque de ne pas truquer...

Ce vent frais soufflant sur le Bénin ne suffit pas à balayer les miasmes qui pèsent toujours sur les relations entre Paris et la Côte-d'Ivoire voisine. Comment, à quel prix la société française Sucres et Denrées (SUCDEN), en liaison avec un concurrent américain, achète-t-elle en 1989 le cacao ivoirien durement atteint par la chute du cours de cette denrée éminemment capricieuse, dont dépend l'économie ivoirienne ? Jean-Christophe Mitterrand ne sera jamais tout à fait cru quand il démentira que la France, ou plus précisément l'Élysée, ait fait en sorte, à travers SUCDEN, de sauver la mise, au prix fort, au vieux compagnon de son père... non sans qu'au passage SUCDEN prenne sa commission.

Espoir de démocratisation au Bénin, vieilles complicités en Côte-d'Ivoire... « Paristroïka » contre *nomenklatura*. Vers quels rivages se dirige la stratégie française en Afrique, près de dix ans après sa prise en charge par le réformateur de 1951 ? Un test est en vue : le sommet franco-africain de La Baule, prévu pour le 20 juin 1990. Que François

* L'ex-Dahomey.

Mitterrand l'ait voulu ou non (il est alors aux prises avec les trois crises européennes, en Russie, en Allemagne et déjà en Yougoslavie), c'est l'heure d'un choix, imposé par le frémissement qui parcourt l'Afrique.

Ce frémissement, fait à la fois de rébellion contre la misère et d'aspiration à la démocratie, va atteindre Paris et secouer les relations franco-africaines, d'avril à juin 1990, sous forme d'un ample psychodrame en cinq actes : l'émotion provoquée par la lettre d'un conseiller ; une apostrophe en Conseil des ministres ; une empoignade au cours d'un comité restreint dramatique où sont confrontés pouvoir, socialisme et traditions ; le discours prononcé le 20 juin 1990 à La Baule par François Mitterrand ; enfin, les réactions très diverses que suscite ce texte.

Cette séquence d'avril à juin 1990, qui aurait dû être celle de la décolonisation de la politique africaine de la France, se muera tristement en blocage irrité du président sur des positions en fin de compte conservatrices. Autant il a su prendre, avec les ruses et lenteurs inhérentes au pouvoir, son « virage allemand », autant il manque ainsi sa « conversion africaine ».

Le 20 avril 1990, Jacques Attali a trouvé sur son bureau une lettre de son ami Érik Arnoult*, ancien collaborateur de l'Élysée** passé au Quai d'Orsay où il est consultant pour les affaires africaines. Ce texte lui paraît éclairant. Sans prétendre « remettre en cause notre fidélité envers l'Afrique », le correspondant d'Attali assure qu'« étant donné ses responsabilités, la France ne peut rester plus longtemps silencieuse. Quant au bilan catastrophique de "notre" Afrique [...] l'échec complet pour les trente-quatre autres pays dits du "champ" [est tel que] cet échec et ce silence sont déjà mis au débit du président, [moyennant quoi] l'annonce d'un plan d'appui à la mise en place concrète de la démocratie serait bienvenue [10]... ».

Mettant les points sur les *i*, Érik Arnoult poursuit :

> « Nous ne pouvons continuer plus longtemps à lutter ouvertement contre les oppositions aux régimes en place et à expulser les opposants [...]. Tout le monde sait qu'en Afrique, aujourd'hui, la corruption et le gaspillage obèrent les chances de développement. Les élites africaines ne jouent presque jamais le rôle majeur qui devrait être le leur [11]... »

---

* « Orsenna » en littérature.

** Où, raconte-t-il dans *Grand Amour,* il rédigeait des projets de discours pour le président.

Et les suggestions finales du conseiller ne sont pas moins percutantes que ses critiques :

> « Un "discours de Phnom Penh*" est nécessaire aujourd'hui sur l'Afrique. On attend du président qu'il soit le Gorbatchev [...] de ce continent. Autrement, il sera jugé coresponsable de l'effondrement actuel. La réunion de La Baule, étant donné son caractère "festif", n'est pas le bon cadre pour un tel discours. Et l'image d'un président français entouré de responsables africains très contestés sera, de toute manière, difficile à défendre [12]... »

Commentaire d'Attali :

> « Je trouve cette lettre formidable. Je la passe au président, avec ce mot : "Cette lettre caustique et franche d'Érik Arnoult me paraît très exactement poser un problème majeur et propose un choix que je trouve très fondé. Il n'y aurait que des avantages à dire cela avant que l'Histoire ne l'impose."
> Le président me la renvoie. Il y a trouvé beaucoup de bonnes idées, mais, selon lui, on ne peut se substituer aux peuples africains pour ce qui les concerne. Il nie que la France expulse les opposants à la moindre déclaration qu'ils font : elle ne fait qu'observer une pratique en vigueur dans tous les pays du monde. Bref, il n'est pas vraiment enthousiaste [13]. »

Ce qui n'empêche pas le conseiller spécial de l'Élysée de préparer pour La Baule** un projet de discours présidentiel inspiré par le texte « caustique » de son ami.

« Pas vraiment enthousiaste » ? Mitterrand est furieux, et l'on s'étonne de l'étonnement qu'en éprouve Attali, qui le connaît bien. Ce texte « caustique » va loin, et l'on imagine mal un autre chef d'État lisant sereinement que sa politique, en un domaine majeur où il est personnellement impliqué, conduit à un « bilan catastrophique » et à un « effondrement » appelant un « discours de Phnom Penh » (faire surgir ainsi le fantôme de l'autre !). On imagine d'ailleurs de Gaulle recevant un tel texte...

La lettre d'Érik Arnoult mérite bien les éloges d'Attali***. Mais elle

---

* Référence au discours prononcé par de Gaulle le 1er septembre 1967, appelant les États-Unis à cesser leur intervention au Vietnam.

** En dépit du conseil de son ami, qui eût préféré, on l'a vu, une intervention située dans un autre cadre.

*** Bien qu'il fût choquant de l'entendre déclarer un peu plus tard à un journal suisse : « Sans moi, Mitterrand n'aurait pas parlé de démocratie » (*L'Hebdo*, n° 13, 1991). Ô modestie...

est un pétard allumé sous les pas du président, d'autant plus brûlant que l'accusation va être reprise un mois plus tard par un personnage situé au cœur même du pouvoir, le ministre de la Défense, lors du Conseil des ministres du 30 mai, où est évoquée une intervention française au Gabon au secours d'Omar Bongo. Ouvrons *Verbatim III.*

Jean-Pierre Chevènement : « ... Nos forces ont un effet de stabilisation du régime en place. Or, des changements sont de plus en plus nécessaires en Afrique... »

François Mitterrand, froid : « Que voulez-vous dire par là ? »

Jean-Pierre Chevènement : « Je veux dire que les mécanismes de dévolution du pouvoir devraient être démocratiques... »

François Mitterrand, s'énervant : « C'est leur affaire. Nous ne pouvons que les y pousser [...]. S'il n'y avait pas eu 25 000 Français au Gabon, je n'y aurais pas envoyé de soldats... »

Pierre Joxe : « J'ai découvert récemment* que nous étions liés avec certains pays par des accords de défense qui nous obligent à intervenir pour le maintien de l'ordre intérieur. »

François Mitterrand, exaspéré : « En tout cas, depuis neuf ans, je n'ai jamais eu l'intention d'intervenir de la sorte. Ces accords de défense sont imprudents » [14].

La tension qui s'est manifestée au cours de cet échange est si révélatrice d'un désaccord, ou d'un procès ouvert par certains de ses ministres, que le président accepte de vider l'abcès une semaine plus tard au cours d'une réunion interministérielle, amorcée par une lettre de Pierre Joxe, mettant l'accent sur le respect des droits de l'homme en Afrique**...

Quand, le 5 juin, se réunissent autour de lui Rocard, Jospin, Dumas, Chevènement, Bérégovoy, Joxe, Bianco et Jacques Pelletier (le ministre en charge de l'Afrique, qui vient d'accrocher le grelot de façon savoureuse en assurant à propos des bouleversements en Europe de l'Est que « ce vent souffle sur les cocotiers »), l'ambiance est, à en croire Attali, « électrique »...

Jean-Pierre Chevènement : « Trente ans après les indépendances, il y a un nouveau tournant à prendre [...] Il y a cette basilique*** que nous avons laissé construire... »

François Mitterrand, excédé : « Laissé ! »

Jacques Pelletier : « On n'a pas donné un sou ! »

---

* Il est encore ministre de l'Intérieur et passera à la Défense sept mois plus tard.

** Il faut que Mitterrand ait senti gronder une vraie « révolte » de l'équipage pour accepter ce type de procédure collective qu'il déteste – préférant les tête-à-tête où se déploie son génie séducteur...

*** La cathédrale géante construite dans le village natal de Houphouët, Yamoussoukro.

Jean-Pierre Chevènement : « ... Mais il y a des choses qu'on ne peut pas laisser faire... »

François Mitterrand, avec une colère rentrée : « Nous donnons des aides sur des projets précis, irrigation, alphabétisation, avec de nombreux contrôles administratifs et financiers. Il n'y a pas un seul projet qui ne soit à argent ouvert... »

Jean-Pierre Chevènement, courageux : « Et puis, il y a des soldats français qui se peuvent trouver sous des uniformes étrangers. Aux Comores, nous encadrons la garde présidentielle. Il y a des officiers français dans la 30e brigade parachutiste au Zaïre... »

François Mitterrand : « Alors, retirons-les ! »

Jean-Pierre Chevènement : « Ce serait le désordre total. »

François Mitterrand, furieux et supérieur : « Vous vous mordez la queue ! »

Jospin intervenant à son tour dans le sens du ministre de la Défense, le président tente une sortie par le haut : « Tout cela se ramène à une question : faut-il ou non rester en Afrique ? Partir d'Afrique est une politique tout à fait concevable, ce n'est pas la mienne*... »

Joxe faisant valoir avec pertinence que l'aspiration africaine à une vie politique est en partie due à l'évolution de l'Europe de l'Est, Mitterrand veut bien convenir que « c'est très bien ». Mais quand son ministre de l'Intérieur dénonce la présence de policiers français sous des uniformes étrangers, il explose : « C'est un héritage !... Aucun ministre ne m'a remis un rapport pour que cela cesse ! Il y a un malentendu très profond entre nous. Je suis surpris et peiné de ce que j'entends. La campagne de presse a des adeptes jusque dans les rangs du gouvernement ! » C'est sur un ton glacial qu'il conclut : « ... Je veille depuis neuf ans à débarrasser la coopération de ses scories en matière de droits de l'homme... Très bien... J'aviserai et ferai connaître ma décision » [15].

Jamais, de mémoire de ministre et de socialiste, François Mitterrand n'avait été ainsi mis en procès par ses « barons ». L'Afrique l'avait suscité, la voilà qui l'accusait – si assuré, ce président, de l'amitié de ses compagnons de Côte-d'Ivoire et du Mali, de la fidélité de ses grands vassaux. « Un malentendu très profond entre nous » ? Non, président Mitterrand, non, c'est un malentendu avec l'Afrique, qui est, par vous, mal entendue...

Quelques journalistes et africanistes en font des gorges chaudes : « Il ne savait pas ! Qui peut le croire ? » Entre savoir et croire, entre croire et réaliser, entre réaliser et réagir, il y a si loin, dans la tête et le

* Tant de choses sont dites ici, en très peu de mots...

cœur d'un homme de pouvoir... Allez faire entendre à de Gaulle qu'il a, lui, symbole de la France, abandonné indignement sur le sol algérien des milliers de Français musulmans, dits *harkis*, promis au massacre... Allez faire entendre à Mitterrand-l'Africain qu'il a perdu un peu de l'« intelligence » de ce continent dont il avait su, quarante ans plus tôt, percevoir les impatiences...

Bref, ce « coup de barre » que Lyautey réclamait au Maroc en 1925, Mitterrand se voit sommé de le donner à l'ensemble de sa politique africaine en ce début d'été 1990. Le sommet de La Baule peut en être l'occasion. Il a fini par convenir que la lettre d'Arnoult et la note rédigée par Bianco après l'affrontement du 5 juin doivent servir de canevas au discours qu'il rédige (avec Attali, assure celui-ci), biffant ceci, gardant cela, le nuançant, mais en préservant l'essentiel, le mot d'ordre de démocratisation ou, mieux, de lien entre l'octroi d'une aide financière et le progrès de la liberté.

C'est ainsi que, lors du Conseil des ministres du 19 juin, tenu le matin de son départ pour La Baule, le président procède, devant ses ministres encore marqués par l'algarade du 5 juin, à une sorte de répétition générale ou de réglage de son discours. Il reconnaît qu'« il y a eu beaucoup de laisser-aller en Afrique » et qu'il faut inciter « les régimes à se démocratiser ». Mais il soutient que « nous n'avons pas à nous ériger en juges ». Deux pas en avant, un pas en arrière...

Tout discours est un rapport entre des mots et une situation. Celle qui prévaut à La Baule est tendue. L'esprit des auditeurs de François Mitterrand – on remarque l'absence de deux « totems » de la « Françafrique », Félix Houphouët et Sese Seko Mobutu, qui eussent été de bons destinataires du message, mais aussi la présence d'un *outsider* notoire, l'Ougandais Yoweri Museveni (dont on reparlera...) – est à l'inquiétude.

Le discours est très net. L'orateur a apparemment surmonté ses contradictions et choisi le « neuf » contre le « raisonnable » : on croit parfois entendre, sous sa voix, celle des « souffleurs », avocats du renouveau, Arnoult, Chevènement, Joxe ou Jospin :

> « Il nous faut parler de démocratie. C'est un principe universel qui vient d'apparaître aux peuples de l'Europe centrale et orientale comme une évidence absolue, au point qu'en l'espace de quelques semaines les régimes considérés comme les plus forts ont été bouleversés. Le peuple était dans les rues, sur les places, et le pouvoir ancien, sentant sa fragilité, cessait toute résistance comme s'il était déjà, et depuis longtemps, vidé de substance et qu'il le savait. Et cette révolution des peuples, la plus importante que l'on eût connue, cette révolution est partie de là et elle reviendra là [...].

> La France n'entend pas intervenir dans les affaires intérieures des États africains amis*. Elle dit son mot, elle entend poursuivre son œuvre d'aide, d'amitié et de solidarité. Elle n'entend pas soumettre à la question, elle n'entend pas abandonner quelque pays d'Afrique que ce soit. Ce plus de liberté, ce ne sont pas simplement les États qui peuvent le faire, ce sont les citoyens : il faut donc prendre leur avis ; et ce ne sont pas simplement les puissances politiques publiques qui peuvent agir, ce sont aussi les organisations non gouvernementales qui souvent connaissent mieux le terrain, qui en épousent les difficultés, qui savent comment panser les plaies. »

Démocratie, révolution, liberté, primauté du citoyen – et hommage rendu aux ONG si anathèmes aux conservateurs africains : les mots sont bien là, en tout cas, si brûlants que cet auditoire, habitué en de telles occurrences à un autre vocabulaire, en est « éberlué », rapporte un témoin, « interloqué » ou « médusé », disent d'autres. Quelle mouche l'a piqué ? Ce n'est plus « Tonton », c'est Danton... Bongo le Gabonais, Habyarimana le Rwandais se regardent : ces « leçons », est-ce là la nouvelle forme de la coopération ? Visé plus directement encore que d'autres, le Togolais Eyadéma bougonne qu'« on ne saurait imposer le pluripartisme à son peuple qui réclame le parti unique »[16] !

La mauvaise humeur des potentats africains va s'aggraver après la conférence de presse du président, qui met les points sur les *i* en liant aide de la France et progrès des libertés, pratique de la démocratie et moyens du développement : « L'aide de la France sera plus tiède envers les régimes qui se comporteraient de façon autoritaire sans accepter d'évolution vers la démocratie, et enthousiaste vers ceux qui franchiront le pas avec courage. » (Chantage au bien ? Après tout, le prix de vertu est une vieille invention sociale...)

Signalant que ces propos furent perçus par l'opinion africaine « comme une inflexion majeure » et qu'« au sud du Sahara, la France en a tiré un regain de popularité formidable dans la jeunesse urbaine et les classes moyennes », Jean-François Bayart, observateur des choses africaines, juge cette réaction « extraordinaire »[17]. Pourquoi ? Faut-il qu'un chef d'État français parle comme Frantz Fanon ou agisse comme le *Che* Guevara pour rendre l'espoir aux anciens colonisés ? Que cette espérance ait été déçue, que Mitterrand n'ait guère été fidèle à ses propres mots est une autre chose, on y reviendra. Mais en juin 1990, ces mots-là, arrachés, on l'a vu, à sa prudence, mais bel et bien prononcés par lui, responsable, étaient forts, et aussi dignes d'ir-

---

* Croit-il ce qu'il dit là, sachant ce qu'il sait, ce qu'il fait ?

riter Eyadéma ou Habyarimana que d'exalter un jeune démocrate de Cotonou ou de Lomé...

... Lequel allait trouver l'occasion, pour un temps, de prendre au sérieux les mots de La Baule. Pourquoi Mitterrand choisit-il le Togo, au début de 1991, pour mener une tentative audacieuse de démocratisation (on allait dire de « baulisation »...) d'un pays africain soumis à l'une de ces dictatures censées ne plus recevoir qu'une aide « tiède » de la France? Parce que le despotisme d'Eyadéma était particulièrement brutal, et qu'il faisait un bien mauvais usage du sursis que lui avaient accordé quelques commandos français en 1986* ? Parce que le Togo disposait d'une élite brillante, de cadres nombreux? Parce que son exiguïté permettait mieux que sur de vastes espaces la pratique de la démocratie – amorcée sous Sylvanus Olympio, la victime d'Eyadéma? Ou parce que les souvenirs de la colonisation allemande offraient l'occasion d'associer nos voisins européens à l'expérience** ?

Bref, en février 1991, le président dépêche à Lomé un ambassadeur de prestige et de caractère, Bruno Delaye, 38 ans, qui a déployé les plus grands talents au Caire – pays auquel, on le sait, Mitterrand porte attention. La mission du jeune diplomate est claire : libérer le Togo de son despote, ou purger celui-ci de son despotisme. On verra là si les leçons de La Baule sont de la paille ou du grain. Mais comment « forcer » la porte de la démocratie sans user de la force, quand un Eyadéma tient le verrou – sans violer de quelque façon la souveraineté du pays ? Quadrature du cercle. Et si mon peuple souverain veut rester esclave ? Je vous le prouve : voyez mes élections...

En fait, Bruno Delaye trouve à Lomé les embryons d'une opposition, le Front de l'opposition démocratique (FOD) et le Front des associations démocratiques (FAD), qui vont permettre de convoquer une Conférence nationale (CN), avec laquelle Eyadéma signe en juin une charte spécifiant qu'il ne pourra pas remettre en cause les décisions du nouvel organisme : et bientôt la CN se déclare « souveraine ». Mais les dissensions entre les deux courants oppositionnels (qui ne doivent d'exister face à un « crocodile » comme Eyadéma qu'à leur relative inconsistance[18] : vigoureux, il les eût massacrés...) permettent au pouvoir militaire apparemment marginalisé par la Conférence nationale de reprendre le dessus.

Parti pour Paris en novembre 1991 afin de prendre part à la Conférence de la francophonie, au palais de Chaillot, le Premier ministre de

---

* Voir plus haut, p. 448-449.

** Bonn s'associera en effet à Paris en 1991 pour une tentative de médiation entre forces togolaises.

la démocratisation togolaise, Koffi Goh, est, à son retour, pris en otage par les militaires. Il réussit à lancer un appel au secours ; bien que sollicité de le faire par le président démocrate sénégalais Abdou Diouf, Paris se refuse cette fois à intervenir, au motif que l'on n'installe pas la démocratie par la force des baïonnettes*, et que seul le président – lui-même responsable du désordre... – est en droit de faire jouer l'accord de défense. Si bien que les forces françaises peuvent intervenir pour rétablir le despote, en 1986, mais non pour sauver les démocrates, en 1991...

Du caractère inextricable de ces situations Jean-Pierre Cot avait été le témoin en décembre 1981 au Gabon. Résigné, après quelques mois d'expérience, à ne plus exiger de ses partenaires qu'une « défense graduée » des droits de l'homme, il se trouva placé à Libreville entre une révolte étudiante et une répression policière ; et il constata que c'étaient des coopérants français qui animaient les manifestations, et des policiers français qui cognaient le plus dur dans les commissariats...

Ainsi, dans l'élan de La Baule, au terme de cette opération pilote déclenchée par un jeune ambassadeur enthousiaste, interprète apparent des volontés du chef de l'État, la tentative de démocratisation au forceps du Togo est abandonnée. Eyadéma est le plus fort.

L'Afrique de papa survit au coup de vent de La Baule. En moins d'un an, ce « catalyseur » des aspirations africaines que fut le discours du 19 juin 1990 a fait long feu. Bruno Delaye n'aurait-il été envoyé au « casse-pipe » à Lomé que pour démontrer par l'absurde que la démocratisation ne se décrète pas ? Ainsi, le 25 août 1993, le général-président** peut-il tranquillement organiser des élections triomphales, que le ministre de la Coopération du cabinet Balladur, Michel Roussin, présentera non sans courage à l'opinion française comme un « échec personnel ». « Collectif » eût été plus juste...

Les lendemains de La Baule ne sont pas partout aussi décevants. Que Paris y mette ou non la main, on voit se dérouler des élections en Côte-d'Ivoire et au Gabon, et on constate l'effondrement en quelques mois de certains des pouvoirs les plus sanglants du continent – au Tchad celui de Hissène Habré, qui n'a pas fait bon usage de la survie accordée par l'« opération Manta », au Mali celui de Moussa Traoré, qui ne s'efface pas sans avoir soumis à une répression atroce les étudiants révoltés de Bamako, tandis qu'au Bénin Mathieu Kérékou se laisse plus pacifiquement écarter par Nicéphore Soglo.

Alors, pourquoi pas Mobutu, ce « compte en banque ambulant »

---

* Mais qu'a fait d'autre, sur le Rhin et au-delà des Alpes, la Révolution française ?

** Qui bénéficie des conseils éclairés de Me Jacques Vergès...

(Bernard Kouchner) ? Harcelé par ses étudiants, le despote de Kinshasa recule, fait semblant de céder, nomme Premier ministre un opposant modéré, Étienne Tchisekédi – tandis qu'il obtient l'envoi de parachutistes français et belges, dépêchés pour « assurer la protection des Européens ». Il sauve ainsi sa mise avec la complicité de Paris*, qui se contente de l'encourager à « accélérer la démocratisation ». Voilà bien de quoi impressionner l'homme à la toque de panthère...

Mais que la poussée vienne de l'intérieur même du continent, que les victoires de la liberté obtenues en Europe de l'Est ou en Amérique du Sud y contribuent ou que le discours de La Baule ait vraiment joué le rôle de « catalyseur », comme le suggèrent de bons observateurs, un vent souffle dans le sens de la démocratisation. Au ministère de la Coopération, Jacques Pelletier, puis Edwige Avice manifestent le souci de démilitariser les diverses formes de présence française. Chargé de la Défense, Pierre Joxe, soucieux de ne plus voir la politique africaine de la France manipulée par la DGSE, essaie de contrôler le colonel Mansion, « grand sorcier » de l'Afrique centrale, ou l'hyperactif général Huchon. Enfin, responsable de la Francophonie, Catherine Tasca s'applique à la purger de ses relents de néo-colonialistes.

Mais, au sommet, les amitiés anciennes, les vieilles complicités, les pratiques de la Sainte Alliance des maîtres, la mécanique infernale des services rendus, des petits cadeaux, des grandes familles et des grosses affaires, les liens tissés au cours d'une histoire coloniale séculaire et d'expérimentations néo-coloniales vieilles d'un demi-siècle, et même de vraies opérations décolonisatrices (comme l'alliance Mitterrand-RDA de 1951 ou la création par de Gaulle de la Communauté, la défense du Tchad ou la démocratisation du Bénin), le système des clientèles et des réseaux est le plus fort. Dans le meilleur des cas, cela donne, en trois coups de téléphone, un redressement du cours du café ou du cacao en Afrique occidentale. Dans la pire des hypothèses, cela mène à une certaine implication dans le processus qui conduit à un génocide.

* * *

* Bien que Mitterrand, si l'on en croit ses collaborateurs de la « cellule africaine » de l'Élysée, ait multiplié les mises en garde contre tout ce qui pourrait ressembler à un sauvetage du dictateur.

Le Rwanda n'était pas l'un des pions traditionnels de la stratégie « françafricaine ». Lors du grand partage du continent noir opéré à Berlin, à la fin du XIXe siècle, ce petit royaume (27 000 kilomètres carrés, équivalent de cinq départements français*) avait été placé sous tutelle allemande, avant de passer sous l'autorité belge** en 1924, puis d'être rattaché ensuite au Congo belge. L'indépendance, en 1962, l'avait fait glisser en fait sous l'influence de la France.

En 1973, le général Juvénal Habyarimana, ministre de la Défense, s'était emparé d'un pouvoir qu'il fut réputé exercer, pendant quelques années, de façon moins brutale que certains potentats voisins. Mais sa relative (et provisoire) modération n'était pas le fait de la camarilla qui l'entourait, l'Akazu, animée par sa femme Agathe et vouée à l'exaltation du pouvoir hutu – plus précisément des Hutus du Nord, dont elle était, comme le président, originaire.

Car il se trouve que ce pays pousse jusqu'à la caricature la surdétermination « ethnocratique » observée dans l'Afrique des années 60, apparemment émancipée de la tutelle coloniale – laquelle trouve là une forme et des moyens de survie. C'est pourquoi parler d'ethnies, à propos de l'Afrique, indispose les spécialistes contemporains, aussi attentifs de nos jours à dénoncer la perversité de telles références que leurs pères à les révéler jusqu'à la minutie. Évoquer les ethnies, aujourd'hui, c'est faire figure de fonctionnaire colonial ou de missionnaire chenu. Parce que ce type de référence a été l'objet d'une exploitation criminelle du colonialisme, on soupçonne celui qui y recourt de nourrir des intentions perverses et d'abord de vouloir jeter un voile sur les responsabilités des grandes puissances.

Dès lors qu'il s'agit de l'implication dans cette tragédie du président François Mitterrand, que l'on sait féru de références ethniques, il convient de ne pas éluder le problème. Les ouvrages traditionnels enseignent que le Rwanda était peuplé d'une majorité (85 %) de Hutus d'origine bantoue et d'une minorité (dirigeante) de Tutsis (13 ou 14 %) venus du nord-est du continent, nilotiques ou hamitiques – les premiers voués à l'agriculture, les seconds adonnés à l'élevage, plus noble.

De quelque nature que soit cette hiérarchie – ethnique, physique, économique, militaire, intellectuelle –, les seconds dominaient : c'est de leurs rangs qu'était issu le *mwami*, le roi. Les Francs par rapport aux Gaulois dans la France du haut Moyen Age ? Les Normands face aux Saxons dans l'Angleterre du XIIe siècle ? Faut-il parler de domina-

* Peuplé en 1993 de 7 millions d'habitants, la plus forte densité du continent. Sa ressource est le café.

** Qui lui associa le Burundi voisin, sous l'appellation de Rwanda-Urundi.

tion exotique ou de caste, faire des Tutsis des chevaliers teutoniques, des brahmanes ? Ou simplement de la noblesse à l'âge classique – cette dernière référence suggérant le principe de vases communicants entre les deux groupes ? Était-on, devenait-on tutsi ? Le fait est que, des siècles durant, lié ou non à l'idée d'origine exotique, ce mot impliqua la domination. Laquelle fut récupérée par le colonisateur, allemand puis belge, militaire ou religieux, pour figer les structures et dominer ou administrer par le truchement de la minorité, comme le fait d'ordinaire le conquérant, qui trouve ses exécutants du côté des notables mieux que chez les croquants…

La fin de l'ère coloniale ne pouvait manquer de provoquer la remise en question de la hiérarchie ancienne récupérée ou codifiée par l'Européen. D'où le soulèvement populaire de la couche assimilée aux Hutus, en 1959, provoquant l'exode des « aristocrates » tutsis, dont la fuite n'allait pas sans esprit de retour. Quelle noblesse émigrée ne pense à sa revanche ?

Ce conflit à la fois d'« ordres », de classes, d'intérêts et de pouvoirs va s'aigrir d'une bataille pour la terre : le Rwanda est le pays le plus peuplé d'Afrique (près de 80 habitants par kilomètre carré, la même densité qu'en France…) sur une terre qui n'a pour ressource que le café – et à une époque où les cours du café ne cessent de fléchir… Ainsi la guerre des origines et des castes va s'exacerber : Tutsi ou pas, pasteur ou paysan, l'émigré est celui qui revient pour revendiquer « mes moyens d'existence, ma maison, ma vie… Ce que la "révolution" de 1959 m'a rendu, ils veulent me le reprendre… ». Péripétie classique de l'histoire, coloniale ou pas*.

Toutes les données suffiraient à conférer une intensité tragique au conflit. S'y ajoute cette dimension que l'on hésiterait à dire « ethnique » si un irrécusable observateur du Rwanda comme le correspondant de *Libération* en Afrique, Stephen Smith, dans un article magistral de *Politique étrangère* en 1998, n'y invitait, ayant mille fois vérifié que, essence ou existence, chacun était bien vu « hutu » ou « tutsi » dans le regard de l'autre, une telle dénomination n'étant peut-être que la traduction de l'« aristocrate » dans la bouche du sans-culotte de 1793 ; du « versaillais » dans celle du « communard » un siècle plus tard. Le fait est qu'ethnie ou pas, le retour annoncé du maître ancien, de l'émigré, avec ou sans « manifeste de Brunswick », provoque, centuplés ou non, les massacres de septembre 1792.

La malédiction qui aura pesé sur la présence française – ou, mieux, la relève de la Belgique par la France – au Rwanda, c'est qu'elle aura

* Et qui se renouvelle en Palestine.

d'abord coïncidé avec la vague de la grande revanche des Hutus, qui confondent majorité « ethnique » et principe démocratique, et avec la grande peur que déclenche la menace du retour des Tutsis, avec l'angoisse des croquants au fur et à mesure que les émigrés se regroupent au Burundi ou en Ouganda, faisant prévoir, menaçant, leur retour. Superbe terrain pour les démagogues.

Comme Stephen Smith, qui décrit un pays où les Hutus pratiquaient la plus cruelle discrimination à l'encontre des Tutsis – souvent traités comme les juifs sous le IIIe Reich –, n'importe quel observateur posté à Kigali en 1990 était assuré de deux choses : *a*) que les quelque 300 000 Tutsis réfugiés en Ouganda après l'indépendance, maîtres déchus et pourchassés, maintenant aidés et encadrés au sein du FPR (Front patriotique rwandais) par le gouvernement ougandais de Yoweri Museveni qu'ils avaient aidé à prendre le pouvoir, se préparaient à la revanche ; *b*) que l'énorme majorité hutu, travaillée par les démagogues du CDR, groupée en milices dites *interharmwé* (« ceux qui luttent ensemble »), réagirait sauvagement à toute tentative de récupération du pouvoir par les Tutsis.

Encore faut-il nuancer. De part et d'autre étaient faits des efforts pour échapper à ce déterminisme « ethnique ». Du côté du FPR, des personnalités hutus comme le futur président Pasteur Bizimungu étaient intégrées aux cadres. Du côté de la majorité, de vrais démocrates, recrutés surtout parmi les Hutus du Sud, s'efforçaient de se regrouper en partis d'opposition légale, comme les futurs Premiers ministres Agathe Uwilingiyimana et Faustin Twagiramungu. Ils avaient accès auprès du dictateur, Juvénal Habyarimana, mais leur audience était faible par rapport à celle du groupement extrémiste CDR, des milices *interharmwé,* et de la camarilla présidentielle, l'Akazu.

* * *

L'étincelle jaillit le 1er octobre 1990. Parties de leurs bases situées en Ouganda, des unités du FPR de Fred Rwygiema* et Paul Kagamé pénètrent au nord du Rwanda. Faut-il parler d'« offensive », d'« infiltrations », de « pénétration » ? On s'interroge toujours, huit ans plus tard, sur le point de savoir si, dans son souci d'obtenir l'aide de la France contre l'« invasion », Juvénal Habyarimana n'a pas gonflé l'événement et noirci ses déboires, aussi pour couvrir les massacres de

* Tué après deux jours de combats.

Tutsis qui répondaient, au Rwanda, à la pénétration du FPR, qui lui-même ne se retenait pas de « faire le vide »…

Quelle que soit l'importance de l'opération*, il est clair qu'elle était partie d'un pays voisin, l'Ouganda, dont le président, Yoweri Museveni, que l'on disait soutenu par Kadhafi, ne cachait pas ses sympathies et l'aide en armes, logistique et entraînement qu'il apportait aux hommes de Kagamé (il les appelait *my young boys*). Et Kagamé n'était-il pas, naguère encore, le chef des services de renseignement de l'armée ougandaise ?

Il est non moins clair que l'opération déclenchée par le FPR intervient peu de mois après que le dictateur de Kigali (à la suite du discours de La Baule et des pressions répétées de Paris ?) se fut résigné à la création de partis d'opposition, et eut accepté, aux termes d'un accord intervenu à Semmuto (Ouganda) avec le Haut-Commissariat aux réfugiés des Nations unies, le retour d'exilés tutsis dans son pays. Ruse de guerre ? Encore eût-il fallu le mettre à l'épreuve. L'opération du FPR n'est pas troublante seulement parce qu'elle part d'une base extérieure avec l'appui très actif de l'étranger, mais aussi parce qu'elle semble bien avoir voulu prendre de vitesse un processus de règlement pacifique – fût-il problématique.

Quand on apprend à l'Élysée, le 16 octobre 1990 que (c'est Jacques Attali qui note) « au Rwanda des rebelles tutsis venus d'Ouganda ont envahi le nord du pays [où] l'armée massacre les civils tutsis[19] », quelles sont les relations entre Paris et Kigali ? Peu après son accession au pouvoir, François Mitterrand a reçu du « sage » Houphouët le conseil de soutenir Habyarimana, que le vieux président ivoirien considère comme « sérieux », attaché au « progrès » et soucieux d'apaiser les conflits ethniques. Le chef de l'État français accueille l'année suivante (15 juin 1982) l'homme de Kigali, qui semble lui avoir fait bonne impression, parlant surtout de problèmes de subsistance. Au surplus, le visiteur est intelligent, calme et s'exprime en un français élégant. Ce sont des choses qui comptent, pour Mitterrand – dût-on en sourire.

Quelques signes accréditent bientôt l'idée d'une certaine connivence entre la « cellule » de l'Élysée (nommément Jean-Christophe Mitterrand et son ami Jeanny Lorgeoux, député socialiste) et l'entourage du dictateur rwandais. On fait des affaires, on se rend des services. Un ami commun, Jean-Pierre Fleury, dont une collaboratrice est l'épouse de Jean-Christophe, dirige une société, Adefi, qui surveille

* Les services français évaluent alors les effectifs du FPR engagés dans l'action à un millier d'hommes. Les deux offensives suivantes du FPR, en 1992 et 1993, mobiliseront plus de dix fois cet effectif.

les activités des opposants africains en France. Lors de son audition par la mission parlementaire présidée par Paul Quilès d'avril à juillet 1998, Jean-Christophe Mitterrand démentira avoir entretenu des liens d'amitié avec le fils du président rwandais et exploité le moindre champ de pavot. On lui en donnera acte, en dépit des accusations portées contre lui et ses rapports avec les maîtres de Kigali par des publications comme *L'Événement du jeudi* (dont il obtint une réparation judiciaire) et *Libération*, et de la fâcheuse réputation à lui faite dans de larges secteurs de l'opinion africaine où on l'affublait du sobriquet de « Papamadi ». Exaspéré par les réserves formulées par ses collaborateurs à propos de son fils-conseiller, François Mitterrand finit par le remplacer, en juillet 1992, par Bruno Delaye.

Ce qui est certain, c'est qu'au sommet de La Baule, en juin 1990, Juvénal Habyarimana a été l'un des chefs africains qui ont fait le moins bon accueil au discours de François Mitterrand prétendant lier l'aide française aux progrès de la démocratie dans les pays assistés. La réaction du Rwandais mérite d'être citée : « De telles leçons [de démocratie] ne sont pas démocratiques... » Voilà qui n'était pas de nature à resserrer les liens entre l'homme de l'Élysée et celui de Kigali. Mais il se trouva qu'il ne les brisa pas, et que le maître du Rwanda resta un hôte occasionnel de Paris et un habitué des sommets franco-africains, et qu'il se vit offrir par la France l'avion dans lequel il allait trouver la mort.

Passé sa mauvaise humeur de La Baule, Juvénal Habyarimana, bombardé de notes par les instances de Paris, avait dû accepter, à partir de septembre 1990, la constitution d'une opposition formée de « Hutus modérés » – il y aura jusqu'à neuf de ces organisations, noyautées ou non par le dictateur d'une part, les « Tutsis modérés » de l'autre – jusqu'à la formation d'un gouvernement de transition (d'aucuns disent d'« opposition »...), en juin 1992. Un processus évolutif était en cours en dépit de la pression exercée sur Habyarimana par les fanatiques de son bord.

La question de l'« invasion » du Rwanda fut abordée lors du Conseil des ministres du 17 octobre 1990. François Mitterrand déclara d'emblée qu'il fallait « sauver nos compatriotes, mais ne pas se mêler des combats interethniques » – formulation où nous retrouvons bien son vocabulaire et ses références, mais qui ne fait guère prévoir une politique interventionniste. Mais un autre facteur va devenir un facteur central de la crise, pour ne pas dire un *casus belli*.

On a souvent parlé, à propos de Mitterrand et des siens, du « complexe de Fachoda », c'est-à-dire d'un refus obsessionnel de voir non plus Londres, comme en 1899, mais Washington refouler Paris hors de l'espace africain (ainsi de Gaulle, hanté en 1945 par la « relève » de Washington en Indochine, avait choisi d'y livrer combat sur un terrain miné). Moins déterminé par la géostratégie, Mitterrand était d'une sensibilité extrême pour tout ce qui touchait à la francophonie, qui comporte bien des aspects positifs (on y reviendra), mais qui, en l'occurrence, agit sur lui comme une drogue.

François Mitterrand avait longtemps été agacé de voir Claude Cheysson ou Jean-Pierre Cot tenter d'abolir les frontières entre les deux zones culturelles. A partir du début de 1990, il prête l'oreille à l'argumentation d'un conseiller militaire qu'il estime beaucoup, le général Quesnot, hostile à une poussée de l'anglophonie où il voit le masque d'une stratégie américaine visant à chasser la France de l'Afrique centrale et orientale, en tout cas de la région des Grands Lacs, en vue d'y reconstruire l'empire fabuleux du Kitara à partir de l'Ouganda de Museveni – opération dont le bras armé serait le FPR de Kagamé, précurseur d'un *Tutsiland* anglophone et francophobe*...

Fantasmes ? Le fait est que dans le même temps qu'il manifeste sa solidarité avec les alliés de guerre anglo-saxons en préparant avec eux l'intervention contre l'Irak dans le Golfe (août 1990-janvier 1991), François Mitterrand autorise en octobre 1990, au bénéfice du gouvernement de Kigali, la participation de forces françaises (150, puis 250, puis 300 hommes) à une opération combinée franco-belgo-zaïroise, dite « Noroit » contre l'« offensive » du FPR – bien qu'une note du centre d'analyse et de prévision du Quai d'Orsay l'ait mis en garde contre le « détonateur rwandais » et le peu de chances de survie, face au FPR, du régime militaire de Kigali.

L'engagement exprès de la France au Rwanda pouvait-il être assimilé à celui qui avait conduit Mitterrand à déclencher six ans plus tôt l'« opération Manta » au Tchad envahi par Kadhafi et ainsi sauvé de l'invasion ? Un accord de coopération (y compris militaire) signé en 1975 (sous la présidence de Valéry Giscard d'Estaing) liait bien la France au Rwanda. Mais il ne comportait pas de clause expresse de défense comme la plupart des traités franco-africains. Mitterrand n'était conduit, en ce domaine, que par une jurisprudence personnelle : ne s'engager qu'en cas d'intervention extérieure. Ce qui semblait bien être le cas – dussent les forces de Kagamé, entraînées et formées en Ouganda, n'être formées que de Rwandais, dont une minorité de Hutus.

---

* En Ouganda, pourtant, la coopération française était active, avec l'appui déclaré du gouvernement de Museveni.

C'est de cette décision d'octobre 1990 en tout cas que date l'implication militaire de la France (nonobstant les « liaisons » antérieures signalées plus haut) dans la tragédie rwandaise. Il est vrai que Paris ne se contente pas de participer à la tentative de sauver le dictateur hutu, dont les pratiques racistes et discriminatoires à l'encontre de la minorité tutsi sont d'autant plus connues que les forces armées françaises* ont été engagées, bien au-delà de la formation ou de l'encadrement, dans des opérations militaires, dont l'une fut dite « Panda ».

Pour prévenir l'exacerbation du conflit dont la France ne peut manquer de faire les frais, François Mitterrand adresse à son homologue rwandais, le 30 janvier 1991, une lettre l'incitant à la recherche d'un « règlement négocié » avec le FPR, en vue de l'instauration d'un système démocratique – additif au discours de La Baule, si mal reçu par l'intéressé...

Dans sa lettre, le président français précisait :

> « Trois conditions [...] paraissent devoir être remplies : la non-intervention d'États voisins en appui direct ou indirect à des actions dirigées contre le Rwanda ; l'ouverture d'un dialogue direct avec toutes les composantes de la nation dans un esprit de réconciliation et l'avènement d'un État de droit parfaitement respectueux des droits de l'homme ; le règlement le plus rapide possible de la question des réfugiés grâce notamment à la tenue d'une conférence régionale sur ce sujet, sous les auspices de l'OUA, avec la participation de tous les États concernés et du HCR. »

C'est sous l'égide de la France que, après une rencontre à Paris entre représentants du gouvernement de Kigali et du FPR, s'ouvrirent à Arusha, en Tanzanie, des négociations qui, deux fois rompues, aboutirent aux accords du 21 août 1993, ouvrant la voie à la « réconciliation nationale ». Ces accords ne valurent pas seulement au président français les remerciements de Juvénal Habyarimana, qui lui rendit visite au mois d'octobre suivant, mais aussi ceux du colonel Alexis Kanyarengwé, président du FPR, auquel était ainsi ouverte la participation du pouvoir à Kigali – encore que, vainqueur sur le terrain, il restât très minoritaire dans le pays.

Les négociations d'Arusha avaient ouvert la voie à un processus global de pacification démocratique, à partir du cessez-le-feu de mars 1991 : la mise en œuvre d'une nouvelle Constitution (juin 1991), la création de neuf partis politiques (juillet 1991) (dont quatre d'oppo-

* 600 hommes en 1994, selon les instructeurs du DAMI (Détachement administratif et militaire d'instruction).

sition, deux étant formés de Hutus modérés du Sud), l'installation d'un gouvernement de transition conduit par un Premier ministre issu de l'opposition (avril 1992).

Mitterrand ne se contenta pas d'agir sur le terrain. En octobre 1993, il écrivit au président Clinton une lettre pour le presser d'appuyer ces démarches de caractère démocratique, faute de quoi les bonnes volontés risquaient fort de se diluer. Démarche qui ne fut guère suivie d'effets...

Il est peu de dire que les accords d'Arusha, qui prévoyaient la relève du dispositif d'intervention franco-belge par un corps de l'ONU, le MINUAR, furent mal reçus par l'Akazu, cette camarilla de Hutus du Nord fanatiques, proche de Habyarimana, pour laquelle il n'était de pouvoir qu'excluant les Tutsis par la « purification ethnique », parallèle à celle qui se déroulait alors aux Balkans. Ainsi s'organisait une implacable revanche, dressant contre le vainqueur la majorité hutu, humiliée par sa défaite et effrayée par la prévisible vengeance des vainqueurs.

Les accords d'Arusha, qui reflétaient la victoire sur le terrain du FPR*, avaient-ils une chance quelconque d'être appliqués ? Militairement, les forces dites « hutus » étaient surclassées. Mais leur prédominance en termes de population était si écrasante que les 2 500 Casques bleus** de la MINUAR en voie d'être acheminés par l'ONU au Rwanda ne semblaient pas en mesure de garantir au vainqueur l'application des accords. L'incertitude pesait quand, le 6 avril 1994, l'avion (français) dans lequel, en compagnie de son homologue du Burundi, Juvénal Habyarimana regagnait la capitale où il avait accepté de partager le pouvoir avec le FPR, fut abattu sur l'aéroport de Kigali, contigu à sa résidence.

Les responsables de l'attentat ne furent jamais identifiés ; après avoir été attribué à des mercenaires à la solde du FPR qui, selon des informateurs à Kigali, était averti que le dictateur se préparait à rejeter les accords, il fut ensuite mis au compte du clan hutu le plus hostile au compromis d'Arusha, celui que l'on identifie au CDR et à l'Akazu. Cette thèse s'appuie sur le fait que le FPR n'aurait guère eu d'intérêt à la suppression d'un homme qui, signataire des accords d'Arusha, très favorables au FPR, servirait de couverture à sa prise de pouvoir. Ce sont les Hutus les plus durs qui avaient intérêt à la suppression de l'homme qui avait, selon eux, trahi leur cause.

On fait valoir de l'autre côté que le FPR, en train de gagner la

---

* Selon l'ancien secrétaire d'État américain pour l'Afrique Herman Cohen, entendu par la mission Quilès en juillet 1998 à Paris, ces accords étaient « excessivement avantageux » pour les Tutsis du FPR – au point d'être inacceptables par les Hutus de Kigali.

** Dont 900 originaires du Bengladesh, 800 du Ghana et 500 de Belgique.

guerre, voyait en Habyarimana le dernier obstacle à sa victoire totale... Et les tenants de la thèse incriminant le FPR se fondent sur le fait que les missiles utilisés pour l'attentat étaient soviétiques, vendus à l'Ouganda par les Américains qui venaient de les récupérer lors des combats en Irak*. Que l'on tienne pour l'une ou l'autre thèse, il faut ajouter que sitôt après celui de Habyarimana fut perpétré l'assassinat du « Premier ministre d'opposition », la Hutue modérée Agathe Uwillingiyimana, anathème aux extrémistes de l'Akazu.

C'est alors que se déchaîne, que s'exaspère plutôt, d'avril à juillet 1994, cette chasse aux Tutsis qui va s'avérer l'un des génocides du siècle. 500 000 ? 600 000 morts**, saignés, écorchés, découpés à la hache, à la machette***...

La qualification de « génocide » est-elle bien fondée ? Elle suppose à la fois un plan d'extermination, une cible que l'on peut considérer comme « ethnique » et une masse exceptionnelle de victimes. Toutes ces « conditions », si l'on peut dire, paraissent bien remplies. Près du dixième de la population du Rwanda a péri entre avril et juillet 1994, les « idéologues » de CDR, de l'Akazu et de la Radio des Mille-Collines clamant leurs appels à l'extermination collective et faisant circuler des mots d'ordre d'élimination méthodique d'une ethnie, qui furent bien exécutés. Génocide, donc.

Non certes pour atténuer l'horreur du massacre planifié, et les responsabilités de ceux – Français, Américains, organisations internationales – qui n'ont pas su le prévenir ou l'interrompre, il faut rappeler que, de 1965 à 1995, la zone des Grands Lacs fut inondée de sang, que 3 millions de personnes y furent, en ces trois décennies, massacrées, que la plupart des présidents et Premiers ministres y furent assassinés, dont deux présidents du Burundi, que tous les changements de régime y furent opérés à l'issue de véritables guerres...

Un volumineux rapport du Sénat belge, puis la mission parlementaire française présidée d'avril à juillet 1998 par Paul Quilès ont fait connaître des fragments de ces plans criminels, et l'extraordinaire apathie avec laquelle les accueillirent, en leur temps, les pouvoirs

---

* C'est un argument employé devant la commission Quilès par Bernard Debré, ministre de la Coopération en 1994.

** Il paraît obscène de disputer de chiffres en ce domaine. Mais il faut rappeler que, sur ses 7 millions d'habitants, le Rwanda ne comptait pas plus de 1 million de Tutsis (14 % de la population). Pour admettre les chiffres avancés (800 000 à 1 million de victimes), il faudrait faire l'addition des victimes des deux camps – ce qui n'est pas absurde...

*** Rendant compte de la tragédie au président français, Bruno Delaye, de retour du Rwanda, se refusera à qualifier cette horreur de « bestiale » car « les bêtes ne font pas cela... ».

étrangers, dont celui de Paris. La France disposait d'une ambassade très fréquentée, d'une mission militaire puissante, d'une mission de coopération ouverte à tous.

Que les projets des *interhamrwés*, diffusés notamment dans le journal *Kangura* sous forme des « Dix commandements du combattant hutu », qui se ramenaient tous à la liquidation des Tutsis, n'eussent pas été recueillis, répercutés et des mises en garde formulées à l'adresse du pouvoir hutu, voilà qui passe l'entendement. Et c'est bien tard (quatre ans après les faits) que le chef des coopérants français à Kigali, Michel Cuingnet, déclarait devant la mission parlementaire de 1998, le 28 avril :

> « Au Rwanda, nous avons agi par ignorance et suffisance. Nous savions que Habyarimana était un dictateur faible et criminel, et nous avons confié aux militaires un rôle qui aurait dû n'appartenir qu'aux politiques et aux parlementaires. »

Peut-être pourrait-on objecter à ce fonctionnaire que sa correspondance officielle du temps qu'il était en poste – examinée par la mission Quilès – ne reflète guère ce type d'angoisses, et que des observateurs comme Stephen Smith s'étonnent encore que ceux qui, sur place alors, notamment les coopérants, pouvaient tirer la sonnette d'alarme, signaler le climat mortifère qui régnait à Kigali au début des années 90, aient été – Français, Belges, Américains – si discrets...

Dans le lourd dossier « Rwanda », auquel le nom de François Mitterrand est désormais associé, cinq chefs d'accusation se détachent : la décision d'engager militairement la France dans le combat, en octobre 1990, du fait de l'« opération Noroit » ; la sous-estimation constante des préparatifs génocidaires dans le camp des « amis de la France » ; la livraison d'armes aux Forces armées rwandaises ; le refus d'enquêter sur l'assassinat de Habyarimana et de son collègue burundais ; le sauvetage sélectif, au cours de l'« opération Amaryllis » d'avril 1994, de l'entourage du dictateur assassiné.

Sur le premier point, la décision d'intervention, on a vu le président français d'abord très circonspect*, puis « embarqué » sur des informations contestables, à coup sûr gonflées, surdéterminé par deux notions : celle (honorable) de l'exemple à donner aux autres États africains liés à la France (« On ne vous lâche pas quand vous êtes attaqués de l'extérieur ! »), et celle (absurde) de la défense militaire de la francophonie...

La sous-estimation des préparatifs criminels du *Hutu Power* est

* En marge d'une note transmise par son fils qui, en octobre 1990, fait prévoir une présence durable du contingent français de l'opération « Noroit », le président appose un « non ! » apparemment décisif.

évidemment le fait des différentes instances – politiques, militaires, culturelles – qui représentaient la France à Kigali : encore l'ambassadeur Marlaud a-t-il fait valoir, lors de son audition par la mission Quilès, que plusieurs de ses dépêches du début de 1994 en faisaient état, et qu'il n'avait pas été avare de mises en garde auprès des autorités rwandaises.

La livraison d'armes françaises au pouvoir de Kigali, jusqu'après le déclenchement du génocide d'avril, est un des thèmes favoris des procureurs, surtout dans la presse. Quand il fait valoir (à l'auteur notamment) que de telles opérations ne peuvent en aucun cas être portées au compte de l'État français, tant le contrôle du CIEMG* est strict, minutieux, Michel Roussin, alors ministre de la Coopération, ancien de la DGSE, emporte la conviction : ces livraisons semblent bien avoir été le fait d'organisations privées et multinationales comme en suscite (ou fait prospérer) tout conflit armé – ainsi en Bosnie, à la même époque.

S'agissant de l'enquête sur l'assassinat des présidents rwandais et burundais (impliquant l'équipage français pilotant un appareil français) qui déclencha la grande tuerie, l'ancien Premier ministre de transition, vieil opposant au dictateur mis en place avec l'accord du FPR, Faustin Twagiramungu, a fait valoir devant la mission Quilès, le 12 mai 1998, que si la recherche a été étouffée, c'est surtout par le nouveau pouvoir de Kigali, qui avait tous les moyens depuis trois ans sinon de faire, en tout cas de rechercher la lumière. Le même témoin, en tirant argument pour mettre en cause le gouvernement rwandais actuel, l'accusait de perpétuer des massacres moins massifs mais plus efficaces que son prédécesseur...

Quant au sauvetage sélectif effectué lors de l'« opération Amaryllis », il est peut-être le chapitre le plus blessant de ce dossier. Que la veuve et les enfants du dictateur en fussent bénéficiaires peut être compris : on imagine mal que l'État français eût repoussé la demande d'asile de personnes ainsi éprouvées, liées à un pouvoir vaincu, qui était, qu'on le veuille ou non, allié de Paris – et quoi qu'on pense du rôle joué par Mme Habyarimana. Mais de vrais criminels de guerre, comme l'inventeur de la Radio des Mille-Collines, furent alors sauvés aux dépens de collaborateurs rwandais de l'ambassade… Un épisode qui jette sur l'ensemble de l'affaire et le rôle joué par la France une lueur sinistre…

* Comité interministériel d'exportation du matériel de guerre.

* * *

François Mitterrand est à l'Élysée, Édouard Balladur à Matignon, Alain Juppé au Quai d'Orsay, François Léotard rue Saint-Dominique*, Michel Roussin rue Monsieur** : le détachement de l'ONU se révélant incapable d'intervenir, l'OUA (Organisation de l'unité africaine) s'abstenant, ce sont eux qui prirent la responsabilité de conduire, en exécution d'un mandat de l'ONU (la résolution 929), l'« opération Turquoise ». Déclenchée le 23 juin 1994, avec l'objectif primordial de sauver les Européens, cette intervention fut d'abord critiquée (la France est trop disqualifiée pour agir...), puis dénoncée comme le sauvetage des responsables du génocide, ensuite approuvée par la majorité des observateurs, notamment africains, et par le sommet des Sept réuni à Naples.

Sa trop longue connivence avec le régime qui allait devenir l'organisateur du génocide, responsable de cette Radio des Mille-Collines qui, des mois durant, ne fut qu'un long hurlement d'incitation à la haine raciale et à la tuerie, le soutien militaire accordé au pouvoir de Kigali ont incité des observateurs comme Jean-François Bayart à dresser à l'encontre de l'Élysée un réquisitoire résumé par la formule de « bilan catastrophique ». Cet africaniste résume ainsi son diagnostic : « La France n'a pu éviter la victoire du FPR***, [...] s'est discréditée comme arbitre dans l'ensemble de la région et s'est trouvée compromise, à son corps défendant, dans un génocide [20]. »

Encore M. Bayart a-t-il l'honnêteté, par rapport à une certaine littérature diffusée à ce sujet, d'écrire « à son corps défendant » – ce qui est, au sens littéral comme au politique, juste. D'autres n'auront pas le même sens de la mesure et l'on mesurera l'hystérie déployée en l'occurrence dans une partie de la presse à cette formule attribuée par un collaborateur du *Figaro* à François Mitterrand à propos des ventes d'armes : « En Afrique, un génocide de plus ou de moins... » Où puise-t-on la haine qui pousse à attribuer à un homme de tels propos, sans en citer la source ?

Les condamnations portées contre les responsables français par les presses belge et française et par la quasi-unanimité des africanistes sont parfois moins sévères venant de certains de leurs interlocuteurs

---

* Ministère de la Défense.

** Ministère de la Coopération.

*** Dont le comportement ultérieur est tel que certains parlent déjà de « contre-génocide ».

africains. Reçu à l'Élysée dès le 1er juillet 1994, au lendemain de la tragédie, le président de l'Ouganda Yoweri Museveni, supposé être l'inventeur ou en tout cas l'allié du FPR de Paul Kagamé, échange avec François Mitterrand des propos fort mesurés, on dirait même amicaux, marqués de part et d'autre d'une évidente volonté d'entente : quand l'Ougandais conseille à son hôte « de ne pas clasher* contre le FPR », il n'a pas à pousser bien loin son plaidoyer... Les seules critiques que formule alors Museveni s'adressent à l'ONU et à l'OUA, dont il dénonce la « passivité ». Courtoisie africaine ?

Comment ne pas avouer que l'ensemble de l'épisode, considéré du point de vue de la France et plus précisément de son président d'alors, et compte tenu des engrenages dont est faite la politique d'un État européen en Afrique, provoque chez l'auteur de ce livre, un sentiment qui va bien au-delà du malaise, jusqu'à la douleur.

* * *

A la veille de la tragédie rwandaise, qui jette une immense tache de sang sur une politique africaine héritée plus qu'inventée, lourde de compromissions plus que de mauvais coups, et qui aura surtout péché par impuissance et résignation à l'« inévitable », renonçant à affronter les despotes au nom de la démocratie et à rompre avec les potentats au nom de camaraderies insoutenables, François Mitterrand avait mêlé son nom à une opération qui lui dut, elle aussi, fort peu, mais qui est inscrite à son bilan : la dévaluation du franc CFA, monnaie du « pré carré », symbole et moyen de la coopération entre Paris et le continent.

C'est contre le gré du président que fut décidée cette opération, qui, à ses yeux, portait une atteinte grave à la solidarité franco-africaine, quand elle n'en était que la manifestation mélancolique.

« Il nous fallut batailler pour le convaincre », raconte Michel Roussin, alors ministre de la Coopération, qui reçut en l'occurrence le soutien de son très réaliste Premier ministre Édouard Balladur, fort attentif aux avis du FMI.

> « Mitterrand était viscéralement hostile – je trouvais sa position digne de l'ami des Africains qu'il était – à une mesure inévitable, qui nous empêchait de consacrer nos efforts en Afrique à autre chose qu'à épon-

* Déclencher un *clash*.

ger les dettes de nos partenaires [...]. Il y avait mieux à faire. Grâce au relèvement des cours des matières premières, nous avons bien réussi la dévaluation du 11 janvier 1994 – bien qu'elle fût devenue dès la fin de l'année 1993 un secret de polichinelle[21]. »

Ce que le président n'avait pas eu grand mérite de prédire à son ministre s'est bel et bien produit – une dépréciation de la « valeur France » égale à celle de sa monnaie. Non que les Africains résument leurs liens avec la France à des données financières. Mais le taux du CFA, son appréciation artificielle même, avait une valeur symbolique des pouvoirs (quelque peu magiques ?) de la France. En se rangeant au raisonnable avis du FMI*, Paris banalisait en profondeur une présence qui, le recul de l'usage de la langue française aidant, se réduit à ce qu'elle est.

C'est pourquoi la « cérémonie des adieux » que fut le dernier sommet franco-africain présidé par François Mitterrand à Biarritz, les 10 et 11 juillet 1994, suscita, dans la presse qui lui fit écho et chez les observateurs qui le disséquèrent, plus de mélancolie que d'indignation. Il est vrai que ce colloque se déroula dans l'« ombre portée » de la tragédie du Rwanda, d'autant plus obsédante que les organisateurs, fort déçus de l'absence de Nelson Mandela qui devait être l'ornement du concile, avaient eu la stupidité de tenir à l'écart aussi bien l'Ougandais Museveni que le nouveau président rwandais porté au pouvoir par le FPR, Pasteur Bizimungu – d'origine hutu... –, alors qu'ils invitaient justement son voisin du Burundi : geste de rancune mesquine, très mal perçu par les intéressés.

Tandis que se déroulaient dans cette ville hantée par le fantôme majestueux de la reine Victoria – un nom qui parle aux Africains... – les travaux et rencontres des trente-quatre délégations présidées par François Mitterrand, qu'entouraient Mobutu, Eyadéma et Bongo, comme pour symboliser les échecs ou les limites de la politique de La Baule, et que salua en séance un assez beau discours du roi Hassan II – se tenait un « contre-sommet » de ces ONG dont Mitterrand s'était fait, dans son discours de La Baule, l'avocat, mais dont il était devenu la cible constante, et qui entendaient « mettre en examen » la politique africaine du « grand chef blanc ».

Le spécialiste « africain » de *Libération*, Stephen Smith, peu suspect de complaisance à propos du maître de l'Élysée, eut beau observer que « ce tableau est noirci outrageusement » et que cette « autoflagella-

---

* Lequel, en vertu de ce qu'on appelle la « doctrine d'Abidjan », faisait désormais figure d'arbitre des investissements français en Afrique.

tion » risque de « faire passer tout responsable de la politique africaine de la France de ces dix dernières années pour un affairiste ou un criminel de guerre » [22], les réquisitions se multiplièrent, à la cantonade.

Épuisé, blafard, incapable de dissimuler la souffrance qui le taraude, Mitterrand n'en connaît pas moins à Biarritz un étrange triomphe crépusculaire, où la compassion se mêle au respect que les Africains portent à la vieillesse. Puisque chacun sait qu'après treize ans de règne il fait ici ses adieux, à la vie aussi bien qu'à l'Afrique, il lui faut défendre son bilan. En fait, il parle moins du passé que de l'avenir, critique le rôle de contrôle abusif que s'arroge la Banque mondiale et défend le projet de force d'intervention inter-africaine que rend indispensable le génocide rwandais (qui, selon lui, continue, cette fois à l'encontre des Hutus*).

« Cette force bénéficierait de l'appui de la France, précise le président, mais il ne faudrait pas la confondre avec une Sainte-Alliance visant à assurer la protection des régimes en place. » Fallait-il voir là l'esquisse d'une autocritique ? Il crut bon de conclure en tout cas que, considérant l'ensemble de la politique menée depuis treize ans, il n'avait « pas le sentiment d'un échec ».

Les propos les plus judicieux tenus au cours de ce sommet de Biarritz le furent par le dernier venu, Sylvestre N'Tiban-Tunganya, nouveau président du Burundi, qui, dans une interview accordée à Maria Malagardis pour *Libération*, assurait que l'« on aurait pu éviter le génocide rwandais si les Nations unies ou l'Organisation de l'unité africaine (OUA) s'étaient réellement mobilisées après les accords de paix d'Arusha signés en août 1993 » ; qu'il fallait donc désormais « privilégier une diplomatie de la prévention » ; que « la démocratie semble désormais inévitable en Afrique » bien que l'on ait jusqu'alors « démocratisé sur des malentendus » : propos que le président Mitterrand ne dut pas lire sans quelque regret, ou remords.

A un journaliste qui lui demande, sur le ton qui est désormais d'usage dans ce métier, s'il a discuté avec ses partenaires africains de ses projets d'« après l'Élysée » et de son successeur le plus vraisemblable, François Mitterrand réplique dans un sourire crispé et d'une voix où perce une profonde amertume : « Ils n'ont pas cherché à régler l'ordonnance de mes obsèques... »

---

* Les observateurs qui peuvent en rendre compte, quatre ans après la mise en place du pouvoir issu de la victoire du FPR, notent que la réplique est, cette fois, plus « ciblée ». Les pouvoirs aristocratiques tuent avec plus de discernement – seulement les cadres. Les « croquants » ont toujours massacré plus aveuglément.

* * *

Ce testament africain est, de tous ceux que le président crépusculaire tente alors d'établir, le plus amer. Ne serait-ce que parce qu'il lui révèle, à lui, homme de pouvoir, les limites de son exercice hors des frontières. Cette Afrique à laquelle il s'est attaché plus longuement et fermement que ses prédécesseurs et dont il a dynamisé au milieu du siècle l'un des élans vers la liberté, il n'a guère pu faire mieux qu'en accompagner la maturation, entre réalités despotiques et aspirations démocratiques. Aux courageux Candides de la démocratisation – de Jean-Pierre Cot aux rédacteurs du discours de La Baule* – il apparaîtra souvent comme un Pangloss de l'ethnographie, figé en vieillissant dans une vision tribaliste, ligoté par les alliances familiales et les compagnonnages traditionnels.

Bilan globalement négatif ? A quelques réserves près.

De 1981 à 1994, d'Ottawa à Naples, François Mitterrand a pris part à une douzaine de sommets des Sept. Il n'en est pas un où il n'ait plaidé, le plus souvent seul, pour l'aide aux pays du Sud, pour l'Afrique, pour l'allégement ou l'effacement de la dette annoncé à Dakar en 1989. Seul, il n'a cessé de rappeler à ses partenaires du « club des riches » que, dans les rapports entre Nord et Sud, c'est encore le premier qui reçoit. Dans le même temps, l'aide de la France à l'Afrique passait de 0,36 à 0,63 % du PNB – au prix de l'oubli du précepte de La Baule qui établissait un lien entre aide et démocratisation.

Dût-on admettre, avec le président du Burundi cité plus haut, que l'on a « démocratisé sur des malentendus » ? Il est de fait que de l'été 1990 au printemps 1995, la quasi-totalité des États mis en cause ont entamé la mise en place de procédures qui, d'abord simples alibis ou gesticulations abstraites, conduisent à la démocratie et que, sur ce plan, la zone anglophone, fort en avance sur sa rivale jusque dans les années 80, semble prendre du retard sur des pays comme le Sénégal, le Mali ou le Bénin.

Francophonie ? On a relevé l'usage pervers qui fut fait de ce vocable, ou de son interprétation « stratégique », au début des années 90, dans la région des Grands Lacs. Mais ce n'est pas pour oublier la vraie dimension culturelle et les valeurs de solidarité que revêt ce concept. Le projet communautaire lancé à Niamey, en 1970, par Léopold Sédar

* Mais il est inconvenant de débattre sur le point de savoir si Mitterrand est ou non l'auteur de ce discours. L'ayant prononcé, il l'est. Mauvais, ne l'en eût-on pas accusé ?

Senghor et vingt autres chefs d'État et de gouvernement fut ranimé à Paris en février 1986, non sans éveiller quelques suspicions à gauche, où l'on parlait volontiers de néo-colonialisme, alors que le président sénégalais Abdou Diouf, qui ne parle pas pour ne rien dire, y voyait « l'avènement d'une société multiraciale ».

A Québec en 1987, à Dakar en 1989, François Mitterrand défend les thèmes de l'identité culturelle face au mondialisme, de la nécessaire solidarité dans le développement. En 1991, au palais de Chaillot, puis à l'île Maurice en 1993, il rappelle la valeur du binôme démocratie-développement, et la nécessité de l'« exception culturelle », de la sauvegarde des cultures originelles, de l'idée d'égalité de droit entre les partenaires.

Écoutons Catherine Tasca, qui fut, à partir de 1991, chargée du ministère censé mettre en œuvre ces idées :

> « [François Mitterrand] récusait toute forme de Yalta culturel, tenant la francophonie pour une voie de convergence. Il la fondait sur des liens personnels très intenses entre un certain nombre d'hommes qu'unissaient une même langue, une formation voisine, parfois des souvenirs communs, d'étudiants ou de militants. Ce n'était pas une francophonie des bureaux, des dossiers, des diplomaties [23]... »

Mais s'il fallait chercher une forme de rédemption à Mitterrand l'Africain « mis en examen » par de bons esprits, et le plus souvent honnêtes, on pourrait regarder du côté de l'Afrique australe, où s'est tout de même déroulé l'événement majeur de cette fin de siècle, l'émancipation du peuple noir soumis au système le plus oppressif que lui ait jamais imposé l'homme blanc des temps modernes.

Quand, au début de juillet 1994, Nelson Mandela, vainqueur de l'apartheid, déjà reçu par deux fois à Paris, en 1990 et 1992, alors qu'il n'était qu'un leader récemment libéré d'une détention d'un quart de siècle, peut accueillir enfin, en tant que chef d'État, un homologue étranger, c'est François Mitterrand qu'il choisit d'inviter – en dépit de tout... Est-ce là le signe du mépris qui devrait frapper ce « faux ami » de l'Afrique ?

Que les éloges alors adressés par le plus grand des Africains de ce siècle à son hôte français – qui s'astreint à une visite pour lui exténuante, parce qu'il pense qu'elle rachète bien des défaites – doivent beaucoup à la courtoisie, on n'en doute pas. En d'autres circonstances, Nelson Mandela eût-il ainsi salué « l'impeccable intégrité [...] de ce résistant indomptable [...] que nous considérons comme l'un des nôtres... » ? Il a en tout cas prononcé ces mots.

Dans le procès intenté à sa politique africaine, où les procureurs se pressent jusque dans les rangs du Parti socialiste,* François Mitterrand ne pouvait rêver de meilleur avocat que Nelson Mandela. Le jury, lui, poursuit sa délibération.

* Dans diverses interventions, en 1998, Michel Rocard a prononcé à ce propos le mot de « honte ».

CHAPITRE XIV

Dix ans, ça suffit !

• La visiteuse • « Un couteau dans le dos... » • « Amabotte » • Un charter de trop • Le coup de sang • « Responsable, mais pas coupable... » • Des spadassins aux grandes oreilles • Pour la délectation du Prince? • « Il faut qu'ils soient devenus fous... » • Un désaveu collectif • « Béré », enfin • Un prêt sans intérêt • Vers le désastre...

Cette année 1991, qui s'ouvre dans un grand cliquetis d'armes en direction du Golfe pétrolier, ce n'est pas seulement pour François Mitterrand celle du dixième anniversaire de son entrée à l'Élysée. Il sait, il sait presque seul qu'elle est aussi marquée par un autre anniversaire, celui de la révélation du mal qui le ronge depuis dix ans, ce cancer auquel il résiste bien au-delà des courtes années de rémission que lui faisait espérer le plus savant spécialiste*.

Voilà dix ans qu'il lutte en secret, dissimulant son mal à l'aide de bulletins signés par un médecin complaisant, à coups de soins tant bien que mal camouflés, d'aéroports en palais présidentiels, serrant les dents, les poings, le visage soudain figé, un cri lui échappant après un geste trop brusque, un effort physique : « Ah, ce maudit lumbago, cette sciatique ! »

Il tient, acharné à remplir son mandat, à imposer, face à l'ombre du Général, cette durée dont l'Histoire, pourtant, ne fait pas toujours une vertu. (Fallait-il régner dix-huit ans pour finir à Sedan ?) Il tient, secoué ou porté par le vent arabique, le bouleversement germanique, la recomposition européenne, la fièvre mauvaise qui agite les Balkans et l'amertume des électeurs français. Il tient, malgré les millions de chômeurs, la désintégration du Parti socialiste, les « affaires » nauséabondes, les mésintelligences avec Matignon et les vagues de lassitude désespérée qui parfois l'assaillent. N'était-ce donc que cela ?

De la rue ne montent pas vers son bureau de l'Élysée les « Dix ans,

---

* Le 16 novembre 1981 (voir p. 260).

ça suffit ! » que les manifestants juvéniles de Mai 68 scandaient à l'adresse de Charles de Gaulle. Mais la sourde rumeur qui vient du pays après l'« embellie » provoquée par son maniement de la crise du Golfe aura bientôt cette sonorité-là. Et peut-être, la douleur aidant, et du fait de son pas de clerc à propos de Moscou et de ses lapsus yougoslaves, peut-être n'est-il pas loin de le penser lui-même : il le dit en riant à des lycéens et des étudiants reçus à l'Élysée à l'occasion d'une grève scolaire et universitaire... Dans les projets de révision constitutionnelle qu'il forme, sans hâte excessive, n'y a-t-il pas d'ailleurs celui du septennat non renouvelable ?

Sa maîtrise intellectuelle est-elle intacte ? Peut-être en est-il venu à la surestimer. A force de distribuer les cartes (sinon de regarder dans le jeu de l'adversaire), il finit par se croire infaillible. Ne lui reste-t-il pas des atouts en réserve, de grandes initiatives à prendre – sur l'Europe, et en vue de relancer une économie tenue d'une main de fer, à la limite de l'asphyxie, par Pierre Bérégovoy ? Allons, le temps est venu d'une relance éclatante !

Depuis les derniers jours de 1990, les portes de l'Élysée s'entrouvrent parfois le soir devant une visiteuse qui n'y est pas inconnue mais qui avait déserté le palais depuis des mois. C'est Édith Cresson, ancien ministre de l'Agriculture, puis du Commerce extérieur, puis des Affaires européennes, démissionnaire du gouvernement Rocard dont elle désavouait la prudence, et reconvertie alors dans l'industrie privée à la tête d'une entreprise, la « Sisie », rattachée au groupe Schneider sous la coupe d'un des grands barons du capitalisme français, Didier Pineau-Valencienne.

Dans l'esprit du président, le sort de Rocard est scellé dès le début de l'été 1990 : le dénouement n'a été reporté qu'en raison des impératifs unitaires de la guerre du Golfe. Mais, tout affairé qu'il soit aux choses militaires et aux négociations européennes ou allemandes, il n'y tient plus. Ces quatre années d'exercice du pouvoir qui lui restent, si la carcasse tient bon, il veut en faire ce que l'on appelle, dans les journaux sportifs qu'il aime tant (sa journée commence par la lecture de *L'Équipe*), la « dernière ligne droite », le « déboulé », le « sprint final »...

D'autant que sa conduite de l'intervention française au Koweït, dans les médias ou sur le plan international, lui a rendu un lustre qu'on allait oublier et une popularité dont témoignent les sondages (plus de 75 % d'approbations). Certains, dans son entourage, vont même jusqu'à suggérer une dissolution de l'Assemblée en vue de retrouver, dans la nouvelle, une claire majorité et les moyens de gouverner vraiment. Il s'y refuse, par principe, hostile – comme de Gaulle – à l'usage de cette procédure à des fins de « confort ». Mais il ne cache plus son impatience de confier Matignon à un personnage investi de sa pleine confiance.

Alors, qui ? Sept ou huit noms figurent sur une liste qu'il montre ou cite à Bianco, Attali, Badinter ou son vieil ami Charles Salzmann. En avril, lors d'une de ses visites chez les bouquinistes du quai Saint-Michel, où le président s'attarde sous les regards croisés de gardes invisibles, Salzmann est appelé à commenter ce catalogue. Bérégovoy ? Il est trop attendu, sa désignation ne créerait pas le choc nécessaire. Dumas ? Trop âgé. Delors ? « Il poserait encore des conditions abusives... » Lang ? Jospin ? Joxe ? Bianco ?

> « Et pourquoi pas Édith Cresson ? Le président a lancé le nom, d'un air détaché. Aux objections que je fais – pas prête, trop impulsive, inconnue de l'opinion – il réagit comme si je lui avais planté un couteau dans le dos... Une violence ! J'ai tout de suite compris que son parti était pris [1]... »

S'il s'agit de provoquer un choc dans l'opinion, le choix est bon. François Mitterrand a déjà fait appel au « plus jeune Premier ministre que l'on ait proposé aux Français » ; puis à un adversaire déclaré ; puis à un ennemi intime. Une femme, cette fois ? L'audace est plus grande encore, on va le voir, dans ce pays supposé civilisé, pour peu que la personne en question ait du caractère, que les circonstances en fassent ressortir surtout les angles et se prêtent peu aux opérations de charme. Charme ? « Le fait que vous soyez une femme n'a joué qu'un rôle secondaire dans ma décision », assurera le président à l'élue. Qui le croirait ? Elle, peut-être ?

Après trois longs entretiens à l'Élysée, où il est question non seulement d'une stratégie énergique de relance industrielle, mais encore d'une structure gouvernementale plus resserrée – il n'a pas été question de personnes, pas même de l'important Bérégovoy aux Finances –, Édith Cresson confie au président : « Décidément, me nommer n'est peut-être pas une bonne idée... » Il y tient, pourtant, et la persuade. Mais l'ancien ministre des Affaires européennes n'est encore que l'un des convives de l'extraordinaire dîner qui se déroule dans la soirée du 10 mai 1991 à l'Élysée, à l'occasion du dixième anniversaire de l'élection du leader socialiste.

Souper par petites tables, où le président va de l'un à l'autre, jovial, pluriel, énigmatique : « Eh bien, Rocard ?... », « Alors, Pierre ?... », « Bonsoir, Édith... », « Ça va, Delors ? » – lequel est un peu surpris d'être invité pour la première fois à ces agapes quasi familiales, lui qui n'est pas un indigène de la « mitterrandie ». Cette invitation suscite d'ailleurs mille commentaires : est-ce lui l'élu ? Rocard, un peu fébrile, sait son avenir limité. Mais comment, jusqu'où ? Les regards vont de l'un à l'autre, comme les pas du souverain, qui doit se réciter, *in petto*, des pages de Saint-Simon – et pense à qui, en trinquant avec Édith ?

Cinq jours plus tard, en tout cas, le 15 mai à 20 heures, le visage avenant de Mme Cresson, député-maire de Châtellerault, ancien ministre, paraît sur les écrans de télévision : c'est celui du nouveau chef du gouvernement, de la première femme qui fût appelée à de telles fonctions au pays des Gaulois, onze ans après Margaret Thatcher au Royaume-Uni. Prestation suivie d'un commentaire du chef de l'État : « Mme Édith Cresson m'est apparue comme la plus apte à muscler notre économie… » Le muscle d'abord…

Le tout premier accueil de l'opinion est bon, surtout chez les jeunes : 72 % d'opinions favorables – mieux que Fabius en 1984. Mais, très vite, l'écran va se brouiller, et d'abord à l'intérieur du système de pouvoir socialiste, où le « machisme » le plus banal va redoubler les jalousies ordinaires et les traditionnels conflits d'attributions.

En dépit de ce qui a été souvent écrit, Édith Cresson n'avait pas demandé « la tête de Bérégovoy » au président (qui la lui aurait probablement refusée). Elle n'en pensait pas moins. Mais elle savait que ce serait souffler sur les braises et, dès lors qu'elle acceptait de courir sa chance, elle jugeait suicidaire de braver, ce faisant, les caciques du parti. Elle savait bien que le maître de Bercy tenterait de la mettre sous tutelle. Elle préféra prendre ce risque plutôt que d'aller à une confrontation globale [2].

Cette énorme concession faite, elle estime pouvoir constituer « son » équipe, où entreraient notamment des personnalités nouvelles, comme Martine Aubry ou Dominique Strauss-Kahn. Mais, une fois de plus, c'est le président qui modèle à son gré le cabinet, où campent les « éléphants » du parti, presque tous agacés par cette promotion peu conforme au système de références établi dans l'enclos depuis vingt ans.

Conscient ou non de la décision prise à son sujet par Mitterrand et Cresson, Pierre Bérégovoy, qui depuis 1981 se tient pour le Premier ministre potentiel, ne cherche nullement à dissimuler son aigreur et ses sentiments de frustration. Il s'installe d'emblée dans le rôle du Grand Légitime, seul détenteur des réalités de pouvoir contre les manœuvres et les gaffes de l'Usurpatrice, convoquant à tout propos la presse pour dauber sur les gens de Matignon, organisant contre le Premier ministre ce que la biographe d'Edith Cresson, Élisabeth Schemla, appelle « un coup d'État permanent [3] ». Mais ses camarades ne la traiteront guère avec plus d'amitié et rien ne manifestera mieux l'usure de l'ascendant exercé par Mitterrand sur ses disciples ou ses créatures que la houle de sarcasmes dans laquelle sera ballottée Édith Cresson pendant les 325 jours de sa mission à Matignon.

De ceux dont la mitraillent les porte-parole de l'opposition de droite elle aurait pu faire fi, fût-ce de ce sobriquet de « Pompadour » dont l'affuble avec élégance François d'Aubert, député de la Mayenne. Mais non de la campagne déclenchée contre elle par l'ensemble des médias, à laquelle donne le ton une émission de TF1 qui passait alors pour amusante. *Le Bébête Show*, du à MM. Collaro, Roucas et Amadou, déverse sur elle ce que la gauloiserie, en ses heures les plus pâteuses, peut enfanter de bas : la marionnette censée la représenter, dotée du sobriquet d'« Amabotte* », se roule sur celle qui figure Mitterrand en roucoulant « mon chabichou, mon roudoudou d'amour »...

Mais le pire, en matière de frénésie misogyne, est à coup sûr ce que publie *Le Monde* sous la signature de Claude Sarraute :

> « ... Tu t'y entends, hein, la Cresson ! [...] Bien qu'ignorant tout de vos rapports, j'imagine mal le Mimi te repoussant du pied, agacé par tes câlineries de femelle en chaleur. Si tant est que tu l'exaspères, ce serait plutôt par tes bourdes de charretier en fureur[4]... »

Ceci fut écrit, en 1991, dans *Le Monde*, le journal fondé quarante-six ans plus tôt par Hubert Beuve-Méry et tenu pour le porte-parole de l'intelligentsia française.

Chiennerie mise à part, le nouveau Premier ministre a naturellement sa part de responsabilité dans le harcèlement qui lui est infligé. Mise par le président dans l'impossibilité de former le cabinet de son choix, « marquée » par son grand argentier, harcelée par les rocardiens, persiflée par les fabiusiens, elle se fait encadrer à Matignon par deux personnages qui attirent sur eux les critiques.

Abel Farnoux, son flamboyant « gourou », beau combattant de la Résistance resté attaché au gaullisme, fourmillant d'idées, industrialiste forcené, se conduit à ses côtés comme s'il n'avait d'autre ambition que de donner d'elle une image d'inconsistance et de se donner à lui l'allure d'un tuteur effervescent, de faire oublier qu'enfin une femme est au pouvoir ; et le préfet Ivan Barbot, recruté dans l'aile la plus droitière de ce corps, contribuera à doter son gouvernement d'un style « sécuritaire » peu conforme à la vraie nature du Premier ministre.

---

* Trouvaille particulièrement stupide : Mme Cresson a des défauts, mais évidemment pas celui de la servilité...

Ses premiers contacts avec le Parlement (qu'elle n'aime guère) et l'opinion (à laquelle elle devrait plaire, gaie, allante et « battante » comme elle est) sont malheureux. Son discours de politique générale, que Mitterrand, paternel, lui avait conseillé d'abréger (« Quinze ou vingt minutes d'ennui, ça peut aller, il y a des carrières politiques qui se font là-dessus. Mais il ne faut pas en abuser... »), passe mal devant les députés. « D'emblée, ils m'ont flinguée ! » constate-t-elle sept ans après, encore blessée.

Quelques jours plus tard, elle reçoit à Matignon une journaliste, Pascale Amaudric. Son chef de cabinet entrebâille la porte. « Les indices économiques ne sont pas bons, mais la Bourse est à la hausse... » Et elle, agacée, de jeter : « La Bourse, j'en ai rien à cirer ! », réflexion qu'elle retrouvera, en gros titre, dans *Le Journal du dimanche* et qui fera sensation – mauvaise. Venant d'un homme, on aurait trouvé la formule amusante : « Voilà un gaillard qui ne parle pas comme un énarque, enfin ! » Tenu par une femme, le propos est jugé « démagogique »... En tout cas, trois semaines après son installation à Matignon, la proportion de « bonnes opinions » est tombée de 72 à 38 %, entraînant à la baisse la cote du président (48 %).

Deuxième dérapage verbal, en juillet, à l'occasion d'une interview accordée à la chaîne de télévision américaine ABC, pour une émission très populaire, *Prime Time Live*, patronnée par Pierre Salinger. Invitée à parler des hommes, elle déclare que les Japonais, « dont la prochaine proie sera sans doute l'Europe », font penser, par leur acharnement au travail, à des « fourmis ». Bigre... On l'interroge sur l'homosexualité. « Un homme qui ne s'intéresse pas aux femmes me semble bizarre [...]. L'homosexualité est plus présente dans la tradition anglaise... » Eh bien ! Voilà comment, en quelques minutes, on s'aliène à la fois l'empire du Soleil Levant et celui de Sa Majesté britannique, et, par contrecoup, une opinion française qui joue l'indignée, dès lors que les médias font mine de l'être. Cette « Madame Sans-Gêne » va nous brouiller avec le monde entier...

Et le malentendu s'aggrave, quand, interrogée par TF1 à propos du sort des immigrés en situation irrégulière, le Premier ministre n'exclut pas qu'ils soient reconduits chez eux en « charters ». Ce n'est pas elle qui a prononcé le mot, instillé dans la conversation par un journaliste évidemment venu pour la piéger. Mais elle n'a pas pu faire en sorte que ne lui fût pas attribuée cette formule, employée cinq ans plus tôt par le ministre de l'Intérieur Charles Pasqua, aux grands cris d'une gauche qui désormais unit dans la même exécration cet homme public et ce moyen de transport – bel et bien utilisé pour expulser 101 ressortissants du Mali en décembre 1986.

Le harcèlement de Mme le Premier ministre par les médias est de plus en plus évident, et concerté – dût-elle s'offrir souvent aux coups : sa cote de popularité dégringole au-dessous de 30 %. Contre ce que *Le Figaro*, jubilant, résume par cette formule : « un exceptionnel destin d'impopularité », François Mitterrand, dont le crédit est engagé par ce choix très personnel, réagit-il en « montant au créneau » ? Édith Cresson fait observer aujourd'hui que, incité par un groupe de journalistes à commenter son action, le 14 juillet 1991, le chef de l'État a répliqué : « Elle est charmante... » « En entendant ça, déclare-t-elle, je me suis dit que l'affaire n'irait pas loin [5] ! »

On doit ajouter que François Mitterrand ne s'en tint pas à ce propos badin. « Elle parle cru ? C'est un signe de courage... Mme Cresson est bien vivante, et parle de même... Elle a du coffre... Si elle est impopulaire, c'est parce qu'elle a pris des mesures impopulaires, comme la hausse des cotisations sociales... » A Hubert Védrine, nouveau secrétaire général de l'Élysée, qui lui fait observer le 29 novembre que le gouvernement a atteint un degré de discrédit dont il ne pourra plus se relever – ce dont se félicitent ouvertement diverses personnalités de gauche, dont quelques ministres –, Mitterrand réplique, très sec : « Je changerai tous les ministres s'il le faut, sauf elle... » Mais quand Védrine récidive, le 5 décembre, il voit simplement le président se rembrunir...

Le fait est que plus la dame de Matignon subit d'attaques, plus le président se cabre, s'irrite, réagit avec aigreur. Peu de temps avant de mourir*, l'un des hommes dont le jugement lui importe, Roger Leray, ancien grand maître du Grand Orient de France**, vient le voir à l'Élysée et critique l'action d'Édith Cresson. La réaction du président est d'une virulence qui le stupéfie : Mitterrand, littéralement hors de ses gonds, réplique par une dénonciation en règle du « complot », de la « fusillade » dont est la cible le chef du gouvernement. Leray est abasourdi de le voir ainsi – comme l'a été Charles Salzmann, se donnant l'impression de poignarder son ami en émettant quelques réserves sur la personnalité choisie pour Matignon...

* * *

On ne saurait expliquer par ses seules maladresses les malheurs de cette femme intelligente et brave placée sur la ligne de feu par un président avide d'expérimentations, et dont l'inadaptation aux jeux

* En octobre 1991.
** Qui a été en 1988 l'un des « médiateurs du Pacifique » (voir chapitre IX).

mandarins de la politique partisane et du Parlement peut aussi être considérée comme un signe de vertu. Rarement gouvernement aura essuyé en moins de temps une telle suite de déboires, la plupart étrangers ou antérieurs à son action, en tout cas survenus sans que la responsabilité de l'équipe gouvernementale soit directement engagée. Comme si, à dater d'une certaine saison du règne ou d'un certain âge du souverain, il n'est rien qui survienne qui ne s'inscrive au débit du pouvoir...

Trois affaires, pourtant, relèvent de son autorité, qu'elle déploie alors à bon escient : une poussée de fièvre dans les banlieues, la fronde des infirmières et la grogne dans un monde dont elle connaît bien les humeurs pour en avoir pâti, ministre : celui des agriculteurs.

Le 27 mai 1991, un jeune « beur », Ahissa Ihich, 18 ans, meurt alors qu'il est placé en garde à vue au commissariat de Mantes-la-Jolie, faute d'avoir reçu les médicaments que sa famille avait apportés pour lui. Cette mort fait d'autant plus scandale que l'attention publique se porte depuis des mois sur la tension qui règne dans cette petite ville de la région parisienne, fortement peuplée d'immigrés maghrébins.

Les problèmes d'ordre public et de cohabitation prennent depuis plusieurs mois une dimension critique. La droite y trouve l'occasion de déployer une logomachie inquiétante. Tel jour, c'est le maire de Paris, Jacques Chirac*, qui s'élève contre les « bruits » et les « odeurs » que doivent subir, dans les banlieues, les voisins des immigrés. Quelques mois auparavant, c'est Valéry Giscard d'Estaing qui a laissé entendre que l'immigration tourne à l'« invasion ».

Comment, dans un tel climat, garder son sang-froid ? Le ministre de l'Intérieur croit bon d'expulser vers le Gabon le Marocain Moumen Diouri, dont l'opposition au roi Hassan II ne prend pas seulement des formes verbales. Mais quelques semaines plus tard et de nombreux avertissements ayant été prodigués au pouvoir, la mesure est rapportée, tant il paraît qu'au Gabon ce militant marocain est à la merci des services spéciaux de Rabat, peu portés au respect des frontières. Flottement...

En ce débat autour de l'immigration qui tétanise le corps social le chef de l'État tente d'instiller un peu de sérénité, répétant à longueur de Conseils des ministres qu'« il faut tout ramener à un principe simple : l'application de la loi [...] avec vigilance et fermeté [...] mais pas la loi Pasqua [...] la loi Joxe qui donne aux immigrés des garanties sous le contrôle du juge ».

Une note du cabinet présidentiel est remise le 10 juillet au Premier

---

* Qui ne passe pas pour enclin au racisme.

ministre, au ministre des Affaires sociales (Jean-Louis Bianco) et à son collègue de l'Intérieur (Philippe Marchand), qui résume les principes énoncés en diverses circonstances par le président :

> « – Les droits de ceux qui entrent régulièrement doivent être respectés, les Français d'origine étrangère doivent être intégrés.
> – Une politique d'aide au développement dans les pays d'émigration sera entreprise.
> – L'harmonisation européenne sera assurée par les accords de Schengen.
> – Des mesures humanitaires seront prises à l'égard de ceux qu'il faudra ramener dans leur pays d'origine, quel que soit le mode de transport utilisé. »

On ne saurait dire que ces excellents propos font tomber la fièvre...

L'été est souvent la « saison des banlieues ». L'automne sera d'abord celle des infirmières, puis des agriculteurs en colère. Le 18 octobre dans la soirée, François Mitterrand reçoit du directeur de son cabinet, Gilles Ménage, un rapport relatif à des incidents au cours desquels, manifestant, deux infirmières ont été légèrement blessées par les forces de l'ordre. Il s'irrite de ce qu'elles n'ont pas été reçues :

« Elles ne l'ont pas formellement demandé. – Oui, ça arrange tout le monde ! Je ne vais pas répéter toujours la même chose ! Toutes les catégories de personnes qui souffrent, qui sont malheureuses et qui demandent à être reçues doivent l'être ! »

Au cours du Conseil des ministres du 23 octobre, Édith Cresson annonce qu'un accord a été obtenu par le ministre en charge, Bruno Durieux, non sans qu'une délégation d'infirmières ait été reçue à l'Élysée : précédant ceux de l'ensemble de la fonction publique, les salaires des infirmières vont recevoir une augmentation de 6,5 %. Le président se dit fort satisfait de la négociation, la portant au crédit du Premier ministre.

Mais déjà se manifeste ici et là le mécontentement d'une paysannerie prévenue contre les tractations des organisations européennes, où elle ne cesse de voir des complots ourdis contre elle. François Mitterrand en est d'autant plus agacé qu'à quelques kilomètres de Château-Chinon, « chez lui », dans le Morvan, des paysans ont dressé des barrages, coupant des arbres (des arbres !) et les jetant en travers de la route (sa route !), et l'ont ainsi empêché de se rendre à Bibracte, où il a fait édifier un splendide musée gaulois dont il est très fier. Que d'offenses !

Au cours de ce même Conseil du 23 octobre, le voici dressé contre ces jacqueries, en souverain aux prises avec les croquants. Indigné de les voir attaquer les préfectures, il appelle les ministres responsables à la fermeté à l'égard de ceux qui s'en prennent à la loi démocratique, rappelant qu'il existe contre ce genre d'actions la procédure des flagrants délits, dénonçant les préfets et les magistrats qui préfèrent, en l'occurrence, fermer les yeux. De tels fonctionnaires, lance-t-il aux ministres de l'Intérieur et de la Justice, il faut les remplacer !

Le garde des Sceaux, Henri Nallet, interpellé à propos d'incidents qui se sont déroulés à Nevers, fait observer que, pour appliquer la procédure des flagrants délits, il faut disposer de plus de preuves qu'on en a. Le président se cabre. Ancien « garde » lui-même, il se refuse à croire qu'un procureur ne trouve pas de preuves... Le débat rebondit à propos d'incidents de même nature, encore plus violents, qui se sont déroulés dans l'Ain. On retrouve ici un Mitterrand très répressif : quand les agriculteurs s'en prennent aux bâtiments publics, les forces de l'ordre doivent intervenir. Il réclame une extrême sévérité et martèle qu'il ne veut pas avoir à le redire...

Le miséricordieux ami des infirmières se mue ici en chasseur de « jacques », sous les yeux étonnés de son Premier ministre, qui, en ce domaine, en a vu d'autres – du temps où « la Cresson » pouvait à grand-peine regagner sa voiture de ministre de l'Agriculture au milieu d'une forêt de fourches vendéennes...

* * *

Dures épreuves ? Moins dures que celles auxquelles sera soumis ce gouvernement en raison de faits bien antérieurs à sa prise en charge des responsabilités.

Le 5 juin 1991, interpellé à l'Assemblée nationale par Michel Crépeau sur la situation des hémophiles contaminés par voie de transfusion sanguine, Jean-Louis Bianco, nouveau ministre des Affaires sociales, admettant qu'« une grave erreur collective d'appréciation a été commise », annonce qu'il a chargé les services d'inspection de son ministère d'établir un rapport global sur la contamination des transfusés. Trois jours plus tôt, le Dr Garretta, directeur du Centre national de transfusion sanguine (CNTS), mis en cause, a quitté ses fonctions.

C'est ainsi que vient au grand jour, six ans après les faits et plusieurs campagnes de presse et actions en justice, la plus pernicieuse des « affaires » qui aient affecté (infecté ?) ce régime, coupable de fautes plus évidentes, mais jamais frappé d'un tel discrédit dans l'opinion publique, et bientôt dans l'électorat.

Déjà, le 25 mars 1989, le président de l'Association française des hémophiles, Bruno de Langre, avait fait part au *Monde* de son intention d'attaquer l'État en vue d'obtenir une indemnisation pour les personnes contaminées – avant qu'un accord n'intervienne trois mois plus tard entre cette association, un groupe d'assureurs et l'État, dégageant un fonds de solidarité. Mais du fait de l'insuffisance et des retards de cette indemnisation, faute par exemple d'une loi assurant l'indemnisation de tous les transfusés, l'affaire venait brusquement de prendre un caractère criminel.

L'affaire du « sida par transfusion » n'est pas compliquée seulement parce qu'elle a été transposée sur les plans politique et même polémique, mais aussi parce qu'elle pose à la fois le problème des frontières entre le technique et le politique, celui du niveau où se situe la responsabilité de la puissance publique (le chef de l'État est-il responsable de l'effondrement d'une digue ? ou le préfet ? ou l'ingénieur ?), enfin celui de l'information sur l'évolution d'une question scientifique.

On s'arrêtera d'abord à cet aspect de la question. Que sait-on, au début de l'été 1985, sur le sida et ses modes de transmission, sur ses phases d'évolution ? Deux ans plus tôt, le Pr Montagnier a isolé et décrit le virus (HTLV 3) mais non la séropositivité. Le rapport établi le 28 mai 1985 par la prestigieuse Société nationale de transfusion distingue radicalement séropositivité et atteinte par le sida. Certains spécialistes, en juillet 1985, pensent même que la première protège de la maladie... Le 4 juin 1992, le Pr Montagnier déclarera sur Antenne 2 : « On peut nous reprocher de ne pas avoir parlé plus fort mais à l'époque on n'était sûr de rien. »

En mai 1985, une inquiétude relative aux donneurs de sang provoque une réunion présidée à Matignon par le Pr François Gros, conseiller scientifique du Premier ministre Laurent Fabius. Plusieurs spécialistes ayant exprimé leur perplexité, un représentant du secrétaire d'État à la Santé, Edmond Hervé, estime qu'il n'y a pas urgence et celui de Georgina Dufoix, ministre des Affaires sociales*, déclare qu'il n'est pas partisan d'« engager des fonds » – propos qui aura des échos...

Une semaine plus tard, le Pr Jean Bernard, qui fait autorité en matière d'hématologie, paraît à la télévision (TF1) pour assurer que l'on exagère le caractère mortifère du sida mais qu'« il vaut mieux créer une angoisse inutile que de mentir**... » Et, le 19 juin 1985, le

* Dont le cabinet ne comporte aucun médecin, à la différence de celui d'Edmond Hervé.

** Ce grand savant restera la référence majeure des tenants de la thèse de l'ignorance. On citera souvent sa formule : « Quand on ne savait pas, on ne savait pas. » A quoi le procureur au procès, Mme Thin, répliquera : « Quand on savait, on savait. » Faut-il la croire, plutôt que Jean Bernard ?

Premier ministre, Laurent Fabius, déclare à l'Assemblée nationale que le dépistage sera désormais obligatoire pour les donneurs de sang.

Le 12 juillet 1985, une note rédigée notamment par le directeur général de la Santé, le Pr Jacques Roux, propose de mettre cette mesure en œuvre le 1er octobre, de fixer un prix unitaire pour le test de dépistage et les produits sanguins, et d'assurer le chauffage du sang, technique qui doit en principe garantir l'innocuité du produit – le sang non chauffé n'étant plus remboursé à partir du 1er octobre 1985.

Beaucoup s'étonnèrent que le Dr Pinon, du centre de transfusion de Cochin, ait alors déclaré : « Nous avions peu de produits chauffés, et nous les réservions aux cas particuliers [...] quitte à utiliser les autres en cas de rupture de stock, *pour sauver des vies...* » (*Le Matin*, 1er août 1985). Il pouvait soutenir en tout cas que si, « pour sauver des vies », le recours à des produits non chauffés fut prolongé indûment de quelques semaines, ce fut pour des raisons techniques et d'état des « stocks », plutôt que pour des raisons financières et du fait de décisions prises par les politiques, à propos desquels l'excellente journaliste Anne-Marie Casteret écrivait à l'époque dans *Le Matin* : « Le ministère de la Santé a "fait vinaigre" [...]. C'est la première fois dans l'histoire de la médecine qu'une maladie nouvelle est aussi rapidement diagnostiquée, identifiée, contrecarrée[6]... » (Mais dans les enquêtes ultérieures de *L'Événement du jeudi*, la même journaliste rejoindra pour des raisons sérieuses les bancs de l'accusation.)

On relève d'ailleurs que le bureau de l'Association française des hémophiles, réuni le 10 mai 1985, avait réclamé que les produits non chauffés soient interdits à partir du 1er octobre, alors que le Comité consultatif de la transfusion sanguine déclarait le 20 juin suivant qu'en attendant de disposer de suffisamment de produits traités, le sang non chauffé pourrait être utilisé « pendant une phase intermédiaire courte, à condition qu'une limite soit fixée ». Tout l'objet du débat réside-t-il dans cette « phase intermédiaire », entre le 21 juin et le 1er octobre ? Ce délai fut-il fixé en fonction d'une logique productiviste du Centre national de transfusion sanguine dirigé par le Dr Michel Garretta, se refusant à perdre des « clients », ou « pour sauver des vies humaines » que le refus de toute transfusion, fût-elle risquée, eût condamnées à coup sûr ?

Après une réaction d'une rapidité honorable, faut-il critiquer les atermoiements dans l'exécution des « arrangements » ? Il apparaît en tout cas que, du point de vue de la décision politique, celle du dépistage systématique pour les dons du sang, la France se situait en position moyenne (août 1985) entre les Pays-Bas et l'Autriche (juin 1985), l'Italie (juillet), la Grande-Bretagne et la RFA (octobre), la Suisse enfin (1986), et que dans aucun des autres pays les accidents provoqués par la transmission du sida par transfusion, si horribles qu'ils fussent, ne suscitèrent pareille polémique.

Celle-ci ne prit pas d'emblée le caractère enflammé qu'elle devait revêtir au fil des années. Interviewant le Premier ministre Fabius pour *L'Heure de vérité* du 4 septembre 1985*, sur Antenne 2, François-Henri de Virieu crut même bon de lui demander : « Est-ce un travail de Premier ministre et de ministre de la Santé de prendre la tête de la bataille contre le sida qui fait 180 morts en France, alors que l'infarctus en fait 50 000... ? » Tandis qu'Yves Mourousi, sur TF1, lançait le 20 juin d'un air narquois au grand spécialiste qu'est le Dr Rozenbaum : « Ça sert à quoi ce qu'a annoncé le Premier ministre ? », s'attirant cette réponse : « C'est parfait [...] mais on va dépenser 200 millions de francs pour n'intervenir que sur 1 % des malades [...]. On va augmenter le problème en dépistant des gens qui n'ont rien demandé à personne... »

Bref, nous voici en 1991, Mitterrand, Cresson et Bianco étant aux commandes. Le 21 octobre, par suite d'une dizaine de plaintes d'hémophiles, interviennent les inculpations du Dr Michel Garretta, directeur (démissionnaire) du CNTS, du Dr Jacques Roux, ancien directeur de la Santé, et du Dr Robert Netter, ancien directeur du Laboratoire national. Le deuxième, membre du Parti communiste**, met en cause les « politiques » – Laurent Fabius, Georgina Dufoix et Edmond Hervé.

Le 10 novembre 1991, François Mitterrand, qui a reçu à l'Élysée, les 2 et 23 octobre, les représentants des hémophiles et des polytransfusés, MM. Argente et de Langre, répond aux questions de Jean-Pierre Elkabbach sur la cinquième chaîne :

François Mitterrand : « La justice est saisie. Pourquoi n'irait-elle pas jusqu'au bout ? Pour l'indemnisation, il y a débat. Personnellement, comme les organisations d'hémophiles, je pense qu'il faut une loi... »

Jean-Pierre Elkabbach : « Ne trouvez-vous pas qu'il y a eu un peu de retard, d'hésitation, d'inertie ? »

François Mitterrand : « La France a été l'un des premiers pays à prendre des dispositions pour arrêter cela, le 1er octobre 1985... »

Jean-Pierre Elkabbach : « ... Mais il y a deux ou trois mois pendant lesquels... »

François Mitterrand : « ... C'est la justice qui le dira... »

La justice, en effet, suit son cours. Le 24 octobre, Édith Cresson, Premier ministre, a exprimé le vœu qu'elle « frappe » et « soit ter-

---

* Où il fut question, sur un ton plus rude, de l'affaire du *Rainbow-Warrior*.

** Qui n'est plus au gouvernement.

rible », tandis que diverses voix s'élèvent pour suggérer que la saisine de la Haute Cour serait la moins mauvaise solution.

Interviewé le 3 novembre à *7 sur 7* (TF1) par Anne Sinclair, Georgina Dufoix déclare qu'elle se sent « responsable mais pas coupable » – formule qui suscita, on ne sait trop pourquoi, l'ironie, étant la plus classique qui soit en morale et en logique –, « responsable » parce que ministre (d'ailleurs qualifié, par essence, de tel), « pas coupable » dans la mesure où elle estime avoir eu les comportements, d'ordres technique et financier, qu'appelait la situation. Cette seconde affirmation, et elle seule, pouvait provoquer le débat : ce qui advint, aussi bien dans les médias que lors du procès des quatre médecins*, qui s'ouvrit le 22 juin 1992 et au cours duquel vinrent témoigner les trois personnalités politiques.

Le procès s'achèvera le 23 octobre 1992 par la condamnation du Dr Garretta à quatre ans de prison ferme – il reviendra des États-Unis pour subir sa peine –, tandis que les polémiques se multiplient à propos des trois anciens ministres, voués par les uns à la Haute Cour, par d'autres à la Cour de cassation, par d'autres encore à la cour d'assises pour « empoisonnement » – qualification qui incite l'ancien ministre de la Santé RPR Michèle Barzach à parler d'« hystérie collective ». Laquelle allait s'exacerber ! Le 20 décembre 1992, enfin, l'Assemblée nationale adopte une résolution renvoyant Laurent Fabius**, Georgina Dufoix et Edmond Hervé devant la Haute Cour.

Indépendamment des responsabilités individuelles qui, hormis celle du Dr Garretta, le seul investi d'un pouvoir de décision, sont extrêmement difficiles à cerner – mais peut-on attendre des politiques plus de rigueur professionnelle que des médecins ? –, l'affaire révèle d'étranges dysfonctionnements dans le système français de la santé publique.

En dépit d'informations, non vérifiées scientifiquement mais inquiétantes, des produits non chauffés, provenant notamment de milieux à risques comme les prisons, furent distribués – et exportés hors de France par l'Institut Mérieux – jusqu'après la date butoir du 1er octobre 1985, pour des raisons essentiellement économiques. Et autour du CNTS foisonnait une constellation de sociétés animées par la seule logique financière, assurant la rémunération de certains responsables du service public de santé !

Le 14 juillet 1992***, interrogé par un groupe de journalistes de télé-

---

* Le Dr Allain, directeur du laboratoire du CNTS, a été à son tour inculpé comme ses trois confrères.

** Qui l'a expressément demandé.

*** Pierre Bérégovoy avait remplacé Édith Cresson depuis le 3 avril.

vision, François Mitterrand déclarait en guise de conclusion : « Laurent Fabius a réagi plus vite que la plupart des chefs de gouvernement. Je pense que l'état de la science ne permettait pas aux hommes politiques de trancher*. »

En Conseil des ministres, le 4 novembre de la même année, au cours de la discussion d'un projet de loi réformant le don du sang, il dénonça l'« exploitation politique immorale » de cette affaire, alors qu'il y avait « une erreur collective de la communauté médicale ». Et de conclure que, compte tenu des connaissances de l'époque, « personne n'aurait fait mieux : ni moi, ni aucun de vous, ni aucun dirigeant de l'opposition... ».

Ce qui ferait de lui un « non responsable, non coupable ». Appelée par l'auteur à commenter son comportement en cette affaire, Georgina Dufoix estimait cinq ans plus tard que le chef de l'État avait manifesté – mieux que le Premier ministre d'alors – une « honorable solidarité ». Elle n'en dit pas plus**.

* * *

C'est encore un procès « par la bande » que subit le gouvernement Cresson quand il lui faut assumer la responsabilité d'actes illégaux accomplis par des hommes investis d'un pouvoir de type prétorien et à des fins mystérieuses par le chef de l'État, auquel les immenses prérogatives reconnues au président de la République par la Constitution – une Constitution qu'il prétend vouloir réformer dans un sens plus démocratique – semblent en fin de compte insuffisants...

Le 24 septembre 1991, le commandant Christian Prouteau, conseiller à l'Élysée pour les affaires de sécurité et dont le président a fait naguère un préfet, est condamné à quinze mois de prison avec sursis par le tribunal de la Seine, de pair avec le commandant Beau, pour « complicité de subornation de témoins » dans l'affaire dite des « Irlandais de Vincennes »***.

A travers lui était frappé – dût-il être relaxé quatre mois plus tard en appel – l'un des rouages essentiels du système dont le fondateur est

---

* Le président approuva le renvoi devant la Haute Cour de Laurent Fabius et de ses deux ministres, pensant qu'ils seraient à même de s'y défendre.

** Le rebondissement de l'affaire, en 1998, ne relève pas de ce livre.

*** Trois militants plus ou moins rattachés à l'IRA (Armée républicaine irlandaise) avaient été appréhendés à Vincennes par les hommes du GIGN (Groupe d'intervention de la gendarmerie nationale) pour détention d'armes. Ils furent relâchés neuf mois plus tard, quand il fut avéré que ces armes avaient été apportées par l'un des gendarmes !

assez féru de continuité nationale et de représentativité historique pour avoir implanté au cœur de l'Élysée, sans la moindre justification légale, par le pur « fait du Prince », un corps de prétoriens qui rappelait les Quarante-Cinq de l'un, les mousquetaires d'un autre, le « Cabinet noir » d'un troisième, les grenadiers d'un quatrième et les « barbouzes » du dernier. Un vrai musée d'histoire monarchique… Savoureuses références historiques, certes ; et rappel de certain *Coup d'État permanent*…

C'est au cours de l'été 1982, un été agité par les orages d'un terrorisme qui prit à Paris des formes particulièrement abjectes, que fut créé contre cette menace le GSPR (Groupe de sécurité de la présidence de la République), la « cellule antiterroriste » de l'Élysée, du temps où André Rousselet était* le directeur du cabinet présidentiel, chargé entre autres des affaires de police. Cet homme fort civil et paisible rappellera des années plus tard à l'auteur que la création du GSPR fut décidée au vu de l'extrême faiblesse des services responsables de la sécurité du président, encore en place en 1981 – ce que confirmera son deuxième successeur, Gilles Ménage[7].

Les rênes du GSPR furent donc confiés au commandant Christian Prouteau, qui s'était fait une réputation de baroudeur à la tête du GIGN, le corps d'élite de la gendarmerie. Si les inventeurs du GSPR choisirent de faire appel à des gendarmes plutôt qu'à des policiers, c'est d'abord parce que l'ancien ministre de l'Intérieur Mitterrand était enclin à la plus grande méfiance envers ces derniers, en ayant pâti, et tenait la gendarmerie pour un corps beaucoup moins gangrené par ses ennemis politiques, dépendant en outre de la Défense nationale confiée à son ami Charles Hernu – lui-même fils de gendarme…

Christian Prouteau était à coup sûr un homme brave, apte au combat. Mais le moins qu'on puisse dire est qu'il manquait de discernement dans le choix des hommes. Ainsi fit-il appel – de façon marginale, a-t-il toujours prétendu – à ce capitaine Barril dont la responsabilité était écrasante dans l'affaire des Irlandais de Vincennes, et dont l'Histoire, à son plus bas niveau, retiendra qu'il fut un temps associé à la défense de la loi… Le chemin de François Mitterrand, il est vrai, avait croisé déjà ceux de Dides et de Pesquet. Mais Barril !

La mise à l'écart de ce personnage** ne devait pas suffire à faire de la « cellule » de l'Élysée un sanctuaire de la légalité. La première vocation de ce commando fut antiterroriste, la France étant soumise à plusieurs vagues d'agressions de cette nature, en 1986 notamment. Constatant que le chef de l'État ne fut la cible, en quatorze ans de

* Jusqu'en juillet 1982.
** En octobre 1983.

règne, d'aucun attentat repéré, lui qui n'avait pas laissé de se faire, de l'Algérie à la Palestine, des Carpates aux Balkans, une assez belle collection d'ennemis et qui vivait entouré d'une haine dont témoignent des centaines de publications, on est tenté de reconnaître que cette « protection rapprochée » fit merveille.

Le 13 mars 1985, *Le Monde* publiait sous le titre « Les mousquetaires antiterroristes du président » un article signé « Aramis* » qui présentait la fameuse cellule comme « la cotte de mailles du président », compte tenu de ce qu'« un chef d'État moderne [a] de plus en plus besoin de s'appuyer sur un entourage-rempart, un entourage-synthèse [...] dont la force essentielle reste la fidélité [8] ».

Derrière ce déluge d'images et de métaphores se dessinait le lugubre appareil d'un permanent Watergate à la française, en pointillé, plus ou moins parallèle aux gesticulations des hardis plongeurs chargés de prévenir l'expédition du *Rainbow-Warrior*. Délires...

Issue de cette unité de combat rapproché qu'est le GIGN, dont la légende bravache évoque « Bérets verts » et Marines, John Wayne et le premier Belmondo, la « cellule » montée par Christian Prouteau et logée dans deux petits bureaux du 2, rue de l'Élysée, après deux ou trois opérations du type de celle des Irlandais de Vincennes, se concentra sur une tâche : le tissage d'un filet protecteur autour de la vie privée du président.

Que François Mitterrand n'ait pas opté pour le style de vie d'Albert Lebrun ou de René Coty et qu'il ait considéré que les lourdes contraintes entraînées par la conquête et l'exercice du pouvoir donnaient droit à des compensations inspirées de celles qu'on s'accordait au siècle des Lumières qui fut aussi celui des boudoirs, on peut y voir la manifestation d'une riche nature, et un hommage à la liberté.

En ce domaine, la frontière que l'on se fixe, dans l'ordre public comme dans le privé, est tracée par le consentement (ou non) des plus proches. Marie Leszczynska souffrait-elle ? Ou Mme de Chateaubriand ? Le fait est que, s'agissant du troisième successeur du général de Gaulle, la « cellule » constituée à l'Élysée sous le signe de l'antiterrorisme se comporte moins, à trois ou quatre exceptions près, comme un commando de spadassins hérissé de colts et bardé de gilets pare-balles que comme un syndicat de téléphonistes doublé d'une armée de nounous.

Alfred Jarry** suggérait que l'on fabriquât des aquariums en verre dépoli pour poissons timides. Christian Prouteau et ses séides inven-

* Pseudonyme dissimulant mal l'un des acolytes de Prouteau.
** A moins que ce fût Alphonse Allais.

tèrent un univers à parois opaques pour protéger la vie privée du chef de l'État. Et, en ce sens, leur performance impose sinon le respect, du moins une forme d'admiration... Que la dualité familiale du président François Mitterrand ait pu demeurer quasi confidentielle jusqu'à la veille de sa mort, que l'existence d'une enfant qu'il chérissait avec passion ait pu rester cantonnée si longtemps dans le domaine privé est certes dû en partie à une tradition propre à la presse d'un pays qui, une bonne loi aidant, se garde sagement de confondre transparence et vérité*.

De quoi fut fait le tissu ainsi tendu au-dessus et autour de la vie d'un président courant bouquinistes et restaurants, théâtres, vieilles églises, salles des fêtes, maisons amies et villages provençaux avec une si totale et apparente désinvolture ? On serait bien embarrassé de le dire. Le fait est que le filet protecteur joua son rôle et qu'on serait tenté de louer cette prouesse technique si elle n'avait recouru si outrageusement à un système pervers : les écoutes téléphoniques.

Pervers ? La police, au service d'un ordre dont l'État est le gardien souvent abusif ou malheureux, use depuis des millénaires de moyens multiples pour surveiller certains citoyens afin de protéger les autres. C'est même sa raison d'être. Elle rêve depuis toujours d'un système pan-optique** et pan-auditif qui lui livrerait le reflet et l'écho complets des activités sociales. Au XXe siècle, et en attendant le voyeur-auditeur universel caché dans les récepteurs de télévision, son arme la plus efficace est à coup sûr le téléphone, par lequel passe la plus épaisse tranche de la vie sociale. Si bien que, depuis quelques décennies, la filature l'a cédé aux écoutes. La carrière normale pour accéder au ministère de l'Intérieur ne devrait-elle passer par celui des P et T – comme ce fut le cas de Georges Mandel dans les années 30*** ?

Sous l'autorité du GIC (Groupe interministériel de contrôle), dépendant de Matignon, les écoutes téléphoniques sont réglementées, et chaque ministère, y compris ceux de l'Intérieur et de la Justice, a « droit » à un certain nombre de prises. Au moment où Mitterrand l'occupe, la présidence de la République dispose d'un « contingent » de vingt écoutes. Il est peu de dire que cette « tolérance » – déjà dénoncée en 1974 par Jacques Chirac, Premier ministre de Valéry Giscard d'Estaing, qui avait lui-même doublé la mise – ne fut pas respectée, et que les « mousquetaires » de l'Élysée, dont les effectifs pas-

* Pour combien de temps encore ?

** Sur lequel Jeremy Bentham, puis Michel Foucault ont écrit des pages décisives – prophétiques ?

*** Cette référence ne comporte aucune accusation d'écoute à l'encontre de l'intéressé.

saient en sept ans d'une demi-douzaine à une centaine d'individus*, finissaient par se prendre pour un central téléphonique. Tout système de pouvoir ne tend-il pas à échapper aux contrôles, sa vocation n'est-elle pas d'abuser des moyens dont il dispose ?

Ministre de l'Intérieur pendant six des « années Mitterrand » et comme tel chargé de la police et théoriquement de la sécurité présidentielle, Pierre Joxe porte un jugement très sévère sur le « système Prouteau » :

> « … J'ai tout de suite eu des difficultés avec Mitterrand sur ce point. Je lui ai fait valoir que son système me semblait mauvais et dangereux, qu'il n'était bon ni pour sa sécurité au sens strict, ni pour sa sûreté, ni pour sa tranquillité [mais] il tenait à son GSPR que lui avait "vendu" Hernu… Cela lui a beaucoup nui. C'était le marteau sans maître. Cette unité s'est mise à travailler en fonction de ses idées et à alimenter le président de la République de certaines informations dont je ne sais pas très bien l'usage qu'il pouvait faire […]. D'un point de vue institutionnel c'est choquant […]. Il a mal choisi certains de ses collaborateurs, mal jugé ses mauvais conseillers.
> Reste qu'il ne faut pas faire comme si, dans l'histoire de France contemporaine, aucun chef de gouvernement ou président de la République n'avait jamais écouté personne** et que […] l'horrible Mitterrand s'était mis à écouter tout Paris ! Il est normal que les gens qui ont été victimes de ces pratiques en soient indignés et engagent des actions en justice. Mais l'exploitation politique abusive consistant à passer sous silence tout le reste a un côté partisan et même déloyal […]. J'en sais long sur les écoutes du temps de De Gaulle*** [9]… »

Il est normal en effet que les « victimes de ces pratiques » les dénoncent. Encore convient-il de connaître les « raisons » pour lesquelles ces sales méthodes d'investigation leur furent appliquées – tel n'étant pas, en l'occurrence, un écrivain mais un maître chanteur en quête de pourboires, tel autre se comportant comme un journaliste si étroitement imbriqué dans les opérations de police et d'espionnage qu'il avait d'emblée assumé le risque d'être traité comme un de leurs pairs par ceux dont il jouait le jeu ou le contre-jeu. Tel reporter qui partage la

---

* Compte tenu de la « sous-traitance »…

** Voir, plus loin, les propos de Constantin Melnik, p. 501. – Dans *Frère de quelqu'un* (Robert Laffont, 1988, p. 448-449), Robert Mitterrand raconte comment, à la fin de 1979, son frère découvrit, dans son domicile de la rue de Bièvre, un système très sophistiqué de micros intégrés dans les cloisons. Prenant soin de raconter l'histoire au téléphone, il fit si bien que, quelques jours plus tard, la maison était « cambriolée » et les micros disparaissaient…

*** Pierre Joxe est le fils d'un des ministres les plus proches du Général.

vie d'un régiment de parachutistes ne s'étonne pas de recevoir un mauvais coup. Qui fréquente Barril risque d'être surveillé comme lui. Il y a de la grandeur à pénétrer un milieu « différent » et dangereux. Cette grandeur comporte ses risques*...

A quoi tendait ce piratage de mots, de confidences et de secrets ? A la délectation du Prince, cédant à l'une des pentes les plus perverses de tout pouvoir absolu, qui est de violer l'intimité de chacun, d'être le démon Asmodée ? Qu'est-ce qu'un pouvoir qui ne règne que sur les corps, mais ni sur les âmes ni sur les cœurs ? Cette question a été souvent posée, à propos de ce président qui du pouvoir se faisait une idée sans limite. Divers témoignages incitent à nuancer la réponse.

Secrétaire très familière de François Mitterrand depuis les débuts de sa vie publique – son père était un compagnon de captivité du futur président –, Paulette Decraene témoigne du peu d'entrain qu'il mettait à prendre connaissance des dossiers apportés chaque soir par les « longues oreilles » du GSPR. « Encore les écoutes... » Et de feuilleter d'un air las les liasses, dont une page sur deux portait le « vu » ou « vu F. M. » traditionnel. Il y a des témoignages en sens contraire. On a retenu celui-là, en raison de l'estime que l'on a pour le témoin, sans exclure les autres – et en marquant bien que c'est essentiellement ce qui avait trait à sa fille qui retenait l'attention, soudain passionnée, du président.

On ne saurait clore cet amer chapitre des écoutes de l'Élysée sans citer des fragments de l'article publié dans *Le Monde* du 22 octobre 1995 par Constantin Melnik, qui pendant des années fut chargé de ce type d'opérations auprès du Premier ministre Michel Debré. C'est à propos d'un arrêt de la chambre d'accusation de Paris relatif à des

* Selon Gilles Ménage, Edwy Plenel fut mis sur écoutes, avec l'accord du GIC contrôlé par le gouvernement, pour s'être mêlé d'une affaire d'espionnage qui concernait au plus haut niveau les intérêts du pays et les relations avec l'URSS de Gorbatchev. Le remarquable journaliste s'était fait l'instrument d'une manœuvre du patron de la DST, Yves Bonnet, qui avait choisi de révéler les dessous de l'affaire « Farewell » – l'espion russe travaillant pour Paris et peut-être pour Washington ; affaire qui aurait jeté le trouble dans les relations franco-soviétiques alors en pleine amélioration sous l'égide personnelle de Mitterrand, jouant à fond la « carte Gorbatchev ». Était-ce, comme le suggère Pierre Joxe, un « coup » personnel de M. Bonnet, afin de « faire de la pub » dans *Le Monde* pour ses services ? Ce policier n'avait-il pas été manipulé par la CIA, peu satisfaite du resserrement des relations entre Moscou et Paris ?
Une chose est de critiquer une politique, une ligne diplomatique, un geste ; autre chose est de se faire le véhicule d'une opération de services spéciaux du fait de relations très étroites avec lesdits services. Reconnaissons que l'affaire – si elle se situe à ce niveau – était grave, et la colère du chef de l'État prévisible. De là à approuver les méthodes utilisées...

écoutes portant atteinte à « la liberté d'opinion, de communication, d'expression, de la presse, [au] respect des droits de la défense, [à] l'inviolabilité du domicile » que Constantin Melnik écrit :

> « Ce "réquisitoire" remarquable s'applique, hélas, mot pour mot au fonctionnement du système d'écoutes téléphoniques tel que j'ai pu le voir tourner au jour le jour sous le général de Gaulle*.
> A vrai dire, les écoutes de l'Élysée pratiquées sous François Mitterrand m'apparaissent comme des jeux d'enfants improvisés par rapport à ce qui était systématiquement effectué durant les premières années de la Ve République. Ce n'est pas un journaliste du *Monde* qui était alors écouté à la demande de l'Élysée, mais son directeur lui-même, Hubert Beuve-Méry. Ce n'est pas un polémiste lançant des flèches contre le chef de l'État qui était "branché", mais le directeur du principal hebdomadaire d'opposition, Jean-Jacques Servan-Schreiber, à *L'Express*. Et ne parlons pas des avocats (Mes Isorni ou Tixier-Vignancour) [...] ni des hommes politiques**. »

Dans son commentaire de l'arrêt de la chambre d'accusation dont il est question ci-dessus, *Le Monde*, dénonçant les « dérives du mitterrandisme », inspirait cette réflexion à M. Melnik : « Ce n'est pas le mitterrandisme qui est responsable du glissement dénoncé aujourd'hui, mais le gaullisme avec sa conception sacralisée d'un pouvoir personnel. »

L'ancien collaborateur de Michel Debré conclut son audacieuse évocation par un éloge de la loi du 10 juillet 1991. Votée à l'initiative commune du président Mitterrand et du Premier ministre Michel Rocard, qui lui semble – à dire d'expert – apporter une « garantie suffisante » contre l'abus des écoutes***.

Ce rappel était nécessaire. Il n'a pas pour autant valeur d'« absolution » de ce qui fut fait entre 1982 et 1995...

Le fait est qu'en ce début de 1992, et alors que le ministère Cresson se débat entre affaires, sous-emploi, projets de privatisation larvée, progrès chaotique de l'unification européenne, soubresauts en Yougoslavie, la rumeur ne cesse de s'enfler à propos de la façon dont est assurée la protection de la personne et de la vie parallèle du Prince. Mais il revient au Premier ministre de connaître une nouvelle disgrâce.

* N'oublions pas que chaque soir, vers 18 heures, le général de Gaulle recevait Jacques Foccart, chargé à la fois de l'Afrique et des services spéciaux – qui ne faisaient pas fi, déjà, du téléphone...

** Encore faut-il observer que la poursuite de la guerre d'Algérie, jusqu'au 19 mars 1962, fut une cause du recours à ces méthodes d'exception.

*** Texte qui fonde le comportement du gouvernement, en 1998, à propos de l'enquête en cours.

* * *

Le mercredi 29 janvier 1992, à la fin de la soirée, Édith Cresson voit se profiler sur l'écran d'Antenne 2 un avion provenant de Tunis d'où est descendu, couché sur une civière, un personnage que le présentateur désigne d'une voix dramatique : « C'est Georges Habache ! » (Il est évident que la chaîne publique a été prévenue de façon à faire de cet atterrissage un événement ou, mieux, un scandale*...)

« Qui c'est, ce Habache [10] ? » fait Mme Cresson. Son chargé de mission pour la sécurité, Ivan Barbot, lui explique qu'il s'agit du chef de celui des groupes palestiniens que l'on tient pour le plus impliqué dans les affaires de terrorisme ; qu'il a, en France, un lourd dossier judiciaire, et que son arrivée sur le sol national, fût-ce pour une urgence médicale, va provoquer un séisme.

Mais où est le président ? Où est le ministre des Affaires étrangères ? Tous deux ont atterri de compagnie quelques heures plus tôt à Mascate, capitale du sultanat d'Oman, dont Mitterrand est l'hôte officiel. Là-bas – il est 2 heures du matin –, on dort. Prévenu à la fin de la matinée pendant une excursion, le président tombe des nues. Qu'est-ce que c'est que cette histoire ? Qui a donné l'autorisation (on apprend que l'accord est intervenu deux jours plus tôt, le lundi 27, avant son départ) d'accueillir à Paris un personnage aussi explosif ?

Roland Dumas jure ses grands dieux qu'il n'y est pour rien. Les journalistes accrédités pour le voyage font le siège du président, du ministre. Les téléphones vibrent entre Mascate et Paris : il en ressort que l'accueil, pour des « soins urgents », a été accordé au Palestinien par la présidente de la Croix-Rouge, Georgina Dufoix, qui est en même temps chargée de mission à l'Élysée. L'Élysée ? Il n'en faut pas davantage pour que le secrétaire général du Quai d'Orsay, François Scheer, et le directeur de cabinet du ministre, Bernard Kessedjian, ainsi que leur homologue de l'Intérieur, Christian Vigouroux, entérinent cette décision. Ne s'agit-il pas d'un geste d'humanité ?

Harcelé par les journalistes que mobilise une campagne de l'opposition (« Un tueur soigné dans nos hôpitaux ! ») et les protestations israéliennes, François Mitterrand entre dans une colère froide, terrible : « On nous a trompés... » Dans l'avion du retour, il rugira devant des journalistes : « Pour ne m'avoir pas prévenu, il faut qu'ils soient devenus fous... »

---

* D'où les accusations portées contre les services spéciaux israéliens...

L'impression est désastreuse – celle, conforme à la légende, qui entoure depuis plus de six mois le gouvernement d'Édith Cresson : désordre, improvisation, sinon sabotage passés à l'état institutionnel.

L'opinion, le Parlement ne sont pas seuls à s'émouvoir. On apprend que l'autorité judiciaire – en la personne du juge Bruguière – a immédiatement fait connaître son intention de demander des comptes à Georges Habache, dont le nom est prononcé – à tort ou à raison – chaque fois qu'est commis un attentat en France. Mais alors, cet accueil serait-il un piège ? Après la violente protestation israélienne commence à gronder celle des Palestiniens, jusqu'au moment où le juge est contraint de laisser repartir en hâte le malade...

Le mot « gâchis » vient sur toutes les lèvres, avant celui de « sanctions ». Qui paiera pour de tels impairs ? Que les ministres aient été ou non consultés, leur responsabilité est engagée. François Mitterrand ne se séparera pas pour autant de Roland Dumas, son ami, ni de Philippe Marchand, qui est, à l'Intérieur, son invention. Le couperet tombera sur Georgina Dufoix – dont le nom est en première ligne –, quelle que soit l'estime que lui porte le président, sur le secrétaire général du Quai d'Orsay et les directeurs de cabinet des Affaires étrangères et de l'Intérieur. L'opinion, la presse, le Parlement y trouveront matière à se gausser d'un pouvoir incapable de sanctionner les vrais responsables, les politiques, et se rabattant frileusement sur les exécutants.

Désormais, pour le cabinet Cresson, tout est déboires : dût-elle avoir été, en l'occurrence, le moins ébouriffé des protagonistes du psychodrame, c'est sur le Premier ministre que s'acharne l'opinion, quand ce n'est pas le Parti socialiste. Encore un, deux ou trois mois ? De toute évidence, sachant que les élections cantonales et régionales prévues pour le 22 mars sont perdues, Mitterrand a choisi de lui faire endosser l'échec, pour mieux en exonérer son successeur, quel qu'il soit.

Il faut s'arrêter un instant sur l'ambiguïté de ces relations. Le sous-titre donné à la biographie d'Édith Cresson par Élisabeth Schemla, « La femme piégée », et l'illustration de la couverture, où l'on voit l'héroïne au visage pathétique dévisagée par un Mitterrand suintant la fourberie, donnent à penser que, en l'envoyant à Matignon, le chef de l'État ne pensait qu'à la jeter dans une chausse-trappe, peut-être pour en finir avec les femmes en politique ? Ce qui ne ressort ni du texte du livre ni des souvenirs de l'intéressée.

François Mitterrand joua de bon cœur la « carte Cresson », cela ne fait pas de doute, que la fin en soit la gloire de son régime, le succès de ses idées, son estime pour la personne d'Édith ou l'exaltation du rôle qu'il assignait aux femmes dans la vie publique. Mais on peut lui faire grief de n'avoir pas vu d'emblée que, dès lors qu'il la jetait dans cette aventure, il devait lui donner les moyens de l'emporter, lui laisser les mains plus libres dans le choix de ses ministres, la possibilité de lever l'hypothèque Bérégovoy par exemple, s'agissant d'un choix entre rigueur et audace, comme en mars 1983, « Béré » étant cette fois dans le premier camp. Il n'est pas moins vrai qu'il aurait dû aussi la protéger contre la vague de misogynie répugnante qui déferla sur elle, non seulement dans les médias mais encore au Parlement et à l'intérieur du Parti socialiste.

Piégés, à vrai dire, ils le furent tous les deux, et l'un par l'autre. Élisabeth Schemla l'écrit très bien :

> « En surestimant son propre pouvoir [...] il s'est trompé sur tout : l'effet femme n'a pas duré, le style n'est pas passé, les socialistes ne s'inclinent plus devant la volonté de Dieu, les médias ne font grâce de rien, la contradiction entre une politique économique et monétaire déterminée par la construction européenne et la nécessité sociale a éclaté trop soudainement* pour ne pas créer un traumatisme [...]. Le couple de l'exécutif, isolé, malmené, est pris dans le tourbillon du chômage et des sondages [11]... »

« Mme Cresson dérange, mais moi je suis pour... » La formule de Mitterrand date du 14 juillet 1991. Elle reste le leitmotiv du chef de l'État jusqu'à la fin de l'année. Quand, au nom du Parti socialiste, Mauroy revendique le droit de critiquer le gouvernement, il est convoqué à l'Élysée et tancé d'importance, bougonnant en sortant : « Il mouillera sa chemise pour elle... » Mais quand, à la fin de décembre, le président, parlant à *7 sur 7*, croit bon de rappeler que « tous les gouvernements n'ont qu'un temps » – ce qui est une banalité –, Édith Cresson reçoit cet avis, dans le climat qui règne alors, comme un lâchage.

Le 29 mars, au soir du deuxième tour des élections cantonales – où le Premier ministre a bravement décidé de s'engager à fond, y brûlant ce qui lui reste de crédit –, le PS se retrouve avec 18,9 % des voix, son score le plus piteux depuis plus de vingt ans. « C'est un désaveu pour nous tous... », tranche Mitterrand, ajoutant dans un souffle : « A 18 %, on meurt. » Accordera-t-il un sursis à Édith ? Reçue par le président le 31 mars, puis le 1er avril – le Conseil des ministres fixé ce jour-là a été supprimé –, elle ressort de l'Élysée sans avoir été congédiée. Mitterrand paraît hésitant, déboussolé, bien plus qu'en mars 1983. On sait qu'il n'est pas l'homme des ruptures. « Désespérant... »,

* Soudainement ? Non : depuis 1983, cette contradiction est au centre du débat français, Mitterrand et Mauroy ont tranché...

murmure-t-on dans son entourage. Le jeudi 2 avril à 8 heures, au micro d'Europe 1, Catherine Nay parle de « chorégraphie de l'impuissance »... Quelques minutes plus tard, la présidence de la République annonce que « le Premier ministre a présenté sa démission au président, qui l'a acceptée ».

La lettre que lui adresse alors Édith Cresson est d'une amertume si forte que le président refuse d'en autoriser la publication. Elle passe outre, au moins pour un paragraphe confié à la presse :

> « Vous savez que j'ai toujours estimé que, pour remplir pleinement ma mission, je devais disposer d'une équipe gouvernementale restreinte, plus soudée, et du soutien explicite du Parti socialiste. Je constate que ces conditions ne peuvent être remplies [12]. »

Ainsi, souligne sa biographe, accuse-t-elle le président d'avoir cédé aux « barons », de l'avoir « trompée » en ne lui donnant pas les moyens de réussir : « C'est un adieu aux socialistes, à la politique, et sans doute à François Mitterrand [13]. »

Priée par l'auteur, sept ans après cette amère expérience, de jauger le comportement du président à l'égard de « la première femme en France appelée à présider le gouvernement », Édith Cresson retrouve ce « parler cru » que louait alors le chef de l'État :

> « Il m'a utilisée. Pour se débarrasser de Rocard par un coup médiatique qui permettait d'atténuer le choc que causerait dans l'opinion l'élimination de ce personnage encore populaire [...]. Et afin d'assurer sa propre gloire, celle de l'homme capable de cette audace : promouvoir une femme à un tel poste, en France...
> François Mitterrand était peut-être le seul homme public en ce pays à vouloir confier aux femmes de hautes responsabilités. En installant l'une d'elles à Matignon, il l'a prouvé, et ça reste au crédit de cet homme que j'ai admiré, suivi, auquel je dois beaucoup.
> Mais je maintiens que, me lançant dans l'aventure – en dépit de mes propres mises en garde ! –, il ne m'a pas donné l'occasion ni les moyens de faire mes preuves, comme je les avais faites comme ministre. Il aurait souhaité que je réussisse : il n'a pas tout fait pour que j'y parvienne [14]... »

* * *

Dans l'heure qui suit la « démission » d'Édith Cresson, la présidence annonce que Pierre Bérégovoy est appelé à lui succéder. Mitterrand a une fois de plus pensé à Delors, mais choisi en fin de compte celui auquel il donnerait volontiers le sobriquet dont Louis XIV avait affublé Mme de Maintenon : « Sa Solidité. » Ce n'est pas lui qui va se mettre à broder sur les pratiques sexuelles des étudiants d'Oxford...

Un choix, au sein du nouveau cabinet, va tout de même donner lieu à une contestation du président : celui de Bernard Tapie, que Bérégovoy veut nommer ministre de la Ville. Première enquête discrète sur le personnage auprès de Charasse, chargé du Budget : pas de dossier embêtant, de contrôle fiscal ? Non*. Qu'en pense le président ? « Voyez Fabius** » – lequel se cabre : « Le parti va pousser des hauts cris ! » Retour à l'Élysée. Bérégovoy : « Alors, je le prends ? » Le président : « Il faut voir... Enfin, c'est vous qui formez le gouvernement... » Et « Béré » de se redresser : « J'assume mes responsabilités »[15].

Cette entrée au gouvernement – dont François Mitterrand assume en fin de compte la paternité – d'un homme déjà fort controversé est en effet l'une des sensations que réserve aux Français la formation de ce cabinet, comme le retrait de Lionel Jospin*** – le portefeuille de l'Éducation étant attribué à Jack Lang, qui, toujours chargé de la Culture, devient le numéro 2 du gouvernement et va se comporter en conséquence.

Que François Mitterrand éprouve quelque réconfort en installant à Matignon un personnage avec lequel il travaille, intimement ou non, depuis près de vingt ans est une évidence. Des différences de points de vue les ont séparés (notamment en 1983 à propos du maintien dans le système monétaire européen), jamais de différend ; et, dans le PS, « Béré » n'a jamais appartenu, depuis le congrès de Metz, qu'au courant Mitterrand. Trop proche alors pour que joue, entre l'Élysée et Matignon, ce minimum de tension dialectique qui donne sa saveur au régime ? Les événements se chargeront d'animer leurs rapports...

Les choses ne commencent pas très bien. A peine a-t-il escaladé les marches de la tribune de l'Assemblée pour prononcer son discours d'investiture, Pierre Bérégovoy est assailli d'interpellations à propos des « affaires », dont les plus gênantes, alors, ont trait au financement des partis et à l'« amnistie » où l'opinion veut, en dépit de tout, voir un texte alibi pour les parlementaires****.

Face aux interrupteurs, le Premier ministre a la maladresse de brandir une liste de noms, laissant entendre qu'il a là de quoi faire taire

* On est en avril 1992.

** Depuis trois mois premier secrétaire du Parti socialiste.

*** Après un affrontement très dur avec le président, qu'il sommait de désigner Claude Allègre à ses côtés, comme secrétaire d'État. La forme prise par cette exigence avait choqué Mitterrand.

**** Notamment pour Christian Nucci. Voir chapitre IX

bien des bouches. Mais dès lors qu'il n'en donne aucun, il encourt la même disgrâce que Paul Quilès, jadis, au congrès de Valence, où, menacées de tomber, les têtes se redressèrent. Dans les travées, c'est la fureur : « Rendez-nous Édith ! » rugit André Santini, l'un des députés de droite les plus acharnés à la perte de Mme Cresson... Quant au président, il est excédé, dénonçant l'« insigne maladresse » de son ancien secrétaire général. Lui qui comptait sur une succession de tout repos au mandat agité d'Édith Cresson...

Mais le président porte au crédit de son nouveau Premier ministre d'avoir pris le parti d'annoncer une décision à laquelle il tient, comme refondatrice de sa stratégie : l'interruption des essais nucléaires. En quinze ans (1973-1988), François Mitterrand était devenu un partisan et un spécialiste éminent de la dissuasion nucléaire. L'évolution des armes l'a conduit à cette révision. De ce point de vue, il s'estime en position forte.

Le 23 mai, les Français apprennent que, menacé d'être mis en examen pour « abus de biens sociaux et recel » par son ancien associé Georges Tranchant, député RPR, qui l'accuse d'avoir détourné 13 millions de francs, Bernard Tapie doit donner sa démission du gouvernement. Le président n'en profite pas pour accabler le Premier ministre, rendant hommage, lors du Conseil suivant, à l'« imagination » et à l'« énergie » de M. Tapie – attitude dont il croira bon de ne plus se départir, quel que soit le vent qui souffle de Marseille, de Valenciennes ou d'ailleurs... Sa prudence initiale a fondu sous le regard de braise de cet aventurier chaleureux sans l'intrusion duquel il juge peut-être que sa propre vie eût manqué de piquant romanesque ! Ayant traversé l'univers de Balzac et celui des *Misérables*, une bonne lampée d'Eugène Sue lui semble souhaitable pour affronter les derniers chapitres...

Mais, le 3 juin, la contradiction va prendre plus d'ampleur entre les deux maisons d'où émane le pouvoir : François Mitterrand annonce tout à trac que les Français seront consultés par référendum sur la ratification du traité de Maastricht. On a vu* que cette décision du président, communiquée à ses ministres en Conseil le 3 juin, n'a pas suscité l'enthousiasme. Certains ont même tenté de s'y opposer, en tout cas de mettre en garde le chef de l'État – et, plus que tous, Pierre Bérégovoy, dont la prudence naturelle s'effraie d'un pari aussi aventureux. François Mitterrand goûte peu cette leçon de sagesse et le rappellera acidement à Bérégovoy au lendemain du scrutin : « Il me semble me souvenir, monsieur le Premier ministre, que vous n'y étiez guère favorable ! »

---

* Voir chapitre XII.

Des grincements seront encore perceptibles au début de juillet à l'occasion de la très dure grève des transporteurs routiers contre le « permis à points* », traitée avec efficacité par le ministre responsable, Jean-Louis Bianco, et le secrétaire d'État, Georges Sarre. Homme d'ordre matériel autant que de contestation spirituelle, Mitterrand s'étonne, s'indigne que le pouvoir tarde à libérer les routes de France en ce début de vacances. Et comme il ne saurait morigéner son cher Bianco, c'est le Premier ministre qui subit les effets de son irritation - bientôt apaisée : le gouvernement n'a pas cédé sur l'exigence des « points ».

Mais la tempête provoquée par cette campagne pour le référendum, qu'aurait bien voulu s'épargner le sagace Premier ministre, va bientôt lui paraître insignifiante. Le 12 septembre, c'est la foudre qui frappe Matignon : François Mitterrand est hospitalisé à l'hôpital Cochin pour être opéré d'un cancer de la prostate. L'intervention est pratiquée par le Pr Steg, qui a décelé le mal en novembre 1981, assisté de son collègue Bernard Debré.

* * *

Ainsi, c'était vrai… Ainsi l'énorme rumeur qui rampait depuis tant d'années, dès avant l'entrée à l'Élysée du monsieur d'Épinay, ainsi ce « cancer de Mitterrand » qui avait épicé les conversations des dîners parisiens (Ô Dieu protecteur des justes, de l'ordre et du droit de propriété, faites que ce ne soit pas une fable !), ainsi ce cancer cheminait bien en lui, en dépit de cet air de royauté gourmande qu'il affichait, de ses bulletins de santé anodins, du silence des vrais spécialistes…

Est-il au fond heureux d'être libéré du secret de cette stratégie de dissimulation qui tenait une si grande place dans sa vie ? Respire-t-il mieux d'être désormais vu pour ce qu'il est – comme il va ? Rien n'est moins sûr. Si explosif qu'il soit, un secret est, pour l'homme public, de l'essence de sa charge. Il y trouve une supériorité, douloureuse, coûteuse, mais valorisante, qui le fait plus spécifique, plus monarchique.

Pour un Édouard Balladur qui, dira-t-il sept ans plus tard à l'auteur, se refusait à tenir compte de tous ces « bruits », à faire de cette « rumeur » « une donnée politique » [16], combien d'autres l'avaient intégrée à leur calendrier – et pas seulement à droite ?… Et voilà que la rumeur s'était faite information, trois ans avant que s'achève le second mandat prési-

* Comportant le retrait de « points » en cas d'infraction.

dentiel. Toutes les perspectives politiques en sont naturellement modifiées, à commencer par celles du Premier ministre, du principal candidat de l'opposition, Jacques Chirac, et du candidat « virtuel » de la gauche, Michel Rocard.

Mais il y a d'abord le face-à-face entre l'homme et son mal. Quittant l'hôpital, après l'intervention, il a prononcé les mots que l'on attendait d'une personne de sa stature et de sa culture : « C'est un combat honorable à mener contre soi-même. » Un combat auquel il a eu tout le loisir de se préparer, depuis ce jour de novembre 1981 – onze ans déjà… – où Adolphe Steg et Claude Gübler lui ont fait espérer, « si le traitement hormonal réussit », trois ans de survie. Ledit traitement s'était avéré d'une prodigieuse efficacité : quinze jours plus tard, les douleurs avaient cessé, il se croyait guéri.

A partir de la fin de décembre 1981, les bulletins de santé qui font état d'une santé normale sont, en fait, fondés. Les deux médecins lui laissent espérer qu'il finira son septennat. Dès lors, le président organise en virtuose ses rapports avec la maladie, observant un silence surhumain – qui ne sera rompu qu'avec Anne Pingeot. Et lorsqu'il s'agit de la décision de briguer un second mandat, les médecins ne sont pas consultés…

Sa maladie ? Il en aura usé avec elle comme avec le pouvoir, rusant, matant la souffrance, négociant et patientant. Il aimait citer la définition de la maladie que donnait Marguerite Yourcenar : « le bizarre et unique amalgame entre un tempérament et un mal ». La romancière belge eût-elle exercé, comme son héros le plus fameux, une autorité souveraine, on imagine que sa formule se fût conclue par : « … et d'un pouvoir ». Son tempérament à lui, formidable, aurait-il tenu, face au mal, s'il n'avait été porté par cette mission qu'il s'était donnée avant que le peuple ne la lui accorde – comme Napoléon s'était saisi de la couronne impériale avant que Pie VII ne la déposât sur son front ?

Quand on lui demande si François Mitterrand fut bien soigné, Marie de Hennezel, qui était son amie et dont il a préfacé le beau livre *La Mort intime*, répond :

> « Oui. Par lui. C'est son énergie, sa volonté de s'arc-bouter, c'est la conscience qu'il avait de son rôle et de sa place dans l'histoire qui lui ont permis de survivre ainsi. Peut-être aussi le secret qu'il sut préserver. On peut soutenir que l'aveu du mal est déjà un abandon, une victoire de la maladie. Retenu, inavoué, caché à tant et tant d'autres – dont moi, bien sûr –, il fut peut-être contenu, empêché. Je lui ai souvent parlé de Jung, qui fait du secret un ressort de vie [17]… »

Le grand politique ne fait pas l'économie du mal. Mais il en a la gestion, l'intégrant à la fonction, à cet incomparable divertissement qu'est le pouvoir. Aurait-il tenu, marchand de rubans, notaire, baladin ? Entre deux guerres, deux élections, deux ennemis, deux dialogues au sommet, il tient – sachant bien que, l'Élysée quitté…

* * *

Pierre Bérégovoy gère sa maison en fourmi socialiste. Il est encensé par la Banque et la Bourse, qui saluent en lui un « nouveau Pinay » – un « Pinay de gauche », corrigent-ils, par politesse. Toujours soucieux de dépasser les apparences, Simon Nora, dans une interview publiée au lendemain de la fin du mandat de l'ancien syndicaliste, résume ainsi sa performance : « Malgré un démarrage de style mendésien*, Bérégovoy, confronté à une mauvaise conjoncture mondiale, s'est englué dans un climat pourri par la montée du chômage et le développement des affaires[18]… »

« Englué », qui pourrait mieux dire ? Mais Bérégovoy n'en a pas moins contribué, après Jacques Delors, à guérir la France de cette leucémie qu'elle traînait depuis 1945 et du choix du laxisme fait alors par René Pleven (soutenu par le général de Gaulle) contre le rigorisme de Pierre Mendès France : l'inflation. Si soucieux que fût Raymond Barre de la juguler, elle était encore évaluée à 14 % en 1981. Et beaucoup considéraient alors qu'elle était, pour les entreprises, un poumon : n'est-il pas tentant d'emprunter pour investir, quand on est assuré de ne rembourser qu'en espèces dépréciées ? Mécanisme qui ne procure les mêmes avantages aux salariés que si l'indexation des salaires est assurée…

De 1983** à 1993, sous la surveillance d'une direction du Trésor le plus souvent occupée, après Michel Camdessus, par Jean-Claude Trichet, celui qui fut à partir de 1984 le grand argentier du mitterrandisme, aura conduit ce qu'on appelle la « désinflation compétitive », dans le but de souder le franc au deutsche mark, instrument et symbole d'une économie alors florissante et gage de l'unification de l'Europe. Cette politique monétariste a certes permis à la France d'entrer, le

* Ce qui, sous la plume de Simon Nora, ancien collaborateur de PMF, veut dire beaucoup…

** On choisit cette date car on a vu, au chapitre II, que Pierre Bérégovoy, jusqu'en mars 1983, pensait autrement…

1er janvier 1993, dans le Marché unique européen, de réapprécier le franc de 5 % en moyenne par rapport aux autres devises et de libéraliser les prix, compte tenu d'une inflation ramenée en dix ans de 10 à 2 % et d'un redressement impressionnant du commerce extérieur.

Dans un article-bilan publié par *Le Monde* au moment où Pierre Bérégovoy quittait Matignon, Érik Izraelewicz écrivait que ces années au cours desquelles il avait été aux commandes, marquées par une croissance honorable (2,7 %), s'achevaient sur une croissance zéro, une recrudescence du chômage (le chiffre des 3 millions de demandeurs d'emploi, 10,5 % de la population active, venait d'être atteint), une hausse des taux d'intérêt qui asphyxiaient l'économie française et un accroissement abusif du déficit de l'État (3,2 % du produit intérieur brut). Mais, ajoutait le collaborateur du *Monde*, il convenait d'inscrire au crédit du Premier ministre sortant la libération des changes, l'assouplissement de la stratégie des nationalisations et, en fin de compte, la « modernisation du capitalisme français »[19]. Ce n'était pas exactement l'objectif fixé à ses compagnons par François Mitterrand le 10 mai 1981. Mais les voies de l'exercice du pouvoir sont impénétrables...

Le président de la République serait à coup sûr moins déçu ou déconcerté par la performance de cet homme auquel il a fini, comme de guerre lasse, par confier les responsabilités majeures dont il le croit digne, s'il opérait lui-même le rétablissement escompté sur les terrains qui sont les siens. Est-ce Bérégovoy qui l'agace, est-ce Mitterrand qui se déçoit lui-même en ces années où l'obsèdent le martyre de la Bosnie, les convulsions de l'Afrique, le piétinement du conflit israélo-palestinien ?

C'est aussi l'époque où il s'obstine à ne pas aborder cette réforme des institutions qui était, en négatif, dans *Le Coup d'État permanent* et en clair dans les « 110 propositions » de 1981 et la *Lettre à tous les Français* de 1988 – réanimation du Parlement, réduction du mandat présidentiel, accentuation de la séparation des pouvoirs. En 1992, il a bien confié une mission en ce sens à un comité animé par des juristes dont il admire à la fois la science et le talent, Georges Vedel et François Luchaire. Mais chacun voit bien qu'il s'agit là d'une parade, que rien ne sera vraiment entrepris.

Quand on l'interrogeait, à la fin de sa vie, sur cette carence*, il répondait dans une sorte de soupir las :

* Ce que je fis sur la suggestion d'une personne qui était proche de lui, et n'osait pas le pousser sur ce terrain...

« Ce qui compte, ce ne sont pas les institutions, ce sont les hommes, c'est ce qu'ils font des textes... Au surplus, quoi que j'entreprenne en ce domaine, le Sénat, qui m'est *a priori* hostile, bloquerait mes tentatives qui ne seraient que de vaines gesticulations*... »

Son énergie réformatrice ne saurait être la même qu'en 1981. Et il n'est pas le seul à s'être, en ce sens, émoussé. Il y a d'abord l'usure du temps. S'il n'a pas eu droit, on l'a vu, au « Dix ans, ça suffit ! » scandé par les étudiants de Mai 68 à l'adresse de De Gaulle, il ne saurait s'empêcher d'y penser et il lui arrive de le dire... Il faut tenir compte aussi du climat des « affaires » qui, alourdi par la désintégration interne du Parti socialiste, ronge les énergies et corrompt les initiatives. Et plus encore si est mis en cause le Premier ministre lui-même, dans un tourbillon de disputes et de campagnes qui atteint par ricochet le chef de l'État.

Nul n'a oublié que Pierre Bérégovoy, à partir de son discours inaugural du 8 avril 1992 (celui au cours duquel il brandissait une liste menaçante), n'a cessé de se poser en champion de la lutte contre la corruption, faisant voter en septembre 1992 un texte censé la prévenir. Le 2 février 1993, on lit dans *Le Canard enchaîné*, suivi avec empressement par l'ensemble des publications françaises, que, quelques années plus tôt, alors qu'il était ministre des Affaires sociales, Pierre Bérégovoy avait emprunté 1 million de francs à Roger-Patrice Pelat, l'ami du président, celui-là même qui, trois ans plus tard, allait être impliqué** dans l'affaire Pechiney (entre autres...).

A cette époque, Bérégovoy n'était peut-être pas informé en détail des activités de Pelat, ne voyant en lui que l'« ami riche » du président. Mais ce prêt sans intérêt, contracté auprès d'un homme dont les méthodes de travail ne passaient pas pour rigoureuses et dont l'enrichissement avait été rapide, était au moins une imprudence. A partir du moment où « Patrice » est pris en faute dans l'affaire Pechiney, et bien que son emprunt soit bel et bien enregistré dans les formes légales, Pierre Bérégovoy sait que, tôt ou tard, il aura à en répondre.

La révélation de cet épisode ancien est faite alors que les indicateurs de l'économie sont au rouge, que les chiffres du chômage sont au plus haut, et à quelques semaines des élections, fixées au 21 mars 1993 et dont chacun sait que la gauche les perdra : d'où le lien tragique que fera le Premier ministre entre « son » affaire et la défaite électorale qui suivit.

---

* On peut qualifier ces arguments de peu convaincants ?
** Voir chapitre IX.

Si dérisoire qu'elle soit en comparaison de bien d'autres – Pechiney, Urba, le Carrefour du développement, le raid contre la Société générale, la mise du Crédit lyonnais à la disposition des aventuriers... –, bien qu'elle ne comporte aucune violation de la loi, cette histoire de « prêt sans intérêt » va peser lourd dans les équilibres politiques et le climat psychologique de la fin des « années Mitterrand », contribuant à déclencher un séisme politique et provoquant une tragédie.

Dès le 3 mars, la campagne prend son élan. Sur RTL, Philippe Alexandre donne le ton :

> « M. Bérégovoy, histoire de laver une réputation un peu ternie par de singulières fréquentations, nous a chanté l'air de l'honnêteté avec la même majesté que Basile celui de la calomnie. Devenu Premier ministre malgré cette méchante affaire Pechiney, il a accusé la droite, constitué des commissions, proposé des lois. Mais dans ces sortes d'affaires, plus on frotte et plus la tache réapparaît. [...] On comprend à présent les amabilités qu'échangeaient à la télévision M. Bérégovoy et M. Léotard. Tous deux estimant sans doute qu'on peut être chef de gouvernement, ou maire de Fréjus, sans cracher sur les bonnes affaires. »

Dans *Le Monde* daté du 4, Edwy Plenel donne une autre dimension à l'affaire :

> « Ce chantier coréen* et cet appartement parisien sont la revanche du juge Thierry Jean-Pierre qui ne cache guère son hostilité au pouvoir socialiste depuis que la loi d'amnistie, promulguée en 1990 pour cause d'affaires Urba et Carrefour du développement, l'a fait entrer en dissidence. »

C'est Catherine Nay, déjà biographe du président, qui s'exprime au micro d'Europe n° 1, le 5 :

> « Peut-on être à la fois le champion de la lutte contre la corruption et l'ami ébloui de toute une série de personnages dont la fortune n'a pas été bâtie sur la candeur : Traboulsi, Pelat, Tapie ? Pour conclure, disons que nous les femmes, qui, en général, faisons moins la morale que les hommes, savons très bien quelque chose : c'est toujours très risqué de s'habiller de blanc, parce que c'est très salissant. »

---

* Allusion à un autre dossier qui fait apparaître encore le nom de Patrice Pelat, celui d'un contrat avec la Corée du Nord, conclu par une société relevant de celui-ci grâce notamment à un prêt consenti en 1985 par la Coface, organisme relevant du ministère des Finances.

Quant à Philippe Tesson, il hausse encore le ton et se croit en mesure de cracher son « mépris » vertueux :

> « Ce n'est pas un crime, c'est une indélicatesse. Vis-à-vis de l'État et vis-à-vis de nous. Ils ne sont pas des criminels, ils sont des mufles. Ils ne méritent pas la potence mais le mépris. On n'a donc rien à faire avec eux, on n'est pas du même monde, nous tous qui n'avons rien à nous reprocher sur ce plan-là. »

Tel est, pendant ces mois, le ton de la presse, à de rares exceptions près. Comme chaque fois qu'il s'est agi de l'un de ses proches, le président est « monté au créneau » pour défendre la réputation de son Premier ministre. Non qu'il ait toujours applaudi ses initiatives, on l'a vu, ni approuvé ses comportements. Quand Pierre Bérégovoy avait, en 1988, fêté son anniversaire de mariage dans un restaurant très en vue du quartier des Champs-Élysées en compagnie de Samir Traboulsi, notoire affairiste syrien qui allait être l'un des protagonistes de l'affaire Pechiney, de Roger-Patrice Pelat et de son directeur de cabinet Alain Boublil, le chef de l'État avait jugé cet étalage de luxe fort mal venu. « Il ne devrait pas… », confiait-il à des intimes.

« Il ne devrait pas… » C'est la formule qu'appliquent souvent au président Mitterrand lui-même, à ses comportements ou à ses relations, beaucoup de ceux qui l'ont élu au nom d'un espoir de refonte de la société française que son formidable entregent permettait seul d'opérer, ou d'amorcer. Ce ne sont pas des imprudences ou incartades financières qui, venant de lui, suscitent ces réserves, ni même les échecs, les inhibitions devant les réformes institutionnelles, ni même ses résignations dans les Balkans ou en Afrique. C'est plutôt – en attendant l'évocation d'un très complexe passé, qui va bientôt resurgir* – cette espèce de désinvolture, d'avilissement de l'État ou, mieux, du sens de l'État, autour de lui, autour de cet homme qui, par bien des points, incarne une vraie tradition républicaine.

Au moment où les hommes et les femmes qu'il a choisis pour réformer la société française vont se présenter devant les électeurs pour la dernière fois sous sa présidence, que voient les Français ? Autour de ce président luttant avec un beau courage contre le mal qui le ronge, qui le courbe et parfois l'isole, et mis à part quelques lieutenants de haute stature dans les bureaux de l'Élysée, quelques dévouements inlassables (et d'ailleurs reconnus pour tels), que de rancœurs alentour, de divisions et de plaintes, de faveurs et de disgrâces, d'autant plus ressenties qu'elles sont moins déclarées…

---

* Voir plus loin, p. 528.

Dans *Les Mondes de François Mitterrand*, Hubert Védrine, qui, au cœur de l'action, est resté un observateur sagace, distingue ce qui reste d'État de ce qui est devenu la Cour [20]. Faut-il voir dans les dernières années de l'ère mitterrandienne la progression de l'aire de la Cour aux dépens de celle de l'État ? Moins par intrusion ou effraction que par imprégnation, encore qu'il soit difficile de situer Jacques Attali dans l'un des mondes plutôt que dans l'autre. Mais ce qui est clair, c'est que la Cour s'enfle et prolifère – gazetiers, intermédiaires, favoris, policiers… Secret du roi et bon plaisir ? Secret plaisir du roi*…

Le pouvoir que les Français vont avoir à juger en mars 1993 s'est si longtemps incarné en l'homme dressé sur le pavois par les institutions et son propre talent que c'est la décomposition du pouvoir de cet homme, de ce qu'on est accoutumé d'appeler son « charisme », qu'ils vont sanctionner lors des élections législatives de 1993. Et d'ailleurs, quoi d'autre ? Le parti fondé à Épinay en 1971, réformé à Nantes, musclé à Metz, jaugé à Valence, s'est désintégré trois ans plus tôt à Rennes – non sans que le fondateur y ait mis une main sinon suicidaire, en tout cas perverse…

---

* Encore alourdi à cette époque par la rumeur qui entoure le nom du mystérieux avocat genevois Pierre François, déjà dénoncé par des libellistes anonymes lors des élections présidentielles de 1974 et 1981. Quels services rend-il au juste à François Mitterrand ?

CHAPITRE XV

Avalanche, veux-tu m'emporter dans ta chute ?

• 17,51%... • Une cohabitation de velours? • M. Balladur et les Chinois • Un ministre nommé Juppé • L'État et la Cour • Le coup de feu du 1er mai • Les « chiens... » • Une disgrâce à en mourir • Le fantôme de Bousquet • Encore un coup de feu • Inapte à ses fonctions? • Apparition de Mazarine • Guerriers et bourreaux • Debout.

Deux ans avant la fin de son second mandat, le personnage de François Mitterrand surplombe toujours la vie publique de la France. Sa *vista* politique est intacte. L'écoutant des heures durant, lors d'un survol de la Sibérie en sa compagnie, trois jeunes ministres qui ne sont pas de sa couvée* le vérifient en septembre 1993. S'il lui arrive parfois de confier à un intime qu'il a perdu un peu de sa « touche de balle », l'Europe vient encore de reconnaître en lui un de ses pères fondateurs, et la plupart de ses interlocuteurs étrangers voient en lui, avec ou sans aigreur, un pilote. Henry Kissinger, notamment...

Mais c'est au cœur même de la citadelle que s'amorce la désintégration, personnelle et collective. « A moins de 18 %, on meurt », l'avons-nous entendu dire... Le 21 mars 1993, le parti qu'il a fondé douze ans plus tôt et mené à la victoire recueille 17,51 % des suffrages...

Est-ce un score éliminatoire – à la différence de la simple défaite de 1986, relativisée par l'adoption du scrutin proportionnel ? Le désastre est pire que prévu. On estimait qu'une centaine de députés socialistes reviendraient à l'Assemblée (contre 270 en 1981...). Ils sont 57 (ou 62, si l'on compte les proches alliés) et privés de chefs de file comme Lionel Jospin... La déroute est d'autant plus cruelle qu'en symétrie s'affirme le triomphe du RPR, désormais hégémonique sur l'ensemble de la droite comme sur le paysage politique français : 257 élus, alors que l'UDF en revendique 215, divisés.

---

* MM. Juppé, Longuet et Fillon.

Le 24 mars, entre les deux tours, présidant le dernier Conseil des ministres du gouvernement Bérégovoy, François Mitterrand s'est d'abord attaché à faire l'éloge du Premier ministre, qu'il voit, comme tout un chacun, profondément abattu et persuadé que l'affaire de son prêt, récemment dévoilée, est l'une des causes majeures du désastre électoral. Cet hommage très appuyé au vaincu est suivi d'une autocritique du président, qui reconnaît avoir eu tort de ne pas modifier le mode de scrutin, à l'exemple de ce qu'avait fait Laurent Fabius en 1986.

Reconnaissant la défaite, qui est largement la sienne – car il sait bien que ce que le peuple a rejeté, c'est un « socialisme » profondément altéré, taraudé par l'immoralisme ambiant, par un affairisme qu'il a laissé proliférer autour de lui –, le combattant qu'il reste promet à ses compagnons de poursuivre sa tâche à l'Élysée, tant que la vie le lui permettra :

> « Je vous remercie de tout ce que vous avez fait, de votre action. Vous travaillez à mes côtés, pour certains d'entre vous, depuis très longtemps – en particulier M. le Premier ministre, premier secrétaire général de l'Élysée en 1981, et qu'on a voulu injustement atteindre. Les résultats n'ont pas correspondu à vos souhaits, aux miens, mais je vous remercie pour le travail accompli. Privé de vous, je me sentirai seul.
> Comme vous l'imaginez, il y a longtemps que s'est posée la question : rester ? partir ? Des offensives ont démarré il y a quelques mois, sous un volume attendu, encore discrètes, mais considérablement intensifiées dès lundi. C'est logique : le RPR serait en mesure d'avoir un président de la République s'il y avait des élections présidentielles dès le mois de mai prochain. [...] Je n'ai pas l'intention de m'évader ! Après y avoir réfléchi, j'ai décidé de rester tant que ma santé me le permettra. Je ne veux pas me draper dans les institutions, même si c'est très important, même si elles jouent un grand rôle. Si on suit leur raisonnement, alors j'aurais dû partir en mars 1986, et alors que penser de 1988 ? De Gaulle est parti en 1969, mais il avait fixé l'enjeu.
> [...] J'ai un devoir à accomplir : devoir personnel, devoir politique, devoir institutionnel. Et il ne comporte que des inconvénients. C'est un devoir d'État, et sur le plan politique j'ai aussi à signaler que l'ensemble des forces rassemblées dans ces années-là auront dans l'avenir un rôle à jouer. J'incarnerai ce combat. Mais rassurez-vous : je n'entrerai pas dans la ratière la semaine prochaine. [...] N'oublions pas de répertorier l'ensemble des forces hostiles : les Chirac, Giscard, Bouygues, Poivre d'Arvor : si nous étions au temps des anciennes guerres, à qui devrais-je rendre ma rapière ?
> Nous avons donné une liberté totale à la presse, à l'audiovisuel : ils se sont retournés contre nous. Punissons-nous. Jamais la justice n'a été aussi libre. [...] Mais cette liberté conduit les juges à se comporter en tribunal permanent des infractions au Code de la route politique.

[...] Je n'en ai plus pour longtemps, mais j'aimerais bien voir l'Europe se lever vraiment. Politiquement, faudra-t-il encore une génération pour remonter la pente ? Ce n'est pas sûr. Vous me trouvez peut-être trop inquiet : j'ai d'autres appréhensions. Par exemple, verrons-nous les CRS tirer sur les jeunes des banlieues ? J'espère que non : loin de moi toute idée de politique du pire.
Lundi, un énorme poids va tomber sur vous tous, un grand deuil, de ceux dont on croit qu'on ne se relèvera pas. Mais les forces de la vie sont encore les plus fortes. [...] Nous avons une belle et grande cause à défendre. Elle est meilleure que nous. [...] En réalité, on n'est jamais vraiment seul, sauf devant la mort. Poursuivez la lutte. Je le ferai à ma manière. L'étranglement ne se fera pas dans le silence ou dans l'ombre. Comptez sur moi.
« Je regrette que vous ne puissiez voir le prochain Conseil. Persévérez. Nous allons nous battre dos au mur, mais nous nous battrons. Pour le moment, gardons le silence. Je vous demande de ne pas faire de déclarations dans la cour. Je vais vous serrer la main à tous [1]. »

Il a parlé pendant près de vingt minutes, d'une voix sourde, dans une ambiance poignante où, plus encore que celle de la défaite, plane l'ombre de la mort.

Et pourtant, malade, acculé, dépourvu de soutien parlementaire, en butte aux campagnes dénonçant son apathie sinon sa lâcheté à propos de la Bosnie (dix mois après son expédition à Sarajevo...), il va négocier la nouvelle économie des pouvoirs dans un esprit flegmatique. Les deux principaux dirigeants du néo-gaullisme s'étant apparemment réparti les tâches par anticipation – l'un se destinant à la candidature présidentielle, l'autre à l'exercice immédiat du pouvoir à Matignon –, il confie la charge de former le gouvernement à Édouard Balladur, l'homme qui, dès 1983, s'est fait le théoricien de la cohabitation* et vient d'en défendre le principe contre un Jacques Chirac déclarant qu'« il serait dans l'intérêt de la France que le président démissionne » (avant de nuancer ce point de vue) et un éditorialiste du *Figaro* qui assure qu'« un vrai changement ne peut venir que d'une élection présidentielle ».

La deuxième cohabitation s'annonce différente de la première, d'abord parce qu'elle est allégée du climat d'aventure en terre incon-

* M. Balladur fera valoir à l'auteur, en 1998, qu'il s'agissait d'une « simple lecture de la Constitution. Si on veut éviter ce chevauchement entre les mandats du président et du Premier ministre, il faut réformer la Constitution. [...] Même le quinquennat et l'ajustement de la durée des deux mandats ne résoudraient pas le problème. Il arrive que les présidents meurent, ou démissionnent... ».

nue qui avait marqué celle-là ; ensuite parce que le partenaire du président sera celui qui est devenu le symbole de ce type de coexistence ; enfin parce que le rapport des forces parlementaires fait plus encore du président l'otage du Premier ministre – en tout cas le ferait, s'il s'y résignait, ou si l'autre prétendait abuser de la situation. Ce qui ne sera pas le cas.

Entre les deux protagonistes, la relation humaine est d'ailleurs fort différente de celle qu'avaient vécue, deux années durant, les « cohabitants » de 1986-1988 – avant l'implacable face-à-face de la campagne électorale. Entre Mitterrand et Chirac passait, on l'a dit, un certain courant, l'hostilité vaguement complice entre provinciaux, la complicité combative entre « bêtes politiques » jetées dans l'arène*. Entre le président et son septième Premier ministre, rien d'autre que ce que dicte le fonctionnement du service public : courtoisie étudiée, échanges professionnels, allusions littéraires, entente non cordiale.

Mitterrand sur Balladur :

> « C'est un homme intelligent et capable. Un grand commis de l'État. Une sorte de Guizot. Mais avec qui ai-je eu aussi peu à échanger en un demi-siècle de vie publique** ? »

Balladur sur Mitterrand :

> « … Je dois dire qu'à l'endroit de M. François Mitterrand et quelque considération que j'aie pour son talent, je n'ai jamais eu d'inclination. Pas d'"atomes crochus"… J'ai toujours vu en lui un homme avant tout préoccupé de lui-même et de sa gloire, excellent à manier les hommes et les idées, sans tellement leur attacher d'importance [2]. »

Et si l'on demande à l'ancien Premier ministre de décrire le climat de la cohabitation de 1993 à 1995, on le trouve assez réservé :

> « On a parlé de "velours". Hum ! Je dois convenir que, dans le domaine intérieur, il m'a laissé gouverner comme je l'entendais. Et dans l'affaire du GATT comme sur la dévaluation du franc CFA ou le rapprochement avec la Chine, il s'est rallié à mes vues… Mais nous avons eu un dur affrontement sur les essais nucléaires, que je jugeais indispensables et auxquels il s'est opposé [3]… »

---

* Voir, en appendice, l'interview accordée à l'auteur par le président Chirac.

** Le président parlera aussi, dit-on, à propos de Balladur, de « bourreau chinois au lacet de soie ». Plus de soie, pour lui, que de lacet…

Quelques observations à ce propos. Le « dans le domaine intérieur » est judicieux car, s'agissant des affaires du monde, on trouverait d'autres divergences entre eux que celle dont les essais nucléaires furent l'occasion. Il est vrai que dans l'affaire du GATT, c'est-à-dire la mise en cause de l'hégémonie américaine en matière de commerce, on les retrouva sur une même ligne de résistance souple.

Mais à propos de la dévaluation du franc CFA qu'Édouard Balladur, conduit par une logique essentiellement financière, voulait imposer sans barguigner aux chefs d'État africains, chargeant son très diligent ministre de la Coopération, Michel Roussin, de les amadouer, le président de la République rompit des lances pour éviter ce qui lui paraissait un constat de faillite de la présence française en Afrique – sachant très bien que Balladur et Roussin mettaient en œuvre l'inévitable*.

Quant au rapprochement avec la Chine, que le Premier ministre crut pouvoir mener tambour battant, il ne le fit pas sans avoir été mis en garde par le président contre une certaine présomption. Et les rebuffades qu'essuya le visiteur à Pékin furent commentées à l'Élysée sur un ton où la charité avait peu de part…

Si une relative harmonie s'établit entre présidence et gouvernement, c'est sur un certain nombre de terrains – Balkans, Afrique… – et du fait du comportement d'un homme, le ministre des Affaires étrangères, Alain Juppé. Sur celui qui fut alors le chef de la diplomatie française le vieux président, à la veille de mourir, ne tarissait pas d'éloges : « Clarté dans l'esprit, puissance de travail, fermeté du caractère. » Il saluait volontiers les qualités (à ce poste) d'un homme qu'il regrettait à coup sûr de ne pas avoir pu attirer dans son camp.

Dans l'affaire bosniaque, devenue au printemps 1994 une poudrière, Mitterrand estimait que Juppé avait contribué à muscler et clarifier une diplomatie française dont il n'avouait pas – le pensant, bien sûr – qu'elle n'avait montré qu'une face trop conciliante face à l'impérialisme serbe.

Que cette injection d'une certaine dose de gaullisme (lequel est enclin à la serbophilie…) ait abouti à durcir le comportement français face aux gens de Belgrade n'est pas un mince paradoxe. Il est vrai que les Karadjic et Mladic avaient tout fait pour cela. Encore fallait-il en tirer les conséquences. Mitterrand fut satisfait de trouver à ses côtés, jetant un pont vers Washington et le dynamisme que venait d'y insuffler l'équipe Clinton, ce jeune ministre à la nuque raide – qui dut par moments lui rappeler le Claude Cheysson du début des années 80…

---

* Voir chapitre XIII.

* * *

Alors que s'ouvrait la deuxième expérience de cohabitation de l'ère Mitterrand, la presse, dont l'hostilité vigilante ne se tempérait plus que de pitié, décrivait l'Élysée comme un « château fort », un « bunker », un « camp retranché ». Et pourquoi pas une maison de retraite ou un mouroir ? Qui a eu accès à ce palais composite vers la fin de 1993 ou en 1994 n'en garde pas cette impression, qui ne s'imposa qu'en 1995.

Il est vrai que planait l'idée d'une souffrance, la sensation d'un mal implacable. Il est vrai que le président se retranchait de plus en plus souvent dans son appartement du deuxième étage, dans le fauteuil où il pouvait disposer ses jambes dans la position la moins douloureuse, et où il convoquait telle ou tel de ses collaborateurs – non sans lire avec une inlassable et très critique attention les innombrables notes qui partaient encore vers lui, à travers le secrétariat général. Mais ce président podagre était encore capable, le lundi ou le jeudi matin, d'arpenter un golf entre André Rousselet et le Dr Kalfon, son médecin militaire*. Et de multiplier les déjeuners en ville, les escapades en hélicoptère… Étrange, indescriptible était sa gestion du temps, qui combinait l'hédonisme provocant et le dur service de l'État par un grand malade…

Qui considère l'équipe qui l'entoure à l'Élysée constate que la moyenne d'âge y est plutôt inférieure à celle qui prévaut dans la majorité des lieux de pouvoir, public ou privé, en France. Rien ne ressemble moins à une maison de vieux que cet Élysée-là. Du secrétaire général, Hubert Védrine, au chef de cabinet, Béatrice Marre, de la secrétaire générale adjointe, Anne Lauvergeon, au conseiller diplomatique, Jean Vidal, du conseiller politique Maurice Benassayag au conseiller pour l'Afrique, Bruno Delaye, et même du directeur de cabinet, Pierre Chassigneux, au général Quesnot, non, ces gens n'ont pas la mine de ceux qui accompagnent une agonie.

Deux tragédies pourtant, à un an d'intervalle, vont prendre figure de sommations, telles que le Commandeur les adresse à Don Juan, le courbant sans le contraindre au repentir. Le 1er mai 1993, puis le 7 avril 1994, deux coups de feu viennent, après l'opération de septembre 1992, strier de flammes cet horizon.

---

* Jusqu'en juillet 1994, date de sa seconde opération.

* * *

Le samedi 1er mai 1993, en fin d'après-midi, l'officier de permanence qui somnole à l'Élysée reçoit un appel téléphonique de la préfecture de la Nièvre : « Pierre Bérégovoy s'est tué ! » Le directeur de cabinet, Pierre Chassigneux, alerte aussitôt le président, qui décide sur-le-champ de se rendre à Nevers. Mais après un échange téléphonique entre les médecins locaux – « il est encore en vie » – et des neurologues parisiens, la décision est prise de tenter d'opérer l'ancien Premier ministre à Paris, au Val-de-Grâce.

François Mitterrand est accueilli vers 20 h 30 à l'hôpital, où le blessé est aux mains des chirurgiens. Rejoint par Édouard Balladur et Charles Pasqua*, il y reçoit, transmis par l'Élysée, un appel téléphonique du président Clinton à propos de la Bosnie, puis il accueille l'épouse de Bérégovoy, arrivée de Nevers. Les efforts des spécialistes ne peuvent sauver Pierre Bérégovoy, qui meurt vers 22 heures. Le président est admis à voir le corps peu avant minuit. Gilberte Bérégovoy : « Ils l'ont assassiné… » Le mot est aussitôt repris par François Mitterrand – qui, après avoir hésité, décide, à la demande de la famille, de prendre la parole lors des obsèques.

On apprend au fil des heures que celui qui présidait encore le gouvernement cinq semaines plus tôt s'est tiré une balle dans la tête au bord d'un canal proche de Nevers, dont il était le maire (et le député, réélu en mars), à l'occasion d'une promenade. Ses deux gardes du corps l'ayant laissé seul un instant, il s'est saisi de l'arme de l'un d'entre eux, déposée dans la boîte à gants de la voiture.

« C'est un choc qui l'a dévasté », assure Anne Lauvergeon, qui fut aux côtés du président tout au long de ces journées. Il était homme à mesurer la portée de ce geste, politique et symbolique : un militant socialiste qui se tue un 1er mai ; un chef de gouvernement écarté du pouvoir par une terrible défaite électorale qui se suicide cinq semaines plus tard ; le dirigeant d'une organisation populaire qui disparaît seul, en un lieu écarté… Que de signaux !

François Mitterrand n'oublie pas que Bérégovoy s'est rallié à lui, homme et stratégie, après avoir été l'élève de Pierre Mendès France, le compagnon d'Alain Savary, deux personnalités dont la vie politique se confond avec l'exigence morale. C'est lui qui a permis à ce fils d'ouvrier immigré de devenir le second personnage de l'État – de palais en palais, de relation en relation… C'est lui qui a ouvert à l'an-

---

* Ministre de l'Intérieur.

cien syndicaliste l'accès aux honneurs et aux pouvoirs passionnément désirés, terriblement séduisants…

Deux interrogations graves sont d'emblée formulées : quelle est la part de responsabilité du président dans ce congé déchirant ? Qu'est-ce qui a tué Pierre Bérégovoy – compte tenu du fait qu'aucune lettre ne sera retrouvée, aucun signal, aucun indice, par son épouse Gilberte, à laquelle il était profondément attaché* ?

Comme toujours quand il s'agit de Mitterrand, le pire est naturellement murmuré, sinon écrit : le malheureux ne s'est pas suicidé, il a été supprimé. Et certains vont même jusqu'à attribuer à des proches du disparu l'énonciation de ce soupçon… Un haut responsable politique ne se tue pas sans donner à son geste une « clé », un début de signification. Mais personne ne s'est hasardé à suggérer pourquoi (pour venger quelle avanie ou assurer quel silence ?) Pierre Bérégovoy aurait été assassiné par les sbires du pouvoir…

Il est plus juste de s'interroger sur le traitement infligé au vaincu le plus notoire du 28 mars par son chef de file et ses camarades. Tant à l'Assemblée qu'au siège du parti, rue de Solférino, murmure-t-on, l'ancien Premier ministre aurait été tenu à l'écart, sinon mis en quarantaine par tel ou tel cadre, tel ou tel dirigeant. On parle de la buvette du Palais-Bourbon, où il aurait été, par ses pairs, laissé à sa solitude, de telle réunion du PS où on l'aurait rabroué. L'enquête, sur ce point, auprès de Louis Mermaz, de Jean Poperen, parfois mis en cause, tourne court.

L'attitude des socialistes ? Dans une lettre adressée à l'épouse du disparu**, Françoise Carle, militante socialiste, archiviste de l'Élysée, évoque les débats qui se déroulèrent au début d'avril rue de Solférino, au cours desquels les dirigeants du PS durent rendre compte du désastre électoral aux divers cadres du parti. Elle insiste sur le fait que Pierre Bérégovoy ne fut pas interpellé plus rudement qu'aucun autre d'entre ses pairs, que le débat fut centré surtout sur la compétition pour le pouvoir au sein du parti vaincu, et fait valoir que si le Premier ministre démissionnaire vit la salle se vider lors de l'une de ses interventions, le même déboire advint à de nombreux orateurs du fait des multiples conciliabules qui accaparaient l'attention des participants.

Elle met l'accent d'autre part sur une déchirante interpellation lancée par l'ancien Premier ministre à un groupe plus restreint de camarades : « Pardonnez-moi de vous avoir menés là ! » Le fait est que l'homme avait été bouleversé par ce qu'il appelait « mon affaire »,

---

* Et qui confiera s'être acharnée, des mois durant, à feuilleter livres et agendas, tiroirs, pour retrouver un signe de Pierre…

** Communiquée à l'auteur par la rédactrice.

« mon prêt », remâchant son chagrin, sa « faute », suppliant qu'on lui dise s'il n'avait pas fauté, s'il n'était pas responsable, de ce fait, de la déconfiture de son parti. Ce mixte de l'obsession de l'erreur personnelle et de la défaite collective ne pouvait manquer d'agir sur lui comme un dissolvant.

Au surplus, si cette conscience d'échec à la fois moral et politique ne l'avait pas taraudé, tout était fait depuis des mois pour qu'il en soit obsédé, et culpabilisé. Depuis les révélations du *Canard enchaîné*, en février, la presse, on l'a vu*, s'était d'autant plus ardemment jeté sur cette piste qu'on était à la veille des élections. La belle « affaire » : le petit ouvrier soudoyé par le milliardaire... Tous les ressorts du mitterrandisme enfin recomposés, reconnectés... Abreuvés par une presse impitoyable, les électeurs ne manquaient pas d'entretenir, d'envenimer la plaie. Faire campagne pendant des semaines en entendant, sitôt monté à la tribune : « Pierrot, t'as pas 100 balles à me prêter gratis ? »...

Dans un article publié par *Le Monde* au lendemain du drame [4], Régis Debray, qui, ayant travaillé au côté de Pierre Bérégovoy à l'Élysée, l'estimait fort, proposait quelques « pistes » d'explication, à laquelle le choix du 1er mai fait par le disparu pour se tuer donnait corps : le terrible heurt qui s'était produit en cet homme entre un long militantisme ouvrier fondé sur un idéal de justice, une ascension fulgurante, les réalités très crues de l'exercice du pouvoir, les vertiges du monde de l'argent vu « de l'intérieur » et aux côtés de personnages peu regardants sur le choix des moyens, la sacralisation du ministre par les maîtres du capital – et soudain cette défaite écrasante... Avoir fait ce chemin, avoir tant concédé au « réel » pour en arriver là...

Reste la part prise par le président lui-même à l'« abandon » qui, fondamentalement ou non, semble à l'origine du geste. Ici encore, l'enquête ne mène pas loin. Michel Charasse et Maurice Benassayag avaient prévenu le président que son ancien Premier ministre était en « déprime ». Charasse avait même évoqué le pire, conseillant à Mitterrand de l'inviter à Latche pour l'arracher au désespoir qui le rongeait. Le président promit de le faire et prit rendez-vous avec Bérégovoy pour le 3 mai...

Quelques semaines après le drame, François Mitterrand reçoit à l'Élysée Jean Miot, président de la Fédération nationale de la presse :

> « Quand Charasse m'a dit : "Il faut le voir, il va se flinguer", j'ai essayé de le joindre, j'ai eu sa femme, je regrette de n'avoir pas pris un hélicoptère pour aller le voir. Encore que ça n'aurait rien changé. Cette histoire de prêt était devenue tellement obsessionnelle [5]... »

---

* Voir chapitre précédent, p. 512.

Rien changé ? Une main tendue, et du sommet, en de telles circonstances…

Trois jours plus tard, devant le palais ducal de Nevers, le chef de l'État prononce l'éloge funèbre de son ancien collaborateur. Sa pâleur est devenue une donnée de la vie publique. Ce jour-là, elle est effrayante. L'une des phrases qu'il prononce d'une voix âpre et sourde, oppressée, deviendra l'un des classiques du théâtre politique de ce pays :

> « Toutes les explications du monde ne justifieront pas qu'on ait pu livrer aux chiens l'honneur d'un homme et, finalement, sa vie, au prix d'un double manquement de ses accusateurs aux lois fondamentales de notre république, celles qui protègent la dignité et la liberté de chacun d'entre nous. »

Les « chiens » ? Qui est donc visé ? La presse, les médias en général, la droite, les faux amis ? La réponse jaillit, très sèche : « Se reconnaîtra qui veut… » Beaucoup le voudront : être pris pour cible par un tel archer, c'est exister… Mais n'aurait-il pas pu saisir l'occasion de se mettre, lui aussi, à sa manière, en examen ?

Le débat n'est pas clos pour autant sur la responsabilité de la presse et des médias en une telle affaire. On a cité quelques attaques, dont certaines assassines, ou déshonorantes. Tenue pour une autorité en matière de déontologie de l'information, Françoise Giroud dénonça ce qu'elle considérait comme de l'« acharnement » contre un homme – ayant, sur le sujet, des souvenirs, pour avoir été mêlée à bien des débats à propos de Mendès France et, déjà, de Mitterrand…

Était-ce une affaire de générations ? Celle à laquelle appartient l'auteur donna raison à Mme Giroud. Celle des successeurs défendit le comportement des dénonciateurs véhéments. Était-ce le signe d'une évolution de la presse, entrée dans l'« âge de Watergate » ? Ou pire, du « Monicagate » ?

* * *

Onze mois passent, ceux de l'onctueuse marche vers le trône, ou la tiare, d'un Édouard Balladur qui prend figure et posture présidentielles, tandis que le président se débat dans les tragédies d'Afrique et des Balkans, tout en méditant sur la souffrance et la mort – quand retentit un second coup de feu. Et cette fois à l'Élysée, dans un bureau au premier étage d'une aile du bâtiment, assez proche des lieux du pouvoir pour secouer la vieille maison.

Un auteur, dans la mesure où il signe un livre, acquiert le droit de porter quelques jugements – fût-ce à l'égard d'un homme qui a choisi, non sans courage, de donner à sa mort la valeur d'un cri. Si peu que j'aie connu (ou croisé) François de Grossouvre, j'ai toujours porté au débit de François Mitterrand d'avoir associé un tel personnage sinon à sa vie qui lui appartenait, au moins à quelques aspects mineurs de l'exercice du pouvoir, sur lequel les citoyens ont un droit de regard. Penser que, pendant quelques mois, sinon dépêché par lui, du moins se réclamant de lui, M. de Grossouvre pût s'exprimer en quelque Orient (qui, il est vrai, en a vu d'autres...) au nom de la France !

Quelque démarche qu'ait pu accomplir naguère François de Grossouvre – le président assurait à Laure Adler, au début de 1994, qu'il ne lui avait « jamais confié aucune mission [6] », ce que confirment plusieurs conseillers*, sa « disgrâce » était d'autant plus cruelle qu'elle se doublait d'une double tolérance, celle d'occuper un bureau à l'Élysée et d'organiser les « chasses présidentielles » – fonction qui en disait long quand on sait le mépris presque caricatural dans lequel Mitterrand tenait ce genre d'activités.

Mais loin de se résigner à n'être que l'ancien-ami-du-Prince-toléré-au-palais, Grossouvre tentait de deux façons d'exister, soit en se répandant dans Paris et ailleurs sur les turpitudes du Souverain et de la Cour, nourrissant de ses confidences au vitriol les dossiers du juge Jean-Pierre et les carnets de notes des journalistes les plus acharnés à la mise à mort du chef de l'État, soit en s'efforçant de recruter à l'Élysée, pour l'aider dans cette tâche, quelques alliés.

Ainsi tenta-t-il de s'inféoder Anne Lauvergeon (« Vous êtes le seul être pur dans cette maison ! »), sous prétexte de l'entretenir de « missions importantes en Orient ». La secrétaire générale adjointe s'en ouvrit au président, qui sursauta : « N'abordez surtout pas un sujet sérieux avec lui ! » Mais si bien informé qu'il fût de ce travail de sape opéré contre lui par son ancien ami, Mitterrand – qui ne savait pas rompre... – ne se résignait pas à l'écarter du palais de la République.

Au début d'avril, comme un an plus tôt à propos de Bérégovoy, des bruits courent à l'Élysée sur l'aggravation de la « déprime » du disgracié, qui détruit systématiquement ses papiers. Incitée à le faire par l'attachée de presse Élisabeth Normand, Anne Lauvergeon prend un rendez-vous pour Grossouvre avec le président, qui le reçoit le 3 avril.

Le jeudi 7 est la « journée du sida ». La secrétaire générale adjointe accompagne François Mitterrand lors d'une visite au service spécialisé de l'hôpital Cochin, où il s'entretient longuement avec plusieurs

* Il n'y a plus de trace de notes de lui à partir de 1988.

malades avec une attention de clinicien. Rentrant à l'Élysée où un repas doit réunir plusieurs spécialistes du sida, elle a un pressentiment et court, dans l'« aile Marigny », au bureau de Grossouvre. Elle est arrêtée par un garde : « Surtout n'y allez pas, madame, c'est affreux... » Très rares sont ceux qui ont entendu le coup de feu, vers 19 heures.

Le dîner avec les médecins aura quand même lieu, un dîner de cauchemar, chaque spécialiste décrivant par le menu les ravages provoqués par le sida, devant un président poignardé par le geste terrible de son ancien ami. Quelle rancune, quelle frustration faut-il avoir amassées en soi pour s'immoler ainsi à portée de voix du maître des lieux...

Une fois de plus, on parla d'assassinat, et l'autre exclu, Paul Barril, l'homme qui avait apporté dans l'appartement de Vincennes les armes qui avaient permis d'incriminer les Irlandais soupçonnés, se répandit à travers Paris pour dénoncer le crime, perpétré par le cabinet du président et les services de son ancien ami Prouteau. Ne fallait-il pas faire taire la voix d'ombre qu'abritait l'Élysée ? De ces choses-là un régime est aussi responsable que de ses vraies fautes ou de ses vrais crimes. *Le mal court* : c'est le titre d'une admirable pièce d'Audiberti, qui a trait, précisément, à des mœurs de Cour...

* * *

Quelques mois encore, et, plus cruel que la mort qui rôde, et la souffrance qui étreint, le passé du troisième successeur du général de Gaulle est mis à nu. La force de ces « révélations » – qui paraissent telles en tout cas à la grande majorité des citoyens, ceux qui ne sont pas mêlés depuis un demi-siècle aux débats et à la cuisine parlementaires, aux campagnes électorales, aux querelles d'appareils et aux procès politiques –, c'est que le livre qui s'en fait le vecteur n'est évidemment pas un pamphlet, un *factum* pour nuire au chef de l'État comme tant d'autres, assez méprisables, que vomit alors l'édition.

C'est un livre sérieux, écrit avec la collaboration du personnage principal, qui s'est prêté au questionnaire et a fourni des documents, ayant fait confiance à l'excellent enquêteur qu'est Pierre Péan. Et alors même que l'opinion, alors même que beaucoup de compagnons, élèves ou « créatures » de Mitterrand voient dans cette *Jeunesse française*[7] un explosif, le chef de l'État ne cessera de faire l'éloge de l'auteur et de son travail, le trouvant « rigoureux » et « objectif » et feignant de n'y trouver que ce que les Français savent déjà.

La couverture même choisie par l'éditeur (forçant quelque peu la main de l'auteur...), qui montre le jeune Mitterrand reçu à Vichy par Philippe Pétain, ne lui paraît pas accusatrice : lors de cette audience, n'est-il pas flanqué d'un compagnon, Marcel Barrois, qui, l'ayant précédé de peu dans la Résistance active, sera peu après arrêté par la Gestapo et mourra en route pour la déportation ? Quant à la francisque, elle était, dit-il, si utile pour opérer à Vichy...

Quelques semaines après la publication du livre qui soulève les passions, le président téléphone à son ami Jean Védrine*, qui était avec lui au service de reclassement des prisonniers à Vichy, s'étonnant des remous soulevés par l'ouvrage de Péan et s'enquérant des raisons qui poussent tant de commentateurs à y trouver argument pour mener campagne contre lui : « Mais pourquoi font-ils cela[8] ? » Trait étrange d'une sorte de naïveté d'arrière-saison...

On a dit** l'importance du livre de Péan, la solidité de son information, l'absence de malice de l'auteur, qui ne se présente nullement en justicier. Publié en 1950, à propos d'un jeune notable de la République, l'ouvrage eût été loué pour son sérieux, et rangé dans les bonnes bibliothèques. Mais là, il s'agit du chef de l'État, qui règne depuis treize ans et jouit d'un statut exceptionnel, attirant sur lui le comble de la louange et de l'opprobre. Dure mise en cause d'une statue pour les uns, munitions inespérées pour les autres, dont beaucoup, depuis des décennies, utilisaient ces armes sans trop les avoir vérifiées, et s'enchantent de les savoir fondées, sinon mortelles...

François Mitterrand ne semble pas avoir été aussi perturbé par le dévoilement minutieux de son passé vichyste*** que bon nombre de ses jeunes amis et disciples. Il se jugeait fort de ses états de service et rappelait que beaucoup de notables du gaullisme, pour peu qu'ils appartinssent à sa génération, avaient suivi les mêmes chemins (ô bourgeoisie française de 1940...). Mais il est un point de cette histoire sur lequel il resta court, et laissa se ternir cruellement son image : celui de ses relations avec René Bousquet.

Quand fit-il la connaissance du secrétaire général à la Police de Vichy ? Mitterrand est resté vague sur ce point face à tous les intervieweurs. Il est tout à fait possible qu'il ne l'ait pas connu entre janvier 1942, date de son arrivée à Vichy, où Bousquet s'installa en avril, et l'automne 1943, où lui-même passa dans la clandestinité. Ce qui est certain, c'est qu'il se lia dès cette époque avec l'un des proches colla-

---

* Le père du secrétaire général de l'Élysée.
** Voir tome 1, chapitre III.
*** Au livre de Péan il ne faisait qu'un reproche, celui d'avoir donné une importance excessive à des liens avec la Cagoule qui furent purement fortuits, et familiaux.

borateurs de René Bousquet, Jean-Paul Martin, au point de devenir son ami intime. Il n'est pas douteux que les activités de résistance de Mitterrand et de plusieurs de ses amis – Barrois, Chigot, Bénet, Védrine – furent alors connues et protégées par Martin, auxquels tous ont voué une reconnaissance durable.

Jusqu'à sa mort, en 1986, Jean-Paul Martin (suspendu sans traitement à la Libération), qui avait fait partie de tous les cabinets ministériels de François Mitterrand entre 1947 et 1958*, notamment à l'Intérieur en 1954, resta très lié au chef de l'État. On peut même parler, à leur propos, d'affection. Lors des obsèques de Jean-Paul Martin, le président François Mitterrand exigea que son cercueil fût recouvert du drapeau tricolore. C'est cet ami, affirmait-il, qui lui avait fait connaître Bousquet, mais seulement après que l'ancien secrétaire général de Vichy eut été acquitté par la Haute Cour de justice, en 1949**.

Que François Mitterrand ait rencontré ou non René Bousquet à Vichy en 1943 ou l'ait connu seulement à Paris en 1949, après son acquittement, n'est pas essentiel. Ce qui compte surtout, ce sont les relations qui se nouèrent alors et furent pour le jeune politicien d'une grande importance. Relaxé en 1949, René Bousquet ne se contenta pas de hanter de multiples conseils d'administration, y fréquentant le Tout-Paris, et de codiriger la Banque de l'Indochine : il devint l'un des personnages clés de *La Dépêche du Midi*, quotidien radical de Toulouse reflétant ses idées d'origine, et contribua à faire de ce grand journal de province l'un des rares quotidiens favorables à Mitterrand. En 1965, notamment, lors de la campagne présidentielle contre de Gaulle, cet apport fut très important.

On a soutenu, non sans vraisemblance, que René Bousquet avait, personnellement ou par le canal des entreprises où il exerçait une influence, contribué au financement de plusieurs campagnes du leader socialiste. En tout cas, les liens entre les deux hommes sont forts, et on voit assez souvent Bousquet dans l'entourage du député de la Nièvre, dont plusieurs assistants, et le suppléant, Pierre Saury, sont d'anciens « hommes de Bousquet ». A qui s'en étonne Mitterrand répond sèchement que l'ancien préfet a été acquitté par les tribunaux de la Libération...

Mais la question la plus poignante est celle-ci : le citoyen Mitterrand, libre de ses relations, a-t-il, élu président et incarnant alors l'État,

* Ce qui valut au jeune ministre des critiques de ses amis socialistes d'alors...

** Quatre ans avaient passé depuis la Libération, les tribunaux étaient beaucoup plus accommodants, les interventions se multipliaient...

continué à fréquenter René Bousquet, dont la participation directe à l'opération dite « rafle du Vel' d'Hiv' » de juillet 1942 a été révélée en 1978 par un ancien commissaire aux Affaires juives de Vichy, Darquier de Pellepoix, faisant de lui, tous jugements de cour mis à part, un personnage emblématique de la collaboration et un objet de répulsion pour d'innombrables citoyens français ?

François Mitterrand, non sans tenter chaque fois de relativiser les faits, l'a toujours démenti. Les indications contraires proviennent de sources hostiles à l'élu du 10 mai 1981, mais pas pour autant récusables. Dans un article de *L'Événement du jeudi*, le brillant chroniqueur Stéphane Denis, qui a été un confident de Mitterrand, soutient qu'en 1981 un collaborateur* du nouveau chef de l'État, l'accompagnant dans un restaurant où était attablée une dizaine de personnes, avise un personnage inconnu de lui, ce qui était rare. A l'issue du repas, il interrogea Mitterrand. De qui s'agit-il ? « C'est René Bousquet... – Bousquet ! – Oui, coupe le président, c'est un ami. Il a rendu des services... » A n'en pas douter. Mais comment le chef de l'État peut-il se montrer en public au côté d'un homme qui est (quel que soit l'état du dossier) exécré par des millions de Français, dont beaucoup ont perdu tel ou tel des leurs dans les camps nazis ?...

Ce comportement d'impudeur civique et morale fut d'autant plus ressenti au sein de la « famille » qu'il fut bientôt dit et répété que le chef de l'État avait pesé de tout son poids pour que ne fût pas ouvert le procès pour « crime contre l'humanité** » intenté en 1989 contre René Bousquet par l'Association des fils et filles de déportés juifs de France.

Dans divers entretiens accordés en 1993 et 1994 à l'historien Olivier Wieviorka ou à Jean-Pierre Elkabbach, il manifestait clairement sa préférence pour la « paix civile », c'est-à-dire l'oubli judiciaire, comme ses prédécesseurs à l'Élysée (mais lui avec la circonstance aggravante de ses relations avec Bousquet). Usa-t-il de son pouvoir pour freiner, empêcher la procédure ? « Non », répondent le garde des Sceaux de l'époque, Henri Nallet, et son ministre délégué, Georges Kiejman. Le premier ajoute que, ayant évoqué la question devant le président, il s'était entendu répondre : « Vous savez ce que j'en pense ! » Ce qui, estime Henri Nallet, « n'était pas une pression, mais un rappel négatif[9]... »

Quant à Georges Kiejman, lui-même fils de déporté, il est plus catégorique : jamais François Mitterrand ne tenta de faire pression sur

* Jacques Attali ?

** Qualification nouvelle, du fait de la législation, et à la lumière de « faits nouveaux » par rapport à ceux pour lesquels Bousquet avait été acquitté en 1949.

lui en ce domaine. L'histoire souvent racontée d'un échange, sur les marches de l'Élysée, entre le président et lui à propos de l'affaire fait l'objet de son démenti le plus strict. Le grand avocat devenu ministre fait d'ailleurs observer que quatre magistrats de haut rang furent en charge du dossier et sont à même de témoigner que nulle entrave ne fut faite à leur travail, qui aboutit enfin à la mise en cause de Bousquet.

La chambre d'accusation de la cour d'appel de Paris s'étant en effet déclarée compétente pour instruire le cas de l'ancien secrétaire général, le procès silencieusement désapprouvé par Mitterrand se fût ouvert en 1993 si un certain Didier, plus ou moins déséquilibré, ne s'était fait l'exécuteur de René Bousquet en l'abattant à la porte de son appartement parisien de l'avenue Raphaël, le 8 juin de cette année-là. On devait apprendre que le chef de l'État (une fois de plus accusé par la rumeur d'avoir utilisé l'assassin pour prévenir des débats gênants...) avait ressenti comme un deuil personnel la disparition de René Bousquet.

D'abord flegmatique (terriblement...), puis étonné, encore agacé, il laisse enfin éclater l'exaspération que provoquent en lui journalistes, historiens ou amis qui s'attachent à déterrer mais surtout à éclairer ce passé qu'il n'est pas très loin, lui, de trouver exemplaire – du point de vue historique et sociologique, bien sûr...

Laure Adler, qu'il reçoit à diverses reprises en vue d'un livre intitulé *L'Année des adieux*, évoque naturellement ses relations avec l'ancien secrétaire général de la police de Vichy : « ... Bousquet ? Ce n'est qu'en 1978* que j'ai réalisé qu'il avait une responsabilité particulière dans la rafle du Vel' d'Hiv'. » Elle insiste : « Pourquoi n'[avez-vous] pas trouvé les mots pour juger Bousquet, pour dire [votre] horreur de la rafle du Vel'd'Hiv' ? »

Là, il bondit :

> « Je vous trouve dégueulasses, vous et tous les journalistes. Je ne veux plus avoir de relations avec vous. Je trouve votre attitude honteuse. Je le répète, la rafle du Vel' d'Hiv' fut atroce. Au moment de l'*Exodus*, il n'y eut que deux ministres à protester, Depreux et moi. Ce qui se passe contre moi dépasse la mesure [10]. »

(« Honte... » C'est encore, selon Laure Adler, le mot qu'utilise son conseiller juridique Jean Kahn pour qualifier cette campagne...)

Il s'opiniâtre, fait face avec plus de bravade que de lucidité, affrontant quelques-uns des grands journalistes de l'époque, acceptant de

* C'est alors que paraît dans *L'Express* une interview de Darquier de Pellepoix, ministre des Questions juives à Vichy, réfugié à Madrid, qui met Bousquet en cause.

comparaître devant eux comme un accusé, fasciné par ce fossé qui s'est creusé entre eux et lui, déconcerté de ne pas pouvoir les convaincre. Au point d'en perdre parfois la mémoire lorsque, un jour où la douleur le poigne plus cruellement que jamais, il assure à Jean-Pierre Elkabbach devant 10 millions de téléspectateurs, le 12 septembre 1994, que les lois raciales de Vichy (octobre 1940-juin 1941) ne frappaient que les juifs étrangers, et qu'il n'en eut pas, alors, connaissance. (« Noire journée pour nous tous !... », lancera quelques années plus tard Olivier Duhamel en guise de commentaire à la télévision.)

Mais il faut s'arrêter un instant à cette émission à tous égards essentielle, pour ce qu'elle révèle de l'homme, aussi bien de son comportement face à l'opinion et à lui-même que de son passé. Jean-Pierre Elkabbach évoque[11] avec émotion cet extraordinaire face-à-face du 12 septembre 1994 en vue duquel il avait rejoint, dans sa chambre de l'Élysée, un Mitterrand gisant, les yeux fermés, donnant toutes les apparences de la mort. Il venait d'être victime d'une hémorragie... S'arrachant à cette prostration, se contraignant pour ne pas crier de douleur, le président lâche : « Ne me ménagez pas ! Sur le passé, sur ma maladie, ne négligez aucune question ! Pas de tabou. C'est un débat entre hommes ! » Ira-t-il jusqu'au bout ? Aucun des témoins ne le croit. Une heure trente-cinq plus tard, il lance : « C'est déjà fini ? » Depuis une heure, comme il adviendra six mois plus tard lors du *Bouillon de culture* auquel l'a convié Bernard Pivot, le quasi-moribond a été ressuscité par la parole, et l'évocation de son destin...

De toutes les disgrâces qui accablèrent alors le président bientôt octogénaire, celle qu'Edwy Plenel a su résumer en cette acide formule : le « trou de mémoire » – l'exhumation laborieuse d'un passé ambigu et qui eût été à coup sûr mieux compris par la majorité de ses concitoyens s'il avait été plus tôt ou plus simplement reconnu – est probablement la plus attentatoire à la mémoire du troisième successeur de Charles de Gaulle – encore qu'elle complète, élargisse, authentifie sa représentativité historique... On y reviendra.

* * *

La souffrance, si forte qu'elle empêche et irrite, la souffrance est en lui. Elle s'est emparée de lui. Il parle du « champignon atomique qui est en moi ». Le 18 juillet 1994, un peu moins de deux ans après la révélatrice intervention du Pr Steg, il faut opérer de nouveau. « Donnez-moi quinze jours, dit le chirurgien. – Vous n'y pensez pas », fait le président. Il sera enfermé une semaine à Cochin – plus secoué, trouvant plus de peine à récupérer que la première fois.

Mais alors, n'est-il pas temps de tirer les conséquences de cette torture, de mettre un terme à une mission aux exigences excessives, à des tâches harassantes ? Conférences au sommet, voyages, stations debout, visites, allocutions... N'est-il pas honnête, simplement, de renoncer à des fonctions que l'on n'est plus en état de remplir ?

Écoutons l'homme qui est alors le mieux placé pour en juger, du point de vue de l'intérêt public. A la question que je lui posais à ce propos trois ans plus tard, l'ancien Premier ministre Édouard Balladur répondait :

> « J'ai eu le triste privilège d'assumer mes responsabilités auprès de deux présidents malades*. Dans les deux cas, jusqu'au bout, l'esprit et la volonté restaient intacts. Pour ce qui est de François Mitterrand, je ne dirais certainement pas que ses handicaps étaient tels que son sens de l'État aurait dû le conduire à se retirer, d'autant qu'il arrivait au terme de son mandat. Tout diminué qu'il fût, il demeurait apte à exercer ses fonctions. Encore capable d'en remontrer à beaucoup – en dépit de ce qui était moins, me semble-t-il, de la faiblesse qu'une sorte de désintérêt [12]... »

D'autres collaborateurs de haut rang de François Mitterrand – comme le ministre des Affaires étrangères Alain Juppé – ont opiné dans le même sens. Le Mitterrand que l'on voit agir à partir de septembre 1994, pendant les sept derniers mois du règne, est à coup sûr un homme diminué, souvent confiné dans sa chambre de l'Élysée, parfois recroquevillé dans son fauteuil dans l'attitude où la douleur est un peu moins poignante. Mais toujours apte à se déplacer, à débattre, à étudier les dossiers, à rédiger, à trancher. Ses collaborateurs les plus constants – Hubert Védrine, Anne Lauvergeon, Michel Charasse – ne cessent d'en témoigner.

Pourquoi a-t-il alors rompu les ponts avec le Dr Gubler** ? C'est à partir de 1993 que les rapports jusque-là fondés sur une confiance méritée par ce praticien dont le traitement, inspiré par le Pr Steg, s'était avéré quasi miraculeux (triplant le délai de survie accordé au patient en 1981), s'altérèrent. Pour deux raisons.

---

* Le premier étant Georges Pompidou. M. Balladur était alors secrétaire général de l'Élysée.

** Qui en tirera la vengeance que l'on sait, en un livre violant l'une des règles les plus sacrées de la médecine, le secret professionnel.

La première était l'orientation de plus en plus psychanalytique donnée à son traitement par Claude Gubler. S'il y a une branche de la médecine que détestait François Mitterrand, c'est bien celle-là, surtout s'il s'agissait d'un amateur...

La seconde est liée à un épisode précis. Un jour de 1992, à Latche, quelques semaines après la première opération, le président se sent mal et demande à son épouse de téléphoner à Gubler, qui se repose sur la Côte : le médecin se contente de faire valoir qu'il est en vacances [13]... Pour épuisante que soit la vie imposée au médecin par sa charge, le président (qui ne semble guère en être conscient, assuré surtout de l'honneur qu'il fait à ce praticien obscur...) voit en cette réponse comme la rupture d'un contrat moral.

Au surplus, la douleur est une cruelle conseillère. Elle conduira le président à rudoyer son autre médecin, le Dr Kalfon, un militaire qu'il apprécie fort, le traitant à l'occasion d'« incapable », avant de mettre en accusation Anne Lauvergeon qui, apportant le parapheur dans sa chambre, un après-midi, s'entend reprocher avec violence d'être « incapable de rien faire pour lui »... Après avoir consulté un homéopathe, le Dr Philippe de Kuyper, puis un urologue américain, le professeur Edson Pontès, partisan d'une chimiothérapie lourde, vite interrompue*, il aura enfin recours à un homme qu'il a connu au chevet de son ami Jean Riboud**, le Dr Jean-Pierre Tarot, spécialiste du traitement de la douleur, qui deviendra l'ami, le protecteur des derniers temps.

La souffrance ne le retiendra pas de courir jusqu'à la fin, de la célébration du Débarquement en Normandie à l'inauguration du tunnel sous la Manche avec la reine Élisabeth, du congrès socialiste de Liévin à la visite de Blois, où l'accueille Jack Lang, et à l'inauguration de la Bibliothèque de France, qui ne porte pas encore son nom...

* * *

Encore une épreuve. Encore un dévoilement. Encore un secret à lever. Dans *L'Allée du roi*, à propos du couple qui donna tant de nourritures aux échotiers de Versailles, précurseurs de ceux du *Canard enchaîné*, Françoise Chandernagor met joliment l'accent sur « la singulière félicité [que donnent] l'idée que l'on trompe, la pensée qu'on est seul à savoir, [...] qu'on joue à la société une comédie [14] ». On ima-

* Ce praticien a rendu hommage à la façon dont fut soigné le président.
** Mort en 1986 (voir chapitre II).

gine l'esprit dans lequel François Mitterrand lut ce texte. Pour n'être pas le Roi-Soleil, il sait que le pouvoir absolu (ou excessif) sécrète, à propos du corps, comme de l'esprit, des poisons subtils.

Aux approches du terme, il détient trois secrets. Deux d'entre eux sont douloureux – bien qu'ils puissent engendrer d'amères délices, dans l'ordre de celles que suggère *L'Allée du roi* : sa maladie et ses rapports avec Vichy. Le troisième est d'une tout autre nature, et il en retarde la divulgation avec une sorte de gourmandise, et peut-être de curiosité. Il sait bien que l'existence de sa fille Mazarine est connue de beaucoup, dès lors qu'elle a 20 ans, poursuit des études brillantes, fréquente des amis qui sont parfois les siens et que sa mère, Anne Pingeot, conservateur au musée d'Orsay, notoire historienne d'art, est rien moins qu'une enterrée vive...

Le « secret » de Mazarine a été moins strictement préservé que celui qui avait trait à la santé du président. Les collaborateurs les plus proches – son chauffeur Pierre Tourlier, Christian Prouteau, les secrétaires Marie-Claire Papegay, Paulette Decraene, Christiane Dufour et Joëlle Jaillette, les chefs de cabinet, Jean Glavany ou Béatrice Marre, Roland Dumas, Michel Charasse, François de Grossouvre, André Rousselet, Laurence Soudet – étaient une quinzaine à savoir, soit, comme Prouteau, parce que la protection de ce secret était devenu l'essentiel de sa mission, soit, pour telle collaboratrice, parce que la demande lui était faite d'acheter un jouet ou une robe pour les fêtes de fin d'année...

Au surplus, l'appartement du quai Branly, où étaient hébergées Mazarine et sa mère dans une annexe de l'Élysée*, n'était pas un lieu si mystérieux, et dans les diverses écoles où travaillait la jeune fille, la dernière étant l'École normale (section lettres et philosophie), aucun « secret » de cet ordre ne saurait durer.

Bref, à la fin d'octobre 1994, Paulette Decraene, collaboratrice de confiance s'il en fut, reçoit la visite d'un collaborateur de *Paris-Match* qui pose sur son bureau les planches-contacts d'un numéro de ce journal consacrées à Mazarine. « Voilà, nous voudrions publier cela, mais pas sans l'accord, au moins tacite, du président. Voulez-vous vous charger de la démarche ? »

Sans joie, Paulette Decraene pousse la porte de François Mitterrand. Les photos s'étalent sur sa table. Première réaction du président : « Elle est belle, n'est-ce pas ? » Une bouffée de fierté, dans le calme. « Publier cela ? Je ne me crois pas le droit de l'interdire... » Puis il se

* Réservé à Laurence Soudet, chargée de mission à la présidence, qui l'avait mis à la disposition de ses amis.

ravise et demande que le temps lui soit laissé de consulter autour de lui [15]. Les avis sont en majorité défavorables, notamment celui d'Anne Pingeot. L'hebdomadaire ne s'en croit pas moins le droit de publier le reportage le 10 novembre 1994, suscitant dans l'opinion des réactions mélangées, où, en fin de compte, une certaine connivence admirative – la jeune fille est charmante, et il semble l'aimer tellement... – l'emporte sur l'attachement aux « convenances ».

Dans cette saison des avalanches – où les lourds souvenirs du passé ont renchéri sur la fin tragique du tel ou tel de ses proches, où les compromissions avec l'« argent » officiellement méprisé se sont affichées dans l'amertume, où le parti qu'il a fondé s'est effondré dans les convulsions, où son bilan africain est soumis à un procès impitoyable –, l'épisode du surgissement de Mazarine fait bien figure d'embellie.

* * *

Derniers temps. En ce mois de mars 1995, l'homme qui s'avance au-devant de l'auteur, venu lui poser des questions en vue d'un film sur Jacques Chaban-Delmas, chancelle, livide, et ne traverse qu'à grand-peine le salon de l'Élysée. « Pas plus d'un quart d'heure, je vous en prie... », demande-t-il, presque suppliant, à l'attachée de presse, Christine Cottin.

A mes premières questions sur le radical-gaullisme ou la politique méridionale il répond avec une lassitude agacée. Mais comme j'évoque un épisode de la Libération de Paris que je lui avais entendu conter naguère – Chaban et lui étant supposés se trouver agrippés aux basques du général de Gaulle, penché à une fenêtre de l'Hôtel de Ville le 25 août 1944 –, Mitterrand se redresse, soudain vivace : « Non, l'autre, ce n'était pas Chaban, c'était Chevigné ! »

Tout souffrant qu'il soit, on le verra s'associer encore à la vie publique – interne et externe. Le 19 novembre 1994, il répond à l'invitation des socialistes qui tiennent leur congrès à Liévin, petite ville minière du Pas-de-Calais. C'est alors, son ami Henri Emmanuelli ayant repris pour un temps les rênes du parti à Rocard, et Lionel Jospin préparant dans la pénombre sa rentrée en scène, que l'homme d'Épinay se mêle une dernière fois, sous un ciel de suie, à un congrès socialiste. Confidences en demi-teinte, qui prennent un air de sincérité :

> « Cinquante ans de vie politique, c'est beaucoup, fait le vieux président. Cela représente beaucoup d'affrontements avec la réalité, la réalité

> rêvée et la réalité réelle. Et, cependant, il faut préserver à travers tout ce temps ce que l'on estime être sa propre permanence ; ce n'est pas toujours très facile.
> Cette rencontre* avec le Parti socialiste et avec mes amis socialistes a été un élément déterminant de mon existence et de mes engagements [...]. J'ai été élu comme président socialiste, désigné par le Parti socialiste sur le programme socialiste. Je ne m'en suis jamais repenti. Je ne dis pas que je suis prêt à tout recommencer à l'identique, mais s'il s'agissait simplement des problèmes de fond, certainement ! »

Le 31 décembre 1994, c'est à un public plus vaste que s'adresse le président : il présente ses vœux au peuple français. Sa virtuosité professionnelle n'a pas toujours su se plier à cet exercice, avec ce qu'il suppose d'un peu naïf, de familial, d'unanimiste. Ce soir-là, c'est la première fois qu'il est bon, excellent même – parce que c'est une émotion vraie qui l'étreint, vieil homme épuisé :

> « ... L'an prochain, ce sera mon successeur qui vous exprimera ses vœux. Là où je serai, je l'écouterai le cœur plein de reconnaissance pour le peuple français qui m'aura si longtemps confié son destin, et plein d'espoir pour vous. Je crois aux forces de l'esprit et je ne vous quitterai pas !... »

Le « successeur » qu'il a évoqué ce soir-là, il n'imagine nullement qu'il pourrait être un socialiste. Il n'a jamais cru à la candidature de Jacques Delors. Et depuis que Rocard a été désigné comme candidat « virtuel » ou « potentiel » du parti, il tient pour assuré que le champion de la droite (Chirac plutôt que Balladur) l'emportera. L'annonce de sa candidature par Lionel Jospin, le 4 janvier, le déconcerte. Depuis le congrès de Rennes et l'alliance objective qui s'est alors manifestée contre Fabius entre jospinistes et rocardiens, depuis surtout qu'à propos du livre de Pierre Péan l'ancien premier secrétaire du PS a déclaré que le passé de Mitterrand eût gagné à « être plus clair », les relations entre les deux hommes se sont distendues. Mais le président ne se fait pas beaucoup prier pour déclarer au *Figaro* que, lors de la prochaine élection présidentielle, il votera pour Lionel Jospin. Tout de même...

Tout au long de la campagne, il reste très discret, affectant une réserve qui ne va pas sans dépit : le candidat socialiste semble tout faire pour démontrer que le « droit d'inventaire » qu'il revendique par rapport au mitterrandisme** peut aller très loin. Il garde ses distances,

---

* « Rencontre » ? Avec ce que le mot implique de fortuit et de révocable ?

** Voir en appendice l'entretien avec Lionel Jospin.

et il faudra beaucoup d'insistance à l'état-major de Jospin pour obtenir de Mitterrand un geste en faveur du candidat de la gauche auquel – Henri Emmanuelli, ami du président, s'étant loyalement effacé – il adresse, le 28 avril, un message de soutien, saluant sa « compétence » sur un ton un peu froid.

Peut-il ne pas saisir l'occasion de la session du Parlement européen de Strasbourg qui ouvre la présidence française pour manifester encore une fois, dans le cadre le plus approprié, son attachement passionné à l'Europe ? C'est là, le 17 janvier 1995, que, après avoir plaidé pour l'« Europe sociale » dont il fut en 1981 le précurseur, il lance un « Le nationalisme, c'est la guerre ! » qui sonne avec une intensité particulière au plus fort des conflits balkaniques, alors que se prolonge le siège de Sarajevo.

* * *

A ce président exténué, il reste une fête à vivre, une cérémonie où pourrait s'accomplir – se résumer ? – et lui-même et son « règne » : l'inauguration de la Grande Bibliothèque (certains écrivent même « Très Grande ») à laquelle Jacques Chirac aura l'élégance d'accoler le nom de son prédécesseur.

Le 30 mars 1995, quarante jours avant la fin du septennat, on voit s'avancer sur l'immense parvis de bois qui se déploie entre les quatre tours que l'on dit pharaoniques (adjectif d'ailleurs impropre car les *ziggourat* n'appartiennent pas à la civilisation nilotique, mais à la mésopotamienne) le vieil inventeur du projet auquel il a associé, avec Émile Biasini et Dominique Jamet, son amie Hélène Waysbord.

Pas de grand souverain que ne signale un bâtiment – de Gaulle excepté… Faute de 18 Juin et de Constitution. François Mitterrand aura voulu assurer sa pérennité par l'architecture, elle-même vouée ici au livre, son univers par excellence. Il est peu de dire que l'ouvrage a déclenché des polémiques, tant du point de vue esthétique que technique ou fonctionnel. Trop grand, trop haut, trop loin, trop dispersé : tout aura été écrit, et non sans pertinence*, à propos de ce gigantesque quadrilatère de béton, de verre et de papier édifié par Dominique Perrault, qui est supposé captiver la galaxie Gutenberg. Mais quoi que l'on pense de l'élévation en plein ciel d'une quadruple pile de livres, un instrument est là, qui incitera peut-être à la lecture les foules avides de revenir à l'âge du livre.

* Notamment dans la revue *Le Débat* dirigée par Pierre Nora.

A l'heure où s'approche le temps des bilans, François Mitterrand ne se fait pas prier pour reconnaître qu'il tient par-dessus tout à « ses » grands travaux, à ces apports au patrimoine français (surtout parisien) pour lesquels il a su faire appel, outre Jack Lang, initiateur on l'a vu de l'idée du Grand Louvre, au bâtisseur musclé qu'est Émile Biasini, et au grand architecte Yeoh Ming Pei.

Que le « bon plaisir » du président ait ici et là joué un rôle assez peu conforme aux strictes traditions démocratiques d'engagement et de contrôle des dépenses n'a pas manqué d'irriter*. Il serait facile (et d'ailleurs imprudent) de conclure que la postérité jugera ce qui est fait pour elle. Convenons que le Paris où va s'éteindre le plus « long » président de la Ve République est à son zénith – non sans que celui qui en fut simultanément le maire n'ait contribué à cette gloire.

* * *

Le 7 mai 1995, Jacques Chirac est élu président de la République**. Que le président socialiste ait appelé certains de ses fidèles à voter pour l'ancien Premier ministre contre l'ancien premier secrétaire de son parti est une fable qui court Paris. Dût-elle être avérée, ce n'est pas le bulletin de Pierre Bergé qui a mis Lionel Jospin en minorité. Et tous ceux qui, à l'exemple de Claude Estier, ont veillé tout au long de la campagne à maintenir la liaison entre Mitterrand et Jospin y ont réussi. Refusant de s'extasier sur le score de 47,3 % réalisé par Jospin (« La gauche, sur une base de 23 % pour le PS au premier tour, doit obtenir 47 % au second », estimait-il***), il juge ce résultat « mieux qu'honorable » et le fait dire à son héritier critique. Peut-il ne pas penser à la déconfiture du PS en mars 1993 ?

Il est encore président en titre, François Mitterrand, quand, le 8 mai 1995, les belligérants de la Seconde Guerre mondiale célèbrent l'anniversaire de l'armistice, à Paris, à Berlin et à Moscou. Ainsi trouve-t-il l'occasion de prononcer, dans l'ancienne capitale du IIIe Reich, qui va devenir celle de l'Allemagne réunifiée, l'un de ses discours les plus controversés, porté au pinacle par un adversaire comme Jean d'Ormesson, dénoncé par bon nombre de militants socialistes et

---

* Bien qu'il n'eût que dans l'heureux succès du Louvre négligé les décisions de jurys apparemment compétents.

** 52,7 %, contre 47,3 à Lionel Jospin.

*** Sous-estimant le déclin du PCF, qui « pèse » alors moins de 10 %.

d'intellectuels de gauche. Attitude que peuvent faire comprendre les phrases essentielles :

> « Je ne suis pas venu célébrer la victoire dont je me suis réjoui pour mon pays en 1945. Je ne suis pas venu souligner une défaite, parce que j'ai su ce qu'il y avait de fort dans le peuple allemand, ses vertus, son courage – et peu m'importent l'uniforme et même l'idée qui habitait l'esprit de ces soldats qui allaient mourir en si grand nombre. Ils étaient courageux. Ils acceptaient la perte de leur vie. Pour une cause mauvaise, mais leur geste à eux n'avait rien à voir avec cela. Ils aimaient leur patrie [16]... »

François Mitterrand avait ostensiblement « oublié » le discours préparé pour la circonstance, et improvisé son intervention. Ce qui lui donne un sens plus fort, plus personnel. Et d'autant plus critiquable, ou admirable. La vision commune des ennemis réconciliés, banale chez lui, est, ce jour-là, d'une vigueur, d'une saveur particulières. Mais ce qui a heurté tant de lecteurs de ce texte, c'est – en dépit du « pour une cause mauvaise » – la banalisation apparente de l'idéologie qui jetait à la mort des millions de « soldats courageux ».

Ces mots eussent pu être prononcés à propos de Verdun, où ces braves soldats mouraient pour une « cause mauvaise » – dans la mesure où le sol national de l'un des belligérants était en 1916 envahi, occupé et ravagé. En 1940-1945, il s'agit de bien autre chose, de la tentative d'imposer l'inhumanité radicale, abyssale, du nazisme. Ici, le « peu m'importent l'uniforme et même l'idée » révèle, chez ce grand politique à la culture ample et profonde, une étonnante sous-estimation de l'horrible « exception » hitlérienne*. Quand un combattant était revêtu de l'uniforme noir des SS, alors on n'était pas en droit de le tenir pour un « soldat courageux » comme un autre. Revêtu de cette livrée terrible, et choisie, il s'était fait bourreau, voué à un rôle d'exterminateur d'une « race », ou de plusieurs.

A Berlin, fût-ce un demi-siècle après l'horreur, ces vérités-là ne pouvaient être enrobées dans un noble péan entonné en l'honneur de la bravoure, à coup sûr admirable, des soldats de la base. Toujours, chez Mitterrand, cette difficulté à appréhender le caractère spécifique, incomparable, du combat contre le IIIe Reich...

De Gaulle avait-il donné l'exemple en laissant échapper, devant les ruines de Stalingrad, visitées en décembre 1944, un : « Quel grand peuple ! Je veux dire le peuple allemand... », qui ne distinguait guère entre soldats et bourreaux... puis en prononçant l'éloge global de

* Bien qu'il l'eût éloquemment stigmatisée au mont Mouchet, le 5 juillet 1981.

l'officier allemand à l'académie militaire de Hambourg, en 1962 ? Le fait est que, sur le terrain de l'antinazisme, son dossier était plus solide que celui de son troisième successeur.

De cette expédition chez les guerriers de l'Est (qu'il dut prolonger pour d'autres cérémonies jusqu'à Moscou) François Mitterrand revient épuisé. Il dispose d'une semaine encore pour reprendre quelques forces. Et le 17 mai 1995 en fin de matinée, après avoir eu la coquetterie de prendre son dernier petit déjeuner élyséen avec l'adversaire politique (et complice littéraire) qu'est Jean d'Ormesson, il gagne le perron du palais, où l'attend, sur le tapis rouge déroulé, le nouveau président, souriant. Comme lui.

Le passage de relais est beaucoup moins crispé que celui qui s'était déroulé en 1981 entre Giscard et lui. Il est un peu plus de 11 heures quand, après quatorze ans de règne, François Mitterrand quitte l'Élysée, debout.

CHAPITRE XVI

Deux cent trente-six jours

• Jouer à la balle • Les adieux de Solférino • Le Play, en sa banalité • Des livres et des maîtres • Pour un bilan ? • Être religieux... • Un judaïsme solaire • Apprendre à mourir : Jean-Pierre Tarot et Marie de Hennezel • Mémoires pour mémoires • Cinq jours sur le Nil • A l'heure dite... • Notre cœur aurait beau nous accuser... • Trois femmes • Le caveau des Lorrain...

D'autres, leur partie jouée, s'enferment dans un monastère castillan, une vieille maison à Jouy-en-Josas ou un rugueux village de Haute-Marne. Mais il y a bien des façons de ciseler sa fin. Quand on lui demandait ce qu'il ferait si on lui annonçait sa mort prochaine au cours d'une partie de balle, Louis de Gonzague répondait : « Je continuerais à jouer à la balle... »

François Mitterrand connaissait-il ce jésuite italien aussi bien que son éblouissant confrère espagnol Baltasar Gracián, auteur de *L'Homme de Cour*, maître de la « pointe », allègre disciple de Machiavel et en qui on pourrait bien trouver son vrai maître* ? Le fait est que, sachant sa mort prochaine et libéré des charges de l'État, l'auteur de *Ma part de vérité* continua à « jouer à la balle ».

Des quelques mois qu'on lui donne l'espoir de vivre, il va faire sinon une fête, encore moins un jeu, mais une cérémonie entrelaçant hédonisme et stoïcisme, avec un art bien digne de ce libertin hanté par la grâce, de cet ami du peuple féru du « bon plaisir » dont se réclamaient nos rois.

Il était allé au bout de son pouvoir. Il était allé même au-delà de l'usage qu'était censé en faire un républicain tel que lui. Il avait tout éprouvé des éclats et vicissitudes de la vie publique, tricotant sur elle

* Michèle Gendreau-Massaloux, spécialiste de Gracián, fut porte-parole de l'Élysée avant d'être recteur de l'académie de Paris...

une vie privée dédaigneuse de la censure des bien-pensants et des militants vertueux. Il avait sillonné le monde, faute de pouvoir le remodeler, fait de Venise sa capitale intime et, sous couleur de « changer la vie », inventé un socialisme à tiroirs où se reconnaissaient tout de même plus de petites gens que de docteurs de cette loi – mais mieux aussi les agioteurs que les entrepreneurs.

François Mitterrand, multiforme et multiface, multitemps, synthétique à l'emporte-pièce, le plus français de tous les Français des dernières décennies, communard avec Clemenceau et versaillais avec M. Thiers, vichyste et résistant, libéral et socialiste, pastoral et piéton de Paris, avait réinventé un art du règne au nom de la démocratie. Et maintenant qu'il ne lui restait plus qu'à répondre à la question par lui-même posée en exorde de sa préface à *La Mort intime* de Marie de Hennezel, « Comment mourir ? », il tentait de lui donner cette réponse : en faisant d'abord mine de vivre…

Ce jeu de la vie dont il fera son apprentissage de la mort, c'est un divertissement laborieux, une cavalcade de rencontres hétéroclites, de visites, repas, voyages, interviews, qui n'ont entre eux que deux liens : la souffrance et l'imminence.

Sept mois et demi, de la poignée de main à l'Élysée à l'aube de janvier ? Deux cent trente-six jours plutôt, dont chacun est un cruel miracle, réveils dans la douleur, soins, journaux et textes à feuilleter, invention d'un « déjeuner », parade de la conversation, somnolence, douleur poignante, visite, accueil, écriture, douleur à crier, images, mots, appel téléphonique, calmants, sommeil, refuge dans un livre, sommeil drogué… Et le plus étrange est que cet homme si soucieux de son charme tient à donner en spectacle les signes de décrépitude que chacun peut relever. A mi-distance entre la vie du pouvoir et le pouvoir de la mort, il cherche une voie, en attendant une réponse.

* * *

C'est le 17 mai, douze jours après l'élection du nouveau président, que François Mitterrand a fait ses adieux à la vie publique. Quittant vers 11 heures l'Élysée, où la passation des pouvoirs a pris le ton d'une vraie cordialité, il a d'abord mis le cap, en compagnie de son épouse Danielle, sur le 10, rue de Solférino, où siège le Parti socialiste. La plupart des dirigeants l'y accueillent, autour du premier secrétaire, Henri Emmanuelli, l'un de ses fidèles, bientôt appelé à céder la place à Lionel Jospin que sa vaillante campagne présidentielle vient d'imposer comme leader de la gauche. Il est là, d'ailleurs souriant, un peu distant, entre Mauroy, Fabius, Ségolène Royal, Quilès, Mexandeau, Glavany – mais Rocard est absent.

Une estrade, dans la cour d'entrée, est préparée pour le fondateur. On l'y installe et, près d'une demi-heure durant, après avoir salué la façon dont Lionel Jospin a mené sa campagne, il brode sur le thème du lion devenu vieux :

> « Pendant de longues années, j'étais l'un des plus jeunes hommes politiques français [...]. Les autres me semblaient un peu décatis [...]. Depuis quelques années, je me suis habitué à ce que l'on dise "le Vieux". Moi, je ne sais pas trop ce que c'est que la jeunesse ou la vieillesse, sur le plan de l'esprit [...]. Ce qui me vient maintenant à l'esprit, c'est que, vraiment, j'ai eu beaucoup de chance d'avoir l'adhésion des Français [...]. Je dis plutôt merci à la destinée [...]. Je ne la magnifie pas, mais je compare et c'est pourquoi je pars sans le moindre soupçon de regret ou d'amertume[1]... »

Il a été bon, « le Vieux », et aime que Danielle le lui dise.

Pourquoi a-t-il choisi de vivre ces derniers mois dans le cadre le plus banal qui soit, dans un grand diable d'immeuble pour rentiers ventrus et retraités de la préfectorale, avenue Frédéric-Le Play, à l'ombre de l'École militaire ? Tout charmant et chargé d'Histoire qu'il fût, le pigeonnier de la rue de Bièvre était trop exigu, la bergerie de Latche trop éloignée des centres de soin. L'État lui offrait de le loger en un lieu commode, face au Champ-de-Mars propice aux brèves déambulations, dans un appartement où il pouvait à la fois disposer de trois ou quatre bureaux et de pièces pour loger à ses côtés Anne et Mazarine Pingeot. Là où elle est, qu'importe le cadre ?

A ses côtés prend place une petite équipe transférée de l'Élysée – deux secrétaires, Christiane Dufour et Joëlle Jaillette, un attaché culturel, Bernard Latarjet, un conseiller juridique, Jean Kahn, une archiviste, Dominique Bertinotti. On voit souvent surgir Michel Charasse ou l'attachée de presse Muriel de Pierrebourg ; parfois aussi, Roland Dumas. Lui s'est installé dans un bureau très lumineux – au troisième étage, la vue est belle –, peu encombré de livres, moins propice à l'écriture qu'aux entretiens. En fin de compte, un dispositif assez bien agencé pour une semi-retraite studieuse, un discret magistère sur la vie publique.

Mais ce n'est pas du tout de cela qu'il s'agit. Le Mitterrand qui débouche de l'Élysée à la fin de mai 1995 n'envisage ni d'écrire ses Mémoires (quoi qu'il en dise à l'un ou à l'autre de ses visiteurs), ni de peser sur la stratégie de Lionel Jospin, ni de régenter l'Europe à la façon de Jean Monnet ou de Robert Schuman, ni de se poser secrètement en sourcier d'idées ou arbitre de débats, de jouer les Voltaire à Ferney.

Le voici enfoui dans l'individuel, voué à l'apprentissage de la mort, de « sa » mort – saisi aussi par l'Histoire, son histoire, la figure qu'il y fera, la trace qu'il laissera. Il écrit, certes, et parle. Mais rien de tout cela ne cesse de tendre à parfaire son image, à situer son personnage dans un éclairage plus favorable. Et comment y parvenir mieux que par l'écriture, le plaidoyer, la confidence ?

Écrire ? Il a fait, dès 20 ans, contre la littérature, le choix de l'action. Quand il débarque à Paris, en 1934, le garçon charentais rêve de rencontrer Gide et Valéry, Bernanos, Drieu la Rochelle et Mauriac – et, s'agissant du dernier, y parvient –, aussi bien que d'aller entendre La Rocque, Blum et Doriot. S'il a choisi de se mesurer à ceux-ci, plutôt qu'à ceux-là, c'est parce qu'il sait jauger ses forces : « Je n'étais pas assuré de mon talent. Pour ce qui est d'agir sur les hommes, je l'ai su d'emblée[2]... »

Il n'a pourtant jamais cessé d'écrire, ne se cantonnant pas à la polémique politique, du type du *Coup d'État permanent*, ou l'autobiographie (*Ma part de vérité* est une version très réécrite d'entretiens avec Alain Duhamel). Certaines pages de *L'Abeille et l'Architecte* (on a cité l'étonnant portrait de Henry Kissinger) sont d'un héritier des meilleurs moralistes ou mémorialistes français.

N'a-t-il agi que pour s'épargner de constater qu'il n'était ni Pascal, ni Chateaubriand, ni même Barrès ? La fin de l'action le met, sur ce plan, au défi : il ne le relève pas. Des projets de livre d'histoire, pourtant, il en a fait beaucoup – en esquissant deux. Il s'est d'abord attaqué à une biographie de Laurent de Médicis, dit « le Magnifique » – choix qui aurait pu suffire à justifier « le Florentin » que Mauriac a, à jamais, accolé à son nom, et qui semble étrangement l'avoir irrité : qualifier ainsi un homme politique, le situer sous le double signe de Laurent le Bâtisseur et de Nicolas Machiavel, incomparable stratège des réalités, n'était-ce pas le situer bien haut ?

« Le Magnifique » délaissé, il a accepté d'écrire pour les éditions Gallimard, dans la belle collection des « Trente journées qui ont fait la France* », un *Coup d'État du 2 décembre*, insouciant des risques que le traitement d'un tel sujet pouvait faire courir à un homme public cruellement vilipendé. On croit les avoir lus, les articles critiques associant Pesquet et Salan à Saint-Arnaud et au duc de Morny. Mais Louis

* Dans laquelle son ami Edgar Faure a publié une *Disgrâce de Turgot*.

Napoléon, avec son ambiguïté ouvriériste et cocardière, avec son goût de la « bande », le fascinait. Combien de pages écrivit-il ? Il assurait encore, en 1995, en avoir rédigé « la plus grande partie »...

Mais le rapport fondamental de François Mitterrand au livre n'était pas de créateur, mais d'usager. Il fut un admirable lecteur, un fou du livre – dont l'originalité, souligne son ami Paul Guimard, était « de porter une passion égale à une édition originale de Saint-Amant et à un livre de poche », la collection complète des modestes publications ainsi dénommées tapissant l'un des murs de sa bergerie-bibliothèque de Latche, face aux reliures de cuir où s'abritent la Bible et *La Chartreuse de Parme*.

C'est à titre de maître de lecture qu'il manqua de peu d'être élu membre de l'académie Goncourt, au début des années 90. L'idée, lancée par son amie Edmonde Charles-Roux, romancière, épouse de Gaston Defferre, avait été reçue avec étonnement, nuancé de faveur par les uns, d'irritation par les autres. Une majorité lui était acquise, mais François Nourissier fit valoir que le chef de l'État ne pouvait être élu qu'à l'unanimité – qui ne lui était pas assurée... On s'en tint là, et le « protecteur de l'Académie française » resta fors les Goncourt – ayant tout ignoré, semble-t-il, de l'affaire [3]...

Bref, le livre au cœur. D'abord, la Bible, lue comme une incomparable histoire, celle d'un peuple indomptable sur une terre sans égale, et ce codicille terrible, l'Ecclésiaste, où se nourrit, secoué parfois de sursauts généreux, son pessimisme fondamental. Ensuite, l'Évangile, qu'il connaît bien, plaçant au-delà de tous les textes proposés aux pauvres hommes, tels qu'ils sont, le Sermon sur la montagne, ne trouvant guère de voie de communication entre l'Ancien et le Nouveau Testament et vouant à saint Paul-le-chef-de-bande une admiration très informée. Renan était devenu, sur le tard, l'une de ses références, et sur l'histoire des origines du christianisme il était intarissable. Durant les derniers mois de sa vie, il lut l'*Histoire des Romains* de Victor Duruy et les *Vies des douze Césars* de Suétone.

Il se référait peu aux maîtres anglais ou espagnols*, bien davantage aux Allemands, on l'a vu, et nul n'ignore qu'il portait à l'Italie et aux diverses expressions de son génie – hormis la musique – une tendresse fervente. Mais qu'admirait-il plus ardemment que les grands romanciers russes ? « Longtemps, confiait-il, quand on me demandait quel livre je plaçais au-dessus des autres, je répondais *Les Frères Karamazov*. Sur le tard, je crois bien que c'est *La Guerre et la Paix...* » Relisait-il *La Mort d'Ivan Illitch* ? Je n'ai pas osé le lui demander, tant

* Mais beaucoup aux grands romanciers latino-américains.

ce récit sublime devait l'obséder – au point de croire, peut-être, que Léon Tolstoï avait voulu lui confisquer un apprentissage de la mort, du « mourir », qui lui appartenait en propre…

Ses goûts, s'agissant de la littérature française, étaient aussi éclectiques que lui-même, ancrés pourtant dans le classicisme – là surtout où l'agitait la passion de Pascal, où l'aiguisait l'acide voltairien, où le faisait vibrer, sur le tard, Chateaubriand. Il aimait Pascal au point de lui avoir emprunté le nom de son premier enfant*, et tenait Voltaire – l'épistolier – pour l'écrivain français par excellence. Il goûtait plus que tout les *Mémoires d'outre-tombe*. Retz, Saint-Évremond, Chamfort, Joubert ; et Diderot, bien sûr, et Benjamin Constant, auquel il fait penser parfois, séducteur affamé, stratège sinueux – et dont il raillait tendrement le ralliement à l'empereur (attendant qu'on lui dise complaisamment que lui, en 1958, avait su s'en garder…).

Mais le vrai est qu'il était surtout un habitant du XIXe siècle, ne cessant de l'arpenter, de Lamartine à Barrès, de Baudelaire à Jules Renard, de Paul-Louis Courier à Gobineau le conteur, insatiable. La relation qu'il entretenait avec Lamartine, si souvent revendiqué, était singulière, due en partie aux convergences géographiques ou biographiques – Milly, Cluny, Solutré, Cormatin, Saint-Point – et historiques : un homme de lettres à l'assaut du pouvoir, à la rescousse de la République…

Balzac ou Stendhal (en tout cas préférés à Flaubert, même à *L'Éducation sentimentale*) ? Il affirmait sa prédilection pour le second, faisant mine de mépriser les héros du *Père Goriot* ou de *Splendeurs et Misères***. Et quand on lui demandait s'il ne se reconnaissait pas en « Lucien », il coupait : « Lucien Leuwen ? » Bon. Il est fort louable de porter si haut le maître de *La Chartreuse de Parme*, et si Rastignac n'avait pu suffire à guider le jeune politicien, le comte Mosca était bien de nature à inspirer le président.

Plus les années passaient, plus il s'irritait qu'on le ramenât à Barrès, qu'il continuait d'admirer mais qu'il récusait en tant qu'inspirateur, lui donnant plutôt pour disciples (dans un gloussement digne de Mauriac) Aragon et Malraux. Et il jugeait expédient d'opposer au pamphlétaire de *Leurs figures* (qu'un grand fauve du parlementarisme comme lui ne pouvait lire sans quelque gêne) le romancier des *Rougon-Macquart*.

Un peu forcée, pour faire « de gauche », sa dévotion à Zola ? On

* Mort en 1946, à l'âge de 3 mois.

** On a dit, à la fin du chapitre II du tome 1, à quel point les références à Rastignac sont pertinentes… Justement !

tend à le croire. Mais une jolie page du *Grand Amour* d'Erik Orsenna, alors conseiller culturel à l'Élysée, met en lumière l'intérêt que le président portait à un romancier si éloigné de son esthétique aristocratique. C'est pour parler de Zola, en tout cas, que Mitterrand a invité son collaborateur à l'accompagner chez Michel Tournier, comptant les éblouir tous deux par sa familiarité avec ce maître :

> « ... Le chef de l'État connaissait très bien Zola. Mais le Grand Écrivain le connaissait encore mieux, il citait des détails rares, précieux, par exemple le voyage de Zola en "Haute Cocoterie" quand il amassait des notes pour *Nana* [...]. Le chef de l'État était secoué de rires. Un reste d'enfance avait franchi l'habituel masque de marbre, [il] était ravi de rencontrer un tel spécialiste [...]. Mais aussi légèrement furieux de cette supériorité [...]. J'ai compris ce jour-là que les chefs d'État veulent être chefs en tout, même en Zola [4]... »

François Mitterrand était-il chef en Saint-John Perse, qu'il plaçait très haut, lui rendant visite dans la presqu'île de Gien ? En Aragon ? En Giono, dont il tenait *Ennemonde*, juteuse nouvelle provençale, pour l'une des œuvres les plus accomplies du siècle ? Je ne l'ai jamais entendu parler de Proust – comme il le faisait de Gide ou de Valéry. Il faisait ses délices d'Albert Cohen, de Julien Gracq. A la fin de sa vie, il disait s'être entiché des surréalistes, vantait René Char, se disait pris par Artaud, si loin de lui. Il se fit le champion du romancier turc Yachar Kemal, de William Styron. Une partie de son dernier été fut consacrée à la relecture des *Rougon-Macquart* et, raconte son épouse encore un peu étonnée, à celle des vingt-trois volumes des *Hommes de bonne volonté*. L'éclectisme, en toutes choses...

Si féru qu'il fût de littérature, n'est-ce pas l'Histoire, en fait, qui l'obsédait ? Dès lors qu'il avait décidé, non d'être « chef en Zola », mais chef en hommes, y manifestant quelques dons, n'était-ce pas l'Histoire qu'il avait choisie pour champ, à travers les vicissitudes, artifices et péripéties dérisoires du débat politique et de l'occupation des palais publics ?

De Suétone à Jules Romains, de Caligula à Jerphanion, c'est bien de cela qu'il s'agit – de l'art de conduire les hommes, les « gens ». Et plutôt que d'écrire sa *République* ou son *Prince*, il entreprit de les vivre – mais hanté par les références, les précédents. Ce dévoreur de livres était dévoré par eux, et ne fit pas un geste qu'il n'ajustât à quelque exemple.

Laissons de Gaulle, trop pesant, trop prégnant, et son aîné Mendès France, ces « hommes tels qu'ils devraient être ». Laissons, trop proches, les Nicomède et les Alceste de la politique – s'agissant de lui qui assure avoir pris le parti de Philinte, du pessimiste gai. C'est au-delà que les racines du mitterrandisme vont chercher leur eau, sans que lui-même en fût toujours conscient.

Qui l'entendit se réclamer des Valois ? On le fera pour lui. C'est de cette dynastie venue de la Charente et tout imprégnée d'Italie qu'il semble surgir, placée sous le signe du premier roi François*, natif de Cognac, littéraire et bâtisseur, ami des femmes, inventeur de l'ordonnance de Villers-Cotterêts qui donne le français pour langue à la France. Considérant cette dynastie valoisienne où figurent des brutes, des sots et des malades, on arrêterait volontiers le regard sur Henri d'Anjou, vainqueur très catholique de la bataille de Jarnac (eh oui...), roi de Pologne puis de France sous le nom d'Henri III, combattant sans pitié, bon stratège, féru de littérature (il admire d'emblée les *Essais*), et qui sut frayer les voies, au prix de sa vie, au pacificateur Henri de Navarre. En ce maître d'éclectisme** on peut voir l'un des ancêtres intimes de François de Jarnac.

Qui ne pense, à son propos, au cardinal de Mazarin***, ce Giulio venu de Pescina, village des Abruzzes, pour redessiner, devenu Jules, la diplomatie française entre Rhin et Pyrénées ? Note italienne, style cardinalice et pourpre (de la robe pour l'un, de la rose pour l'autre), ligne sinueuse, forme changeante, art du dialogue, dévotion au livre qui fait de l'un et de l'autre les parrains de bibliothèques illustres, mise en forme du machiavélisme qui fait de la nécessité vertu...

Ce qui est le plus « mazarinien » peut-être dans l'histoire de Mitterrand, c'est moins les procédures, ruses, cabrioles, recours et ripostes au fond de l'adversité que l'altérité originelle mise au service d'une cause ardemment servie. C'est l'art du « service » externe. Point n'est besoin d'être né français pour faire prévaloir la France ; ni d'être né à gauche, et moins encore socialiste, pour installer au pouvoir certaine forme de socialisme. Paix des Pyrénées pour l'un ; congrès d'Épinay pour l'autre.

Et comme Jules, cardinal laïc, épigone d'un plus altier prince de l'Église, invente les traités de Westphalie qui dessinent pour près d'un siècle une Europe française, François, républicain féru de religion, héritier revêche d'un plus majestueux prince de l'État, modèle de touche en touche une France européenne. Destin second, pour le fils

---

* Auquel son ami Jack Lang a consacré une biographie enthousiaste...

** Jusqu'au sexuel, où ne le suivit pas notre héros.

*** Interrogés en 1994 par une chaîne de télévision qui nous demandait à quel personnage historique nous faisait penser Mitterrand, nous fûmes au moins trois à répondre « Mazarin ».

de Siciliens serviteur des Bourbons, comme pour le socialiste héritier des Valois ? Après tout, disait le cardinal – à moins que ce ne fût le président de Jarnac ? –, « le pouvoir n'use que celui qui ne l'a pas »...

Ce personnage qui a arpenté le siècle des Lumières, ne serait-ce qu'en familier de la correspondance de Voltaire, on ne lui trouve guère de modèle, alors, des physiocrates aux girondins, des encyclopédistes aux gens du Directoire. Faut-il attendre Lamartine, Gambetta, Jaurès, pour lui trouver quelque maître en ce siècle, hormis le Rastignac qu'il récuse en vain ? Non sans malice, mais en connaissance de cause, François Furet proposait de lui donner pour préfiguration Adolphe Thiers – passé de la gauche à la droite –, politique remuant et inventif, tout ruisselant d'une histoire plus grande que lui, mué sur le tard en implacable champion de l'ordre – et premier président de la République. Un éclectique lui aussi, mouvant comme une truite, bel historien, court en doctrine. Grand animal politique en tout cas, dont la République a choisi le nom pour en décorer plus de rues que n'en désigne celui de Jules Vallès...

L'ancêtre, le modèle, la référence, en ces aurores républicaines, c'est Clemenceau, bien qu'il fût, lui, né à gauche et mort ailleurs, mais dont la fulgurance n'a cessé de l'enchanter, comme l'aptitude à faire front, à triompher des pièges, à resurgir des crises, à survivre aux pires disgrâces dans l'opinion. Si pointues fussent ses griffes, Mitterrand n'était pas un tigre, et nul ne peut dire si, dans la conjoncture tragique de l'automne 1917, il se fût élevé aussi haut que l'autre. Le fait est qu'il portait à l'avocat de Dreyfus, au « premier flic » de France, au combattant de 1917, une admiration fervente.

De « mauvais esprits » pourraient objecter que ses démarches font plutôt penser à celles de l'homme que Clemenceau aura méprisé entre tous, Aristide Briand, précurseur de cette Europe qui restera la grande cause de sa vie. La contradiction est forte, pas décisive. Plus proche, dans l'ordre historique, de l'homme de Locarno qui troqua le socialisme contre le pacifisme, Mitterrand est, dans cet ordre esthétique et stylistique où il aime se situer, un clémenciste. A quelques semaines de sa mort, à la veille de sombrer, il avait une façon de nous dire de Clemenceau : « C'est le plus grand ! », qui ne visait pas seulement à relativiser la gloire de l'homme du 18 Juin...

Jaurès, Blum ? Ne faisons pas mine de le confondre avec une famille qui ne fut jamais tout à fait la sienne. Ce socialisme qu'il avait épousé en deuxièmes ou troisièmes noces, vivant avec lui une longue décennie de batailles (1971-1983 ?) qui furent assez dures et coûteuses pour n'être pas des simulacres et pour ne pas souder une fraternité, ce fut plus qu'une aventure épisodique, moins qu'une conversion. Une période : comme d'un peintre on dit que telle ou telle fut « bleue » ? Il faut aller plus loin. Le bleu peut s'effacer de l'œuvre d'un maître, non la part de « rouge » de la figure d'un homme qui, pour l'avoir choisie, la rose au poing, a suscité des haines plus durables peut-être que sa foi.

François Mitterrand, dût-il adopter le large chapeau noir du leader du Front populaire, et grimper avec une visible satisfaction l'escalier de bois de la cité Malesherbes, la « vieille maison » du socialisme français, ne cessa jamais d'y jouer les immigrés de luxe, comme ces champions qui rallient quelques saisons la Juventus de Turin, ces grands acteurs qui sont « en représentation » à la Comédie-Française. Électrons libres...

* * *

La passion des références historiques le conduisait-elle, vers la fin, à dresser un bilan de son action ? Invité à le faire par Élie Wiesel à la veille de son départ de l'Élysée, on le voit peu porté à l'auto-dithyrambe, comme intimidé par l'opération historienne, et trop habile d'ailleurs pour se leurrer afin de leurrer les autres.

> « ... Je pense être resté très en dessous de mes ambitions et, d'une manière générale, je donne raison aux critiques qu'on me fait [mais je revendique] la suppression de la peine de mort [...], la décentralisation, la défense dans certaines grandes circonstances* des peuples opprimés du tiers monde [...] des prises de position décisives pour la construction de l'Europe... »

A-t-il des regrets ?

> « Oui, de ne pas avoir fait tout ce que j'aurais dû faire [...] contre le chômage. [...] J'ai parfois mésestimé la lourdeur des sociétés, la lenteur de ses rouages, le poids de ses mœurs. On ne change pas la société par une décision législative. Mais beaucoup de choses ont changé en France de façon décisive depuis 1981. Sur le plan de la justice, des juridictions d'exception, du Code pénal ; concernant les femmes, leurs droits matrimoniaux, familiaux, financiers, la protection des enfants, la lutte contre la ségrégation[5]... »

S'il évite l'outrecuidance, il ne s'épargne pas la complaisance. Un politique de cette sorte voit bien que ce qu'il laisse derrière lui, indépendamment des apports qu'il cite, c'est, au pis, ce qu'il faut

* Quatre mots qui appellent, on l'a vu, de longs commentaires.

bien appeler la corruption, qui a trait aussi bien à des pratiques matérielles qu'aux principes éthiques – ces principes que leurs électeurs attribuaient aux hommes envoyés au printemps 1981 à l'Élysée et à l'Assemblée nationale.

Que les hontes soient réparties équitablement entre les deux camps ne fait pas moindres les responsabilités du maître du jeu. Ces quatorze années qui ont vu se modifier le concept même et la pratique du « travail » et celui de « dynamisme financier » ont donné lieu en même temps à la banalisation de l'« abus de biens sociaux », qui semble devenu l'un des moteurs de la vie économique du pays. Autre forme de corruption, développée au centre, puis à la périphérie : un système de « Cours » concentriques ou concurrentes, de camarillas plus ou moins consulaires, qui renchérissent sur les pratiques du gaullisme : les « barons » des années 60 ont pris du galon. C'est, non plus du côté de la Malmaison, plutôt du côté de Versailles de Saint-Simon que l'on était souvent tenté de chercher…

Que le quatrième président de la Ve République ait eu l'étoffe, ou la stature, d'un stratège, nul n'en doute. Mais sa faiblesse réside en ceci que, fort doué pour la stratégie politique, il le soit plus encore pour la tactique, et que son invention proliférante en ce dernier domaine eut tendance à étouffer ou aveugler des visions plus larges – comme font les « gourmands » des belles plantes. S'il ne le retient pas de repérer l'objectif majeur, la juste cause, son démon le conduit volontiers sur les chemins de traverse…

Brouillage de la vision par la brusque conscience du « coup à faire » (ou à défaire), ivresse tacticienne ? Certains veulent en voir la caricature dans l'usage qu'il aurait fait de la secte nationaliste créée quelques années avant son avènement par quelques politiciens d'extrême droite. Une telle opération aurait eu pour mobile d'envelopper ses adversaires, de les prendre à revers, de ronger leur frange la plus conservatrice – et de les diviser. Après tout, on a vu des préfets de police, voire des ministres de l'Intérieur, nourrir des courants d'extrême gauche pour mieux affaiblir les socialistes d'abord, puis les communistes…

Cette imputation, souvent formulée contre François Mitterrand dans les années 90, fut reprise par son successeur, le président Chirac, au cours d'un entretien avec l'auteur de ce livre à l'Élysée, le 13 mars 1998*. Le chef de l'État, qui fonde son accusation sur des propos à lui tenus par son prédécesseur (« On grandit ce qu'on diabolise** »), faisait

* Voir l'appendice, p. 579.

** Mais la diabolisation fut-elle moins le fait du président du RPR que celui du leader socialiste devenu chef de l'État ?

même de ce grief le plus grave de ceux qu'il relevait à l'encontre de François Mitterrand, le seul qui lui parût de nature à corriger le bel éloge prononcé par lui, Chirac, le jour de la mort de son prédécesseur.

La thèse de l'utilisation tactique du Front national* par le président réélu en 1988 a été notamment défendue dans un livre intitulé *La Main droite de Dieu***, où sont non seulement rappelés les gestes et démarches de Mitterrand en direction du « Front » dit national, mais encore la constance de ses rapports avec la droite extrême, des origines à la guerre d'Algérie, et à l'occasion de diverses élections, de 1965 à 1988. Aussi sont mis en lumière ses « provocations » à propos du vote des immigrés aux élections locales, censées nourrir la propagande de la secte ultra-nationaliste, et le choix du scrutin proportionnel, qui, en 1986, fit entrer au Parlement 35 lepénistes. (Mais ce dernier argument est faible : il s'agissait d'une application du programme du PS.)

L'imputation, terrible, reste du domaine de la conjecture. Elle se nourrit néanmoins de trop de signes, de traits, de « retours » aussi, pour qu'on puisse en faire l'économie à l'heure des bilans. L'extrême habileté manipulatrice, l'aptitude à la ruse comportent ainsi leur contrepartie.

De cette longue liaison, de ces liaisons dangereuses avec le pouvoir – et ce n'est pas le hasard qui fait surgir ici l'ombre de Laclos – la part la plus positive, c'est d'abord la fertilisation contradictoire des institutions proclamées en 1958, de ce décalogue impérieux corrigé en 1962, mais qui laissait sans réponse d'innombrables questions relatives aux diverses branches de l'exécutif. L'alternance souple, la cohabitation dure, puis douce y ont répondu. Le moteur peut changer de vitesse, passer au « tout-terrain ». Pas de grand inventeur sans un ingénieux adaptateur. Après le Branly de 1958, Mitterrand se serait-il affirmé comme le Marconi de la Ve République ?

Une bonne définition de la « ligne de vol » diplomatique de la France, de sa situation dans le monde, est à porter à son actif. Entre la conscience amère qu'ont nombre de Français de n'appartenir plus qu'à une nation de second ordre et l'irritation que provoque de par le monde la prétention de Paris à se mêler de tout, à jouer encore un rôle dirigeant à l'échelle de la planète, ce président a peut-être trouvé un juste équilibre.

Quant aux rapports entre ce surpouvoir et les citoyens, n'a-t-on pas vu, au fil des ans, s'opérer une « accommodation » ? Si décevants qu'aient pu être nombre des propos tenus par le président en exercice de 1981 à 1995 à tels gens de presse et aux électeurs, il a semblé

---

* Elle n'est d'ailleurs pas exclue par tous les familiers du président.
** Emmanuel Faux, Thomas Legrand et Gilles Perez, Le Seuil, 1994.

qu'entre l'opinion et cet héritier de tant de dynasties royales et républicaines un ton avait été trouvé, abaissant les marches du trône.

Était-il conscient de ces manques, de ces fautes, de ces apports, de ces limites ? Après tout, s'il ne détestait pas les courtisans, il faisait bon accueil, à l'Élysée, avenue Frédéric-Le Play et dans quelques lieux alentour, à des hommes qui dressaient depuis des années (ou quelques mois) des bilans moins complaisants encore de son règne.

Mitterrand et les journalistes... Guérilla et séduction – laquelle est orientée vers l'adversaire mieux que vers l'ami. Qui établirait une liste des rendez-vous pris par l'auteur de *Ma part de vérité*, de 1950 à 1995, y trouverait plus de contempteurs rebelles que de thuriféraires – ceux-ci, nombreux dans la classe politique, restant rares dans la presse. Comme si les journalistes n'avaient cessé, de revers en triomphes, de voir en lui l'illusionniste dont l'ABC du métier était de déjouer les tours.

Hormis ceux qui délaissèrent le métier pour mieux s'associer à lui – Estier ou Fillioud par exemple –, on ne voit guère de maître en ce métier qui n'ait entretenu avec lui des relations compétitives. Des Fauvet, Ferniot ou Servan-Schreiber du premier âge, tous assez attachés à Mendès France pour ne voir plus en lui qu'un nécessaire négatif du modèle, aux Jean Daniel ou Serge July, observateurs sans concession du second âge, on le voit constamment en garde, moins ouvert à la critique cordiale qu'à la malveillance, pour peu qu'elle scintille : il pourra laisser des mois en attente un allié trop exigeant pour ouvrir la maison à quelques escrimeurs de talent, un Alexandre, un Stéphane Denis ; et peut-être fut-il plus accueillant à Franz-Olivier Giesbert, passé au *Figaro* et auteur d'un corrosif *Le Président*, qu'au même, du temps qu'il était, au *Nouvel Observateur*, et auteur de *La Tentation de l'Histoire*, un allié pointilleux. Partie de la gauche, une critique insupporte ; de la droite, une attaque émoustille...

Ce qui étonne plus encore, chez cet homme à vif, et que l'invective irrite moins que l'objection, c'est son extraordinaire disponibilité aux interrogateurs, collecteurs et enquêteurs : il n'est de si petit maître, de si maigre écriveur, de si banal présentateur de télévision qui n'ait sa chance d'être accueilli, au palais, dans le pigeonnier de Bièvre, voire dans la bergerie landaise. Quelle revue n'a pas eu sa chance, quel échotier sa pitance, sans parler des grands intercesseurs de l'opinion, Alain Duhamel ou Jean-Pierre Elkabbach, qui resteront pour lui « les hommes du 13 mars »... Qu'est-ce à dire ? C'est à cette date, deux mois avant l'élection de 1981, qu'il a fait, lors de l'émission conduite par ces deux hommes, sa percée décisive dans l'opinion, à propos notamment de la peine de mort – et conquis le sceptre.

Aussi offert à tous que verrouillé contre quelques-uns, péripatéticien de jour et vestale de nuit, prodigue avec ses ennemis, hermétique avec ceux qui refusent de confondre fidélité et servilité, homme « hérissé de mots comme un poisson d'écailles », il en aura fait l'usage le plus étrange, le moins favorable à sa durable image. Le renard s'est souvent, en matière de presse, conduit comme un corbeau, distribuant son fromage aux loups... Mépris ? Naïveté ? Donjuanisme de virtuose ? Convenons que ce grand concertiste n'aura pas toujours trouvé (cherché ?) un auditoire digne de lui.

* * *

Mais qu'est tout cela aux approches de la fin ? Est religieux, écrit Renan qu'il relit souvent, celui qui « voit dans la nature quelque chose au-delà de la réalité, et pour lui-même quelque chose au-delà de la mort ». François Mitterrand est d'évidence un être religieux. Qu'il se dise « agnostique » signifie seulement que, à l'instar de son ennemi intime André Malraux, il n'a « pas de réponse », sinon ce « refus du refus de Dieu » énoncé par Emmanuel Berl et qu'il opposait à nombre de ses amis.

Enfant chrétien, il le fut à l'évidence, une évidence au moins sociologique. Père rigoriste, vaguement janséniste, mère animée d'une piété ardente mais non ostentatoire, éducation chez des religieux dépourvus d'outrecuidance, lectures conformes aux bienséances du temps, études parisiennes encadrées par des pères. C'est autour de ses 20 ans, aux approches de la guerre, qu'il prend ses distances avec l'Église.

Mais l'expérience de la captivité le ramène sinon vers la pratique religieuse, du moins vers une sensibilité chrétienne : on a vu* à quel point tout ce qui l'arrache alors à la résignation défaitiste est lié au monde religieux, du prêtre qui l'accueille au stalag à celui qui s'évade avec lui – sans parler de l'extraordinaire jésuite voleur de poules, le père Delobre, qui incarne, dans le camp de Kassel, le refus et l'insoumission, et restera, jusqu'à sa mort, un de ses amis le plus ardemment revendiqués.

Il y a aussi cela : l'ordre politique auquel il se voue, dès qu'il est libre de choisir, lui paraît exclusif de toute référence religieuse. Peu lui importe le sentiment religieux qui habite tel ou tel. Ce qu'il rejette, c'est l'intrusion du religieux dans l'ordre politique. Dès le début de sa

* Voir tome 1, chapitre III.

vie publique, il aura eu en exécration, de gauche ou de droite, de la gauche socialiste à la droite des « libéraux », toute coloration religieuse de la vie politique. Laïque, mais pas seulement du fait d'une stricte séparation de l'Église et de l'État – celle que pratiquait de Gaulle –, jusqu'à l'intérieur de la conscience.

Pour lui, qualifier de « chrétienne » l'inspiration d'un camarade valait condamnation. Dans l'estime qu'il portait à Pierre Mauroy, il y avait du respect pour la scrupuleuse distinction faite par ce socialiste entre sa foi et son comportement public. Dans le procès fait à Rocard, dont le protestantisme est une évidente composante de l'action publique, il y avait ce grief.

Mais ce laïcisme pointilleux va de pair, chez Mitterrand, avec une fascination pour tout ce que la mort comporte d'appareil sacré. De l'errance dans les cimetières de village où il s'attardait passionnément à la découverte du *Livre des morts* qui, dans l'univers égyptien, est ce qui lui importe le plus, qui ne l'a vu impliqué dans un ordre d'interrogations où se manifeste la « voix » de Pascal ?

Le judaïsme, qu'il admirait avec ostentation, pouvait-il être la voie d'un retour à la spiritualité ? On a vu que sa lecture de la Bible était très laïque, très historique, telle qu'il aurait pu la faire de l'*Iliade*, ou de la *Chanson de Roland*, celle d'une épopée fondatrice de la plus pathétique des aventures collectives de l'humanité, d'un lieu des origines plutôt que d'un bréviaire des fins dernières.

Observons encore ceci : ce qu'on pourrait appeler son « philojudaïsme » – évident – est en quelque sorte solaire, positif. La plupart des chrétiens qui révèrent le judaïsme ou le monde juif situent leur amour dans l'ordre de la compassion, de la sacralisation de la souffrance – que Nietzsche méprisait si fort.

Telle n'est pas l'attitude de Mitterrand. Ce n'est pas le malheur juif qu'il sacralise, comme tant de chrétiens, mais le bonheur juif, la sagesse juive, la science rabbinique de la vie. Le prophète qu'il déteste, c'est Jérémie, « le hurleur ». Celui qu'il aime, c'est Isaïe, « le lumineux ». D'où le relatif aveuglement qu'il montre à propos de la Shoah. La minimise-t-il ? Ce n'est pas en tout cas là « sa » voie de communication vers un judaïsme avec lequel l'ont familiarisé son cher Georges Dayan, pied-noir sarcastique peu porté à la déploration, ou ceux des héros d'Albert Cohen qu'il préfère, Solal et Mangeclous. Son judaïsme est solaire, et, en Israël, ce qu'il salue, c'est moins le témoignage d'une incomparable tragédie que la manifestation de ce que peut l'énergie humaine.

Il ne « sait » pas. Mais dès avant ces mois d'imminence, on est en droit de le situer dans une très large (très vague ?) mouvance chrétienne – un peu moins floue dès lors que ne s'impose plus à lui la dichotomie liée à la vie politique. Des signes ? C'est la conscience qu'il a du caractère tout à fait incomparable de l'Évangile. C'est une propension à la prière, qu'il cache mal, en certains lieux sacrés – à Jérusalem, à Vézelay, à Saint-Benoît-sur-Loire.

Ceux qui l'ont vu incliné derrière tel pilier de la cathédrale de Cologne, ou à Sainte-Anne de Jérusalem, comme son ami Charles Salzmann, s'interrogeaient sur la nature de son agnosticisme, comme ceux qui voyaient entre ses mains, offerts par son amie Marie de Hennezel, les livres du prêtre suisse Maurice Zundel, interprète d'un christianisme interrogatif. Et plus encore les témoins de ses visites répétées à Taizé, la bourdonnante communauté bourguignonne où le frère Roger accueille depuis trente ans, dans un climat spirituel marqué par l'œcuménisme, d'innombrables chercheurs de réponses. De peu de lieux au monde émane à ce point ce que doit attendre un agnostique : une indication, un fléchage. Plus collectif que personnel ? François Mitterrand, en tout cas, y revenait chaque année, attentif à garder un lien étroit avec le prieur Roger Schultz.

Et comment interpréter cette définition du christianisme que donne à l'auteur d'un livre[6] sur la conscience du divin le Mitterrand de 1981 : « Le christianisme, c'est la reconnaissance de la souffrance comme levier de l'espérance. Et le Sermon sur la montagne, c'est-à-dire l'amour. En dehors de cela, il n'y a rien. » Pour un agnostique, voilà beaucoup de flamme. Voilà surtout un fier salut à la souffrance, en un temps où elle ne s'est pas imposée encore au centre de son être, comme un brasier sans cesse rallumé.

* * *

Henri Michaux n'est pas, si fort qu'il l'admire, de ses poètes familiers. Mais il n'a pas manqué de lire, vingt ans plus tôt, ce cri de révolte qu'est *Face à ce qui se dérobe* :

> « Mal ! Mal ! Mal ! Mal sans cesse qui dévale en moi et sa fanfare folle, sa trompette déchirante, pour moi seul. Mal et moi horrible "entre nous", rideaux tirés. Mal qui survit à tout comme un culte inepte transmis incompris, commandement dépassé auquel on reste soumis[7]. »

Apprendre à mourir, c'est d'abord apprendre à endurer, doser, apprivoiser sa souffrance, à lui donner une fin, sinon un sens. Il trouve, pour cela, deux maîtres : le Dr Jean-Pierre Tarot, qu'il a connu dix ans plus tôt au chevet de son ami Jean Riboud, combattant une douleur qui, vers la fin, faisait perdre l'esprit – un grand esprit – au malheureux cloué à un siège roulant ; et Marie de Hennezel, une amie de quinze ans, qui a voué sa vie aux « soins palliatifs » dont on accompagne les mourants*. A la fin de 1994, il lui a annoncé qu'elle devrait bientôt l'en faire bénéficier... Alors elle lui a donné le conseil de se fixer quelques objectifs bien clairs – tel voyage, telle rencontre, telle tâche, tel lieu, et s'y tenir intensément, s'y agripper comme un alpiniste aux aspérités d'une paroi rocheuse, quitte, au moment où cèdent les forces, à interrompre d'un coup la lutte...

Des objectifs ? Il a tenu d'abord à être présent au rendez-vous de Pentecôte à Solutré, échouant, épuisé, à atteindre le sommet en dépit des encouragements de Jack Lang, de Georges Kiejman et de Roger Hanin. Puis, après un détour par Château-Chinon, il s'autorise des escapades en Charente chez son frère Jacques, dans le Gers chez son fils aîné Jean-Christophe, à Libourne, dont Gilbert, le cadet, est le maire, à Mont-de-Marsan chez Jean Glavany, au lac Chauvet, en Auvergne, chez Michel Charasse. Et, avant de s'installer à Latche pour les vacances, il dresse son plan de bataille ultime. Un plan en cinq ou six points.

D'abord, Venise. Puis la mise au point des deux livres qui compléteront l'autoportrait et les comptes rendus de mandats amorcés jadis avec *Ma part de vérité*, et poursuivis naguère, à l'initiative de Jack Lang, par les *Mémoire à deux voix* avec Élie Wiesel, en avril 1994. Ensuite, un audacieux voyage en Amérique où l'a invité George Bush, son compagnon de la guerre du Golfe, qui prépare l'inauguration d'une bibliothèque portant son nom et veut le faire en compagnie de ses plus prestigieux partenaires – Gorbatchev, Thatcher et lui. C'est encore le choix – très symbolique – d'un lieu de sépulture. Enfin, les adieux à l'Égypte, la très chère. Après quoi, son testament révisé et confié à André Rousselet, il pourra se tourner vers le mur.

A Venise, où Anne Pingeot l'accompagne, il réside comme toujours depuis des années chez son ami Zoran Music, peintre slovène, au palais Balbi, proche de la Salute. C'est, plus encore que Florence, « sa » ville – non pour sa morbidité insidieuse, cette *morbidezza* qui, entre mille, envoûta Richard Wagner ou Thomas Mann, ni pour sa mélancolie savante, pour ce qu'elle a de fatal et d'englouti – mais pour sa beauté de courtisane renaissante, sa lumière et ses miroitements. Pour sa multiplicité aussi de forces, de faces et d'interfaces, où il se retrouve.

---

* Voir chapitre précédent, p. 534-535.

Dût-il la voir dans la perspective de son ami, peintre de la tragédie concentrationnaire, il puise en cette ville plus de pulsions de vie que d'invites à la mort. Dernier regard ? Regard tout de même, où il englobe Carpaccio, les Fratri, le quai des Schiavoni, les ruelles de la Giudecca. Son mal ne lui aura pas volé cela.

En juillet, il est à Latche, retravaillant le manuscrit des dialogues avec Benamou, coupant ici, clarifiant là. Une tension est intervenue entre le journaliste et lui, qui est rétif à de nouveaux retours sur les péripéties de Vichy, sur ses relations avec Bousquet. Comment son interlocuteur pourrait-il faire l'économie de ces questions essentielles ? Mitterrand renâcle, louvoie, allège, provoquant la juste rébellion de l'autre. Va-t-on à la rupture ? Non, on se reverra en septembre à Paris pour ajuster les attentes de l'un aux réserves de l'autre. Et six jours avant sa mort, à Latche, le président souffle encore à son interlocuteur : « Je ne suis pas sûr que nous finissions ce livre. Il faudrait encore trois mois au moins. » *Mémoires interrompus* sera le titre, bien choisi. Pas « camouflés ». Le questionné a bloqué certaines issues. Le questionneur n'a pas désarmé.

Après tout, l'histoire du livre avec Élie Wiesel (*Mémoire à deux voix*) avait été plus amère. Avant de lui donner cette forme, les deux hommes avaient enregistré des entretiens en 1989, puis en 1993. Une amitié s'était nouée, altérée un temps par la réception de Yasser Arafat à l'Élysée, remise en cause par la publication en septembre 1994 du livre de Pierre Péan, troublée par l'interview accordée à Jean-Pierre Elkabbach par le président qui prétendait avoir ignoré en 1942 que les lois discriminatoires de Vichy ne visaient pas seulement les juifs étrangers, mais aussi les français.

Désormais, Élie Wiesel, vigilant gardien de la mémoire juive, ne pouvait envisager la publication d'un tel dialogue que si Mitterrand acceptait un échange approfondi à propos de Vichy et de Bousquet. Le récit qu'il propose de sa tentative d'arracher au vieux président, lors d'un entretien à l'Élysée, à l'automne 1994, quelque chose qui ressemble, sur le sujet, à un repentir, est pathétique [8]. La déception de Wiesel va se muer en stupéfaction quand il entendra Mitterrand soutenir, lors d'une émission avec Bernard Pivot, que c'est lui, le président, qui exige que le livre projeté traite de l'affaire Bousquet.

L'éditrice Odile Jacob, qui tient à la publication du livre, obtiendra qu'un échange sur le sujet se déroule par écrit. Lorsque l'ouvrage paraît enfin en avril 1995, à la veille de la fin de son mandat, on constate que le président ne fait qu'effleurer la question, croyant bon de répondre à l'évocation par Wiesel d'un éventuel remords : « Je n'ai aucun regret ni remords à avoir [...]. Je suis en paix avec moi-même [9] »...

Mais un autre sujet le retient alors, qui n'a plus trait à ses enfances, aux balbutiements de sa formation, mais à son rôle dans l'Histoire contemporaine : celui de la réunification de l'Allemagne, soudé à la question de la construction européenne, son « chef-d'œuvre ». A la veille de rendre des comptes, aux siens et à l'Histoire, c'est ce dossier qu'entend plaider le malade allongé dans la bergerie de Latche.

On a évoqué ces débats plus haut. Le livre *De l'Allemagne, de la France* n'a guère retenu l'attention, sinon pour provoquer quelques sarcasmes à propos des « erreurs » stratégiques ou culturelles commises en l'occurrence par François Mitterrand. Il ne sera achevé* qu'en décembre, lors de son voyage en Égypte, quand la brusque accélération de sa désintégration physique le rendra incapable d'un travail suivi. J'en aperçus des fragments au début d'octobre, lors du deuxième des cinq entretiens qu'il m'accorda alors, en vue de la rédaction du présent livre. Mais je ne saurais mener plus loin mon récit sans proposer ici une brève évocation de ces tête-à-tête quasi hebdomadaires (de septembre à novembre 1995), suspendus en octobre par son voyage en Amérique.

* * *

Que François Mitterrand se fût fait prier assez longtemps pour accepter ma demande d'interview formulée au lendemain de sa retraite de l'Élysée ne m'avait pas surpris. Tenons pour peu l'idée qu'il se faisait de mes idées, de mes capacités ou de mes travaux antérieurs. La question n'était plus là. Sa fatigue, son âge, la lassitude provoquée par les incessantes interviews, la récurrence des questions gênantes, le risque d'apparaître diminué, bref, ses raisons étaient compréhensibles de reporter un tel dialogue à plus tard – deux mots, qui, alors, en disaient long. Une biographie, puisque tel était le projet que je souhaitais mener à bien, ne se fonde pas par définition sur des entretiens préalables : la méthode m'avait servi pour Mendès France, pas pour de Gaulle.

Bref, au début de septembre, sa secrétaire Christiane Dufour m'appelle pour fixer un rendez-vous quelques jours plus tard, avenue Frédéric-Le Play, au retour d'un bref séjour qu'il devait faire à Belle-Ile, et dont il ne manquerait pas de revenir ragaillardi.

N'étaient les arbres du Champ-de-Mars tout proche, quoi de moins

* Si l'on peut employer ce mot à propos d'un « livre-dossier ».

mitterrandien que le cadre de ce dialogue – un immeuble anonyme et cossu, un monument à la bienséance immobile, aseptisé ? Troisième étage. A droite de l'entrée, le beau portrait du président par Brian Organ*. Quelques allées et venues silencieuses, la silhouette un peu courbée de Roland Dumas, le beau sourire de Christiane Dufour et surtout le regard apaisant du Dr Tarot. Un climat de tension calme, corrigé par le souci collectif, très émouvant, de « faire comme si ».

Son bureau est à la charnière des salles de « travail » et de l'appartement privé sur lequel veille, en sentinelle, son buste modelé par Druet. Bigre... Si l'immeuble est anonyme, ses pièces ne le sont pas... Un air de pouvoir flotte toujours ici, un parfum de légitimité patiente.

Il s'avance, aussi présidentiel dans ce décor de cabinet médical que sous les dorures de l'Élysée, la douleur noble relayant les insignes du pouvoir disparu. Et comme il est impossible de ne pas faire allusion à sa santé, visiblement dopée par l'air marin, j'y cède, m'attirant une réponse badine : « Je suis un cas très intéressant : j'ai changé de cancer. J'étais atteint, vous le savez, de celui de la prostate. Me voilà affligé de celui des os, dont est mort mon père... » Le tout dans un demi-sourire, qui s'épanouit quand il croit pouvoir assurer à un visiteur relativement bien informé : « ... D'ailleurs, jusqu'à 75 ans, je n'ai pas pris un cachet d'aspirine... »

Le premier entretien, quadrillé par le questionnaire très souple que j'avais rédigé et qu'il lut négligemment, devait porter sur sa jeunesse et ses idées d'alors, la guerre et l'évasion, Vichy et la Résistance. Je n'y entendis rien qui ne fût depuis des mois révélé ou confirmé – sinon que, ni par les idées ni par les actes, il n'était « jamais [sorti] du cadre de la République** » et qu'il serait vain de rechercher à son évasion de 1941 d'autre motivation que « le désir irrépressible, d'abord physique, de retrouver la liberté. Ce qu'il y a de plus fort en moi ».

La semaine suivante, à la veille du voyage en Amérique, c'était de Gaulle et la IVe République qui étaient en question. Impossible de le faire revenir sur les allégations caricaturales du *Coup d'État permanent* (« Quoi que vous en disiez, mon meilleur livre ! »). Mais quelle sérénité, maintenant, dans son regard sur le grand homme, comme si le livre de 1964 lui avait permis de liquider les vieux comptes, ces vingt-trois ans d'un exil du pouvoir dont on ne guérit pas aisément quand on y a mordu à l'âge où d'autres préparent les concours.

A travers les méandres de la IVe République, il s'ébroue avec

---

* Tel est le souvenir que je garde. D'autres y ont vu le portrait (du même) par Jean Ducleux.

** A Vichy, pourtant...

délices, tempérées soudain par la seule autocritique de fond qu'il ait, à mon adresse, formulée : le ministre de la Justice qu'il fut, sous Guy Mollet, n'aurait jamais dû laisser transférer les dossiers des militants algériens aux impitoyables tribunaux militaires. Cette faute-là, il ne se la pardonne pas. Les remords qu'il se refuse à formuler à propos de Pétain et de Bousquet, les voilà exprimés à propos de l'Algérie, clairement, sans que le vieil observateur de la tragédie algérienne que je suis ait dû peiner pour les lui arracher.

Le thème suivant, celui de la reconstruction de la gauche et de la création du PS, lui donne l'occasion de mettre au net ses relations avec Pierre Mendès France, et au vif celles qu'il entretient, comme on fait d'une plaie, avec Michel Rocard. Rien ne vient plus troubler les premières – ni l'évocation de l'affaire dite des « fuites », en 1954 (le chef du gouvernement n'aurait-il pas dû le tenir au courant de l'accusation de trahison qu'on portait contre lui ? Mais non, mais non, il n'a fait que son devoir...), ni les différences d'appréciation sur l'alliance avec les communistes :

> « Nous avons toujours été du même côté de la barricade. Seules nous ont séparés des divergences tactiques. Ainsi, quand, renversé par l'Assemblée le 5 février 1955, il a voulu remonter à la tribune : je le retenais par la manche de sa veste, voulant lui épargner ce geste suicidaire*... »

Rocard, en revanche, n'a droit à aucun signe d'« intelligence ». Essayer de réduire leurs contradictions à celle qui oppose l'homme qui a une conception intellectuelle de la politique et celui qui y voit d'abord une pratique ne fait que redoubler ses sarcasmes : « Rocard, un intellectuel ? C'est un tacticien... Un mauvais tacticien... »

On lui voit plus de mansuétude à l'endroit de ceux qui ont assuré la relève : « Chirac, c'est un type sympathique. Dommage qu'il manque de structure mentale... » Juppé ? « Quel bon ministre des Affaires étrangères ! » Et Pasqua ? « Vous savez, on n'en retrouvera pas facilement un autre comme lui... » Mais il sort de sa réserve, s'agissant du nouveau pouvoir, à propos des démarches en vue de la réintégration de la France dans l'OTAN. Il y voit une tactique fort peu « gaulliste », qui risque de « réduire à néant le peu d'indépendance stratégique de l'Europe ».

Au cinquième rendez-vous, qui se situe, en novembre, entre le

---

* Renversé, Pierre Mendès France remonta à la tribune, en contradiction avec les usages – mais qu'est-ce que « les usages » ? – pour proclamer que ce qui avait été entamé par son gouvernement ne s'arrêterait pas là...

voyage en Amérique et le séjour en Égypte, je le trouve enfoui dans son lit. Il vient, de toute évidence, contre toute raison, d'arracher l'autorisation de me recevoir au Dr Tarot, qui s'écarte, le regard voilé. Comment ne pas lui demander s'il ne s'impose pas une épreuve abusive, s'il ne souffre pas trop ? Et le voilà qui lâche à travers un sourire extasié, soudain : « La morphine, c'est merveilleux… »

Nous ne parlerons pas de politique, aujourd'hui, mais de livres. De ceux qu'il aime, de ceux qu'il aurait pu publier s'il n'avait pas fait, à 20 ans, le choix que l'on sait. Ne regrette-t-il pas de n'avoir pas écrit – disons *Les Thibault* ? Une moue. « C'est bien, Martin du Gard. Je l'ai beaucoup admiré… » N'aurais-je pas visé assez haut ? Fallait-il évoquer, famille pour famille, *Les Frères Karamazov* ? Son visage s'illumine : « Ah ! Le *starets* Zossime ! » (Il a dit Zossime, l'homme de religion, pas Ivan, auquel il ressemble par bien des points, autant qu'à Rastignac…)

A-t-il voulu faire, de cette référence significative à un saint homme, la conclusion spirituelle de ces rencontres dérobées à la mort qui vient ? Littérature ou politique, un visiteur « professionnel » n'a plus sa place ici. Dans le couloir, Christiane Dufour n'a pas le courage, cette fois, de me proposer une autre date. Ce sera bientôt le voyage en Égypte.

* * *

Auparavant, en octobre, il a honoré l'invitation de George Bush à participer au colloque « Un monde transformé, réflexions sur la guerre froide », avec Mikhaïl Gorbatchev, Margaret Thatcher et l'ancien Premier ministre canadien Brian Mulroney. Encore « aux affaires », Helmut Kohl manquera seul à cette confrontation entre les acteurs essentiels du dernier acte de la guerre froide : la réunification de l'Allemagne, qui marqua la capitulation de l'empire soviétique, Gorbatchev laissant s'opérer sans s'y opposer la renaissance de cette Grande Allemagne anathème à ses prédécesseurs.

Le 7 octobre, en deux étapes de trois heures, il a gagné Colorado Springs, près de Denver, au pied des montagnes Rocheuses, accompagné du Dr Tarot et de la journaliste Marine Jacquemin, de TF1. Anne Lauvergeon* les a rejoints à New York – ayant plaidé pour qu'il

* Qui, après sa mission à l'Élysée, a été engagée par la banque Lazard.

entreprenne ce voyage, qui inquiète naturellement Tarot. Mais elle n'a pas eu à déployer beaucoup d'éloquence pour convaincre le président.

Il s'est décidé pour de bonnes raisons. D'abord, il n'a pas oublié le conseil de Marie de Hennezel : se fixer des objectifs difficiles à atteindre, lutter pour y parvenir. Ensuite, il aime les États-Unis, où il a déambulé (et « dragué »...) jeune homme, entre deux missions gouvernementales, ivre de liberté, avide d'aventure, amoureux de la nature, fou de New York, lecteur de Dos Passos, de Caldwell... Enfin, il va à la rencontre de personnes qu'il aime bien, Gorbatchev surtout auquel il est reconnaissant de ne pas lui tenir rigueur de son faux pas de 1991, et dont il dira publiquement qu'il le considère comme le personnage le plus remarquable de cette décade ; George Bush ensuite, dont il n'eut jamais qu'à se louer, notamment à propos de la crise allemande ; et Margaret Thatcher aussi, parce qu'une femme, dût-elle se comporter comme un colonel des *Horse Guards*, ne lui est jamais indifférente (surtout s'il sent que la réciproque est vraie, ce qui est le cas...), ensuite parce qu'il respecte le courage. Quant à Mulroney, il sent que le Canadien lui voue une certaine admiration.

Le colloque de Colorado Springs, qui se déroule à l'hôtel Bradmore, entre un lac et un golf (on se croirait à Hossegor), sous la présidence très active de George Bush, est donc axé sur l'affaire de la réunification allemande, dans un climat quelque peu mélancolique.

Les journalistes de la jeune génération, qui semblent avoir une idée très floue de ce que fut le Grand Reich de 1871 à 1919, puis de 1933 à 1945, n'ont que sarcasmes pour ceux qui émettaient, à la fin des années 80, la moindre réserve sur l'opération qui consistait à rassembler cette masse formidable au cœur de l'Europe, quitte à la faire exploser. L'Allemagne de Kohl était devenue bonne ? Certes. Comme celle de Stresemann en 1926 – la richesse en plus. Des réactions que provoquait la « révolution » allemande de 1989, la plus hostile était celle de Margaret Thatcher, dont l'objectif n'était évidemment pas d'assurer la survie de l'État communiste de Berlin-Est*... La réaction nuancée, *soft*, était celle de trois hommes d'État expérimentés, François Mitterrand, George Bush et Mikhaïl Gorbatchev. On a vu qu'au cours du processus le président américain avait demandé à son homologue français si l'ambassadeur des États-Unis à Bonn, Vernon Walters, n'avait pas commis une imprudence, à la fin de 1989, en laissant entendre que la réunification pourrait avoir lieu avant

* Dans ses Mémoires (*The Downing Street Years*), Mme Thatcher critique durement le soutien apporté par Mitterrand à la réunification allemande (p. 790-799).

cinq ans* – et que Mikhaïl Gorbatchev avait exprimé la crainte de voir cette opération provoquer, chez lui, une révolte des généraux capables de déclencher la guerre en vue de prévenir la renaissance du Grand Reich.

On sait que Willy Brandt, sage s'il en fut, et père de l'*Ostpolitik*, exprimait les mêmes appréhensions… Était-il fou ? ou agent de Berlin-Est ? Helmut Kohl lui-même, dans son plan en dix points le 18 novembre 1989, envisageait un processus de dix ans, en vue d'une « union contractuelle » entre les deux États allemands confédérés. Il se trouve que l'élan populaire bouscula les calculs de ces sages. De là à traiter les sages de fous, ou de stupides, ou d'aveugles…

Mais, à Colorado Springs, c'est surtout à faire l'éloge de Mikhaïl Gorbatchev que s'emploie Mitterrand :

> « … L'Union soviétique conduite par M. Gorbatchev […] aurait pu faire la guerre. A partir du moment où [il] a dit au président de la RDA** qu'il n'avait pas l'intention de faire appel à la force, car la *perestroïka* avait une autre finalité, j'ai considéré que la situation était changée […]. L'Histoire avançait, le Mur est tombé. Et c'est sur ce point que mes positions et celles de Margaret Thatcher diffèrent… »

Sur quoi l'ancien Premier ministre canadien Brian Mulroney intervient en rappelant à Mitterrand qu'il citait volontiers François Mauriac disant : « J'aime tant l'Allemagne que je préfère qu'il y en ait deux… » Riposte du Français : « Je citais Mauriac, mais pour dire que je n'étais pas d'accord***… » [10].

* * *

Les effusions de Colorado Springs, l'affection que lui témoignent Bush et ses pairs ne suffisent pas à le requinquer. C'est dans un état de réel épuisement qu'il rentre à Paris après trois jours d'absence – mais il ne s'enfermera que quelques jours au troisième étage de l'avenue Le Play, pour reprendre haleine. Il revoit Benamou, Elkabbach, Laure Adler – ses vieux amis Georges Beauchamp qu'il a aidé à guérir d'un

---

* Voir chapitre X.

** Alors Egon Krenz.

*** Ça dépendait de l'époque – et de ses relations avec Mauriac… En tout cas, ce n'était plus son point de vue en 1989.

cancer, Claude Estier, Jack Lang. Il déjeune avec Jean Daniel*. Il reçoit même Valéry Giscard d'Estaing, Raymond Barre (qui se dira fort ému par cet échange) et Édouard Balladur, lui aussi marginalisé.

Et le voilà de nouveau en route, grimpant dans un petit avion privé qui le conduit, pour le 11 novembre, chez son vieil ami André Rousselet, à Beauvallon, près de Grimaud. Dans le kaléidoscope que forment les amitiés de François Mitterrand, où s'imposent au premier rang Georges Dayan et Jean Riboud, mais aussi, qu'on le veuille ou non, Roger-Patrice Pelat, celle qu'il entretient avec l'inventeur de *Canal* + est marquée du signe de l'ironie distanciée.

> « Amis ? fait Rousselet. Oui. Mais avec Mitterrand, si proche que l'on fût, c'était une marche en dessous. Sauf sur un green de golf, il fallait regarder un peu vers le haut. Un léger décalage [...]. Dès lors qu'il savait que je le savais [...]. En ce mois de novembre 1995, je l'ai trouvé aussi altéré physiquement qu'alerte intellectuellement. L'antithèse avait quelque chose d'effrayant. Cet esprit scintillant, dans cette enveloppe [11]... »

Il y a vingt ans qu'il a décidé de faire de cet ami si avisé son exécuteur testamentaire. Mais ce n'est pas à Grimaud qu'est choisi le site où il souhaite être enterré. Conscient comme il est de sa place dans l'Histoire – de celle à laquelle il prétend – et hanté comme il est par le thème du cimetière au point de s'astreindre à la visite du plus chétif d'entre eux, dans le plus chétif village de Charente ou de Provence, voilà un sujet digne de réflexion.

Né à Jarnac mais greffé, dans l'ordre de la vie publique, sur Château-Chinon, aspiré vers la Bourgogne par son épouse – Cluny, Solutré, Vézelay –, vers les Landes par la bergerie dont il a fait sa grotte à livres, son « poêle », et où le ramènent sans cesse ses pas, homme aux mille racines, Aquitain de Bourgogne, Morvandiau des Landes, il pourrait demander comme Gide** à Barrès : « Où voulez-vous, monsieur, que je m'enracine ? »

Il a nourri deux projets : reposer aux abords des lieux chéris de son enfance près de Touvent, sur la frontière entre la Charente et le Périgord, à Nabinaud ou, mieux encore, à Aubeterre, dont il ne s'est jamais lassé de visiter la merveilleuse église monolithe ; jucher sa tombe sur le mont Beuvray, haut-lieu du Morvan qui surplombe la

* Dont il admire le beau livre, à lui consacré, *Les Religions d'un président*.

** Normand d'Urès...

Bourgogne, non loin de Bibracte où s'élève « son » musée gaulois. Danielle l'a convaincu d'acquérir à cet effet un are sur le mont Beuvray. Il a fallu pour cela déroger aux règles : cet espace est situé au cœur d'un parc national dont les terres sont inaliénables. Le successeur de François Mitterrand à la mairie de Château-Chinon, son ami le Dr Signé, qui fait aussi partie du conseil d'administration du parc, a obtenu de ses collègues la dérogation nécessaire.

Mais l'affaire fait grand bruit, la presse s'en empare, des tracts circulent, dénonçant un abus de pouvoir, cette nouvelle manifestation du « bon plaisir ». François Mitterrand coupe court et renonce à reposer sur ce mont, du côté des druides et des Éduens. C'est à Jarnac qu'il retournera, dans le caveau qui porte le seul nom de sa mère – Lorrain – comme pour ajouter à la bigarrure de ses enracinements une dimension chargée d'un peu plus d'histoire.

* * *

Et voici venue l'heure du voyage le plus chargé de signes – celui d'Égypte. Une folie. Une exigence. Ses deux guides aux portes de la mort, Jean-Pierre Tarot et Marie de Hennezel, l'y ont encouragé. C'est le type d'accomplissement qu'attend une mort telle qu'il la sculpte. Tous deux ont compris que renoncer à cela, pour lui, serait une capitulation : il n'est pas d'allégement de souffrance qui la justifierait. Les jours, les heures qu'il va brûler en ce voyage, c'est la part irréductible de lui-même. Et aucun de ceux, de celles qui l'aiment, ni Danielle ni un autre, n'a lutté contre cela.

Le 24 décembre 1995, il embarque donc dans un avion mis à sa disposition par le président Hosni Moubarak, en compagnie – entre autres – d'Anne et Mazarine Pingeot, du Dr Jean-Pierre Tarot et de sa femme Catherine, d'André et Anouchka Rousselet.

L'Égypte, donc. Mais laquelle ? S'agissant d'un mourant, et de la civilisation qui a entretenu le rapport le plus serein, le mieux maîtrisé avec la mort, on ne manque pas de gloser sur cette notion d'éternité que François Mitterrand est supposé rechercher au bord du Nil. La belle littérature ! Et *Le Livre des morts* par-ci, et Isis par-là, et Osiris, et Seth l'assassin, et Anubis l'embaumeur… Que de pages savantes !

Mais quoi ? Où va-t-il, le président épuisé ? A Abydos, où se manifeste si noblement le renouveau des dynasties ? Dans la vallée des Rois, au cœur des tombes de Sethi Ier et Ramsès VI ? A Saqqara la fondatrice ? A Tell-el-Amarna, chez Aménophis IV ? A Beni-Hassan, où la vie et la mort s'entrelacent comme en un jeu ? A Abou-Simbel, où règne au fond du temple le dieu Ptah ?

Mais non, il atterrit tout bonnement à Assouan, au bord du Nil. Le paysage est somptueux, d'une beauté exaltante. Mais la mort n'y est guère présente autrement qu'à Venise ou dans le haut Morvan*, et s'il avait pu pousser une fois encore jusqu'à la voisine Philae, qu'il aimait, c'eût été pour méditer moins sur la mort que sur la fragilité des architectures humaines, le passage des Grecs et des Romains, et le triomphe provisoire de l'énergie hydraulique sur le sacré.

Que François Mitterrand ait aimé l'Égypte, mère des sociétés humaines et de la stabilité étatique, les Égyptes, la chrétienne qu'il retrouvait à Sainte-Catherine et ce qui palpite encore de judaïsme au Sinaï sur les pas de Moïse, et qu'il admirât fort la prodigieuse capitale islamique qu'est Le Caire, nul n'en doute. Il en parlait fort bien et ses références à la reine-pharaon Hatchepsout, au cours d'un repas provençal, n'étaient pas d'un touriste hâtif.

Mais en ce séjour ultime à Assouan, il ne faut point trop chercher un déchiffrement du *Livre des morts*. La recherche d'une beauté, oui, d'une lumière chaude, d'une envoûtante fête de ce monde qu'il va falloir laisser. « *Mehr Licht !* » (« Plus de lumière ! ») dit Goethe expirant**. Plus de lumière, de la plus crue, et matérielle, c'est cela qu'offre Assouan à celui qui s'est fait, de cette démarche, un objectif vital.

Cinq journées dans un vieil hôtel, l'Old Cataract, qu'aimait Winston Churchill (la villa qu'avait plusieurs fois mise à sa disposition le président Moubarak, cette fois, ne convient pas : trop de marches et d'escaliers), une promenade en bateau autour de l'île Éléphantine défigurée par un palace neuf, des rêveries sur la terrasse entre Anne et Mazarine, quelques coups de stylo sur le manuscrit allemand, torpeur, malaises, quelques pas au bras de Jean-Pierre Tarot, deux ou trois appuyé à l'épaule d'André Rousselet. Et, à la demande de Mazarine, sa décision est prise de regagner la France le 29, le jour où il devait déjeuner avec Hosni Moubarak.

La désintégration, la dévoration interne s'accélère, comme le feu dans la maison quand s'ouvre une fenêtre. Il faut, en hâte, regagner, à Latche, la maison du berger. D'Assouan, l'avion égyptien pique droit sur l'aéroport de Biarritz, et Latche tout proche. François Mitterrand veut-il mourir sous ses arbres landais ? Croit-il encore à d'autres escales ? D'Égypte il ne ramène que des bribes de forces et de paroles.

---

* Sinon par le tombeau de l'Aga Khan…

** Un autre témoin assure que le grand homme, se tournant vers sa belle-fille, murmura : « Donne-moi ta chère petite patte. » Ce qui est peut-être mieux…

Il retrouve la bergerie, les pins, les chênes, les ânes et les chiens. Ses livres, aussi, son manuscrit. Il est bien temps…

Danielle et ses fils Jean-Christophe et Gilbert, sa belle-sœur Christine et Roger Hanin ont organisé pour lui un réveillon auquel il ne sait pas se dérober. Henri Emmanuelli et sa femme, Yvette et Jean Munier, les vieux compagnons de Résistance installés à Moliets tout proche, viendront en voisins. Et de Paris accourent les Lang dans l'avion de Pierre Bergé, qui a embarqué avec lui Georges-Marc Benamou. Les visiteurs n'ont pas plus tôt atterri que Roger Hanin les préviennent : le président est à bout.

Dût-on lui en faire grief, l'auteur croit bon, ici, d'abréger : le récit du réveillon publié par l'un des dîneurs, qui fait de cette soirée une bâfrerie de Bas-Empire, et du mourant un gâteux fellinien échappé du *Satiricon*, la bouche dégoulinante de sauces, lève le cœur. Cette « vérité »-là, si tant est qu'elle soit vérité, dût-elle être la vérité, on ne la cherchera pas*.

Le 1er, puis le 2 janvier, François Mitterrand somnole dans sa bergerie où viennent le rejoindre quelques instants son fils Gilbert, son ami Jean Munier. Il ne consomme plus qu'un peu de thé. Quand a-t-il décidé que l'heure est venue ? A l'instant (incertain) où il s'est persuadé que les métastases cancéreuses gagnaient le cerveau, qu'il ne serait plus, bientôt, qu'une chose inconsciente ? Dans l'après-midi du 2 janvier 1996, il s'engouffre dans l'avion de Paris. Pour revoir l'être le mieux aimé, Mazarine.

Dans l'appartement de l'avenue Le Play où sa chambre est voisine de celle de sa fille, il s'est étendu cette fois pour mourir, après une dernière série d'analyses à la clinique de Choisy. Le Dr Tarot lui a fait accepter, pour que son abstinence définitive ne se transforme pas en supplice, d'être placé sous perfusion [12]. Désormais, émanent-ils d'amis comme Jack Lang ou Marie de Hennezel, les appels téléphoniques restent sans réponse. Le jeudi 4, pourtant, il reçoit Michel Charasse, pendant quelques minutes, et griffonne des réponses à des cartes de vœux, et un mot à Jean d'Ormesson pour le remercier de l'envoi de son dernier livre, et l'en louer, puis accueille brièvement son fils Jean-Christophe.

Le samedi 6 janvier, il trouve encore la force de s'entretenir un instant avec André Rousselet, son exécuteur testamentaire. Il lui fait comprendre qu'il envisage de recevoir les derniers sacrements de

---

* La version d'abord publiée par Georges-Marc Benamou dans *Le Nouvel Observateur* a été contestée par tous les témoins que j'ai pu interroger, et, dans *La Semaine des Landes*, en janvier 1997, par Yvette et Jean Munier, amis et voisins du président.

l'Église catholique, qu'il entend être enterré à Jarnac dans le caveau familial et qu'il exclut non seulement des funérailles nationales, mais encore tout discours officiel. A la grande surprise de son ami, le mourant le laisse repartir sans lui remettre le testament qu'il a rédigé quatre ans plus tôt, et qui a trait notamment à l'avenir matériel de Danielle. C'est au Dr Tarot que sera remis ce document, le lendemain, à charge de le transmettre à Rousselet.

Le texte date du 10 septembre 1992, rédigé au moment de l'opération de son cancer, à Cochin. Les dispositions matérielles n'ont pas beaucoup de sens, dès lors qu'il est marié sous le régime de la communauté universelle. Ce qui donne leur sens à ces trois pages et à ces dix-sept prescriptions, c'est l'hypothèse formulée d'une messe à Jarnac, le souhait d'être inhumé dans le caveau de famille des Lorrain, la demande d'une réunion d'amis dans la petite église de son enfance à Nabinaud, et aussi chez les Chevrier à Château-Chinon, les fleurs espérées (roses thé et iris jaunes et bleus), la recommandation de gratifier de cadeaux ses quatre secrétaires...

A partir du samedi soir 6 janvier, François Mitterrand a donné pour consigne à Jean-Pierre Tarot, qui ne le quitte plus, de refuser à quiconque d'entrer dans sa chambre, même à Danielle. Le dimanche matin, pourtant, celle-ci a pris le train pour Paris. Arrivée dans l'après-midi, « à Le Play », comme elle dit, elle se heurte à la consigne, mais passe outre, entendant l'agonisant murmurer qu'il souffre, souffre... Elle regagne la rue de Bièvre avec son fils Gilbert.

La dernière nuit de sa vie tumultueuse, François Mitterrand la passe la main droite prise dans celle du Dr Jean-Pierre Tarot, qui, assis sur son lit, parle à voix très basse, inlassable. Le mourant a-t-il seulement encore la force de souffrir ? Cinq jours plus tôt, de retour à Latche, sortant de la clinique où a été vérifié le progrès des métastases, celles qui gagnent le cerveau, il a murmuré à son médecin : « Tout est accompli... A la fin, que ressent-on ? – Ce n'est rien. On s'endort tranquillement... – ... J'en suis sûr. »

Le lundi 8 janvier 1996, il est un peu plus de 7 heures, le jour ne perce pas encore, quand Jean-Pierre Tarot, qui, au début de la nuit, a administré au mourant l'extrême-onction*, sent que la chaleur a quitté la main de son ami.

Le médecin prévient Anne Pingeot, qui, à sa demande, a regagné la veille son petit appartement de la rue Jacob, téléphone à Danielle et Gilbert Mitterrand – ils seront là dès 8 heures –, prévient André

---

* En tout cas une forme de bénédiction informelle que l'Église autorise en cas de force majeure, et qui a un sens.

Rousselet, qui appelle aussitôt, à l'Élysée, le président de la République – dont la visite avenue Frédéric-Le Play sera presque immédiate. Dès 11 heures, Jacques Chirac rendra à son prédécesseur un premier hommage d'une exemplaire dignité, qu'il amplifiera, le soir à 20 heures, en un éloge peu banal :

> « ... Le président Mitterrand donne le sentiment d'avoir dévoré sa propre vie. Il a épousé son siècle. [Mais il] n'est pas réductible à son parcours. S'il débordait sa vie, c'est parce qu'il avait la passion de la vie, passion qui nourrissait et permettait son dialogue avec la mort [...]. Ma situation est singulière, car j'ai été l'adversaire du président François Mitterrand. Mais j'ai été aussi son Premier ministre et je suis aujourd'hui son successeur. Tout cela tisse un lien particulier, où il entre du respect pour l'homme d'État et de l'admiration pour l'homme privé qui s'est battu contre la maladie avec un courage remarquable, la toisant en quelque sorte, et ne cessant de remporter des victoires sur elle. De cette relation avec lui, contrastée mais ancienne, je retiens la force du courage quand il est soutenu par une volonté, la nécessité de replacer l'homme au cœur de tout projet*... »

Devant le 7, avenue Frédéric-Le Play, une foule s'est très vite assemblée. Les radios ont divulgué la nouvelle vers 10 h 30. Le ton des commentaires est d'abord chaleureux, sinon dévotieux, en attendant les dissonances – qui se manifestent dès la sortie du *Monde*, au début de l'après-midi. Le directeur du journal, Jean-Marie Colombani, publie un historique sans complaisance de la carrière du président, suivi d'extraits du livre consacré par Régis Debray aux leaders politiques qu'il a librement servis, textes dont l'âpreté surprend dans le climat qui règne en ces occurrences-là : ainsi beaucoup s'étaient dits choqués de l'article exigeant publié par Pierre Mendès France au lendemain de la mort du général de Gaulle.

Au troisième étage du 7, avenue Le Play, il est bon d'être encadré par le Dr Tarot et Roland Dumas pour avoir accès à la chambre où repose la dépouille – d'autant plus terriblement présente que la pâleur de plâtre qu'on lui voit là ne se distingue guère de celle qui faisait du visage du chef de l'État, depuis des mois, un masque de tragédie latine. De part et d'autre du lit, les tables de nuit jumelles supportent chacune un livre. A gauche, on croit pouvoir distinguer l'*Axel* de Villiers de l'Isle-Adam. A droite, la *Geneviève* de Gide. Un choix

* On lira en appendice, p. 580, un bref commentaire de ce texte par le président Chirac.

évidemment dû au hasard, ou à la hâte... Mais ce qui importe, c'est que des livres l'accompagnent au-delà du terme.

* * *

Les neuf mots les plus mitterrandiens du testament qu'André Rousselet communique dans la soirée aux membres de la famille élargie que laisse le président sont à coup sûr ceux-ci : une messe dans l'église de Jarnac est possible... Quelle figure de rhétorique a inventée là ce maître de la litote ? Du fait des pouvoirs multiples qui mènent la cité (dont le médiatique n'est pas le moindre), la suite va ajouter à ces mots un surcroît d'ambiguïté : indépendamment de la cérémonie populaire qui se déroule le 10, place de la Bastille où Barbara Hendricks chante *Le Temps des cerises* à la demande de Danielle, deux messes seront dites, simultanément, le jeudi 11 janvier, dont l'une, solennelle, par les plus hautes autorités de l'Église au nom de l'État laïque, en présence du chef de l'État, en hommage à ce président qui se proclamait agnostique. La même aventure était advenue au général de Gaulle : encore revendiquait-il, lui, son appartenance à l'Église catholique...

A Notre-Dame de Paris, où se pressent soixante et un chefs d'État (dont quelques-uns ont été ses dupes), deux notations fortes. Le cardinal Lustiger ayant pris le parti, pour rendre hommage au disparu, de citer abondamment sa préface à *La Mort intime*, croit pouvoir affirmer que François Mitterrand « croyait à la communion des saints », et « trouve en ce peuple des saints l'aide, le pardon et le courage pour ouvrir, enfin, ses yeux sur l'invisible ». Ce qui est l'accueillir bien vite au paradis. Dans les travées, un géant laisse, sur sa joue, couler une larme. Ce qui incitera Jean Daniel à écrire que, pour lui, l'enterrement de François Mitterrand, ce fut cette larme sur le visage du chancelier Kohl.

A Jarnac, gros bourg blanc posé au bord de la Charente, la province avait ressaisi ce provincial. Mais les ambiguïtés de sa vie coloraient la célébration de sa mort. Danielle Mitterrand ayant bravement choisi d'associer sans réserve Anne et Mazarine Pingeot à la cérémonie – on pouvait voir, derrière les vitres des fenêtres, les yeux écarquillés des pieux paroissiens d'une cité où, quatre siècles plus tôt, le duc Henri d'Anjou avait trucidé, au nom du catholicisme, les cohortes impies. Jusqu'au-delà de la mort, le second fils d'Yvonne et Joseph Mitterrand, dans le même temps que la voix la plus sonore du catholicisme français l'accueillait dans la « communion des saints », semait, avec la bénédiction de l'évêché, le trouble dans le cœur des paroissiens.

Dans l'église Saint-Pierre qui tente si joliment de se prendre pour une cathédrale, nous étions, immigrés de Paris, plus nombreux que les Jarnacais. En présence de l'évêque d'Angoulême, muet, Jacques Fau, curé de la paroisse, lit la « première lettre de saint Jean » qu'aimait tant François Mauriac : « Notre cœur aurait beau nous accuser, Dieu est plus grand que notre cœur », et, un peu plus tard, l'évangile du même : « La maison de mon Père peut être la demeure de beaucoup de monde*... »

De l'église au cimetière des Grandes-Maisons, une voie sinueuse s'étire, la rue Abel-Guy. Devant le 22, le cortège observe un temps d'arrêt : là est né, voici un peu moins de quatre-vingts ans, François Maurice Adrien Marie Mitterrand, cinquième enfant d'Yvonne et Joseph. Façade de calcaire blanc, comme le visage du président que nous accompagnons. Un peu plus loin, à gauche, dans le vent humide, c'est le cimetière où, vers le fond, s'élève un assez modeste caveau, marqué du seul nom des Lorrain.

Des roses, des iris jetés sur le cercueil fauve, trois femmes blotties dans leur chagrin.

* * *

Ce n'était là qu'une version de cette histoire qui fut la nôtre – et se poursuit. Moins ambiguë ?

---

* Jacques Fau a depuis lors quitté Jarnac, non sans y avoir reçu une correspondance révélant que nombre de catholiques n'ont pas assimilé cet évangile-là.

Appendices

Entretien avec Jacques Chirac

13 mars 1998

Adversaire, puis Premier ministre, enfin successeur de François Mitterrand, le président Jacques Chirac a quelques titres à formuler une opinion sur l'homme auquel les historiens ne manqueront pas de l'opposer, ou de le comparer. C'est avec la meilleure grâce du monde qu'il me donna, ce livre en voie d'achèvement, le rendez-vous que je lui avais demandé par le truchement de son attachée culturelle Christine Albanel, qui fut témoin de notre entretien dans le bureau du chef de l'État, à l'Élysée, dans la matinée du 13 mars 1998.

De toute évidence, Jacques Chirac ne répugne pas à parler d'un homme auquel, du temps passé auprès de Georges Pompidou dans les années 60 aux durs combats électoraux de 1974, 1978, 1981, puis aux affrontements à propos du « socialisme à la française », tout l'opposait. Puis vint l'étrange aventure de 1986...

Jean Lacouture : L'expérience de la cohabitation a-t-elle modifié votre jugement sur François Mitterrand ?

Jacques Chirac : Je connaissais très peu M. Mitterrand, ne l'ayant rencontré que deux ou trois fois. J'étais hostile à ses conceptions, pas à l'homme.

Jean Lacouture : Dans les milieux gaullistes, son image était très défavorable...

Jacques Chirac : Oui. Mais je me gardais de porter un jugement sur lui. J'ai donc abordé la cohabitation de 1986 sans prévention...

Et, en fait, cet épisode ne s'est pas déroulé de façon aussi négative qu'on l'a écrit. Nous avons travaillé de compagnie, sans élever un mot plus haut que l'autre.

Jean Lacouture : Il y eut des crises, tout de même...

Jacques Chirac : Il n'y a eu qu'un moment de tension, lors du sommet franco-espagnol, où j'ai fait savoir à la presse que la politique de la France à l'égard du terrorisme basque allait changer. M. Mitterrand s'est fâché et a dénoncé mon intervention. Mais, à part cela, nos relations ont été envenimées par nos entourages, pas par nous.

Jean Lacouture : ... En dépit de l'excellente « charnière » Bianco-Ulrich...

Jacques Chirac : Oui, c'est à un niveau plus modeste que les dissensions se sont produites.

Jean Lacouture : Il y a pourtant eu l'affrontement du 14 juillet 1986 à propos des ordonnances, que François Mitterrand a refusé de signer...

Jacques Chirac : C'est vrai. Mais je m'y attendais. Nous ne pouvions être surpris de sa réaction, attaché comme il l'était à l'archaïsme des nationalisations. Nous, nous étions très attachés aux privatisations, et pressés d'aboutir. D'où les ordonnances. Mais, je le répète, la cohabitation a bien fonctionné dans l'ensemble, jusqu'au débat qui nous a opposés lors de la campagne présidentielle, au cours duquel il m'a profondément choqué...

Il avait obtenu qu'il n'y ait aucun « plan de coupe », qui permet à la caméra de se détacher de celui qui parle pour se braquer sur son interlocuteur. Quand je l'ai sommé de me répéter l'une de ses affirmations qui était fausse – nous avions longuement parlé de cette affaire dans son bureau, et j'estimais qu'elle devait rester entre nous – et s'il maintenait sa version en me regardant dans les yeux, il a déclaré au public qu'il le faisait, mais moi je voyais bien que non. Là, il y a eu confrontation, parole contre parole, et je n'ai pas respecté son comportement...

Jean Lacouture : L'affaire de l'interdiction de survol de la France faite aux avions américains en route pour bombarder la Libye ?

Jacques Chirac : Il n'a pas apprécié que je fasse savoir que c'est moi qui avais pris la décision. Mais l'incident ne remettait pas en cause la cohabitation, qui, je le répète, fut difficile, mais fonctionna convenablement...

Jean Lacouture : Pensez-vous qu'en dépit de la légende le président Mitterrand était un homme qu'animaient certaines convictions ?

Jacques Chirac : Probablement. Mais je ne saurais dire lesquelles, hormis ce qui concerne la construction de l'Europe, à laquelle il était très attaché. Mais j'estime que les convictions républicaines qu'il affichait n'étaient pas très solides, car s'il avait été un vrai républicain, il n'aurait pas contribué comme il l'a fait à la consolidation du Front national.

Jean Lacouture : Vous tenez à cette explication ? Vous n'attribuez pas la croissance du Front national à des raisons socio-historiques qui se suffisent à elles-mêmes pour expliquer ces phénomènes, comme naguère en

Allemagne, en Italie – le chômage, l'insécurité urbaine, l'immigration sauvage ?

Jacques Chirac : Non. Je tiens pour assuré que M. Mitterrand a voulu cette croissance pour nous prendre à revers sur notre droite. Il me disait lui-même : « Si vous diabolisez, vous grossissez... » Il a ainsi façonné le Front national de ses mains. Je le lui ai d'ailleurs expressément reproché...

Jean Lacouture : Lui attribuez-vous un rôle dans la stérilisation du communisme en France ?

Jacques Chirac : Oui. Mais le phénomène était tellement général... Disons qu'il a accéléré les choses...

Jean Lacouture : Admettez-vous que l'on trouve entre vous et lui des valeurs communes, sur la base d'une France rurale, radicale, tricolore ?

Jacques Chirac : L'attachement au monde rural nous est commun – les arbres, les champs, les marchés... Mais nos liens sont différents. Chez moi, ils sont au premier degré. Chez lui, au deuxième... Il intellectualisait tout. Nous parlions de cela, mais nous nous comprenions peu. A vrai dire, il avait de la France une conception idéologique teintée de cynisme. Il aimait la France par le cerveau, pas par les tripes. Il n'admettait pas qu'elle soit abaissée, mais il l'enfermait dans des perspectives archaïques... Au fond, il eût laissé vieillir la France comme un paysage qu'il aimait. Ce n'était pas un visionnaire, si intelligent qu'il fût...

Jean Lacouture : Vous est-il arrivé, dans une conférence internationale, d'être flatté en tant que Français par l'ascendant intellectuel qu'il exerçait ?

Jacques Chirac : Peut-être... Mais j'étais souvent agacé aussi par la longueur de ses exposés, brillants mais à côté du sujet. Je bouillais en me disant : « Quand en viendra-t-on aux vrais problèmes, les échanges, l'industrie ?... » Et je me disais que c'était moi qui allais « ramer » à propos des pommes, ou du commerce avec le Japon !

Jean Lacouture : Mais vous avez eu, en voyage notamment, des tête-à-tête détendus ?

Jacques Chirac : Pas vraiment. Nous pouvions parler cordialement, mais nous n'étions jamais sur la même longueur d'onde. Et puis, s'il connaissait bien la France, il ne connaissait pas le monde.

Jean Lacouture : L'Afrique, tout de même...

Jacques Chirac : Très superficiellement. Moi, je la connais, et c'est pour cela que je peux vous parler ainsi.

Jean Lacouture : Mais il a bien connu Houphouët et la RDA, dont il a été en quelque sorte le parrain…

Jacques Chirac : Ah ! parlons-en. Moi qui n'ai depuis trente ans pas pris une décision importante de ma vie sans aller consulter Houphouët à Yamoussoukro, je peux vous dire que lui, comme les autres dirigeants africains, se méfiait de Mitterrand, et me disait de me méfier de lui !

Jean Lacouture : Le jour de la mort de François Mitterrand, vous lui avez rendu un hommage émouvant et qui a paru laudateur. Si vous aviez à écrire aujourd'hui sur lui, reprendriez-vous ce texte, en feriez-vous le schéma de votre article, de votre discours ?

Jacques Chirac [silence…] : Oui… Enfin, je reprendrais ce texte, en supprimant un mot – celui d'exemple –, qui ne me semble pas tout à fait approprié… Je garde du respect pour l'homme d'État, pour l'artiste de la politique, pour son talent d'expression. Je ne renie donc pas mon texte du 6 janvier 1996 ; j'ai toujours tenu à ce que ses volontés fussent respectées, allant au-delà pour la Bibliothèque de France. Non, je n'ai décidément qu'à retirer ce mot d'exemple…

[En fait, le mot n'apparaît pas dans le texte du président. Mais l'idée y est bien, et c'est d'elle que le successeur de François Mitterrand souhaite visiblement faire l'économie.] J. L.

Entretien avec Lionel Jospin

15 avril 1998

A ma demande, en vue de ce livre, et sur le thème de ses relations avec François Mitterrand, Lionel Jospin m'a reçu le 15 avril 1998, de 18 à 20 heures, à l'hôtel Matignon – l'un des rares palais nationaux où le défunt président n'est jamais venu qu'en visiteur –, dans son bureau, où l'on a une très belle vue sur le jardin.

Le Premier ministre, qui vient de recevoir Martine Aubry à propos des « 35 heures » et s'apprête à passer la soirée au théâtre (à l'Odéon, où l'on joue Marivaux) avec son épouse Sylviane, a l'air frais et dispos, et visiblement décidé à prendre son temps pour parler posément d'un sujet qui lui tient à cœur. Un coup d'œil sur le plan d'entretien que j'ai préparé à son intention, et le dialogue s'amorce.

Jean Lacouture : Comment définir le rôle qu'a joué François Mitterrand dans votre vie publique avant 1981 ? Celui d'un « éveilleur », d'un « sourcier », d'un « mentor », d'un « patron » ?

Lionel Jospin : « Éveilleur » et « sourcier », non. Quand je l'ai rencontré et suis entré dans son équipe, après le congrès d'Épinay, j'avais 34 ans. J'avais milité depuis longtemps à gauche, au sein de l'UNEF, contre la guerre d'Algérie et la colonisation. J'avais suivi de près et admiré sa campagne de 1965. J'étais politiquement « éveillé », et c'est très consciemment que j'ai adhéré au parti qu'il venait de fonder et l'ai rejoint lui, à la fois pour des raisons positives – les idées qu'il défendait, la dynamique unitaire qu'il incarnait, l'ambition de conquête réelle du pouvoir qu'il proposait – et pour des raisons négatives – me sentant fort loin de la SFIO, différent du PSU et de Rocard, d'une part, du CERES et de Chevènement de l'autre, quelle que fût – et demeure – mon estime pour les deux hommes.

Ce que nous proposait alors François Mitterrand, c'était à la fois une belle aventure collective et pour chacun d'entre nous un accomplissement personnel. Avec lui, on se sentait à la fois un et beaucoup. C'est pourquoi, parmi vos définitions possibles, je choisirai celle du « mentor » – celui qui nous montrait que la politique est à la fois une volonté, un art, une culture et pourquoi pas un savoir-faire ?

Jean Lacouture : Savez-vous pourquoi il vous a choisi pour une promotion si rapide, vous qui êtes si différent de lui, qui n'entriez pas vraiment dans son jeu, qui avez la « nuque raide » ?

Lionel Jospin : Peut-être qu'il ne s'agissait pas d'un jeu. En 1971, François Mitterrand a compris que le temps était passé des cercles, des petits groupes, qu'il lui fallait un grand parti, bien structuré, et il a fait appel à quelqu'un qui, par le syndicalisme et le militantisme, avait une expérience en ce domaine. Et quelqu'un d'une autre génération, parce qu'il voyait à long terme... Mais j'étais loin d'être le seul. C'est une génération qu'il a ramenée à l'action politique. La sélection s'est faite après...

Jean Lacouture : Votre socialisme, très affirmé dès avant les années 70, ne s'inquiète-t-il pas de son éclectisme, de sa « disponibilité », de ce que ce républicain, certes ancré à gauche, n'est peut-être entré en socialisme qu'en fonction d'une situation ou d'un objectif ?

Lionel Jospin : Non. On a dit qu'il « parlait socialiste » plus qu'il ne l'était. Alors, il le parlait bien ! Avec l'expérience que j'avais de lui à l'époque et les comparaisons que je pouvais faire avec d'autres, je peux vous dire que travailler avec lui, c'était travailler avec un socialiste, avec un homme qui avait pris un vrai risque politique, qui avait « payé » pour être le leader de la gauche.

Non seulement son discours le marquait, mais aussi ses options fondamentales. Les nationalisations, l'Union de la gauche, la solidarité, la recherche de la paix dans toutes les zones de tension, l'aide au tiers monde – oui, il s'était immergé, fondu dans la vision socialiste de la société et du monde.

Ajoutez à cela que la présence à nos côtés de Rocard et de son discours « moderniste » et économiquement plus modéré contribuait à radicaliser Mitterrand, à le gauchir. Quand on parle de lui, il faut penser à son extraordinaire capacité d'absorption des idées et de compréhension des situations. Mimétisme ? Ça va beaucoup plus loin...

On dépeint toujours François Mitterrand comme un stratège avant tout. Peut-être. C'est par là qu'il dominait. Mais ce stratège s'était constitué un bagage, et je crois pouvoir vous dire que ce bagage était socialiste... dans les termes des années 70.

Jean Lacouture : Les « 110 propositions » qui constituaient le programme socialiste en 1981, les jugez-vous, rétrospectivement, pertinentes ?

Lionel Jospin [un léger temps d'hésitation] : En gros, oui. Elles répondaient à une attente. La plupart ont été mises en œuvre. Elles n'étaient donc pas si utopiques. Bien sûr, je ne les reprendrais pas toutes, et nous avons fait bien des erreurs, et dans les projets, et dans l'application. Mais pour en être l'un des auteurs (Pierre Bérégovoy fut le principal rédacteur, mais ce fut un travail collectif), je ne les renie pas.

Jean Lacouture : Lors du grand « virage » de 1983, celui de la « rigueur », vous aviez trouvé la formule qui fait désormais référence, celle de la « parenthèse ». L'avez-vous concoctée en accord avec lui ? Était-ce une formulation tactique, pour couper court sans le dire aux grandes illusions, ou l'expression d'un espoir « quand même » ?

Lionel Jospin : Cette formule était, si je puis dire, de mon cru. François Mitterrand l'a bien reçue, pas conçue. Je ne peux vous dire ce qu'elle signifiait pour lui, le stratège. Pour ce qui est de moi, je reprendrai votre formulation, c'était « l'expression d'un espoir "quand même" »... Non, pour mes camarades et moi, tout n'était pas dit. La seule perspective n'était pas de durer. Nous espérions, les difficultés économiques surmontées, reprendre une démarche plus dynamique.

Cette pause était inévitable si nous voulions éviter la catastrophe, les dévaluations en cascade. Il fallait ce répit. Mais nous voulions croire à un simple répit. Ce qui était chez Jacques Delors de la pédagogie mais aussi une conviction, une leçon de réalisme, était chez nous l'expression d'une acceptation provisoire de l'inévitable. Pas de l'irrémédiable...

Jean Lacouture : Le débat a pris aussi une dimension européenne. Un fort courant, avec Bérégovoy et Chevènement et un temps Fabius, préconisait la sortie du système monétaire européen. Vous êtes resté discret en cette affaire...

Lionel Jospin : Non, dans le débat interne au pouvoir, j'ai clairement pris position contre la sortie, le décrochage, qui me paraissait une aventure, en termes économiques. J'ai moins pesé, en l'affaire, que Mauroy ou Delors, mais je me suis prononcé très nettement pour la fidélité aux structures européennes.

Jean Lacouture : Votre éloignement par rapport à François Mitterrand date-t-il du débat à propos de la direction de la campagne électorale de 1986, entre Laurent Fabius, Premier ministre, et vous, premier secrétaire du parti ? Ou de celui qu'a provoqué votre passage du parti au gouvernement, c'est-à-dire l'ouverture de la succession à la tête du PS ?

Lionel Jospin : Ne personnalisez pas la première affaire pour en faire un face-à-face entre Laurent et moi. Il s'agissait pour moi d'un débat institutionnel mais aussi de principe. Pouvions-nous admettre que le Premier ministre soit le chef de la majorité et celui du parti sans en avoir le titre ? C'était suivre l'exemple de l'ancienne majorité, sous Pompidou notamment. De François Mitterrand j'avais reçu la mission de faire du Parti socialiste une force solidaire mais autonome – le nouveau pouvoir différant de son prédécesseur. L'exigence que je formulais était dans le droit-fil de la pensée mitterrandienne. Ce pour quoi il m'a donné raison, sans condamner pour autant Laurent Fabius, qui était le Premier ministre.

La seconde affaire, la succession à la tête du PS, a pris un tour beaucoup plus personnel. A vrai dire, je n'aurais pas dû m'en mêler. Dès lors que je me retirais, je devais permettre aux forces et aux courants de jouer, et laisser, sans doute comme le souhaitait le président, Laurent Fabius tenter de prendre la direction du PS. J'ai cédé à de nombreuses et pressantes sollicitations, en contradiction avec les souhaits de Mitterrand. D'ailleurs, peut-être les choses se seraient-elles passées de la même manière, sans moi... En tout cas, Laurent et moi en avons tiré les leçons.

Jean Lacouture : On peut donc parler d'« éloignement », dès cette époque, par rapport à François Mitterrand ?

Lionel Jospin : Nous reviendrons sur ce mot. Mais il me faut vous rappeler que, même du temps où j'étais un proche collaborateur, très souvent reçu et écouté, dans un climat d'entente profonde, j'ai manifesté plusieurs fois mon désaccord, quand mes convictions étaient en cause.

D'abord, à propos de la « réintégration » des généraux rebelles d'Algérie, le vieil anticolonialiste que j'étais a réagi durement, de façon moins sonore que Pierre Joxe, mais avec le même souci d'être entendu, comme Claude Estier par exemple. Ensuite, j'ai pris position contre les livraisons d'armes à l'Irak dans sa guerre contre l'Iran. A tort ? A raison ? Le principe sur lequel je me fondais (pas de livraison d'armes à un pays belligérant) reste solide. J'ai également élevé la voix contre la remise de la cinquième chaîne de télévision à Berlusconi... Pour l'entrée de Tapie au gouvernement, le président m'a fait la grâce de m'en écarter simultanément et je peux l'en remercier. Je n'étais pas entré au PS pour ça !

Jean Lacouture : Au cours du second septennat, François Mitterrand est beaucoup plus distant du parti, ayant conscience que, cette fois, son élection n'est pas le fruit d'une victoire commune, mais personnelle...

Lionel Jospin : ... Ce qui n'est pas juste. Le PS avait beaucoup œuvré pour sa campagne de 1988. Et nous avions su faire en sorte, pendant la cohabitation, et par un jeu assez subtil, qu'il se présente dans les meilleures conditions contre son Premier ministre...

Jean Lacouture : Ministre, vous le sentez moins proche de vous que premier secrétaire ?

Lionel Jospin : Physiquement, oui. Je le vois beaucoup moins. Mais pas politiquement. Il a été, dans mes nouvelles fonctions, tout à fait loyal avec moi. Il savait que j'étais peu favorable à l'ouverture au centre. Mais il m'a aidé comme si de rien n'était dans ma tâche à l'Éducation.

Jean Lacouture : A dater du congrès de Rennes de 1990, l'éloignement s'aggrave, jusqu'à la rupture ?

Lionel Jospin : Non ! Vraiment non. Nous nous sommes tous fourvoyés à Rennes, et moi notamment, en entrant dans une bataille qui n'était plus la mienne. Mais c'est collectivement – et François Mitterrand au premier chef – que nous aurions dû éviter cette cassure du courant majoritaire du parti majoritaire... Mais pouvais-je faire autrement que de me mêler de cet imbroglio, compte tenu de mon passé, de mes amis ?... (Et, au fait, si je ne m'en étais pas mêlé, si j'avais pris mes distances avec le parti, serais-je ici, aujourd'hui, face à vous ?)

Mais, pour en revenir à mes relations avec François Mitterrand, il est possible de parler alors de désaccords, excessif de parler d'éloignement, en tout cas faux de parler de rupture...

Jean Lacouture : Mais alors, le droit d'« inventaire » que vous réclamez en 1994 n'a-t-il trait qu'au passé vichyste (que vous connaissiez plus ou moins, non ?) et à l'affaire Bousquet ?

Lionel Jospin : Le passé à Vichy, nous le connaissions un peu, mais nous donnions à la francisque une explication tactique – c'était une couverture pour le travail de Résistance –, ce qui était pour le moins naïf. Dans les années 70, j'ai souvent parlé avec François Mitterrand de sa guerre. Il n'évoquait que sa Résistance, jamais le reste. Et elle était assez impressionnante pour qu'on ne le pousse pas sur le reste...

Quant à Bousquet, là, le rejet immédiat a été très fort. Quelle que soit la période où il l'a connu, il en savait assez long sur cette époque pour se refuser à toute relation personnelle avec cet homme. Oui, Bousquet a dressé une barrière. Mais, là encore, je ne saurais parler de rupture. Non ! On peut critiquer un acte sans rejeter un homme.

Quant à l'inventaire, c'est un droit absolu, l'application de cet esprit de libre examen que j'ai toujours revendiqué, conscient que la liberté survit à la discipline. Lui-même a toujours agi ainsi. Au surplus, et c'est essentiel, cet inventaire est, dans mon esprit, collectif. C'est ce que nous avions fait au pouvoir qui devait être passé au crible, le bien et le mal. Il ne s'agissait pas de faire le bilan d'un homme, mais de soumettre un groupe au feu de la critique. Que la responsabilité soit proportionnelle au pouvoir exercé, c'est vrai. Mais, cette remarque faite, je répète que cet inventaire ne porte pas dans mon esprit sur un homme, mais sur une collectivité humaine, dont je suis ! De tout cela, je n'ai gardé aucune amertume. J'ai aimé ce que j'ai partagé ; ce que je n'aimais pas, je l'ai dit.

C'est pourquoi, s'il faut un mot de la fin, si je veux résumer en un seul mot le souvenir que je garde de cet homme et de cette époque, ce sera celui de « gratitude »...

Notes

Chapitre I. Souverain du Front populaire

1. Charles de Gaulle, *Mémoires d'espoir*, Plon, 1970, p. 36.
2. Entretien avec l'auteur, 29 septembre 1995.
3. Entretien avec l'auteur, septembre 1995.
4. Serge July, *Les Années Mitterrand*, Grasset, 1986, p. 43.
5. Jacques Attali, *Verbatim I*, Fayard, 1993, p. 182-183.
6. Entretien de plusieurs proches avec l'auteur, 1996.
7. Régis Debray, *Loués soient nos seigneurs*, Gallimard, 1996, p. 283.
8. Entretien avec l'auteur, 1996.
9. Entretien avec l'auteur, juillet 1997.
10. Jacques Attali, *Verbatim I*, *op. cit.*, p. 41.
11. Entretien avec l'auteur, octobre 1995.
12. Jean Daniel, *Le Nouvel Observateur*, 29 juin 1981.
13. Entretien avec l'auteur, juin 1981.
14. Entretien avec l'auteur, octobre 1995.
15. Robert Badinter, *L'Exécution*, Grasset, 1979.
16. Pierre Favier et Michel Martin-Roland, *La Décennie Mitterrand*, t. 1 : *Les Ruptures (l981-1984)*, Le Seuil, 1990, p. 182.
17. *Ibid.*, p. 126 (recoupé par un récit fait à l'auteur).
18. *Ibid.*, p. 132.
19. *Ibid.*, p. 128-130.
20. Entretien avec l'auteur, 1997.
21. Entretien avec l'auteur, 1997.
22. Entretien avec l'auteur, 1997.
23. Jacques Attali, *Verbatim I*, *op. cit.*, p. 52.
24. *Ibid.*, p. 116.
25. *Ibid.*, p. 124.
26. *Ibid.*, p. 104.
27. Pierre Favier et Michel Martin-Roland, *La Décennie Mitterrand*, t. 1 : *Les Ruptures*, *op. cit.*, p. 96.
28. *Ibid.*, p. 323.
29. Témoignages de plusieurs ministres ; et Jacques Attali, *Verbatim I*, *op. cit.*, p. 145.

Chapitre II. Le socialisme ou l'Europe

1. Jacques Attali, *Verbatim I*, *op. cit.*, p. 238.
2. Philippe Bauchard, *La Guerre des Deux Roses*, Grasset, 1986, p. 106.
3. *Intervention*, n° 1.
4. Laurent Fabius, *Les Blessures de la vérité*, Flammarion, 1995, p. 73.
5. Pierre Favier et Michel Martin-Roland, *La Décennie Mitterrand*, t. 1 : *Les Ruptures*, *op. cit.*, p. 423.
6. Jacques Attali, *Verbatim I*, *op. cit.*, p. 251.
7. *Ibid.*, p. 252.
8. *Ibid.*, p. 322.
9. *Ibid.*, p. 399.
10. Entretien avec l'auteur, 1997.
11. Entretien avec l'auteur, 1997.
12. *Libération*, 14 mars 1983.
13. Pierre Favier et Michel Martin-Roland, *La Décennie Mitterrand*, t. 1 : *Les Ruptures*, *op. cit.*, p. 466-468.
14. Entretien avec l'auteur, février 1998.
15. Entretien de Jacques Delors avec l'auteur, 1998.
16. Charles Salzmann, *Le Bruit de la main gauche*, Robert Laffont, 1996, p. 101.
17. Jacques Attali, *Verbatim I*, *op. cit.*, p. 413.
18. Entretien de Serge July avec l'auteur, 1997.
19. Entretien de Claude Cheysson avec l'auteur, 1997.
20. Entretien de Jacques Delors avec l'auteur, mars 1998.
21. Pierre Favier et Michel Martin-Roland, *La Décennie Mitterrand*, t. 1 : *Les Ruptures*, *op. cit.*, p. 485.

Chapitre III. Rendez-vous à Verdun

1. François Mitterrand, *De l'Allemagne, de la France,* Odile Jacob, 1996, p. 25.
2. Stanley Hoffmann, *Essais sur la France*, Le Seuil, 1974.
3. Entretien avec l'auteur, 1997.
4. Entretien avec l'auteur, février 1997.
5. Jacques Attali, *Verbatim I*, *op. cit.*, p. 102-113.
6. François Mitterrand, *De l'Allemagne, de la France*, *op. cit.*, p. 169.
7. *Ibid.*
8. Jacques Attali, *Verbatim I*, *op. cit.*, p. 202.
9. Entretien avec l'auteur, 1997.
10. Jacques Attali, *Verbatim I*, *op. cit.*, p. 102-103.
11. *Ibid.*
12. Entretien avec l'auteur, octobre 1997.
13. François Mitterrand, *De l'Allemagne, de la France*, *op. cit.*, p. 234.
14. Hubert Védrine, *Les Mondes de François Mitterrand*, *op. cit.*, p. 235.
15. Entretien avec l'auteur, février 1998.
16. Entretien avec l'auteur, novembre 1995.

17. Jacques Attali, *Verbatim I*, *op. cit.*, p. 461.
18. Hubert Védrine, *Les Mondes de François Mitterrand*, *op. cit.*, p. 295.
19. Entretien avec l'auteur, mars 1998.
20. Hubert Védrine, *Les Mondes de François Mitterrand*, *op. cit.*, p. 297.
21. *Ibid.*
22. *Ibid.*, p. 298.

Chapitre IV. Les alliés de la guerre

1. François Mitterrand, *Réflexions sur la politique extérieure de la France*, Fayard, 1986, p. 7.
2. *Ibid.*, p. 9.
3. Hubert Védrine, *Les Mondes de François Mitterrand*, *op. cit.*, p. 726-727.
4. Claude Manceron, *Les Hommes de la liberté*, Robert Laffont, 1972.
5. Jacques Attali, *Verbatim I*, *op. cit.*, p. 77.
6. Hubert Védrine, *Les Mondes de François Mitterrand*, *op. cit.*, p. 217.
7. Alexander Haig, *L'Amérique n'est pas une île*, Plon, 1985.
8. Hubert Védrine, *Les Mondes de François Mitterrand*, *op. cit.*, p. 217.
9. Jacques Attali, *Verbatim I*, *op. cit.*, p. 370-371.
10. *Ibid.*, p. 388.
11. *Ibid.*, p. 455-457.
12. *Ibid.*, p. 416-417.
13. Hubert Védrine, *Les Mondes de François Mitterrand*, *op. cit.*, p. 356.
14. *Ibid.*, p. 363.
15. *Ibid.*, p. 250.
16. Jacques Attali, *Verbatim I*, *op. cit.*, p. 608.
17. François Mitterrand, *Réflexions sur la politique extérieure de la France*, *op. cit.*, p. 54-59.
18. Hubert Védrine, *Les Mondes de François Mitterrand*, *op. cit.*, p. 350.
19. Jacques Attali, *Verbatim I*, *op. cit.*, p. 806-807.
20. *Ibid.*, p. 711.
21. *Ibid.*
22. Entretien avec l'auteur, octobre 1997.
23. Entretien avec l'auteur, octobre 1997.
24. Entretien avec l'auteur, octobre 1997.
25. Entretien avec l'auteur, octobre 1997.
26. Jacques Attali, *Verbatim I*, *op. cit.*, p. 656.
27. Rapporté à l'auteur par un témoin qui fut son interprète pendant le voyage, Jean Laloy.
28. Jacques Attali, *Verbatim I*, *op. cit.*, p. 781.
29. Entretien avec l'auteur, 1986.
30. Entretien avec l'auteur, 1986.
31. Hubert Védrine, *Les Mondes de François Mitterrand*, *op. cit.*, p. 378.
32. François Mitterrand, *Réflexions sur la politique extérieure de la France*, *op. cit.*, p. 44-45.

33. Bernard Guetta, *Éloge de la tortue*, Le Monde éditions, 1991.
34. Hubert Védrine, *Les Mondes de François Mitterrand*, *op. cit.*, p. 510.
35. *Ibid.*, p. 511.
36. *Ibid.*, p. 516.
37. Entretien avec l'auteur, avril 1998.

Chapitre V. La Bible et les Philistins

1. Entretien avec l'auteur, octobre 1997.
2. Hubert Védrine, *Les Mondes de François Mitterrand*, *op. cit.*, p. 308.
3. Propos reconstitués d'après les souvenirs de trois ministres. Jacques Attali, *Verbatim I*, *op. cit.*, p. 174-175.
4. *L'Arche*, 24 février 1982.
5. Jacques Attali, *Verbatim I*, *op. cit.*, p. 178.
6. *Ibid.*, p. 180.
7. *Ibid.*, p. 182.
8. Entretien de Claude Cheysson avec l'auteur.
9. Jacques Attali, *Verbatim I*, *op. cit.*, p. 245-246.
10. *Ibid.*, p. 253.
11. Hubert Védrine, *Les Mondes de François Mitterrand*, *op. cit.*, p. 313.
12. Entretien avec l'auteur, 1997.
13. Jacques Attali, *Verbatim I*, *op. cit.*, p. 264.
14. Hubert Védrine, *Les Mondes de François Mitterrand*, *op. cit.*, p. 318.
15. Entretien avec l'auteur.
16. Hubert Védrine, *Les Mondes de François Mitterrand*, *op. cit.*, p. 320.
17. Entretien avec l'auteur, 1997.
18. François Mitterrand, *Réflexions sur la politique extérieure de la France*, *op. cit.*, p. 108.
19. Cité par Roland Dumas, *Le Fil et la Pelote*, Plon, 1996, p. 303.
20. Entretien de Jean Musitelli avec l'auteur, 1998.
21. Roland Dumas, *Le Fil et la Pelote*, *op. cit.*, p. 306.

Chapitre VI. « Lui, c'est lui, moi, c'est moi ! »

1. *Le Monde*, 28 décembre 1982.
2. Entretien avec l'auteur, 1997.
3. Alain Savary, *En toute liberté*, Hachette, 1985, p. 143.
4. Pierre Favier et Michel Martin-Roland, *La Décennie Mitterrand*, t. 2 : *Les Épreuves (1984-1988)*, Le Seuil, 1991, p. 113-114.
5. Laurent Fabius, *Les Blessures de la vérité*, *op. cit.*, p. 98.
6. Jacques Attali, *Verbatim I*, *op. cit.*, p. 662.
7. Pierre Favier et Michel Martin-Roland, *La Décennie Mitterrand*, t. 2 : *Les Épreuves*, *op. cit.*, p. 162.
8. Alain Savary, *En toute liberté*, *op. cit.*, p. 180.
9. Laurent Fabius, *Les Blessures de la vérité*, *op. cit.*, p. 109.
10. Jacques Attali, *Verbatim I*, *op. cit.*, p. 670.

11. Laurent Fabius, *Les Blessures de la vérité*, *op. cit.*, p. 107.
12. Entretien avec l'auteur, 1984.
13. Entretien avec l'auteur, 1997.
14. Entretien avec l'auteur, 1997.
15. Entretien avec l'auteur, 1997.
16. Entretien avec l'auteur.
17. Laurent Fabius, *Les Blessures de la vérité*, *op. cit.*, p. 108.
18. Jacques Attali, *Verbatim I*, *op. cit.*, p. 692.
19. Laurent Fabius, *Les Blessures de la vérité*, *op. cit.*, p. 108.
20. *Ibid.*, p. 106.
21. Jacques Attali, *Verbatim I*, *op. cit.*, p. 686.
22. Entretien avec l'auteur, 1997.
23. Laurent Fabius, *Les Blessures de la vérité*, *op. cit.*, p. 193.
24. Jacques Attali, *Verbatim I*, *op. cit.*, p. 763.
25. *Ibid.*, p. 834-835.
26. Entretien de l'auteur avec Roland Dumas, 1997.
27. Entretien de l'auteur avec Roland Dumas, 1997.
28. Pierre Favier et Michel Martin-Roland, *La Décennie Mitterrand,* t. 2 : *Les Épreuves*, *op. cit.*, p. 350.
29. Laurent Fabius, *Les Blessures de la vérité*, *op. cit.*, p. 117.
30. *Ibid.*, p. 118-119.
31. Pierre Favier et Michel Martin-Roland, *La Décennie Mitterrand,* t. 2 : *Les Épreuves*, *op. cit.*, p. 334-335.
32. Pierre Lacoste, *Un amiral au secret*, Flammarion, 1997, p. 146-161.
33. Laurent Fabius, *Les Blessures de la vérité*, *op. cit.*, p. 122.
34. Jacques Attali, *Verbatim I*, *op. cit.*, p. 871.
35. *Ibid.*, p. 887.
36. Entretien avec l'auteur, 1997.
37. Cité *in* Jacques Attali, *Verbatim I*, *op. cit.*, p. 838.
38. Entretien avec l'auteur, 1997.
39. Entretien avec l'auteur, 1985.
40. Entretien avec l'auteur, 1997.
41. Jacques Attali, *Verbatim I*, *op. cit.*, p. 934.
42. Id., *Verbatim II*, Fayard, 1995, p. 16.

Chapitre VII. Les délices poivrées de la coexistence

1. Cité *in* Pierre Favier et Michel Martin-Roland, *La Décennie Mitterrand*, t. 2 : *Les Épreuves*, *op. cit.*, p. 476.
2. Entretien avec l'auteur, février 1998.
3. Ces textes reflètent divers témoignages, dont celui de Jacques Attali (*Verbatim II*, *op. cit.*, p. 23).
4. Jacques Attali, *Verbatim II*, *op. cit.*, p. 121.
5. *Ibid.*, p. 123.
6. *Le Monde*, 26 juillet 1986.
7. Jacques Attali, *Verbatim II*, *op. cit.*, p. 220.

8. *Ibid.*, p. 63.
9. *Valeurs actuelles*, 10 mai 1986.

Chapitre VIII. Sept ans encore ?

1. Entretien avec l'auteur, 1995.
2. *Le Monde*, 20 mai 1986.
3. Pierre Favier et Michel Martin-Roland, *La Décennie Mitterrand*, t. 2 : *Les Épreuves*, *op. cit.*, p. 693.
4. Entretien avec l'auteur, février 1998.
5. Entretien avec l'auteur, décembre 1997.
6. Entretien avec l'auteur, février 1998.
7. Pierre Favier et Michel Martin-Roland, *La Décennie Mitterrand*, t. 2 · *Les Épreuves*, *op. cit.*, p. 704.
8. *Ibid.*, p. 873.
9. Entretien avec l'auteur, 1997.
10. *Libération*, 1er mai 1988.
11. Jacques Attali, *Verbatim II*, *op. cit.*, p. 500.
12. *Ibid.*, p. 501.
13. Edgard Pisani, *Persiste et Signe*, Odile Jacob, 1992, p. 368.
14. Jacques Attali, *Verbatim II*, *op. cit.*, p. 501.
15. Pierre Favier et Michel Martin-Roland, *La Décennie Mitterrand*, t. 2 : *Les Épreuves*, *op. cit.*, p. 749.
16. Jacques Attali, *Verbatim II*, *op. cit.*, p. 504.
17. *Le Nouvel Observateur*, 29 avril 1986.

Chapitre IX. Le tour de Rocard…

1. Janvier 1993.
2. Entretien avec l'auteur, 1997.
3. Entretien avec l'auteur, 1997.
4. Jean-Paul Huchon, *Jours tranquilles à Matignon*, Grasset, 1993, p. 36.
5. D'après les récits de Michel Rocard, Jean-Louis Bianco et Robert Schneider.
6. *Le Nouvel Observateur*, 12 mai 1988.
7. Jacques Attali, *Verbatim III*, *op. cit.*, p. 16.
8. Entretien avec l'auteur, 1997.
9. Jean-Paul Huchon, *Jours tranquilles à Matignon*, *op. cit.*, p. 139.
10. *Ibid.*, p. 117.
11. *Ibid.*, p. 119.
12. Entretien avec l'auteur, mars 1997.
13. Jean-Paul Huchon, *Jours tranquilles à Matignon*, *op. cit.*, p. 94.
14. Jacques Attali, *Verbatim III*, *op. cit.*, p. 59.
15. Entretien avec l'auteur, février 1998.
16. Assemblée nationale, 29 juin 1988.
17. Jacques Attali, *Verbatim III*, *op. cit.*, p. 155-187.
18. *Ibid.*, p. 173-187.

19 *Ibid.*, p. 175.
20. Jean-Paul Huchon, *Jours tranquilles à Matignon*, *op. cit.*, p. 138.
21. Jacques Attali, *Verbatim III*, *op. cit.*, p. 235.
22. Entretien avec l'auteur, février 1998.
23. Robert Schneider, *La Haine tranquille*, Le Seuil, 1992, p. 257.
24. Entretien avec l'auteur, novembre 1997.
25. Stephen Kaplan, *Adieu, 89*, Fayard, 1993, p. 133.
26. *Ibid.*, p. 134.
27. Pierre Favier et Michel Martin-Roland, *La Décennie Mitterrand*, t. 3 : *Les Défis (1988-1991)*, Le Seuil, 1996, p. 312.
28. Entretien avec l'auteur, février 1998.
29. Entretien avec l'auteur, mars 1998.
30. Robert Schneider, *La Haine tranquille*, *op. cit.*, p. 205.
31. Jacques Attali, *Verbatim III*, *op. cit.*, p. 447.
32. Jean-Paul Huchon, *Jours tranquilles à Matignon*, *op. cit.*, p. 216.

Chapitre x. Une guerre pour du sable ?

1. L. Freedman et E. Karsh, *The Gulf Conflict*, Princeton, Princeton University Press, 1993, p. 224.
2. Jacques Attali, *Verbatim III*, *op. cit.*, p. 547.
3. *Ibid.*, p. 557-560.
4. *Ibid.*, p. 561.
5. *Ibid.*, p. 568.
6. *Ibid.*, p. 569.
7. *Ibid.*, p. 564.
8. Norman Schwarzkopf, *Mémoires*, Plon, 1992.
9. James A. Baker, III, *The Politics of Diplomacy*, New York, Putnam's Sons, 1995, p. 252.
10. Jacques Attali, *Verbatim III*, *op. cit.*, p. 561.
11. *Ibid.*, p. 590.
12. *Ibid.*, p. 591.
13. *Ibid.*, p. 591-592.
14. *Ibid.*, p. 593-594.
15. Josette Alia et Christine Clerc, *La Guerre de Mitterrand. La dernière grande illusion*, Olivier Orban, 1991, p. 115.
16. *Ibid.*, p. 110.
17. Edgard Pisani, *Persiste et Signe*, Odile Jacob, 1992, p. 393.
18. Jacques Attali, *Verbatim III*, *op. cit.*, p. 620-622.
19. Josette Alia et Christine Clerc, *La Guerre de Mitterrand*, *op. cit.*, p. 162.
20. Entretien avec l'auteur, février 1998.
21. Josette Alia et Christine Clerc, *La Guerre de Mitterrand*, *op. cit.*, p. 203.
22. *Ibid.*
23. Jacques Attali, *Verbatim III*, *op. cit.*, p. 677-678.
24. *Ibid.*, p. 662.

Chapitre XI. Au-delà du Mur, encore plus d'Europe

1. Raymond Aron, *Mémoires*, Julliard, 1983, p. 750.
2. Pierre Maillard, *De Gaulle et l'Allemagne*, Plon, 1990, p. 248.
3. Pierre Favier et Michel Martin-Roland, *La Décennie Mitterrand*, t. 3 : *Les Défis*, *op. cit.*, p. 171.
4. *Ibid.*
5. Jacques Attali, *Verbatim I*, *op. cit.*, p. 107.
6. *Esprit*, mai 1996, p. 40.
7. *Le Nouvel Observateur*, 27 juillet 1989.
8. Jacques Attali, *Verbatim III*, *op. cit.*, p. 289.
9. *Ibid.*, p. 331.
10. *Le Monde*, 5 novembre 1989.
11. Version établie d'après *Le Monde*, la documentation du PS et le livre de François Mitterrand, *De l'Allemagne, de la France*, *op. cit.*
12. *Le Monde*, 5 novembre 1989.
13. Entretien avec l'auteur, février 1998.
14. Jacques Attali, *Verbatim III*, *op. cit.*, p. 337.
15. Jean-Pierre Chevènement, *Une certaine idée de la République*, Paris, Albin Michel, 1992, p. 149.
16. Jacques Attali, *Verbatim III*, *op. cit.*, p. 350.
17. François Mitterrand, *De l'Allemagne, de la France*, *op. cit.*, p. 99.
18. *Ibid.*, p. 63.
19. Jacques Attali, *Verbatim III*, *op. cit.*, p. 371.
20. Pierre Favier et Michel Martin-Roland, *La Décennie Mitterrand*, t. 3 : *Les Défis*, *op. cit.*, p. 209.
21. Jacques Attali, *Verbatim III*, *op. cit.*, p. 377.
22. Entretien avec l'auteur, 1998.
23. Entretien avec l'auteur, janvier 1998.
24. Hubert Védrine, *Les Mondes de François Mitterrand*, *op. cit.*, p. 448-449.
25. D'après *Verbatim III* (le texte émane du conseiller diplomatique Loïc Hennekine, qui en fut témoin), p. 389-390.
26. Pierre Favier et Michel Martin-Roland, *La Décennie Mitterrand*, t. 3 : *Les Défis*, *op. cit.*, p. 229.
27. Jacques Attali, *Verbatim III*, *op. cit.*, p. 422-429.
28. *Ibid.*, p. 429.
29. François Mitterrand, *De l'Allemagne, de la France*, *op. cit.*, p. 135.
30. Hubert Védrine, *Les Mondes de François Mitterrand*, *op. cit.*, p. 445.
31. *Ibid.*, p. 445.
32. Entretien avec l'auteur, novembre 1997.
33. Entretien avec l'auteur, avril 1998.
34. Entretien avec l'auteur, mars 1998.
35. Hubert Védrine, *Les Mondes de François Mitterrand*, *op. cit.*, p. 462.
36. *Ibid.*, p. 470.
37. Entretien avec l'auteur, mars 1998.

38. Hubert Védrine, *Les Mondes de François Mitterrand*, *op. cit.*, p. 554.
39. Témoignages de plusieurs ministres.
40. Entretien avec l'auteur, 1998.
41. Entretien avec l'auteur, 1998.
42. Entretien avec l'auteur, avril 1998.
43. Récits de plusieurs ministres.

Chapitre XII. Six heures à Sarajevo...

1. Entretien avec l'auteur, septembre 1995.
2. Jacques Attali, *Verbatim III*, *op. cit.*, p. 401.
3. Laure Adler, *L'Année des adieux*, J'ai lu, 1995, p. 77.
4. Roland Dumas, *Le Fil et la Pelote*, *op. cit.*, p. 353.
5. *Ibid.*, p. 353.
6. *Ibid.*
7. Entretien avec l'auteur, février 1998.
8. Roland Dumas, *Le Fil et la Pelote*, *op. cit.*, p. 354.
9. Déclaration du général Morillon au séminaire Védrine, 1996.
10. Hubert Védrine, *Les Mondes de François Mitterrand*, *op. cit.*, p. 616-617.
11. *Ibid.*
12. Roland Dumas, *Le Fil et la Pelote*, *op. cit.*, p. 359.
13. Hubert Védrine, *Les Mondes de François Mitterrand*, *op. cit.*, p. 645.
14. *Ibid.*, p. 654-655.
15. *Ibid.*, p. 655.
16. *Ibid.*, p. 638.

Chapitre XIII. Sang d'Afrique

1. Service de presse de l'Élysée.
2. *In* Philippe Marchesin (éd.), *Mitterrand et l'Afrique*, Karthala, 1995.
3. *Ibid.*, p. 12.
4. *Ibid.*, p. 13.
5. Entretien avec l'auteur, mars 1998.
6. Jean-Pierre Cot, *A l'épreuve du pouvoir*, Le Seuil, 1984, p. 139-140.
7. Jacques Attali, *Verbatim I*, *op. cit.*, p. 705-706.
8. Claude Wauthier, *Quatre Présidents et l'Afrique*, Le Seuil, 1995, p. 511.
9. Colloque du CERI, mai 1997.
10. Jacques Attali, *Verbatim III*, *op. cit.*, p. 472.
11. *Ibid.*
12. *Ibid.*, p. 473.
13. *Ibid.*, p. 473-474.
14. *Ibid.*, p. 504-505.
15. D'après les notes de Jean-Louis Bianco, reprises avec de légères différences par Jacques Attali.
16. Claude Wauthier, *Quatre Présidents et l'Afrique*, *op. cit.*, p. 561.

17. Exposé au colloque du CERI, mai 1997, p. 14.
18. J.-R. Heilbrünn et C.-M. Toulabor, *in* Philippe Marchesin (éd.), *Mitterrand et l'Afrique*, *op. cit.*, p. 93.
19. Jacques Attali, *Verbatim III*, *op. cit.*, p. 609.
20. Colloque du CERI, mai 1997, p. 20.
21. Entretien avec l'auteur, mars 1998.
22. *Libération*, 10 juillet 1994.
23. *François Mitterrand et la Francophonie*, colloque de Dakar, février 1998.

Chapitre XIV. Dix ans, ça suffit !

1. Entretien avec l'auteur, mars 1998.
2. Entretien avec l'auteur, mars 1998.
3. Élisabeth Schemla, *Édith Cresson. La femme piégée*, Flammarion, 1993.
4. *Le Monde*, 11 juillet 1991.
5. Entretien avec l'auteur, mars 1998.
6. *Le Matin*, 1er août 1985.
7. Entretiens avec l'auteur, septembre 1997 et mars 1998.
8. *Le Monde*, 13 mars 1985.
9. Pierre Joxe, *A propos de la France*, Flammarion, 1998, p. 208-213.
10. Élisabeth Schemla, *Édith Cresson. La femme piégée*, *op. cit.*, p. 297.
11. *Ibid.*, p. 231.
12. *Ibid.*, p. 318.
13. *Ibid.*
14. Entretien avec l'auteur, avril 1998.
15. Source proche du président, non communicable.
16. Entretien avec l'auteur, février 1998.
17. Entretien avec l'auteur, avril 1998. Voir aussi Marie de Hennezel, *La Mort intime*, Robert Laffont, 1995, préface de François Mitterrand.
18. *Le Nouvel Observateur*, 24 mars 1993.
19. Entretien avec l'auteur, octobre 1995.
20. Hubert Védrine, *Les Mondes de François Mitterrand*, *op. cit.*, p. 70-77.

Chapitre XV. Avalanche, veux-tu m'emporter dans ta chute ?

1. D'après les récits de plusieurs ministres.
2. Entretien avec l'auteur, février 1998.
3. Entretien avec l'auteur, février 1998.
4. *Le Monde*, 3 mai 1993.
5. Cité par Franz-Olivier Giesbert, *Le Président, op. cit.*, p. 665.
6. Laure Adler, *L'Année des adieux*, *op. cit.*, p. 122.
7. Pierre Péan, *Une jeunesse française*, Fayard, 1994.
8. Entretien avec l'auteur, septembre 1997.
9. Entretiens avec l'auteur, 1997-1998.
10. Laure Adler, *L'Année des adieux*, *op. cit.*, p. 238.

11. Entretien avec l'auteur, avril 1998.
12. Entretien avec l'auteur, février 1998.
13. Entretien de Danielle Mitterrand avec l'auteur, mars 1998.
14. Françoise Chandernagor, *L'Allée du roi*, Julliard, 1995.
15. Entretien avec l'auteur, mars 1998.
16. François Mitterrand, *Les Forces de l'esprit*, Fayard, 1998, p. 122.

Chapitre XVI. Deux cent trente-six jours

1. François Mitterrand, *Les Forces de l'esprit*, *op. cit.*, p. 145-146.
2. Entretien avec l'auteur, octobre 1995.
3. Entretien d'Edmonde Charles-Roux avec l'auteur, 1998.
4. Erik Orsenna, *Grand Amour*, Le Seuil, 1993, p. 147-148.
5. François Mitterrand et Élie Wiesel, *Mémoire à deux voix*, Odile Jacob, 1995, p. 205-206.
6. Jean-Yves Boulic, *Le Bonheur, la vie, la mort, Dieu*, Cerf, 1981, p. 28.
7. Henri Michaux, *Face à ce qui se dérobe*, Gallimard, 1976, p. 43.
8. Élie Wiesel, ... *Et la mer n'est pas remplie*, Le Seuil, 1996, p. 456.
9. *Ibid.*, p. 110-111.
10. François Mitterrand, *Les Forces de l'esprit*, *op. cit.*, p. 154.
11. Entretien avec l'auteur, 1998.
12. Christophe Barbier, *Les Derniers Jours de François Mitterrand*, Grasset, 1998, p. 357.

Chronologie

1981-1996

1981

21 mai	François Mitterrand entre en fonctions à l'Élysée.
22 mai	Nommé Premier ministre, Pierre Mauroy tente d'enrayer la chute du franc. Mais le président s'oppose à la dévaluation. Il prononce la dissolution de l'Assemblée nationale.
3 juin	Hausse des prestations sociales : SMIC, allocations familiales, minimum vieillesse.
14-21 juin	Triomphe de la gauche aux législatives : le PS obtient la majorité absolue avec 285 sièges.
23 juin	Quatre communistes entrent au gouvernement.
9 septembre	Annonce de la nationalisation de cinq groupes industriels et trente-six banques.
12 septembre	Vote de la loi Defferre sur la décentralisation.
17-29 septembre	Abolition de la peine de mort par l'Assemblée, bientôt suivie par le Sénat.
4 octobre	Dévaluation du franc : 3 %.
23-26 octobre	Le congrès de Valence donne du Parti socialiste une image sectaire.
16 novembre	Le président apprend qu'il est atteint d'un cancer de la prostate.
13 décembre	L'état de guerre est proclamé en Pologne par le général Jaruzelski. La France, comme les autres, décide de « ne rien faire ».
15 décembre	Publication du bulletin de santé du président – santé déclarée satisfaisante.

1982

13 janvier	Fixation de la semaine de travail à 39 heures sans réduction de salaire, cinquième semaine de congés payés.
4 mars	A Jérusalem, François Mitterrand affirme le droit à l'existence d'un État palestinien.
14-21 mars	Aux élections cantonales, net recul de la gauche.
4-6 juin	A Versailles, la France accueille avec faste le sommet des sept pays les plus industrialisés.

13 juin	Deuxième dévaluation du franc (5,75 %). D'où un plan de rigueur comportant le blocage des salaires et des prix.
9 août	Attentat antisémite rue des Rosiers à Paris.
22 août	Création de la Haute Autorité de l'audiovisuel.
28 août	Trois Irlandais sont arrêtés à Vincennes par des gendarmes de la protection présidentielle dont l'un au moins sera convaincu d'avoir fabriqué les preuves.
18 octobre	Mort de Pierre Mendès France, marquée par un discours admiratif du président.
20 décembre	Alain Savary présente son projet d'unification de l'enseignement.

1983

21 janvier	Devant le Parlement de Bonn, François Mitterrand en appelle à un équilibre stratégique Est-Ouest impliquant l'installation de missiles nucléaires en Allemagne fédérale.
13 mars	Aux élections municipales, la gauche perd trente villes de plus de 30 000 habitants.
22 mars	A l'issue d'une semaine mouvementée, François Mitterrand décide de rester dans le système monétaire européen et de maintenir Pierre Mauroy à Matignon. Troisième dévaluation du franc (2,5 %) et mise en place d'un plan de rigueur.
5 avril	Expulsion de France de quarante-sept diplomates soviétiques.
25 septembre	Élections sénatoriales : avancée de la droite.
23 octobre	Un attentat ayant provoqué la mort de cinquante-huit soldats français à Beyrouth, Mitterrand y atterrit le lendemain.
21 décembre	Adoption du projet Savary sur l'enseignement supérieur, mais non sur l'unification de l'enseignement.

1984

4 mars	Manifestations massives de catholiques contre le projet Savary d'intégration de l'école « libre ».
17 juin	Aux élections pour le Parlement européen, le PS tombe à 20 % des suffrages.
21-23 juin	En visite officielle à Moscou, Mitterrand « découvre » Mikhaïl Gorbatchev.
24 juin	Nouveau défilé (1 million de participants) pour l'école privée, contre le projet Savary.
25 juin	A la conférence européenne de Fontainebleau, François Mitterrand assure la « relance » de l'Europe.
12 juillet	François Mitterrand annonce le retrait du projet Savary, lequel démissionne…
17 juillet	… suivi par Pierre Mauroy, auquel succède Laurent Fabius. Les communistes quittent le gouvernement.
5 septembre	Création des TUC (travaux d'utilité collective) pour les jeunes. Mais la barre des 2,5 millions de chômeurs est franchie.

22 septembre — A Verdun, main dans la main, Mitterrand et Kohl solennisent l'amitié franco-allemande.

7 décembre — Au Quai d'Orsay, Mitterrand substitue Roland Dumas à Claude Cheysson.

1985

10-17 mars — Lors des élections cantonales, la droite enregistre de nouveaux progrès (53,5 % des suffrages).

4 avril — L'adoption du scrutin proportionnel provoque la démission du gouvernement du ministre de l'Agriculture Michel Rocard.

15 juin — Laurent Fabius annonce l'interdiction (en date du 1er octobre) de transfuser le sang non traité.

10 juillet — Le *Rainbow-Warrior*, bâtiment de l'organisation écologiste Greenpeace participant à la campagne contre les essais nucléaires français dans le Pacifique, est coulé dans le port d'Auckland (Nouvelle-Zélande).

20 septembre — La responsabilité des services spéciaux français étant établie (notamment par une enquête du *Monde* publiée le 17), le président renonce à « couvrir » son ami Charles Hernu, ministre de la Défense, qui démissionne. Il est remplacé par Paul Quilès, qui diligente l'enquête fermement.

4 décembre — François Mitterrand ayant reçu le général Jaruzelski, chef du gouvernement polonais responsable de la répression de 1981, Laurent Fabius manifeste son désaccord en se déclarant « troublé ».

1986

Février-mars — Vague d'attentats terroristes, revendiqués par le groupe arabe de Georges Ibrahim Abdallah.

16 mars — Les élections législatives (au scrutin proportionnel) donnent la majorité à la droite RPR-UDF, mais le PS obtient toutefois 33 % des suffrages. Le Front national (10 % des voix) entre au Palais-Bourbon avec 35 députés.

18 mars — François Mitterrand appelle Jacques Chirac à l'Élysée. Sa désignation officielle à Matignon intervient le 20. Avocat de la « cohabitation », Édouard Balladur sera son influent second.

6 avril — Nouvelle dévaluation du franc.

14 juillet — Le président de la République s'oppose aux privatisations par ordonnances de soixante-cinq entreprises. Au Parlement le texte est voté le 31 juillet.

17 septembre — Une nouvelle vague d'attentats avec l'explosion d'une bombe rue de Rennes : 6 morts et 51 blessés.

22-23 novembre — D'amples manifestations étudiantes contre la loi présentée

	par le ministre Alain Devaquet provoquent, le 5 décembre, la mort de l'un d'eux, Malek Oussekine. D'où le retrait du texte et la démission de son auteur.
6 décembre	La privatisation de Saint-Gobain remporte un grand succès d'actionnariat de masse.

1987

21 février	Arrestation de quatre dirigeants de l'organisation terroriste Action directe.
3-5 avril	Au congrès socialiste de Lille, Michel Rocard est déclaré « candidat suppléant » à la présidence.
16 avril	TF1 est privatisé, pris en charge par le groupe Bouygues.
1er juillet	L'« acte unique » européen entre en application.
13 septembre	Le référendum sur l'autonomie de la Nouvelle-Calédonie est boycotté par les indépendantistes. 98 % des votants se prononcent pour le maintien du territoire dans la République.
8 octobre	Christian Nucci, ancien ministre de la Coopération, est renvoyé devant la Haute Cour pour malversations dans l'affaire du Carrefour du développement.
4 novembre	A propos de la vente illicite d'armes à l'Iran par la société Luchaire, le Parti socialiste est soupçonné d'avoir touché des commissions.
27 novembre	Libération de deux otages français au Liban et, à Paris, de l'Iranien Gordji.

1988

22 janvier	François Mitterrand et Helmut Kohl annoncent la création d'une « brigade commune » franco-allemande.
4 mars	Le président de la République inaugure la pyramide du Louvre.
22 mars	François Mitterrand annonce qu'il briguera un second septennat, avant de publier le 7 avril sa *Lettre à tous les Français*.
22 avril	Un commando indépendantiste kanak tue 4 gendarmes et en emmène 27 en otages dans l'île d'Ouvéa.
24 avril	Au premier tour de l'élection présidentielle, Mitterrand obtient 34 % des voix, Chirac 20 %, Barre 16,5 %, Le Pen 14,3 %, Lajoinie 6,7 %.
4 mai	Les derniers otages français au Liban sont libérés.
5 mai	... et aussi les gendarmes d'Ouvéa, mais au prix de 21 morts.
8 mai	François Mitterrand est réélu avec 54 % des voix contre 46 % à Jacques Chirac.
10 mai	Michel Rocard est désigné comme Premier ministre.

14 mai — Contre le souhait du président, qui avait choisi Fabius, Pierre Mauroy devient premier secrétaire du PS.

5-12 juin — Aux élections législatives, le PS doit se contenter d'une majorité relative avec 258 députés. Le gouvernement s'élargit à 4 personnalités de centre droit.

26 juin — Michel Rocard préside à l'accord entre indépendantistes kanaks de Tjibaou et RPCR de Lafleur, signé à Matignon.

13 juillet — Adoption par le Conseil des ministres des projets d'impôt de solidarité et de revenu minimum.

12 octobre — Le RMI (revenu minimum d'insertion) est adopté par l'Assemblée.

16 décembre — Le gouvernement incite au dépistage systématique du sida.

1989

3 janvier — La Commission des opérations de Bourse relève que le rachat par Pechiney de la société American CAN a pu profiter à des « initiés ». Deux amis du président, Patrice Pelat et Max Théret, soupçonnés, sont inculpés en février et mars. Pelat mourra le 7 mars.

23 janvier — Le Conseil supérieur de l'audiovisuel (CSA) remplace le CNCL, créé en 1986.

12-19 mars — Élections municipales : le PS gagne dix villes.

4 mai — Assassinat de Jean-Marie Tjibaou par un ultra-nationaliste.

20 juin — Projet de loi sur le financement des partis et des campagnes électorales.

13 juillet — L'opéra Bastille est inauguré.

14-16 juillet — Célébration du Bicentenaire de la Révolution, auquel sont associés les sept chefs d'État des pays industrialisés réunis à Paris. Gorbatchev est également accueilli.

27 juillet — Dans une interview à cinq journaux européens, Mitterrand se prononce pour le principe de l'unification allemande.

27 septembre — Proclamant son droit à la sécession, la Slovénie ouvre la voie à l'éclatement de la Yougoslavie.

3 novembre — A Bonn, le président français déclare qu'il « ne craint pas » l'unification allemande.

9 novembre — Chute du mur de Berlin ouvrant la voie à la réunification accélérée de l'Allemagne. Après une réaction prudemment favorable, Mitterrand fera de la reconnaissance de la frontière Oder-Neisse un préalable à l'accord de la France.

7 décembre — La loi sur le financement des partis politiques est assortie d'une amnistie très contestée – bien qu'elle ne s'applique pas aux parlementaires.

8-9 décembre — Au Conseil européen de Strasbourg, Mitterrand et Kohl décident d'accélérer l'unification de l'Europe.

1990

15-18 mars	Au congrès socialiste de Rennes, « jospinistes » et « fabiusiens » s'affrontent avec violence, provoquant l'éclatement du courant « mitterrandien ».
29 mai	Création de la Banque européenne pour la reconstruction et le développement (BERD) dont la présidence sera confiée à Jacques Attali, son concepteur.
17 juin	Accords de Schengen unifiant les procédures de l'immigration en Europe.
21 juin	Au sommet franco-africain de La Baule, François Mitterrand établit un lien entre l'aide de la France aux États et leur démocratisation – provoquant des réactions variées...
2 août	L'Irak de Saddam Hussein envahit le Koweït. Mitterrand parle aussitôt de « logique de guerre »...
24 septembre	... mais prononce aux Nations unies un discours où une perche est tendue à Bagdad.
3 octobre	Adoption par l'Assemblée de la CSG (contribution sociale généralisée).
18 octobre	Au Rwanda, attaqué par un groupement armé venu d'Ouganda, est déclenchée l'opération franco-belge « Noroit » (350 hommes).

1991

17 janvier	Opération aérienne, à laquelle est associée la France, contre l'Irak. Le ministre de la Défense Jean-Pierre Chevènement démissionne onze jours plus tard.
15 mai	Ayant contraint Michel Rocard à se retirer, le président lui substitue Édith Cresson à Matignon.
19 mai	Soutenue par Bonn, la Croatie proclame son indépendance : la guerre de Yougoslavie est imminente.
21 août	Tentative de « putsch » contre Gorbatchev à Moscou. La réaction de Mitterrand est hésitante.
28-29 août	Recevant tour à tour les présidents Tudjman (croate) et Milosevic (serbe), François Mitterrand constate que la confrontation dans l'ex-Yougoslavie est inévitable.
9-10 décembre	Au cours de la conférence européenne de Maastricht, le « couple » Mitterrand-Kohl (divisé sur la Yougoslavie) accélère l'union européenne.

1992

30 janvier	L'hospitalisation à Paris de l'activiste palestinien Georges Habbache provoque la démission de plusieurs responsables.
7 février	Signature du traité de Maastricht transformant la Communauté en « Union européenne ».

29 février	Par référendum, la Bosnie se prononce à son tour pour l'indépendance. La minorité serbe fait sécession.
2 avril	Démission d'Édith Cresson, remplacée par Pierre Bérégovoy. Entrée au gouvernement de Bernard Tapie, qui démissionnera en mai.
15 avril	Suspension des essais nucléaires français.
3 juin	Le président choisit la procédure du référendum pour la ratification du traité de Maastricht.
22 juin	Procès des médecins impliqués dans le scandale du sang contaminé.
28 juin	François Mitterrand atterrit à Sarajevo – dont l'aéroport est ensuite ouvert à l'aide internationale.
14 juillet	Le président se refuse à reconnaître la responsabilité de la France dans les crimes de Vichy.
3 septembre	Au cours d'une émission télévisée, Mitterrand plaide pour la ratification du traité de Maastricht.
12 septembre	Le président entre à l'hôpital Cochin pour y subir une opération du cancer de la prostate, confirmant les rumeurs qui couraient sur son mal longtemps dissimulé.
20 septembre	Courte victoire du « oui » (51,3 %) au référendum pour la ratification du traité de Maastricht.
8 octobre	L'opposition à l'Assemblée nationale demande le renvoi en Haute Cour des trois anciens ministres – Laurent Fabius, Georgina Dufoix, Edmond Hervé – mis en cause dans l'affaire du sang contaminé.

1993

1er janvier	Le marché unique européen entre en application.
Février	Le Premier ministre Pierre Bérégovoy est convaincu d'avoir reçu en 1986 un prêt sans intérêt de Patrice Pelat.
21-28 mars	Déroute du Parti socialiste (17,5 %) aux élections législatives.
29 mars	Le président désigne Édouard Balladur à Matignon.
1er mai	Suicide de Pierre Bérégovoy : lors des obsèques, le président assurera qu'il a été « jeté aux chiens ».
30 juin	Le président refuse l'extension de l'aide à l'école privée par les collectivités locales.
17 juillet	Mitterrand instaure une commémoration nationale des victimes de la rafle du Vel' d'Hiv.
24 octobre	Michel Rocard est élu premier secrétaire du Parti socialiste.
Novembre	La privatisation de Rhône-Poulenc après celle de la BNP est un grand succès pour le gouvernement Balladur.
7 décembre	Ancien ministre du cabinet Bérégovoy, Bernard Tapie voit lever son immunité parlementaire.
31 décembre	Présentant ses vœux aux Français, le président proclame que la France est une République « laïque » et « sociale ».

1994	
27 mars	Les élections cantonales manifestent un léger redressement de la gauche.
6 avril	Assassinat du président du Rwanda, déclenchant le génocide de la minorité « tutsie ».
7 avril	François de Grossouvre, familier de François Mitterrand, se suicide à l'Élysée.
6 mai	Inauguration du tunnel sous la Manche par la reine Élisabeth et François Mitterrand.
6 juin	Célébration du cinquantenaire du débarquement allié sur les plages normandes.
19 juin	Michel Rocard est mis en minorité à la direction du PS.
18 juillet	François Mitterrand subit une deuxième intervention chirurgicale, dont il se remet mal.
1er août	Le gouvernement enregistre une légère baisse du chômage.
Septembre	Publication d'*Une jeunesse française* de Pierre Péan qui remet en lumière le passé vichyste de François Mitterrand…
12 septembre	… que le président commente dans une dramatique interview télévisée avec Jean-Pierre Elkabbach.
10 novembre	L'hebdomadaire *Paris-Match* révèle au grand public la personnalité de Mazarine, fille de François Mitterrand et d'Anne Pingeot.
18 novembre	Au congrès de Liévin, le président fait ses adieux à ses camarades socialistes. Son ami Henri Emmanuelli est élu premier secrétaire.
11 décembre	Jacques Delors renonce à la candidature présidentielle.
1995	
18 janvier	Édouard Balladur se porte candidat à la présidence, bien que Jacques Chirac se soit dès longtemps déclaré.
5 février	Lionel Jospin, ayant fait prévaloir cette procédure nouvelle, est élu candidat à l'élection par 66 % des militants socialistes. Emmanuelli a obtenu 34 % des suffrages.
22 février	Le président nomme Roland Dumas à la présidence du Conseil constitutionnel.
13 mars	François Mitterrand fait savoir qu'il votera pour Jospin, mais restera très discret pendant la campagne.
30 mars	Le président inaugure la Bibliothèque de France.
Avril	Dans ses *Mémoire à deux voix* (avec Elie Wiesel), François Mitterrand, à propos de ses engagements de jeunesse, se dit « en paix avec [lui]-même ».
7 mai	Jacques Chirac est élu président de la République.
17 mai	François Mitterrand quitte l'Élysée, à l'issue d'une cordiale passation des pouvoirs, et prend congé, rue de Solférino,

	des dirigeants et des militants du parti qu'il a modelé depuis 1971.
15 septembre	Publication de *La Mort intime* de Marie de Hennezel, précédé d'un texte de François Mitterrand qui est une méditation sur la mort.
8-9 octobre	Invité par George Bush, il participe à Colorado Springs à un colloque d'anciens dirigeants – dont Mikhaïl Gorbatchev.
24-29 décembre	Séjour à Assouan avec Anne et Mazarine Pingeot et quelques amis.
31 décembre	Réveillon à Latche avec sa famille, des amis et quelques autres…

1996

8 janvier	Mort de François Mitterrand dans sa 80e année.
11 janvier	Funérailles à Jarnac où il est inhumé dans le caveau de sa famille maternelle, les Lorrain, et cérémonie solennelle à Notre-Dame de Paris.

Bibliographie

Ouvrages de François Mitterrand

Les Prisonniers de guerre devant la politique, Paris, Éditions du Rond-Point, 1945.
Aux frontières de l'Union française, Paris, Julliard, 1953.
Présence française et Abandon, Paris, Plon, 1957.
La Chine au défi, Paris, Julliard, 1961.
Le Coup d'État permanent, Paris, Plon, 1964.
Ma part de vérité, entretiens avec Alain Duhamel, Paris, Fayard, 1969.
Un socialisme du possible, Paris, Éd. du Seuil, 1971.
La Rose au poing, Paris, Flammarion, 1973.
La Paille et le Grain, Paris, Flammarion, 1975.
Politique I, Paris, Fayard, 1977.
Politique II, Paris, Fayard, 1981.
L'Abeille et l'Architecte, Paris, Flammarion, 1978.
Ici et maintenant, entretiens avec Guy Claisse, Paris, Fayard, 1980.
Mémoire à deux voix, avec Élie Wiesel, Paris, Odile Jacob, 1995.
Mémoires interrompus, entretiens avec Georges-Marc Benamou, Paris, Odile Jacob, 1996.
Réflexions sur la politique extérieure de la France, Paris, Fayard, 1996.
Onze Discours sur l'Europe 1982-1995, réunis par le Centre de recherches sur l'Europe, EHESS, Paris, Éd. Vivarium, 1996.
De l'Allemagne, de la France, Paris, Odile Jacob, 1996.
Les Forces de l'esprit : messages pour demain, derniers textes réunis par Roland Dumas, Paris, Fayard, 1998.

* * *

Alexandre, Philippe, *Le Roman de la gauche*, Grasset, 1977.
Alia, Josette et Clerc, Christine, *La Guerre de Mitterrand*, Paris, Olivier Orban, 1991.
Attali, Jacques, *Verbatim I*, Paris, Fayard, 1993 ;
–, *Verbatim II*, Paris, Fayard, 1994 ;
–, *Verbatim III*, Paris, Fayard, 1995.

Balladur, Édouard, *Deux Ans à Matignon*, Paris, Plon, 1995.
Barbier, Christophe, *Les Derniers Jours de François Mitterrand*, Paris, Grasset, 1997.
Bauchard, Philippe, *La Guerre des Deux Roses*, Parıs, Grasset, 1986.
Boccara, Édith, *Mitterrand en toutes lettres*, Paris, Belfond, 1995.
Borzeix, Jean-Marie, *Mitterrand lui-même*, Paris, Stock, 1973.
Boulic, Jean-Yves, *Le Bonheur, la vie, la mort, Dieu*, Paris, Éd. du Cerf, 1981.
Cadiot, Jean-Michel, *Mitterrand et les Communistes*, Paris, Ramsay, 1994.
Carle, Françoise, *Les Archives du président*, Paris, Éd. du Rocher, 1998.
–, *Un éveil : journal d'une militante socialiste*, Paris, Fayard, 1977.
Cayrol, Roland, *François Mitterrand 1945-1967*, Paris, Presses de la Fondation nationale des sciences politiques (FNSP), 1967.
Cazaux, Yves, *René Bousquet, face à l'acharnement*, Paris, Jean Picollec, 1995.
Charasse, Michel, *55 Faubourg Saint-Honoré*, Paris, Grasset, 1996.
Chevènement, Jean-Pierre, *France-Allemagne, parlons franc*, Paris, PLon, 1996.
–, *Une certaine idée de la République m'amène à...*, Paris, Grasset, 1992 ;
–, *Le Vert et le Noir (intégrisme, pétrole, dollar)*, Paris, Grasset, 1995.
Colliard, Sylvie, *La Campagne présidentielle de François Mitterrand en 1974*, Paris, PUF, 1979.
Colombani, Jean-Marie, *Portrait du président*, Paris, Gallimard, 1995 ;
–, et Portelli, Hugues, *Le Double Septennat de François Mitterrand*, Paris, Grasset, 1995.
Cot, Jean-Pierre, *A l'épreuve du pouvoir. Le tiers-mondisme, pour quoi faire ?*, Paris, Éd. du Seuil, 1984.
Daniel, Jean, *L'Ère des ruptures*, Paris, Grasset, 1979 ;
–, *Les Religions d'un président*, Paris, Grasset, 1988.
Debray, Régis, *Loués soient nos seigneurs*, Paris, Gallimard, 1996.
Du Roy, Albert, et Schneider, Robert, *Le Roman de la rose. D'Épinay à l'Élysée, l'aventure des socialistes*, Paris, Éd. du Seuil, 1982.
Duhamel, Alain, *De Gaulle-Mitterrand, la marque et la trace*, Paris, Flammarion, 1991 ;
–, *Portrait d'un artiste*, Paris, Flammarion, 1997.
Elkabbach, Jean-Pierre, *29 mois et quelques jours*, Paris, Grasset et Fasquelle, 1997.
Estier, Claude, *Journal d'un fédéré*, Paris, Stock, 1977 ,
–, *La Plume au poing*, Paris, Stock, 1977 ;
–, et Neiertz, Véronique, *Véridique histoire d'un septennat peu ordinaire*, Paris, Grasset, 1989.
Evin, Kathleen, *Rocard ou l'art du possible*, Paris, J.-C. Simoen, 1979.
Fabius, Laurent, *Les Blessures de la vérité*, Paris, Flammarion, 1995.
Faux, Emmanuel, avec Legrand, Thomas, et Perez, Gilles, *La Main droite de Dieu. Enquête sur François Mitterrand et l'extrême droite*, Parıs, Éd. du Seuil, 1994.

Favier, Pierre, et Martin-Roland, Michel, *La Décennie Mitterrand*, t. 1 : *Les Ruptures (1981-1984)*, Paris, Éd. du Seuil, 1990;
–, *La Décennie Mitterrand*, t. 2 : *Les Épreuves (1984-1988)*, 1991 ;
–, *La Décennie Mitterrand*, t. 3 : *Les Défis (1988-1991)*, 1996.
Forsne, Christina, *François*, Paris, Éd. du Seuil, 1997.
Frénay, Henri, *La nuit finira : mémoires de résistance 1940-1945*, Paris, Robert Laffont, 1983.
Giesbert, Franz-Olivier, *François Mitterrand ou la Tentation de l'histoire*, Paris, Éd. du Seuil, 1977 ;
–, *François Mitterrand, une vie*, Paris, Éd. du Seuil, 1996;
–, *Le Président*, Paris, Éd. du Seuil, 1990.
–, *Le Vieil Homme et la mort*, Paris, Gallimard, 1996.
Hennezel, Marie de, *La Mort intime*, Paris, Robert Laffont, 1995.
Huchon, Jean-Paul, *Jours tranquilles à Matignon*, Paris, Grasset, 1993.
Jospin, Lionel, *L'Invention du possible*, Paris, Flammarion, 1991.
Jouve, Pierre, et Magoudi, Ali, *Mitterrand, portrait total*, Paris, Carrère, 1986.
Joxe, Pierre, *A propos de la France*, entretiens avec Michel Sarazin, Paris, Flammarion, 1998.
July, Serge, *Le Salon des artistes*, Paris, Grasset, 1989;
–, *Les Années Mitterrand*, Paris, Grasset, 1986.
Lacoste, Pierre, *Un amiral au secret*, Paris, Flammarion, 1997.
Le Paige, Hugues, *Mitterrand ou la continuité paradoxale 1965-1995*, La Tour-d'Aigues, Éd. de L'Aube, 1995.
Lévy, Bernard-Henri, *Le Lys et la Cendre*, Paris, Grasset, 1996.
Lewin, Christophe, *Le Retour des prisonniers de guerre français : naissance et développement de la FNPG 1944-1952*, Paris, Publications de la Sorbonne, 1987.
Loncle, François, *Autopsie d'une rupture, la désunion de la gauche*, Paris, J.-C. Simoen, 1979.
Manceron, Claude, *100 000 Voix par jour pour Mitterrand*, Paris, Robert Laffont, 1966.
Marchesin, Philippe, *Mitterrand et l'Afrique*, Paris, Karthala, 1995.
Martinet, Gilles, *Cassandre et les Tueurs*, Paris, Grasset, 1986
Mauriac, François, *Bloc-Notes* 1952-1970, Paris, Éd. du Seuil coll. « Points Essais », 5 vol., n° 269, 270, 271, 272, 273, 1993.
Mény, Yves, *La Corruption de la République*, Paris, Fayard, 1992.
Mitterrand, Danielle, *En toutes libertés*, Paris, Ramsay, 1996.
Mitterrand, Robert, *Frère de quelqu'un*, Paris, Robert Laffont, 1988.
Moll, Geneviève, *François Mitterrand, le roman de sa vie*, Paris, Éd. Sand, 1995.
Moulin, Charles, *Mitterrand intime*, Paris, Albin Michel, 1982.
Nay, Catherine, *Le Noir et le Rouge*, Paris, Grasset, 1984.
Nobécourt, Jacques, *Le Colonel de La Rocque*, Paris, Fayard, 1996.
Orsenna, Erik, *Grand Amour*, Paris, Éd. du Seuil, 1993.

Péan, Pierre, *Une jeunesse française : François Mitterrand 1934-1947*, Paris, Fayard, 1994.

– (avec Christophe Nick), *TF1, un pouvoir*, Paris, Fayard, 1997.

Pisani, Edgard, *Persiste et Signe*, Paris, Odile Jacob, 1992.

Plenel, Edwy, *La Part d'ombre*, Paris, Stock, 1993.

Rocard, Michel, *Le Cœur à l'ouvrage*, Paris, Odile Jacob, 1987, et Éd. du Seuil, coll. « Points », 1990.

Roussel, Éric, *Mitterrand ou la constance du funambule*, Paris, Jean-Claude Lattès, 1991.

Salzmann, Charles, *Le Bruit de la main gauche*, Paris, Robert Laffont, 1996.

Savary, Alain, *En toute liberté*, Paris, Hachette, 1985.

Schemla, Élisabeth, *Édith Cresson. La femme piégée*, Paris, Flammarion, 1993.

Schneider, Robert, *La Haine tranquille*, Paris, Éd. du Seuil, 1992.

Touchard, Jean, *La Gauche en France depuis 1900*, Paris, Éd. du Seuil, 1977.

Wauthier, Claude, *Quatre Présidents et l'Afrique. De Gaulle, Pompidou, Giscard d'Estaing, Mitterrand*, Paris, Éd. du Seuil, 1995.

Wieviorka, Olivier, *Nous entrerons dans la carrière : de la Résistance à l'exercice du pouvoir*, Paris, Éd. du Seuil, 1994.

Index des noms de personnes

Table

Tome 2

RÉALISATION : PAO ÉDITIONS DU SEUIL
IMPRESSION : **BUSSIÈRE CAMEDAN IMPRIMERIES** À SAINT-AMAND (CHER)
DÉPÔT LÉGAL : SEPTEMBRE 1998. N° 35167 (984350/1)

Du même auteur

L'Égypte en mouvement
en collaboration avec Simonne Lacouture
Le Seuil, 1956

Le Maroc à l'épreuve
en collaboration avec Simonne Lacouture
Le Seuil, 1958

La Fin d'une guerre
en collaboration avec Philippe Devillers
Le Seuil, 1960, nouvelle édition 1969

Cinq Hommes et la France
Le Seuil, 1961

Le Poids du tiers monde
en collaboration avec Jean Baumier
Arthaud, 1962

De Gaulle
Le Seuil, 1965, nouvelle édition 1971

Le Vietnam entre deux paix
Le Seuil, 1965

Hô Chi Minh
Le Seuil, 1967, nouvelle édition 1976

Quatre Hommes et leur peuple,
sur-pouvoir et sous-développement
Le Seuil, 1969

Nasser
Le Seuil, 1971

L'Indochine vue de Pékin
(entretiens avec le prince Sihanouk)
Le Seuil, 1972

André Malraux, une vie dans le siècle
Le Seuil, prix Aujourd'hui, 1973
coll. « Points Histoire », 1976

Un sang d'encre
Stock-Seuil, 1974

Les Émirats mirages
en collaboration avec Gabriel Dardaud et Simonne Lacouture
Le Seuil, 1975

Vietnam, voyage à travers une victoire
en collaboration avec Simonne Lacouture
Le Seuil, 1976

Léon Blum
Le Seuil, 1977
coll. « Points Histoire », 1979

Survive le peuple cambodgien !
Le Seuil, 1978

Le rugby, c'est un monde
Le Seuil, coll. « Points Actuels », 1979

Signes du Taureau
Julliard, 1979

François Mauriac
Le Seuil, Bourse Goncourt de la biographie, 1980
coll. « Points Essais », 2 vol., 1990
1. Le Sondeur d'abîmes (1885-1933)
2. Un citoyen du siècle (1933-1970)

Julie de Lespinasse
en collaboration avec Marie-Christine d'Aragon
Ramsay, 1980

Pierre Mendès France
Le Seuil, 1981

Le Piéton de Bordeaux
ACE, 1981

En passant par la France
Journal de voyage
en collaboration avec Simonne Lacouture
Le Seuil, 1982

Profils perdus
53 portraits contemporains
A.-M. Métailié, 1983

De Gaulle
1. Le Rebelle (1890-1944)
2. Le Politique (1944-1959)
3. Le Souverain (1959-1970)
Le Seuil, 1984, 1985 et 1986
coll. « Points Histoire », 3 vol., 1990
préface de René Rémond

Algérie : la guerre est finie
Éd. Complexe, Bruxelles, 1985

De Gaulle ou l'éternel défi
en collaboration avec Roland Mehl
Le Seuil, 1988

Champollion
Une vie de lumières
Grasset, 1989

Enquête sur l'auteur
Arléa, 1989
Le Seuil, coll. « Points Actuels », 1991

Jésuites
1. Les Conquérants
Le Seuil, 1991
2. Les Revenants
Le Seuil, 1992

Le Citoyen Mendès France
en collaboration avec Jean Daniel
Le Seuil, coll. « L'histoire immédiate », 1992

Voyous et Gentlemen : une histoire du rugby
Gallimard, coll. « Découvertes », 1993

Le Désempire
Figures et thèmes de l'anticolonialisme
en collaboration avec Dominique Chagnollaud
Denoël, coll. « Destins croisés », 1993

Une adolescence du siècle
Jacques Rivière et la NRF
Le Seuil, 1994

Mes héros et nos monstres
Le Seuil, 1995

Montaigne à cheval
Le Seuil, 1996
coll. « Points », 1998

L'Histoire de France en 100 tableaux
Hazan, 1996

Mitterrand. Une histoire de Français
1. Les risques de l'escalade
Seuil, 1998